1928.
B.

A TRES-EXCELLENT
SEIGNEVR, MESSIRE ACHILLES
DE HARLAY, CHEVALIER, CON-
seiller du Roy en son Conseil d'Estat &
priué, Premier President en sa Cour
de Parlement à Paris.

MONSEIGNEVR,

L'honneur que ie dois à la memoire du Sieur de Vigenere duquel i'ay Imprimé les œuures durant sa vie, m'oblige si estroittement d'auoir soing de tout ce qui le touche, que ie me rendrois coulpable d'ingratitude enuers luy, si ayant laissé sur la presse la suitte des TABLEAVX DE PHILOSTRATE; comme pauures pupilles priuez des embrassemens de leur Pere, ie n'implorois en sa faueur la grandeur de vostre nom tres-illustre, & la lumiere de vos vertus, pour les faire voir au public. Permettez moy donc s'il vous plaist MONSEIGNEVR, que je vous supplie de les recognoistre & de les aduouer; afin que tant de Doctes personnages qui ont favorisé ses premiers labeurs, voyans comme vous auez receus ceux-cy en vostre

ã ij

EPISTRE.

Protection, apprennent de les cherir & de les aimer à vostre Imitation: Que si vous ne leur refusez point cette grace, on ne les pourra plus appeller orphelins, puis qu'en perdant le Pere qui leur auoit donné le seul estre: ils en auront recouuert en vous vn qui leur aura fait present d'vne vie que les ans ne leur pourront oster.

Vostre tres-humble seruiteur
L'ANGELIER.

Extraict du priuilege du Roy.

PAr grace & priuilege du Roy, il est permis à Abel l'Angelier, Libraire iuré en l'vniuersité de Paris, *d'imprimer ou faire imprimer le present liure intitulé La suitte des Tableaux de Philostrate, traduicts de Grec en François, par Blaise de Vigenere:* Et sont faictes tresexpresses defences à tous aultres Libraires & Imprimeurs, d'imprimer ou vendre ledit liure sans le consentement dudict l'Angelier, & ce pour le temps & terme de dix ans, sur peine de mille escus d'amende, à sçauoir cinq cents escus au Roy, deux cents cinquante escus aux pauures, & le reste au suppliant, & de confiscation de tous les liures qui se trouueront. Et outre voulons que ce present Extrait de priuilege estant narré dans ce Liure soit pour deuëment signifié à tous les Libraires & Imprimeurs de ce Royaume, comme plus à plein est declaré és lettres patentes du Roy. Donné à Paris, le 22. Feburier, 1597.

PAR LE ROY

Signé RVZE.

ã iij

Les tableaux de la suitte de Philostrate.

ACHILLES EN L'ISLE DE SCYRO.
MARSYAS.
LES CHASSEVRS.
HERCVLE ET ACHELOE.
HERCVLE AV BERCEAV.
ORPHEE.
MEDEE EN COLCHOS.
LES IOVEVRS.
PELOPS.
PYRRHVS ET LES MYSIENS.
ARGO ET ÆTES.
HESIONE.
SOPHOCLE.
HIACYNTHE.
MELEAGRE.
NESSVS.
PHILOCTETE.

LA SVITTE DE
PHILOSTRATE.

LES IMAGES *ou Tableaux de platte peinture du Jeune Philostrate.*

PREFACE.

OSTONS point aux arts & sciences leur durée perpetuelle, reputans l'antiquité si effroyable de prime-face qu'elle ne se peult surmonter: de maniere que si quelque chose a esté ja atteinte des anciens lesquels nous ayent preuenus, il nous faille nous en abstenir de tous poincts; sans qu'il soit loisible de l'imiter; palliant nostre craintiue pusillanimité dessoubs vn honneste pretexte : mais au rebours deuons nous pluftost insister à les deuancer eux mesmes; car en obtenant le but de nostre intention, nous ferons vne chose recommandable. Que s'il nous aduient d'y commettre quelque default, aumoins cela apparoistra-il estre louable, Que nous-nous soyons proposez vne imitation glorieuse. Mais quel besoin est-il de premettre cecy? Pour-autant qu'à ceux de ma race, & mes-

A

PREFACE.

mes à mon ayeul maternel, a esté en speciale recommandation de descrire ce qui concerne les ouurages de platte-peinture ; chose tres-propre & conuenable à la langue Attique, auec vne occasion qui fut alors fort estimee, comme ayant esté prise à l'improuiste, & poursuyuie elegamment par vne conference & dispute: sur les traces de laquelle si nous-nous voulons addresser, il nous sera necessaire auant que de s'ingerer d'y rien entreprendre, de parcourir incidemment, & en general quelque chose de la peinture, afin que nostre discours aye vne matiere à soy propre, & qui conuienne aux subiects d'icelle, quand on les viendra traicter en particulier; instruction la meilleure que l'on se sçauroit proposer, & qui n'est de peu d'importance: car il fault de necessité que celuy qui se voudra rendre digne de s'entremettre de cest art, cognoisse, ainsi qu'vn maistre fait ses preceptes, fort exactement l'anatomie, où consiste la nature & fabrique de l'homme: & qu'il soit prompt & subtil à discerner les apparoissances exterieures des conditions interieures de chaque personne, encore mesme qu'on se teust: & ce qui se manifeste en la disposition de leurs iours, au temperament de leurs yeux, & ce qui gist soubs la contenance de leurs sourcils: & pour le restreindre en peu de paroles, tout en general ce à quoy les internes pensees se peuuent estendre, & descouurir par le dehors. Celuy doncques qui bien à propos sçaura conceuoir tout cela en son esprit, aura la main propre & capable pour reprefenter toutes fortes de perfonnages, comme d'vn infenfé & furieux; d'vn courroucé; d'vn qui eft raffis, & en fon bon fens; d'vn gay & ioyeux; d'vn efmeu; d'vn efpris d'amour; & finablement bien pourtraire ce qui leur conuiendra à tous. La fraude aufurplus & deception qui pourroit interuenir en ce cas, fera plaifante & delectable; & n'apportera rien de reproche ny de blafme. Car de s'attacher aux chofes qui ne font point, tout ainfi que fi elles eftoient reellemēt, & de s'y laiffer tranfporter les reputant eftre, puis qu'il ne vous en peut point prouenir de preiudice, comment eft-ce qu'à bon droit vous n'en receurez quelque contentement fans en pouuoir eftre repris? Or les anciens hommes de fçauoir & erudition me femblent auoir efcrit beaucoup de chofes concernans les proportions pour le regard de la peinture; eftabliffans par là des reigles, & la mefure dont deuoit eftre chaque membre, comme s'il euft efté impoffible d'exprimer vne deuë reprefentation du mouuement, fi ce n'eft par la conuenance qui procede de l'interieur accord de nature: car elle n'admet rien d'eftrange & demefuré, ayant fes actions toufiours conformes à elles-mefmes. Mais qui y voudra de pres prendre garde, on trouuera que ceft art a auffi de l'affinité auec la Poëfie, & que les conceptions en font communes à toutes deux: car les Poëtes ameinent fur leurs fcenes & efchaffaux la prefence des Dieux immortels, auec tout ce qui peut auoir quelque ornement, majefté &

PREFACE.

delectation; & la peinture semblablement, qui tout ce que sçauroient dire les Poëtes le represente en ses pourtraits. Mais qu'est-il de besoin de s'arrester dauantage à deduire ce qui a si apertement esté touché de tant d'autres; ny en s'estandant à vne pluralité de paroles, monstrer vouloir faire icy vn grand paranymphe de cest affaire? Car ce que nous en auons dit iusqu'icy suffira pour monstrer ce que nous auons entrepris. Et cela ne sera point reiecté, comme ie croy, ores que ce soit peu de chose; car m'estant rencontré en des tableaux de tres-bonnes & expertes mains, esquels estoient representez non ineptement les faicts de quelques anciens, il m'a semblé ne les debuoir point passer soubs silence. Or de peur que la peinture ne se voye estre icy restreinte comme à vne seule couleur, soit posé vn subiect, auquel tout ce que nous auons dit cy dessus se rapporte distinctement, afin que par ce moyen nostre discours puisse aller auant auec sa deuë conuenance.

ANNOTATION.

LE IEVNE *Philostrate autheur des dixsept Tableaux subsequents, fut fils de la fille de celuy qui a escript ceux des deux liures cy dessus, comme luy-mesme le tesmoigne en ceste preface; autre chose n'ay-ie peu trouuer de luy nulle part, fors ce que nous en auons amené de Suidas à l'entree du premier liure. Il insiste au reste sur les brisees de son ayeul, qui fut le second de ce nom; & se parforce de l'imiter pas à pas tant en ses inuentions, qu'és elegances de son atticisme, où ils sont du tout addonnez, voire auec affectation à la maniere des Sophistes; mais cestui-cy trop plus que l'autre; & au reste bien plus contraint, taschant tout*

exprés de s'obscurcir pour n'estre pas entendu de plaine arriuee, afin de se
faire lire plus que d'vne fois: car il cherche des mots ambigus, equiuoques,
& qui ont diuerses significations, aucuns contraires l'vne à l'autre. Et s'en
va là dessus deterrer certains passages des anciënes poësies, les moins vulgaires & rebattus, dont il ourdist vn contexte malaisé à desuelopper.
Somme qu'il est fort scabreux en plusieurs endroits ; ioint la deprauation
des exemplaires à tous propos corrompus au grec : ce qui a peu desgouter
plusieurs d'y mettre la main. Qu'il nous soit doncques pardonné si nous
auons esté contraints la pluspart du temps d'y proceder comme aueu-
glettes & à tastons: & d'autant qu'il est ordinairement fort concis &
couppé court à demy mot en ses sentences, y adiouter par fois quelque
chose pour en donner vne plus claire intelligence aux lecteurs.

ACHILLES EN L'ISLE DE SCYRO.

ARGVMENT.

LE SVBIECT du present tableau a esté cy deuant touché en celuy de la nourriture d'Achille au second liure, si
au long & par le menu, que ce ne seroit qu'vne reditte su-
perflue voire ennuieuse d'en vouloir rien reiterer en ce lieu:
là où outre ce qui concerne Achilles, est parlé de son fils Pyrrhus, & comment apres la mort de son pere lequel fut tué en trahison deuant Troye
par Paris & Deiphobus, Phenix qui l'auoit gouuerné en sa ieunesse,
comme il se peut veoir au 9. de l'Iliade, fut depesché de l'ost des grecs pour
venir enleuer Pyrrhus, selon qu'il est mentionné au tableau, auec tout
plein d'autres petits traicts gentils & mignards, où le Sophiste se parforce d'esgayer les lecteurs auec luy qui s'y donne carriere. Cela fut parce que
les destinees portoient, ainsi que le racompte Seruius sur ces vers du second de l'Eneide ; fracti bello, fatisque repulsi Ductores Da-
naum; qu'il y auoit trois conditions en faueur des Troyens pour la conseruation de leur ville, assauoir, que durant la vie de Troilus elle ne pourroit estre prise : ny tant qu'ils garderoient bien la saincte image de Pallas,
appellee le Palladium: & que la sepulture de Laomedon qui estoit sur la

porte se & demeureroit en son entier. Les Grecs pareillement de leur costé
en auoient trois autres pour venir à bout de leur entreprise; car il falloit
nommeement qu'ils conquissent les cheuaux feez de Rhesus Roy de Thrace, auant qu'ils fussent abreuuez en la riuiere de Scamandre, autrement
Xanthus: ce que Diomede & Vlisse executerent, comme il est escript au
10. de l'Iliade; & au 13. des Metamorphoses d'Ouide. En apres qu'ils
eussent les sagettes d'Hercule, qu'auoit Philoctetes en garde; à quoy le
mesme Vlisse fut deputé, ainsi qu'il sera plus à plain declaré cy apres au
tableau dudit Philoctete. Tiercement qu'ils eussent auec eux quelqu'vn
de la lignee des Eacides; parquoy ils enuoyerent premierement querir A-
chilles en l'Isle de Scyro, où il estoit desguisé en fille; & de cela eurent encore la charge de compagnie, les mesmes Diomede, & Vlisse vne autre
fois accouplez ensemble; pour monstrer que la force du corps denotee par
Diomede, & la dexterité d'esprit par Vlisse, ont besoin reciproquement
l'vne de l'autre, asçauoir l'inuention, & l'execution: ce qu'Ouide touche
aussi au lieu allegué:

  At sua Tytides meorum communicat acta,
  Me probat, & socio semper confidit Vlisse.

Ce qu'il a emprunté du 10. de l'Iliade; là où Agamemnon donnant le choix
à Diomede de choisir tel compagnon qu'il voudroit en ceste hazardeuse
entreprise, il prend Vlisse;

  πῶς ἂν ἔπειτ' ὀδυσῆος ἐγὼ θείοιο λαθοίμην.

Comment pourrois-ie oublier le diuin Vlisse, dont l'esprit
est si prudent, & le courage magnanime en tous trauaux, &
qui est aimé de Minerue? Car certes en sa compaignie nous
pourrions mesmes sortir tous deux d'vn feu ardent, d'autant
qu'il sçait fort bien conseiller. Au demeurant comme Achille eust
esté occis auant la prise de Troye, Phenix fut commis pour aller querir
son fils Pyrrhus, autrement nommé Neoptoleme ou nouueau guerrier,
duquel il sera parlé plus à plain par cy apres en son tableau. Quant aux
conditions des Troiens, Troilus fut mis à mort par Achille, ainsi que met
Virgile au premier de l'Eneide.

  Parte alia fugiens amissis Troilus armis,
  Infœlix puer, atque impar congressus Achilli
  Fertur equis currúque hæret resupinus inani.

Le Palladium fut enleué par les mesmes Vlisse & Diomede, qui entrerent
par vn egoust dans la citadelle de Troye, où ceste image estoit gardee, y

estant cheutte du ciel, laquelle fut depuis par Enee transportee en Italie, & gardee soigneusement par les vierges Vestales. Et finablement la sepulture de Laomedon demolie auec la porte Scæe, quand les Grecs offrirent le cheual de bois à Minerue, par le moyen duquel Troye fut prise, comme le descript Virgile au second. Voila ce qu'il a esté besoin de premettre pour plus facile intelligence de ce tableau; lequel quant au reste est assez dilaté & facile de soy.

ESTE Nymphe encheuelee de jōcs & rouseaux; car vous la voyez bien là au pied de ce mont, d'vne taille essuitte & allegre, court-vestue d'vne iuppe de couleur bleusue; est l'Isle de Scyro, que le diuin Sophocle appelle Venteuse, tenant en ses mains vn rameau d'Oliuier, & vn sarment de vigne. Et dans le chasteau qui est au bas de la montaigne, en ceste face de deuant sont nourries les filles du Roy Lycomedes, vierges encore, auecques celle qu'on tenoit estre de Thetys, laquelle ayant apris de son pere Nereus quelle estoit la preordonnance des Parques touchant son fils; & comme il luy auoit esté destiné l'vn ou l'autre, de viure assauoir longuement sans honneur & reputation, ou d'acquerir vne grand'gloire, mais aussi de bientost finer ses iours, l'enfant ayant pour ceste occasion esté destourné par elle est caché auec ces Princesses: les autres cuident à la verité que ce soit vne fille, mais l'aisnee des deux seurs sçait assez que non, car il l'a secrettement accoinctee par amourettes, si q̃ quãd le terme viendra d'éfanter, elle aura Pyrrhus. Or il n'est pas icy question de cela: voyez vous pas

bien ceste prairie deuant la tour ? c'est l'endroit le plus commode de toute l'Isle pour fournir abondamment des fleurs à ces filles, qui se sont escartees de costé & d'autre pour en cueillir plus à leur aise, toutes belles par excellence: les vnes sans aucun artifice ne desguisement, inclinans à vne beauté feminine, les traicts partans de leurs yeux accompaignez d'vn regard tout simple & honteux, & le teint vermeil dont leurs ioues sont colorees, & tous leurs gestes & mouuemens manifestans ie ne sçay quoy de feminin. Mais ceste autre là qui plus librement desagence sa cheueleure, d'vn fier maintien ioinct à vne tendre delicatesse, descouurira bien tost quel sera son sexe au vray, & despouillant ce que la necessité luy faisoit feindre, se monstrera estre Achilles. Car estant sourdement paruenu vn bruit aux oreilles des grecs, de ce faict icy de Tethys, Diomede fut depesché, auec Vlisse sur vn brigantin à ceste Isle, pour descouurir où estoit Achille. Vous les voyez bien là tous deux, l'vn d'vn profond regard abaissé en terre pour raison de ses ruses accoustumees, & de ce qu'il a tousiours l'œil au guet ententif à forger quelque tromperie: là ou le fils de Tydee est posé-rassis, & au reste d'vn prompt vouloir bien deliberé, monstrant d'estre prest à toutes occasions de mener les mains : derriere eux est vn autre qui auec sa trompette doibt donner le mot & signal. Mais que veut dire ceste peinture, & quelle en est la signifiance? Vlisse estât fort aduisé, & tres ingenieux descouureur des choses cachees, marchine maintenant cecy, car

iettant

iettant là emmy le pré de petits panniers & coffins, auec autres semblables besoignes conuenables aux ieunes filles pour passer leur temps, & s'esbatre, & d'autre part vn harnois complet de gendarme, celles de Lycomede sautellent apres ce qui leur est le plus familier, & Achilles fils de Pelee, laissant là panniers & esguilles aux Damoiselles, se lance droit à l'armeure, dont il se vient à manifester. Or Pyrrhus n'est d'oresnauant plus rural & agreste, comme il souloit, ny n'a ceste contenance esgaree de païsan hasté & crasseux à la mode des ieunes bouuiers tous nyais, ains sent bien desia son soldat, s'apuyant sur vn iauelot, & regardant vers vn nauire, vous empoigne de dessus la greue la main gaulche d'vn bon vieillard qui la luy presente, estât vestu d'vn hocqueton blâc qui ne luy arriue pas au genoil. Quant à son œil il est fier & brillât, mais nompas encore comme s'il vouloit iouer des cousteaux, ains en expectatiue que bien tost il en viendra là. Et ce qu'on le voit ainsi petiller d'impatience de tant attendre, denote assez son desir courageux de faire en brief quelque bel exploit d'armes à Troye: sa cheueleure est maintenât comme d'vn qui seroit oisif, suspendue dessus le front; mais quand il s'esbranlera au combat, elle se desarrengera par mesme moyen, s'accommodâtaux impetueuses passions de son ame. Ces cheures au reste qui bondissent en liberté çà & là; & les bestes à corne se desbandans de costé & d'autre, & l'esguillô dont il picque les bœufs attelez au ioug, iecté là côme par despit d'vn costé, auec la houllete de l'autre,

B

rout cela procede de ceste occasion. Le demoiseau est courroucé côtre sa mere, & son ayeul, de ce qu'ils le retiennent ainsi longuement dans ceste Isle: car d'autant qu'Achilles auoit esté mis à mort, eux craignans le mesme de ce ieune Prince, ne luy en veullent point octroyer l'issue, ains l'ont estably à la garde de leurs trouppeaux, & des beufs, dont il ne failloit de coupper le col net aux Taureaux s'ils se iouoient de s'escarter: Vous le pouuez veoir là à main droicte sur ceste crouppe de montaigne. Mais comme les grecs eussent entendu de l'oracle, qu'à nul autre n'estoit destiné de prendre Troye fors aux Eacides, Phenix est enuoyé par mer en Scyro pour en amener delà cest infant; où estant abordé, il se rencontre d'auenture auec celuy qui ne le cognoissoit; aussi ne l'eust-il pas cogneu, sinon entant que la gentillesse de son visage sur vne si forte & puissante taille le manifestoit estre fils d'Achille: & delà coniecturant qui c'estoit, il se manifeste à Lycomede, & Deidamie. Voila ce que l'artifice de ceste peinture reduitte en si petit volume nous veult apprendre, qui nous est icy representee selon qu'elle a fourny de subiect aux Poëtes d'escripre.

ANNOTATION.

SCYROS est ainsi appellee des crouſtons de pierres, & platteaux dont elle est semee, à guise des escailles qui sortent du marbre, & autres telles pierres dures quand on les taille, car le mot de Σκύρος importe cela: c'est au surplus vne Isle de l'archipel ou mer Egée, viz à viz presque de la

DE SCYRO.

terre-ferme de l'Ionie, à my-chemin de Negrepont & Methelin, y ayant vne ville du mesme nom; & du nombre des cinquante trois Isles dittes les Cyclades, comme met Pline liu. 4. chap. 12. où il la dit contenir quelques sept ou huict lieues de tour seulemẽt; & auoir autrefois esté appellee Syphnus, Meropee, & Acis, anciennement habitee des Pelasgiens, & des Cariens, selon Stephanus au liure des Villes: mais pourtantant qu'elle est fort platte, parquoy les vents y peuuent donner en liberté de toutes parts, cela auroit peu mouuoir Sophocle de luy donner l'Epithete d' ἀνεμώδης venteuse. Le mesme Pline liu. 36. chap. 17. en racompte vne estrange merueille, que les ,, pierres de ceste Isle toutes entieres surnagent dans l'eau, & reduittes en ,, pouldre elles vont à fonds. Ce qui est le propre de la pierre ponce, qui fait le ,, mesme sans aller pescher plus au loin ce miracle; car la raison naturelle y ,, est tour' apparente, d'autant que la pierre ponce que les Latins appellent Pumex, & les Grecs κίσηρις, mot approchant de Σκύρος, aussi met il au 21. chap. que les excellentes pierres ponces dont on vsoit, selon Catulle, pour pollir la chair & la rendre plus doulce au toucher, se trouuoyent ẽ Isles de Scyros, Melos, & les Eoliennes: la Ponce donques en son entier estant fort rare & spongieuse, auec plusieurs trous & concauitez où il s'enferme beaucoup d'air, cela est cause de la faire surnager en l'eau: là où quand elle est comminuee en menus fragmens & parcelles qui se viennent à resserrer & conioindre, l'air en sort; ce qui la fait aller à fonds selon sa nature pierreuse.

LYCOMEDES fut Roy de l'Isle dessusdite; duquel Pausanias ẽ Arcadiques deduit ainsi la genealogie, apres les vers de certain Asius Samien fils d'Amphiptoleme: car c'est de luy à mon opinion dont il parle, attendu ce qu'il met là des insulaires proche voisins des Ioniens en la mer Egee. Phenix eut de Perimede fille d'Ænee, Astipalee, & Europe. D'Astipalee & de Neptune fut fils Ancee qui regna sur les Lelegetes. Ancee ayant espousé Samie fille du Fleuue Mcandre en eut Perilaus, Enudus, Samus, & Alitherses, & vne fille appellee Parthenopé de laquelle & d'Apollon vint Lycomedes.

NEREVS fils aisné de l'Ocean & de la terre selon Hesiode en sa Theogonie, est pour ceste occasion feint des Poëtes estre Dieu de la mer, & fort souuent mis pour la mer mesme. Phurnute le deriue ἀπὸ τῦ νέω nager. De luy donques & de sa femme & seur Doris, sortirent cinquante filles qu'on appelle les Nereides, selon Pindare entre les autres en la 6. des

B ij

Isthmiennes, & Orphee en ses hymnes, du nombre desquelles fut Tethys. Orphee en ses Argonautes l'appelle le plus ancien des dieux: & Hesiode vieil & ancien, αὐτὸς παλαιὸν γέροντα, dont Virgile à son imitation, au 4. des Georgiques le nomme Grandæuus, & Pindare auant luy en la 9. Pythienne met: que le Vieillard Marin ordonnoit de louer mesme son plus que mortel aduersaire, qui eust exploité quelques belles choses auec Iustice & equité.

DE VIVRE longuement sans honneur & reputation: Cecy est tiré du 9. de l'Iliade, où Achille parle ainsi à Aiax & Vlisse, qui luy auoient esté enuoyez auec Phenix pour le rapaiser: μήτηρ γάρ τέ με φησὶ θεὰ Θέτις ἀργυρόπεζα, &c. Ma mere la deesse Thetis aux beaux pieds argentins me predit qu'il y auoit deux destinees qui me deuoient conduire à la fin de mes iours. Car si ie demeure icy ferme vaillamment combattant deuant Troye, le retour me sera osté, mais en recompense i'auray aussi vne gloire immortelle. Que si ie retourne à la maison en ma bien-aimee Patrie, ma reputation demeurera esteinte, & la vie me surabondera longuement, sans que la mort me vienne empoigner que bien tard.

VOVS les voyez bien-là tous deux, l'vn d'vn profond regard abaissé en terre, &c. Cecy est pareillement prins d'Homere au 3. de l'Iliade, où Helene remarque à Priam tous les Princes de l'ost des Grecs: & quant à Vlisse, il le descript entre autres choses, tenant ses yeux abaissez vers terre: ὑπαὶ δὲ ἴδεσκε κατὰ χθονὸς ὄμματα πήξας. mais l'ancien Philostrate que cestui-cy a aucunement imité en cest endroit, au tableau d'Anthiloque les depeint tous deux, Diomede assauoir, & Vlisse, de ceste sorte: ἐπίβουλος δὲ ὁ μὲν Ἰθακήσιος, ὑπὸ τῇ στροφῇ, καὶ ἐγρηγορότες. τὸν δὲ τῇ Τυδέως, ἡ ἐλευθερία γράφει. Vlisses estant bien aisé à cognoistre à sa mine rhabarbatiue esueillee: mais le fils de Tydee vne liberté genereuse l'exprime.

DERRIERE eux est vn autre qui auec la trompette doibt donner le mot & signal. Pour plus claire elucidation de cecy il vault mieux amener tout le lieu entier d'Higinus au 96. chap. de ses fables, où il dit ainsi. La Nereide Thetis ayant sceu comme son fils Achille qu'elle auoit eu de Peleus, s'il alloit au siege de Troye, y debuoit estre mis à mort, le commist en la garde du Roy Lycomede en l'Isle de Scyro, où il le faisoit nourrir auec ses filles vierges encores, desguisé en habit de femme, ne luy ayant rien changé que le nom; car les infantes le nōmerēt Pyrrha pour raison de ses blōds cheueux. Or les Grecs ayans entendu qu'il estoit là detenu caché, enuoyerent des ambassadeurs à Lycomede, pour le requerir de le vouloir enuoyer à leur secours. Et cōme il deniast qu'il fust chez luy, il leur permit de visiter tout son Palais pour l'y chercher; mais ne pouuans descouurir lequel s'estoit, Vlysse va desployer en la grand' salle des beatilles & menus fatras conuenans aux femmes; & parmy cela vne corseseque auec vne targue: & là dessus commande au trompette qu'ils auoient amené quand & eux de sonner l'alarme: fait par mesme moyē clicquetter le harnois, & leuer le cry du combat; si qu'Achilles cuidant que les ennemis fussent là arriuez par surprise, va soudain deschirer sa robbe de fille, & vous empoigne targue & corseseque: par ou s'estant manifesté, il promit son secours aux Grecs, & de mener les Myrmidons auecques luy.

PHENIX est enuoyé par mer en Scyro, pour de là en amener Pyrrhus: *Phenix fut fils d'Amynthor Argien, lequel entretenant en sa maison vne concubine à la veuë de sa propre femme, elle esprise de ialousie persuada son fils de luy faire l'amour, & de l'accoiter; dont le pere indigné luy donna sa malediction. si qu'il fut contraint de sortir hors de son païs, & se retirer deuers le Roy Peleus en la Thessalie, qui luy donna la seigneurie des Dolopes; & son fils Achille à endoctriner; lequel il accompaigna depuis à la guerre de Troye, auec cinquante vaisseaux qu'il fretta à ses propres cousts & despens, comme met Hyginus au 97. chapitre du premier liure. Tout ce que dessus est atteint d'Homere fort par le menu au 9. de l'Iliade, & finablement ce Phenix là deuint aueugle sur ses vieils iours, selon que le remarque Ouide en ses Inuectiues contre Ibis.*

Id quod Amyntorides videas, trepidúsque minister
Prætentes baculo luminis orbus iter.

OR pour clorre le present Tableau, il n'y aura point de mal d'amenerce que *Fulgence, & les autres Mythologiques allegorisent en cest endroit, du mariage de Pelee auec Thetis, puis que cela n'a point esté touché par cy deuant en la nourriture de leur fils Achille. Ils veulent donques*

" que Thetis soit l'eau, que Iuppiter le grand Dieu formateur de tout, ioinct
" & vnit auec Peleus, c'est à dire le limon de la terre, car πηλὸς en Grec
signifie limon; duquel meslé auecques l'eau, on dit que les hommes furent
premierement procreez, ce qui n'est pas du tout esloigné des traditions Mosaïques: & cela auroit meu Aristophane d'appeller les hommes πηλοῦ πλάσματα, ouurages de terre; & peult estre l'Apostre aux Romains 9. de dire; le potier n'a-il pas puissance de faire d'vne mesme masse de terre vn vaisseau à honneur, & l'autre à deshonneur? Ce qu'on dit puis apres que Iuppiter s'estant voulu mesler auec
" Thetis, en auroit esté diuerty par l'admonestement de Promethee, de peur
" qu'il n'engendrast vn enfant en elle plus grand & celebre que luy, selon que
" le porroient les destinees, & qui le chassast de son Roiaume comme il auoit
" fait son pere Saturne: cela denote que Iuppiter lequel est prins pour le feu,
" car ζεὺς qui signifie Iuppiter vient de ζέω boulhir eschauffer, s'il se mes-
" loit auecques l'eau elle l'esteindroit, au demeurãt aux nopces de Pelee &
" de Thetis, la seule discorde n'y fut point semonce, à cause qu'en la genera-
" tion de l'homme, il n'y doit point auoir de discorde des Elemens, telle que
" pourroit estre entre le feu & l'eau, lesquels ne se pourroient immediatement comporter ensemble; si que Pelee ou la terre qui represente la chair
" & les ossemens, & Thetis l'eau ou l'humeur; Iuppiter qui est le feu ou
" chaleur naturelle les vient ioindre & lier ensemble en la generation de la
" creature, & les reschauffant les anime & viuifie; car l'ame selon la plus-
grand' part des Philosophes est de nature de feu. La discorde doncques
n'ayant point esté conuiee à ses nopces, vient à la trauerse pour y seruir vn
" plat de son mestier; c'est la pomme d'or qui est prise pour la conuoitise, parce qu'en vne pomme d'or il n'y a rien que la veüe, & non à gouster; ce qui
s'approche de ce que touche Moyse en Genese, que la pomme dont le serpent ou le diable, c'est la discorde, seduit noz premiers Peres à en manger, leur auoit esté prohibee du Createur; si qu'ils en tasterent contre sa defence.
" Tous les autres Dieux y auoient esté inuitez; car les Ethniques attri-
" buoient chaque membre & partie principalle de l'homme à quelqu'vn d'i-
" ceux; comme la teste à Iuppiter, les yeux à Mercure, les bras à Iunon, dõt
Homere luy donne ordinairement l'Epithete de λευκώλενος ayãt les bras
& espaulles blanches, à cause de la perspicuité transparente de l'air qu'elle
represente: & remarque Minerue principalement à ses yeux, l'appellant
γλαυκῶπις aux yeux verds; la poittrine à Neptune, le fau du corps à
Mars, ce qu'Homere a pareillement atteint en ces Vers.

DE SCYRO.

Ὄμματα καὶ κεφαλὴν ἴκελος Διὶ τερπικεραύνῳ,
Ἄρῃ δὲ ζώνην, στέρνον δὲ Ποσειδάωνι.

Des yeux & de la teste semblable à Iuppiter qui s'esgaye és fouldres & tonnerres, du fau du corps, & des hanches à Mars, & de la poitrine à Neptune. *Les reins & les aynes à Venus, parce que là gist la lubricité, & les pieds à Mercure, pour raison de la diligence continuelle où il fault que soient tous les marchans & trafiqueurs. En fin Achilles estant nay de ce mariage, sa mere le trempe tout dans la riuiere de Styx, horsmis le tallon & la plante du pied; c'est à dire qu'elle l'endurcit à toutes sortes de trauaux pour y resister, & se rendre inuincible, fors que contre l'esguillon de la chair & concupiscence; parce que les anatomistes remarquent certaines veines procedans de ceste partie, qui se vont communiquer & rendre aux cuisses & aux reins, ensemble à l'espine du dos, où consistent les lubriques chatouillemens qui y ont leur siege selon Orphee. Il est puis-apres mené au pallais de Lycomede pour y estre nourry; assauoir en la demeure de la volupté, car ce mot n'importe autre chose que* γλυκὺ μηδὲν, *douceur & rien plus, toute lubricité estant doulce de soy, mais en fin rien. Ce qu'il s'enamoure de Polixene qui signifie estrange à plusieurs, denote que la volupté fait extrauaguer, & errer vagabondes les affections de plusieurs personnes hors de leur debuoir, si que la pluspart du temps elles les viennent perdre & precipiter en vne mortelle destruction & ruine, qui leur prouient de ces charnelles concupiscences.* Voila comment soubs les fables anciënes sont comprises plusieurs belles speculations de Philosophie.

MARSYAS.

ARGVMENT.

MINERVE à ce qu'on dit, fut la premiere qui inuenta les flutes & les haultbois, d'vn os de cerf qu'elle accommoda à cest instrument, duquel s'estant ingeree de vouloir iouër en vn festin que faisoient les dieux, Iunon & Venus luy voyans ainsi auec ses yeux de chat, verds, grisastres, enfler les ioües quãd elle soufsloit pour les entonner, s'en prindrent à rire: parquoy de despit elles s'en alla à vne fontaine au mont Ida, où s'estant contemplee dans l'eau iouant de mesme, elle trouua qu'à bon droict on s'estoit mocqué d'elle, & iecta là ses flutes par grand despit; mauldissant de cruelles execrations quiconque les releueroit, & le deuouant à vn fort criminel supplice. De fortune puis-apres certain pasteur nommé Marsyas fils d'AEagrus, & l'vn des Satyres, les retrouua; & s'y exercitant sans cesse y profita de sorte qu'il osa bien defier Apollon sur la precellence de son haultbois pardessus sa lyre, & là dessus les muses furent d'vn commun accord prises pour iuges & arbitres de la dispute; lesquelles balançoient desia à en attribuer le prix à Marsyas, quand Apollon se mit à chanter, accompaignant l'instrument de sa voix, où par ce moyen il adiousta vne telle grace, que Marsyas ne pouuant faire le semblable demeura vaincu: Et Apollon l'aiãt attaché à vn Platane le fit escorcher & desmembrer en menues pieces par vn Scythe qui passoit par là: puis le donna à enseuelir à l'vn de ses disciples nommé Olympe: de son sang s'estant formé vn petit fleuue, qui depuis fut de son nom appellé Marsyas. Voila comment le racompte Hyginus au 165. de ses narrations fabuleuses; quelques autres diuersement, mais le tout reuenant à vn.

VOILA

VOILA le Phrygien vaincu; & pourtant il est peint icy comme vn homme du tout esperdu & confus, pour l'apprehention de ce qu'il doibt bien tost souffrir: car il preuoit assez que c'est pour la derniere fois qu'il aura ioué de ses fluttes & chalumeaux; s'estant aduancé fort mal à propos de se prendre au fils de Latone: & pourtant il les a iettez là par despit contre terre, sans aucune reputation desormais, parce qu'il ne soufflera plus dedans, comme celuy qui aduouë à ceste heure d'estre tout à faict surmonté. Or voile-là tout debout en son estant contre ce Pin, où il sçait qu'il sera pendu, s'estant luy-mesme condamné à ceste punition & supplice d'estre escorché vif: & desia ce Scythe paillant appreste le trenchant de son cousteau à cachettes à l'encontre de ce gentil prouoqueur d'vn Dieu. Voyez-vous pas bien comme il tient la queux en ses mains, & le ferrement, la veuë tournee vers le miserable, qu'il regarde d'vn œil leonin & felon; sa cheueleure toute herissee, orde & crasseuse, & mal testonnee. Quant à ses iouës ainsi ardentes, i'estime que ceste couleur luy est montee au visage comme à vn qui est sur le poinct d'en deffaire vn autre: & le sourcil se renfroignant au dessus de l'œil y rassemble vne estincelante lumiere, qui declare assez l'animosité qui est emprainte en son courage. Il soubsrit aucunement neantmoins, mais ce n'est que du bout des leures,

C

pour l'execution qu'il doibt faire: ie ne sçay pas si c'est d'allegresse, ou pour estre ainsi animé à la mort de ce mal-heureux. Apollon est icy pourtrait d'autrepart, se reposant sur vne pierre, où il tient sa lyre de la main gaulche, dont les doigts fredonnent encore tout bellement sur le manche, & comme s'il chantoit auec. Car vous voyez bien la mine de ce Dieu ainsi coye & serie, iectant vn gracieux sousrire vers le fleuue Asopus, la main droicte dont il tient l'archet appuyee contre son sein, oisifue à ceste heure pour la ioye qu'il a de sa victoire, & du fleuue qui doibt bien tost changer son surnom de Porcin. Voyez moy au reste ce trouppeau de Satyres, comme ils depleurent Marsyas, pourtraits ainsi que demonstrans assez leur saffr'effrontee insolence; & l'enuie qu'ils ont de bondir & de trepigner parmy l'ennuy qui les moleste.

ANNOTATION.

Dv subiect du present tableau il en a esté desia dit cy deuant quelque chose au premier liure sur ceux des Satyres, d'Olympe, & Midas: qui en vouldra veoir d'auantage, lise le 6. des Metamorphoses d'Ouide, où ceste fable est sommairement racomptee. Parquoy il n'en reste icy autre chose, sinon ce qu'en touche Pausanias en ses Phocaïques; que Silene ayāt esté vaincu par Apollon sur la contention de leurs instruments, ses fluttes furent iectees par luy de despit, dans la riuiere de Marsyas, qui les emporta auau-l'eau dans le Meandre où elle va tomber: & là sur le bord, vn pasteur les ayant trouuees, les dedia dedans vn temple d'Apollon là aupres. Par succession de temps depuis vn ioueur d'instruments nommé Saccadas, pour en auoir le premier de tous sonné és ieux Pythiens qui se celebroient à l'honneur d'Apollon, cela fut cause de luy faire appaiser le courroux qu'il auoit conceu enuers tous ceux qui faisoient profession de iouër des cornets, fleuttes, haulbois, & chalumeaux, & semblables instrumens à vent, à cause de la presomption que Marsyas auoit prise de l'en desier. Et és attiques il est parlé d'vne statue de Minerue qui bat Marsyas pour auoir recueilly les fleuttes qu'elle auoit iectees, nonobstant la commination susdite; ce qui ne veult monstrer autre chose que le chastiment qu'en encourut cest infortuné, suiuant l'imprecation de la deesse. Fulgense, & Palephate allegorisent ie ne sçay quoy sur ceste fable, qui concerne les loix & les reigles de la musique, mais cela a desia esté atteint és Tableaux cy dessus alleguez. Diodore, & Eusebe en sa preparation euangelique, semblent referer ceste contention d'Apollon, & de Marsyas, à certaine ialousie qu'ils eurent pour la deesse Cybelle, dont ils estoient tous deux amoureux; mais les plantans là l'vn & l'autre, elle se donna à Atys.

C ij

LES CHASSEVRS.

ARGVMENT.

IL descript icy & depeint fort naifuement vne espece d'assemblee, à l'imitation de la chasse des bestes noires contenue au premier liure, & au reste fort plaisante & recreatiue, ne s'arrestant pas tant à deduire ce qui concerne l'art & industrie de la vennerie, & la maniere dont on y procede, comme à nous representer le deduit qu'ont accoustumé de prendre les chasseurs soubs leurs ramees & frescades à l'oree de quelque bois prés d'vne fontaine ou ruisseau, apres estre de retour de leur chasse; banquettans à soulas, & faisans des comptes entre-lassez de railleries les vns des autres sans aucune picque n'aigreur: dont à la verité ie ne cuide pas qu'il y ait rien de plus ioyeux ny delectable en toutes les occupations, & les passe-temps de la vie humaine. Ce sçauent ceux qui autrefois s'y sont exercitez, moy-mesme entre les autres le puis tesmoigner par l'experience continuelle que i'en ay faite plus de vingt ans continuels auec feu de bonne memoire Monseigneur le Duc de Niuernois gouuerneur de Champaigne & Brie fort addonné à ce mestier, comme ie l'ay desia dit cy deuant: & fort souuent encore soubs le Roy Henry second. Surquoy il m'a semblé n'estre impertinent d'en amener à ce propos quelques traicts d'vn vieil liure de la vennerie & faulconnerie, intitulé; le Roy Modus, & la Reyne ratio, du deduit des chiens & oiseaux; au pattois de ce siecle là, trop plus heureux en sa naifue simplicité, bien que non si poly & instruit en la cognoissance des bonnes lettres, comme celuy qui est arriué du depuis; mais en recompence trop mieux fortuné, pour n'estre les hommes d'alors ainsi incompatibles comme nous autres de maintenant; ne si infectez d'ambitions, conuoitises insatiables, rapines, massacres, calomnies, mal-veillances, partialitez, & diuisions, qui nous ont finalement amené au dernier but de toute calamité & misere. Il dit doncq ainsi. EN ceste doulce saison que toute nature se resiouist; & que les oisillons desgoisent melodicusement en la belle forest delectable; & la rousee iecte ses gracieuses larmes, qui reluisent dessus les fueilles,

& l'herbe verde à la clarté du soleil, ainsi qu'vn purnet cristal transparant appliqué sur quelque esmeraulde: & la place où se doibt faire l'asseblee est en vn lieu à l'escart, le pl⁹ plaisant & delectable qu'on a peu choisir: Et que les Veneurs y sont arriuez retournans de leurs questes; & le seigneur à qui la chasse est, auec ceux qui oyr la veulent, sont venus de compagnie à ceste assemblee; là sont faits les rapports du boys; & qui de vannerie ne sçait parler & respondre en termes propres comme on doibt, ce seroit vne grand' confusion & honte pour luy de s'en entremettre. Car on demandera à ceux qui sont retournez de leurs questes quelles nouuelles ils en apportent: adoncq doibt dire naifuement chacun d'eux ce qu'il en aura trouué en effect: & si aucun a veu le cerf à veüe, on le luy fait deuiser quel il est, tant de pellage, que de corsage, & de sa rameure. Que s'il aporte des fumees en la saison ou lon a accoustumé d'y asseoir iugement, il les monstre, & on regarde les meilleures, dont on dit les causes & raisons pourquoy. On les interroge aussi en quelle meulte sont les cerfs qu'ils ont destournez: & puis on arreste celuy qu'on doibt aller courre; & ordonne les chiens tant de la meulte que des relais. Cela fait, ils s'asseent sur l'herbe verde: & boiuent & repaissent ioyeusement: lors qui sçait bons mots si les dic. Et quand on sçait bonnes nouuelles du boys, & que le temps est beau & serain; & nature a pris sa refection si qu'elle est contente, il est bien raison aussi que le cueur soit lie. Et la dessus chacun endroit soy monte à cheual pour aller faire son debuoir. *Mais il est desormais temps d'oyr ce qu'en veult dire Philostrate.*

E T pourquoy ne deuiserons nous de ceux que la peinture nous r'ameine icy de la chasse; & de ceste source d'eau claire si propre à s'en refraischir & rinser la bouche, voire en aualler quelque traict; auec son ruisseau argentin?

C iij

LES CHASSEVRS.

Mais voyez aussi ce gentil bosquet tout autour, ouurage comme il le faut croire de la sage & prudente nature, fort industrieuse en tout ce qu'elle veult entreprendre, & qui n'a aucun besoin d'artifice, comme celle qui mesme a donné commencemēt à toutes les arts. Car qu'est ce qui luy defaut icy pour y aprester vn ombrage? Et defaict ces plaisantes vignes sauuages rampans tout le long des arbres, viennent à joindre les sommitez de leurs sarmēts, qui s'entrelacent l'vn dans l'autre en forme d'arceau. Plus ce lizeron, & lyerre s'allongeans tant ensemblemēt que chacun à part, nous rendent ie ne sçay comment ce lieu sombre, & plus agreable que s'il estoit fait d'artifice: la musique quant & quāt de ces linottes & charderonnets; de ces rossignols & faulettes; & les melodieux accords de tous les autres oisillons, qui desgoisēt leur ramage à l'enuy, qui d'vne sorte, qui d'vne autre, nous rameinent icy fort artificiellemēt sur la langue les emmiellez vers de Sophocle, où il met que le plus souuent tout aupres de luy ces gracieuses Philomeles font retentir l'air du fonds de leurs armonieuses gorges. Mais ceste trouppe de chasseurs, les vns gaiz, ioyeux, esbaudis; les autres vigoureux & robustes, respirent encore la feruente ardeur de la poursuitte de leur chasse; & les autres s'occupans en diuerses manieres se recreent du trauail passé. Quel, o dieux & combien delectable à l'œil est ce que cest artifice nous monstre! Car tout apertement on peult veoir la fortune que chacun d'eux a obtenue. Certes ce lict a bōne grace, fait à la haste de fueilles & d'herbes côme il leur est venu en main. Or sur ceste paillasse bastie de pants de rets ce me semble, sont assis à table les Colomnels & Capitaines pour parler plus magnifiquement de la chasse, cinq en nombre; dont vous voyez biē celuy qui est au milieu comme en se rehaulsāt il se tourne deuers ceux qui sont au dessus de luy, & leur racompte ce qu'il a fait en ceste assemblee; où il a le premier de tous frappé à mort l'vne de ces deux bestes qui sont pendues auec les filādres & bricolles à ces chesnes là; vn cerf à mon aduis, & vn sanglier, qui sōt encore enueloppez dedās. Ne vous semble il pas qu'il se resiouisse de son exploict, & en soit tout braue? Et les autres le regardans escoutent attentiuement ce qu'il dit. L'autre d'aupres s'inclināt dessus la paillasse se soullage là, Vous racōptant par-auenture son faict aussi en particulier. Celuy au reste que vous pouuez veoir là assis à l'autre bout de leur banquet, tenant au poing vne tasse à demy pleine au ,, milieu d'eux, & tournant sa main droicte dessus la te- ,, ste, me paroist chanter quelque vaudeuille. L'autre ,, qui contēple celuy qui les sert à table, luy fait signe q̄ la tasse trotte de rang. O q̄ ce peintre est vn bon maistre, & qu'il a la main delicate! Car si on veut prendre garde à tout, on verra qu'il n'a rien oublié de la Suitte. Regardez vn peu ce varlet de chiens qui est là assis dessus ce tronc d'arbre, dont il s'est saisy au mesme equipage où il estoit dedans l'accours; lequel repaist, vne bezace pendue au col: & ces deux grands leuriers d'attache, l'vn s'alongeant couché sur le vētre, qui mange le pain qu'on luy a iecté: l'autre assis sur

HERCVLE

son cul, tendant le col prest à recueillir ce qu'on luy iectera. Cestuicy, le feu allumé, y ayant arrengé tous les pots, poesles, & chauderons necessaires pour y apprester vne magnifique cuisine, leur sert les viandes & entremets, le sollicitant soy mesme de diligēter. Et ce barrault est posé là à l'aduenture à qui s'en voudra verser à boire. Finablement de ces deux seruans, l'vn qui est le cuisinier, demonstre, à ce qu'il me semble, de vouloir tailler les portions fort egalles, & en estre iuste & exacte distributeur: l'autre les attend telles de luy pour les porter où il faudra; car à la chasse la fortune n'a en la disparité rien que veoir.

HERCVLE ET ACHELOE.

ARGVMENT.

DEs combats ou labeurs d'Hercule, comme on les appelle; il y en eut qu'il entreprint d'vne gayeté de cueur sans contrainte: d'autres où la necessité le força, & d'aultres qui luy furent enioints & ordonnez d'Eurysthee. Car Iunon ayant descouuert qu'Alcmene femme d'Amphytrion auoit esté engrossee par Iuppiter, & qu'Hercule auoit esté conceus en elle de diuine semence, elle s'en alla trouuer son mary pour le requerir, que le premier qui des deux sortiroit hors du ventre de la mere, commandast à l'autre. Iuppiter le luy ayant accordé, Iunon fit tant par le moyen de Lucine qu'Eurysthee vint à naistre deuant qu'Hercule; Ce qui fut cause des rancunes & inimitiez qui depuis regnerent perpetuellement entr'eulx. Quelque temps apres Hercule ayant esté rendu par Iunon tout forcené & furieux, s'en alla au conseil à l'oracle, pour sçauoir comment il pourroit recouurer son bon sens; où il eut responce, qu'en obeyssant aux commandemens d'Euristhee: Et de là procederent les entreprises & exploits où il l'exposa, cuidant l'y faire demeurer; qui seront cy apres specifiez

& descrips en l'escu d'Eurypile, au tableau de Pyrrhus, & des Mysiens, dont l'vn des combats qu'il entreprint d'vne generosité de courage sans y estre autrement astreint, fut cestuy pour deliurer Deianire des mains d'vn si hideux monstre qu'Achéloe: qui est le subiect du present tableau: où le tout est assez clairement deduit: mais il a esté desia touché à peu pres sur celuy d'Atlas.

Vous me demanderez peult estre quelle conuenance il y peut auoir d'vn draghon qui se reiecte ainsi hors d'œuure en si grand volume, alongeant le col, le doz moucheté de taches rougeastres, & meurtry de coups, & les barbes pendantes au dessoubs d'vne droite esleuee creste dentelee à guise de sie, d'vn regard au surplus horrible, & qui suffiroit pour donner frayeur aux plus asseurez & hardis: Auec vn braue & superbe cheual, qui d'vne si ample arrondie corne réuerse la terre qui est à ses pieds, comme s'il la vouloit lancer: & de cest homme monstrueux auec la care d'vn taureau; & vne grosse barbe touffue, des moustaches & flots de laquelle degouttent de gros surjons d'eau: plus ceste multitude de peuple qui y accourt de toutes parts comme à vn spectacle par trop estrange: & vne belle damoiselle au milieu de ceste grand' place, la mariee comme ie croy, car il faut comprendre cela des beaux atours dont elle est paree: & ce vieillard en fort grád' angoisse de cueur, selon que sa mine le monstre. D'autre part ce gaillard ieune homme robuste qui a despouillé sa peau de Lyon, tenant au poing vne massue. Et ceste Nymphe que voila si haute & haslee, ce qui conuient bien au propos de la nourriture qu'elle a prise en l'Arcadie, ayant vne guirlande de fueillards d'hestre: c'est la ville de Cabydon comme il me semble. Mais que veult dire ceste peinture? C'est icy le fleuue Acheloe, lequel enamouré de Deianire fille d'Æneus, presse ce mariage le plus qu'il peult; non ja par persuasions ou prieres, ains y procede de viue force, se transformant diuersement, or d'vne façon, or d'vne autre, de la sorte que vous voyez, pour estonner comme il espere, Æneus: car sçachez que c'est celuy que vous voyez icy portrait, ainsi morne & melancholique pour raison de sa fille Deianire, regardant comme transi de fascherie, celuy qui veult estre son gendre. Elle est peinte au reste non les ioües colorees de vermeille pudeur virginale, ains toute esperdue & craintifue pour l'effort qu'elle s'imagine debuoir souffrir, outre l'ordinaire d'vne conionction naturelle : mais le courageux & vaillant Hercule vient de gayeté de cueur en passant chemin, entreprendre le combat pour la deliurer de cest accessoire. Voyla ce que no⁹ en debuons attendre: Car vous les voyez bien desia attaquez ensemble, entant qu'on peut coniecturer de cest enfornement de deul de ce Dieu auecques l'inuincible Heroe. La fin au surplus en est, que le fleuue prenant la forme de Taureau, se rue d'vne grande impetuosité & furie contre Hercule; lequel de la main gaulche le saisist par l'vne des cornes, & de la droicte luy aualle l'autre tout net, auec sa massue, dont il verse desormais plus de sang que d'eau, ia

ET ACHELOE.

receu, & n'en pouuant plus. Et Hercule tout braue & ioyeux pour sa victoire, sa massue iectee à terre, tourne son regard deuers Deianire, luy tendant la corne d'Acheloe, ainsi que pour vn present nuptial.

ANNOTATION.

ACHELOE est vn fleuue ayant ses sources au mont de Pindus en la Perrhebie, & de là s'en vient trauerser l'Acarnanie qu'il separe de l'Etholie, selon Pline iiij. 1. Puis finablement se rendre par deux rameaux dans le goulphe Corinthiaque, & Strabon 9. conioignant l'Isle d'Artemite à la terreferme par l'assiduel limon qu'il charrie. Il en dit le mesme des Echinades, liu. 2. chap. 87. & Stace au 2. de la Thebaide, Turbidus obiectas Achelous Echinadas exit. Il fut auparauant appellé Thoas, comme veut Stephanus au liure des villes : Thestius aussi, & Axenus, & Acarnanas, des habitans de là autour. Puis en fin print ce nom d'vn Achelous qui vint de la Thessalie s'habituer en ces quartiers là auec Alcmeon fils d'Amphiaraus, qui tua sa mere Eriphile. Auiourd'huy en vulgaire on l'appelle Aspri, & selon les autres Catochi, & Gerombea. Entre luy & Nestus fleuue de Thrace se produisent des Lyons, & non en nul autre endroit de l'Europe, plus fiers, cruels & puissans que ceux de l'Afrique ny de l'Asie, selon le mesme Pline viij. 16. Et au xxx vij. 10. il met qu'en luy s'engendre la pierre dicte galactites, de couleur de laict, qui pendue au col des nourrisses leur accroist celuy des mammelles: Et aux petits enfans prouoque la saliue, s'ils ont la bouche par trop seiche; car elle s'y fond, si elle y est vn peu retenue, mais elle hebete la memoire. Il fut fils selon les Poetes, de l'ocean & de la terre, ou de Thetis, comme veult Seruius, qui le fait pere des Serenes, & la muse Calliopé leur mere; trois en nombre, Parthenope, Leucosie, & Ligie, moictié ieunes filles pucelles, moictié oiseaux; dont l'vne s'aidoit de la voix, & chantoit fort diuinement, l'autre iouoit des flutes, & la tierce de la lyre; formans de tout cela ensemble vn si doux & melodieux concert de musique, qu'il faisoit perir

HERCVLE

les nauigateurs qui passoient par là, s'ils s'amusoient à les escouter, ainsi que le recompte Homere au 12. de l'Odyssée. C'est Achaloé donques eut le combat auec Hercule qui est depeint en ce tableau; & ce pour raison de Deianire fille d'Æneus Roy de Calydon, qu'il vouloit auoir en mariage par force; & nonobstant qu'il se transformast de plusieurs manieres, mesmement en taureau, Hercules neantmoins en vint à bout, & luy arracha vne corne qui fut depuis appellée la corne d'abondance ou cornucopie, ayant esté remplie de toutes especes de fleurs & de fruicts par les Naiades. Strabon liu. 10. refere allegoriquement cela, à ce qu'Hercule pour raison de l'affinité qu'il prit auec Æneus, par le moyē de quelques dignes et leuees, arresta les inondations de ce fleuue, qui gastoit souuent la plus part du territoire de Calydonie; & mit à sec l'vn de ses rameaux qui estoit le plus subiect à se desborder; ioint que selon Plutarque au commencement du traicté, Qu'il faut qu'vn Philosophe conuerse auec les grāds, l.e dit auoir eu la reputation d'estre fort expert à la conduicte des eaux. Nous auons desia touché le surplus sur le tableau de Meles. & amené en cest endroit les vers de Sophocle en sa tragedie des Trachyniennes, qui allegue le mesme Strabon à ce propos; dont Philostrate a emprunté toute l'entree de ce tableau. Ouide au 9. des Metamorph. traicte fort elegamment, & par le menu ceste fable.

OENEVS fut fils de Parthaon, & Roy de Calydon ville de l'Etholie à deux lieues de la mer, autour de laquelle passe la riuere d'Euene. De sa femme Althee il eut Meleagre dont il sera parlé cy apres en son tableau; Tydee, & Deianire: toutesfois Hyginus au 129. chap. met que Bacchus estant d'auenture arriué au logis d'Oeneus, il s'en amoura de sa femme Althee fille de Thestius; dequoy le mary s'estant apperceu, pour leur donner meilleur loisir de iouer leurs ieux s'en alla aux champs; si que Bacchus l'engrossa de Deianire; & pour la courtoisie qu'il luy auoit faicte luy donna du plant de vigne, luy enseignant comme il la falloit cultiuer, si que le vin fut depuis appellé de son nom οἶνος quasi Oeneus; lequel au reste fut ayeul de Diomedes fils d'iceluy Tydee: & ayant esté depossedé de son Royaume par ses nepueux enfans d'Agrius fils aussi de Parthaon, & pere de Thersites, il fut humainement receu de Diomedes en Argos; lequel pour l'amour de luy, comme le recite Pausanias ès Corinthaques, meut la guerre en Calydoine contre les dessusdits: mais voyant qu'il n'y pourroit pas persister à la longue, fut contraint de se departir de ceste entreprise; si qu'ils s'en retournerent

ET ACHELOE. 15

tous deux à Argos, où Aeneus deceda quelque temps apres; & fut là enseuely en vn endroit de ceste ville, qui de luy fut dit Aenoé. Hyginus au 175. chap. le raconte d'vne autre sorte; que ce fut Agrius mesme qui chassa son frere du Royaume, pource qu'il le voyoit sans enfans; car Meleagre estoit mort comme il se dira cy apres, Tydee deceda au siege de Thebes, & Deianire emmenee par Hercules. Sur ces entrefaites Diomede fils de Tydee & de Deiphyle retournant de la prise de Troye comme il sceut que son ayeul auoit ainsi esté priué de son heritage, vint en Etolie auec Sthenel fils de Capanee, & fit la guerre contre Opopas fils d'Agrius, qu'il mit à mort, & chassa Agrius du Royaume qu'il auoit vsurpé, le restituant à son ayeul, dont Agrius de regret se tua soy-mesme.

De la nourriture que Calydon a prise en Arcadie, ayant vne guirlande d'Hestre. Il fait icy allusion à ce que les Arcadiens qui se maintenoient estre le plus ancien peuple de toute la terre, voire deuant la Lune, comme met Plutarque en la 76. question Romaine, & en la 92. estans issus de la terre, ils auoient par consequent grande affinité auec les chesnes & fousteaux, qui produisent le gland, & la fayne, dont ils vescurent apres que leur Roy Pelasgus leur en eust enseigné l'vsage ; car auparauant ils se contentoient d'herbes & de racines. Arcas puis-apres fils de Iuppiter, & de la Nymphe Calisto leur monstra à labourer la terre, & semer le bled, ce qu'il auoit appris de Triptoleme fils de Cerés; à cuire du pain; & à teistre des draps de laine pour leurs vestemẽs, comme leur auoit appris Adrasta; auec plusieurs autres ciuilitez: & deslors elle prit le nom d'Arcadie, estant au precedant appellee Pelasgie, ainsi que met Pausanias és Arcadiques.

Hercule vient de gayeté de cueur en passant chemin. Il y a au grec ὁδοῦ παρεργόν, ce qui est passé en Prouerbe, quãd on fait incidamment quelque chose qui n'estoit pas directement de son principal propos & intention; aliena à re proposita, diroit Ciceron : & c'est en plusieurs endroits, Ex itinere aggredi.

De ce Dieu auecques l'inuincible Heroe. C'estoit l'ordinaire des anciens au paganisme, d'appeller les fleuues dieux, & leur sacrifioiẽt comme à tels ; les Phrygiens mesme au Meandre, & à Marsyas : ce que vous auez peu veoir cy deuant aussi sur le tableau d'Anthiloque du 23. de l'Iliade, ou Achilles auoit voué d'offrir sa premiere cheueleure à Sperchie.

D iij

HERCVLE AV BERSEAV.

ARGVMENT.

ICy est depeinte la premiere preuue de la courageuse magnanimité & effort à l'aduenir, du vaillant Hercule, & quelle plus hastiue demonstration en eust-il sceu faire, que n'estant encore qu'vn petit enfant au berseau, emmailloté de couches & de langes, d'empoigner neantmoins de chaque main sans s'en estonner, vn de ces deux grands & enormes serpents effroiables que Iunon esguillonnee de ialousie & mal-talent y auoit enuoiez pour le mettre à mort; & les estraignant iusqu'à estouffer, les flacquer roide exanimez contre terre; puis se prendre à rire de cest affaire. De ce premier acte de vaillantise il fut depuis surnommé Hercules primigenius comme met Hyginus chap. 30. Il y a au reste tout plein de petites mignardises & traicts delicats entremeslez au contexte de ce tableau, qui ne seruent que pour l'ornement d'iceluy, comme paregues, n'aians point de besoin d'autre plus ample explication.

Tout cecy est prins du 24. Eidylio de Theocrite.

TV te ioües gentil Hercules, tu te ioües, & soubsris desia aux combats estant encore dans le berseau emmailloté en des langes & couches, où tu empoignes deux gros serpens, l'vn d'vne main, l'autre d'vne autre, que Iunon auoit enuoyez pour t'exterminer; sans te retourner autrement deuers ton effroyee mere, toute transie encore de l'extreme peur qu'elle a euë: mais les voila desormais tous elangourez, alongeans leurs reployemens vers la terre, qui se souloient entortiller en plusieurs grāds neuds & replis ; leurs testes sous-baissees és mains de l'enfant, lesquelles monstrent quelque peu de leurs longues dents aigues arrangees en forme de rasteau, & pleines de mortel venin. Leurs crestes quant & quant se panchent d'vn des costez pour raison de la mort qui les presse : & leurs yeux n'ont plus de regard ; ny leurs escailles n'esclattent plus comme elles souloient d'vn clair lustre doré pourprin, & ne reluisent aux commotions & retours de leurs mouuemens, ains se monstrent liuides & ternes ainsi que d'vn sang meurtry. Or qui voudra remarquer la mine d'Alcmene, elle monstre assez la frayeur qu'elle a euë du commencement ; & à ceste heure est encore en doubte & suspens pour les choses qu'elle apperçoit, la peur ne luy donnant pas le loisir de se tenir couchee, comme celles qui ont enfanté puisn'agueres : car vous voyez de quelle sorte toute en chemise & decheuelee elle se lance hors de ce lict, sans pantoufles ; & leuant les mains elle s'escrie à haulte voix : ce pendant ces femmes qui l'auoient assistee à son trauail tout estonnees & esperdues s'accoutent à l'oreille l'vne de l'autre en diuers endroits de la chambre, chacune auec la plus prochaine d'elle. Et voila vne trouppe de gens armez, & vn d'autrepart l'espee traicte : ceux-là sont les plus esleus des Thebains qui viennent pour secourir Amphytrion, lequel au premier bruict & rumeur a mis l'espee au poing, & est accouru quant & les autres au renfort de ce qui s'exploitroit icy.

HERCVLE

Mais ie ne vous sçaurois bonnement dire si la mine qu'il fait est d'vn estonné, ou plustost d'vn qui est surpris de ioye; car il a encore le bras tout prest de charger; neaumoins la profonde cogitation de ses yeux l'arreste & retient; n'y ayant rien aussi bien deuant luy où il se doibue attaquer, ains cognoist assez qu'il a besoin d'vn oracle pour le resouldre de ce qu'il voit icy à l'œil: au moyen dequoy Tiresias est la mis tout contre, predisant, à mon opinion, combien grand vn iour doibt estre celuy qui est gisant dans le berseau. Il est peint au reste comme s'il estoit rauy en ecstase, & halletant de l'esprit prophetique renclos dans son estomac. La nuit y est pourtraite quant & quant, en la forme que le tout s'est icy demeslé, s'esclairant elle mesme auec vne lampe, pour ne laisser sans tesmoignage ce tant valeureux effort de l'enfant.

ANNOTATION.

AMPHITRYON *Prince de Thebes, fils d'Alcee, dont Hercules comme de son ayeul auroit prins le nom d'Alcides, selon Pindare en la 6. des Olympiennes; & Procle sur le Cratyle de Platon; combien que Minerue aussi fust ainsi appellee des Macedoniens, comme met Titeliue au 42. liure*: Perses centum hostiis sacrificio regaliter Mineruę quam vocant Alciden, confecto: *mais en cest endroit ce mot vient d'ἀλκὴ force, comme aussi il pourroit bien faire en Hercule; lequel eut ce nom de ἡρακλῆς de ἥρα Iunon; & ainsi le voulut l'oracle, à cause de la gloire qu'il acquit par le moyen de ses persecutions. Amphytrion doncques fils d'Alcee & de Laonomé fille de Gunee selon Pausanias en ses Arcadiques, espousa Alcmene fille d'Electrion, & de Lysidice fille de Pelops & Hippodamie, soubs ceste condition de venger la mort de son frere*

AV BERCEAV.

frere que les Theleboans peuple de l'Etholie auoient malheureusement massacré: à quoy ce pendant qu'il estoit occuppé, Iuppiter ayant pris sa ressemblance vint trouuer Alcmene, comme s'il retournoit de son entreprise; & soubs ce pretexte coucha auec elle, luy racomptant d'vn bout à autre tout ce qu'il auoit fait en ce voyage: mais il trouua vne telle faueur en la dame, qu'il prolongea ceste nuict du iour, & de l'autre nuict ensuyuant; ce qui auroit meu Lycophron d'appeller Hercule τρισέσπερος λέων, le lyon de trois nuicts, comme fait aussi Lucian. Ayant doncq engendré Hercules en elle, qui estoit desia grosse d'Iphicle du faict de son mary Amphitryon, cettuicy va arriuer sur ces entrefaictes; & voyant le peu de compte qu'elle faisoit de luy, comme celle qui pensoit en auoir tout recentement esté accoinctee, & qu'il s'en plaignist, elle va respondre; comment vous ne faictes que partir d'icy, ayant esté toute cette longue nuict auec moy, à qui vous auez compté telle chose & telle de vostre voyage. De cela Amphitryon s'apperceut que c'estoit quelque deité qui l'estoit venuë visiter en son absence, si que delà en auant il s'abstint de luy plus toucher. Son terme arriué elle enfanta Iphicle d'Amphitryon, & Hercule de Iuppiter, selon Pline vij. 11. mais Hercule auec vne grande difficulté & trauail; car Iunon aposta la deesse des enfantemens Lucine, qui au lieu d'aider Alcmene à se deliurer, l'en empescha, se tenant assise les doigts croisez & entrelassez à guise d'vne chaire brisee, l'vn dans l'autre contre ses genoils, ce que touche le mesme Pline xxviij. 6. d'assister aux femmes grosses, ou quand l'on medicamente quelqu'vn, les doigts entrelassez en forme de pigne, c'est vn charme nuisible; & dit-on que de cela l'experience s'en put veoir lors qu'Alcmene enfanta Hercule: pire encore est-il si l'on tient les mains accouplees contre l'vn de ses genoils, ou les deux. Mais Pausanias és Beotiques, met que Iunon enuoya les Pharmacides ou sorcieres en la chambre d'Alcmene pendant qu'elle estoit en trauail d'enfant, qui l'empescherent de se deliurer, iusqu'à ce qu'Historide fille de Tiresie s'aduisa d'vne telle ruze, de s'escrier à haute voix en pleurant, comme si elle en eust esté fort faschee, qu'Alcmene auoit enfanté. Et ainsi abusees pensant qu'il fust vray, se departirent, & soudain Alcmene accoucha. Mais Homere au 19. de l'Iliade le racompte d'vne autre sorte; que Iuppiter en pleine assemblee des Dieux & Deesses, ayant declaré que ce iour là debuoit naistre vn enfant de sa race qui commanderoit à tous ses voisins, s'attendant que ce seroit Hercule, dont Alcmene estoit sur le

E

HERCVLE

point d'accoucher, Iunon le luy fit confirmer par serment solemnel; & s'en alla tout de ce pas faire deliurer la femme de Sthenel, laquelle estoit grosse de sept mois d'Eurysthee; & suspendre ce temps-pendant la deliurance d'Alcmene; ce qui fut cause qu'Eurysthee qui venoit de Persee fils de Iuppiter, commanda tousiours du depuis à Hercule. Pausanias au
,, reste dit és Attiques, qu'Alcmene s'en retournant d'Argos à Thebes,
,, mourut par les chemins és limites des Megareens: & comme là dessus
,, se fust leuee vne dispute entre les Heraclides, dont les vns vouloient em-
,, mener le corps à Argos, & les autres insistoient que ce fust à Thebes,
,, pource que les enfans qu'auoit eu Hercule de Megarey estoient inhumez,
,, & Amphitryon aussi, l'oracle d'Apollon en Delphes les admonesta de
,, luy dresser son tombeau à Megares. Mais Plutarque au traicté du de-
mon socratique, fait racompter à vn Philolaus, que sa sepulture ayant esté ouuerte en la ville d'Alyarte par le commandement des Lacedemoniens, dont les deux familles des Rois estoient descenduës d'Hercule, pour en transporter les ossemens à Sparthe, on trouua parmy vn carquan de
,, cuyure, & deux petits vases d'argile cuitte remplis de terre, qui par la lon-
,, gueur du temps s'estoit desia petrefiee: au dessus y auoit vne lame de
,, bronze, grauee de caracteres fort estranges, approchans bien fort des
,, Hieroglyphiques des Egyptiens, qui furent interpretez par vn de leurs
,, sages nommé Conuphis à l'instance du Roy Agesilaüs; & que c'estoit
,, l'escripture dont on vsoit du temps du Roy Protheus, qu'Hercule en pas-
,, sant par là y auoit aprise: & que le tout ne vouloit dire aultre chose, sinon
,, que Dieu admonnestoit les Grecs de viure en paix & vnion, instituant
,, des ieux aux Muses pour l'exercice des bonnes lettres; & en disputant les
,, vns contre les autres par raisons de Philosophie & argumens probables
,, pour enquerir la verité & la certitude tant de l'equité & iustice, ensemble
,, la police & de reiglement des meurs, que de beaux secrets de nature: & nō-
,, pas s'entreruiner par les armes, qu'il leur conseilloit du tout mettre bas.
Pleust à Dieu que nous fussions si bien aduisez, que nous peussions suyure ce tant sage & sainct admonnestement. Voilà ce qui nous a semblé debuoir toucher icy en passant de la genealogie d'Hercule, mesmement du costé maternel, puis que de celuy du pere il venoit de race diuine.

ET VOILA vne trouppe de gens armez, & Amphitryon, &c. Il semble que cecy ait esté emprunté de la description d'vn des tableaux de Zeuxis, dont parle Pline XXXV.9. car il y conuient, Magnificus est Iuppiter eius in throno astantibus diis: & Hercules infans drachones strangulans Alcmena matre coram pauente, & Amphytrione.

TYRESIAS est là mis tout contre, predisant combien grand doibt estre vn iour cest enfant. De ce *Tyresias, & comme il fut mué d'homme en femme ; puis reintegré en son premier estat, auec le surplus de ce propos ; tout cela a esté traicté cy deuant au premier liure sur le tableau de Menecee.* Reste à en dire ce qu'en met Strabon au 9. de sa Geographie, que Tyresias estãt fort vieil & caducq, cõme il eust beu tout eschauffé & boüillant en la plus grande ardeur du iour, de l'eau de la fontaine de Thelphosse, & en fust mort, les Beotiens l'enterrerẽt au pied du mont du mesme nõ ; & luy decernerẽt vn anniuersaire dit les Ephestries, de la robbe ou mãteau qu'on porte pardessus tout le reste de ses accoustremẽs ; là où son image estoit despoüillee des siẽs d'hõme, pour le reuestir d'autres à vsage de fẽme, & soudain apres on luy redõnoit les premiers d'hõme. Au 16. il luy attribuë vn oracle, alleguãt là dess" ces deux vers du 10. de l'Odissee.

Τῷ γὰρ τεθνειῶτι νόον πόρε Περσεφόνεια
Οἴῳ πεπνῦσθαι τοὶ δὲ σκιαὶ ἀίσσουσιν.

Proserpine à cettuicy estãt decedé a octroyé encor de l'entendement, & d'estre seul prudent & sage, les autres ne sont qu'ombres legieres à esbranler. *Fulgence au 3. de son Mythologique allegorisant sur la fable de ce Tyresie & de ses transformations, veult que ce mot vieñe de θερος l'Esté, & αἰὼν siecle ou eternité: que le Printẽps au demeurãt represente l'homme, parce que tous les germes sont là noüez, & l'Esté la femme, d'autãt qu'ils s'espanoüissent & ouurẽt en fleurs, fueilles, & fruicts, ainsi que fait la femme en enfantant la creature qui a esté conceüe & formee en son vẽtre ; si que tant les animaux que les plantes estãs touchez de la chaleur, reçoiuẽt cõme vne habitude de femme. Et pource que l'Automne equipolle au Printemps, tant en l'egalité des iours & des nuicts, car le masle est plus esgal & temperé que la femelle, ainsi que sont ces deux saisons plus que les deux autres, dont l'vne, à sçauoir l'Hyuer, excede la mediocrité en froidure ; & l'Esté en chaleur ; & que les cõceptions se reserrent en Automne, Tyresie reprend sa premiere masculine forme, qui est plus seche & moins humide que la feminine : c'est pourquoy les fueilles par faulte d'humeur qui les delaisse, tombent lors des arbres, & se desseichent.* En apres Iuppiter est pris pour le feu, comme il a esté dit ailleurs ; & Iunon pour l'air : & d'autãt que l'air est plus habile à la generation & production, on luy attribuë aussi plus de volupté qu'à Iuppiter ;

E ij

HERCVLE

dont pour auoir proferé ceste equitable sentence, Tyresie est rendu aueugle par Iunon, qui denote les broüillas & temps nubileux qui regnent en Hyuer subsequemment apres l'automne. Mais Iuppiter pendant que le froid compresse & restraint les seues en apparence par le dehors, leur resuscite de nouueau vn mouuement tacite & secret pour s'esclorre en la prime vere aduenir; qui est comme vne production du futur; & la mesme cause pour laquelle on attribuë à Ianus deux visages, lequel represente le mois de Ianuier, l'vn derriere, pour denoter l'an qui est passé & reuolu en ses quatre saisons accomplies ou bien trois selon la doctrine des Egyptiens; & celle de deuant, la future en laquelle on entre. Voila ce qu'en moralise Fulgence, mais la plus grand' part tiré tortionnairement par le nez.

  I L est peint comme s'il estoit rauy en ecstase. le rauissement que les Grecs appellent ἔκςασις, est vne abstraction, alienation, & llustration dont l'ame deuolue d'enhault icy bas, est de nouueau esleuee; & cela se fait par vne tresforte & profonde contemplation, qui la retirant comme vn prisonnier, des liens des sentimens corporels où elle est tenuë en captiuité, semble laisser le corps où elle reside ainsi qu'esteint & priué de vie; tant est forte l'agitation de ceste Ecstase, qu'on verroit par fois ceux qui en sont espris, se demener non d'autre sorte que s'ils tiroient aux derniers abboys de la mort; selon mesme que le racompte S. Augustin d'vn certain prestre Calaminien, qui en ces rauissemens & ecstases se trouuoit si aliené de tout sentiment, qu'il demeuroit vne bonne piece sans respirer, ny se mouuoir pour feu qu'on luy appliquast, ny pour ferrement, ains sembloit proprement estre outrepassé; ce qui aduient aussi aux esuanouys de quelque vehemente pasmoison: si puissant est le pouuoir de l'ame quand elle predomine sur le corps, & qu'elle s'en peult aucunement deliurer; car lors elle desploye ses facultez, tout ainsi qu'vne chandelle allumee renclose dans vne lanterne non transparente, où elle demeure comme enseuelie; mais si l'on en ouure le guischet, soudain elle espand çà & là sa lumiere: si que mesmes ceux qui tombent du mal caducq, pendant qu'ils sont en cest accez, ont par fois coustume de predire tout plein de choses aduenir; ainsi qu'il se lit d'Hercules, lequel estoit fort subiect à cest accid^t, qui en auroit acquis le nom de la maladie Herculiëne. Les Prophetes doncques vaticinateurs, & deuins n'exerçoient gueres leurs predictions qu'ils ne fussent espris d'vne maniere de fureur, & presque renduz insensez, quand l'esprit prophetique se venoit introduire en eux, selon que monstre assez ce lieu icy de Ciceron en ses liures de la diuination: l'esprit de l'homme ne deuine iamais, sinon quand il est tellement deslié du corps qu'il n'a plus de communication auec luy, ou bien peu. Platon appelle cela les descouëmës ou descentes des intelligëces superieures en l'esprit humain (les Cabalistes diroient les Zephirots) qui l'esclairent tout ainsi qu'vn flambeau feroit nostre veuë en tenebres; là où par le moyen de sa lumiere nostre œil apprehende les choses qu'il ne pouuoit autrement discerner à l'obscurité qui le defraude de sa faculté & action visuale: & Mercure Trismegiste, met que les esprits demoniques, que le paganisme nommoit les Euridees ou Pythons, se fourrans dans les corps humains, se seruoient de leurs organes pour annoncer les choses futures: ce que touche Plutarque aussi en la cessation des oracles. Mais trop plus chrestiennemët Ciceron, lequel suiuant l'opinion des Stoiques ne veut attribuer la cognoissance de l'aduenir sinon aux Dieux; ce qui ne s'esloigne gueres de ce passage d'Isaïe 41. Annoncez nous ce qui doibt aduenir, & nous dirons que vous estes Dieux. A quoy monstre se vouloir aussi conformer Ptolemee, bien que payen: Il n'y a seulement que ceux qui sont inspirez de la diuinité, qui sçachent predire les choses particulieres. Mais la vraye prophetie venoit de la seule inspiration diuine; comme le tesmoigne S. Pierre en sa 2. Catholique, chapitre 1. La Prophetie n'a iamais esté apportee par la volonté humaine, mais les saincts personnages estans inspirez de l'esprit sainct ont parlé. Plutarque au traicté du demon socratique met plusieurs especes de deuinemens, dont les vns se font moyennant quelques signes corporels, comme par le mouuement & le cours des Astres; la geomantie, hydromantie, chiromantie, & semblables: par les entrailles des victimes; par le vol & chant des oiseaux, & infinies autres qui consistent en art & preceptes. Et finablement en l'inspiration interieure, qui en ce cas n'a besoin de choses externes; ainsi qu'ont esté les Prophetes, les Sibylles, & les oracles; dont celuy de Tyresias fina par vn tremblement de terre en la ville d'Orchomene, & fut du tout rendu muet selon Plutarque au traicté dessusdit de la cessation des oracles; assignant la cause de ces predictions & responses aux exhalations & vapeurs, lesquelles procedans de la terre plustost en vn endroit qu'en vn autre & à certaines periodes de temps, car elles ne sont pas perdurables se peuuët esteindre par les rauines d'eaux, par les vents enclos, & pareils accidents: si que ces vapeurs s'introduisans és esprits vitaux des personnes, elles leur alienent le commun cours & fonction de l'entendement; & les rendent comme forcenez: dont le

E iiij

demon qui est clair-voyant s'y empraint plus facilement, quand il y rencontre vn subiect materiel propre à receuoir son impression: ny plus ny moins que le feu en la naphte, ou pouldre à canon, & semblables substances inflammatiues, selon qu'il a esté discouru cy deuant sur le tableau de Phorbas ou des Phlegiens: de maniere que le demon peult bien peu sans ceste exhalation & vapeur, & encore moins la vapeur sans le demon, qui s'en accommode & s'en sert: tout ainsi que les instrumens de musique ne sçauroient point sonner d'eux mesmes si quelqu'vn ne les manioit; & le menestrier d'autre part ne sçauroit rien faire sans des instrumens. Mais les Sibylles y procedoient bien d'vn plus hault degré; assauoir de la diuinité qui descendoit en elles, & leur esclairoit l'ame ainsi qu'vn rayon de soleil, en la cognoissance des choses passees & aduenir, comme des presentes, car à la diuinité tout est present; si qu'elles approchoient bien plus que les oracles de l'esprit de prophetie & estoient comme moyennes entre les Prophetes illustrez de l'esprit de Dieu, & les oracles qui prouenoient tous du mauuais deceptif demon. Car encore que ces femmes là fussent payennes & idolatres, si ont elles parlé bien souuent par l'esprit de verité; & de choses encore appartenans à la gloire & honneur de Dieu, voire des principaux poincts de nostre religion & creance; comme de l'aduenement du Messie; de sa passion, & resurrection; & de son regne perdurable. Or quand ie dis l'esprit de verité, il ne faut pas inferer de là que les demons & les oracles n'ayent souuent predit des choses qui se sont trouuees veritables par les euenemens & effects qui s'en sont ensuiuis, mais ç'a esté communément choses mondaines & friuoles, & presque tousiours ambiguës & captieuses: & les Prophetes & Sibylles des generales; comme de la decadence & renuersement des monarchies; de la transposition des Empires; des calamitez publiques, de pestes, guerres, & famines; des seditions & reuoltes des peuples; & autres telles desolations & ruines: & sur tout se sont retenus à ce qui estoit le plus d'importance pour le salut des humains, & la gloire du Createur, de la sapiēce duquel toutes leurs predictiōs dependoient: là où les Sibylles participoient plus du sçauoir & inspiration demonique, en ce qui se peult estendre & communiquer comme soubs vn voile & ombrage aux creatures; ainsi qu'il est biē plus raisonnable de croire que les secrets qui nous seroient reuelez de la propre bouche d'vn Roy, ou autre Prince souuerain, touchāt quelque sienne deliberatiō & proiect, deburoient estre bien plus certains, ou d'aucuns de leurs plus priuez & estroits familiers, que s'ils nous venoiēt de la bouche de ses plus esloignez ministres; &

encore difgraciez, & reiettez ainſi que ſont les demons ſans comparaiſon plus de Dieu, & de ſes determinees preordonnances, que les Anges, & ſemblables puiſſances celeſtielles qui luy aſſiſtét inceſſamment. Les gentils au reſte ont ſoubsdiuiſé ces rauiſſemens d'eſprit, & fureurs vaticinatrices, en certains degrez qu'ils attribuent aux Muſes, leſquelles en nombre de neuf, auec Apollon qui leur preſide, & fait le dixieſme ſe rapportent ſans doubte aux dix Sephirochs des Hebrieux, ou diuines numerations, qui s'eſpandent du throne de Dieu aſſis deſſus le firmament, ou ciel empyree immobile, qui fait la dixieſme ſphere, de ciel en ciel iuſqu'icy bas, dont à remonter contremont l'eſprit humain ſe peut eſleuer iuſques à la plus haulte circonference pour de la veoir au long & au large, le paſſé, preſent, & futur, ainſi qu'vn aigle qui auroit fait ſa montee à perte de veuë dedans le ciel peult bien deſcouvrir d'auantage de pays icy bas en terre, que ſi elle n'alloit qu'à pair d'vne pie ou corneille. Les Hebrieux outreplus ont deux eſpeces de cabale ou philoſophie traditiue de main en main, l'vne qui eſt des choſes intellectuelles qu'ils appellét de Mercaua, comme eſt ce que traicte Ezechiel au premier chap. l'autre de Bereſchit, de la creation ou des choſes naturelles : à propos dequoy les anciens ont eſtimé qu'il y auoit des mineraux vegetaux, animaux qui pouuoiét de beaucoup ſeruir aux predictions : dont Rabi Moyſe Cuſain en ſes commentaires ſur le Leuitique, ſelon que l'allegue Rabi Symeon dás le Talmud Ieroſolimitain, racompte de certain Zoophyte ou plantanimale appellee Iedua qui a face d'homme, & le corſage d'aigneau, attaché à la terre, d'où il ſucce partie de ſa nourriture par vne forme de cordelette partant du nombril : & autant que ſe peult eſtendre ceſte cordelette ſemblable aux rinſeaux des courges ou coloquintes, il broutte, paiſt & deuore tout ce qui eſt autour de luy d'vne ſi grande agilité continuelle, qu'il ſe deſrobbe preſque de la veuë : ſi qu'il n'y a autre moyen de l'atteindre, ſi ce n'eſt qu'à coup perdu de force traicts ferrez en forme de ciſeau bien trenchant deſcochez d'vne arbaleſte, on arriue à couper ceſte cordelette ou boyau : lors en prenant l'vn de ſes os dedans la bouche auec certaines cerimonies, ſoudain l'on entre en fureur, & predit on les choſes futures. Tout cecy donques qui procede des animaux ſe refere à la ſphere de Mercure : comme ce qui part des mineraux, & des vegetaux à la lune. Suit puis apres en montant, la ſphere de Venus, dont dependent les parfums, odeurs & encenſemens aromatiques, comme on peut veoir és hymnes d'Orphee, tous remplis de tres-grands myſteres, & de beaux ſecrets de nature. De la quatrieſme, qui eſt du ſoleil, les ſons &

chants de musique, qui ont vne grande efficace à esleuer nostre esprit, ainsi qu'on lit de Pythagore, lequel reduit à vne modestie temperee vn ieune homme tout depraué, par certains chants harmonieux : & de Timothee tref-excellent ioueur de fluttes, au son desquelles il esmeut Alexandre le Grand à mettre les armes au poing, & soudain en changeant de ton les poser. Mais pour le regard des predictions, nous en auons ce lieu tant exprés au 4. des Rois chap. 3. du Prophete Elisee, lequel auant que predire aux Rois de Iudah, & d'Israël, ce qui leur debuoit reüssir contre leur commun ennemy le Roy de Moab, se fait amener vn ioüeur de harpe : & quand il sonnoit & chantoit, dit le texte, la main du Seigneur fut faite sur luy, c'est à dire l'esprit de Dieu entroit en luy pour le faire prophetiser. La cinquiesme respond à Mars : & de là prouiennent les vehementes imaginations, mouuemens, affections, & conceptions de l'ame. La sixiesme à Iuppiter, qui est vn discours ratiocinatif de coniectures sur les Enygmes des oracles, que les Prestres agençoient, ordonnoient, disposoient, & interpretoient à leur fantasie : ainsi que de Iuppiter à Dodone ; d'Apollon en Delphes ; de Trophonius, Tyresias, Amphiaraüs, & autres semblables. La septiesme à Saturne ; assauoir les secrettes meditations, lors que l'esprit humain se despoüillant de toutes distractions externes, mondaines & sensuelles, se retire en vne interieure contemplation, comme dans son plus priué & remot cabinet ; & à cela sert beaucoup l'humeur melancolique solitaire, pere nourrissier de toutes les arts & sciences, selon la maxime d'Aristote, que les melancholiques sont ingenieux de leur naturel : aussi est ceste humeur plus propre que nulle des autres à attirer à soy les demons, comme veult Proclus, principalement en la solitude apartee. La huictiéme Sphere des estoiles fixes est fondee sur l'obseruation des astres, en quoy ont fort excellé les Chaldees ; dont depend l'astrologie iudiciaire, vne branche des
" predictions ; suiuant les reigles de laquelle se forment soubs certaines con-
" stellations, des anneaux, images, & characteres qui aident beaucoup aux
deuinemens. La neufiesme, qui est le premier mobile, s'arreste és nombres & figures, & semblables choses plus formelles que materielles, qui pour ceste occasion s'approchent plus de la nature demonique, & des substances
" separees. La 10. c'est le ciel empyree ou le firmament, s'attribue à Apollon
" qui est l'ame du monde, que les cabalistes appellent Mettatron. & sar-
" hapanim, le Prince des Faces, ou essence de Dieu, selon cecy du 33. d'Exode ; Tu verras bien mes parties posterieures, (c'est à dire mes effects) mais tu ne pourras veoir mes faces : & ainsi est il en
l'Hebrieu

l'Hebrieu au pluriel: là est le throne du grand Dieu viuant, autrement son chariot dit Mercaua, descript si exactement par le Prophete Ezechiel, dont procede la reuelation prophetique, que Rabi Moyse Egyptien liure 2. de son directeur, chap. 37. définit estre vn don de grace eslargy du createur, moyennant l'intelligence assistante qui opere en la puissance de l'ame raisonnable en premiere instance, & de là sur la faculté imaginatiue; mais cela ne se communique pas à tous indifferemment, & ne sçauroit nul y paruenir par aucune speculatiue science, quelque parfaicte & excellente qu'elle sceust estre; ny de quelque bonne disposition & aptitude de naturel qui soit en l'homme, si elle ne luy prouient exterieurement de l'illumination diuine; qui se communique ou en veillant, ou en songe, lors que les sentimens corporels sont comme endormis, selon que le dit Trismegiste tout au commencement de son Pymandre: car la vertu imaginatiue est bien là plus forte, comme estant plus en liberté, que nompas en veillant, & peult beaucoup mieux desployer ses actions: au moyen dequoy les sages Hebrieux mettent les songes pour l'vne des trois principales branches de la Prophetie; assauoir les songes, les visions & les reuelations; qui se soubs-diuisent puis-apres chacune en deux. Des songes, il y en a en premier lieu de deux sortes; de faulx, & de veritables: & des faulx derechef, deux; de vains du tout & oisifs, qui n'importent ny ne veulent signifier rien, selon mesme le 29. d'Isaie; Comme celuy qui a faim & soif songe qu'il mange & boit; & apres qu'il est esueillé, son ame est vuide. Entre les autres songes vains on met ceux qui nous viennent en automne, quand les fueilles tombent des arbres; dont Aristote attribue la cause aux fruicts nouueaux; & autres raisons deduittes au 8. liure des Symposiaques de Plutarque, question 10. là où ceux des personnes melancholiques sont communément plus reiglez, & plus veritables que de nuls autres (comme il met en la cessation des oracles) & des personnes malades, selon Platon, que nompas des sains; à cause que tant plus la portion superieure de l'ame, assauoir l'intellect, que les Grecs appellent νοῦς, les Latins mens, dont depend la prediction & deuinement, se separe des liens du corps, tant plus fortement se va elle coioindre à sa source qui est en Dieu; ce qui se fait mieux en maladie qu'en santé, parce que selon le Zoar, l'ame commence lors à se separer de la chair, & de la sensualité, & iouyr plus parfaictement de sa liberté quand les empeschemens corporels viennent à se debiliter & defaire. Au surplus, des songes vains & friuoles c'est dont a voulu entendre l'vn des anciens sages; somnia ne cures; tout confor-

HERCVLE

mémement au 29. de Ieremie; Ne prenez point garde à ce que vous songez: car, comme il est dit en l'Ecclesiastique 34. Les sōges en ont faict errer plusieurs; & ceux qui s'y sōt fiez, sont tōbez. Pourtant estoit il expressément defendu en la loy de s'y addonner ny adiouxter foy; Vous ne deuinerez point ny n'obseruerez les sōges; Leuit. 19. & au 18. de Deut. Que parmy vous ne se treuue personne qui interroge les deuins, & qui obserue les sōges, ny le chāt, & le cry des oiseaux. Au reste il aduient rarement qu'on songe si net qu'il n'y ait des choses vaines & oisues y entremeslees, tout ainsi que le grain n'est point sans de la balle & des escorces: neantmoins Artemidore, & assez d'autres ont estimé que rien ne se representoit en songe qui n'eust quelque significace, à qui le sçauroit interpreter. L'autre espece de faulx sōges est de ceux qui sont capricux, deceptifs, mais non tout-à-plain illusoires: cōme ce que la femme de Pilate (en S. Matthieu 27.) songea, qui estoit vne illusion du mauuais esprit tendant à destourner Pilate de la condēnation du SAVVEVR, de la mort duquel debuoit proceder le salut du genre humain. Et à cela se conforme aucunement le songe qu'enuoye Iuppiter à Agamemnon (2. de l'Ili.s.) pour le deceuoir: car c'estoit au plus loin de son intention, & pour honorer Achilles, comme il est là dit, luy faisant entendre que les Grecs deuoient forcer la ville de Troye en ce iour là : où au rebours ils y furēt tres-bien frottez: parquoy ce songe est dit là οὖλος pernicieux ou deceptif. Quāt est des songes veritables, il y en a de plus exprés & manifestes les vns que les autres: aucuns qui sont tous clairs & nets, & qui n'ont besoin d'interpretation, ainsi qu'on lit de Salomon au 3. liu. & ch. des Rois; auquel Dieu s'apparut de nuict en songe, luy disant: demande ce que tu desires, afin que ie le te donne; & il luy requiert vn cueur docile pour biē gouuerner son peuple; ce qu'il luy octroye; & d'abondant richesses & gloire. Et en S. Matth. 2. de Ioseph espoux de la vierge Marie: Apres que les trois Rois se furent retirez, voicy l'Ange du Seigneur apparoistre en songe à Ioseph, luy disant, Leue toy, & prends le petit enfant & sa mere, & t'enfuis en Egypte. Il y en a d'autres qui ont besoin d'interpretation, cōme celuy des gerbes, & des estoilles de Ioseph fils de Iacob, en Gen. 37. Plus ceux qu'il interprete aux officiers de Pharaon, au 40. & consequemment à Pharaon mesme au 41. Daniel en semblable à Nabuchodonosor ch.2. Les Cabalistes attribuent la faculté de ces interpretations de songes, à l'Ange Gabriel, qui preside à la luxe, dont ils tiennent qu'ils nous sont immediatemēt enuoyez, comme estant la plus prochaine de nous: & se fondent en cela sur ce qu'au 9. de Daniel c'est Ange qu'il appelle homme luy est enuoyé pour l'instruire à interpreter les songes & visions, selon qu'il est dit au 2. Dieu donna intelligence à Daniel, de toute vision, & des songes. Lesquels nous prouiennent de l'esprit imaginatif, & de l'intellect vnis ensemble; ou de l'illustration de l'intellect agent, que les Hebrieux appellent Neslamah, qui nous vient illuminer l'ame; ou d'vne pure reuelation de quelque diuinité; nostre pensee estant bien sereine & repurgee de toutes distractions sensuelles, tout ainsi qu'vne eau calme & tranquille. Et selon que dit Abdalla Philosophe Arabe, comme les visions des songes procedēt de la force de l'imagination, de mesme les entendre & interpreter, prouient de la vertu de l'intellect, si que celuy qui sera plōgé en charnalitez & concupiscences, & comme endormy en icelles; en quoy l'esprit imaginatif se rebouche & hebete, & deuient au reste inegal, rabotteux & si mal poly, à guise d'vne eau agitee de vagues, qu'il ne peult receuoir en soy les images des visions qui se viennent respandre sur luy, & les retenir tant qu'elles s'y forment distinctement; celuy-là doncques est inhabile à receuoir les songes prophetiques & deuinatoires; & encore plus à les interpreter. Rabbi Iohenan au Talmud dans le liure des Sanhedrin, les distingue en quatre especes; & dit que l'accomplissement & effect de ce qu'ils presagient cōme aussi fait Tedacus Leui, ne se retarde point oultre 22. ans; alleguans à ce propos que ce que Ioseph songea chez son pere, aagé pour lors de 17. ans, s'effectua l'an trente-neufiesme de son aage en Egypte. La premiere doncques de ces especes est le songe matutinal, que les Hebrieux appellēt Tardemah, au 12. des nombres: S'il y a quelque Prophete du Seigneur entre vous, ie me monstreray à luy par vision, ou parleray à luy en songe; où notoirement est mis difference entre le songe & la vision. Mais en Iob 33. ils sont confondus; Par le songe en la vision nocturne quād le sommeil saisit les hōmes, & qu'ils reposent en leur lict, Dieu ouure alors leurs oreilles, & en enseignāt les instruit. La secōde espece est quād on songe ce qui touche & appartiēt à vn autre; selō ce que souhaitte Daniel au 4. pour gratifier Nabuchodonosor; Monseigneur ce songe soit à ceux qui te haïssēt, & la signifiāce d'iceluy à tes ennemis. A quoy se conforme celuy du Varlet de Mardonius, qui a esté amené au 1. liure sur le tableau d'Amphiaraüs, auec plusieurs autres choses de ce propos. La 3. est celle dont

F ij

l'interpretation se fait par vne vision, comme an 8. de Daniel. La quatriesme qu'and le songe se reïtere, ainsi qu'à Pharaon au 41. de Genese, des espics de bled, & des vaches; les songes du Roy ne sont qu'vn: ce que tu as veu secondairement appartenant à la mesme chose, est indice de confirmation. La seconde espece des Propheties est la Vision, qui a fort grande affinité auec les songes, car ce que nous songeons il nous semble proprement le veoir: parquoy il est dit au 34. de l'Ecclesiastique, selon cecy est la vision des songes. Et au 7. de Daniel: Il vit vn songe & fut la vision de son chef. Mais la vision est plus reelle: & encore les vnes plus distinctes que les autres; & plus fortes, ou plus remises. Des claires & paisibles, en Genese 15. Apres ces choses la parole du Seigneur fut faicte à Abraham en vision, disant: & ce qui suit, qui est tout appert: là où les visions de Zacharie, de S. Iean en l'Apocalypse, & aultres telles, ont besoin d'interpretation; comme aussi celles de Daniel 8. & 10. où elle fut si impetueuse qu'il ne demeura point de force en luy. Des bien expresses est celle d'Ezechiel 1. où il met que les cieux furent ouuers, & vit lors les visions de Dieu: ce qui se fait par vn fort rauissement d'esprit en ecstase quand il est du tout transporté à Dieu, & s'vnist à luy, & y adhere fermement, tous les sentimens corporels assoupis, suiuant ce qu'escript l'Apostre en la 1. aux Corinth. 6. Celuy qui est adioint au Seigneur, est vn mesme esprit auec luy. & en la 2. chap. 12. parlant de sa conuersion; Ie cognois vn hôme en Christ, si ce fut en corps, ou hors du corps, ie ne sçay, Dieu le sçait; lequel a esté rauy iusqu'au tiers ciel. S. Iean au 1. de l'Apocalypse; Ie fus en esprit vn iour de dimenche, & oys derriere moy vne grande voix côme d'vne trompette, disant, Escrips: &c.
De ces visions il y en a d'aucunes reelles; d'aultres imaginaires, dont les
« Cabalistes mettent ce qu'ils appellét Bathcol la fille de la voix: Nostra-
« dame l'appelle la voix faite au limbe, sans laquelle l'intellect creé ne peult
veoir les choses occultes, ny en quelle partie les causes futures se viendrôt à incliner, moyennant l'exigue flame, qui est neantmoins de telle efficace & haultesse, que non moins que la naturelle clarté & lumiere elle rend les Philosophes si asseurez, que moyennât les principes de la premiere cause on atteint iusqu'aux profods abismes de la plus haulte & sublime doctrine. Ceste fille de la voix dôques se fait par certaines visiôs en Enigme, qui ont besoin d'intelligêce pour les adapter: car tout ainsi que nous appellôs Echo vn resonnemét de la voix humaine, ou autre son, ces visiôs & images sôt cer-

taines reuerberations des creatures, suyuant ce que escript l'Apostre aux Rom. 1. Les choses inuisibles de Dieu se voyent de la creature du monde, &c. Comme la vision qui s'apparut à S. Pierre, Actes 10. Luy ayant faim, comme on luy apprestoit à manger, il luy suruint vn rauissement d'esprit, & vit le ciel ouuert, & vn vaisseau descendre comme vne grande toüaille, par les quatre bouts deuallant du ciel en terre; auquel il y auoit toutes sortes d'animaux, de reptiles, & d'oiseaux. Car chasque creature porte en soy certaine marque & sceau secret empreint en elle, des merueilles & secrets de son createur; dont il se sert pour manifester ses intentions, tout ainsi que de quelques lettres hieroglyphiques. Ces visions là s'appellent celles du miroüer creé non luysant, autrement Malchut, qui correspond à la Lune. Car il y en a d'autres du miroüer luysant increé dit le Tipheret beauté ornement, la numeration és dix Sephirots du Soleil, l'ourier souuerain du grãd Dieu, qui y a mis son tabernacle ou officine (Pseau. 18.) où se forgent toutes les substances sensibles; car du Tipheret ou Soleil de Iustice qui est là hault dans L'Ensoph ou infinitude de l'eternité, procedent les intelligences separees & abstraittes de la matiere. Les Cabalistes appellent ceste espece de vision, Belpecalariot, les miroüers: & S. Augustin la matutinale. Batchol aussi, ou la fille de la voix, est quelquesois prise pour vne reuelation de voix formee venant du ciel, côme en S. Matthieu 3. & 17. Voicy vne voix du ciel, disant, c'est icy mon fils bien-aymé auquel i'ay prins mon bon plaisir. Et au 14. de l'Apoc. A dõc i'ouy vne voix du ciel, me disant, Escrits, bien-heureux sont les morts qui meurent au Seigneur. Car tout ainsi qu'il y a grande conuenance entre la vision, & le songe, de mesme y a-il entre la vision & reuelation; dont il y en a de deux principales sortes; l'vne de voix pleine & articulee, comme les dessusdites, mais sans veoir Dieu; ainsi qu'au 19. d'Exode; Voicy ie viendray en l'obscurité d'vne nuee, à celle fin que le peuple m'oye parlãt à toy: Car ils ne le voyent pas, comme il est dit au 4. de Deuteronome; Vous auez ouy la voix de ses paroles; mais vous n'auez point veu de figure aucunement. Et au 15. de Gen. La parole du Seigneur fut faite à Abraham par vision, en disant, Abraham ne crains point. Mais plus expressément encore au 22. quãd Dieu luy dist; Abraham, Abraham: car ce redoublement denote vne grande Emphase; ainsi qu'au 3. d'Exode, Le Seigneur s'apparut à Moyse en vne flâme

F iiij

HERCVLE

de feu au milieu d'vn buiſſon ardent, & luy dit, Moyſe Moyſe. Item au premier des Rois 3. Quand Dieu ſe veut notoirement manifeſ-
ter à Samuel; car auparauant ce n'eſtoient que preparatifs & ſemonces,
parquoy il ne redouble point ſon nom; mais finablement quand il veult
venir à l'effect, il dit; Samuel, Samuel: & il reſpond; Parle
Seigneur, car ton ſeruiteur eſcoute. L'autre eſpece de reuelation
eſt en viſion, face à face, qui eſt le plus hault & dernier degré de la Prophetie, dōt il eſt eſcript au 12. des nombres; Ie parle auec Moyſe mon
ſeruiteur bouche à bouche, & il voit manifeſtement le Seigneur; non point en obſcurité, ne par ſimilitudes. Ce qui nous
ſera ſi Dieu plaiſt octroyé en l'autre monde par le merite de IESVS
CHRIST, ſi nous ſommes de ſes Eſleus: ſelon que le teſmoigne l'A-
poſtre en la premiere aux Corint. 13. Nous voyons maintenant par
vn mirouer obſcurement, mais alors nous verrōs face à face:
à propos des deux mirouers deſſuſdits Malcuth & Tiphereth &c'eſt
ce que preſuppoſe ce verſet 8. du Pſeaume 79. O Dieu des armees
monſtre nous ta face, & nous ſerons ſauuez: Ceſte face de Dieu
n'eſtant autre choſe que ſon bien-aymé fils vnique, dit des Hebrieux
Sarhapanim, le Prince des faces: par la lumiere duquel nous verrons la
lumiere du Pere, ſelon qu'il eſt dit au Pſeaume 35. In lumine tuo vide-
bimus lumen. Car eſtant continuellement deuant la face du Pere; Ie
contemplois touſiours le Seigneur en ma preſence, Pſeaume
15. Ce qui eſt auſſi reſumé au 2. des Actes, où S. Pierre le refere reſolument
au CHRIST: & de la reflection d'iceluy; ny plus ny moins que d'vn miroüer, procede toute la lumiere de la Prophetie. Mais auant que ſortir de
ceſt incident, il nous a ſemblé y debuoir adiouxter l'hymne d'Orphee au
ſonge; tourné de nous à noſtre mode, non ſelon les exemplaires communs
fort corrompus en ceſt endroit, ains ſur vn que nous auons veu à Veniſe
eſcript à la main.

L'ENCENSEMENT DV SONGE,
LES AROMATES.

Ie t'inuoque icy ô heureux,
Et qui prends de loing ta vollee,
Songe entier, qui de l'aduenir
Es vn meſſager tresfidelle,

AV BERCEAV.

Et deuin aux hommes mortels.
Car le coy repos taciturne
Du doux sommeil venant parler
En secret aux ames humaines,
Leur resueille l'entendement:
Et toy en dormant manifestes
Les conseils des Dieux bien-heureux,
Annonçant les choses futures,
Sans dire mot à nos esprits,
Alors qu'ils sont les plus paisibles;
Ceux au moins qui pour conducteur
La pieté se presupposent;
Et comme tousiours le plus beau
En nos opinions demeure,
Tu retires des voluptez
La vie de ceux qui s'y plaisent,
Et donnes repos à leurs maux,
Comme Dieu mesme le tesmoigne,
Qu'ils rabbatront l'ire du Roy,
Par oraisons & sacrifices:
Car les deuots & gens de bien
Ont tousiours vne fin benigne:
Et aux mauuais, ce qui leur doibt
Aduenir rien ne le demonstre
Qui puisse alleger la douleur
Qui leur doit arriuer: le songe
N'est point messager aux meschants,
Ny n'est pour leurs mauuaises œuures.
Ie te supply doncq bien heureux
Que manifester il te plaise

HERCVLE

A nous les iugemens des Dieux
Et qu'aux opinions plus droictes
Tousiours nous vueilles incliner:
Ne nous declarant rien des signes
Denotans noz calamitez.

La nuict y est aussi portraitte, s'esclairant elle mesme auec vne lampe. Cela est fort mignardemẽt inuenté d'attribüer la figure d'vne personne à vne chose insensible cõme la nuict, & encore qui n'est qu'vne priuation de lumiere; au moyen dequoy pour raison de l'obscurité qu'elle charrie ordinairement auec soy, elle a besoin de quelque clarté accidentale, pour demonstrer ce qui s'y fait. C'est aussi pour denoter la frayeur que debuoient apporter les serpens enuoyez de Iunon pour mettre à mort le petit Hercule, plustost de nuict, lors que chascun est en repos, que nompas de iour, qui est tousiours moins espouuentable que les tenebres, ordinairement accompaignees d'horreur, suyuant ce qui a esté cy deuant amené du 33. de Iob: In horrore visionis nocturnæ. Elle debuoit doncq estre icy representee, mais l'autheur le laisse à penser aux aultres en forme de quelque vieille dagorne chassieuse, borgne, & demy aueugle; ayant de grandes esles d'vn inde obscur selon le Poëte Manile: Et mētita diem, nigras nox contrahit alas; semees d'estoilles, auec vn croissant: haue & seiche au reste quant à sa charneure, mais la rouppie luy pendant au nez, toute moitte & surbaignee d'humiditez & de serains; enfumee, brune, & ternie: enueloppee d'vne mallotruë houppelande de treilliz noir, & elle more tout à faict, comme l'infere ceste description du coffre de Cypsele és Eliaques de Pausanias: En l'autre face il y auoit vne femme entaillee à demy bosse, portant en sa main droicte hault-esleuee, vn enfant de blanche charneure endormy: & de la gaulche en tenoit vn aultre noir à pair d'vn Ethiopien, lequel monstroit de sommeiller; tous deux ayans les iambes tortuës: les inscriptions les declaroient estre, & quand bien il n'y eust point eu d'escripture, on n'eust pas laissé de l'imaginer; que c'estoient le sommeil, & la mort, dont la nuict est mere nourrisse, à l'imitation dequoy Stace au 10. de sa Thebaïde, auroit mis la nuict pour le dormir: Talia vociferãs noctem exturbabat. Mais Catulle plus proprement le iour pour la vie, & la nuict pour la mort.

Nobis

AV BERCEAV.

Nobis cum semel occiderit breuis lux,
Nox est perpetua vna dormienda.

Et Virgile apres luy au 10. de l'Eneide; In æternam clauduntur lumina nocte. Le mesme Pausanias és Attiques met que la nuict auoit vn temple appellé du deuinement, à cause que les reuelations se font mieux la nuict, où les esprits sont plus recueillis, mesmement à l'obscurité; & en dormant; & selon le Philosophe Straton, plus penetrans & esueillez à appeter la cognoissance, que nompas de iour à la lumiere du Soleil qui les dissipe & escarte, parquoy on auroit appellé la nuict εὔφρων sage & prudente selon Phurnute, & le Poëte Epicharme, qui disoit les cogitations de la nuict estre plus studieuses & apprehensiues que celles du iour. Et Plutarque au viij. des Symposiaques question 3. dispute fort doctement, l'air de la nuict estre plus posé, tranquille & moins bruyant & tempestatif, que celuy du iour, tant à cause que toutes choses sont lors en vn coy repos & silence, dont la voix se peult enuoyer plus entiere, & trop moins entrerompüe & affoiblie à nos sentimens, que pour le bruict que charrie ordinairement auec soy le Soleil, qui à son apparoissance remuë, excite & resueille de nouueau iusqu'aux moindres choses: a cause que l'air où se forme la voix est lors plus agité & esmeu des rays du Soleil, que nompas en l'absence d'iceux, selon mesme Anaxagoras, auec autres raisons qu'il deduit là: car comme dit Democrite, le Soleil meslant les actions des hommes qui sont appellez de luy à nouueau trauail, auec sa lumiere, par consequant tant plus fort il debilite les meditations; à quoy l'obscurité est plus propre que les tenebres: ce que Nostradame n'a pas ignoré en ses quadrains centuriez:

Estant assis de nuict secret estude
Seul reposé sur la selle d'airain,
Flambe exigue sortant de solitude,
Fait proferer qui n'est à croire en vain.

Et pourtant les Eglises sont communément sombres & obscures, afin que par ce moyen la pensee soit plus tendüe à vne deuote & profonde contemplation. Non seulement donques on dressoit durant le temps du Paganisme des temples à la nuict, ainsi qu'aux aultres deitez, mais Athenee racompte qu'Anthioque Epiphanee luy fit par mesme moyē dresser des images, ensemble au iour: & au midy car Chrysippe au 3. de ses questions naturelles luy attribuoit vn corps: & Ouide és Fastes dit qu'on luy sacrifioit vn coq, pource qu'il annonce le iour qui chasse la nuict, & la depos-

G

sede de nostre hemisphere.
> Nocte deæ noctis cristatus cæditur ales,
> Quod tepidum vigil prouocet ore diem.

Stace au 2. de sa Thebaide, où il luy addresse vn hymne dit que c'estoient des victimes noires qu'on luy immoloit, conformément à sa couleur noire.
> ---Nigras tibi nigra litabunt
> Electas ceruice greges, lustraliáque exta.

Mais la nuict n'est aultre chose en effect que l'ombre de la terre qui nous priue de la lumiere du Soleil, comme met Pline liu. 2. chap. 10. apres Empedocle, & Speusippe: & Ciceron au 2. de la nature des dieux; Ipsa vmbra terræ soli officiens noctem efficit: là où par ce mot d'officiés nuisant, il fait allusion à l'ethimologie de nox qu'on deriue de nocco. C'est pourquoy Heraclite souloit dire que s'il n'y auoit point de soleil, il n'y auroit par consequent point de nuict; parce que la lumiere dont la source est le Soleil, par l'interposition d'vn corps opaque comme est la terre causant l'ombre, l'obscurité en vient aussi: au moyen dequoy les Poëtes auroient feint la nuict estre la fille de la terre, & la mere des Parques ou destinees, à cause de leur obscurité. Ainsi la nuict par le moyen de ses tenebres nous priue non seulement du bien & contentement de ceste belle lumiere du iour, dont rien ne peult estre de plus agreable à l'homme, ains de la moitié presque de toutes noz ioyes & plaisirs; si nou-nous en voulons raporter au mesme Pline liu. 36. chap. 1. Ceu vero non tenebris noctium dimidiæ parti vitæ cuiusque gaudia hæc auferentibus. Mais ce qui l'auroit meu de dire cela, est presuposant que nous dormions lors; car selon que dit Ariston, le dormir est comme vn gabelleux & malletostier qui exige de nous, & retranche la moitié de nostre vie: & l'vn des Poëtes gnomiques à ce mesme propos:
> De rien ne sert vn homme quand il dort;
> Et ne fait rien aussi peu qu'estant mort.

Aultrement la proposition seroit faulse, d'autant que la pluspart des bōnes cheres se font de nuict, tant les festins plus solennels, que les mascarades, ballets comedies, bouffons, matachins, & autres tels esbatemens, qui ont trop plus meilleure grace, & plaisent mieux à la lumiere des flambeaux, que nompas de iour, comme il a esté monstré au tableau de Comus; ioint que les plus agreables parties qui se dressent pour l'exercice de madame Venus y ont bien plus leur liberté qu'en plein iour, ennemy mortel des amans, & de leurs desirees iouïssances: si qu'Ouide au 2. de ses amours, elegie ij. auroit appellé la nuict lascive & voluptueuse, & propre à prendre ses plaisirs; lasciuæ gaudia noctis. C'est en partie pourquoy Homere, Pindare, Mopsus, & autres Poëtes Grecs ont donné à Venus l'epithete d'ἑλικῶπις aux yeux noirs, pour autant que la nuict où regne fort ceste Deesse, est noire & sombre; & humide plus que le iour, si qu'elle endort la nature, & l'amuse selon Plutarque au 3. des Symposiaques, question 6. dont la personne se rend plus encline à se desbaucher apres des cupiditez dissolues, à cause que l'obscurité chasse arriere la crainte & vergongne, ainsi que fort elegamment le deduit Curion au 2. de la guerre Pompeianne en Cesar; Namque huiusmodi res aut pudore aut metu tenentur, quibus rebus nox maximè aduersaria est: là où Cesar selon sa coustume vse d'vne antiphrase aduersaria, pour tout le rebours, comme il l'entend, conuenable & propre. Et de là auroit prins Venus l'vn de ses autres surnoms μέλαινις noire selon Pausanias és Arcadiques, à cause que les hommes vacquēt plus à elle de nuict que de iour. Ce que touche aussi Plutarque au banquet des sept Sages: & Pindare dit que la nuict est la fauorite de Venus. Homere au reste veult qu'elle ait esté premier que le iour, & les tenebres deuant la lumiere; ce qui ne s'esloigne gueres des traditions Mosaiques au commencement de Genese. Aussi Hesiode en sa Theogonie l'appelle la plus ancienne des Dieux: fille du Chaos, & mere de l'Ether, & du iour: & Arate en ses Phenomenes ἀρχαίην premiere ou ancienne. Mais nous aurons meilleur compte d'amener icy pour la closture de ce tableau, l'hymne entier que luy addresse Orphee en forme de priere, auec des lampes & flambeaux pour son encensement; & pource que la lune preside à la nuict, ainsi que le Soleil au iour, vne partie de cest hymne s'addresse aussi à elle, comme on le pourra assez discerner sans le remarquer dauantage.

L'ENCENSEMENT DE LA NVICT,
LES LAMPES.

IE celebreray par mes chants,
La nuict qui les haults Dieux engendre,
Et les hommes mortels aussi.
O nuict qui produicts toutes choses
Et que nous nommerons Cypris:
Escoute moy Deesse heureuse,

G ij

HERCVLE AV BERCEAV.

Ayant vne sombre splendeur,
Qui luits d'infinies estoilles;
Te resiouyssant du repos,
Repos consit en plusieurs songes:
Gaye, delectable, & aimant
Que l'on te passe en bonnes cheres:
Mere des songes: noz soulcis
Qui mets en profonde oubliance,
Et donne repos aux trauaux.
AMIE de tous; qui portee
Sur de beaux coursiers, luits de nuict
A demy parfaicte, terrestre,
Et celeste encor derechef
Qui ta carriere en cercle passes;
Et t'espanouys parmy l'air.
Qui lumiere aux enfers enuoye,
Et derechef t'y vas cacher:
Car la necessité pressante
Toutes choses subiugue & vaincq.
Or maintenant nuict bien-heureuse,
Riche au possible, & qui à tous
Es tousiours plus que desirable,
Et que tous peuuent rencontrer;
Escoutant ceste voix deuote
De mes prieres, vien à moy
S'il te plaist, benigne & propice;
Et despouille toutes frayeurs
Surmontees par ta lumiere.

Par ou l'on peult veoir comme ce Poëte confond la nuict,
Venus, & la Lune ensemble.

ORPHEE.

ARGVMENT.

ORPHEE fils d'Aeagrius, ou selon les autres d'Apollon, & de la Muse Calliopé; quoy que ce soit natif de Thrace selon Pline mesme. 4. II. Le lōg des riuages du Pont Euxin sont les Morisenes, & Sithoniens progeniteurs du Poëte Orphee: fut vn tres-excellent, voire le premier de tous les Poëtes, Musiciens, & ioüeurs de Lyre, attendu que iusques à luy il n'y en eut point qui en fist profession, ny des autres instrumens à corde nomplus, ains recitoient seulement leurs vers sur les flutes. Plutarque au banquet des sept sages dit qu'il s'abstint toute sa vie de manger chair, enquoy l'ensuiuit depuis Pythagore: ce que touche aussi Platon au 6. des loix, où il appelle la vie Orphique, de ceux qui se contentoient des vegetaux, s'abstenans de toutes choses qui auoient vie. Au surplus Mercure luy fit vn present de sa Lyre, qu'il auoit bastie telle qu'il a esté dit au tableau d'Amphion; auec tout le reste de ce qui peult concerner ce propos: & s'y rēdit si accomply, qu'on a estimé que par sa melodieuse Musique, il fist remuer les bois & rochers de leur lieu; arrestast le cours des riuieres: & rendit les plus fieres & cruelles bestes sauuages, si doulces, apprinoisees & traictables, qu'elles se tenoient coyes pour l'escouter, & paisibles sans se meffaire les vnes aux autres, ny mesme aux priuees & domestiques: mais Pausanias en ses Eliaques attribue cela à sa magie, dont il fut vn souuerain maistre. Par le moyen doncques de ses chants ayant gaigné l'amour d'Eurydice, & icelle espousee, Aristee fils d'Apollon, & de la Nymphe Cyrené fille de Penee Roy d'Arcadie s'enamoura d'elle, de sorte que la voulant forcer, comme elle fuyoit deuant luy, vn serpent caché dans les herbes la picqua au pied dōt elle mourut, & Orphee en entra en si grād tristesse que ne la pouuant oublier l'alla querir dans les enfers, ou par le moyen de ses chants il flechit Pluton, & Proserpine à la luy rendre: mais à la charge qu'il ne ietteroit dessus son regard qu'il ne fust de retour en hault. Dequoy ne s'estant peu garder vaincu d'vne impatience amoureuse, elle retourna derechef aux enfers: ce qui luy apporta tel regret qu'il s'abstint de là en auant de l'vsage de toutes femmes: voire persuada aux autres faire de mesme, & se destourner de là à l'amour orde & salle des ieunes gar-

G iij

ORPHEE.

sons, dont on le dit auoir esté le premier autheur, pour le moins aux Thraces: si que pour ceste occasion il fut desmembré par les Menades celebrans leur sabat sur le mont Pangee: menés à cela de Bacchus, lequel s'estoit indigné contre luy de ce qu'ès enfers ayant chanté la genealogie de tous les dieux, il l'auroit oublié: & pourtant incita à ce massacre ses ministresses. Les autres le referēt à vne telle occasion: que Venus & Proserpine estans entrees en dispute à qui d'elles deux iouïroit du bel Adonis, de l'amour duquel elles estoient l'vne & l'autre esprises, Iuppiter renuoya leur contention à Calliopé mere d'Orphee, qui ordōna que toutes deux l'auroient à leur tour par semestre: dont Venus irritee de n'auoir eu vn iugement entier à sa faueur, fit que toutes les femmes de la Thrace s'estans enamourees d'Orphee, pendant que chacune le veult auoir à elle propre, & le retirer auec soy, en ceste contestation il vint à estre desmembré. Comment que ce soit, les Muses en recueillirent les pieces, & leur donnerent sepulture, fors à la teste, qui auec sa lyre fut emportee à vau l'eau dedans l'Hebre iusques en l'isle de Lesbos, où la teste fut inhumee par les habitās du lieu: & la lyre translatee au ciel entre les astres, estant composee de neuf estoilles. Ouide traicte fort elegamment ceste fable au dixiesme & onziesme des Metamorphoses. Et Platon en son banquet met qu'Orphee fut renuoyé des enfers sans y auoir peu rien impetrer de ce qu'il y estoit allé requerir, ne luy ayant esté monstré que l'ombre & phantesme de son espouse, & nompas elle propre rendue en effect, pour s'estre trop pusillanimemēt porté en cela, comme vn iouëur d'instrumens qu'il estoit, & n'auoir eu le courage à l'imitation d'Alceste de mourir pour cause de l'amour, ains cherché ie ne sçay quelles petites finesses & expediens de pouuoir descendre aux enfers en vie: si que les dieux ne laisserent aller ceste lascheté impunie, car ils luy destinerent la peine d'estre mis à mort par les femmes. Ce qui fut cause comme il est dit au 10. de la Rep. qu'apres sa mort il choisit de retourner icy bas en vn corps de cigne, ne voulant plus renaistre des femmes pour la hayne qu'il leur portoit. A quoy bat cecy d'Horace en la derniere Ode du 2. de ses carmes à Mecenas, couplet 3. où il dit qu'apres sa mort il passera en forme de cigne, qui de ses chants remplira tout le rond de la terre.

> Desormais aux iambes s'attachent
> Des aspres dessechees peaux;
> Et me transforme en vn blanc cigne
> Par en hault: tout le long des doigts,
> Et de mes debiles espaulles
> Naissent des plumes à planté.

ORPHEE.

TOVS les Historiens disent assez comme Orphee fils de la Muse Calliope par sa Musique auroit rauy à l'escouter les choses mesmes irraisonnables & insensibles; mais ce peintre le met aussi, lequel nous represente icy le lyon, & le sanglier comme l'escoutans attentiuement; le cerf par mesme moyen, & le lieure, qui ne bondissent point deuant l'assault du lyon, ny de la plus redoubtable beste sauuage qui peust estre à tous les chasseurs, ains s'assemblent icy seurement auec celuy qui se tient coy sans leur mesfaire. Or ne pensez pas veoir nomplus ces oiseaux oisifs; non seulement ceux qui ont accoustumé par les doulx desgoisemens de leurs gorges armonieuses remplir les bois & les forests d'vne plaisante melodie, mais contemplez moy vn peu ce causeur de Iay; & ceste babillarde Corneille; & ceste Aigle de Iuppiter, qui quelque grande qu'elle soit, laisse pâcher nonchallamment ses deux esles de part & d'autre, regardant attentiuemét vers Orphee, sans se soulcier de ce lieure qui est tout contre. En voicy d'ailleurs qui ont les machoüeres serrees ainsi que d'vne muselliere, par l'imagination de celuy qu'ils ont tant de plaisir d'ouyr; ce sont les loups propres parmy les aigneaux, tous transportez d'estonnement. Mais le peintre s'emancipe en cest endroit à quelque chose de plus hardy, & de plus grand: car arrachant les arbres de leurs racines, il les poulse à aller escouter Orphee, & les arrenge

auprés de luy. Ce pin dóques & ce Cyprés; cest aulne là, & le peuplier, & s'il y a d'autres arbres encore, alongeans leurs rameaux reciproquement l'vn vers l'autre, comme s'ils s'entreprenoient par les mains, se plantent tout à l'entour d'Orphee, & ferment vne maniere de theatre qui n'a point besoin d'artifice, à celle fin que les oiseaux se puissent percher sur leurs branches: & que luy par mesme moyen estát à l'ombre poursuiue plus commodément sa musique. De faict l'y voila assis, ne faisant encore que pousser hors vn poil follet de prime-barbe, qui luy coulle le long des ioües & du menton : son chef agencé d'vn hault atour qui s'esleue droict contremont, resplendissant d'or; & l'œil en action contemperee d'vne mignarde delicatesse, ainsi que s'il estoit gayement rauy en ecstase, sa pensee sans cesse tendue à la cótemplation des choses diuines. Et parauenture qu'à ceste heure mesme il chante, car son sourcil est comme s'il descouuroit quel est le sens de ses Cantiques, se baissant & haussant par fois selon les mutations de ses mouuemens & cadences; le pied gaulche au reste appuyé en terre soustient sa lyre estendue dessus sa cuisse; & du droict il bat la mesure. Quant aux mains, la droicte tenant l'archet accroisé ferme se promeine & estend sur les chordes; le coulde incliné, & le poignet recourbé en dedans, & les doigts alongez de la gaulche frappent les chordes parmy les touches & espaces. Mais il y aura icy vne desraison enuers toy ô Orphee; car tu y attraits les animaux & les arbres par la doulceur de ta musique, là où aux Thraciennes
tu pa-

ORPHEE.

tu paroistras fort discordant, & desmembreront ce tien corps; auquel pendant qu'il chantoit, & ioüoit de la lyre, les bestes mesmes ont presté benigne audience.

ANNOTATION.

D'ORPHEE *il n'y aura point de mal d'inserer icy ce qu'en met Pausanias en ses Bœotiques.* Orphee selon mon opinion a surpassé tous les autres Poëtes qui furent onques aparauant en ornement & richesse de vers exquis, dont il acquit vne grande reputation & credit, comme celuy qu'on estimoit auoir retrouué la maniere qu'il falloit tenir à celebrer les mysteres solennels des dieux, expier les impies detestables forfaits, & appliquer des medicaments aux maladies & blessures; destourner aussi la vengeance & punition du courroux diuin. Les femmes, à ce qu'on dit, auoient secrettement conspiré ensemble en la Thrace de le mettre à mort, parce qu'il auoit persuadé à leurs maris de le suiure, voyageant çà & là par le monde; ce que pour la crainte qu'elles eurent d'eux n'ayans pour quelque temps osé attenter, à la fin s'estans enyurees executerent leur complot; le vin qui leur auoit troublé l'entendement leur en ayant donné la hardiesse. Et de là se seroit introduitte vne coustume que pour mieux faire cõbattre les hommes, on leur faisoit prendre de ceste liqueur plus que d'ordinaire. Quelques vns disent qu'il fut tué d'vn coup de fouldre; ce qui luy seroit arriué pour auoir par trop reuelé des secrets mysteres des dieux, les autres alleguent qu'aprés le decez de sa femme il seroit allé à vn oracle de la Thesprotide dit Aorrhe, où se practiquoit la Necromantie, d'euoquer assauoir les morts pour s'informer de quelque chose; & là s'estant persuadé que l'ombre de sa chere espouse Eurydice le suiuoit, comme il tournast la teste à tous propos pour veoir s'il estoit ainsi, quand il s'apperceut d'estre frustré de son attente, il se seroit donné la mort de regret. Les Thraciens au reste disent que

ORPHEE.

« les Rossignols qui escloent leurs petits prés sa sepulture,
« chantent bien plus melodieusement & plus longuement
« que les autres; laquelle est à vne petite lieuë de la ville de
Dio en Macedoine, tirant à la montagne Pieric, où le bruit
est qu'il auroit esté massacré par les Thraciennes: & là se
voit vne colomne à la main droicte, sur laquelle est plantee
vne Vrne, où les habitans du pays tiennent que sont les ossemens d'Orphee. La riuiere d'Helicon est aussi là auprès,
qui apres auoir coullé enuiron trois lieuës se perd soubs terre; & à vne lieuë de là s'en va renaistre de rechef, changeant
le nom d'Helicon en celuy de Baphyre, nauigable de là en
auant. Les Diotois alleguent que du commencement son
cours estoit continué sans intermission dessus terre, mais
pource que ces femmes meurtrieres s'en allerent lauer
leurs sanglantes mains là dedans, l'eau refuyant l'expiation
de leur meffait, se voulut cacher là endroit. Il se dit encore
à Larisse, qu'autresfois il y eut vne ville scituee sur le mont
Olympe, appellee Libethre, prés laquelle estoit la sepulture d'Orphee: & que les habitans du lieu auroient eu vn ora-
« cle de Bacchus en Thrace, que leur ville debuoit estre rui-
« nee de fonds en comble par vne truye, si le soleil voyoit les

Le mot de Σῦς est equi-uoque à vne truye, & vne riuiere du mesme nom.

oz d'Orphee à descouuert, dont ils ne se donnerent pas
beaucoup de peine, ne pensant point qu'il y eust animal
tant fust robuste ny puissant qui eut le pouuoir de ce faire:
mais il arriua qu'vn berger enuiron midy au chauld du iour
s'estant endormy contre ceste colomne où estoit le cercueil
d'Orphee, il se prit à chanter si melodieusement ses vers que
les autres qui gardoiët leurs trouppeaux là aultour, & ceux
qui labouroient les terres, & hoüoient aux vignes laissans
là toute leur besongne y accoururent en telle foule qu'ils
renuerserent la colomne, si que l'vrne se brisa en pieces; &
les oz d'Orphee demeurerent à descouuert. Et là dessus la
nuict ensuiuant suruint vne si grande rauine d'eau de l'extreme pluye qu'il fit, que le torrent appellé Sus, ce qui signifie
aussi vne Truye ou pourceau, s'en estant desbordé renuersa
les murailles de Lybethre, auecques tous les maisonnages,
dont les habitans furent submergez, & la ville du tout per-

duë. Quant à ses hymnes, ceux qui y vouldront regarder de prés, ne pourront doubter qu'ils ne soient de luy, encore que non du tout assez bien mesurez par tout; mais les Lycomides s'en seruent, & les chantent en leurs sacrifices & solemnitez; de sorte qu'apres ceux d'Homere ils ont la plus grande vogue & credit; & mesme les dieux immortels leur en donnent encore plus que les hommes. *Voila ce qu'en allegue Pausanias de ces hymnes, au reste d'Orphee que nous auons entre les mains, il y en a assez qui doubtent qu'ils ne soiet pas de l'ancien Orphee dont il est icy question, ains de quelque autre plus moderne, appellé ainsi, ou qui pour leur donner plus d'authorité ait voulu emprunter ce nom là; toutesfois ce passage de Pline 25. 2. auec ce que dessus de Pausanias, donne aucunement à penser que ce soit de l'ancien Orphee le premier de tous dont on ait memoire a mis en lumiere quelque chose curieusement des herbes:& apres luy Musee & Hesiode ont admiré le Poliot: Orphee & Hesiode ont fort admiré les encensemens & parfums: Homere aussi celebre quelques herbes particulierement par leurs noms. Car és hymnes d'Orphee on peut assez veoir comme il attribue à chaque Dieu ou diuine puissance, leurs suffumigations à part selon leur nature & proprieté. Or de qui que ce soit, ils sont tels, selon que le tesmoigne Platon au 8. des loix, parlant de ces hymnes, & de ceux de Thamyris, que ce sont les plus doulces & agreables poësies de toutes autres; pleins au reste de sacrez mysteres; si qu'au 2. de sa Repub. Musee & Orphee sont dits auoir esté produits de la Lune, & des Muses; & de là auoir aporté tout plein de secrets de la religion. Iamblique aussi a escript, que Pythagore escuma toute la Philosophie, ou plustost Theologie d'Orphee, pour en former & bastir la sienne; & que les dicts moraux & sentences pythagoriques ont esté appellees sacrees pource qu'elles estoiet coullees des traditions d'iceluy Orphee; tant de la doctrine des nombres, que de toutes les autres belles & sublimes considerations qu'atteint sa doctrine; ainsi que de leur primitiue source; cobien que le tout soit là enueloppé & caché soubs des escorces de fictions poëtiques; tellement qu'à les prendre cruëment à la lettre, cela ne sembleroit de prime face que des fables friuoles, & nigeries toutes vaines, & neantmoins sont contenus là dessoubs de tresfhaults mysteres: & en plusieurs endroits il parle de Dieu si chrestiennement, s'il est loisible de le dire ainsi, qu'il ne seroit possible de plus. Cecy entre les autres, outre ses hymnes, allegue Cle-*

H ij

ment Alexandrin en ses stromates. στύγξομαι οἷς θέμις ἐςί, θύρας δ’
ἐπίθεςθε βέβηλοις. &c. où il y a diuerses leçons dont i'ay choisi la plus
plausible.

Ie veux parler à ceux ausquels
Il est loisible que ie parle,
Mais aux prophanes quels qu'ils soiët
Il faut qu'on leur ferme la porte
Et toy Musee escoute moy,
Qui es nay de la claire lune;
Car le vray ie racompteray.
Les choses doncq que tu as veuës
En ton Esprit parcy deuant,
Ne te priuent point de la vie;
Ains regardant à ce diuin
Verbe, dresses y ton entente,
Qui est capable de raison:
Et monte par la droicte voye,
Regardant à celuy qui est
Seul, immortel, & Roy du monde;
Qui est vn engendré de soy,
Et dont toutes choses sont nees,
Où il se promeine à par soy
Sans qu'aucun des mortels le puisse
Apperceuoir, mais il les voit
Iusqu'en leurs secrettes pensees.
Luy du bon donne mal aux hommes;
Guerre horrible & aigres douleurs:
Et n'y a que luy seul, sans autre.
Tu verrois bien aisément tout,
Si auant que venir en terre

ORPHEE.

A la parfin tu le voioys.
Or puis que i'apperçois ses marques,
Mon fils, ie te les veulx monstrer,
Et du grand Dieu la main robuste.
Mais ie ne le puis discerner
Ayant deuant moy vn nuage:
Et si aux hommes il y a
A perser iusqu'à luy dix spheres,
Si que pas vn d'eux ne pourroit
Veoir celuy qui à tout commande,
Fors vn seul-engendré, qui est
Venu de l'antique origine
Des chaldees qui cognoissoit
Fort bien tout le cours des estoilles:
Et comme le ciel tout autour
Tournoye du rond de la terre
Dessus son centre egallement.
Parmy l'air au reste il gouuerne
Les vents & l'eau coullant' en bas,
Et tire du feu la lumiere
Sa demeure est dessus le ciel
Dans vn throsne d'or, & la terre
Luy sert en lieu de marchepied.
Sa main droicte aux derniers limites
Il estend du vaste ocean:
Et les fondemens des montaignes
Iusqu'au milieu tremblent soubs luy,
Ne pouuans souffrir sa puissance.
Celeste il est, & parfait tout
Ce qu'il luy plaist dessus la terre,

ORPHEE.

Tenant le principe, & millieu,
Auec la fin le tout ensemble,
Ainsi que l'ont dit les anciens ;
Et que l'a mis par escripture
Le nay de l'eau ; qui eut la loy
Diuine auec doubles preceptes ;
Car il ne nous est pas permis
D'en discourir d'vne autre sorte.
Les membres me tremblent d'horreur
Quand ie pense à ce grand monarque
Des cieux, des enfers, terre, & mer.
Qui de tes horribles tonnerres
Esbransle le palais d'enhault ;
Et que tous les demons redoubtent :
Que toute la trouppe des Dieux
A en honneur & reuerence ;
Auquel mesme sans contredit
Les destinees obeyssent,
Quelqu'implacables qu'elles soient,
Eternel, maternel, grand-pere,
Dont le courroux agite tout ;
Qui excites vents & orages,
Et couures de nuees l'air ;
Qui le transperses de tes foudres,
Entre les astres ton ordre est,
Qui les menes d'vn cours immuable.
Et à ton clair throsne luysant
Assistent les trauaillez Anges,
A qui tu as commis le soin
Icy bas de tes creatures.

ORPHEE.

Ton printemps se renouuellant
Reluist de belles fleurs pourprines;
Et ton hyuer vient à son tour.
Auec ses bruineux nuages,
Qu'autrefois l'yurongne Bachus
Voulut departir en l'Automne,
Eternel, immortel qui es
Aux seuls immortels prononçable,
Vien le plus grand de tous les Dieux,
Auec ta fatale puissance;
Horrible, inuincible, & le grand,
Eternel, que l'air enuironne
Vien icy à moy, & m'ouurant
Vne pure ouye & l'oreille;
Escoute l'ordre que tu as
Estably en vne nuictee
Et en vn iour consecutif.

Auec infinis autres semblables traicts qu'on peult veoir par fragments de costé & d'autre, qui monstrent assez que ce Poëte auoit l'esprit merueilleusemẽt illustré de la diuine inspiration, tout de mesme que les Sibylles.

Le peintre nous represente icy le lyon, & le sanglier, le cerf par mesme moyen, & le lyeure. Cela semble estre dit à l'imitation de la Sibylle Erythree, annonçant l'aduenement du SAVVEVR; Ce qui est inseré au 7. des diuines institutios de Lactance.

Οἱ δὲ λύκοι σὺν ἄρνες ἐν οὔρεσιν ἀμιλλήσονται.
Χόρτον γὰρ λύγκες τ' ἐείφοισιν ἅμα βόσκοντα.
Ἄρκτοι σὺν μόχοισιν ὁμοῦ καὶ πᾶσι βροτοῖσι·
Σαρκοβόρος τελίων φάγετ' ἄχυρον ὡδὲ φάτναις.

Alors les loups conuerseront
Auec les aigneaux és montaignes:
Les loups ceruiers paistront aussi

ORPHEE.

L'herbe en compagnie des cheures:
Les ours, & veaux ensemblément,
Et tous les animaux qui brouttent;
Et le deuore chair lyon
Mangera la paille en la cresche.

Ce qui ne s'esloigne pas nomplus de ce qu'en auroit predit Isaïe 65. le loup & l'Aigneau paistront ensemble; & le lyon & le bœuf mangeront la paille. Horace en son art poëtique appellant Orphee le sacré interprete des Dieux; le dit, pour auoir retiré les hommes sauuages & barbares de leurs meurtres & violences accoustumees, & de leur orde vie brutale auoir acquis l'estime qu'il eust raddoulcy & appriuoisé par ses chants les cruels tygres & lyons rauissans:

Syluestreis homines sacer interpresque deorum
Cædibus, & victu fœdo deterruit Orpheus;
Dictus ob hoc lenire tygreis, rapidosque leones.

DE ce qui suit puisapres au contexte de ceste pacifique congregation d'animaux ententifs apres la musique d'Orphee, ie me resouuiens d'en auoir leu quelquefois vn semblable traict, hormis qu'il concerne la veüe, & cestuicy depend de l'ouye, dans vn de noz anciens Romans dit Perceforest, de si bon anchre, que ie ne sçay s'il y en a pour le iourd'huy qui s'y peussent parangonner; bien est vray que ce ne sont que choses friuoles & vaines, mais qui pour estre fictions controuuees pour la delectation seulement, à quoy le principal but tend de tels ouurages, d'autant ont elles plus d'affinité auec le subiect des presens tableaux, qui battent sur vne mesme enclume, ioint que ce sera pour monstrer que noz ancestres, qu'aucuns arguent de barbarie & ignorance, aumoins en ces siecles rémots de deux ou trois cens ans, plus ou moins, n'ont pas esté si lourds & grossiers, ny destituez de quelques heureux esprits à leur tour, comme on cuideroit; car chasque siecle en a tousiours eu, ainsi que les quatre saisons de l'annee chascune endroit soy ses commoditez & plaisirs; bien que les vns plus que les autres. Il dit doncq ainsi. Le cheualier doré s'estant d'auéture combattu sur cette beste glattissant (les Hebrieux l'appellent dagglor) au plus profond de la forest en vn lieu desuoyé, où estoit son repaire dans vne fort estrange cauerne au pied d'vne roche, la trouuent alongeant le col hors de sa tasniere aux rays du Soleil, qui ne faisoiët gueres que commencer à

poindre

ORPHEE.

poindre sur nostre horizon, & razer la terre à fleur de sa superfice; ce col estant si merueilleux que toutes les couleurs du monde y apparoissoient ordonneement assises & cõpassees, comme en l'arc en ciel, plumes de paon, & phaisant, gorges de pigeon, col de canard, & semblables où la nature a pris son plus particulier plaisir de s'esbattre, & monstrer son inimitable industrie: car la reuerberation qui en procedoit se ioignãt à ce gay esclat de lueur celeste, & à la verdure des arbrisseux, causoit vne telle varieté de couleurs, qui s'entremesloiẽt à l'enuy, taschant chacune de supplanter sa plus prochaine par infinis ondoyemẽs qui brilloiẽt à l'œil d'vne delectation nompareille, que cela eust faict oublier non que de toutes autres choses, ains d'eux mesmes, ceux qui eussent tãt soit peu ietté leur veüe dessus, qui y demeuroit engluee, les priuant de tous autres souuenirs & apprehentiõs, sans de tous leurs sentimens leur laisser que la seule veuë, & encore rauie & transportee hors de soy, si qu'elle ne s'en fust peu retirer; ny les creatures partir, ains demouroient là tout attachees comme immobiles statuës. Et estoit ce lustre & esclat si grand, que la beste en restoit toute enueloppee & couuerte, ainsi que dans vn verdoyant buisson, espois & bien reuestu de ramee & de fueillages, de maniere qu'on ne la pouuoit discerner; ce qui luy facilitoit grandement les attrapemens de sa proye, quãd rien ne s'en donnoit de garde, & ne s'amusoit fors à contempler ce qui luy desroboit la veüe. Tout de mesme en prenoit il aux bestes mues, & aux oyseaux, qui pour cõtraires & ennemis qu'ils peussent estre selon leur instinct naturel & inclination, oublioient là leurs ancrees inimitiez pour entendre à la regarder attentiuement, sans se quereler ny entredemander rien les vns aux aultres; chiens, cerfs, sangliers, lyons, loups, renards, ours & autres semblables tout peslemesle, iusques aux vermines rempantes & venimeuses. D'autre part tous les arbres circonuoisins estoiẽt aussi semez d'oiseaux perchez dessus, qui venoient assister à ce consistoire, se branchans vnanimement l'Esperuier & la Tourterelle; le Faulcon ioignant la Corneille, & le Cigne tout contre l'Aigle: tant estoit le tout là paisible ensemble,

I.

ainsi que parmy vn tas de brebis: si que quelque beste qui heurtast l'autre iusqu'à la blesser, pour cela elle ne se remuoit tant soit peu de son agreable contemplation. *Et ce qui suit de ce propos.*

MAIS le Peintre s'emancipe icy à quelque chose de plus hardy, *il y a au grec* νεανεύεται, *qui signifie proprement raieunir, follastrer, faire iuuenilement quelque chose, dont Horace mesme en son art Poëtique auroit dit; Aut nimium teneris iuuenentur versibus vnquam; pour s'enhardir vn peu trop temerairement, & par vne licentieuse liberté inconsideree se dispenser apres des vers; de maniere que les grecs disent faire* νεανίας, *quand c'est auecques plus d'impetuosité que de iugement, à la mode des ieunes gens. Et Laberius, selon que le cite Nonius Marcellus, auroit vsé à la façon grecque du mot* adulescentire *adolescenter, pour* νεανίζειν *ou* νεάζειν. *Voyez les Chiliades d'Erasme, où il en fait vn prouerbe.*

SON chef agencé d'vn hault atour qui s'esleue droit contremont, resplandissant d'or. *Cest accoustrement de teste que nous auons tourné* hault atour, *est au grec dit* πάρα, *que Callistrate attribue aussi à la statuë d'Orphee, comme il se verra cy apres: & ce que l'vn & l'autre mettent qu'elle s'esleuoit contremont, n'est pas sans mystere, selon que Suydas l'explique.* La Tiare est vn ornement de la teste, qu'és Perses il n'y auoit seulemét qui l'osassent porter droit esleuee; & les Princes inclinee & platte, si que Demarat Lacedemonien qui accompagna Xerxes contre Athenes, le Roy estát en ses gaillardes pensees, cóme il luy eust octroyé tout ce qu'il luy vouldroit requerir, il ne demáda autre chose sinon qu'il luy fust loisible d'entrer en la ville de Sardes auec vne tiare droicte, ainsi que le racompte Philarque en l'onziesme de ses histoires. Quelques vns disét que c'est vne mesme chose auec la Citharis; mais Theophraste au traicté du Royaume de Chypre y met difference. Les Iennissaires du Turc, au lieu que tous les autres portent le Turban, ont ie ne sçay quel accoustremét de teste hault esleué, dit la Zarcola, qui aproche fort de la Tiare; duquel mot on s'est serui à faulte d'autre pour designer la triple coronne papale, & les mittres encore de noz Euesques. Mais cela sortiroit hors de nostre propos. Albricus au reste au traicté des Images des Dieux, depeint Orphee de ceste sorte. Vn personnage venerable en habit philosophal, iouant de la lyre: & deuant luy y a diuers animaux rauissans & sauuages qui luy leschent les pieds; comme des loups, lyons, onces, ours, serpés, & tout plein de sortes d'oiseaux qui volletent autour de luy; des arbres aussi, & des montaignes inclinans leurs cimes: il monstre de regarder derriere soy, pour veoir si sa femme le suit, mais là dessus la terre souure pour l'engloutir vne autre fois.

Pour concluvre le present tableau, nous adiousterons icy ce que Palephate à sa façon accoustumee tasche d'allegoriser là dessus. Le propos qu'on racompte d'Orphee est faulx aussi, que les bestes bruttes, les oiseaux, & les arbres mesmes le suiuissent quand il iouoit de sa lyre. Mais il m'est aduis que ce fut ie ne sçay quoy de semblable, assauoir que les Bacchantes estoiét certaines femmes insensees qui en la montaigne Picrienne gastoient tous les pasturages des bestes blanches, & commettoient tout plein d'autres maux & exces d'vne tresgrande violence: lesquelles aussi s'estans vne fois retirees dans les montaignes y demeurerent plusieurs iours; de maniere que les habitans d'autour ayans peur qu'elles ne leur fissent en fin quelque outrage, & à leurs femmes & enfans, enuoyerét querir Orphee; & le requirent d'inuéter quelque expedient comment que ce fust, de retirer ces forcenees de la montaigne: lequel ayant ordonné les mysteres solennels de Bacchus, les sceut si bien auoir au son de sa lyre, qu'il les ramena quant & soy, ayans au poing des rameaux de diuerses manieres d'arbres; là où auparauant elles souloient porter des ferules; dequoy les personnes s'esmerueilloient les voyans de loin, car de primeface elles paroissoient aultant d'arbres qui descendissent de la montaigne. Et cela donna lieu à la fable qu'Orphee au son de sa lyre, & de ses chāts fist remuër les forests mesmes de leur place, & le suiure où il vouloit.

Ainsi en discourt cest autheur: mais si fadement, comme en tout le reste de son ouurage, que ie fais comme conscience de l'auoir passé en cest endroit par le bec de ma plume.

I ij

MEDEEE EN COLCHOS.

ARGVMENT.

DE Iason & de Medee il en a esté parlé cy deuant au tableau de Glaucus le Pontique, mais il n'y aura point de mal d'adiouxter icy d'abondant ce qui peult concerner le parensus de ce propos, qui pourroit là auoir esté obmis. Medee doncques fille du Roy Aetes de Colchos & d'Ipsee, Iason n'eut pas plustost mis le pied en terre deuers eux, que s'estant esprise de son amour, elle luy enseigna la maniere comme il pourroit dompter les taureaux de son pere qui iectoient feu & flambe par la bouche, & par les narines ; & les atteler au ioug pour en labourer le champ où il debuoit semer les dents du serpent de Cadmus, que Phryxus auoit apporté à Aetes, dont debuoient naistre des gens armez qui se tueroient les vns les aultres. Et finablement de charmer le draghon, qui sans clorre l'œil surueilloit la toison d'or au temple de Mars, pour delà l'enleuer sans aucun danger. Toutes lesquelles choses accomplies elle s'enfuit auecques luy, emmenant son frere Absyrthe tout ieune encore, qu'elle desmembra piece à piece par les chemins ; & en iectoit tantost vne icy, tantost là, pour retarder d'autant son pere qui les poursuyuoit chauldement pendant qu'il s'amuseroit à les ramasser. En fin apres auoir fort long temps erré par la mer, & souffert sur ces entrefaites plusieurs trauaux par les chemins, ils arriuerent en Thessalie, où elle remit le vieil Eson pere de son mary Iason en sa prime fleur de ieunesse. Puis ayant eu deux enfans de sondit mary, Macaree assauoir, & Pheret, il la repudia pour espouser Creusa fille du Roy Creon de Corinthe : dont comme il est à croire elle conceut vne telle indignation & despit, que dissimulant son mauuais vouloir, soubs ombre d'enuoyer des presens à la mariee, elle enferma du feu artificiel si violent dans vn coffret où debuoient estre les ioyaux, que la pauure Creusa le cuidant ouurir, en fut tout incontinent embrasee auec le Palais : dequoy Iason en voulant prendre la vengeance, elle apres auoir en sa presence massacré leurs communs enfans, s'estant par ses arts & sorcelleries fait enleuer dans vn chariot attellé de deux draghons vollans à guise de griphons, arriua à Athenes, où elle se maria auec Egee fils de

MEDEE EN COLCHOS.

Pandion, deformais sur l'aage: toutesfois elle ne laissa d'en auoir vn fils qu'elle appella de son nom Medus. Et depuis s'estant ie ne sçay comment reconciliee auec Iason, ils retournerent en Colchos, ou par leur moyen fut restably son pere Aetes, lors fort vieil & caducq, en son Royaume dont on l'auoit depossedé. Neaumoins Diodore Sicilien au 5. liure escript qu'elle ne retourna pas auec Iason, ains s'estant par ses enchantemens fait enuelopper d'vne nuee obscure auec son fils Medus, ils furent transportez par vn gros tourbillon de vent en ceste prouince d'Asie qui depuis de luy fut nommee Medie. Voila ce qui seruira tant pour ce tableau que pour le subsequent des ioüeurs; & celuy d'Argo & Aetes aussi; ensemble la statue de Medee que descript Callistrate; car ce n'est qu'vn mesme subiect, traicté par Euripide en ses tragedies, par Orphee en ses Argonautes, Apollonius Rhodien, & Valerius Flaccus; & Ouide au septiesme des Metamorphoses.

VELLE austere & non fleschissante paulpiere qui s'esleue dessus les yeux, auec vn renfrongnement de sourcil plein d'vne profonde cogitation; & la cheuelure ainsi que d'vne prophetisse; & l'œil, ie ne sçaurois bonnement dire si c'est de ie ne sçay quoy d'amoureux qu'il estincelle de la sorte, ou qu'il soit espris de fureur diuine; monstrant au surplus l'apparence d'vne face comme indomptable: tout cela, mes amis, sont indices & marques de quelque race du soleil; Medee assauoir la fille d'Aetes. Car le Gallion de Iason allant en queste de la toison d'or, est venu surgir dans le Phase droit à la ville capitale du Royaume, ou l'infante s'est esprise de l'amour de cest estranger, dequoy vne nouuelle pensee luy est venu saisir le cueur. Or quelle passion la maistrise plus ie ne le sçay pas à la verité; trop bien peult on apperceuoir qu'el-

MEDEE

le est ainsi que toute desuoyee en ses secretes cogitations, morne & pensiue, & fort contristee en son ame; n'estant pas icy occupee à negocier en la compagnie des principaux, ains comme celle qui à parsoy est ententiue à regarder tout plein de choses. Quant au visage de Iason, il est benin & debonnaire; & ne monstre pas en dehors qu'il veuille faire aucun effort, nonobstant que son œil sauue soit soubsmis aux actions & mouuemens d'vn sourcil superbe & haultain: le poil fol de sa prime barbe poignant par tout en abondance le long des ioües & du menton, où il va rempant: & sa perruque qui est fort blonde voltige en desordre dessus le front. Il est au demeurant vestu d'vn hocqueton blanc, auec vne peau de lyon en escharpe; des semelles aux pieds, lacees auec de beaux cordons, s'appuyant sur vn jauelot. Sa mine en fin n'est point aultrement insolente ne desdaigneuse, ains pleine de modestie & respect: ny par trop rabaissee aussi, car il s'enhardist au combat. Et c'est ce Cupidon qui meine & conduit tout l'affaire; lequel accoulde sur son arc, or sur vn pied, or sur vn aultre, renuerse contre terre le flambeau qu'il tient, puis que les choses de l'amour sont desormais en surseance & pendues au crocq pour ceste heure.

ANNOTATION.

Marqves ou indices de quelque race du soleil. *Cela est dit pource qui Aetes estoit estimé fils du soleil, & de Perse fille de l'Ocean, comme met Denis Milesien au premier de ses Argonau-*

EN COLCHOS. 36

tes: que le soleil engendra en Scythie deux enfans masles, Æetes & Persee, qui regna en la Cherrhonese Taurique, y ayant pris femme, dont il eut vne fille nommee Hecaté, fort addonnee & experte à la chasse, & en la cognoissance des herbes & simples; specialement les venimeux & nuisibles, dont elle auroit monstré le premier vsage & practique; & de semblables aultres poisons, si qu'elle en fit mourir son propre pere: cela fait elle se retira en Colchos où elle espousa son oncle Æetes selon Diodore, & les interpretes d'Apollonius Rhodien; & en eut Circé & Medee, à qui elle fit si bonne part de sa science, qu'elles la surpasserent en cest endroit. L'abondance des herbes venimeuses & semblables drogues pestiferes qui se trouuent en la Colchide a en partie donné occasion de le penser de ceste sorte, selon Horace au second des carmes Ille & venena Colchica; mais plus particulierement Virgile en la huictiesme Eglogue.

    Has herbas, atque hæc ponto mihi lecta venena,
    Ipse dedit mæris; nascuntur plurima ponto.
    His ego sæpe lupum fieri, & se condere syluis
    Mærim, sæpe animas imis excire sepulchris,
    Atque satas alio vidi traducere messes.

Mais les aultres font Circé estre fille du soleil & sœur d'Æetes, mesmement Homere au 10. de l'Iliade.

    Αἰαίην δ' ἐς νῆσον ἀφικόμεθ' ἔνθα δ' ἔναιε
    Κίρκη ἐϋπλόκαμος, δεινὴ θεὸς αὐδήεσσα,
    Αὐτοκασιγνήτη ὀλοόφρονος Αἰήταο.
    Ἄμφω δ' ἐκγεγάτην φαεσιμβρότου Ἠελίοιο
    Μητρός τ' ἐκ Πέρσης, τὴν Ὠκεανὸς τέκε παῖδα.

Nous arriuasmes à l'isle d'Ææ, là où habitoit Circé, à la belle cheuelleure, venerable deesse, bien emparlee; sœur germaine du tout sage & prudent Æetes; car ils furent l'vn & l'autre engendrez du soleil qui esclaire aux hommes, & de Persa leur mere, fille de l'Ocean. Ceste Circé doncques ayant empoisonné son mary Roy des Sarmates, fut contrainte de s'enfuir en Italie. Pline 25. 2. La persuasió dure encore qu'en cas de charmes & empoisonnemés les femmes surpassent les hómes, & qu'est-ce que n'ont remply de cóptes & de fables Medee en Colchos, & les autres? l'Italiéne mesme Circé entre toutes, adscripte aussi au rang des dieux; dequoy i'estime estre venu

MEDEE

qu'Eschyle l'vn des plus anciens en la poësie, auroit dit que l'Italie estoit toute parsemee de puissantes herbes. Quant à Medee les cómentateurs de Pindare sur la 3. Strophe de la 13. des Olympienes, où il parle des Corinthiens, & y met Medee auec Sisyphe, alleguans là dessus ces vers du Poëte Eumelus; Ἀλλ᾽ ὅτε δ᾽ Αἴητα καὶ Ἀλωεὺς ἐξεγενόντο. &c. mettent que le soleil eut d'Antiope Aloeus, & Aëtes pere de Medee; ausquels il departit, assauoir à Aloeus l'Arcadie : & Corinthe à Aëtes ; mais ce Royaume ne luy reuenant pas bien à gré, il y laissa gouuerneur Butus fils de Mercure pour le garder à ses enfans quand il en auroit : & de luy s'en alla à la Colchide, où il establit son siege royal & demeure.

Le Gallion de Iason est venu surgir dans le Phase. De ce fleuue appellé maintenant Fasso, Pline VI. 4. en parle ainsi, Le Phase est le plus grand fleuue de toute la Colchide, nauigable six ou sept lieues aux plus grands vaisseaux, & de la aux moindres par vn long espace de terre, y ayant CXXVIII. ponts bastis dessus, tant qu'il se vienne rendre dans le Pont Euxin, à la bouche duquel y a vne ville du mesme nom. Il est pris aussi pour toute la Colchide selon Strabon en l'onziesme, où il le descript plus particulierement auec la contree, d'où sont venus les oiseaux qu'on appelle Phaisans. Elle est pour le iourd'huy diuisee en la Zorzanie, & Mengrelie, regions contigues à Trebizonde, pleines de boys, & de montaignes; habitees au reste de gens bestiaux estourdis, qui portent de grandes corones comme les moynes; & ne viuent que de Panicq; miserables en tout le reste de leur vie. Mais ils sont Chrestiens, aumoins selon les traditions de l'Eglise Grecque, & infectez parmy cela de plusieurs sortes d'heresies; combien qu'ils aient anciennement pris ce nom du valeureux martyr S. George, car c'est ce que Strabon, Pline & Ptolemee appellent Hiberie qui fait vne portion de l'ancien Royaume de Colchos : & portent ordinairement en leurs bannieres son image, parce que ce fut le premier qui planta la foy en ces quartiers là, proche voisins de Cappadoce, si qu'ils l'ont tousiours eu depuis en fort grande veneration & respect. Toutesfois Calchondyle met que du temps de Constantin le grand, leur Royne ayant esté guerie d'vne tres griefue maladie par vne Chrestienne, ils furent conuertis deslors. Les Turcs, & les Tartares les appellent Iurgianlar. Et qui en vouldra veoir d'auantage lise la relation d'Ambrosio Contarini Venetian, de son voyage de la Perse.

LES IOVEVRS.

ARGVMENT.

L'ENTREE du present tableau est fort plaisante & delicate, & depend aucunement de l'autre cy dessus; où Cupidon est introduit comme principal conducteur de l'affaire des Argonautes, qu'il a pris en main ; mais pource qu'auant que Iason, & ses compagnons prinssent terre en Colchos, ils trouuerent à l'abordee quelque resistance; & qu'il ne se sentoit pas assez fort sans le secours des trois deesses, pour venir à bout de son intention, il les alla trouuer au ciel, où d'arriuee pendant que ces premieres rencontres & combats se demeslent icy bas en terre, entre les Argonautes, & les gens d'Aetes, il s'amuse à guise de pages, ce qui est fort mignardement icy practiqué, à iouer aux dez, auec Ganymede, qu'il trouue en la salle de Iuppiter attendant quelque sien pareil pour faire partie : puis ayant gaigné, s'en va solliciter les Deesses de le vouloir assister à l'execution de son entreprise pour le regard des Argonautes; à quoy Iunon se condescend fort volontiers pour le bon vouloir qu'elle porte à Iason : Minerue de sa part aussi pour la valeur qui est en luy, & és aultres de sa compagnie : & Venus, de la faueur de laquelle depend tout le principal de l'affaire, pour l'amour de son trescher fils qui a ceste matiere à cueur ; parquoy elle est plus particulierement descripte icy que ne sont les autres.

CES DEVX qui iouent icy en la salle de Iuppiter, sont à mon aduis Cupidon, & Ganymede, si au-moins on le peult coniecturer à la Tiare de l'vn ; & à l'arc & les esles de l'autre ; lesquels s'esbattent à iouer aux osselets. Or Cupidon est icy portraict se mocquant insolemment, & brauant tout ainsi

K

que s'il ſecoüoit de ſon ſein des victoires à pleines poignees, dont il fut farſy : & ſon compagnon qui ayāt deſia perdu de l'vn des deux oſſelets, iecte l'autre en pareille attente de ne luy reüſcir pas gueres mieux ; dont il eſt tout melancolique, tant en la face qu'en ſon regard ; ſi que nonobſtant qu'il ſoit beau & fort gay de ſon naturel, il monſtre neaumoins icy vne mine morne, & profonde triſteſſe. Voila au ſurplus trois deeſſes qui leur aſſiſtent, n'eſtant pas aultrement beſoin de les vous nommer aultrement, car Minerue, à qui la voudra contempler, vous ſera aſſez remarquable, ne fuſt-ce qu'à l'armeure qu'elle a endoſſee, familiere à elle, ce diſent les Poëtes, comme ſi elle eſtoit nee auec : & à ſes yeux verds qui eſtincellent hors de ſon armet ie ne ſçay quelle fierté ; ſes ioues colorees d'vn teint vermeil, mais auec vne virile apparence. L'autre au rebours par le mignard ſoubſrire empreint en elle ; & les amorſes de ce voluptueux tiſſu dont elle eſt ceinte, qui attrait meſmes en la peinture, nous denotent aſſez qui elle eſt. Quant à la troiſieſme, ſon port graue & ſa venerable repreſentation pleine de majeſté Royalle, la declarent eſtre Iunon. Mais que veullent elles en ceſt endroit ; ny quel beſoin eſt-il qu'elles s'y retrouuent de compaignie ? La grand nef Argo equippee de ces cinquante vaillans Princes eſt allé ſurgir dans le Phaſe, apres auoir oultrepaſſé le Boſphore, & les Symplegades : car vous voyez bien ce fleuue là eſtendu & tout plat de ſon long, parmy force ioncs &

rouſeaux; d'vn fier aſpect, auec de gros flocs eſpois de cheueux qui luy pendent de coſté & d'autre; & vne groſſe barbe touffue heriſſée; & les yeux pers verdaſtres; & de l'eau en grande abondance, qui ne ſe verſe pas d'vne cruche, mais inondant de toutes parts, nous donnent aſſez à cognoiſtre quelle grande quantité il en doibt charrier à la mer. Or vous oyez bien ce me ſemble l'effort & fatigue de ce nauigage; & ce que les Poëtes racomptent à l'enuy l'vn de l'autre, de la toiſon d'or, & de la galleaſſe Argo, que ſuyuant la poëſie d'Homere ils appellent la bien ſoignée d'vn chacun. Mais les nautonniers ſont pour le preſent occupez à deliberer de leur entrepriſe. Quant aux Deeſſes elles entreuiennent icy à l'inſtance & priere de Cupidon, requerans Medee fille d'Ætes de leur aſſiſter à la conſeruation de ces nauigants: & pour le loyer de ſon bon office, la mere d'amour luy monſtre vne belle pelotte dorée qu'elle dit auoir eſté faicte pour le ioüet de Iuppiter, mais vous voyez bien qu'il y a de l'artifice en ceſte peinture, la deeſſe eſtant veſtue d'vne robbe de toile d'or, dont la manufacture eſt telle qu'on la peult trop mieux comprendre en l'eſprit que la diſcerner à l'œil; où elle varie d'vn bleu celeſte dont brillent des ondoyemens qui tornoient, & ſe vont en fin rabattre en eux meſmes, eſlançans en hault vn treſ-vif & treſprompt eſclat de lueur à guiſe d'eſclair, qui ſe pourroit accomparer à la ſplendeur eſtincellante du flambeau des aſtres. Ceſtuicy en fin (Cupidõ) ne regarde plus

LES IOVEVRS.

desormais à ses osselets, ains les a iettez là par terre; & en se pendant aux pans de robbe de sa mere la presse de luy accomplir sa promesse; car il ne se veult pas desister de son entreprise.

ANNOTATION.

POVR plus claire intelligence du present tableau il ne nuira de rien d'amener icy ce lieu entier du 22. d'Hyginus. Ætes fils du soleil eust responce de l'oracle qu'il iouyroit de son Royaume tant & si longuement que la peau du bellier que Phryzus auoit dedie au temple de Mars s'y conseruroit: au moyen dequoy Iason estant arriué à Colchos pour l'auoir, Ætes luy proposa ceste condition; qu'il luy conuenoit premierement atteller les taureaux qui iectoient feu par les narines, à vn ioug diamantin; & labourer vn champ pour apres y semer les dents du draghon de dedans vne sallade ou casquet; dont viendroient à naistre soudain de grosses trouppes de gents armez, qui eux mesmes s'entretueroient. Surquoy Iunon qui auoit entrepris de garātir Iason en toutes ses entreprises, pour la bonne volonté qu'elle luy portoit, dés l'heure que voulant icy bas esprouuer les cueurs des personnes, elle se desguisa en forme de vieille qui prioit les passants de la mettre oultre vne riuiere: & comme tous les aultres n'en tinssēt compte, Iason seul luy fit ceste courtoisie, dont le voulant recompenser, comme elle preueust qu'il ne pourroit venir à bout de son entreprise en Colchos sans l'aide & moyen de Medee, elle requit Venus de la vouloir rendre amoureuse de luy; ce qui le sauua de tous les dangers qui luy estoient preparez. Car ayant labouré le champ auec les taureaux & iceluy semé des dents du serpent dont se produirent force gens d'armes, par l'admonnestement de la Princesse il iecta vne grosse pierre au milieu, surquoy ils se mirent à s'entrebattre, & se tuer les vns les autres. Puis ayant enleué la toison d'or du temple où elle estoit penduë, il s'enfuit auec Medee.

LES IOVEVRS.

CE tableau au reste est intitulé LES IOVEVRS, asçauoir aux Astragales ou bibelots, qui sont les osselets du talon des pieds de derriere d'vn mouton; ou qui à leur imitation sont faicts d'iuoire ou d'ebene, ayans quatre faces tant seulement, car les deZ qui sont en forme de Cube en ont six : mais il en a esté traicté cy deuant au tableau de Venus Elephantine. Pline xxxiij. 8. parlant des statuaires en bronze, & de leurs ouurages, met cecy de Polyclet, ce qui semble se raporter aucunement à ces joueurs: Il fit aussi deux ieunes garçons tous nuds, iouans aux bibelots, & de là appellez Astragalizondes, qui sont au Palais de l'Empereur Titus; lequel chef-d'œuure plusieurs estiment estre le plus parfait de tous autres.

GANYMEDE fils du Roy Iros fut le plus bel enfant de son siecle, selon Homere au 20. de l'Iliade; τρως δ' αὖ τρεῖς παῖδες ἀμύμονες ἐξεγένοντο, &c.

De Iros nacquirent trois enfans
Ilus, Assarac, Ganymede,
Le plus beau de tous les mortels:
Lequel iadis les Dieux rauirent,
Afin qu'il seruist d'eschançon
A Iuppiter, pour son exquise
Rare beauté; & conuersast
Là hault auec les celestes.

Iuppiter l'ayant doncq pris en affection comme il chassoit sur le mont Ida (Strabon 13. met que ce fut en vn lieu dit Harpagie, ou selon les autres au promontoire Dardanien) le fit enleuer au ciel par vne aigle; laquelle pour vn si signalé seruice, il translata au reng des Astres, l'ayant au precedant choisie sur tous autres oiseaux lors que les Dieux se les departirent entr'eux ; comme Iunon fit le paon; & ce parce que l'aigle volle le plus hault de tous aultres; si qu'on dit qu'elle va esclorre ses petits dans le giron de Iuppiter; qui des ce qu'ils sont hors de la cocque regardent fermement contre le Soleil sans fleschir ne cleigner les yeux. Or les Poëtes alleguent qu'il y eut autrefois vn Roy en l'isle de Cos nommé Merops, lequel eut à femme vne belle Nymphe ditte Ethemee ; qui s'estant monstree nonchalante à reuerer & seruir Diane, la Deesse la poursuiuit à coups de flesches, mais Proserpine la transporta toute en vie aux enfers; dequoy Merops eut

K iij

LES IOVEVRS.

tel regret qu'il se voulut donner la mort; & Iunon en ayant pitié, le couertit en aigle, & le mit au ciel, de peur que si elle l'y eust translaté en homme, se resouuenant tousiours de la desconuenuë de sa chere espouse, il ne baignast incessamment & mal à propos la terre de larmes. Mais Aglaostenes a escript que Iuppiter ayant esté enleué de Candie où il auoit esté nay, fut delà transporté à Naxe, où estant paruenu en aage viril, comme il estoit sur le poinct de s'acheminer à la guerre contre les Titanes, s'apparut vne aigle auec la fouldre, ce que prenant à bon augure il l'auroit depuis euë en sa recommendation & tutele. Les autres disent que Mercure s'estant enamouré de
,, Venus pour son excellente beauté, sans en pouuoir auoir raison, il se consommoit de despit & de fascherie, iusqu'à ce que Iuppiter qui en eut pitié vne
,, fois que la deesse se baignoit dedans le fleuue d'Acheloe, il luy fit rauir l'vn
,, de ses pattins par vne aigle, qui l'alla porter en Egypte à Mercure; là où Ve-
,, nus l'ayant poursuiuie pour le rauoir, se laissa en fin aller à luy, qui pour ce
bien fait translata l'aigle au ciel: où elle a quatre estoilles; l'vne en la teste fort luysante; en chacune des deux mahuttes ou moignons des esles, vne; & en la queuë vne. Quãt à la flesche qu'elle a és pieds, on dit que c'est celle dõt Apollon mit à mort les Cyclopes, pource qu'ils auoiẽt forgé la fouldre dont Iuppiter tua son fils Esculape. Elle a semblablement quatre estoilles; l'vne au slicq; l'autre à la poincte: & vne à chaque empennon. Mais Ouide au 10. des Metamorphoses dit que ce fut Iuppiter propre qui rauit Ganymede, transmué en aigle:

 Rex superûm phrygij quondam Ganymedis amore
 Arsit, & inuentum est aliquid quod Iuppiter esse
 Quam quod erat mallet: nulla tamen alite verti
 Dignatur, nisi quæ portat sua fulmina terræ.
 Nec mora percusso mendacibus aëre pennis
 Arripit Iliaden, qui nunc quoque pocula miscet:
 Inuitaque Ioui nectar Iunone ministrat.

Il semble au reste que ceste aigle volle au dessus de l'agnerol ou Verseau, l'vn des douze signes du Zodiaque, lequel on prend pour Ganymede, que Iuppiter commit à l'office de son eschançon au lieu d'Hebé fille de Iunon, & depuis femme d'Hercule; fust ou pour gratifier ce sien mignon de ceste charge & auoir plus de pretexte de le tenir ordinairement pres de luy, comme met Pindare en la premiere des Olympiennes:

 Ἔνθα δευτέρῳ χρόνῳ,
 Ἦλθε καὶ γανυμήδης
 Ζηνὶ ὑπ᾽ ὅτι χρέος

Ou pource qu'elle se laissa cheoir à la renuerse portant la couppe à Iuppiter pleine de Nectar & nuistra tout ce qu'elle portoit selon Seruius. Toutesfois Pausanias és Corinthiaques dit qu'anciennement les Phliasiens soulloient appeller Ganymedes ce que depuis ils nommerent Hebé. Mais voicy côme Homere parle de ce rauissement de Ganymede en l'hymne de Venus.

Le sage Iuppiter rauit
Autrefois le blond Ganymede
Pour son excellente beaulté,
Le mettant entre les celestes
Dedans son beau palais Royal,
Afin qu'il leur versast à boire.
O chose merueilleuse à veoir
En quel honneur & reuerence
Il fut tenu des immortels ;
Quand d'vne grand couppe doree
Il puisoit le rouge nectar,
Mais Tros ce pendant de tristesse
Se consumoit tout, ne sachant
Quelle part le diuin orage
Auoit transporté son cher fils,
Que deslors il pleuroit sans cesse.
Dont Iuppiter en eut pitié,
Et luy donna pour recompence
Des cheuaux tres-vistes du pied,
Qui souloient porter les celestes :
Il les luy octroya en don ;
Et luy fit dire par Mercure
Que son fils estoit immortel,
Sans iamais qu'il sentist vieillesse.
Cela ouy il s'estoit ;

Et laissa sa melancholie
Ioissant des cheuaux feez.

Mais Orose liure premier chapitre 12. Allegant le Poëte Phanocles, met que Tantal Roy de Phrygie fut celuy qui rauit Ganymede pour en abuser, sans le vouloir rendre, si que pour ceste occasion s'en esmeut vne grosse guerre.

Car Minerue a qui la voudra contempler. Il descrit icy le port, la contenance, & les accoustremens des trois deesses Pallas, Venus, & Iunon; auec les marques & enseignes dont les Poëtes, & les Peintres les souloient representer pour les donner à cognoistre sans y aposer escripteau, qui est vne chose grossiere, & sentant ceste lourderie que Thomas Morus touche fort elegamment en l'vn de ses ingenieux epigrammes; que le Roy Henry viij. d'Angleterre faisant peindre vne sienne maison de plaisance, dequoy il auoit donné la charge à vn excellent ouurier Italien, pour y employer ceux qu'il en iugeroit dignes, vn certain compagnō peintre passant païs se vint presenter à luy pour cest effect, auquel ayant demandé quelque monstre de son ouurage, l'autre fit responce de n'en auoir point aporté, mais qu'il pourroit bien cognoistre ce qu'il sçauoit faire par deux ou trois traicts de crayon sur le subiect qu'il luy voudroit donner tout presentemēt. Et bien dōc, luy va il dire, griffonnez moy cōtre ceste muraille des leuriers qui courēt vn lieure, car il auoit cela pour lors en l'esprit, estāt sur le point d'aller à la chasse: ce que le cōpagnon Peintre representa si naïfuement, que pour discerner les leuriers d'auec le lieure, il fut besoin d'escripre au dessoubs, Hic canis ille lep°, voicy les chiēs, voila le lieure. Mais pour reprēdre nostre propos. Albricus en sō traicté des images des dieux descript ces trois deesses de ceste sorte, dont ayāt amené celle de Venus au tableau de Venus Elephantine, les autres deux resteront icy, ce qui seruira tousiours d'autant d'eclaircissement: ioint que toute nostre intention en cest endroit n'est que d'instruire le peuple François en la cognoissance de l'antiquité Grecque & Romaine et en parler propre; ceux mesmement qui n'entendent ces deux langues là. dit doncques. Minerue deesse de sapiēce nee du cerueau de Iupiter, aultremēt ditte Pallas, estoit depeinte des poëtes en forme d'vne ieune dame virile & robuste, armee d'vne cuirasse, l'espee au costé, & l'armet en teste, orné de tymbres & pennaches. En la main droicte elle tenoit vne iaueline de Bardes; & en la gaulche vne grād' targue de cristal, où estoit placquee la teste de la Gorgone toute encheuelee

mon-

LES IOVEVRS. 41

monstrueusement de couleuures; vestuë au reste d'vne cazaque sur ses armes, brochee d'or sur vn changeant de pourpre, & de bleu celeste. Et aupres d'elle estoit vn oliuier verdoyant, au dessus duquel vollettoit vne petite chouette.

SVIT apres. IVNON est prise pour l'air, car les anciens l'ont fait estre sœur & femme de Iuppiter, qui est le feu; luy attribuãs l'arc en ciel, & les nymphes. Son image estoit portraitte de ceste sorte. Vne dame de grand honneur, & fort magistrale, assise en vn throsne, & tenant vn sceptre Royal en la main: mais son chef estoit ombragé de nuages audessus du diademe dõt elle estoit coronnee, toute enclose au reste dãs l'arc en ciel qu'õ appelle Iris, qui l'enuirõnoit alétour, d'aultant que c'est sa courriere ordinaire, en tout temps prompte & appareillee de receuoir ses commandemens, pour les annoncer de costé & d'autre. Et deuant ses pieds estoiẽt deux beaux paõs, l'vn à dextre, l'autre à senestre. Plus à costé d'elle vne femme qui accouchoit d'vne fille; parce qu'on fait presider ceste deesse aux enfantemens. On dit aussi qu'elle alaicte Mercure.

IVNON.

OR pour ne laisser rien en arriere de ce qui peult duire à l'esclarcissemẽt de ces tableaux ainsi succints & troussez court à demy mot; & pour aporter quelque contentement aux lecteurs; Fulgence liu.2. de son Mythologique, interprete ainsi de mot à mot les portraits de ces trois deesses: qu'il raporte aux trois especes de vie qui sõt és hõmes: & leurs triples inclinatiõs, selon les trois parties qui le concernẽt, l'esprit à sçauoir, les biens de fortune: & le corps; qui se raportent à la vie contemplatiue, l'actiue, & la voluptueuse: la premiere desquelles est designee par Minerue, laquelle pour ceste occasion l'on feint auoir esté nee & produitte du Cerueau de Iuppiter, d'autant que l'entendement consiste au cerueau. Elle est peinte armee, à cause que l'esprit & l'industrie sont la vraye garde du corps, & defence de l'homme, qui sans cela seroit le plus foible & imbecille animal de tous autres. On adiouxte la Gorgone dedans sa targue, & Plastron, ce qui denote l'effroy & terreur que la guerre & les armes apportent, où preside Minerue; & aussi que l'effort & courage consiste au cueur qui gist & est logé en la poittrine. Ceste deesse a des pennaches & vne creste hault esleuee sur le tymbre de son armet, pour monstrer combien l'esprit humain se peult esleuer hault és contemplations qui sont son propre gibier & vacation;

L.

LES IOVEVRS.

& à vn instant peult voltiger de toutes parts, n'y ayant rien où il ne penetre, & bien tost, car la prompte volonté est designee par le pennage. Elle tient au poing vne iaueline, pour denoter que la prudence & sagesse de l'homme atteint au loin; & qu'il n'y a arme offensiue dont le coup soit si dangereux que d'vne langue bien emparlee, & diserte plume. Finablement on luy attribüe la choüette qui est vn oiseau nocturne, pour monstrer la vigilance de l'homme contemplatif & studieux, & du guerrier pareillement, comme a sceu fort bien remarquer Homere au 2. de l'Iliade, où Iuppiter enuoye le songe soubs la ressemblance du sage Nestor, dire ainsi à Agamemnon.

Comment fils d'Atree dords tu?
Il ne fault pas qu'vn chef d'armee
Dorme tout le long de la nuict.

L'oliuier au reste qui est aupres d'elle, & qu'elle inuenta, ou dont elle trouua l'vsage, signifie que la meditation a besoin de tranquillité & repos; & que de la guerre vient la paix, suyuans l'embleme d'Alciat, des mousches à miel qui s'estoient annichees dans vn armet, auec ce mot, Ex bello pax, qui est representee par l'huile, à raison de sa coulante doulceur. Tous lesquels mysteres sont exquisement exprimez dans l'hymne que luy addresse Orphee amené sur le tableau de la naissance de Minerue; comme aussi celuy de Venus, & de Cupidon sur ceux de Venus Elephantine, & des amours: tellement qu'il ne reste icy que celuy de Iunon, que nous aposerons au bout de l'allegorie de sa portraicture, que le mesme Fulgence poursuit ainsi.

IVNON represente la vie actiue, la plusspart occupée à amasser des richesses dont elle est la Reyne; & soubs ceste qualité les Romains la reueroient l'ayant transportee de Veies à Rome; au moyen dequoy on luy attribüe vn sceptre pour monstrer la maiesté de son pouuoir. Elle a au surplus la teste voilee pour monstrer que les richesses sont cachees dans les entrailles de la terre, mesmement les metaux & les pierreries, qui se tirent auec vn extreme labeur. Cela denote aussi que ceux qui aspirent trop ardemment à amasser des biens sont aueuglez; & pour tel est depeint Pluton le Dieu d'autrepart des richesses. Mais entant que Iunon est prise pour l'air, ainsi que le porte son nom, en grec ἠερ, lequel transposé fait ἀηρ; & pour ceste occasion le vaultour luy estoit attribué qui s'empreigne de l'air ou du vent ; le voilement de teste signifie les impressions de l'air qui en est obscurcy & troublé ; & cela estoit encore representé par la paulpiere superieure qui couure l'œil, laquelle luy estoit anciennement dediee : ce qui bat aussi sur la fable qui se racompte de Ixion ; lequel pressant ceste deesse de l'accointer, elle luy presenta vne nuee ayant sa semblance, où il engendra les centaures qui designent les diuers changemens de l'air. On la fait outreplus estre deesse des enfantemens, pource que les richesses ont de coustume de charrier auecques elles vn nouueau & desordonné appetit à guise des femmes grosses, d'en amonceler tousiours d'auantage; si que la pluspart du temps cela est cause de faire auorter, c'est à dire qu'elles precipitent à de grands inconueniens, iusqu'à vne finale ruine, les insatiables qui les connoistent trop auidemment. Le Paon luy est approprié, pour ce que les richesses tirent à soy le desir & les yeux d'vn chacun, comme font les plumes de ce bel oiseau : & comme il se mire & enorgueillist en la beauté de son pennage, les richesses de mesme ont accoustumé de rendre les personnes plus superbes & insolentes ; ioint qu'elles sont le principal instrument & moyen de se paver. Et comme le Paon quand il fait la roue, orne de vray bien le deuant, mais cependant aussi il descouure indignement le derriere ; cela se raporte à nos actions peruerses, & à nos iniques comportemens, que les biens durant nostre vie peuuent aucunement illustrer & couurir, mais apres la mort tout se manifeste, suyuant le dire du sage en l'Ecclesiastique onziesme ; la fin de l'homme est la manifestation de ses œuures. En fin on luy adiouxte l'arc en ciel, dont elle est toute enuelouppee, pour monstrer la varieté des richesses & leur beau lustre & brillant esclat, mais accompaigné d'incertitude ; parce que l'œil ne sçauroit bonnement discerner les couleurs de cest arc, à cause qu'elles ondoient l'vne sur l'autre, & se pestemestent de sorte qu'elles se desrobent de nostre veüe lors qu'on les cuideroit apprehender separement : & ainsi est-il des richesses, dont l'instabilité ne se peut mieux representer que par ceste impression de l'air laquelle embrassant tout l'hemisphere d'vn bout à l'autre, comme font les outrageuses & demesurees conuoitises des auaricieux, est de si peu de duree qu'elle s'esuanouist presqu'aussi tost qu'elle apparoist.

L ij

LES IOVEVRS.
L'HYMNE D'ORPHEE A IVNON
dont l'encensement sont les aromates.

IVnon l'espouse bien-heureuse
De Iuppiter; Iunon qui es
De tous la maistresse & la Reyne,
Couuerte de noirs vestemens;
Ayant de l'air la ressemblance:
Qui aux mortels pour respirer
Donnes de doulces haleines
Pour les maintenir, qui des vents
Et des pluyes es la nourrisse.
Tu engendres tout, & sans toy
Rien on cognoist de la nature;
Car tu te monstres enuers tous
Forte, robuste & delectable.
Toy seule tu commandes à tous;
Et sur tout tu regnes toy seule.
Vien doncques à nous de ce pas,
Deesse heureuse, de tous Reyne,
D'vn visage doulx & benin.

PAR Venus en troisiesme lieu est designee la vie sensuelle & voluptueuse, qui se raporte au corps, où gist la sensualité, Venus au reste est ditte en grec ἀφροδίτη, d'aultant que la semence genitale est escumeuse, ou bien que le plaisir charnel s'escoulle viste à guise d'escume qui en vn moment se defait & resoult à maniere de ces petites bouteilles d'eau qui se procreent quand il pleut, les grecs les nomment πομφόλυξ, & aussi tost s'esuanouissent. Elle est peinte toute nuë, soit pource qu'elle est desnuee de honte & vergongne; ou qu'elle s'exerce de nud à nud, ou qu'elle laisse desnuez de biens, d'honneur, & de reputation ceux qui s'y habandonnent par trop: ou que ce vice soit fort malaisé à couurir. On luy attribuë puisapres les roses, pour monstrer que le plaisir venerien est la pluspart accompagné de force pointures; ce qui auroit meu Catulle de dire, Que Venus seme de poignans soulcis dans nos cueurs; Ces roses sont rouges & poignantes, parce que la lubricité est de soy honteuse; & point par vn remords de conscience. Et comme la rose est fort delectable pour quelque temps, mais cela ne dure pas longuement, de mesme fait la volupté: dont le grand Basile auroit dit, & fort à propos, que du commencement la rose n'auoit point d'espines, mais que puis-apres elles luy auroient esté adioustees, afin que le plaisir qu'on reçoit de la volupté, par la douleur qui l'accompagne on se puisse rememorer de son delict, & s'en corriger: les colombes pareillement luy estoient assignees, pource que c'est vn oiseau fort chaleureux & lascif que le pigeon. Plus les trois graces, dont les deux ont le visage torné vers nous, & la tierce monstre les espaules; à cause que le plaisir à son arriuee est double: & fort simple quand il s'en va: ou bien pour monstrer que la grace & bienfait se doibt recompenser au double: & que quand on la confere il se fault cacher, pour n'estre aperceu faire cela par vaine gloire, ou attente de quelque remuneration. Venus finablement est portee nauigante sur vne coquille en la mer, pour denoter qu'ordinairement ceux qui s'y addonnent sont en danger de faire naufrage, & se noyer en vne eau d'amertume. Il y auroit assez d'aultres choses à allegoriser là dessus, dont la plus part ont esté touchees sur son tableau, au second liure, auec son hymne: parquoy il ne reste icy que celuy des graces.

L'HYMNE DES GRACES, DONT l'encensement est le storax calamita.

Oyez moy graces honorables,
Filles du puissant Iuppiter,
Et de la gentille Eunomie;
Aglee, & vous Thalie aussi,
Auecques la riche Euphrosyne.
Aimables meres du soulas,
Et des delectations chastes:
De plusieurs formes: verdoyant
En toutes saisons desirables,
Et souhaittés des mortels:

LES IOVEVRS.

Aians les faces colorees.
Comme vne roze du Printemps.
Venez doncques ô gracieuses,
Qui donnez tresaboundamment
Toutes manieres de richesses:
Vous monstrans propices à ceux
Lesquels sont curieux d'aprendre
Les haults mysteres, & secrets.

Vovs voyez bien ce fleuue là estendu parmy force ioncs & rouseaux. Il entend le Phase, & a mis cest ἐν βαθῦ δόνακι καλύμενον, à l'imitation de ce qu'és Argonautes d'Orphee, ce fleuue est appellé arundineux, plein de ioncs & rouseaux. Il le descript au reste fort elegamment, de mot à mot presque comme Sophocle fait Acheloé en la tragedie des Trachiniënes, ainsi que ie l'ay amené cy deuãt sur le tableau de Meles: Duquel de la touffuë barbe, & des flocs de poil y pendans, coulloient de gros sourjons d'eau viue, &c. Quant à la cruche, c'est vn ordinaire de representer les fleuues & riuieres, accouldees sur vn vase qui denote la source dont ils decoullent, ainsi qu'on peult veoir au iardin de Belieder à Rome des figures du Nil, & du Tybre. Il en a esté parlé vers la fin du tableau du Nil.

Argo, que suyuant la poësie d'Homere ils appellent la bien-soignee d'vn chacun. Cela est au 12. de l'Odissee, Ἀργὼ πασιμέλουσα παρ' Αἰήταο πλέουσα: lequel mot de πασιμέλουσα ne veult dire autre chose sinon, celle dont tous ont soin & cure: parce que tous les Princes qui s'y estoient embarquez faisoient eux mesmes l'office & debuoir de mattellots & de Nautonniers: ou que le Poëte vueilhe entendre, que ce gallion fust en recommendation & souley enuers tous les dieux, pour l'amour de Iunon qui fauorisoit Iason en ses entreprises, comme il a esté dit cy dessus: & aussi qu'il suit puis-apres en Homere; Ἀλλ' ἥρη παρέπεμψεν, ἐπεὶ φίλος ἦεν Ἰήσων: ou que tous les Poëtes ayent eu soin d'escripre d'elle comme le veult Eustathius. De ce vaisseau au reste, & de toutes ses particularitez il en a esté parlé assez cy deuant au tableau de Glaucus.

Or vous voyez bien qu'il y a de l'artifice en la peinture, la deesse estant vestuë d'vne robbe de toile d'or, &c. Il fait en cecy allusion à ce que les Poëtes tant grecs que latins surnomment Venus la dorée; mesme Virgile au 10. de l'Eneide ; At non Venus aurea cōtra Pauca refert. Mais Hesiode bien auant luy en la targue d'Hercule; τερπομένοις δώροισι πολυχρύσου Ἀφροδίτης. Et Homere aussi au 3. de l'Iliade; μή μοι δῶρ᾽ ἐρατὰ πρόφερε χρυσῆς Ἀφροδίτης. Ne me reproche les presents de Venus deesse dorée. Ce qui ne signifie autre chose que belle, excellente, agreable, ainsi qu'est l'or sur toutes les choses inanimées; dont le mesme Virgile auroit dit ailleurs, Coniux aurea; & Horace mores aurei, Ciceron aussi, nomen aureum. Et Ezechiel 28. Aurum decoris tui. Plus Ouide au premier des Metamorph. Aurea primo sata est ætas. Et infinis autres semblables. Venus quant & quant pourroit auoir esté ditte dorée, parce que tout ainsi que l'or se cōplaist au feu qui l'affine & le resiouist, la concupiscence de l'acte venevien depend de l'ardeur: si que l'or symbolise au feu icy bas, & au soleil là hault, comme l'infere Pindare tout au commencement de ses cantiques. A ce propos fait ce qu'Euripide en la Medee l'introduit s'exclamant ainsi de la desloyaulté de Iason.

Ὦ Ζεῦ, τί δὴ χρυσοῦ μὲν ὃς κίβδηλος ἦ,
Τεκμήρι᾽ ἀνθρώποισιν ὤπασας σαφῆ,
Ἀνδρῶν δ᾽ ὅτῳ χρὴ τὸν κακὸν διειδέναι,
Οὐδεὶς χαρακτὴρ ἐμπέφυκε σώματι.

O Iuppiter, y a il tant
De tesmoignages aux personnes
Pour cognoistre si l'or est faux?
Et marque aucune n'est emprainte
Au corps de l'homme pour sçauoir
S'il est de desloyal courage.

PELOPS.

ARGVMENT.

TOVT ce qui peult concerner Pelops & Hippodamie a esté si au long touché cy deuant en leurs deux tableaux, que ce ne seroit que rechanter sur vne mesme chorde ennuieusement d'en vouloir icy vser de redicte. Il ne reste que ce qui est atteint à la fin, des malheurs dont les destinees menaçoient la race des Pelopides, comme par vne vengeance de ce qu'Hippodamie auoit aucunement consenty à la mort de son pere Aenomaüs, pour auoir à mary Pelops dont elle s'estoit enamouree de prime veuë: & cela bat sur les calamitez & tragiques desastres de ses descendans Atree & Thyeste, qui ont esté deduits sur le tableau de Cassandre.

CETTVICY monté sur vn chariot tout ainsi que s'il se vouloit acheminer par le beau millieu d'vne plaine; coiffé d'vne tiare droit esleuee contremont, & vestu d'vn long doliman à la lydienne, me semble estre Pelops, qu'à bon droict on doibt appeller vn fort dextre conducteur de coches: car il promenoit bien par fois sur la mer mesmes, cestuicy que Neptune luy auoit donné, roullant les gentes courbes de son rouage sans mouilher l'essieu sur le doz des ondes, durant vn doulx calme ou bonace au regard de l'œil, il là voltigeant & remply de viuacité; & son col ferme releué descouure assez la promptitude de courage: le sourcil aussi se refronssant de ceste sorte monstre assez que le que le iouuenceau ne fait grand cas d'Eunomaüs, lequel se confie sur ses cheuaux qui vont la teste rehaulsee auec de grands naseaux ouuers : & le pied non plat, ains la corne creuse & voultee : leurs yeux faunes fort esueillez : & les creins longs & espoiz, s'espandans d'vn col pers verdastre, comme est la façon des cheuaux marins. Pres de luy est Hippodamie les ioües teinctes de vermeille pudeur virginale, vestue d'vne longue iuppe de Nymphe : & iettant des yeux vn regard, qu'il est aisé d'apperceuoir qu'elle s'arrestera à cet estranger sur tous aultres : & aura en horreur son pere, qui applique ainsi son entente à des despouilhes si inhumaines. Car vous voyez bien les testes de ceux qu'il a surmontez à la course des chariots, attachees à son portail, chacune à par soy, & côme le temps leur a donné vne autre forme que celle qu'elles souloient auoir. De faict selon que les amoureux de sa fille venoient la pourchasser en mariage, les mettant à mort il se glorifie es enseignes & remarques de leur massacre : les ombres desquels voltigeans alentour, lamentent pitoyablement leur infortunee entreprise : & auec vn funeste chant doloreux, deplorent les iniques conditions de ces nopces. Or Pelops a conuenu de deliurer pour l'aduenir la Princesse de ceste pernicieuse ruine : & Myrthil est participant du complot. Ænomaus au reste n'est pas loing de là, ayant son chariot tout appareillé à la course : & vne corsesque hault esleuee en iceluy, pour

M

PELOPS.

en darder le iouuenceau s'il le peult atteindre: Car ayant sacrifié à son pere Mars, il diligente tant qu'il peult: & d'vn regard tout furieux, lequel part d'vn œil meurtrier sanguinaire, presse Myrtil de se haster. Mais ce Cupidon morne & triste, qui incise l'essieu du chariot, donne à entendre l'vn & l'autre de ces deux cy: que l'infante surprise d'amour s'accordera auecques luy à la destruction de son pere: & ce qui en aduiendra cy apres en la race des Pelopides, sera de la preordonnance des destinees.

PYRRHVS ET
LES MYSIENS.

ARGVMENT.

ACHILLES desguisé en fille, nourry chez le Roy Lycomedes de Scyro, engrossa sa fille Deidamie d'vn fils qui de sa blonde cheueleure fut nommé Pyrrhus, autrement Neoptoleme ou ieune gendarme: pource qu'estant encore fort tendre d'aage, apres que son pere Achilles eut esté en trahison mis à mort par Paris & Deiphebus soubs ombre de conclurre le mariage de leur sœur Polyene auec luy, les chefs de l'armee grecque l'enuoyerent querir par Phenix, comme il a esté dit cy dessus au tableau d'Achille en Scyro: ou selon Qu. Calaber au 7. par Diomede & Vlisse: pour raison que les destinees portoient que Troye ne pouuoit estre prise sans quelqu'vn de la race des Eacides. Pyrrhus donques estant arriué deuãt Troye, y fit tout plein de beaux exploits d'armes, & vaillance de sa personne: dont l'vne des plus signalees fut celle qui est depeinte icy: contre les Mysiens assauoir, & leur chef Eurypile, qu'il mit à mort de sa main, & ses gens en routte. Mais le principal but de Philostrate est de toucher icy incidemment la description de la belle rondache d'Achille, que Pyrrhus eut apres sa mort, combien que ses armeures eussent esté adiugees à Vlisse, dont Aiax Telamonien qui les debattoit auec luy se donna la mort de despit. Et est ceste rondache descripte fort particulierement par Homere au 18. de l'Iliade, d'où Philostrate l'a tiree presque de mot à mot, comme on pourra veoir par la conference des deux cy dessoubs en l'annotation: estant besoin d'ainsi le faire: parce qu'en ce texte sont obscurcies tout plein de choses, qui sont dittes plus clerement par Homere. Pyrrhus au reste à la prise de Troye, ayant inhumainement massacré Polytes fils de Priam, & le Pere apres: puis finablement immolé Polyxene dessus le monument d'Achille, eut pour sa part des dames captiues Andromaque veufue d'Hector, qu'il tint vn temps en lieu de femme, mais estant de retour en grece, il la remit à Helenus, qui l'espousa, & il prit Hermione fille d'Helene, desia promise à Orestes fils d'Agamemnon, qu'elle aimoit trop mieux que Pyrrhus, lequel Orestes du consentement d'Hermione qui y tint la main mit peu de temps apres à mort pour l'auoir.

M ij

PYRRHVS ET

Les faicts d'Eurypile & de Neoptoleme, toute la brigade des Poetes les chantent: que l'vn & l'autre ont ensuiuy les mœurs & inclinations de leurs peres: & les dient chacun endroit soy auoir esté d'vne grande reputation & proesse. Tout le mesme nous racompte aussi ceste peinture: car la fortune nous assemble icy de tout le pourpris de la terre la vertu en vne seule cité; de façon que ceux cy ne s'en vont point sans gloire, ains sont en telle estime enuers la pluspart, qu'on peut hardiment dire d'eulx auec le Poete; *Les enfans des infortunez sont qui à mon effort s'opposent.* Mais les vaillans & genereux en surpassent bien de vaillans. Au surplus, comme il y ait assez d'aultres choses qui concernent la perfection, nostre deduction sera pour ceste heure des plus cogneues & familieres. C'est donques icy la cité d'Ilion, si superbe selon Homere: ceinte d'vne muraille alentour telle que les Dieux mesmes ne l'ont point reputee indigne d'estre bastie de leurs mains: y ayant au dehors de chaque costé vn beau grand & spacieux haure, où peult surgir en seureté vne infinité de vaisseaux sur le canal de l'Hellesponte qui diuise l'Asie d'Europe: & au milieu vne campaigne que le fleuue Xanthus separe par le beau trauers; peint icy nompas bruyant ne bouilhant d'escume tel qu'il se desborda autresfois contre le valeureux fils de Pelee, mais comme s'il vouloit seruir de course & de mattras à Pyrrhus, ayant sa cheuelure de treffles,

Iliade 6. & 21. cy deuāt au tableau d'Antee.

& joncs, & de doulx delicats rouseaux, pour s'y reposer, car vous le voyez là plustost comme en termes de s'y asseoir, que pour s'y retenir debout, le pied ia planté prés d'vne fontaine, de mine reposee à ceste heure; & les ondes du fleuue contemperees d'vn cours mesuré. De l'vn des costez au reste est l'armee des Mysiens en bataille, ioincte auec les forces de Troye; & de l'autre celle des Grecs. Quát aux Troyans, ils sont desormais laz & harassez, & ceux d'Eurypile vigoureux & fraiz: car vous voyez bien comme la pluspart des Troyans sont assis auec leurs armeures; lesquels peult estre requierent auoir ceste faueur de luy, s'esiouïssans de ce relasche: là où les Mysiens prompts & aspres à mener les mains s'en vont de ce pas afronter les grecs reduits à pareille condition que sont les Troyans, fors les Myrmidons, que voilà autour de Pyrrhus si entalentez de bien faire, & remplis d'vne courageuse hardiesse. Quelle est la beaulté d'iceluy, malaiséement en pourroit-on rien determiner à ceste heure qu'il est armé, neaumoins on voit bien qu'il est grand & de belle taille, dont il surpasse tous les aultres: & sont ces deux d'vn pareil aage: les rayons partans de leurs yeux en action viue & estincellante, & non languides ny endormis: l'vn & l'autre d'vn fier regard soubs leurs salades, & qui en se manians fierement, accompaignent les esbranlemens des pennaches: le courage tressaillant en eux, lequel monstre tacitement respirer certaine animosité furieuse. Or les armeures dont ils sont

M iij

garnis sont les mesmes que leurs peres souloient porter: mais celles d'Eurypile sans aucune deuise ne cognoissance, ondoyans seulement à la veuë de ie ne sçay quel lustre variant de diuers changeans, ainsi que pourroit briller l'arc en ciel. Pyrrhus en a presentement qui viennent de la part de Vulcain, dont Vlisse s'est à la parfin deporté, ne se souciant plus de la victoire qu'il en auoit obtenuë. Que si on les veult contempler à loisir, on trouuera rien n'y auoir esté obmis de ce qu'Homere en a descript, ains que l'art & maistrise du Peintre a exactement tout representé. Car la figure de la terre, de la mer, & du ciel aussi n'aura point, à mon opinion besoin de personne qui nous l'explique, pouraultant que de primeface le tout se manifeste assez de soy par les couleurs que l'ouurage a receu de l'ouurier. Et les villes auec les aultres choses qui sont icy bas au pourpris terrestre nous remarquent fort bien la terre, dont peu apres vous orrez l'interpretation de chascune. Ausurplus c'est icy le ciel, car vous y voyez bien le rond du Soleil, comme il tornoye incessamment infatigable en son labeur: & la pure resplandissante clarté de la pleine lune. Mais il me semble que vous desirez ouyr par mesme moyen deuiser de chasque astre à part, & de fait leur diuersité vous apreste occasion de le demander. Doncques voicy les Pleiades qui sont les admonnestemens & indices des semailles, quand elles se couchent, & de la moisson quand elles se releuent de nouueau, selon que les saisons l'apportent. D'aultre part voila les Hyades. Et vous voyez bien aussi Orion, le compte duquel, & la cause pourquoy il a esté translaté entre les estoilles, remettons le à vne autre fois, afin que la trop grand' curiosité de l'entendre ne vous destourne icy la pensee. Les estoilles qui sont au dessus de luy, ce sont l'Ourse, ou le chariot, si vous l'aimez mieux ainsi appeller : & dit on qu'elle seule ne se plonge point dedans l'Ocean, ains tornoie sans cesse alentour, comme soigneuse garde d'Orion. Mais parcourons le reste de ce qui peult concerner la terre, laissans là les choses d'enhault, & considerons de ce qu'il y a de plus beau en elle ; assauoir les villes, dont vous en voyez icy deux. Voulez vous doncques qu'on vous declare la premiere : ou si la lumiere de ces flambeaux, & les gayes chançons d'Hymenee : & le haultain resonnement des cornettes, & le ieu de violles & Cystres : & la cadence mesuree de ces baladins vous attirent plustost à soy ? Ne voyez vous pas bien comme ces femmes à l'entree de la maison monstrent d'admirer le tout, s'escrians de la grande ioye qu'elles ont ? ce sont des nopces mes amis, & la premiere assemblee des mariez, lesquels ameinent leurs espouses, dont ce qui est de honte craintifue en elles, & d'ardent desir en leurs maris, comme il est decent à chacun d'eux en leur endroit, ie me deporteray de le dire, attendu que ç'a esté le faict d'vn excellent maistre de donner ainsi cela à entendre tacitement. Mais voila aussi vn siege de iudicature, & vne audience publique de certains vieillards honorables qui y president grauement: & au milieu y a de l'or, deux talents assauoir, ie ne sçay pas à quelle fin, si ce n'est entant qu'on peult coniecturer pour le salaire de celuy qui donnera la plus equitable sentence, afin que personne ne se meuue pour des presens à iuger aultrement qu'il ne doibt. Mais quelle cause est-ce qu'on plaide icy? Ces deux ie ne sçay qui que vous voyez là au millieu, me semblent estre les parties; & leur action est pour raison d'vn meurtre, dont l'vn charge l'autre, qui le nie fort & ferme comme vous voyez: & qu'il n'a point fait ce que luy impute l'accusateur, ains s'en doibt aller absoubs à pur & à plain, quitte entierement de l'amende. Vous voyez bien encor ceux qui leur assistent pour leur ayder, en donnant leurs voix & suffrages à grandes clameurs, à celuy des deux qu'il leur plaist: mais la presence des Huissiers les fait taire, & leur impose silence. Cecy doncques nous represente comme vne moyenne constitution de guerre & de paix en vne ville qui n'est point molestee de l'hostilité ny des armes. Quant à l'autre, il est bien aisé à veoir comme ils sont là clos de fortes murailles: & que tout le long de la courtine & du rempar les ieunes gens propres à endosser le harnois sont arrengez pour les defendre: des femmes aussi en ces creneaux & bouleuards auec les vieilles gens, & ceste si tendre ieunesse, où ils employent leur milice, là vous les trouuerez soubs la conduitte de Mars, & de Minerue; ce que la peinture me semble

semble dire, les manifestant par l'or, & grandeur dont ils sont, estre dieux, en donnant quelque chose de moins aux aultres, & de plus infirme: lesquels ont fait vne saillie, ne voulans plus endurer les brauades de leurs aduersaires, en consumant leurs biens dans la ville, ains pour les espargner sortir dehors. Ils s'en vont au reste dresser vne embusche, comme on peut comprēdre, à mon opinion, de ceste touffue espoisseur d'arbres espandus au long du riuage, ou vous les voyez equippez d'armes: mais ils ne se pourront pas preualloir de cest aguet, parce que l'armee estrangere ayant enuoyé ses coureurs descouurir, regarde à par soy les moyens de leur donner quelque bonne estrette à eux mesmes. Et voila d'autre part des Pasteurs qui meinent leurs trouppeaux aux champs à la cadence de leurs flageots & cornemuses, dont le son ainsi mince & foible accompaigné d'vn chant naïf comme d'vn ramage qui sent son rustique & montaignard, ne vous est-il pas arriué aux oreilles? Certes pour la derniere fois de toutes employans icy leur musique d'aultant qu'ils ignorent la machination qu'on leur a brassee, vous les voyez bien là tailler en pieces par leurs aduersaires qui se viennent ruer dessus, & chassent desormais vne partie du butin. Mais ie veux parler des autres qui sont venus aux embusches, lesquels se leuent en sursaut, & montans habillement à cheual, se preparent à la meslee: car vous pouuez bien veoir ces riuages tous parsemez de combattans. Et que dirons

N

nous de ceux qui se retornent si brauement pour leur faire teste; & de la Deesse que voila toute ensanglantee de leur carnage, dõt sa robbe en demeure teinte de rouge? C'est le combat & la meslee qui fait cecy; & la destinee, dont depend tout le faict de la guerre & des armes: car vous voiez comme elle ne prend pas vne voye seule, ains celuy qu'elle iecte tout au trauers des coups de glaiues, en sort neantmoins sans blesseure, & cest autre icy en est par elle mesme retiré roide mort: cest autre presse & acculle vn qui est blessé tout de frais. Et certes ces gens ainsi si redoutables par leur furie impetueuse, & regard terrible, ne me semblent en rien differer des actions & mouuemens d'hommes en vie. MAIS voicy de rechef des ouurages de paix, qui se monstre estre fort ieune, & ce champ auoit desia eu ses trois façons, comme il me semble, il le faut recueillir ainsi de la multitude des laboureurs qui y trauaillent, ioint les iougs de bœufs qui vont & viennent dru & menu, y ayant parmy eux quelqu'vn qui leur verse par fois à boire au bout du sillon, prenant soin de faire noircir l'or, de laquelle beauté & richesse se designe à mon aduis l'heritage de quelque grand & opulent Prince, lequel monstre assez l'allegresse & plaisir qu'il sent en son cueur, à sa gaye & ioyeuse chere, n'estant point autrement besoin de s'enquerir quelle en est la cause. Car ces diligens moissonneurs, & ceux qui assemblent & lient en gerbes les iauelles qu'on a mis bas, que les autres follicitent foigneufement, tefmoignent que la cueillette doibt furpaffer de plufieurs mefures ce qui a efté iecté dans la terre. Ce chefne au furplus n'a pas efté icy appofé friuolement & hors de propos: car fon ombrage s'efpandant de cofté & d'autre, raffrefchift deffoubs fes branches & rameaux ceux qui font haraffez de l'ouurage & de la chaleur. Et cefluicy s'aprochant & beuuant, à qui les trompettes fonnent vne fanfare, vous le voyez bien foubs le mefme chefne, encourage ceux qui trauaillent apres la recolte du grain. De ces femmes qu'en diriez vous ? Ne vous femble il pas qu'elles mettent auffi la main à l'œuure de leur part, & s'exhortent les vnes les autres de peftrir diligemment la farine pour le foupper des manouuriers? Que fi vous demandez des fruicts de l'arriere-faifon, en voicy de meurs, les noirs là, affauoir des vignes, & ces iaulnes cy des arbres fruictiers. Or ce foffé a efté ainfi peint de viollet tout expreffemēt de l'ouurier, à ce que ie croy, pour demonftrer fa profondeur: & vous doit fuffire pour le regard des vignes domeftiques, d'imaginer en ceft eftain vne telle quelle cloifō: mais l'argét eft requis au vinoble de la cāpaigne. Ces perches au refte ne permettent pas que ces arbres pāchēt & s'afaiffent, qui font ainfi chargez de fruict. Mais que dirons nous de ces vendāgeurs, lefquels en cefte allee fi eftroitte s'eftoupās le paffage les vns aux autres vuident là endroit la vendange qu'ils apportent dedās des hottes gays & deliberez,

N ij

& en eage propre pour la besoigne ? Ces ieunes filles d'autrepart, & ces garçons s'en vont dansans à la cadence d'vne note euienne & bacchique que leur sonne cest autre là; lequel monstre d'accompagner le son de sa lire d'vne voix gresle dont il chante. MAIS si vous tornez vostre entente deuers ce trouppeau de bestes à corne, vous cognoistrez bien aiseement qu'elles s'en vont paistre suiuies de leurs gardiens qui les meinent. Quant à leur couleur & pelage, ne vous en esbaissez point autrement, car le tout n'est qu'or & estain : mais d'oyr en la peinture ces choses si apertement, & que ceste riuiere semble resonner & bruire, le long de laquelle paissent ces vaches, comment se peult il faire que cela ne vous soit du tout manifeste? Certes ie ne voy pas que ie puisse assez dignement exprimer ces lyons, ny le taureau qu'ils tiennent accablé soubs eux: lequel monstre de mugler fort, & se debattre, comme celuy qu'ils deschirent, & ont desormais accroché iusqu'à ses entrailles : & ses chiens, à mor-aduis, qui accompaignent le trouppeau, y estans conduits par les Pastres vont autour des lions, les cuidans espouuenter de leurs aboys, neantmoins ils ne les osent pas attaquer, encores que leurs maistres les y incitent. Voyez d'autrepart ces trouppeaux de bestes blanches, comme elles bondissent & s'esgaient sur ces coustaux. Et ces parcs, fueillees, & estableries, sachez que tout cela est pour la retraitte du bestail. LE surplus à mon iugement est vne danse du tout semblable à vn labyrinthe, tel qu'on dit Dedalus auoir basty autrefois à Ariadné fille du Roy Minos. Mais quel est l'artifice & maniere de ceste danse? Les iouuenceaux entre-laceans leurs mains auec celles de ces ieunes filles, dansent ainsi. OR comme il semble à vostre mine, vous ne seriez pas satisfaict de cela, si par mesme moyen ie ne vous declare bien exactement leurs habillemens. Celles cy doncques ont vestu de beaux corsets, & portent des corones d'or en leurs testes : & ceux-cy ont de fort deliez hocquettons bien tissus, & de belles espees dorees au poing, la gaisne, & les pendans d'argent. Les voyans au reste torner en rond comme vne pirouette, vous remarqueriez en cela le penible ouurage de quelque potier, qui essaie si sa roue pourra torner, luy donnant le bransle: mais de se remettre si soudain de rechef en leur ordonnance, cela apporte non peu de difficulté, & manifeste apertement le soin & plaisir qu'ils y prennent. Car les vns, ceux que vous voiez au millieu, font des cullebuttes & soubre-sauts, & par fois monstrans l'industrie, & dexterité qu'ils ont de changer leur danse, me rauissent en admiration euidente. EN FIN ceste representation de la mer qui est tout alentour du bord, n'est pas vne vraye mer, mes amys, l'ocean faut entendre : ains l'extremité de la terre qui est ainsi elabouree en ceste targue. Vous auez doncq à suffisance les explicatiõs de ceste peinture. Mais voyez aussi ce qui passe à l'endroit de ces combattans, ou la victoire est demeuree à l'vn des deux : car voila Eurypile qui est desconfit, nauré griefuement par Pyrrhus à l'espaule, dont le sang descoulle ainsi qu'vn ruisseau : & gist là roidde mort sans qu'on le pleure ny le venge, de grand stature, estendu de son long par terre, n'ayant peu destorner le coup par sa cheutte à cause de la playe arriuee à temps pour le preuenir. Et voila Pyrrhus en semblance d'vn homme blessé, sa main toute degouttante de sang, dont l'espee encore en a beaucoup emporté. Les Mysiens ne reputans pas cela tollerable le vont aborder : mais il les regarde de trauers en se soubsriant fieremēt, & soustenant luy seul tout l'effort de leur bataillon : Neantmoins il doibt bien tost couurir le corps d'Eurypile, en luy esleuant vn tombeau quelque part.

ANNOTATION.

Les faicts d'Eurypite, & de Neoptoleme, Tous les Poëtes les chantent. *Homere en l'onziesme de l'Odissee ou Vlisses compte à ceux d'Achille des nouuelles de son fils Neoptoleme.*

 Ἀλλ' οἷος τὸν Τηλεφίδην κατενήρατο χαλκῷ,
 Ἥρω Εὐρύπυλον, πολλοὶ δ' ἀμφ' αὐτὸν ἑταῖροι
 Κήτειοι κτείνοντο, γυναίων εἵνεκα δώρων.
 Κεῖνον δὴ κάλλιςον ἴδον μετὰ Μέμνονα δῖον,

Mais comme l'Heroe Eurypile
Fils de Telephe mis à mort
Fut par Pyrrhus à coups d'espee,
Et plusieurs Citeens aupres,
Pour les presens de quelques Dames,
Là apres le diuin Memnon
Ie le veis de tous le plus braue.

LES MYSIENS.

Strabon là dessus liu. 13. Eurypile au reste fut fils de Telephe Roy de Mysie, & d'Astraché sœur de Priam, lequel Telephe estoit fils d'Hercule & d'Augé fille d'Aleus, qui ayant descouuert sa grossesse la liura à vn Nautonnier pour la submerger en la mer; mais auant que d'y paruenir, elle accoucha dans des broussailles où elle cacha son enfant, que les Pasteurs de là à quelques iours ayant trouué comme vne biche l'alaictoit, luy donnerent le nom de Telephe; parce que ελαφος signifie vn cerf ou vne biche: & en allerent faire present au Roy Coriche, qui le fit nourrir comme sien. Augee d'autrepart deliurée de sa creature fut venduë par les Nautonniers à des marchās; & par eux presentee à Theutras Roy de Mysie; lequel à quelques annees de là se trouuant fort oppressé par Idas fils d'Apharee qui le vouloit priuer du Royaume, enuoya selon l'admonestement de l'oracle querir Telephe qui le vint secourir auec Partheriopee fils de Meleagre & Atalante, luy promettant Augé en mariage, auec son Estat s'il le deliuroit de ses ennemis. Ce qu'executé par Telephe, comme Theutras luy eust fait espous. Augé sans sçauoir que ce fust sa mere, elle qui pour auoir esté accointee d'vn tel demy Dieu qu'Hercule, ne se voulant point contaminer de la compaignie d'vn homme mortel, la premiere nuict de leurs nopces cache vne espee soubs son cheuet pour l'en mettre à mort; mais par la volonté des Dieux voila vn serpent d'enorme grandeur qui se vient mettre à la trauerse; dont Augé esperdue de peur sort dehors l'espee, & declare quel auoit esté son dessein à Telephe, qui l'en voulut mettre à mort sur le champ, sans ce qu'elle alla implorer là dessus le secours d'Hercule; & Telephe sceut par ce moyen tout l'affaire. Depuis ayant esté fait Roy de Mysie, vne prouince de la petite Asie le long de l'Hellesponte proche de la Troade, comme il se fust mis en debuoir d'empescher le passage aux Grecs qui alloient pour assieger Troye, il fut blessé par Achille en vne escarmouche; & ne pouuant trouuer aucun allegement de sa playe, il fut aduerty par l'oracle que le remede en consistoit au ferrement dont il auoit esté naufré: parquoy s'estant reconcilié à Achille il obtint de luy de la racleure du fer de sa lance qui estoit d'airain, dont fut composé vn emplastre qui le guerit entierement: Eurypile doncques nay de telle race, amena vn gros renfort de Mysiens au secours de Troye, tant pour estre leur proche voisin & confederé, & nepueu mesme de Priā, que pource qu'il pretēdoit espouser sa cousine germaine Cassadre dōt il estoit enamouré: & d'arriuee firēt luy & les siēs tout plein de belles entreprises & exploicts d'armes, où il tua de sa main Nireo fils de Charops & d'Aglaye,

PYRRHVS ET

lequel estoit Roy de l'isle de Naxe, dont Homere au 2. de l'Iliade parle en ceste sorte:

> *Niree fils du Roy Charops,*
> *Et d'Aglaye trois nauires*
> *Amena de Syma aux Grecs:*
> *Niree le plus beau des hommes*
> *Qui vindrent deuant Ilion,*
> *Apres l'incomparable Achille;*
> *Mais il n'estoit gueres vaillant,*
> *Et suiuy de bien peu de peuple.*

Eurypile le mit à mort; & Machaon encore apres, fils d'Esculape & d'Arsino, & frere de Podalire; l'vn & l'autre tres-excellens medecins & chirurgiens qui accompaignerent les Grecs en ce voiage auec trente vaisseaux frettez à leurs propres cousts & despens, selon le mesme Homere au lieu dessusdit. Il rembarra souuent les Grecs iusqu'en leurs vaisseaux: Et sur ces entrefaites Diomede & Vlisse aians amené Pyrrhus en l'armee auec les Myrmidons qui souloient estre à son feu pere, (c'estoient vn peuple de la Thessalie, gens fort belliqueux, qui suiuirent Achilles au siege de Troye & se rengerent soubs sa cornette; autrefois venus des formis qui se transformerent en hommes à la requeste d'Eacus, dont ils prindrent leur appellation) il commença à faire de grandes prouësses, tant que s'estant rencontré auec Eurypile, ils eurent ensemble vn duel d'homme à homme, où Eurypile fut mis à mort, comme mesme le tesmoigne Homere en l'onziesme de l'Odyssee; ἀλλ' οἷον τὸν Τηλεφίδω κατηράξατο χαλκῷ, &c.

La Cité d'Ilion ceinte d'vne muraille que les Dieux mesmes n'ont point reputee indigne d'estre bastie de leurs mains. Troye fut du commencement appellee Dardanide, de Dardanus qui en fut le premier fondateur, & l'edifia sur la crouppe du mont Ida. Puis Ilus la transporta en la cãpaigne d'au dessoubs, & la nomma de luy Ilion, selon Homere au 20. de l'Iliade.

> Δάρδανον αὖ πρῶτον τέκετο νεφεληγερέτα Ζεύς
> Κτίσσε δὲ Δαρδανίδων, ἐπεὶ οὔπω Ἴλιος ἱρή
> Ἐν πεδίῳ πεπόλιστο πόλις μερόπων ἀνθρώπων
> Ἀλλ' ἔθ' ὑπωρείας ὤκεον πολυπιδάκου Ἴδης.

Iuppiter

LES MYSIENS.

Iuppiter l'assemble aues
Engendra premierement
Dardanus, qui Dardanide
Fonda, Ilion n'estant
Basty encor en la plaine,
Qui debuoit estre habité
De gens de diuers langages.

Et finablement Laomedon fils d'Ilus, & pere de Priam, à l'aide de Neptune, & Apollon, y fit vne belle ceinture de murailles; comme il sera dit plus à plein cy apres au tableau d'Hesione.

Y ayant de part & d'autre vn beau grand & spacieux haure. Philostrate atteint icy succinctement la scituation de Troye du temps qu'elle fut assiegee des grecs, qui la ruinerent de fonds en comble: & apres qu'ils en furent partis elle vint auec son territoire & domination és mains des Phrygiens, & des Mysiens: en apres des Lydiens; & d'eux aux Eoliens, & Ioniens; ausquels les Perses l'osterent: & finablement les Romains s'en emparerent auec le reste de l'Asie: & les Turcs depuis deux ou trois cens ans, qui la tiennent encore, mais desolee presqu'à fleur de terre, outre ce qu'il n'y a ne maison ne buron à plus d'vne lieue à la ronde, si qu'à peine pourroit on remarquer le lieu où elle souloit estre: ce qui vient en partie de la barbarie & rudesse de ces gens là les plus inutiles de tous les autres; & en partie de la sterilité du terrouer, & incommodité d'eau, n'y ayant qu'vne fontaine qui en est encore assez loin vers le port, & point de puits dedãs la ville, mais force cisternes en lieu, ou se recueilloit anciennement l'eau des pluyes, selon qu'on peut voir par les ruines qui en restent, si au moins ce sont celles de l'ancienne Troye, ce que ie me persuaderois bien malaiseement. Car du temps mesme que L. Scipion dit l'Asiatique defit le Roy Anthioque il y a plus de dixhuict cens ans, ce n'estoit qu'vne petite meschante bourgade comme met Strabon au 13. Et que peu auparauant les Gaullois s'estans allez habituer en Asie, pour l'auoir trouuee sans murailles la quicterent là. Depuis elle fut aucunement restauree durant les guerres de Mithridate Roy de Pont; & ruinee par Fimbria questeur du Consul Valerius Flaccus, lequel la prit l'onziéme iour qu'il l'eut assiegee, dont se voulant glorifier il disoit auoir plus fait en dix iours auec vne poignee de Romains, qu'Agamemnon en dix ans assisté

O

de mille nauires, & de toutes les forces de Grece: mais vn des habitans luy fit responce, qu'aussi n'y auoit il point eu d'Hector pour la defendre contre luy. Sylla vn peu apres la remit encore vn peu sus; & Iulles Cesar à l'imitation d'Alexandre leur vsa d'infinis bienfaicts, en faueur & pour le respect d'Anchises pere d'Enee donc & de la deesse Venus il pretendoit la famille des Iules estre descendue. Au regard des fleuues Simois, & Scamandre au milieu desquels estoit la campagne de Troye ou se demesloient la plus part des escarmouches & rencontres d'entre les grecs, & les Troyens, ce ne sont pour le iourd'huy que petis ruisseaux, en esté presque tariz à sec; & en yuer à peine y pourroit nager vne cane: Parquoy il faut bien dire que les choses soiēt fort changees depuis le temps de Pline, qui au 5. liu. chap. 30. fait Scamandre nauigable; & au reste que se ioignant auec le Simois ils s'en vont de cōcompaignie rendre dans l'Hellesponte aupres du promontoire de Sigee qui fait les deux ports dessusdits, l'vn d'vn costé l'autre d'vn autre, dont Philostrate parle icy. Ce qui suit puis apres que le Scamandre qu'il appelle Xanthus, n'est pas peint icy bruyant, tel qu'il se desborda autresfois contre Achille, tout cela est pris du 21. de l'Iliade, cōme il se peut veoir au premier tableau de cest œuure intitulé le Scamandre.

L E V R S armeures sont les mesmes que leurs peres souloient porter, mais celles d'Eurypile sans blason ne cognoissance. Il entend les escuts, où de tout temps ont accoustumé d'estre portraittes les armoiries des cheualiers, comme on peut veoir en infinis endroits de nos histoires, & Romans; ou cela est à noter que les nouueaux cheualiers la premiere annee les portoient tous blancs, & le reste de leurs armeures aussi & cottes d'armes: les anciēs grecs mesmes en ont vsé; selon qu'il a esté deduit sur le tableau de Menecee. Mais quant à ce que Philostrate met icy que l'escu d'Eurypile estoit sās aucune cognoissance ne deuise; ains seulement peint de couleurs changeantes, cela repugne directement à ce que Quintus Calaber au 6. de ses Paralipomenes le escrit figuré de tous les principaux labeurs d'Hercule qui estoit son aieul. Or ay-ie desia assez dit ailleurs, & le dis encore, que d'autant qu'il n'est icy question pour la plusspart que de traductions ie ne feray point de difficulté d'y apporter tout ce que ie penseray pouuoir faire tant pour l'esclarcissement des choses qui requerront quelque lumiere; que pour l'instruction & contentement de mes concitoyens François, lesquels n'entendans le grec ne Latin auront peut estre grand plaisir de veoir tant de belles & recreatiues besongnes traittees si elegamment en ces deux langages: ioint que ie crains que cy apres les bonnes lettres, arts & sciences ne seront pas en telle vogue comme elles ont esté puis soixante ou quatre vingts ans, car il semble qu'elles desplaisent desia. Ce poëte dit donques ainsi à peu prés. En premier lieu estoient là representez deux hideux & enormes dragons, qui de leurs horribles langues se leschoient desia les machoires soubs l'apprehésió de la proye qu'ils s'attendoiét au plustost deuorer, s'eslaçans d'vn tres-grãd effort, l'vn d'vn costé l'autre d'vn autre du berseau où estoit couché vn petit enfant nouueau nay, qui sans s'en espouuëter autremét, d'vn courage tout asseuré en prenoit vn de chasque main, & en les estreignant les faisoit estendre, & rédre l'esprit. En apres estoit le cruel lyon de la forest de Nemee, fier & puissant, qu'Hercule Parnemien eage d'adolescëce empoigne de ses robustes bras nerueux, & luy faisãt tirer la lãgue de destresse si qu'il baue & escume monstre de rugir profondement, & rendre les derniers abois de la mort, car il l'estouffe de viue force: Puis le desnue de sa despouille, dót de là en auant il se sert d'vne mãteline. L'hydre y estoit aussi figuree à la fontaine de Lerne, auec diuerses testes serpentines dardans des lãgues à trois poinctes, mais la pluspart de ces hures espouuentables gisoient ia par terre, & en leur lieu en renaissoient d'autres en plus grand nõbre, vn par trop penible trauail pour Hercule, & tousiours à recommencer, sans le secours d'Iolaus, qui à mesure qu'on les couppe les brusle auecques vn flambeau, tant que ce monstre est du tout esteint: mais au reste si venimeux qu'il faisoit mourir les personnes & les animaux de sa seule haleine, voire quand bien on n'eust que marché sur sa trace, mais par le moié de Minerue il en vient à bout, & de son fiel empoisonne ses flesches, qui depuis furét cause de sa tresdouloureuse mort. D'autre part se pouuoit là veoir ce tãt redoubtable sanglier d'Erymãthe qui gastoit toute l'Arcadie, escumãt furieusemét par sa gueule, dót s'aduãçoiét de tres-acerees & trenchantes deffences cóme vn rasouer: mais malgré tout cela il le trausse sur ses espaulles, & le porte tout en vie à Eurysthee. Quintement estoit ce tant legier cerf aux pieds d'airain, & rameure d'or, du mont Menalus, qui perdoit tous les heritages des miserables

O ij

laboureurs de ce contour là, où le diuin Heroe le prend de vistesse à la course, & en fait comme du sanglier. Les Stymphalides suiuent apres, oyseaux monstrueux, qui de leur puanteur & rapines infestoient toute la region, lors qu'il les vient poursuiure à coups de flesches, dont la plus-part sont desia par terre; & les autres encore en l'air, partie transpersez d'outre en outre, & monstrans de choir, partie qui a tiré d'elle gaignent pays, & se forlongent de leur euidente ruine. Les estableries d'Augeas n'y estoient aussi oubliees, où croupissoit de lógue main le fiens amassé là de maintes annees de plusieurs milliers de bestes à corne, que l'infatigable chápió cure & netoye en vn seul iour, par le moyé d'vn bras du fleuue Acheloe qu'il y deriue, & les Nymphes sont là aupres s'esmerueillás de cest ouurage. LA se pouuoit veoir encore vn taureau eschauffé iettát feu & fláme par la bouche & les nazeaux, auquel il rópt vne des cornes, qui est tout aussi tost réplie de fleurs & de fruictages par les mesmes Nymphes. C'est cellui auec lequel s'estoit forfaite Pasiphaé en l'Isle de Crete, qu'il auoit desolee entieremēt; & il l'amena vif à Eurysthee qui le lascha dans le territoire d'Athenes, où il fit infinis rauages, tant que Thesee le mit à mort en la plaine de Marathon.

SVIVOIT cósequémét elabourée d'vn tres-excellét artifice la vaillāte & courageuse Hyppolite, qu'aiāt empoignee par ses longues tresses pédātes, il iecte du cheual à terre, où il la despouille de sa riche bādolliere & bauldrier, pédāt q ses Amazones s'estās retirees à quartier le regardēt faire, fort espouuātees, sans oser secourir leur Reyne: dót il fait present à Thesee. LA estoiēt outre plus ces cheuaux infames du cruel Diomede de Thrace, qu'il nourrissoit de chair humaine, & Hercule passāt par là le leur exposa dās la māgeoire à deuorer, puis les assóma l'vn apres l'autre. CELA estoit suiuy du triple corps de Geryō le fort & puissāt, qui expiroit parmy ses bœufs, & ses trois testes espouuātables gisoiēt là dessus les carreaux, toutes assómees d'vne massue, auec vn tres-vilain dogue à sept pieds traicté de mesme, le plus acharné de tous autres, comme semblable à Cerberus dont il estoit frere, & le bouuier Eurythion qui se tātouilloit dans son sang.

Puis estoit le dragon mis aussi à mort de ses mains dans le iardin des Hesperides, où sans clorre l'œil il gardoit les precieuses pommes d'or, qui de leur esclatante lueur brunie eussent peu esblouïr la plus ferme veue. EN APRES estoit Cerbere, de son effroiable regard espouuantant mesmes les immortels, qu'vne desmesuree vipere couuerte de l'impetueux & rudde Typhon auoit chienné dedans vne horrible cauerne, nõ gueres loin de la noire nuict, ioignant les pernicieuses desolees portes de l'impitoyable Pluton, attaché là pour retenir la trouppe des trespassez dedans le tenebreux barathre: mais ce courageux inuincible fils du grand Iuppiter, nõobstãt toutes ses resistãces l'emena le long des creux bords de Styx iusques au fleuue de Lethé. LOIN delà estoiẽt figurees les haultes crestes, & profondes baricanes du mont Caucase, où estoit lié à vn rocher Promethee, lequel il deliure, aiãt brisé les fortes chesnes dõt il y estoit attaché, & mis à mort à coups de flesches le vaultour qui sãs cesse luy rongeoit le foye. DE l'autre costé estoit son combat auec les outrageux Cẽtaures, qui enhyurez s'estoiẽt mis en effort de le massacrer. Et là on pouuoit veoir la pluspart d'eux roidde-stendus parmy des Pins, d'autres qui les empoignoiẽt pour se couurir des coups, & d'autres qui en arrachoiẽt de lõgues perches pour se defendre: mais au demeurãt tous blessez, & respãdãs force sang, qui se messoit parmy le vin, & les mets de viãdes, le tout rẽuersé sã-dessus dessoubs, auec les tables, couppes, plats, & escuelles. Nessus estoit à vn des coings, qui voulãt forcer Deianire au passage d'vne riuiere, estoit de l'autre bord persé par Hercule à coups de flesches. ET puis Anthee, lequel s'estant attaqué à luy à la lucte, & reprenant tousiours nouuelle force si tost qu'il estoit mis par terre, il esleue finablement tout en l'air, & l'estouffe entre ses vigoureux bras. LA baleine encore y estoit pourtraite d'vne inusitee grãdeur, sur la bouche de l'Hellespõte, de laquelle il deliure Hesione. ET Busyris massacré en Egypte, où il sacrifioit les passants. EN fin le soulagement d'Atlas qu'il aide à soustenir le ciel prest à tomber sans ce secours. AVEC tout plein d'autres exploicts tesmoignãs les labeurs celebres de

ce tãt signalé'n croc, dõt estoit embelly l'escu du preux Eurypile, lequel l'auoit eu de sõ pere Telephe fils dudit Hercule.

PYRRHVS en a presentement vn qui vient de la part de
Vulcain. Achille mort, il y eut grãde contestation entre les Princes grecs
pour la succession de ses armes, qu'Aiax Telaminien alleguoit luy deuoir
appartenir par raison, tãt pour le droit de parentage, car ils estoient cousins
germains, que pour sa vaillance & merites. Il n'y eut seulement qu'Vlisse
qui s'y opposast, lequel sceut si bien plaider sa cause qu'elles luy furent adiugees, ainsi qu'on peut veoir au 13. des Metamor. Dont Aiax de douleur
en perdit le sens: & se tua en fin luy mesme: là dessus Vlisse aiant esté dele-
gué auec Diomede pour aller querir le ieune Pyrrhus en l'Isle de Scyro, il
luy fit present de ces armes, que Vulcain à la requeste de Thetis auoit forgees à feu Achille, lequel indigné du tort que luy faisoit Agamemnon de s'a-
mie Briseis qu'il luy auoit osté de force, ne voullant par despit plus sortir
au cõbat cõtre les Troyens, eux encouragez de cela soubs la cõduite d'Hector rembarrerẽt plusieurs fois les Grecs iusqu'en leurs vaisseaux: & cõme ils fussent prests d'y mettre le feu, & forcer leurs rampars, Patrocle le
grand fauorit d'Achille impetra ses armes de luy, esperant par là intimider
les Troyens, & arrester leur impetuosité & effort; mais Hector qui le
descouurit n'estre Achille le mit à mort, & le despouilla de ses armes, dõt
Achille ayant vn extreme desplaisir & courroux pour auoir perdu
son cher compagnon, requit Thetis de luy en faire forger d'autres par Vulcain: & elle l'estãt allé trouuer au ciel pour cest effect: mais il vaut mieux
inserer icy ce qu'en met Philarque, & fort plaisamment. Cela ferai-ie
fort volontiers, luy dit il, mais vous sçauez dame Thetis,
qu'vn plaisir en requiert vn autre: ce sera dõcq à cõditiõ de
la petite courtoisie que vous sçauez. Comment dit Thetis
beau messere Vulcain, & estes vous de ces gẽs là? Vous auez
vne si belle femme, ne vous contẽtez vous pas d'elle? Il est
bien vray, respondit-il. Mais ie n'en iouys pas cõme ie veux,
ny n'en ay pas toutes les fois que l'enuie m'en prẽdroit biẽ,
ne fust-ce que pour me delasser: puis vous sçauez & que les
hommes, & les dieux mesmes, & la nature, se complaisent au
changement & varieté. Bien dit-elle, à cela ne tienne, pourueu que Madame Venus ne le sçache: car ie serois perduë à
iamais. Non non dit-il, ne craignez rien, ie suis secret en tels
affaires: dauantage elle ne m'esclaire pas de si pres, & n'est

point autrement ialouse de moy. Oy, repliqua Thetis, mais si faut il que i'essaye si ces armeures seront bien faites pour mon fils. Voiez moy toute telle est la taille de l'vn que de l'autre. Et la dessus elle endosse tout le harnois que Vulcain auoit forgé pour Achille: cela fait elle gaigne au pied, en disant adieu vous dis gentil Vulcain, ce sera pour vne autre fois quãd nous serons plus de loisir. Et le pauure boiteux escloppé ne la pouuant suiure, de despit se voyant mocqué ieeta vn gros marteau apres, qui la va atteindre au tallon, & la blesse de sorte qu'elle fut contraincte de se retirer en Phtia.

TOVT ce qui est au reste icy mis de la description de ces armes, specialement de l'escu, a esté tiré mot pour mot du 18. de l'Iliade, où les choses sont en tout plein d'endroicts deduittes plus au net & intelligibles que ne fait Philostrate, qui prend plaisir à s'embrouiller & obscurcir; au moyen dequoy il sera besoin de les confronter par ensemble, car ils s'expliqueront l'vn l'autre. Et faut sçauoir en premier lieu que le but d'Homere est icy de representer l'vniuers, lequel consiste du ciel & de la terre, tout conformement à Moyse à l'entree de son Pentatheuque. Le ciel est departy aux astres dont il semble estre le domicile, ainsi que la terre l'est des hommes, pour lesquels tout a esté fait: le train & le cours de leur vie consistant de paix, & de guerre; és villes closes, & à la campagne, la paix de Iustice & police dont les villes doibuent estre reiglees, pour en gouuerner & regir ce qui est soubs elles. Le labourage, & la nourriture du bestail concerne le dehors d'icelles: Et le traficq l'vn & l'autre. La guerre est diuisee en l'offensiue, & deffensiue, à assaillir les places, & à les deffendre: ex combats, escarmouches & rencontres en plain champ de bataille rengee; embusches, & autres tels stratagemes, aux buttins & saccagemens: qui sont le prix de la victoire. Tout cela est representé par Homere d'vn tres-souuerain artifice: Et à son imitation par ce Sophiste en prose solue: là où Vulcain forge ces armeures si signalees de quatre metaux; assauoir l'airain, dont ceux de ces esloignez siecles là s'aidoient en lieu de fer & acier, comme il a esté declaré cy deuant sur le tableau de Rhodoguné: & ce metal là denote la terre; car il veult par ces quatre metaux designer les quatre elemens, dont toutes choses sont composees aussi bien là hault au ciel qu'icy bas: l'Estain, l'eau; l'argent, l'air: & l'or, le feu; selon mesme le Poëte Pindare tout à l'êtree de ses cantiques, ὁ δὲ χρυσὸς αἰθόμενοι πῦρ. Voicy doncq comme en parle Homere. De ces quatre metaux

Vulcan forge en premier l'escu, auquel estoient representez le ciel, la terre, & la mer: l'infatigable soleil, & la pleine lune, auec toutes les estoilles dõt le haut ciel est coroné: les Pleiades, Hyades, & la force & vigueur d'Orion, l'Ourse aussi qu'on apelle le chariot, qui se contorne là endroit, & a continuellement l'œil sur Orion, seule qui ne se plõge iamais dedans l'Occã. Il fit là encore deux belles citez habitees d'hõmes de diuers langages: en l'vne desquelles n'estoit question que de nopces, dãses, & festins, ou les espousees estoient conduittes des chambres nuptiales parmy la ville à la lueur des torches & flãbeaux, auec vn grãd applaudissemẽt d'Hymenee, qui resõnoit de tous costez, & force ieunes balladins qui saultoiẽt & gãbadoiẽt au son des cornets & des viollõs: les fẽmes mariees estans chacune sur le sueil de son huits à les admirer en passant. EN la grãde place y auoit vne grosse assemblee de peuple: pourautant que là s'estoit meu vn procez de deux hommes qui plaidoient ensemble à cause d'vn meurtre, dõt l'vn affermoit auoir satisfait à tout, le declarãt deuãt le peuple. & l'autre nioit à plat d'auoir riẽ receu, requerãs tous deux d'estre admis à faire leurs preuues, & que les tesmoins fussent ceux qui terminassent leur differẽd. Là dessus les citoyẽs fauorisoiẽt par leurs acclamatiõs les vns à l'vn, les autres à l'autre: mais les Huissiers imposoiẽt silẽce, & cõtenoiẽt le tumulte que faisoit le peuple. Là estoiẽt assis des vieillards honorables sur des sieges de pierres polies en vn sacré-sainct reueréd rõdeau, & tenoiẽt au poĩg des verges, cõme les Huissiers, brãslans lesquelles d'vne grãde grauité, ils opinoient l'vn aptes l'autre. Au reste il y auoit deux talẽts d'or proposez au milieu pour le salaire de celui qui auroit sẽtẽtié le plº directement. L'AVTRE ville estoit assiegee par les cãps de deux peuples fort biẽ armez & equippez, de deux opiniõs au reste, si l'õ deuoit razer ceste place à fleur de terre, ou biẽ partir en deux egalement tout le buttin qui estoit dedans. Mais les habitans ne leur ceddoient pas, ains se mettoiẽt secrettemẽt en armes pour leur attiltrer quelque faulse amorse & embusche: Et ce-pendant leurs cheres femmes & ieunes enfans gardoient la muraille, estans arrengez tout le

long

long d'icelle auec les hommes possedez desia de vieillesse. Les autres marchoient auant soubs la conduitte de Mars, & Pallas Minerue, tous deux de fin or, & reuestus d'habillemés de la mesme estoffe, beaux, & de belle taille auec leurs armeures, d'vne grande apparence, comme dieux qu'ils sont au prix des autres qui estoient plus bas & petits. Or quand ils furent arriuez où il sembla estre à propos de se cacher en embuscade, le long d'vne riuiere où tout le bestail auoit de coustume de s'abreuuer, ils s'arresterent là couuers d'vn sourby reluisant acier: & au loin auoient posé deux sentinelles pour descouurir quád les brebiailles, & bestes à corne viendroiét pour boire, qui arriuerét aussi tost auec deux Pasteurs qui les conduisoient, se resiouyssans auec des flageols, car ils n'auoient rien senty de l'embusche, & les autres les apperceuäs se ruerent dessus, chassans deuant eux les beaux trouppeaux de bestes blanches, & d'oüailles, separémét, apres auoir massacré les Pasteurs. Quand ceux qui estoient assis à l'audience oyrent ce bruit & tumulte, lors montans tout incontinent à cheual, ils s'en vindrent à toute bride sur le bord du fleuue, où ils attaquerent vne escarmouche forte & roide, se combattans à coups de iauelots & corselques. Là estoit la contentió, la meslee, & la parque mortelle, blessant l'vn sans perdre la vie, conseruant l'autre sain & sauf, & traisnant l'autre par les pieds roidde-mort à trauers le conflict & occision, vestue d'vn manteau vollant sur ses espaulles, teint & rougy dedás le sang des cóbattás: lesquels se voyoiét là front à frót acharnez tout ainsi que s'ils eussent esté en vie, qui s'entr'arrachoient les corps morts pour les despouiller de leurs armes. Il y auoit puis apres vn champ bien harsé en vn gras terrouer de large estendue, ayant eu toutes ses trois façons, & force laboureurs menans leurs charrues dedans, qu'ils retournoient icy & là; ausquels à chaque retour quand ils estoient paruenus au bout, certain personnage s'approchant d'eux leur presentoit vn grand hanap plein de bon vin, & réuersoient les sillons, desirans d'aller iusqu'au fonds du chāp qui noircissoit à leurs espaulles, paroissant labouré combien qu'il fust d'or, & voila en quoy cósistoit l'admiratió de l'ou-

P

urage. Vulcain auoit là mis encore vn autre cháp tout couuert d'espoisse moisson, où les manouuriers moissonnoient auec des faucilles qu'ils auoient en main, si que les poignees sices d'eux tomboient par terre dru & menu de tous costez sur les sillons. Il y en auoit trois autres qui ne seruoient qu'à lier les iauelles en grosses gerbes, que des ieunes garçõs derriere eux leur portoient à pleines brassees sans aucune intermission, le Seigneur de l'heritage estant au millieu de tous, vn baston au poing, d'vne grand' grauité en silence, fort resiouy dedans son cueur : & ses vallets assez loin de là preparoient le banquet soubs vn chesne, où ils auoiēt tué vn beuf gras. Les femmes d'vn autre costé accoustroient le manger des ouuriers, pestrissans de la paste pour en faire du pain. Il auoit aussi là mis vne vigne bien chargee de grosses grappes, belle par excellence, & toute d'or, mais les raisins qui y pendoient estoient esmaillez de noir, les seps soustenus d'eschallats & paisseaux d'argent : & autour du fossé de couleur de perse dont elle estoit enuironnee, y auoit vne haye faite d'estain : n'y ayant au reste qu'vne seule entree, & vn sentier, le long duquel alloient & venoient les hottiers, lors que la vigne se vendangeoit, ou les filles, & ieunes garçons à marier leur portoient le doux fruict dans des paniers tissus d'osier : & au millieu de tous en y auoit vn iouant d'vn flageol, & chantant par mesme moyen d'vne voix delice le beau cantique fait sur Linus, à la cadence de laquelle note les autres s'en venoiēt dāsans de mesure. Il y auoit puis apres vn trouppeau de bestes à corne faites d'or & d'estain, qui alloiēt muglans la teste leuee, des estableries au pasturage, le long d'vne riuiere bruyāte & fort roide, toute parsemee de ioncs & roseaux auec quatre bouuiers d'or aussi, suiuis de neuf gros mastins. Mais deux Lyons espouuentables auoient terracé l'vn des plus braues & furieux Taureaux qui marchoit deuant tous les autres, lequel braioit hideusemēt, & les chiens auec les Pasteurs les suiuoient, ce nonobstāt ces fieres bestes deschirās sa peau, & le desmembrans aualloient ses entrailles, & le sang tout fumāt encore, & les Pasteurs encourageans lesdits chiens les halloient apres, mais en vain, car ils estoient tout aussi tost rembarrez des lyons qui les engardoient bien d'approcher, au moyen dequoy ils les abayoiēt de fort loin. Puis apres en vne plaisante vallee ce gentil boitteux de Vulcain auoit fait vn autre fort ample paccage pour des bestes blanches, auec leurs estables, bergeries, grāges, & parquets. ET vne danse semblable à ce qu'autrefois Dedalus auoit basty en la spacieuse Cnossos, à Ariadne la bien cheuelee. Car là estoiēt des iouuenceaux auec despucelles s'entretenās par le poignet: celles cy vestues de beaux rochets d'vne toile fort delice, & ceux là de hocquettōs bien tissus, & agreablement resplendissans à l'œil cōme s'ils estoient frottez d'huile: elles ayās de belles corōnes sur leurs chefs, & eux garnis d'espees dorees pendātes à des ceintures d'argent. Par fois ils se tournoient fort habillement en rond, auec leurs pieds duits à la cadence, tout ainsi qu'vn portier qui auec vn baston baillant le bransle à sa rouë essaie si elle tournera vistement: quelques fois derechef ils se restreignoient par trouppes ensemble, & autour de ceste delectable danse y auoit vne grande multitude de gens qui prenoient plaisir à la regarder: mais il y auoit deux balladins entre les autres, lesquels cōmençans la chansōn s'en alloient dansans à trauers la trouppe. Finablement il borda cest escu ou rien ne manquoit de la grande mer Oceane. *VOILA comment Homere descript l'escu ou targue d'Achille; qu'il nous a esté autant loisible d'amener icy tourné en françois, & en prose, comme à Philostrate de le transporter tout entier de ses vers Grecs, en prose Grecque.*

RESTE maintenant de poursuiure par le menu chaque chose où il sera besoin d'apporter quelque esclarcissemēs, ayant cotté les principaux poinčts en teste par les lettres de l'Alphabet, pour les rapporter l'vn à l'autre.

VOICI les Pleiades, qui sont les admonnestemens & Indices des semailles, & de la moisson, quant à leur coucher & leur leuer. *Le mesme dit Plutarque au traicté de la dilection naturelle, & en celuy d'Osyris, que le mois que les Atheniēs appellēt Pyanepsion, & les Beotiens Damatrien, cōme qui diroit Cereal, il respond à nostre Octobre est celuy auquel se couchēt les Pleiades, & qu'ō cōmence de semer: puis on le moissonne quād elles se leuent. Elles sont dittes ainsi de* πλεῖν *nauiguer, parce qu'à leur leuer elles anoncēt la nauigation; autrement les Ver-*

P ij

giles: & sont sept estoilles qu'on remarque en la queuë du Taureau selon Pline liu. 2. ch. 42. Mais Hyginus les situe entre son muffle, & la queuë du bellier, & Aratus en ses Phenomenes pres de son genoil: combien, ce dit-il, que le lieu ne soit pas capable de les tenir toutes: Estans foibles au demeurãt, côme de la cinquiesme & derniere grãdeur. Les Poëtes les feignẽt auoir esté filles d'Atlas, & de la Nymphe Pleioné, dont elles auroient pris aussi leur appellation assauoir Electre, Alcyone, Celœno, Maia, Asterope, Taygete, & Merope: laquelle pour auoir espousé vn homme mortel Sisyphus, là où toutes ses autres sœurs auoiẽt esté pourueues à des dieux, ne s'ose môstrer de honte qu'elle a. Les autres disent que celle qui se cache ainsi est Electre, qui pour ne veoir la ruine de Troye auroit mis les mains deuãt sa face, ce qui est cause qu'elle n'est pas si claire ne luisante que sont les autres, si qu'à peine la peut on discerner au ciel: où quelques vns les estimẽt auoir esté transportees pour la pietié dôt elles vserẽt à la calamité de leur pere Atlas, qu'elles pleurerent toute leur vie. Les autres qui ains resolu de garder leur virginité, côme à ceste occasiõ elles se fussent addônees au seruice de Diane, & à l'exercice des chasses à quoy elles vacquoiẽt incessamment dedãs les profondes forests, Orion qui en estoit deuenu amoureux, les y poursuiuãt de si pres que elles n'auoient plus moien d'eschaper, elles inuoquerent en ceste extremité Iuppiter, qui les mua en des estoilles. Mais pour venir à ce que Philostrate touche icy qu'elles sont indices des semailles à leur coucher, & des moissons à leur leuer, Pline à ce propos liu. 18. chap. 26. Sic fere in VI. Idus maij qui est Vergiliarũ exortus, met releuer au 10. de May, & au 29. ensuiuãt: Les Vergilies particulieremẽt appartiẽnẽt aux fruicts, côme celles au leuer desquelles l'Esté cômẽce, & à leur coucher d'autre part l'hiuer, par l'espace d'vn semestre, côprenãs en elles les moissons, & les vendãges, & la maturité de tous les fruicts. Les vignes mesmemẽt, & les Oliuiers, qui côçoiuẽt, ce dit-il liu. 16. chap. 26. au leuer de ces estoilles: Et s'il pleut lors, (liu. 17. chap. 2.) cela leur est grandement nuisible: Circa Vergilias quidẽ pluere immitissimum viti & oleæ, quoniam tunc coitus est earum. L'almanach de Ptolemee cotte qu'elles commencent à se leuer au 7. de May au matin. Le 8. est l'entree de l'Esté, au plustost des chaleurs: l'onziesme elles apparoissent: Et le 12. elles sont leuees. En Nouembre l'onziesme elles se couchent: Ce que confirme Pline aussi liu. 18. chap. 31. Deinde III. Idus Nouembris Vergiliæ Vesperi occidunt: lequel nom de Vergilies elles ont pris de ce qu'elles se leuent au matin vers l'Equinoxe du Printemps dit en latin Ver. Mais tout ce que dessus se doibt rapporter aux regions plus Orientales & chaudes ; comme mesme en la Palestine, où les semailles se retardent, & au rebours la moisson s'aduance, plus que pardeça à nous autres Occidentaux.

D'AVTREFART voila les Hyades. Ce sont pareillement sept estoilles appellees ainsi de ὕειν plevuoir, parce que toutesfois & quantes qu'elles se leuent & se couchent elles ont accoustumé d'engendrer de grandes pluyes, parquoy les Latins les appellent Suculæ. Pline liu. 2. ch. 39. Qualiter in Succulis sentimus accidere, quas græci ob id pluuio nomine Hyadas appellant: Ce que quelques ignorans, dit-il au XVIII.26. ont estimé estre procedé du mot Sus, qui en latin signifie Truye, ou pourceau, vn animal qui se delecte de la fange, (& amica luto sus, dit Horace) qui se fait de la terre destrempee d'eau, comme il aduient durant les pluyes: Hyadas appellantibus græcis has stellas, quod Nostri à similitudine cognominis græci propter sues impositum arbitrantes, imperitia appellauere suculas: Tellement que l'interprete latin d'Arat, les veut plustost faire venir de Succus, qui presuppose de l'humidité. Hyginus en son traitté des signes celestes les met sept en nombre comme les Pleiades, apres Pherende Athenien, qui les dit auoir esté nourrisses de Bacchus, auparauant appellees les Nymphes Dodonides, de Dodone ville d'Epyre, dont les noms estoient Ambrosie, Eudore, Pedile, Coronis, Polisso, Phyleto, & Thyené; lesquelles se voyans persecutees par Lycurgue à la persuasion de Iunon qui estoit ialouse de Iuppiter à raison d'icelui Bacchus qu'il auoit eu de Semelé, autrement ditte Hyen selon le mesme Pherende, s'enfuirent à Thebes, & l'emporterent auec elles pour le garentir, où elles le consignerent és mains d'Ino; ce que Iuppiter voulut recognoistre, les translata au nombre des Astres. Et à ce propos Plutarque au traité d'Osyris met que Dionysius ou Bacchus estoit appellé Hyes, pource qu'il preside à la nature humide: Ce que confirme aussi Suidas en la diction ὕης, apres Clidemus, où il dit que c'est l'Epithete de Bacchus pource qu'on auoit accoustumé de luy sacrifier quãd il pleuuoit. Musee au reste qui ne met que cinq Hyades racompte, que d'Atlas & de Pleione furent procreees quinze filles, & vn fils appellé Hyas, que ses seurs aimerent singulierement ; si qu'ayant esté tué d'vn Lyon à la chasse, cinq d'icelles les premieres nommees le pleurerent de sorte qu'elles en moururent, & pour ceste occasion furent en general appellees Hyades du nom de leur frere Hyas: lequel selon Thesee sur Hesiode s'e-

P iij

seruoit à la chasse des serpents, dont il fut picqué. Ou bien elles sont ainsi appellees de la figure d'vn Ypsilon grec dont elles sont arrengees au ciel. Les autres dix sœurs s'estans assemblees pour consulter ce qu'elles deuoient aussi faire de leur costé, les sept se resolurent de mourir comme les autres; Et pource qu'elles s'estoient trouuees en plus grand nombre, de là elles furent appellees Pleiades pource que πλεῖν en langue attique pour πλίον signifie plus. Procle de mesme en sa Sphere n'en met que cinq, & les loge en la teste du Taureau, en chaque corne vne, deux au front, & vne au muffle: οἱ δὲ ὑπὸ τῶν βαρβάρων τῶν ταύρων κείμενοι ἀστέρες, τὸν ἀριθμὸν καὶ αὐτοί ἓ, καλοῦνται ὑάδες. Ces Hyades au reste que Pline XVIII. 26. dit estre impetueuses & turbulentes tant sur la terre que sur la mer, se couchent le 20. d'Apuril, qui est la veille du iour natal de Rome dit les Palilies, parquoy cest astre est appellé de là le Palilien.

Vovs voiez bien aussi Orion, le compte duquel, & la cause pourquoy il a esté translaté entre les Estoilles, remettons le à vne autre fois. Les Poëtes, & entre autres Ouide au 5. des Fastes, racomptent que Iuppiter, Neptune, & Mercure s'estans mis de compagnie à faire leurs cheuauchees & visites icy bas par la terre, ils arriuerent vn soir bien tard à la cahuette d'vn pauure laboureur nommé Hyreus, qui les receut fort courtoisement, encore qu'il ne les cogneust pas pour dieux, & tua vn seul bœuf qu'il auoit pour les traicter; Si que Iuppiter admirant ceste honesteté luy octroia de requerir tout ce qu'il voudroit souhaitter; qui fut d'auoir vn enfant, sans toutefois se remarier, parce qu'il l'auoit promis & iuré solennellement à sa femme lors qu'elle estoit morte. Et là dessus ces dieux se faisans aporter le cuir du bœuf immolé pour leur arriuee, vrinerent tous trois dedans, & luy ordonnerent de l'enfouir dans la terre sans le remuer ny le descouurir de dix mois, au bout desquels de ceste vrine pestemeslee nasquit vn enfant, qui de là par le changement d'vne letre fut nommé Orion: Toutefois Strabon au 10. Le veut faire venir d'vne montaigne, pource qu'en sa ieunesse il s'addonna du tout à la chasse parmy les montaignes & profondes forests; & en deuint si excellent maistre, que par vne outrecuidance insupportable, se confiant par trop à sa force, expertise & agilité il se vantoit n'y auoir beste si feroce dont il ne peust venir à bout. Dequoy la terre toute indignee alla produire vn grand Scorpion qui le picqua, dont il mourut: Mais Diane, au seruice de laquelle il s'estoit voué, en ayant eu compassion, le translata vers les pieds de deuant du Taureau, en vn astre au ciel qui consiste de dixsept estoilles disposees en forme d'vn homme armé d'vn coutelas qu'il tient au poing, trois assauoir au hault de la teste, qui sont fort claires; en chaque espaulle vne; au coul de droit vne, mais obscure, en la mesme main vne, & trois obscures en son coutelas; Trois en sa ceinture; en chaque genoil vne claire, & autant aux pieds. Plutarque au traicté d'Osiris, met que l'estoille caniculaire est l'ame d'Isis; Orion celle d'Orus, & l'Ourse de Typhon. Iuppiter fit de mesme du Scorpion, & le mit l'vn des douze signes du Zodiaque; mais à cause de leur inimitié, il les ordonna de sorte que quand l'vn se leue, l'autre se couche. Hesiode au reste le fait estre fils de Neptune, & d'Euriale fille de Minos; Et obtint ce don de son pere de pouuoir marcher aussi legerement sur les ondes sans s'y enfoncer, ny mouiller le pied, que faisoit Iphicle sur la teste des espics de bled emmy les champs, sans les accabler. Oultreplus que s'en estant allé de Thebes à Chio, il prit la Meropé à force, fille d'Enopion, qui l'aueugla pour ce forfait, & le chassa hors de son Isle; d'où il s'en alla à Lemnos vers Vulcain, qui luy donna vn conducteur appellé Cedalion; lequel le chargeant sur son col le portoit de costé & d'autre, tant qu'il arriua deuers le soleil, qui le guerit, si qu'il retourna à Chio pour se venger d'Enopion; mais les siens l'ayant caché dessoubs terre, hors d'espoir desormais de le plus trouuer, il passa en Candie, où s'estāt du tout addonné aux chasses il s'enorgueillit mesme contre Diane; qui pource qu'il s'estoit mis en effort de la violer, ce dit Palephate, suscita la terre de produire le Scorpion contre luy, dont il aduint ce que dessus. Mais Homere au 5. de l'Odissee, met que ce fut Diane propre qui le tua à coups de flesches en l'Isle d'Ortygie, autremēt Delos, par despit de ce que l'Aurore s'estoit enamouree de luy: Ce que confirme aussi Plutarque en la fortune des Romains, ou il dit qu'Orion fut armé d'vne deesse: Et Telesarque à ce propos racompte qu'Esculape fut fouldroié de Iuppiter, pource qu'il auoit voulu resusciter Orion. Pausanias en ses Bæotiques dit que sa sepulture estoit à Tanagre: Mais Pline plus à propos liu. 7. ch. 16. qu'en Candie par vn tremblement de terre se descouurit vn corps mort, long de soixante neuf pieds, qu'on estimoit estre d'Orion. Il se leue le 9. de Mars selon le mesme Pline XVIII. 26. Et lors se fait de grands orages & tempestes, comme il met au 28. chap. ensuiuant, ou il le fait coucher le 21. de Iuin; Et Ouide au 4. des Fastes le 8. d'Apuril.

 Ante tamen quàm summa dies spectacula sistat,
  Ensifer Orion æquore mersus erit.
 Mais l'Almanach de Ptolemee en met plusieurs autres couchees, & leuees, comme des autres estoilles fixes selon les diuerses considerations des

PYRRHVS ET

Cosmiques, Heliaques, &c. qui ne sont pas de ce propos. Pindare en la seconde des Nemees le situe non gueres loin des Pleiades, ὁρανᾶυγε Πελειάδων μὴ τηλόθεν Ὠαρίωνα νεῖσθαι.

LES ESTOILLES qui sont au dessus de luy, ce sont l'ourse, ou le chariot qui ne se plongent point dans l'ocean, comme soigneuse garde d'Orion. Cecy est d'Homere de mot à mot.

Πληιάδας δ', ὑάδας τε, τότε σθένος Ὠρίωνος,
Ἄρκτον θ' ἣν καὶ ἄμαξαν ἐπίκλησιν καλέουσιν
Ἥ τ' αὐτοῦ στρέφεται, καὶ τ' Ὠρίωνα δοκεύει.
Οἴη δ' ἄμμορός ἐστι λοετρῶν Ὠκεανοῖο.

Les Pleiades, & Hyades
Et la force d'Orion,
Et l'Ourse que l'on surnomme
Le chariot qui là pres
Tourne, & Orion obscrue,
Sans iamais de l'Ocean
S'aller baigner dans les ondes.

Là dessus il faut entendre, que Lycaon Roy d'Arcadie eut vne fille d'excellente beauté, nommée Calysto, laquelle reiectant tous les partis qui se presentoient se dedia entierement au service de Diane, à la suiure & accompagner en ses chasses accoustumees dedans les profondes forests; dont elle acquit tant de grace enuers la deesse, qu'elle l'auoit mise au rang de ses plus cheres fauorites; quand Iuppiter qui s'en estoit de longuemain enamouré l'espia si soigneusement, que la trouuant seule esgaree emmy les bois l'engrossa. Quelques mois apres Diane l'aiant contrainte de se despouiller toute nue pour se baigner auec elle, & ses compaignes les autres Nymphes, sa grossesse se descouurit, si qu'elle la bannit de sa compaignie. La pauurette ne sçachant où se retirer, enfanta bien tost apres Arcas dans les bois; Et Iunon pour se venger d'elle la transmua en vne Ourse; que Diane à sa suscitation mit à mort à coups de flesches, comme met Pausanias en ses Arcadiques; où il dit qu'elle estoit encore grosse d'Arcas, mais que Iuppiter enuoia Mercure pour sauuer l'enfant qu'elle auoit au ventre, du nom duquel fut depuis appellee l'vne des plus anciennes contrees du Peloponese, Arcadie, où il regna apres Nyctinus; et trouua l'vsage du bled, et du pain, comme il a esté dit cy-deuant au tableau d'Hercule et
Acheloé:

LES MYSIENS.

Acheĺoë: Et quant à la mere elle fut transmuee par Iuppiter en vn astre. Arcas doncques aiant esté presenté par des chasseurs Etheliens au Roy Lycaon son ayeul sans qu'il le cogneust, il fut de luy soigneusement esleué & nourry iusques en l'aage d'adolescence en son Pallais; où Iuppiter estãt vn iour arriué, Lycaon pour esprouuer s'il estoit dieu luy presenta son fils Arcas rosty bouilly en plusieurs menues parcelles; Pour raison dequoy il le mua tout à l'instant en vn Loup, & rassemblant les membres d'Arcas, le remit en vie: Puis finablement le transmit au Ciel auec sa mere, qui obtint le lieu de ce qu'on appelle l'Ourse maieur, où Helice, selon Hesiode, & Arcas du Bootes ou Arctophylax, gardien de l'Ourse, dont Iunon indignee de ceste faueur, requit sa nourrisse Thetis de ne les vouloir plus receuoir l'vn ny l'autre dans les ondes marines. Mais c'est pour le regard de nostre Hemysphere du Pol Arctique, qui a pris son nom de ceste Ourse parce qu'elle en est tout aupres auec son fils, & tournoient incessamment alentour, sans s'aller perdre de nostre veue soubs l'Orizon. La fable en est au long traictee au 2. des Metamorphoses: Et Homere au 5. de l'Odissee l'appelle le chariot la mettant aupres des Pleiades, & d'Orion, qu'elle voit continuellement & obserue, seule, dit-il là encore, qui ne se baigne point dans l'Ocean, & reitere les mesmes vers du 18. de l'Iliade alleguez cy-dessus. Palephate y moralisant à la maniere accoustumee, dit que Calysto s'estant fort addonnee à la chasse fut deuoree d'vne Ourse, dans sa cauerne où elle estoit entree pour la tuer, & ses compagnes n'en voyant plus sortir que l'Ourse, qu'elles n'auoient point auparauant apperceue, l'imaginerent auoir esté conuertie en ceste beste, comme aussi on peut bien dire de vray, puis qu'elle s'estoit tournee en son aliment. Mais cela n'a point de nez.

MARS, & Minerue, que la peinture manifeste par l'or, & la grandeur dont ils sont. Cela est fort artificiellement inuenté de nous vouloir faire entendre que ces figures de face humaine, & de tout le reste des membres, soient des dieux, en les faisant plus grands que les autres, & d'or, qui est la plus excellente estoffe de toutes: mais c'est apres Homere au lieu desusdit.

Οἳ δ' ἴσαν ἦρχε μ' ἄρα σφιν Ἄρης, ϰὶ Παλλὰς Ἀθήνη
Ἄμφω χρυσείω, χρύσεια δ' εἵματα ἕσθην
Καλὼ ϰὶ μεγάλω σὺν τεύχεσιν, ὥς τε θεώπ'
Ἀμφὶς ἀειζήλω λαοὶ δ' ὑπολίζονες ἦσαν.

Ils alloient, & leurs conducteurs

Estoient Mars, & Pallas Minerue.
L'vn & l'autre d'or, & vestus
De robbes de la mesme estoffe:
En leurs armeures grands & beaux,
Semblans bien dieux sur tous les autres,
Qui estoient beaucoup plus petits.

Ils representoiẽt doncques ces deux dieux par l'or dont ils estoient faits, la plus precieuse chose de toutes, & par leur grande stature surpassant celle des hõmes mortels. Quant à ceste grãdeur, ie me resouuiens d'vn fort gentil traict dans Macrobe liu. 2. des Saturnales, chap. 7. de deux anciens omedians du temps d'Auguste, Pylades assauoir, & Hylas lequel recitant vn cantique auec les gestes conuenables pour exprimer les paroles qu'il proferoit, quand il vint à ce couplet, τὸ μέγαν Ἀγαμέμνονα, le grand Agamemnon; Hylas voulant representer cela haussoit les bras tant qu'il pouuoit: Ce que son maistre Pylades ne pouuant comporter, sortit de derriere les cortynes sur l'eschaffaut, luy escriant, οὐ μακρὸν ϗ μέγαν ποιεῖς: Tu le fais long & hault, & non grand. Et comme le peuple luy eust ordonné de iouer le mesme roollet, estant paruenu à ce qu'il auoit repris en son disciple, il exprima ceste grandeur d'Agamemnon, lequel commandoit à tant de Princes & grands Seigneurs, & à toutes les forces de Grece, en se monstrant tout morne & pensif, & plongé en vne profonde cogitation: N'estimant rien mieux conuenir à vn grand Capitaine & chef d'armee, que de penser soigneusement pour tous ceux qui militent dessoubs sa charge, suiuant ces beaux vers d'Homere alleguez cy-deuant du 2. de l'Iliade,

Εὕδεις Ἀτρέος υἱὲ δαίφρονος ἱπποδάμοιο,
Οὐ χρὴ παννύχιον εὕδειν βουληφόρον ἄνδρα,
Ὧ λαοί τ' ἐπιτετράφαται καὶ τόσα μέμηλε.

LA DEESSE toute ensanglantee de leur carnage, & sa robbe aussi. Il entend Bellone qui preside aux batailles & mortelles rencontres où se fait l'effusion de sang, autrement Enyo, que les Poëtes disent estre mere de Mars, ou sa nourrisse selon d'aucuns, ou son espouse selon les autres, & sa cochiere quant & quant, dont il auroit pris le surnom d'ἐνυάλιος selon Phurnute, comme celui qui encourage & efforce les combattans: ou bien de ce qu'elle est sans raison ne misericorde: Et pour ceste raison comme dit Hesychius, ἔστι δὲ πλάσμα τερπνότοπον ὡς φόβος.

ὑπό ἴεις, ὑπό κυδοιμός, Que sa mine est formee comme la frayeur, & la contention, & le tumulte de la guerre. Quant à ce qu'elle est icy depeinte ensanglantee, & ses vestemens, c'est pour l'occasion desusdite qu'elle se delecte du meurtre & tuerie. Et à ce propos ses ministres & sacrificateurs en Comona ville de Capadoce, se tiroient eux mesmes du sang de leurs bras & espaulles pour le luy offrir, estans comme espris de fureur. Tibulle en la 6. Elegie du premier liure descript ainsi ceste cruelle superstition de sa ministresse.

Hæc vbi Bellonæ motu est agitata, nec acrem
   Flammam, non amens verbera torta timet.
Ipsa bipenne suos cædit violenta lacertos,
   Sanguinéque effuso spargit inepta deam.
Statque latus præfixa veru, stat saucia pectus,
   Et canit euentus quos dea magna mouet.

Ce que nous nous hazarderons de tourner icy à nostre mode de vers Libres, en representant l'exametre par deux vers de huict à neuf syllabes, & le Pentametre par deux autres de sept à huict, de sorte qu'il n'y en a gueres plus au François qu'au Latin: En laquelle maniere de carmes nous auons tourné les Epistres d'Ouide ; les liures de l'art d'aimer, & du remede d'amour ; le tout en faueur de la ieunesse Françoise, laissant la ryme à ceux qui y sont plus versez que moy.

  Si tost que par le mouuement
  De Dellone elle est agitee,
    Elle ne craint plus le feu,
    Ny les coups la furieuse,
  D'vne hache violentement
  Elle s'incise les espaulles,
    Et en espandant son sang
    En arrouse la deesse.
  Elle a les costez transpersez
  D'vn fer aigu, & la poitrine,
    Chantant les euenements
    Que meult ceste grand' deesse.

A quoy se conforme Lucain au premier de sa Pharsalie.

---- Tum quos Sectis Bellona lacertis
Sæua mouet, cecinere deos.

Et Lactance au premier de l'institution Chrestienne, chap. 21. Il y a d'autres sacrifices encore de la vertu laquelle ils nomment Bellone, ou ses ministres n'vsent d'autre sang que du leur propre : Car se saignans es espaulles, & tenans des poignards nuds es deux mains, ils s'en vont courans parmy les rues transportez çà & là de forcenerie. Lampride pareillement en la vie de Commodus ; Bellonæ seruientes vere execare brachium præcepit studio crudelitatis. A quoy Tertullian en son Apologetique adiouste les cuisses : Bellonæ sacratus sanguis de femore proscisso in palmulam exceptus. Il y a pour le iourd'huy entre les Turcs vne maniere de canailles hypocrites appellez Deruiz, qui à cest exemple vont roddans de costé & d'autre, le corps tout nud, semé de grandes taillades ; chose trop hideuse & horrible à veoir.

C'EST la destinee dont depend tout le faict de la guerre & des armes : Car vous voiez bien comme elle ne prend pas vne voye seule, ains celuy qu'elle iette au trauers des coups, &c. Malaisement pourroit on dire si cecy a esté tiré d'Homere, ou d'Hesiode en son Agis ou description de l'escu d'Hercule : Car ces quatre vers cy dessoubs, ainsi que beaucoup d'autres choses de ce mesme subiect, sont en l'vn & en l'autre tous si conformes qu'il n'y a vne seule syllabe à dire. Et il n'est pas bien resolu entre les autheurs lequel des deux a precedé : Mais cela se demeslera és Heroiques cy apres.

Ἐν δ' Ἔρις, ἐν δὲ κυδοιμὸς ὁμίλεον, ἐν δ' ὀλοὴ Κὴρ,
Ἄλλον ζωὸν ἔχουσα νεούτατον, ἄλλον ἄουτον.
Ἄλλον τεθνειῶτα κατὰ μόθον ἕλκε ποδοῖιν·
Εἷμα δ' ἔχ' ἀμφ' ὤμοισι δαφοινεὸν αἵματι φωτῶν.

Là estoit la contention,
Le tumulte, & parque mortelle,
Detenant l'vn vif, mais blessé,
L'autre sans auoir mal quelconque :
L'autre elle traisnoit par les pieds
Roidde mort hors de la meslee,
Auecques son accoustrement

LES MYSIENS.

Teint de sang humain comme pourpre.

PRENANT soin de faire noircir l'or. A grand'peine pourroit on entendre ce que ce Sophiste veut presupposer icy par ces mots, s'y estant obscurcy tout expres suiuant leur coustume de s'affecter, estimans par là auoir plus de grace, si on ne l'esclaircissoit par Homere mesme qui l'a mis plus à descouuert en ceste sorte.

Ἰεμέναι νειοῖο βαθείης τέλσον ἱκέσθαι.
Ἡ δὲ μελαίνετ' ὄπισθεν, ἀρηρομένῃ δὲ ἐῴκει
Χρυσείη περ ἐοῦσα. τὸ δὴ περὶ θαῦμα τέτυκτο.

Desirans de paruenir au bout du champ, qui leur noircissoit au derriere, & paroissoit d'estre labouré combien qu'il fust d'or, & là estoit l'admiration. Car c'est l'ordinaire que la terre en sa superfice estant dessechee par les rays du Soleil, & du vent, paroist plus blanchastre que quand elle est freschement remuee, à cause de l'humidité enclose dedans qui la rend plus noire, comme on le peut voir par experience: Tellement que ce faire noircir l'or, ne veut pas inferer, que l'or dont estoit fait le champ en l'Escu d'Achille & Pyrrhus, se deust noircir, mais que les laboureurs se diligentoient de parfournir leur ouurage, & acheuer de labourer ce champ, qui à mesure que la terre se renuersoit par la charrue paroissoit se noircir, nonobstant que ce ne fust que de l'or, qui ne receuoit aucune mutation, nous representant la chose par son effect.

POVR le regard des vignes domestiques il vous doibt suffire d'imaginer en cest estain vne telle quelle cloison: mais l'argent est requis au vinoble de la cãpaigne. Cecy a tout de mesme esté obscurcy par Philostrate, qui a voulu en cest endroit adiouster quelque chose du sien à Homere. mais à la verité mignardement, lequel auroit seulement dit;

Ἐν δ' ἐτίθει σταφυλῇσι μέγα βρίθουσαν ἀλωὴν,
Καλὴν χρυσείην μέλανες δ' ἀνὰ βότρυες ἦσαν.
Ἕστῄκει δὲ κάμαξι, διαμπερὲς ἀργυρέῃσιν.
Ἀμφὶ δὲ κυανέην κάπετον, περὶ δ' ἕρκος ἔλασσε κασσιτέρου.

IL mit là vne vigne fort chargee de raisins, belle & d'or, & les grappes qui pendoient audessus estoient noires, soustenues au reste sur des perches d'argent arrengees par ordre: Et alentour fit vn fossé de couleur perse, enuironné d'vne haye d'estain. Surquoy il faut noter que par tout les seps ne sont pas ap-

Q iij

priez à des paisseaux & eschallats, ainsi ordonnez en forme de treille en la plus grande part des païs estranges, & mesmement en Bourbonnois, sans aller plus loin. Philostrate donques, mais le lieu est aucunement corrompu, a voulu dilater vn peu plus cecy: ἀρκεῖ γάρ σοι τὸ περὶ ταῖς ἡμερίσιν ἕρκος ἐν τῷ κασσιτέρῳ νοεῖν. ὁ δ' ἄργυρος ὁ ἐν τῷ ἀμπελῶνι. Il vous suffit d'appercevoir autour des vignes domestiques vne cloison d'estain, mais la vigne merite d'en avoir d'argent. Comme s'il vouloit dire, que d'autant que le verjus dont sont ordinairement les treilles qu'il entend par les vignes domestiques, n'est pas si precieux que le vin, aussi n'est-il pas raisonnable que leur cloison soit d'vne si riche estoffe que celle des vignes où croist le vin: Ce qu'il designe par l'estain & l'argent.

A la cadence d'vne note Euienne & Bachique. Homere le met autrement; Λίνον δ' ὑπὸ καλὸν ἄειδε; qu'il chantoit le beau Linus, assauoir le cantique fait de Linus. Les Lexicons ou Dictionaires portent que λίνος est vne maniere de vaudeuille, mais Pausanias plus à ce propos és bœotiques, met que Linus fils de la Muse Vranie, & d'Amphimar fils de Neptune fut le plus excellent Musicien de son temps, & egal en cas de sonner de la Lyre, & de bien chanter, à Apollon, qui pour ceste occasion meu d'enuie le mit à mort, dont le regret en vint iusqu'aux plus estranges & eloignees contrees, si que les Egyptiens composerent de luy & de son desastre vn lay ou cantique appellé Linus, car au reste ils appelloient les communs cantiques en leur langage Euancres. Mais des Poëtes Grecs Homere sachant assez que la calamité de Linus estoit vne des chançons grecques, en descriuant l'escu d'Achille, y auroit aussi exprimé vn iouuenceau qui iouant de la Lyre chantoit quant & quant ceste belle chançon faite de la desconuenue de Linus. Mais Pamphus qui a composé les plus anciens hymnes des Atheniens, ne voulant ramentevoir ce nom de Linus pour le desplaisir qu'il en auoit, l'appella Ætolin, lequel mot d'Ætolin Sapho Lesbiane emprunta des vers de Pamphus pour l'accommoder à Adonis, qu'elle appelle aussi Ætolin. Voila ce qu'en met Pausanias, ce qui seruira à l'esclarcissement de ce lieu.

ARGO ET ÆTES.

ARGVMENT.

TOVT ce qui peut concerner cest affaire cy, a esté cy-deuant touché és tableaux de Medee en Colchos, & des ioueurs: Et mesme les premieres approches des amours d'elle, & de Iason, qui par le moyen de cela vint à bout de son entreprise; Et aiant enleué Medee se rembarqua: Puis vint premierement aborder en l'Isle de Pheacie deuers le Roy Alcinous, où pendant qu'il y seiourne par quelques iours pour se refreschir, arriua là vne flotte de la part d'Aetes pour rauoir sa fille: mais Iason par le conseil d'Areté femme d'Alcinous espousa là dessus Medee, & cueillit la premiere fleur de son pucellage, si que les Ambassadeurs s'en retournerent sans rien faire. La poursuitte au reste que fit Aetes de les ratteindre pendant qu'ils nauiguoient à val le Phase iusqu'à ce qu'ils eurent gaigné la Mer, est icy descripte: Le surplus se verra en l'annotation.

CE Gallion entrant d'vne telle impetuosité, & roiddeur dans les ondes à grands coups de rame, & ceste ieune damoiselle que voila assise au haut de la pouppe pres d'vn homme armé de pied en cap: Et cestui-cy qui chante ainsi melodieusement sur la Lyre, coiffé d'vne tyare haut esleuee: Et ce Dragon s'entortillât en tant de replis autour de ce sacré Fousteau, la teste penchant contre terre, apesantie de sommeil; sçachez que c'est le fleuue du Phase: celle-là Medee: Et ce gendarme icy Iason: Mais en regardant la Lyre de Tyare, & celuy qui est equippé de l'vne & de l'autre, il nous doibt venir en memoire que cest Orphee fils de la Muse Calliopé. En apres suiura le combat contre les Taureaux, & Medee endormant le Dragon, laquelle a enleué la toison d'or: Cela fait les Argonautes se diligentent de prendre la fuitte sur leur vaisseau, parce que tout cest affaire icy de l'infante est venu aux oreilles d'Ætes en Colchos. Mais à quel propos vous aller racomptant plus au long toutes ces choses des Argonautes? Car vous voiez bien cõme ils ont les bras tous enflez de voguer ainsi roiddement, & les visages tels que les leur forme la haste qu'ils ont de gaigner païs: & les ondes du fleuue s'esleuans auec vn grand bruit par dessus la Prouë, & les bancs du vaisseau de costé & d'autre, grand tesmoignage certes de la diligence qu'ils font. Au regard de la damoiselle, elle monstre assez à sa mine qu'elle est en grande perplexité: Car son œil est baigné de larmes, regardant en terre fort esperdue en sa pensee, pour la recordation des choses qu'elle a perpetrees, & les discours qu'elle fait en son esprit de ce qui en peut arriuer, de façon qu'elle monstre bien ses diuers proiects, examinant par les menus chaque chose à part en son cueur, & fichant les traicts qui se decochent de ses yeux, és profonds & remots secrets de son ame. Mais voila Iason aupres d'elle, auec ses armes tout appareillé au cõbat: & cest autre là entonne aux vogueurs les hymnes qu'ils doiuẽt chanter aux dieux; les vns pour leur rẽdre graces des belles choses qu'ils ont exploittees, & les autres seruans de prieres pour les garentir des dãgers qu'ils doubtẽt. Et ne voiez-vous pas biẽ Ætes

en ce

en ce grād chariot attellé de quatre coursiers, d'vne statue qui excede celle des autres, tout couuert d'armes Martiales? de quelque Geant ce me semble: & le faut croire de la sorte, d'autāt qu'il surpasse la grādeur des hōmes cōmuns; sa face ausurplus estant réplie d'animosité & courroux; si que non seulement il monstre de ietter du feu par les yeux, mais de la main droicte il haulse vn flambeau allumé, cōme s'il vouloit de ce pas embraser ce beau gallion, auecques tous ses martellots & rameurs: & y a vn espieu tout prest, planté à costé de luy au chariot. Que desirez vous doncq dauantage de ceste peinture? Est-ce point la descriptiō des cheuaux? Vous voyez biē cōme ils ont les narines ouuertes, & dressent superbement le col. Les rays outreplus qui estincellent de leurs yeux monstrent assez leur ferocité de courage par tout ailleurs, mais icy principallement ils paroissent d'vne merueilleuse force & vigueur: Ce que la peinture nous propose aussi à considerer: & leur haleine & soufflement sont ensanglantez des coups de fouët dont Absyrthe les sollicite à la course. Or que ce soit celuy qui assiste à Ætes à la conduite de son chariot, cecy nous le donne à cognoistre, qu'il a ainsi toute la poitrine couuerte de cicatrices: Car la poulsiere qui s'esleue alentour, & se candist ainsi auec l'escumāte sueur des cheuaux, fait que les couleurs de la peinture sont malaisees a discerner.

R

ARGO ET ÆTES.

ANNOTATION.

NOVS auons reserué cy-dessus au tableau de Medee, & celuy des ioueurs, aucunes choses à dire icy, tant pource qu'elles y pourront venir plus à propos, que pour euiter le degoustement & ennuy qui ameneroient aux lecteurs peut estre, tant de choses d'vn mesme subiect, si elles estoient comme entassees l'vne sur l'autre en vn seul endroit. Et en premier lieu, quāt au fleuue du Phase il en a esté là parlé à suffisance, & d'Orphee pareillement à son tour. Reste icy à espulcher les autres particularitez qui auront besoin de lumiere.

ET ce Dragon s'entortillant en tant de replys autour de ce sacré Fousteau. Il sembleroit de prime face par ce contexte que Medee aiant endormy par ses charmes le Dragon qui surueilloit la toison d'or au Temple de Mars en Colchos, l'eust par mesme moyen enleuee: mais c'est icy vne Isterologie, où les choses ne sont pas arrengees de l'ordre & façon qu'elles debuoient estre, ains renuersees à reculons: Car Iason auoit en premier lieu à atteller les Taureaux feez, puis en labourer le champ, & y semer les dents du Serpent de Cadmus, dont il est parlé bien au long au 3. des Metamorph. Car ce n'estoient pas celles de ce Dragon comme il a esté dit au tableau de Glaucus. Et finalement enleuer du Temple la toison d'or qu'il y gardoit: Ce qui ne se pouuoit faire qu'en l'endormant; Et cecy sinon auecques l'aide de Medee: là où Philostrate met premierement le Gallion qui s'enfuit à force de rames, auec Medee; Puis le Dragon entortillé autour du Fousteau; Et apres doibt suiure (ce dit-il) le cobat des Taureaux, c'est à dire le trauail qu'il eut à les lier, attendu la resistance qu'ils y deurēt faire: Et il debuoit parler des Taureaux auant que du Dragon, & de la damoiselle embarquee. Mais cela est mis de la sorte suiuāt les reigles de la peinture, qui expose tousiours au plus pres de nostre veue les choses les dernieres faites, & de là retrograde aux plus esloignees par la voye de la perspectiue.

ET Medee endormant le Dragon. Ainsi presque tous les Autheurs que ce fut elle qui par ses charmes l'assoupit; fors Orphee en ses Argonautiques, qui attribue cela à la douceur de sa Musique, où il le descript ainsi fort elegamment.

Mais quand de pres nous apparut
Le sacré Fousteau agreable,

Ou le Dragon entortillé
Estoit de plusieurs plys ensemble,
Ce fier serpent lors esleua
Tout soudain contremont sa teste,
Jectant vn sifflement mortel,
Dont la region Etheree,
Et les arbres droit esleuez
Tout autour de la resonnerent,
Inclinans branches & rameaux
De leurs sommets à la racine,
Auec l'ombrageuse forest ;
Si que moy, & la compagnie
Fusmes surpris de grand' frayeur.
Il n'y eut que Medee seule
Qui fort ne s'en espouuentast,
Car elle s'estoit ia munie
De ses remedes enchantez.
Alors prenant en main ma Lyre,
Je l'accorday auec ma voix ;
Et en faisant sonner les cordes
Ie chantois tout bas à par moy,
Le sommeil Roy de tous les hommes,
Et des dieux ; à ce qu'il s'en vinst
Assoupir l'ire furieuse
De ce redoutable Dragon.
Il m'oit, & en diligence
Prit son chemin droit à Colchos,
Endormant chacun de iour mesme,
Appaisoit les vents courroucez
Par où il passoit, & les ondes

ARGO ET ÆTES.

    Faisoit tenir calmes sur mer:
    Arrestoit le cours des rinieres,
    La sauuagine & les oiseaux,
    Et brief tout ce qui vit, & rampe
    Il rengeoit comme dans vn lict
    Lors auec ses esles dorees
    Outrepassant, il arriua
    En la contree fleurissante
    De Colchos, ou à l'aborder
    Se rendant à la mort semblable
    Il saisit les yeux du Dragon,
    Qui aggraué de ses escailles
    Laissa soudain pendre son chef,
    Dequoy Medee eut grand merueille,
    Et s'en venant trouuer Iason,
    Le haste à prendre la despouille
    De la toison d'or, du rameau
    Auquel elle estoit attachee.

LES Hymnes qu'ils doiuent chanter aux dieux, les vns pour leur rēdre graces des belles choses par eux exploitees, & les autres seruans de prieres pour les preseruer de danger. Cecy se raporte aucunement aux Pseaumes de Dauid, qui consistent pour la pluspart de prieres & inuocations, tendans à estre garentis des perils qui nous menacent, ce qui regarde le prochain present & l'aduenir. Et les Cātiques ou actions de graces, le passé, dont on rend des louanges, & deuots remerciemens à Dieu, en commemoration de ses benefices. Les Hymnes comprennent & l'vn & l'autre, tant les Pseaumes que les Cantiques, comme on peut voir en ceux d'Orphee.

DES coups de fouet dont Absyrthe les sollicite à la course. Il fait icy Absyrthe cochier & conducteur du chariot d'Aetes, ayant au reste la poitrine toute couuerte de cicatrices; là où tous les autres mettent Absyrthe pour vn ieune gars, que sa seur Medee desmembra par les chemins, pour arrester son pere qui les poursuivoit à toute bridde. Pendant qu'il s'amuseroit à ramasser les pieces de son cher enfant. Valerius Flaccus toutesfois au 8. de ses Argonautes dit que ce ne fut pas Aetes qui alla apres eux, ains y enuoya Absyrthe auec vne grosse flotte, qui les rencontra à la bouche du Danube, ou ils s'estoient arrestez pour faire les Noptes de Iason & Medee; qu'il troubla fort par sa soudaine suruenue; Car ils auoient pris ceste routte là pour euiter les Symplegades ou Rochers Cyaneens, qui par leur continuel heurtement les auoient cuidé mettre en dix mille pieces au venir: Et luy attribue au reste ce flambeau que Philostrate met icy en main à Aetes, comme s'il leur eust voulu apporter le flambeau Nuptial selon la coustume, mais par vne derision & despit; les menaçant plustost par là de vouloir brusler leur vaisseau; Et puis en aller faire autant des villes de Grece en vengeance de leur trahison & desloyauté.

   Quis nouus incœptos timor impediit hymenæos,
   Turbauitque thoros, & sacra calentia rupit?
   Absyrthus subita præceps cum classe parentis
   Aduehitur, profugis infestam lampada graiis
   Concutiens, dirámque premens clamore sororem.

Orphee met, qu'Aetes commanda à Absyrthe d'assembler tout soudain le peuple & s'en aller apres sa sœur pour la ramener, mais qu'estant party en plein minuict, les Parques par le conseil des dieux le trebuscherent dans le Phase, où s'estant noyé, les ondes roullerent le corps iusqu'en la mer; d'où il fut porté es Isles qui de son nom furent dittes les Absyrtides. Pline en fait mention au 3. liu. chap. 21. & 26. ou il dit qu'il fut tué là endroit, & nom-pas porté par les vagues: En quoy il n'y auroit pas grande apparence, attendu la longue distance qu'il y a du Pont Euxin iusqu'à ces Islettes qui sont en la coste de la Dalmatie: Cissa, pullariæ, & Absyrtides graiis dictæ à fratre Medeæ ibi interfecto nomine Absyrto, iuxta eas electridas vocauere, in quibus proueniret succinum, quod illi Electrum vanitatis Græcæ certissimum documentum, adeo vt iis quas earum designent, haud nunquam constiterit. Diodore l'appelle Egialeus: Et Pacuuius aussi dans Ciceron au 3. de la nature des dieux. Mais pour mieux demesler tout cela il n'y aura point de mal de tourner icy mot à mot ce qu'en met Hyginus au 23. chap. Aetes ayant esté aduerty comme Medee s'en estoit fuitte auec Iason, fist soudain equipper vn nauire, & enuoya Absyrte dessus auec bon nombre de gens armez pour aller apres:

ARGO ET ÆTES.

lequel les ayant poursuiuis iusqu'à la mer Adriatique le long de la coste de l'Esclauonie deuers le Roy Alcinous, & qu'il fust sur le poinct de venir aux mains, le Roy s'y interposa & l'ayans esleu les vns & les autres pour arbitre, il songeoit là dessus les moyens de les accorder: Surquoy sa femme Arete le voyant plus pensif que de coustume, luy en demanda l'occasion, & il luy dit comme il auoit esté constitué Iuge des Colchiens & Argiues. Et qu'estes vous deliberé d'en faire, va elle dire? Si Medee est encore Vierge respondit-il, de la faire rendre à son pere: Et si elle est desia femme faicte de la laisser à son espoux. Cela ouy, Arete l'enuoya dire à Iason, qui la nuict suiuante depucella Medee en vne cauerne: Et le lendemain comme ils se fussent assemblez de part & d'autre pour ouyr ce que le Roy en ordonneroit, Medee ayant esté trouuee autre que fille, fut deliuree à son mary Iason. Mais apres qu'ils furent partis, Absyrte craignant le commandement expres de son pere, de ne retourner deuers luy sans sa sœur, les poursuiuit iusques à l'Isle de Minerue, là où comme Iason sacrifioit à la deesse, Absyrte estant suruenu il fut mis à mort par Iason, & puis inhumé par Medee. Cela fait ils reprindrent leur routte. Et les Colches qui estoient venus auec Absyrte craignans le courroux de leur Roy Aetes, s'arresterent là, où ils fonderent vne ville que du nom de leur feu Seigneur ils appellerent Absoris. Ceste Isle au reste est en la coste de l'Istrie, vis à vis de Pole, iointe à l'Isle de Cante. *Voila ce qu'en met Hyginus. Mais la plus commune opinion tient que ce fut sa propre sœur Medee qui le desmembra, comme il a esté dit cy dessus: Et que l'endroit où elle fit ce cruel massacre fut appellé* Tomos, *qui signifie dissection, lequel est au Royaume de Pont. Ouide l'a touché au 3. des Tristes, Elegie 9. en ceste sorte.*

Soudain elle va trauerser
Son frere Absyrte d'vne espee,
Innocent qui ne craignoit
Rien moins qu'vne telle chose.
Et le desmembre horriblement,

Espandant çà & là les pieces,
Afin qu'en diuers endroits
De les cueillir on eust peine.
Attache en oultre à vn rocher,
Pour les mettre en veue du pere,
Ses deux pallissantes mains,
Et la teste ensanglantee,
S'attendant bien que là dessus
Il seroit de longues complaintes,
Parquoy de se forlonger
Ils auroient autant d'espace.
De là Tomos ce lieu fut dit,
Pource qu'en cest endroit Medee,
Comme on le racompte, auoit
Desmembré son propre frere.

HESIONE.

ARGVMENT.

LAOMEDON fils d'Ilus Roy de Troye, voulant ceindre de murailles sa nouuelle ville, pour auoir plustoft faict en conuint de prix auec Neptune & Apollon, qui entreprindrent la besongne moyennant que pour leur salaire il leur immoleroit tout le bestail qui luy naistroit en ceste annee. Mais apres qu'ils eurent parfait, aueuglé de son auarice comme il ne leur eust voulu accomplir son vœu & promesse, eux indignez de ce pariure l'affligerent d'vne double calamité: Neptune desbordant la mer qui inonda tout le plat pays d'entour Troye,

HESIONE.

& Apollon tormenta le peuple de peste: Et si encore d'abondant ils enuoyerent vn Physeere monstre marin, qui par foys descendant en terre deuoroit bestes & gens, de maniere que la contree en estoit deserte. Pour raison dequoy ayant enuoyé à l'oracle luy fut respondu, que ces deux deitez ne se pouuoient appaiser sinon qu'en exposant par chacun an vne Troienne nommée, fille Vierge, au monstre Marin pour le paistre; lesquelles estoient à ceste fin prises au sort à tour de roolle. Quelques ans reuolus estant tombé sur l'infante Hesione fille dudit Laomedon, & elle desia attachee à vn rocher sur le point d'estre deuoree, Hercule passant par là en eut pitié, & print de gaieté de cueur le combat pour la deliurer de ce monstre, qu'il mit à mort. & la rendit à son pere Laomedon, à la charge qu'il luy donneroit pour sa peine les cheuaux feez qu'il auoit, lesquels gallopoient à toute bride sur les ondes de la Marine, & sur la sommité des espics de bled sans les enfoncer ny verser, les ayant eus de son ayeul Tros, à qui Iuppiter en auoit fait present pour l'appaiser de son fils Ganymede par luy rauy en forme d'Aigle, dequoy n'ayant tenu compte, Hercule par despit, accompagné de Telamon le mit à mort, ruina Troye, & donna Hesione en mariage à Telamon pour estre monté le premier sur la muraille à l'assault; lequel en eut depuis Teucer; Et au reste laissa le Royaume à Priam, fils d'iceluy Laomedon.

LE TRAVAIL où s'emploie icy le braue genereux Hercule, ne luy a pas esté enioint de personne, à ce que ie croy; ny ne se peut dire nõplus qu'Eurystee luy soit grief ny moleste à ceste fois: mais voulant la vertu dominer en luy, cela se fait de gaieté de cueur entreprendre plusieurs combats où il se hazarde volontairement. Et quoy pensant, attendroit il icy vn si espouuentable monstre? Car vous pouuez veoir combien grands sont les yeux qui luy entourẽt en vn rond & spacieux cerne son regard horrible

HESIONE.

rible qui s'eſlance au loin effroiablement: Et quelle eſpineuſe louſpendue de touffus ſourcils, qui ſe renfroignans attirent à eux ie ne ſçay quoy d'hideux & ſauuage. Comme aigu & affilé eſt ſon muſeau mi-party de ceſte grand' gueulle armee de trois ordres de dents deſſus & deſſoubs, qu'elle deſcœuure arregee en forme de raſteau ou de ſcie; les vnes crochues & courbes propres à retenir la proye, & les autres la pointe aceree qui s'eſleuent droit contre-mont! Quelle hure deſmeſuree partant d'vn col ſouple & agile! Or il eſt incroiable à dire comment vne telle grandeur ait peu eſtre repreſentee en vn volume ſi petit: mais la veüe deſcœuure le fait, & conuainc quiconque en voudroit faire doubte; le monſtre n'ayant pas eſté defait d'vn ſeul coup, ains charpenté en pluſieurs endroits, dont quelques vns brillent aux yeux à trauers l'eau, laquelle par ſa profondeur en deſrobbe la plus grand part à l'exacte ſubtilité de la veue: & les autres s'eſleuent audeſſus, qui à quelques mal practiques de la marine paroiſtroient de petites Iſles. Nous eſtans donques icy embattus à ce monſtre qui ne ſe bouge, mais n'y a gueres que ſe demenant d'vne vehemēte impetuoſité, il excitoit vn merueilleux bruit dans les ondes, car la Mer eſt calme à ceſte heure, & coye & ſerie de ſoy, ſçachons que ces gros flots & bouillons qui s'eſleuent, viennent de l'effort qu'il faiſoit: dont partie ondoie alentour de ce qui ſe peut diſcerner de ſa lourde maſſe, le baignant & faiſant blanchir par en bas: Et le reſte eſt allé heurter le riuage, le debatte-

S

HESIONE.

ment de sa queuë esmouuant vne grande quantité de Mer, qu'il darde en haut, & la pourriez presque accomparer à des voiles qu'on verroit resplandir au loin en diuerses sortes. Mais ce diuin Heroe n'a point de peur de tout cela, ains voila sa despouille de Lyon, & sa massue estendues deuant ses pieds, toutes prestes de s'ē aider s'il en a besoin: Et est tout nud en sa desmarche, aduançant le pied gaulche deuant, pour charrier apres soy tout le corps, qui se ploye d'vne agilité merueilleuse, ou le costé gauche accōpaignant la main pour tendre l'arc, & l'autre se panchant, la droicte attrait à soy la corde iusqu'à la mammelle. Ne nous enquerons point au reste quelle est l'occasion de cecy: car on voit assez ceste tant belle creature attachee à ce rocher là, pour seruir de pasture au monstre: Et nous l'estimons estre Hesione fille du Roy Laomedon. Mais où est il? Là dedans le circuit des murailles, ce crois-ie bien, à regarder ce qui se fait, tout ainsi que d'vne eschauguette. De fait vous voiez bien l'enceinte de ceste Cité, & les creneaux tous remplis de gens, qui esleuent leurs mains au Ciel faisans leurs prieres. Peut estre aussi que c'est de crainte, estans atteints d'vne peur extreme que le monstre ne se lance sur la muraille: car il descoche, a ce qu'il semble d'vne grande impetuosité & roiddeur, comme s'il vouloit s'eschouer en terre. Au surplus la briefueté du temps ne nous permet pas de descripre exactement la beauté de ceste Princesse: ioint que le doubte incertain qu'elle a de sa vie, & & l'angoisse dōt elle est cōbattue en son esprit pour

HESIONE.

les choses qu'elle voit a l'œil, luy flestrist la naifue fleur de son teinct: Neātmoins elle donne assez a cōiecturer par ce qui s'en voit, quelle en doibt estre la perfection quand elle est en son estre accoustumé.

ANNOTATION.

CE tableau estant si particulierement exprimé & depeint, il ne reste pas beaucoup à dire dessus; seulement il nous a semblé d'y amener de mot à mot ce que Palephate tasche d'allegoriser, mesmement du monstre dont il est icy question. Quant à ce Cetus Balenic, Phyletere, ou autre tel monstre Marin, qu'on racompte par fois auoir accoustumé de sortir de la Mer pour se ietter sur les Troians, lesquels s'ils luy exposoient de leurs filles à deuorer, il s'en retournoit sans mesfaire, sinon il gastoit toute la contree: qui est celuy qui ne voye tout apertemēt quelle grand' simplesse ce seroit de croire ces gens là auoir esté si idiots & maladuisez de presenter leurs propres filles à vn cruel monstre? Bien plus vray-semblable est-il, que ce Cetus fust quelque Roy ou autre Prince ainsi nommé, lequel estant fort puissant par la Mer, ruina vn marez que les Troians possedoient le long d'icelle, & leur imposa vn tribut, lequel s'appelle en Grec δασμὸς, car en ce temps là on n'vsoit point d'or ny d'argent, ains seulement de meubles & vstacilles: ainsi donques ce Roy appellé Cetus imposa aux villes de ces quartiers là, aux vnes certain nombre de cheuaux, & aux autres des filles vierges: Que si on luy refusoit luy payer ceste imposition, il saccageoit leur territoire. Et estant de fortune arriué pour la leuer & recueillir deuant Troye, au mesme temps qu'Hercule auec vne armee de Grecs y estoit abordé, Laomedon les print à sa soulde contre Cetus, qui fut defait & mis à mort, ce qui auroit donné lieu à la fable.

IL est incroiable comme vne telle grandeur ait peu estre represētee en si petit volume. *Cela se rapporte à ce que Pline liu. 35. ch. 10. dit de Timantes, peintre anciē des plus inuentifs, & ingenieux.* Timantes fut d'vn merueilleux esprit: Et de luy est ceste Ipsigenie tant celebree par les louanges des Orateurs: laquelle

S ij

HESIONE.

estant deuant l'autel toute preste à estre immolee, comme il eust peint tous les autres les plus dolents qu'il luy fut possible, & employé en l'oncle d'elle, Menelaus, tout ce qui se pouuoit representer de tristesse, il voila le visage de son pere Agamemnon, ou il ne pouuoit assez suffisamment demonstrer son extreme amertume de cueur. Il y a encore assez d'autres tesmoignages de son industrieuse subtilité, ainsi qu'est le Cyclope dormant, en vn petit tableau, où voulant moustrer sa grandeur enorme en si peu d'espace, il peignit de petits Satyres aupres, qui mesuroient son poulce auecques vn riusseau de lyerre dont ils estoient ceints. Si qu'en tous ses ouurages il laisse tousiours plus à peser qu'il n'en exprime par son pinseau. Et combien que l'artifice en soit grand, neatmoins tousiours son ingenieuse inuention l'outrepasse.

I. A dedans le circuit des murailles. *Pindare ode 8. des Olympiennes*: Pour le regard des murs de Troye, le fils de Latone Apollon, & le dominant au large Neptune, estans apres à coroner de murailles la cité d'Ilió, appellerét auec eux Aeacus pour leur y aider: Car il estoit ordóné par les destinees, qu'à l'aduenir se debuans esleuer des guerres desolatoires des citez, par leurs pernicieux mortels combats, il s'exhaleroit de ces murailles vne vehemête fumee, ils voulurent qu'vn homme mortel y mist la main, afin qu'il ne pensast pas qu'vn ouurage des dieux eust peu estre exterminé par les hommes. *Il poursuit puis-apres.* Que ceste closture estant paracheuee, trois horribles Dragós se vindrét lancer alencontre, dót les deux tóberent par terre, ou se demenans tempestatiuement, ils rédirent les derniers aboys auec vn cry espouuentable: mais le tiers s'y iecta d'vn plus grád effort, lequel malécótreux prodige Apollô interpreta soudain, sçachát bien le piteux desastre qu'il presageoit, & alla dire. Certes par l'operation de tes mains Troie sera vn iour prise, ou valeureux Heroe Aeacus, ainsi me l'afferme la reuelation du profond tonant Iuppiter, & non sans les descendans de ta race, des premiers desquels commencera ceste destruction & ruine, & s'acheuera des quatriesmes. *Ainsi Pindare de mot à mot, par les trois Dragons dont les deux tomberent roidde-morts sur la place, & le tiers se maintint*

HESIONE.

en vie criant hideusement, voulant denoter, que des trois parts des murailles de Troye, les deux qui auoient esté edifiees par Neptune, & Apollon seroient imprenables à quiconque y voudroit faire effort : mais la tierce bastie par Aeacus non, ains seroit prise & ruinee par ses descendans, dont les premiers furent Pelee pere d'Achille & Telamon pere d'Aiax, lesquels Pelee & Telamon aiderent Hercule à prendre Troye, qu'ils ne firent que saccager, & nompas l'exterminer tout à faict. Achille qui fut le troisiesme en ligne commença à la desoler, & son fils Pyrrhus dit Neoptolemus l'acheua, qui estoit au quatriesme degré. Mais on tiẽt que Neptune & Apollon fussent les dieux domestiques, patrons & protecteurs des Troyens, si qu'Enee apres la destruction de Troye les aporta en Italie, cõme semble le vouloir inferer Virgile au 5. de l'Eneide;

    Sic fatus meritos aris mactabat honores
      Taurum Neptuno, Taurum tibi pulcher Apollo.

S'estant fondé sur ce qui est contenu au 20. de l'Iliade, où Apollon ayãt encouragé Enee de s'aller attaquer à Achille, Neptune, lequel sçauoit assez qu'il ne luy estoit pas egal, l'alla retirer de ceste temeraire entreprise. Et certes il semble au demeurant qu'Homere ait comme icy prophetisé que les descendans d'Enee deuroient commander aux Troyens, & à ceux qui en prouiendroient, iusqu'en plusieurs generations, quand il dit

    Νῦν δὲ δὴ Αἰνείαο βίη Τρώεσσιν ἀνάξει,
    Καὶ παῖδες παίδων, τοίκεν μετόπισθε γένωνται.

Ce que Virgile au 3. de l'Eneide a tourné tout de mot à mot.

    Hic domus Æneæ cunctis dominabitur oris:
      Et nati natorum, & qui nascentur ab illis.

Mais nonobstant que Neptune fust bien affectioné à l'endroit d'Enee, sçachant assez quelle estoit la secrete deliberation de Iuppiter de faire ainsi longuement regner sa posterité, il ne laissoit pas d'estre fort indigné contre les Troyens, comme on peut veoir au liu. suiuant 21. de l'Iliade : là où Apollon qui tenoit le party des Troyens, au duel des dieux qui se banderent l'vn contre l'autre, l'aiant prouoqué à combattre contre luy, à cause qu'il fauorisoit les Grecs, Neptune luy remet deuant les yeux l'ingratitude & desloiauté de Laomedon, lequel apres les auoir employez vn an durant à luy maçonner ses murailles, au lieu de les salarier selon qu'il leur auoit promis, il les menaça de leur coupper les oreilles, & les cõfiner pieds & poings liez en de lointaines isles desertes.

SOPHOCLE.

ARGVMENT.

OPHOCLE Poëte tragique, voire le plus excellent de tous, combien que quelques vns luy vueillent preferer Euripide pour la grauité de ses sentences si frequentes, dont seroit emmui ce commun dire; σοφὸς Σοφοκλῆς, σοφώτερος δ' Εὐριπίδης, ἀνδρῶν δὲ πάντων Σωκράτης σοφώτερος: Sophocle est sage, Euripide plus sage encore: mais le plus sage de tous les hommes est Socrate. Neantmoins quant à la maiesté de stille & à faire parler les personnes ainsi qu'il conuient, Sophocle a de trop passé Euripide. Il fut au reste Athenien, & fils de Sophile Coloneen, nay en la 73. Olympiade, qui eschet enuiron l'an du monde 3480. ans, quelques cinq cens ans deuant IESVS-CHRIST; & 17. ans deuant Socrate; contemporain au reste audict Euripide qu'il suruescut de six ou sept ans. & de Pericle, auec lequel il obtint la Preture d'Athenes. Ce fut le premier qui vsa de trois pauses ou entremets à la recitation de ses tragedies; & y introduit le Tritagoniste qui ioue son roollet à la fin & conclusion: qui adiousta pareillement aux douze ieunes enfans, garçons & filles qui font le chœur, trois encore pour en faire quinze: Et finablement enrichit beaucoup ceste maniere de poësie. On dit qu'il composa iusques à 123. tragedies, & plus encore selon d'aucuns, dont il obtint le prix en vingt-quatre, à la derniere desquelles comme outre son esperance il en eust emporté la victoire, il receut de là vne telle ioye qu'il en expira tost apres, eagé de plus de quatre-vingts ans Nous n'en auons que six de reste; A sçauoir, surnommé le porte-fouet, ou fouetteur; L'Œdipe Tyran; l'Œdipe au Colonee; Antigone, les Trachiniennes, & le Philoctete. Il laissa cinq enfans, Iophon, Leosthene, Ariston, Estienne, & Meneclide, d'Ariston vint vn autre Sophocle, Poete aussi tragique, lequel composa 40. Tragedies & vainquit de sept: Plus vn autre du mesme nom, Poete tragique, & Lyrique, qui fut apres la Pleiade, come on appelle ces sept Poetes qui vindrent tous d'vne vollee.

SOPHOCLE.

QVE diferes-tu ô diuin Sophocle, de receuoir icy les dons de la Muse Melpomené ; Ny pourquoy baisses tu ainsi les yeux vers la terre? Certes ie ne sçay bonnement qu'en penser, si ce n'est ou que tu medites à par toy aucune belle fantasie, ou que tu sois comme esblouy de la presence de ceste deesse. Mais r'asseure toy ô gentil Sophocle, & accepte ce qu'on te donne : Car tu as peu apprendre d'vn des plus fauorits nourrissons de Calliopé, *Que les dons des dieux* Iliade 3. *ne se doiuent point reiecter*. Et vois tu pas bien comme ces gayes mouches à miel volletent tout autour de toy, & bourdonnent ie ne sçay quoy de melodieux & diuin, t'arrousans des secretes inuisibles gouttes de leur particuliere liqueur? De faict quelqu'vn viédra s'exclamer de toy tost apres que ceste mellislue douceur se recueillera principallement de tes poësies, t'appellant l'agreable fleuron des Muses à toy propices & fauorables : Et persuadera aisement à vn autre qu'il se donne garde que d'auanture l'vne de ses auettes ne se iecte à la desrobee hors de ta bouche pour le venir picquer à l'improuiste. Car tu vois bien ceste deesse ayant ie ne sçay quoy de graue & sublime imprimé dedans sa pensee alendroit de toy à ceste heure, & qui d'vn gracieux soubsrire monstre de t'en vouloir faire vn present. Celuy qui est icy aupres au reste, est à mon aduis Esculape, lequel t'inuite d'escripre quelque bel hymne à Apollo: car cest excellent Cóseiller ne desdaignera point

SOPHOCLE.

de t'ouyr: aussi la Majesté de sa face meslee d'vne gaye serenité denote assez la familiere accointance qui doibt estre bien tost entre vous.

ANNOTATION.

TOVT le contexte du present tableau ne bat que pour exprimer la facondité & douceur des diuins escripts de Sophocle, qui pour ceste occasion fut des Grecs surnommé μέλιττα mouche à miel, & μελίχρυς miellé, ou doux comme miel: Philostrate le representant icy par vn singulier & tres-delicat artifice: Comme si sa teste eust seruy de ruche, où les a- nettes voltigeoient autour de sa bouche qui en estoit l'entree, & y espandoient leur suaue liqueur sur ses leures; comme on disoit qu'en celles de Pericles son contemporain residoit la deesse Pytho ou persuasion. Et pourtant a esté choisie icy Melpomené entre les autres Muses, qui luy veut faire des presens, pour l'affinité que ce mot de μέλι y a, à quoy il semble vouloir faire allusion, nonobstant qu'il vienne de μέλπομαι chanter, pource qu'elle fut inuentrice des Odes & chançõs: C'est pourquoy on feint les Sereines estre filles de Melpomené, à cause de leurs doux chants, & de la tragedie selon mesme cest epigramme des Muses qu'on attribue à Virgile; Melpomene tragico proclamat mœsta boatu. Outre-plus comme escript Pausanias en ses Beotiques, aucuns ne mettoient que trois Muses filles d'Aloeus; Melite, Mnimé, & Aoede; dont la premiere pourroit venir du miel ou de μελίτη, cure, soin, meditation, comme tasche Fulgēce de tirer l'Ethymologie de ce mot Melpomené, quasi μελέτην ποιοῦμεν faisant la meditation, parce qu'en premier lieu, ce dit-il, est le vouloir; En apres le desir, & tiercement ce qu'on veut & desire, il le faut poursuiure & mettre à effect par meditation: Ce qui se conforme aucunement à ce qui suit puis-apres au tableau; Ceste deesse ayant ie ne sçay quoy de graue & sublime imprimé dedans sa pensee. Mais ce qui fait le plus à ce propos, est-ce que Porphyre cité de Sophocle, lequel accompare les ames des defuncts à vn exaim de mouches à miel qui bourdonnent & murmurent indistinctement: Car on appelloit les Muses Nymphes, & les Nymphes Melisses, comme celles qui causent la volupté en nous, & les ames Nymphes selon Pollux, comme si elles estoient les espouses du corps.

CAR

Car tu as peu apprendre d'vn des plus fauorits nourriſſons de Calliope, que les dons des dieux ne ſe doiuent point reiecter. Il entend Homere, lequel au 3. de l'Iliade introduit Hector qui reproche à Paris ſon frere; δύσπαρι, εἶδος ἄριστε, γυναιμανὲς ἠπεροπευτὰ, mal-heureux Paris, qui n'as rien de bon que la beauté; decepueur des femmes, &c. Et il reſpond ces vers icy.

Μή μοι δῶ' ἐρατὰ προφέρε χρυσῆς Ἀφροδίτης,
Οὔτοι ἀπόβλητ' ἐστὶ θεῶν ἐρικυδέα δῶρα.

Ne me reproche point les dons
Aimables de Venus dorée,
Car les preſents venans des Dieux
Ne ſont point de nous reiectables.

HYACINTHE.

ARGVMENT.

LE ſubiect du preſent tableau eſt le meſme que celuy qui a eſté depeint cy-deuant au premier liure ; aſſauoir les amours d'Apollon enuers ce beau ieune fils, & la ialouſie qu'en conceut Zephire qui en eſtoit affectionné auſſi, dont proceda par vn grand deſaſtre la mort de ceſt infortuné enfant.

SACHONS vn peu de ce bel adoleſcent ie vous prie, qui il eſt ; & pourquoy Apollon eſt icy preſent auec luy : Car peut eſtre s'enhardira il de iecter icy ſon regard. Il ſe dit donques, ce me ſemble eſtre Hyacinthe le fils d'Æbal. Or puis que nous auons apris cecy, il faut ſçauoir l'occaſion de la preſence de ce dieu. C'eſt le fils de Latone, qui eſpris de l'amour de l'ado-

T

lescent, luy promet donner tout ce qu'il a, s'il luy octroye son accointance: Qu'il luy monstrera à tirer de l'arc: luy enseignera la Musique, & l'art des deuinemens, & de n'estre point ignorant de la Lyre: le rendra outreplus excellent sur tous les autres à la lucte: Et luy octroiera qu'estant monté dessus vn cigne il pourra visiter à son aise toutes les villes & contrees ou luy Apollon s'aime le plus. Ce sont les promesses que luy fait ce dieu; peint icy auec sa longue perruque à l'accoustumé, & sourcillant ie ne sçay quoy de doux & benin audessus des yeux, dont estincellent comme de clairs lumineux rayons, il rasseure d'vn doux gracieux soubsrire Hyacinthe, auquel il tend amoureusemēt la main droicte. Mais l'adolescent à les yeux abaissez en terre, où il regarde attentiuement, pleins de diuerses cogitations; Toutesfois il se resiouist en soy-mesme de ce qu'il oit; & desormais entremesle plus d'asseurance à sa vergongneuse pudeur. Le voila au reste planté debout; le costé gaulche qui est aucunement racoursi enueloppé d'vn manteau vollant d'escarlatte, & le droict il l'appuie sur vn iauelot, si que le flanc s'aduance en veuë, & toute ceste partie apparoist auec le bras qui est nud: Ce qui nous appreste vn subiect de parler de ce qui se voit D'autrepart son pied mōstre assez d'estre fort viste & legier, & la iambe qui s'esleue audessus est droicte, & bien façonnee: Le genoil quant & quant est agile & deliure au hault d'icelle. Il n'y a rien nomplus de superflu en la cuisse, ny en la hanche qui soustient le reste du corps:

ny au costé qui entoure l'estomac remply de respiration. Le bras s'esgaye auec vne naïfue simplicité,
& le col se rehausse mediocrement. Quant à sa perruque, elle ne sent rien qui soit d'agreste ny du vil-
lageois : Et ne se herisse point de crasse & de hasle,
ains pend gracieusemét sur le front, & delà s'en viét
ondoyer & battre sur les premiers poils follets de
sa barbe, qui cómence à poindre : y ayant à ses pieds
vne grosse placque dont on iouë comme au pallet.
Mais considerez ce qui se voit autour de luy: Ce Cupidon assauoir triste-ioieux, gay & melancholique
tout ensemble : Et Zephire qui d'vne eschauguette
monstre vn œil felon malentalenté, par ou le peintre a voulu denoter la mort prochaine du iouuenceau : Car ce vent venant à souffler à la trauerse vers
Apollon qui iecte la placque, il la destourne sur
Hyacinthe.

ANNOTATION.

LVy monstrer à tirer de l'arc. *Latone eut de Iuppiter deux enfans, Apollon, & Diane, l'vn & l'autre excellens Archers; Comme le monstre assez ce commancement de l'Hymne d'Apollon en Homere.*

Χαίρει δέ τε πότνια Λητώ
Οὕνεκα τοξοφόρον, ἠ καρτερὸν υἱὸν ἔτικτεν.

La venerable Latone
S'esiouist d'auoir porté
Vn fils archer si robuste.

Et plus bas; Ἀπόλλωνά τ' ἄνακτα, καὶ Ἄρτεμιν ἰοχέαιραν.

Le Roy Apollon, & Diane
Qui se plaist à tirer de l'arc.

T ij

HYACINTHE.

Dont il est aussi surnommé χρυσότοξος, & ἀργυρότοξος, Apollon à l'arc & flesches d'or & d'argent, & κλυτότοξος celebre & de grand renom pour son arc, Pindare & autres Poetes τοξόφορος port'arc. Es medailles antiques de l'Empereur Gallien se voit au reuers le signe du sagittaire cōme on le depeint, l'arc entoisé, & la flesche encochee dessus; auecques ce mot alentour; APOLLINI. CONS. AVG. Et Ouide au premier des Metamorph. où il descript le combat qu'il eut contre le serpent Python:

Hunc deus arcitenens, & nunquam talibus armis
Ante, nisi in damis, capreisque fugacibus vsus.

Duquel arc il auoit aussi accoustumé de descocher à guise de flesches, des maladies incurables, & autres incommoditez & ruines sur les mortels, que Plutarque appelle solaires, & ceux qui en sont atteints ἀπολλωνόβλητοι entachez du mal d'Apollon, ou ἡλιόβλητοι, de celuy du Soleil: cōme les femmes lunatiques σεληνόβλητοι, entachees du mal de la lune, ou ἀρτεμιδόβλητοι du mal de Diane. Homere au cōmencement de l'Iliade escript qu'Apollon indigné qu'on eust si peu respecté son Prestre Chryses, estant venu redemander sa fille qu'Agamemnon detenoit, s'en vint du hault du ciel fort courroucé en son courage, semblable à la nuict, auec son arc sur les espaulles, & sa trousse pleine de flesches, dont il descocha la peste en l'ost des Grecs; Qui premierement enuahit les cheuaux, & les chiēs, puis les personnes: Si que Pindare en la 9. des Pythiennes l'appelle ἐυρυφαρέτρας, au large & plaitureux carquois plein de flesches qui sont ses raiz, comme l'explique assez ce vers de Lucrece: Non radiis solis neque lucida tela diei: Car ils se dardent du corps du Soleil par tout l'vniuers, en haut pour illuminer les astres, & en bas pour esclairer l'air, & le repurger des mauuaises vapeurs & humiditez qui procreent les maladies, dont il auroit aussi esté surnommé ἀλεξίκακος, chassant ou repoussant le mal: lequel Epithete a esté encor attribué à Hercule, que plusieurs font estre vn mesme auec l'Apollon ou le Soleil. Plus ἕκατος, ἑκατηβόλος, & ἑκαβόλος tirant au loin, & sa sœur Diane pour son regard pareillement esté ditte ἑκάτη. Item ἑκάεργος operant de loin, pource que sa lumiere & chaleur penetrent par tous les plus esloignez endroits de ce monde selon mesme que chante le Pseaume 18. Rien ne se peut cacher de sa chaleur. Ce que monstrent aussi ces deux Epithetes, Δῆλιος quasi δῆλος manifeste, apert, ἀπὸ τοῦ δηλοῦσθαι manifester, par ce que tout se descœuure par sa lueur, comme met Phurnute, &

HYACINTHE.

Plutarque en la signification du mot Εἰς & φανεὸς, παναὐγὲς splendide luisant, & infinis autres qu'on peut veoir dans Orphee, Homere, Hesiode, Pindare, &c. recueillis par l'ordre de l'Alphabet au premier liu. des Epigrammes, en l'Hymne dont l'inscription est telle. ϒμνύω παίανα μέγαν θεὸν ἀπόλλωνα. Mais la pluspart d'iceux ne sont pas icy à nostre propos. Qui en voudra veoir dauantage, lise le premier des Saturnales de Macrobe, depuis le 17. chap. iusques à la fin du 24. L'arc au reste & les flesches ont esté les premieres armes de toutes autres, comme on peut voir au 21. de Genese parlant d'Ismael, qui vint à estre vn grand Archer: Et au 27. d'Esau, Prend tes armes, assauoir ton arc & tes flesches, estant à croire que l'vsage en deuoit estre bien long temps au precedant: Et ce qui nous le fait encore plus croire, est que les Indiens n'aians autre practique en tout leur faict que le seul instinct naturel, auec bien peu de ratiocination, & moins d'artifice se sont trouuez, aumoins les Charibes les plus grands & cruels guerriers d'entr'eux, auoir presque tous esté Archers, comme sont aussi les Tartares: dont Pline liu. 7. chap. 56. refere l'inuention de l'arc & des flesches à Scythes fils de Iupiter, duquel les Scythes maintenāt les Tartares auroient pris leur appellation; lesquels de tout temps ont esté les plus excellens en cest exercice de tous les autres, Si que Plutarque au banquet des sept Sages leur attribue l'arc comme en propre; & les lyres & fluttes aux Grecs. A ce propos Gregoire Nazianzene parle d'vn Abaris Hyperboreen si viste coureur qu'ayant descoché vne flesche qu'Apollon luy auoit donnee, il l'attaignoit deuant qu'elle fust tōbee en terre: mais c'est vne pure fable qui emporte son allegorie; si d'auenture ce n'estoit qu'il la tirast tout droit en hault contre le Ciel & non au loin; car en ce cas il n'y auroit pas beaucoup d'affaire. Les Parthes aussi qui comprenoiët la Perse & Medie, estoient tous Archers: Et ne rencontra pas mal plaisamment le Roy Agesilaus de Lacedemone, lequel faisant la guerre fort & ferme au Roy de Perse dans l'Asie, se plaignoit d'en auoir esté rechassé auec trente mille Archers, voulant denoter par là autant de doubles ducats Persiens marquez à vn trousseau de flesches, pour denoter ce peuple là, & leur grande puissance, qui furent deliurez aux Atheniens pour mouuoir la guerre à Lacedemone, ce qu'ont voulu imiter les Espagnols en leurs reales, comme s'ils vouloient denoter par là que par le moyen de leur argent ils se proposent de tenir tout en subiection. Les Perses, & les Turcs s'aident fort encore de ceste arme là, & les Moschouites, Polonois, Valaques & autres

T iij

HYACINTHE.

peuples de la Sarmatie de tout temps; dont Ouide au 4. de Ponto à Carus parlant des Getes;

Et caput, & plenas omnes mouere pharetras:
Et longum getico murmur in ore fuit.

Et les Poëtes feignent Cupidon ou l'amour, le plus ancien de tous les dieux estre Archer, pource qu'il tire de loin iusques au fonds du cueur par les yeux. Les Anglois outreplus, & les Escossois se souloient aider de longs arcs d'If, fort differends des Turquesques, qu'ils ont changé en l'arquebouzerie pour la pluspart, ie ne sçay si par là ils ont amendé leur marché, & lequel des deux est plus à craindre, aumoins en eux, & de plus dangereuse execution & effect. Quoy que ce soit sans doubte le mot d'Artillerie est venu d'Arcus & telum. Quant aux allegories qu'on y voudroit rechercher, Adamantius entend pour la trousse ou Carquois, le cueur: Par les flesches, les discours & proiects que nous faisons en iceluy: Et par l'arc, la bouche & les leures, par ou ils sont deslaschez comme les sagettes, d'vn arc: Qui est ce que Pindare a voulu entendre en la 2. des Olympiënes;

πολλά μοι ὑπ' ἀγκῶ-
νος ὠκέα βέλη
ἔνδον ἐπὶ φαρέτρας
φωναῦ τά συνετοῖσιν· ἐς
δὲ τὸ πᾶν ἑρμηνέων.
Χατίζει.

Soubs mon coulde il y a
Plusieurs flesches legieres
Closes dans mon carquoys,
Qui souuent aux gens sages:
Mais au peuple elles ont
Besoin d'vn interprete.

Prenant les flesches pour les mots, & le Carquoys pour les sentances.

IL luy apprendra la Musique. Apollon a de toute ancienneté au Paganisme esté tenu pour superintendant de la Musique, tant des viues voix, que des instrumens à corde, designez par ces mots de Lyre, & Cythare: Le premier denotant ceux qu'on touche auec l'archet, comme la violle, le viollon, la Lyre, & autres semblables: l'autre, ceux qui se sonnent ou du plectre ainsi que la Cistre, ou des doigts seuls, comme le Luth, la Harpe, Guitterne, Mandorre: le Psalterion auec vn baston duquel on frappe sur les cordes: de l'Espinette Manichordion, & Orgues, qui consistent en vn clauier & des marches, ie ne pense pas que ces anciens là dont il est icy question en eussent encor cognoissance. Mais de tout cecy il en a esté parlé cy-deuant au tableau d'Amphion, des Satyres, Olympe, & Marsyas; à quoy nous pouuons adiouster ce lieu de l'Hymne d'Apollon en Homere, où il met combien la Lyre & Cythare sont agreables à Apollon:

Ἔν μοι κίθαρις τε φίλη, καὶ καμπύλα τόξα.

Et vn peu plus auant:

— Αὐτὰρ ὁ Φοῖβος Ἀπόλλων ἐγκιθαρίζει,
Καλὰ καὶ ὕψι βιβάς.

Surquoy voicy ce que Phurnute allegorise. On feint Apollon estre vn excellent Musicié & ioueur de Lyre, pource que le soleil qui n'est autre chose qu'Apollon, touche & meut fort conuenamment & d'vn bon accord chaque partie de l'vniuers, faisans ensemble comme vn beau concert de Musique, bien proportionné de plusieurs voix & instrumens accordez l'vn auec l'autre, & s'introduit par tout de sorte, qu'aucune discordance ne se trouue en la nature. Il fait outreplus les saisós de l'annee, qui se succedēt mutuellement, & par la secheresse que causent ses rayz dedans l'air, que les voix des animaux, & les chants des oyseaux nous paruiennent plustost, & de plus loin aux oreilles. Il dit cela, parce qu'on voit assez par experience, que tout ainsi que la veue s'estend plus net & plus commodeement à trauers de l'eau claire & limpide, de mesme fait l'oye parmy vn air pur & serain plus distinctement que s'il estoit trouble & espais, chargé de brouillas & nuages. Au moyen dequoy on fait Apollon estre le conducteur & gardian des Muses, qui presidēt à la Musique; laquelle selon Platō n'a pas esté elargie des dieux aux hōmes pour vne resiouyssance voluptueuse, et chatouillement delicat de l'oreille, ains pour estre employee au seruice et hōneur diuin, et puis apres pour nous rendre plus modestes, gracieux, & bien conditionnez. Comme Plutarque l'allegue de luy au banquet des sept sages. Et au traicté de la Musique il dit que l'image d'Apollō qui estoit en Delos tenoit vn arc en la main droicte, et en la gauche les trois graces, l'vne ayant vne Lyre au poing, l'autre vn Auboys, & la tierce vne flute d'Aleman qu'elle approchoit de sa bouche. A ce mesme propos d'Apollon, &

HYACINTHE.

de la Musique, Platon tout au commancement du Dialogue de la poesie intitulé Io, met qu'à Epidaure se celebroient tous les ans des ieux de prix à l'honneur d'Esculape fils d'Apollon, le iour de sa feste & solennité. Au regard des premiers inuenteurs d'icelle, cela doibt auoir esté fort ancien: Car Orphee & Linus furent tres-excellens Musiciens, comme entre autres le marquent ces vers de la 4. Eglogue de Virgile:

    Non me carminibus vincet nec thracius Orpheus,
    Nec Linus, Huic mater quamuis, atque huic pater adsit,
    Orphei Calliopea, Lini formosus Apollo.

Car par les carmes il faut entendre les vers qui se recitoient de bouche en chant accordé auec l'instrument, selon qu'on le peult recueillir du premier de l'Eneïde:

    — Cythara crinitus Iopas
    Personat aurata.

Et puis apres

    Hic canit errantem lunam, solisque labores.

Platon donques au 3. des Loix attribue l'inuention de ce qui concernoit la Musique, à Marsyas, & Olympe: Et la Lyre à Amphion, auquel Pline liu. 7. chap. 56. la refere tout resolument: Neantmoins il le particularise de ceste sorte, Amphion inuenta la Musique, Pan la fleutte à neuf trous: le monaule ou le challumeau d'vn seul ton, Mercure: La flutte d'Alcman. (Les Italiens l'appellent trauerse, à l'imitation du Latin obliqua tibia) Midas en Phrygie: deux flageols accouplez ensemble, Marsyas: Amphion l'air Lydien: Thamyris de Thrace, le Dorique: Marsyas le Phrygien. Amphion derechef la Listre, & la Lyre, ou Orphee selõ les autres, & quelques vns Linus: Terpander y adiousta iusqu'à sept cordes, la huictiesme Simonide, la ix. Timothee. Mais de iouer simplement de la Lyre sans l'accompagner de la voix, Thamyras en fut le premier autheur: Auec la voix Amphion, ou Linus selon quelques vns: de chanter par interualles iouant des fluttes, Trezenus Dardanien l'institua. Voila comme en parle Pline. Mais les interpretes d'Homere sur le penultime de l'Odissee attribuent à Mercure l'inuention des lettres, de la Musique, de la lucte, & de la geometrie: Parquoy es escholes des exercices il estoit representé de forme carree, ou à quatre faces, comme l'on voit en certains termes, dont parle Plutarque en la Vie d'Alcibiades, & de Nicias, les appellans Hermes,

images

HYACINTHE. 77

images de Mercure, que Pausanias és Messeniaques fait estre de l'inuention des Atheniens, desquels les autres aprindrent de les faire ainsi carrées.

D'ENTENDRE l'art de deuiner. Cecy bat force qu'Apollon estoit tenu au paganisme pour le dieu des predictions & deuinemens, à cause de son oracle en Delphes où l'on accouroit de tous les endroits de la terre, pour se conseiller et auoir aduis du passé, du present, et de l'aduenir: Comme dit le Poëte; Quæ sunt, quæ fuerint, & quæ ventura trahuntur. Et dura cest oracle en sa force & reputation pres de trois mille ans selon Plutarque au traitté de la Pythienne iusques au temps de Lucron, quelques cinquante ans deuant la natiuité du SAVVEVR, qu'il commança à deciiner, ainsi qu'il dit au 2. liu. de la diuination: Telle force & vigueur auoit desiors la lumiere de verité, auant mesme son aduenement corporel contre les tenebres du pere de mensonge, qui regnoit en ces faulx oracles: Ny plus ny moins que les premiers auant-coureurs rayons du Soleil deuant que son lumineux globe commance mesme d'apparoistre sur l'Orizon, et comme razer à fleur la superfice de la terre, dissipent & chassent les mauuaises humiditez et vapeurs qu'en son absence la nuict a de coustume de procreer. Mais à propos de ceste science de deuiner qu'Apollon promet icy au bel Hyacinthe, l'on dit que ce dieu s'estant autrefois enamouré de Cassandre fille du Roy Priam pour son excellente beauté, il luy donna le choix de tout ce qu'elle luy vouldroit requerir, pour iouyr d'elle, qui ayant seulement demandé de sçauoir predire les choses futures, apres qu'il le luy eut octroié elle se mocqua de luy, & ne voulut tenir sa promesse; dont irrité, pource qu'il ne luy pouuoit plus oster ce qu'il luy auoit vne fois donné, il fit qu'on n'adiousteroit point de foy à ses predictions : Ce qui fut en partie cause de la ruine de sa patrie. Mais de cest oracle, et de ce qui en depend, il en a esté parlé cy-deuant à suffisance sur le tableau de Phorbas, et des autres especes de deuinemens en celuy d'Hercule au berseau. A quoy se peut bien encore adiouster ce vers de l'Hymne d'Apollon en Homere; χρήσω τ' ἀνθρώποισι Διὸς νημερτέα βουλήν. l'anonceray de Iuppiter l'infallible vouloir aux hommes. Et plus oultre, que ce fut Apollon qui institua le premier oracle en la terre:

Ἤ ὡς τὸ πρῶτον χρησήριον ἀνθρώποισι
Ζητεύων κτ' γαῖαν ἔβης ἑκατηβόλ' Ἄπολλον.

Au demeurant entre les especes des fureurs vaticinatrices, dont les deuins se trouuent espris, on attribue la tierce à Apollon, qui n'est autre chose spi-

V

HYACINTHE.

rituellement que ce que les Grecs appellent ῦς, & les Latins Mens, ne se pouuant gueres bien representer en françois; Si que quelques vns n'ont point craint de dire la mente; d'autres l'ont prise pour l'intellect, qui à la verité est la superieure partie de l'entendement, qui esclaire l'ame: les Hebrieux l'appellent Nessamah, & en quelques endroits Mettatron sar hapanim, le Prince des faces, & l'ame du monde, dont se deriue en nous ceste parcelle de la diuinité. Et pourtant pour se restreindre à ce qui fait icy plus a nostre propos, sans s'aller espandre en ce vaste immense Chaos des deuinemens, Ciceron au premier liure en met deux especes: l'vne qui vient de la nature, & l'autre de l'art & apprentissage; qui est ce que Philostrate veut dire icy qu'Apollon promet à Hyacinthe de luy enseigner l'art & science de deuiner, a quoy peut estre il n'estoit pas autrement nay ny enclin. Mais ce que la Pythienne predisoit en Delphes venoit de l'enthusiasme & rauissement d'esprit que le malin Demon se souuent en elle y introduisoit; lequel se seruoit de sa bouche & de sa parole pour anoncer ses ambigues deceptions: là ou les deuinemens par les entrailles des victimes sacrifiees à ceste fin; par le vol & chant des oiseaux; l'interpretation des songes, & semblables obseruations, dependoient de l'art, comme fondees sur l'experience des choses passees, ou l'on confrontoit l'aduenir, auec quelques raisons naturelles, & coniectures plus viues es vns que nompas es autres, selon la capacité & disposition de leur naturel. Neantmoins comme dit fort bien Ciceron au lieu dessusdit. Il faut plustost en cest endroit auoir esgard aux euenemens, & les rechercher, que les causes: *Est enim vis & natura quædam, quæ tum obseruatis longo tempore significationibus, tum aliquo instinctu, inflatúque diuino futura prænunciat.* Car selon Ptolemee, Albumazar Alkindi & autres astrologues iudiciaires, la coniecture sert plus es predictions, corroboree de plusieurs experiences en cas pareils, ou à peu pres. *Multa enim sunt similia quæ non sunt eadem:* Que les reigles & canons de l'Astrologie, lesquels battent communement plus sur le general que sur le particulier.

Et le rendre excellent sur tous à la lucte. Il y a au Grec παλαίρα, qui signifie de vray la lucte: mais ce mot s'estend encore à plusieurs autres significations, & est pris en general pour tous les exercices du corps, designez par le πένταθλος, qui se souloient anciennement practiquer és ieux solennels de la Grece: assauoir la course, le sault, la lucte, le disque, & l'escrime des coups de poing, de tous lesquels il a esté parlé bien au long sur les tableaux d'Amphion, & de Phorbas, & sens encore ez Heroïques. Le mot encore de Palestre est pris pour le lieu où l'on s'adressoit au combat. Les Grecs l'appellent γυμνάσιον, de γυμνάζω, se mettre tout nud, parce qu'il s'y falloit despoüiller tant pour s'y aprendre, que pour faire à bon escien; Comme on peut veoir dans le 5. de Vitruue, où il en monstre l'Architecture: Et es Bacchides de Plaute. Ciceron entre plus en la premiere Epistre du 3. à son frere Quintus, & au 2. des loix, descripuant le lieu de plaisance qu'il auoit à Arpi, l'appelle vne Palestre: Et Vrgile de mesme au 5. de l'Eneide: Pars in gramineis exercent membra palestris. Comme Geta dans le Phormion de Therence; Eccum à sua palestra exit foras, voulant par là denoter le logis de la garce que son ieune maistre entretenoit qui estoit tout son exercice & occupation. Ce qu'atteint aussi Suetone en Domitian 22. parlant de sa lubricité. Libidinis nimiæ, assiduitatem concubitus velut exercitationis genus, clinopalen vocabat: assauoir l'exercice de Venus dans quatre corrines. Il se prend encore pour les elabourez plaidoiers des Aduocats en Ciceron, ayant en cela suiuy Lucilius Poëte ancien, dont nous auons ce vers cité par Porphyrion, interprete d'Horace. Iudicis Hortensi est ad eam rem nata palestra. Et Platon tout à l'entree du Charmides la prend pour le lieu où les gens de lettres auoient accoustumé de s'assembler pour disputer, & conferer de leurs estudes. Mais Plutarque au 2. des Symposiaques, question 4. la restreint seulement au parquet où les Athletes s'exerçoient à la lucte. Ce qu'il appelle Pancratiaste volutatoire, où ils se tamouilloient, & tourneboulloient dans la pouldre, à mordre, poiser, egratigner, & faire du pis qu'on pouuoit. Platon au 7. des Loix met qu'Anthee, & Cercyon en furent les premiers autheurs. Les autres l'attribuent à Thesee apres auoir surmonté iceluy Cercyon, & ce comme pour vn preparatif à la guerre. A ce propos, Suidas : Palestre ayant rencontré vn panchant en certain endroit qui luy sembloit estre à propos pour renger en bataille des gens de cheual, & de pied, le fit explaner & creuser, pour seruir aux exercices de la guerre & des armes. Aucuns l'estiment seruir au renforcement du corps, & à la santé : mais quelle santé sçauroit il auoir en ce violent exercice, si penible, & si dangereux ? Neantmoins il y auoit parauenture quelque lucte plus moderee, dont il semble que Clement Alexandrin vueille parler

HYACINTHE.

au 3. de son pædagogue, où il l'appelle, ματ' εὐχήμονος, accompagnée de modestie et honesteté: Au moyen dequoy Hercules (ce dit-il) auroit le premier institué qu'en luctant les hommes se couuriroient les parties honteuses auec vn brayer; Ce que Palestre fille de Mercure auoit auparauant luy ordonné pour le regard des femmes & filles qui voudroient vacquer à cest exercice. Platon dans le Theætete, dit qu'ils estoient nuds à Lacedemone ie ne sçay pas s'il entend tout le corps horsmis ce brayer; εἰς Λακεδαίμονα ἐλθὼν πρὸς τὰς παλαίσρας, ἀξίως ἄν ἄλλοις δοκίμως γυμνοῖς. Et au 5 de la Rep. que les femmes, non les ieunes tant seulement, mais les anciennes mesmes, aussi bien que les vieilles gens, luctoient pestemesle auec les hommes. A quoy veullent battre ces endecassyllabes du premier liu. de Martial:

    Argiuas generatus inter vrbes,
    Thebas carmine cantet, aut Mycenas,
    Aut claram Rhodon, aut libidinosæ
    Lædeas lacedemonis palestras.

La lucte donques que les Grecs appellent πάλη de πάλαι de longuemain, ou du temps iadis fort esloigné selon quelques vns à cause qu'elle est de fort ancienne inuention, comme met Plutarque au lieu prealleguré du 2. des Symposiaques: ou de πηλὸς la poulsiere dont se saulpoudroient les lucteurs selon que l'importe ce mot de παλύνειν fort frequent aux Poëtes: ou de παλεύειν renuerser et porter par terre, dont elle auroit aussi esté ditte des Lacedemoniens καταβλητικὴ: ou de παλάμη la paulme de la main, pource que c'est la partie qu'on emploie le plus en luctant: ou finablement ἀπὸ τῦ πλησιάζειν, καὶ γίνεσθαι πέλας, s'aprocher de pres, d'autant que de tous les combats il n'y a que la lucte, et le Pancrate où l'on vienne aux prises. Quoy que ce soit, d'où elle vienne, c'estoit la seconde partie de la gymnastique ou exercitatoire à corps nud, que Platon en ses liures des loix diuise en deux, assauoir l'ὄρχησις ou saltatoire, qui comprend toutes sortes de danses, ballets, mattachins, la Cubistique ou bastellerie à faire des sobresaux, & les forces d'Hercules, le ieu de balle à la cadence, si exactement representé par Homere au 6. de l'Odissee, la Pyrrhique ou danse armee, dont aproche fort ce que dansent les bouffons auec des boucliers & espees: & plusieurs autres tels exercices, qui ne sont pas à ce propos. L'autre estoit la lucte, à quoy l'on s'exerçoit dedans le lieu dit le Xiste, où les lucteurs le corps tout nud, & oinct d'huile pour auoir les prises plus mal-aisees : puis saulpouldré par dessus de poulsiere fort debee afin d'en boire la sueur, se verroient à s'entresaisir le mieux qu'ils pouuoient aux bras, & au faut du corps, essayans par infinis tours de dexterité & de force, de croqs de iambe, ruappes, clinquets, & semblables termes de l'art vsitez en Bretaigne, de se ietter par terre sur les reins, car de tomber sur le ventre, ce qu'on appelle donner bedaine, est pour rien compté. Les Grecs appelloient ces tours là ἐμβολὴ. le premier abord & congrez quand on vient aux prises : παρεμβολὴ, les liaisons, accrochemens, & entrelassemens de bras, & de iambes : ἐφέδρους, les aproches, & mesuremens de l'vn à l'autre auant que s'entr'harper, & saisir : οὔτασις, les ruses, feintes, aguets, tromperies, & machinations qu'on se dresse pour se terrasser. Et autres tels artifices, qui tendoient en premier lieu à enuelopper les iambes de son aduersaire pour le supplanter, parce que ce sont celles qui soustiennent le corps, comme les pilliers & colonnes font les arcades & voultes posans dessus, qui est ce à quoy vent battre le Pseudol de Plaute, acte 5. parlant du vin dont il s'est enhyuré, qu'il accompare à vn rusé luĉteur, qui s'adresse premierement aux iambes, pource qu'aux personnes hyures elles commencent les premieres à chanceller. Captat pedes primū, luctator dolosus est. Car il ne faut pas aller d'impetuosité & effort à la luĉte, ains plustost par art & cautelle combien que la force y soit tres-requise, & sans elle il seroit bien mal-aisé d'y rien faire qui vaille : au moyen dequoy on les aprenoit aux escholles, où les anciens auoient cela de plus que maintenant, à s'oindre, & se saulpouldrer, & auant que d'entrer à l'espreuue se faire reschauffer, & frotter les nerfs, les muscles, & les iointures, pour les auoir plus souples & à deliure, & ne fussent si tost en danger de s'estendre, desnouer, ou rompre, comme admoneste Gallien au 4. liu. de locis affectis, chap. 8. & au 2. de la difference du poux. Mais il y auroit trop de choses à dire encore là dessus, ioint que nous auons desia parlé au tableau particulier de la Palestre : Et en toucherons outre-plus ie ne sçay quoy sur les Heroïques. Des anciens exercices au reste cestui-cy nous est demeuré, plus frequent assez que le saut, & la course : ietter le disque equipolle presqu'à ietter la barre & la pierre : l'escrime des coups de poing est du tout abolie : Mais on souloit par cy deuant faire bien plus de profession de lutter en Bretaigne, qu'on ne fait à ceste heure ; ailleurs cela n'est pas si vsité, si ce n'est en Turquie, ou le Turc tient à ceste fin ordinairement à la suitte trente ou quarante lucteurs qu'ils appellent Pieuianders, & Gurcssis, la pluspart Maures, Indiens, & Tartares,

HYACINTHE.

lesquels ont des brahiers de cuir fort iustes, s'auallans iusqu'au deſſoubs des genouils, oints à huille comme tout le reſte du corps, Si que par faute de preſe dont cela les engarde, ils viennent le plus souuent à se mordre & eſgratigner aſſez cruellemēt au nez, aux ioues & oreilles, tāt que par fois en emportent la piece à belles dents. Il y en a auſſi en Arger grand nombre, & és autres villes de Barbarie, qui pour quelque piece d'argent en donnent fort volontiers le paſſe-temps aux Spectateurs: Comme auſſi le Preſte Ian en Ethiopie, ſelon le recit de Francisque Aluare au traicté qu'il a fait de ces pays là ſi eſloignez de noſtre cognoiſſance.

Qv'estant monté deſſus vn Cigne il viſitera toutes les villes & contrees ou luy Apollon s'aime le plus. L'antiquité non ſans quelques myſtiques conſiderations a de tout temps attribué les Cignes à Apollon: En premier lieu pource que luy qui n'eſt autre choſe que le Soleil eſt autheur de vie, le Soleil, & l'homme engendrent l'homme, dit le Philosophe. Par le Cigne d'autrepart eſt repreſentee la doulce & gracieuse iſſue d'icelle, és gens de bien principallement, qui laiſſent non enuiz, mais de grande gayeté de courage la vie du corps pour aller trouuer celle de l'ame, qui prouient de l'autre Soleil, que les Cabaliſtes appellēt le Tiphereth, ſource de tout ornement & beauté au monde intelligible, dont le Soleil ſenſible, eſt le vray type & exemplaire: Tellement que Platon n'auroit point fait le difficulté de l'appeller, Le fils viſible du Dieu inuiſible, qui y a mis ſon tabernacle ſelon le Pſeaume 18. Mais Socrate diſcourt fort bien tout cecy dedans le Phedon de Platon, eſtant prochain de ſa mort. Il ſemble que vous m'eſtimez eſtre inferieur aux Cignes, meſmemēt en la faculté de predire & de deuiner: leſquels ſoudain qu'ils preſſentent que leur heure eſt arriuee, s'ils ont onques bien chanté en toute leur vie, ils renforcēt alors de tout leur pouuoir, leur melodieuse harmonie, ſe reſiouyſſans qu'ils verront bien toſt ce dieu là, duquel ils eſtoient icy bas les Miniſtres & ſeruiteurs. Mais les hommes pource qu'ils redoubtent & abhorrēt la mort, ont controuué auſſi des menſonges contre ces excellēs oiſeaux, alleguans que c'eſt pource qu'ils depleurent la leur: Et que de l'angoiſſe qu'ils ſentent, & des douleurs qui les viennent eſpoinçonner, ils ſe parforcent de chanter ainſi plus vehementment que de couſtume: là où ils ne conſiderent pas qu'il n'y a point d'oiſeau qui chante quand il eſt preſſé de la faim, ou qu'il sent le froid, ou est molesté de quelque autre langueur qui l'afflige: Ny le rossignol, ny l'arondelle, nompas mesme la Huppe propre, qu'ils disent auoir accoustumé de chanter, ou plustost gemir de douleur. Au moyē dequoy ce que les Cignes desgoisent ainsi doulcement estans sur le poinct de rendre l'esprit, est à mon aduis pource qu'ils sont consacrez à Apollon, & pourtant poureuz de certain instinct de diuination, quand ils preuoient les biens qui sont en l'autre siecle: Ce qui est cause de leur faire renforcer leur musique à l'heure de leur trespas, dont ils se resiouissent plus assez que de tout le reste de leur vie passee. *A ce propos Ouide tout au commencement de l'Epistre de Didon à Enee;*

Sic vbi fata vocant vdis abiectus in herbis
Ad vada mæandri concinit albus olor.

Comme s'ils vouloient rendre graces à la diuinité de les despouiller de ceste empeschante carquasse, où leur esprit demeure engagé, (mais cela bat aucunement sur la Philosophie Pythagoricienne de la transmigration des ames humaines en des animaux) ainsi qu'en vne obscure prison. Car selon Ciceron en ses Thusculanes, les Cignes sont attribuez à Apollon, qui est le dieu des deuinemēs, pource qu'entre tous autres ils presagiēt plus clairement leur fin prochaine, & s'en resiouissent, la receuans auec vn tres-grand contentement & plaisir, comme s'ils preuoioient par vne occulte inspiration diuine le bien qui est en la mort. Ce sont les mots de Cicerō qu'il doit auoir empruntez de Platon, ainsi que beaucoup d'autres choses. Outre-plus les Cignes sont vne marque & symbole des Poëtes, qui ont ce dieu là pour Patron. Et c'est à quoy veult battre Horace en la 20. Ode du second des Carmes, desia cy deuant alleguee en l'argument du tableau d'Orphee, qu'il doibt estre transformé en vn Cigne, qui de son chant remplira tout le rond de la terre.

Iam iam resident cruribus asperæ
Pelles, & album mutor in alitem
Superne, nascunturque leues
Per digitos, humerósque plumæ.

Mais c'est vne allusion qu'il fait à la vieillesse, dont il se sent desormais atteint; qui luy procree des peaux rudes aux iambes, & luy fait blanchir les cheueux. Plutarque en l'interpretation du mot Ei, *dit qu' Apollon se delecte de la Musique, & du chant des Cignes, & du son de la Cistre. Et*

HYACINTHE.

en traicté de l'industrie des animaux terrestres & aquatiques, que ce ont esté les Cignes & Rosignols qui ont inuenté la Musique: Ce qui se conforme à ce que Phurnute au chapitre d'Apollon, & Diane met, que le Cigne est dedié à Apollon pource qu'il excelle tous autres oiseaux en douceur de chant, & en blancheur de pennage; ce qui a quelque affinité auec la lumiere du iour qui vient du Soleil, & est blanche, ainsi que sont toutes choses lumineuses; Et à l'opposite les tenebres & la nuict noires & obscures comme est le Corbeau, qu'Apollon a en haine & detestation, pour auoir par son babil esté cause que luy espris de ialousie tua sa mieux aymee Coronis qui estoit grosse de son faict d'Esculape, selon qu'il est contenu au 2. des Metamorphoses: Et pourtant il le rendit noir, qui estoit blanc auparauant.

Sperantemque sibi non falsa premia linguæ,
Inter aues albas vetuit consistere coruum.

Av regard des lieux où Apollon se plaisoit le plus, & qu'il promet à Hyacinthe de luy faire visiter monté sur vn Cigne, Homere en son Hymne en specifie la plus grand' part, dont il en fait vn Catalogue; ὅσους κρήτη ἐντὸς ἔχει, καὶ δῆμος Ἀθηνῶν, &c. De tous lesquels lieux, & assez d'autres il a acquis diuers Epithetes, qu'il faudra icy vn peu esplucher plus par le menu; laissant les autres qui ne feront à ce propos, & qui dependent, selon Macrobe, de la force & vertu du Soleil, lequel nom il a au Ciel; de Liber & Bacchus en la terre, & d'Apollon ès enfers: combien que Platon au Cratyle le vueille tirer ἀπὸ τοῦ πάλλειν τὰς ἀκτίνας, de darder ses rays: Mais il y en a infinies autres Ethimologies.

HOMERE doncques en premier lieu met l'Isle de Crete ou Candie, Royaume des appartenances de la seigneurie de Venize. Puis Athenes, ville anciennement si fameuse, tant pour l'exercice des arts & sciences qui y fleurissoient plus qu'en nul autre endroit de la terre, que pour leur grand pouuoir par la mer: Mais pour le iourd'huy despouillee de tous ses anciens ornemens, & reduitte à quelques pauures petites miserables cabuettes pour les pescheurs, parmy de grands tas & monceaux de pierres, habitation de couleuures, lezards, & semblables vermines.

ÆGINE Isle auec vne ville du mesme nom, proche du riuage du Peloponese, & de la coste de l'Attique: Car elle n'estoit distraitte du tant fameux port du Piree au bas d'Athenes, que de quatre lieues; appellee ainsi d'Ægine

HYACINTHE.

d'Aegine fille d'Aesope Roy de la Beoce, laquelle Iuppiter engroſſa trãs-formé en flammes de feu, & en eut Æacus, & Rhadamante; Auiourd'huy en vulgaire Grec Egina, ou Xilocaſtro, d'vn petit fort de boys qu'il y a pour les incurſions des Pyrates.

EVBOEE, ou Negrepont, Isle de l'Archipel, où eſt la ville de Chalcide, ſur le far ou deſtroit de l'Euripe, qui va & vient ſept fois le iour.

LES Ægues, Isle de la meſme mer : Il y a encor quelques villes ainſi appellees.

PEPARETE', l'vne des Cyclades, Isle & ville, voiſine de la Macedoine ; auiourd'huy Saraquino.

ATHOS, mont de Thrace, qui s'eſtend ie ne ſçay combien de lieues en la Mer, & ſi haut que ſon ombre s'eſtend iuſques en l'isle de Lemnos, à plus de ſept lieues delà ; maintenant monte ſancto : Et en Grec vulgaire Agion oros, pour le grand nombre de religieux Caloiers qui y reſident d'ordinaire, menans vne fort ſainćte & auſtere vie. Herodote eſcript que Xerxes quand il vint en Perſe le trencha par le pied pour y faire paſſer ſon armee de Mer : mais ie croirois que ce fuſt fable : comme auſſi n'eſtoit ce que pour vne piaffe & oſtentation, plus admirable que poſſible & aiſee à executer. L'ingenieux Callicrates mit en auant à Alexandre, que laiſſant là toutes ces ſtatues qu'on luy dreſſoit de coſté & d'autre, de metaux, & de marbres, ainſi que de petits modelles ſubiećts à ſe fondre & gaſter du premier venu, & indignes de repreſenter ny l'eſtendue de ſes conqueſtes, ny la grandeur de ſon courage, que s'il vouloit fournir aux fraiz il luy en dreſſeroit vne immortelle & perdurable à tout iamais, qui ſurpaſſeroit en admiration toutes les ſept merueilles du monde ; aſſauoir de former à ſa reſſemblance le mont Athos, en vne image à l'endroit où il s'eſleuoit le plus hault ; y aiant des interruptions en ſes crouppes qui ſe pourroient façonner à guiſe de membres : Et en l'vne de ſes mains tiendroit vne ville capable de dix mille habitans, & en la droićte vne grand' taſſe en forme de Lac, ou ſe viendroit rendre vne groſſe riuiere, qui delà ſe deſchargeroit en la mer. Surquoy Alexandre luy aiant loué la hardieſſe de ſon entrepriſe, luy dit, laiſſons là en ſon repos le mont Athos pour ceſte heure, il ſuffiſt qu'il porte en ſoy les teſmoignages de la folle & outrageuſe inſolence d'vn Roy barbare : Quant à moy i'eſpere que le mont de Caucaſe, le fleuue de Tanais, & la mer Hircanique ſeront les effigies de mes faićts, & me ſeruiront de Trophees.

X

HYACINTHE.

PELION, Petras en vulgaire; montaigne de la Thessalie, couverte de Pins au sommet, là où Homere dit que se plaist Apollon, & le reste de chesnes: Ouide és Fastes.

Pelion Æmoniæ mons est obuersus ad austros,
Summa virent pinu, cætera quercus habet.

SAMOS, il y a trois isles de ce nom là; l'vne en la mer Icarienne, vers la coste de l'Ionie, vis à vis d'Ephese, anciennement consacree à la deesse Iunon, qui y fut nee & nourrie, puis mariee à Iuppiter, pour raison dequoy comme met Varron, elle y auoit vn temple, auec vne image en habit d'espousee, là où se celebroit tous les ans vne solennité à guise de nopces. Delà fut nay Pythagoras, qui donna bien autant de credit à l'Isle que fit la deesse, & l'excellente vaisselle de terre qui s'y faisoit. L'autre est celle qui a retenu le nom de Same iusqu'auiourd'huy, vis à vis de l'Epire, autrement Cephalenie, pres de Zacynthe. Et la troisiesme, que Diodore appelle Samothrace, dont Homere entend parler icy, est en la coste de la Thrace, à ceste heure Samandrachi.

IDA, montaigne de la Troade sur l'embucheure de la Propontide auec l'Hellesponte, dont le sommet s'appelloit Gargarus, elle est fort celebree par Homere en son Iliade, & les autres Poëtes, mesmement pour le iugement que Paris y fit estant berger, de trois deesses; Iunon, Pallas, & Venus, dont s'en ensuiuit la ruine finale de Troye. Il y en a vne autre en Candie, du mesme nom en vulgaire Psiloriti.

SCYRO, Isle de l'Archipel fort montueuse, & l'vne des Cyclades, renommee aussi pour la nourriture d'Achille chez le Roy Lycomedes, comme il a esté dit en son tableau.

PHOCEE foglia vecchia, ville de l'Æolide en Asie, autrefois Colonie des Atheniens, ditte ainsi de l'abundance des Phoques ou veaux marins qui leur apparurent sur le riuage en l'edifiant. Les habitans ayans esté longuement trauaillez par les Perses, d'vn commun consentement la quitterent, pour s'en venir habituer és Gaules, où ils fonderent la ville de Marseille.

IMBRVS, Lembro Isle de l'Archipel, en la coste de Thrace, auec vne ville du mesme nom.

LEMNOS, Stalymene, autre Isle du mesme Archipel, dont il a esté parlé cy deuant à suffisance sur le proëme de cest œuure.

LESBOS, Metelin, Isle pareillement de l'Archipel, contenant pres

HYACINTHE.

de 40. lieues de circuit, fort celebre de longuemain pour les huict bônes villes qui y estoient bien habitees, & la fertilité de son terrouër, mesmement en vinoble; le vin lesbien estant en grande estime entre tous les autres.

CHIOS, Scio, Isle de mesme, fort celebre encore pour le iourd'huy, les Geneuois la souloient posseder moiennant dix ou douze mille ducats de Tribut annuel qu'ils en rendoient au Turc: mais l'an 1566. Piali son Admiral s'en empara. Il n'y a que là seulement que se produise le mastic qui leur est d'vn fort grand proffit. Mais la beauté & la gentillesse des femmes la rend l'vne des plus fameuses & frequentees Isles de tout le Leuant, & où les estrangers s'aiment le plus. Homere luy attribue le tiltre de fertile entre toutes autres.

MIMAS montaigne de la petite Asie pres de Colophon, où il y auoit vn oracle d'Apollon; En tout temps au reste couuerte de nuees, dont on coniecturoit de loin le temps qu'il deuoit faire. Là se souloient tous les ans faire de fort solennels sacrifices à Bacchus, qu'on tient estre vne mesme chose que le Soleil & Apollon, les ministresses duquel furent delà appellees les Mimallonides.

CORYQVE, mont tres-hault en la Cilice, auec vne ville du mesme nom. Là croissoit de tres-fin saffran; Et au pied d'iceluy estoit vne grotte ou cauerne ditte l'antre Corycien, dedié aux Muses qui en prindrent le nom de Corycides; auiourd'huy ce mont s'appelle Chuteo, & la grotte Coruch. Pausanias en ses Phocaiques met qu'en ceste montaigne il y auoit vne cauerne où fut nee la Sybille Herophyle.

CLAROS, vne ville de l'Ionie, anciennement fort renommee pour l'oracle d'Apollon qui delà fut surnommé Clarius; Car il y auoit certaine eau, beuuant de laquelle les Prestres rendoient des responces, mais ils viuoient peu. Pline liure 2. chap. 6. le refere à la ville de Colophon; Colophone in Apollinis clarij specu lacuna est, cuius potu mira redduntur oracula, bibentium breuiore vita. Et Strabon au 14. met que le deuin Calchas, apres la prise de Troye s'en retournant par terre auec Amphiloque fils d'Amphiaraus, en trouua en Claros vn autre plus excellent que luy. Car comme Calchas pour l'esprouuer luy eust demandé ce qui luy sembloit de la portee d'vne Truye qui se trouua là preste à cochonner, Mopsus respondit qu'elle auoit trois cochons seulement, assauoir deux masles, & vne femelle, Ce qui se trouua de la sorte. Et Calchas à son tour n'aiant sceu à la verité respondre que nombre de figues estoit en vn petit figuier tout chargé de fruict,

X ij

HYACINTHE.

Mopsus le deuina aussi sans se mescompter d'vne seule, dont Calchas ennuié de se veoir surmonter en son art, mourut là de desplaisir. Nearchus veut tirer ce mot de Claros de Κλῆρος sort, à cause qu'elle escheut en partage à Apollon au sort. Les autres de κλαίειν pleurer, pource que Manto fille du deuin Tiresias, à qui ils en attribuent la premiere fondation, s'enfuyant de Thebes que les Epigones auoient ruinee, aborda là, où de ses larmes elle fit vne fontaine, dont le lieu prit son appellation. C'est aussi vne Isle de la mer Myrthoienne de l'Archipel, entre Tenedos & Scio, dediee à Apollon. Ouide au prem. des Metamorph.

— Mihi delphica tellus
Et Claros, & Tenedos pataræaque regia seruit.

Et Callimaque en son Hymne;

Ὦ πόλλων, πολλοὶ σε βοηδρόμιον καλέυσι
Πολλοὶ δὲ κλείειον, &c.

MICALE, Ville de Carie selon Stephanus; ditte ainsi pource qu'elle estoit situee en vne Cale ou recoin de la mer de Carie, qui s'appelle en Grec μυχός. Herodote la met pour vn promontoire: Didymus pour vne montaigne que le mesme Stephanus dit estre vis à vis de Samos, dont les Nymphes auroient pris le nom de Mycalesiennes. Il y auoit aussi vne ville de la Bœoce ainsi appellee, où estoit reueree Ceres, & delà ditte pareillement Mycalesienne, en vn teple edifié sur le bord de la mer; dont Hercule, ce dit Pausanias en ses Beotiques, souloit faire l'office de fermer & ouurir les portes; Et que tous les ans on y offroit de tous les fruicts qui se produisent en automne, lesquels s'y conseruoient tout le long de l'an aussi frais comme s'ils ne fissent que venir de l'arbre.

MILET ville pareillement de Carie, Melaxo en vulgaire, fort celebre pour le Philosophe Thales l'vn des sept Sages de la Grece qui en fut natif; Anaximander aussi, & autres excellens personnages; Mais plus encore pour l'oracle d'Apollon surnommé Didyme, comme il a esté dit cy dessus.

COS, Stancou, Isle de l'Archipel, & l'vne des Cyclades, fort renommee pour Hippocrates le Prince des Medecins, & pour Apelles le plus excellent peintre qui fut onques, qui en furent natifs. Il y auoit vn fort beau temple d'Esculape fils d'Apollon.

CNIDVS, ville vis à vis de l'Asie, au bout de la Peninsule de Carie; en fort grand vogue anciennement, pour ceste incomparable Venus de marbre qui a esté cy-deuant descripte au tableau de Venus Elephantine. Il y auoit auſſi vn temple d'Apollon, auec vne petite touffe de boys de haute fuſtaye, que Turulius s'eſtant ingeré de faire abatre pour baſtir des vaiſſeaux, il fut par le commandement d'Auguſte mis à mort, comme met Dion, liu. 50.

CARPATHVS, Scarpants, Iſle à my-chemin de Candie à Rhodes ; oppoſée à la coſte d'Egypte, laquelle a donné le nom de Carpathien au goulphe circonuoiſin.

NAXE, Iſle de l'Archipel, & l'vne des Cyclades: mais plus haut esleuee que toutes les autres, autrement appellee Dia. C'eſt auiourd'huy vn tiltre d'archeueſché, mais le Turc la poſſede. Ce fut où Theſee laiſſa Ariadne endormie, pour s'en aller auec ſa ſeur Phedre, comme il a eſté dit au tableau d'Ariadne.

PAROS autre Iſle des Cyclades, en fort grand bruit anciennement pour l'excellent marbre qu'on en tiroit, propre à faire des ſtatues, car il auoit la couleur de chair, ſans aucunes taches ne veines.

APOLLON eſtoit outre plus appellé Hyſien, d'Hyſie ville de la Bœoce, où il y auoit vn puits qui faiſoit le meſme effect en cas de predictions, que le Clarien dont il a eſté parlé cy-deſſus.

AMYCLEEN. D'Amycles ville de Laconie, dont eſtoit natif Hyacinthe, comme on a peu veoir en ſon autre tableau.

GRYNEEN, de Grynee ville des Myceneens, où il y auoit vn temple d'Apollon tout baſty de beau marbre blanc, auquel ſe rendoient des oracles, ſelon que met Strabon au 13.

DELIEN, de Delos lieu de ſa naiſſance, qui eſtoit auſſi appellee Cynthus, & Apollon delà Cynthien. C'eſt au reſte vne Iſle la plus celebre des Cyclades, en ſi grand reſpect pour ces deux deitez que Latone y auroit enfantees, la mer luy ayant lors fait place pour y accoucher à ſon aiſe, car auparauant, elle eſtoit toute couuerte d'eau ; que les Perſes eſtans venus en nombre de mille vaiſſeaux faire la guerre à toute la Grece, auſſi bien aux dieux comme aux hommes, eſtans abordez en ceſte Iſle n'y oſerent rien attenter, ainſi que le teſmoigne Ciceron en la 3. des Verrines. Auparauant qu'elle eut pris ce nom, lequel vient ἀπὸ τῦ δηλῦ, apparoiſtre pour l'occaſion qu'elle apparut emmy les ondes, elle s'appelloit Ortygie, Aſterie, Gythie, Lagie, Clamydie, Cynethe, & Pyrpile du feu qui s'y trouua premierement.

QVANT au ſurnom de Lycien, les vns le tirent de Lycie, à cauſe de l'oracle qu'il y auoit, comme met Fejius. Les autres de λύκος, loup, pource

X iij

HYACINTHE.

qu'il estoit adoré à Cycopoli ville de la Thebaide d'Egypte en forme de Loup; ou de λύ en lumiere, dont Homere l'appelle λυκηγενέτης engendrant ou produisant la clarté du iour. Pausanias en ses Attiques, de Lycus fils de Pandion qui le fit le premier de tous celebrer à Athenes: ou selon Diodore, qu'estant arrivé en Lycie, il luy bastit vn temple pres du fleuue Xanthus, autrement Scamandre. Le mesme Pausanias és Corinthiaques en raconte vne plaisante histoire, que Danaus edifia vn temple à Apollon Lycien; pource qu'estant venu à Argos disputer le Royaume contre Gelamor fils de Sthenel, apres auoir de part & d'autre dit & debattu leurs raisons deuant le peuple, comme on estimast le droict de Gelamor estre plus apparant, la decision en ayant neantmoins esté remise au lendemain, des le poinct du iour vn loup trauersant pays se vint ietter sur vn trouppeau de bestes à cornes qui paissoient le long des murailles, où il s'attaqua à vn Taureau fier et robuste: Et là dessus les habitans s'estans rengez sur la courtine pour voir l'issue de ce combat, d'vn commun consentement ayans attribué le party de Gelamor au Taureau, pource qu'il estoit naturel de la contree; & de Danaus estranger au Loup; en fin le Loup vint à bout du Taureau, & le Royaume fut adiugé à Danaus; lequel pour l'opinion qu'il eut qu'Apollon eust tout exprés conduit là ce Loup pour fauoriser sa cause, luy edifia vn temple soubs le surnom de Lycien. Il y eut encore vn autre Temple d'Apollon Lycien à Sicyon, pource que les Loups destruisans en ces quartiers là tout le bestail, Apollon les admonesta de leur faire vn apast de chair saulpoudree de l'escorse d'vn arbre sec qu'il leur enseigna, dont tous moururent, selon que met aussi le mesme Pausanias.

TRIOPIEN, de Triopé ville de Carie.

ISMENIEN d'vn tertre de semblable nom qui estoit aupres de l'vne des portes de Thebes: ou d'vn fleuue de la Bœoce non gueres esloigné de l'Aulide, lequel s'en va descharger dans l'Euripe ou destroit de Negrepont; Et eut ce nom d'Ismenus fils d'Apollon, & de la Nymphe Melie.

PTOUS, du mont de semblable nom qui est aussi en la Bœoce, où il y auoit vn oracle, ouquel comme dit Plutarque en leur cessation, le Prestre respondit aux Perses qui y estoient venus pour s'enquerir d'aucunes choses, en langue Persique, et non Grecque, ainsi qu'il souloit ordinairement.

IL y auoit encore plusieurs autres endroicts où ce dieu estoit reueré, dont il prenoit ses Epithetes et qualitez: Car les Demons, Cacozelateurs de la diuinité en ce qu'ils pouuoient, à l'exemple d'icelle que nous voyons

HYACINTHE.

par experience plustost faire des miracles en vn lieu qu'en vn autre, en choisissoient pareillement, où ils se complaisoient plus qu'autre part.

Il ne reste plus autre chose de ce tableau que la description que fait Albrique de ce dieu, laquelle auroit esté cy deuant omise en son autre tableau. Il dit doncq ainsi. Apollon est le quatrieme des Planetes, appellé aussi le Soleil, & estoit peint en forme d'vn ieune adolescent, mais tantost plus, & tantost moins aduancé d'eage: tousiours sans barbe, & quelque fois bien fort differemment de cela, ayant les cheueux blancs, combien que tresrarement: Et sur sa teste y auoit vn beau trippié d'or. Il tenoit au reste vn arc de la main droite, auec vn carquoys plein de flesches, & en la gaulche vne Lyre. A ses pieds estoit representé vn monstre serpentin fort hideux & espouuentable, ayant trois testes, assauoir de loup, de chien, & de lyon. Et encore qu'elles fussent esloignees l'vne de l'autre, & fort differentes entr'elles, si venoit le tout neantmoins se raporter à vn mesme corps, qui n'auoit qu'vne seule queuë. Sur le chef d'Apollon estoit posee vne coronne de douze pierres precieuses: Et auprès de luy vn laurier tousiours verdoiant, audessus duquel volletoit vn corbeau noir comme meure; oiseau consacré à ce dieu. Et au bas à l'entour de l'arbre vne danse en rond des neuf muses qui s'entretenoient par les mains, chantans vn plaisant vaudeuille, comme si elles s'attendoient qu'il respondist à leurs coupplets auec sa Lyre. Plus le desmesuré serpent Python estendu par terre, & lardé de forse fleschades, qu'Apollon luy auoit tirees d'entre les deux cimes du mont de Parnase, duquel sourdoit la fontaine Castalienne. Telle estoit l'image d'Apollon enuers les anciens. *Mais il n'y aura point de mal d'adiouster icy quant & quant son Hymne torné d'Orphee.*

L'EMENSEMENT D'APOLLON
LA MANNE.

Vien icy bien-heureux Pæan,

HYACINTHE.

Tueur d'oiseaux, Phebus Lycore,
Honorable, donneur de biens,
Ayant vne lyre dorée:
Lequel ensemence les champs,
Et les laboure. Beau Pythie,
Titan antique, Smyntheen,
Tueur de Python, qui en Delphes
Rends les vrayes predictions,
Indomptable, porte-lumiere;
Amiable Demon; enfant
Glorieux, conducteur des Muses
Dont tu adresses les ballets.
Dardant au loing auec tes flesches.
Bacchus & Iumeau, qui au loing
Estends tes effects, & tortilles
Pur & net Prince Delien;
Qui veois tout, & qui donne aux hommes
Un œil pouuant tout discerner.
Dieu à la blonde cheueleure,
Qui anonce le tout au vray,
Escoutte moy qui te supplie
Pour tous les peuples d'vn cueur gay:
Car tu vois en hault l'Etherée
Region toute, & icy bas
La terre pleine de richesses.
Tu fais au profond de la nuict
Que tout est en repos, les astres
Luire durant l'obscurité.
Tu possedes les bouts du monde,
Et à toy tout commancement,

Et la fin de tout appartiennent.
Toutes choses reuerdir fais,
Et accommodes de ta Lyre
Bien souuent, l'vn & l'autre Pol.
Tu fais les saisons de l'annee,
Accordant l'Hyuer, & l'Esté,
L'Hyuer dessus la basse chorde,
Et l'Esté sur celle d'enhault:
Les autres deux, sur les moiennes.
Parquoy les hommes à bon droict
T'appellent Roy, Pan dieu biscorne,
Qui donne le siffler aux vents,
Car tu as le cachet du monde.
Escoutte doncq, o bien heureux,
Garde de mal ceux qui te prient
D'vn' humble suppliante voix,
Et qui obseruent tes mysteres.

MELEAGRE.

ARGVMENT.

ENEVS Roy de Calydonie eut de sa femme Althee fille de Thestius fils de Parthaon, vn fils appellé Meleagre, à la naissance duquel les trois parques deesses des destinées estans comparues, elles prindrent vn tison ardant du foyer, & le coniurans prononcerent haut & clair ces mots cy, si que chacũ les peut oyr; Autãt cest enfant viura, que le tison durera. Ce qu'entendu de la mere, elle le fit soudain esteindre, & le garda depuis fort soigneusement. Or aduint qu'Oeneus homme assez deuot de son naturel, ayant offert à tous les dieux des fruicts que luy auoit produit son terri-

MELEAGRE.

toire, Diane seule y fut oubliee, fust par mesgarde & inaduertance, ou que pour l'auoir autrefois inuoquee à vn sien besoin, elle n'eust tenu compte de le secourir, comme met Homere au 9. de l'Iliade;

Καὶ γὰρ τοῖσι κακὸν χρυσόθρονος Ἄρτεμις ὦρσε
χωσαμένη ὅ οἱ ὄυτι θαλύσια γουνῷ ἀλωῆς
Οἰνεὺς ῥέξ, ἄλλοι δὲ θεοὶ δαίνυνθ' ἑκατόμβας
Οἴη δ' οὐκ ἔρρεξε Διὸς κύρῃ μεγάλοιο,
Ἢ λάθετ', ἢ οὐκ ἐνόησεν ἀάσατο δὲ μέγα θυμῷ.

Parmy eux ce mal excita
Diane au riche doré throne,
Fort indignee qu'Oeneus
Ne luy eust offert des Primices
De ses champs, comme aux autres dieux,
Lesquels auoient fait bonne chere
A ses despens, & n'eust daigné
Sacrifier à ceste fille
Du grand Iuppiter; soit qu'il l'eust
Oubliee, ou n'eust cognoissance
De sa deité neantmoins,
Elle luy porta grand dommage.

LA deesse donques fort courroucee de ce mespris, enuoia, comme il met apres, vn sanglier enorme, qui gasta toute la contree, bleds, vignes, & autres fruicts; Tellement que tous les ieunes hommes de marque s'estans assemblez pour en faire vne chasse royalle soubs la conduitte de Meleagre qui en fut le chef, Atalante s'y trouua aussi, vne ieune damoiselle d'excellēte beauté, mais du tout addonnee aux chasses; laquelle fut la premiere qui blessa le sanglier: Parquoy Meleagre qui estoit pris de son amour, apres que la beste eust du tout esté portee par terre, luy fit present de la Hure, pour vn prix d'honneur, dont ses deux oncles freres de sa mere Althee, Plexippe, & Toxee s'estans indignez, se voulurent ingerer de la luy oster: mais Meleagre transporté de la passion qui le dominoit, les mit là tous deux à mort sur le champ, & espousa Atalante. Althee si tost qu'elle le sceut, postposant l'amour charitable de mere à celle de sœur, s'en alla brusler par despit le tison fatal, & à mesure qu'il se consumoit,

Meleagre fina ses iours, deuoré d'vn feu ardent par dedans, sans qu'on y sceust trouuer remede, on le racompte d'vn autre, mais cela sera cy apres deduit en l'annotation du tableau.

VOVS esmerueillez vous voiant ceste gaillarde damoiselle se preparer à vn si dangereux combat, comme de ce fier sanglier tant sauuage: Et laquelle attend ainsi de pied coy l'impetueux choc & assault d'vn si redoubtable animal? Car vous voiez bien comme l'œil luy estincelle tout de sang: Et ceste grosse hure herissee, auecques vne espoisse escume espandue sur ses deffenses qui s'aduancent hors de sa gueule, trenchâtes à guise d'vn rasouer, aigues de mesme, & acerees tout de fraiz, dont la poincte n'est encore vsee ne mousse: Et ceste enorme masse de corps au pris de sa plante, que les trasses monstrent: Car le peintre n'a rien obmis de tout cela, les exprimant en son ouurage. Mais ce qui suiura cy apres sera bien plus espouuentable; Car le sanglier se lançant sur ce pauure Ancee luy a tout descousu la cuisse, dont le iouuenceau gist là renuersé par terre, versant de gros bouillons de sang par l'ouuerture de sa playe, qui s'espád le lóg de la iambe. Or le combat estant aux mains, voila Atalante tout des premiers; Car il vous faut sçauoir que c'est la damoiselle que vous voiez, qui encochât la flesche attintee dessus la chorde de son arc, se prepare de la delascher vers la beste; sa Iuppe retroussee en hault, qui n'arriue pas au genoil, & ses pieds garnis de gentilles soles: Ses bras tous nuds iusqu'aux espaulles, comme prests de les emploier, & les man-

Y ij

ches accrochees a des agraffes. Quant à sa beauté, elle a la face vn peu hommace, & sa mine monstre de tascher à gaigner le temps: Ne s'amusant pas à ceste heure à iecter vn benin regard desirable, ains les rays de ses yeux sont tenduz seulement à remarquer ce qui se fait. Mais voicy deux braues ieunes hommes, assauoir Meleagre, & Pelee: Car la peinture nous ramentoit ceux qui mirent le sanglier par terre, dont celuy qui s'appuie en sa desmarche sur le pied gaulche est Meleagre, qui se plantant ferme attend de pied coy l'assault de la beste, & presente l'espieu audeuant. Or sus donques regardons ce qui suit apres touchant le mesme. Le iouuenceau est fort bien pris, & vigoureux en tous ses membres : les iambes solides & droictes, qui sont fort propres à la course, & pour soustenir vn combat de pres main à main, bonnes & seures gardiennes aussi : la cuisse auec le dessus du genoil proportionnee à ce qui est au bas, & la hanche telle qu'on se peult hardiment asseurer que le choc du sanglier ne le renuersera pas ayseement. Le flanc est fort bien encoché aussi, & le ventre non excessif : L'estomac tout de mesme releué par mesure, & le bras puissamment noué en ses ioinctures, & les espaulles attachees à vn col ferme roiddy, à qui elles seruent comme de base & de piedestal. Sa cheueleure blondette à guise de lin qui seroit blanchy au Soleil, est toute herissee à cause de son agitation & effort. L'œil pers, & accommodé à vn fier regard leonin, auec vn sourcil non panchant ne morne : ains aiant

MELEAGRE. 87

tout l'air & disposition du visage empraint d'vne courageuse hardiesse, ce qui ne permet pas, pour estre ainsi tendu en action, qu'on die rien de sa beauté. La camisolle blanche qu'il a vestue, bat sur le hault de la iarretiere, & ses semelles sont cordonnees dessus la cheuille du pied, pour seruir de ferme soustenement à la plante. En fin ayant vne luppe de iaulne-doré, qui se plisse à l'entour du col, il attend l'effort de la beste. Voila quant à ce qui concerne le fils d'Oeneus. Mais ce Pelee est enueloppé d'vn manteau de pourpre en escharpe, auec vn estoc au poing, dont Vulcain luy a fait present, pour receuoir aussi de sa part le sanglier à son abordee, son œil fiché droict deuers luy, immobile, d'vn regard aigu & perçant, & tel en somme qu'il monstre bien de ne craindre pas l'entreprise où il se doibt cy apres trouuer hors de sa Patrie en Colchos auec Iason.

ANNOTATION.

HOMERE *au 9. de l'Iliade introduit Phenix, lequel aiant esté enuoié deuers Achille auec Aiax & Vlisse pour le rapaiser, tasche de mitiguer son indignation & courroux par cest exemple de Meleagre qu'il luy racompte. Qu'Oeneus aiant offert vn solennel sacrifice à tous les dieux, selon qu'il a esté dit cy dessus, pour l'heureuse recolte qu'il auoit faite, oublia Diane, fust par mesgarde, ou qu'il n'en eust point autrement cognoissance, dont la deesse indignee, laquelle presidoit aux chasses & à la sauuagine, lascha vn sanglier dans son territoire, qui desracinoit les arbres fruictiers, & les vignes, renuersoit les bleds desia meurs, & faisoit infinies autres dissipations & ruines: mais en fin Meleagre fils d'Oeneus le mit à mort, assisté de tous les excellens chasseurs des citez voisines,*

Y iij

MELEAGRE.

& de leurs chiens: car auec vn petit nombre d'iceux, il n'eust pas esté bie aisé d'en venir à bout, si grand & espouuentable il estoit; Tellement qu'il tua vn grand nombre d'hommes, & en affolla d'autres auant que rendre les abois. Mais il y eut puis apres de la contention pour cause de la despouille, entre les Etholiens & Curetes: lesquels tant que Meleagre se trouua au combat en eurent toussiours le dessoubs, iusqu'à ce qu'estant venu en contestation auec sa mere Althee pour raison de ses freres qu'il auoit mis à mort de sa main, il ne voulut plus sortir contre iceux Curetes, ains se retenoit coy & oisif au logis à iouyr de sa tres-chere & bien-aimee femme Cleopatre, fille de Marpisse & d'Idas le plus valeureux homme de son temps: Et qui auoit bien eu la hardiesse de poursuiure à coups de flesches le dieu Apollon pour luy auoir enleué sa femme, laquelle n'aiant peu r'auoir, sa mere luy changea son nom en celuy d'Alcyone, pour son infortune assez semblable à celle de l'autre Alcyone femme de Ceyx. Meleagre doncques indigné cõtre sa mere pour les imprecations par elle faites enuers luy pour l'homicide de ses oncles, se retenoit auec sa femme, dont aussi bien estoit-il desesperement amoureux pour son excellente beauté, quelques prieres que luy sceussent faire de reprendre les armes, ny les Prestres, ny son pere, sa mere, & ses sœurs: Ny les offres de luy donner vn grand nombre d'arpents de terres labourables, & de vignes, des meilleures de tout le Contour; iusques à ce que les Curetes estans entrez de viue force dans Calydon, où ils auoient ia commencé de mettre tout à feu & à sang, Cleopatre luy remettant deuant les yeux les piteux desastres & calamitez qu'ameinent ordinairement semblables prises de villes quand elles sont emportees d'assault, ou l'on massacre tous les hommes; Ce feu conuertist en cendres les edifices, & sont les femmes & enfans emmenez en captiuité & seruage, par ces remonstrances, & autres semblables, elle le sceut si bien amadouer qu'il reprit les armes, & rembarra les ennemis hors des murailles & de la contree. Tout cela racompte Phenix à Achille, qu'il auoit gouuerné en sa ieunesse, pour l'appaiser par cest exemple du courroux qu'il auoit conceu pour raison de s'amie Briseis qu'Agamemnon luy auoit ostee: Ce qu'en l'Epistre qu'elle escript à Achille dans les Heroïdes d'Ouide elle luy ramentoit par ces vers cy.

> Nec tibi turpe puta precibus succumbere nostris,
>   Coniugis œnides versus in arma prece est.
> Res audita mihi, nota est tibi, fratribus orba
>   Deuouit nati spémque capútque parens.

Bello erat ille ferox, positis secessit ab armis,
Et patriæ rigida mente negauit opem.

Ce qu'il a emprunté mot à mot d'Homere, & nous à son exemple l'amenerons icy tourné en François, de la sorte que nous auons tout le reste de ces Epistres.

Et ne repute point honteux
De te fleschir à noz prieres,
Meleagre s'arma bien
Aux prieres de sa femme
Ie l'ay oy, tu l'as cogneu,
La mere vefue de ses freres,
Mauldit de son propre fils
Et l'esperance & la vie.
Il estoit vn braue guerrier,
Neantmoins il s'abstint des armes,
Et d'vn dur cueur refusa
De secourir sa Patrie.

Hyginus au reste chapitre 171. met qu'en vne mesme nuict Oeneus & Mars accointerent Althee, qui aiant enfanté de leur faict Meleagre, soudain s'apparurent les trois parques au millieu de la chambre, Clotho, Lachesis, & Atropos, qui luy predirent sa destinee en ceste sorte. Clotho assauoir qu'il seroit courageux ; Lachesis, fort & vaillant : Et Atropos prenant vn tison au fouyer, va dire ; Ceste creature viura iusqu'à ce que ce tison soit du tout bruslé. Ce que la mere aiant oy se iecta soudain hors du lict, & l'alla esteindre : Puis l'enseuelit au millieu du Pallais, de peur qu'il ne fust consumé du feu. Et au chap. ensuiuant le mesme Hyginus specifie nom par nom, comme fait aussi Ouide au 8. des Metamorph. tous les ieunes Seigneurs de marque qui se trouuerent à ceste chasse du Sanglier, dont nous mettrons icy de chacun vn petit sommaire, ainsi que nous auons fait au tableau precedant des lieux agreables à Apollon, qui sera autant de soulagement pour ceux qui n'ont eu la commodité & moyen de deterrer leurs faicts des Poësies Grecques & Latines.

PREMIEREMENT *Castor & Pollux* : Iuppiter s'estant ena-

MELEAGRE.

meuré de Leda femme de Tindarus, iouit d'elle transmué en Cigne, estant desia engrossee de son mary; Si qu'au bout de neuf mois elle fit deux œufs, de l'vn desquels furent esclos Pollux & Helene, immortels, comme aias esté procreez de semence diuine: Et de l'autre Castor, & Clitemnestre, qui fut femme d'Agamemnon. Les deux freres estans paruenus en eage de porter armes, nettoient la mer de Pyrates, parquoy ils furent tousiours depuis reclamez és tormentes: Et sont ces deux feux iumeaux, lesquels quād la mer se veult appaiser, ont de coustume se venir poser sur les antennes des vaisseaux; nous les appellons communement de Sainct Hermes. Ils se trouuerent au voiage de Iason en Colchos, & en plusieurs autres entreprises, comme il a esté dit sur le tableau de Glaucus.

IASON fils d'Aeson, & d'Alcimede: de luy & de ses faicts en a esté amplement parlé au tableau dessusdit de Glaucus.

THESEE & Pirithous, vn couple de parfaits amis, ainsi que furent Pylade & Oreste. Quant à Thesee il fut fils d'Aegee Roy d'Athenes, & d'Aethra fille de Pytheus: Et il encourut vn fort grand danger de sa vie estant encore ieune garçon pour les machinations de sa marastre Medee; Mais apres la mort de son pere estant paruenu à la Couronne, il fit tout plein de belles choses, comme on peult voir en sa vie dedans Plutarque. Comme il fut enuoié en Candie, & ce qu'il y fit, cela a esté touché sur le tableau d'Ariadné, & le reste en celuy d'Hyppolite.

PYRITHOVS son compaignon, Roy des Lapithes peuples de Thessalie; fut fils d'Ixion, & de sa femme legitime, non pas de ceste nuee aiant la ressemblance de Iunon, où il engendra les Centaures: Et aiant espousé Hippodamie, comme au iour de leurs nopces les Centaures se fussent mis en denoir de la luy enleuer de force; à l'aide d'Hercules, & Thesee, il en defit la plus grand' part, selon qu'on peut voir au 12. des Metamorph. Estant puis apres decedee ils conuindrent luy & Thesee de ne se remarier iamais à d'autres femmes, sinon aux filles de Iuppiter: Et là dessus Thesee aiant enleué Helene, ils descendirent aux Enfers pour rauir Proserpine femme de Pluton pour Pirithous; lequel de plaine arriuee fut mis à mort par l'hydeux dogue Cerberus aux trois testes; Et Thesee le voulant secourir, aresté prisonnier, iusqu'à ce qu'il fut deliuré par Hercule, qui y alla à ceste fin par le commandement d'Eurystee.

LYNCEE

MELEAGRE.

LYNCEE fils d'Aphareus, dont il a esté parlé au tableau de Glauque.

LEVCIPPE, autrement Theremaque, frere d'Ophites, & tous deux enfans d'Hercule & de Megaré fille du Roy Creon de Thebes.

ACASTE, fils de Pelias Roy de Thessalie, & d'Anaxabie, lequel ayant espousé Hypolite, comme elle se fut amourachee de Pelius, & qu'il ne voulust consentir à sa desordonnee volonté, elle l'accusa envers son mary de l'avoir prise à force : Parquoy Acaste sans en sonner mot soubs couleur de le mener à la chasse au mont Pelion, le despouilla nud en chemise, & l'attacha à un arbre pour le laisser là devorer aux bestes sauuages. Mais Mercure qui en eut compassion, aiant emprunté un cousteau de Vulcain, couppa les chordes, & le delivra. Estant puis apres de retour au logis il tua Acaste & sa femme. Cest Acaste au reste fut des Argonautes.

IDAS fils d'Apharee, ou selon quelques uns de Neptune, aiant obtenu de luy un coche attellé de cheuaux vistes sur tous les autres, soubs la fiance de cela s'en alla rauir la belle Marpese fille d'Euene Roy d'Etholie fils de Mars, qui dansoit le ballet sacré au vosquet dedié à Diane pres de son temple : Pour raison dequoy le pere qui ne l'auoit oncq voulu octroyer à pas un de ceux qui la luy estoient venus demander en mariage s'il ne le surmontoit à la course des chariots, & estans vaincus leur trenchoit la teste, qu'il pendoit pour servir d'espouuentement aux autres sur les creneaux de son Chasteau, ne l'ayant peu rateindre mit à mort ses cheuaux de despit, Cela fait s'en alla precipiter dans le fleuve de Lycormas en Etholie, qui de son nom fut depuis appellé Euene : Et comme Idas s'enfuiant auec Marpese gaignoit pays à toute bridde, il fut rencontré d'Apollon lequel la luy voulut oster, & en estoient desia venus aux mains, Quand Iuppiter enuoya Mercure pour les departir, soubs condition de laisser le choix à la damoiselle lequel elle aimeroit le mieux : Et elle s'arresta à Idas, craignant que pour estre desia un peu sureagee, Apollō apres en auoir accomply son vouloir ne l'abandonnast.

CÆNEE. Cestui-cy auoit auparauant esté femme, comme le racompte Nestor dans le 12. des Metamorphoses; Qui ayant esté violee par Neptune luy demanda pour recompence d'estre transmuee en homme, qui ne peust estre offencé en son corps par aucunes blesseures. Mais puis apres s'estant trouué auec les Lapithes au combat contre les Centaures, il y demeura accablé à force de gros troncs d'arbres, & fut converty en un oiseau

Z

MELEAGRE.

de ce mesme nom. Mais Virgile au 6. de l'Eneide met qu'il retourna en son premier sexe.

It comes & iuuenis quondam, nunc fœmina Cæneus,
Rursus & in veterem fato reuoluta figuram.

HIPPOTHOVS fils de Megere fille d'Autholique, laquelle se tua de sa prepre main quand elle sceut que ce sien fils auoit esté mis à mort par Telephe fils d'Hercules, auecques son frere Neree. Hyginus chap. 243. & 244.

DRYAS fils d'Hippoloque, & pere de Lycurgue Roy de Thrace, lequel à la guerre de Thebes aiant suiuy le party d'Etheocle contre Polinice, & en icelle blessé à mort Parthenopee, il fut tué à coups de flesches par Diane. Hyginus chap. 173. le fait estre fils de Iaper. Mais au 159. il parle d'vn autre Dryas fils de Mars, lequel aiant espousé l'vne des 50. filles de Danaus qui tuerent toutes en vne nuict leurs maris, fors Hypermnestre qui sauua le sien. Lyncee ou Linus, fut mis à mort par la sienne dicte Hecabe, comme il met au chap. 170.

PHENIX fils d'Amynthor. Il en a esté parlé au tableau d'Achille en l'Isle de Scyro.

TELAMON, Roy de l'Isle de Salamine, & fils d'AEacus. Il fut pere du grand Aiax dit de luy Telamonien, & le second en proësse au siege de Troye apres Achilles. Le pere auoit esté l'vn des Argonautes au voyage de Colchos; Et au retour aiant accompaigné Hercule à l'expugnation de Troye, il eut pour sa part du buttin Hesione seur de Priam dont il eut Teucer.

PELEE, fils aussi d'AEacus & d'Egine; lequel espousa Thetis, dont fut procreé Achilles. Il se trouua au siege de Thebes, l'vn des sept chefs: Plus au voiage de la toison d'or: Et à ceste chasse.

IOLAVS, fils d'Iphicle, lequel assista Hercules à exterminer l'Hydre: car à mesure qu'il luy couppoit vne teste cestuicy auec vn fer chaud la canterisoit, de peur que d'au... s ne vinssent renaistre en la mesme place. Estant finablement deuenu... l par les prieres d'Hercules il fut restitué en ieunesse par la deesse Heb... comme met Ouide au 9. des Metamorph.

EVRYTION l'vn des Cétaures, lequel Hercule mit à mort pour auoir pourchassé Deianire en mariage, qui luy auoit esté promise. Hyginus 31.

ECHION, l'vn des Argonautes, & fort viste coureur.

NESTOR, fils de Neleus Roy de Pylos, & de Chloris. En sa ieunesse il se trouua en ceste chasse, & aux nopces de Pirithous auec Hercu-

MELEAGRE.

les, où il fit vn fort braue deuoir contre les Centaures: Et ayant desia trois eages, accompaigna les Grecs au siege de Troye, auec grand nombre de vaisseaux, où il fit tant de preuues de sa prudence qu'Agamemnon souloit dire qu'il viendroit bien tost à bout de ceste guerre s'il auoit dix autres tels Nestors que luy.

LAERTES, fils d'Arcesius Roy d'Ithaque, & pere d'Vlisse qui est sa plus illustre qualité.

ANCEE, il y eut vn fils de Neptune, & d'Astypalee. On racompte de luy qu'estant fort aspre au labourage, où il trauailloit excessiuement ses vallets, vn iour côme il eust planté vne vigne à quoy il les emploioit nuict & iour sans aucun relasche, l'vn d'iceux s'aduança de luy dire, qu'il auoit beau se tormenter de ceste sorte, car il ne boiroit iamais du vin qu'elle porteroit. Aiant fait neantmoins vendanges, il se fit aporter du moust dans vne tasse, & appeller quant & quât ce varlet pour le côuaincre de mensonge; mais ainsi qu'il auoit presque la tasse au becq, l'aultre persistât tousiours en sa prediction luy allegua ce tant fameux prouerbe; Inter os & offam multa cadunt, selon Caton; les autres disent, Multa cadunt inter calicem supremáque labra, plus à ce propos: Et là dessus on luy vient dire qu'vn grand sanglier estoit entré dedâs la vigne, qui dissippoit tous les raisins; Parquoy quittant là tout il y accourut à grand haste, mais le sanglier le mit à mort. Pausanias és Arcadiques fait mention d'vn autre Ancee fils de Lycurgue, qui est celuy dont Philostrate entend parler; lequel alla à Colchos auec & fut depuis mis à mort par le sanglier Calydonien en la chasse de Meleagre, où il le blessa le premier, & l'arresta court, ayant esté secouru là dessus de son frere Epoque.

MOPSVS, fils d'Ampyque & de Chlorys, l'un des Argonautes, deuin fort fameux en la Thessalie. Il y en eut vn autre fils d'Apollon, & de Manto, dont il a esté parlé cy-dessus au tableau d'Hyacinthe.

IL y en a tout plein d'autres que mettent Ouide, & Hyginus au lieu preallegué, dont il sera cy apres fait mention plus ample au liure des Heroiques.

CES deffences qui s'auancent hors de la bouche, tranchâtes à guise d'vn rasouer, dont la pointe n'est encore vsee ne mousse. Icy sont atteints certains traits de la vennerie qui requierent quelque explication pour ceux qui en entêdét les termes. Il fault

Z ij

doncq sçauoir que les sangliers ont ces grandes dents qu'on appelle deffences qui leur sortēt hors de la bouche, plus dāgereuses en leur tiers an, que quand ils sont plus aagez: car depuis le quart en sus elles se recourbēt comme vne boucle; & lors on les appelle sangliers mirez. Iusques à l'aage de dixhuict mois ils se retiennent auec les meres: Et pource qu'ils vont lors à grandes troupes on les appelle bestes de compaignie, au noir, c'est à dire és bestes noires; mais au faulue, autrement les rouges & douces aussi pource qu'elles n'ont point de fiel, comme les cerfs, cheureux, & dains, on appelle cela vne harde de bestes. A deux ans que ces dents ou deffēces commencent à sortir aux ieunes sangliers hors de la bouche, on les appelle des Rasaux: Et gardent ce nom iusqu'à ce que se sentans assez fors de soy, ils se separent de la compagnie, & font de là en auant leur cas à part, si ce n'est quand ils vont au rut, c'est à dire entrent en amour, & vont chercher les lees, ainsi nomme l'on leurs femelles ou Truyes. Ce rut commence ordinairement és aduents vers la S. André, & dure en leur grand'chaleur iusques à Noel, si que leurs cochons naissent au mois de Mars vers l'Equinoxe du Printemps. Celui des Cerfs tout le mois de Septembre pour les plus vieils; Puis les ieunes qui n'en osent cependant approcher, y entrent à leur tour: Et les Biches faounent en Apuril.

OR pourautant que le texte suit puis apres; La sole du pied que les traces monstrent, il vaut mieux tout d'vn train mettre icy quelques autres termes de vennerie, du noir, & du faulue, pour veoir la difference qui y est, car on parle diuersement en l'vn & en l'autre. Le pied donques és bestes noires on l'appelle la trace, tāt l'empraīte des pas d'vne beste noire, que tout le pied & la iambe iusqu'à la iointure. Et ces traces là marquees en vn terrouer mol qui en exprime bien la forme, ce qu'on appelle le Gazon, les Veneurs ont par fois accoustumé de l'apporter à l'assemblee, quād ils y viennent faire leur raport, pour monstrer par là quelle est la grandeur du sanglier. Mais du Cerf on ne le fait pas. Ce qu'on dit au reste en vn porc priué les Ergots, au Sanglier ce sont les gardes, & au Cerf les os. Au Faulue le pied s'appelle le pied, & les pas ou vestiges les voyes. Mais si c'est en vn pré ou sur l'herbe, les foullees: Les brāches qu'il rompt & dissipe en passant à trauers vn fort, c'est à dire dans vn taillis, les portees. La teste d'vn sanglier la Hure, dont on fait le plus d'estime que de tout le surplus de la beste noire, au Cerf point du tout: Ses dents les deffences. Les cornes d'vn Cerf, la teste: les cornichons les andoulliers: Le fust ou tige dont ils parlent, le marrein: Les longues rayes qui vont du long, les gouttieres; les menus grains dont ce marrein est parsemé, les perles, aumoins dit on vne teste bien perlee, ou vn marrein bien perlé. Et quãd il y a force andoulliers ou cornichons, bien cheuillee. Bien semee, quand il y a autant d'andoulliers d'vn costé que d'autre; malsemez s'il y en a plus. Ces gros bourlets ou le marrein s'attache au test, les meulles. Si lors qu'vn cerf est mort on separe de force & de violence ses cornes de la teste, attachees au test ou cranee, cela s'appelle le massacre: Si elles tombët d'elles mesmes, ainsi qu'elles font tous les ans depuis qu'vn Cerf en a cinq ou six, & se renouuellent, en augmentant & de grandeur, & de nombre d'andoulliers, ce sont les mues. Entre le col & l'espaule d'vn sanglier ou l'on vise pour l'enferrer, c'est l'Escu: Quant au Cerf on ne l'aborde point pardeuant pour raison de ses cornes hault esleuees qui ne seroient moins dangereuses à cheual qu'à pied, ains gaigne l'on si on peult, le derriere pour luy donner sur le iarret, ou dans les flancs. La fiente d'vn Sanglier s'appelle les layes: & les crottes d'vn Cerf les fumees. Le repaistre des bestes noires, duquel il y en a plusieurs sortes, mangers au faulue, viander. Les champs ensemensez, les gaignages. Les genitoires d'vn Sanglier les suittes; ceux d'vn Cerf, les dintiers. Le lieu où le Sanglier se couche, la baulges; En vn Cerf, le lict, ou la reposee plus communement: Et l'endroit où il s'arreste faisant quelque petite pause auant que s'aller coucher dans le fort, le Ressuit. Par ou les bestes tant noires que faulues sortent du boys sur le soir pour s'en aller à leur prochaz, le desembucher; Par où ils entrent, le rembuschemër. Les petits rameaux que les Veneurs allãs en queste iectët de costé & d'autre pour leur seruir de recognoissance, les brisees. Quand on va pour lancer la beste auec le limier attaché au trect, cela s'appelle frapper à routte: Quand elle est debout, & qa'on descouple les chiens apres pour chasser, le laisser courre. Ceux qu'on enuoie de part & d'autre auec des chiens fraiz, pour la haster d'aller, les Relaiz. L'escorcher au Cerf, le deffaire ou le destouiller. Quant au Sanglier pource qu'on ne l'escorche pas, ains le brusle & flambe comme les pourceaux, le fouailler: Il y a infinis autres vocables & manieres de parler en ce mestier & profession qui requerroient vn volume à part, dont vous pouuez veoir le liure du Roy Modus, & de la Reyne ratio du deduit de la chasse, & de la Volierie: Et vn autre du Comte de Foix dit Phebus. Le Fueilloux plus modernement les à ensuiuis, & y a subtilisé beaucoup de choses, tout ainsi qu'à Orlando Lassus sur la Musique de Iosquin, Concilium, Adrian Veillart, & autres anciens Musiciens; Mais pour ce peu d'experience

Z iij

MELEAGRE.

que i'ay peu auoir de cest art, ie m'aimerois mieux retenir à la mode ancienne, & m'asseure bien que moins de Cerfs s'y faillıroient qu'en la feuilleuxe.

RESTE icy ce que met Pausanias en ses Arcadiques, qu'Auguste Cesar enleua du temple de Tegeates en Grece, l'une des deffences de ce Sanglier Calydonien, qui estoit longue de demie aulne, qu'il pendit au temple de Bacchus dans ses iardinages à Rome. De moy ie mescroirois que ce ne fust pas chose naturelle, ains contrefaite par artifice, comme sont le pied de Griffon pendu en la Saincte Chappelle de ceste ville de Paris, & la teste ou cornes de Cerf de la Chappelle du Chasteau d'Amboise, l'un & l'autre imitez si parfaictement, qu'on les prendroit pour produittes de la nature, combien que ces cornes soient d'une desmesurée grandeur, si qu'il faudroit que ce fust vn animal trop plus enorme qu'vn Elephant pour les porter dessus sa teste. Au reste les bestes ont tousiours esté d'vne mesme grandeur en tout temps, bien est vray qu'il y a de la difference & disproportion entre quelques vnes, & mesme és chiens & cheuaux plus qu'és autres. Il y a aussi des regions où elles sont plus grandes & moindres en vn lieu qu'en l'autre: Còme en Bretaigne les Sãgliers sõt trop plus petits & moins dangereux qu'en Niuernois, où i'en ay veu de fort grands & furieux: Et y en a au cabinet de Neuers le portraict d'vn qui fut pris és boys de Desize, il y a quelques cinquante ans, ayant quatorze empans de long depuis le bouttauer ou museau iusques vers le bout de la crouppe d'où part la queue, mais les deffences ne luy aduancent pas trois poulces hors de la machouere. Parquoy il fault prendre ceste aulne dont Pausanias parle selon que Suetone la restreint à vne couldée qui equipolle à vn pied & demy, qui sont dixhuict poulces, & par consequent neuf pour ceste deffence; chose incroiable encore pour vn Sanglier naturel, quelque enorme qu'il peut estre: mais c'est l'antiquité, & le papier qui estendent & aggrandissent ainsi toutes choses auecques eux. Le Parensus de ce tableau ne requiert point d'autre explication.

NESSVS.

ARGVMENT.

HERCVLE s'estant trouué aux Nopces de Pyrithol auec Thesee, comme les Centaures selon leurs violences & outrages accoustumez, se fussent mis en debuoir de rauir l'espousee Hippodamie, les autres en mirent la pluspart à mort, si que peu s'en sauua, ou point du tout, horsmis Nessus, qui s'en alla resider sur le bord d'Euene, où il se mit à passer en lieu de bacq les passans en crouppe, parce que l'eau estoit profonde, & le gué fascheux. Or vn iour Hercule y estant arriué auec sa femme Deianire, & son fils Hillus tout ieune encore, ce Centaure se presenta pour porter delà Deianire, mais quand il fut à l'autre bord, il se mit en debuoir de la forcer: parquoy Hercule le naura mortellement à coups de ses flesches enuenimees du fiel de l'Hydre, dont Nessus presentant sa prochaine fin, par la rage du poison qui le tourmentoit, s'en alla teindre vne chemise dedans son sang, qui auoit desia attiré la malignité du venin, & la donnant à Deianire luy fit entendre, qu'elle auroit la proprieté & vertu, que toutes les fois que son mary la vestiroit, il ne pourroit s'enamourer d'vne autre femme. Mais Pausanias és Phocaiques rendant la raison de la mauuaise odeur du maraix dōt les Ozoles auroyēt pris leur nom de puants, dit que Nessus ne mourut pas si tost des playes que luy fit Hercule, ains s'estant retiré en ceste contree qui est à Loares il y fina ses iours: Et n'ayant point esté enseuely, de l'infection de sa charoigne s'engendra ceste puanteur. Quoy que ce soit, quelque temps apres Deianire estāt ētree en ialousie d'Iolé fille d'Euryque Roy d'Oechalie, plus ieune, & plus belle qu'elle, & adioustant foy trop legierement aux paroles deceptiues de ce Centaure, luy enuoia ceste chemise empoisonnee, par vn sien vallet appellé Sychas, laquelle comme il eust vestue vne fois qu'il sacrifioit sur le mont Ӕta, soudainement le feu s'y prit, dont il entra en telle rage & forcenerie, que de l'angoisse qu'il sentoit il s'alla iecter dans le feu allumé desia sur l'Autel: Et ainsi mourut miserablement: mais pour ses beaus faicts & merites il fut translaté au Ciel au nombre des dieux, où il espousa la belle Hebé fille de Iunon, & deesse de la ieunesse: son ombre & idole descendit aux Enfers, comme met Homere en l'onziesme de l'Odissee.

NESSVS.

N'AIONS point de peur mes amis de ce fleuue Euene, pour le voir ainsi fort bouillonner se rehaussant dessus ses bords, car tout cela n'est que peinture, mais plustost considerons ce qui se fait en cest endroit: Et à quoy tend l'artifice que l'ouurier y a employé: Parce que le diuin Hercule qui se lance ainsi courageusement au millieu, n'attire il pas nostre veüe à le regarder? estincellant des yeux qui mesure où il doibt prendre sa visee, son arc empoigné de la main gauche roidie & tendue en auant? Mais le bras droict se recourbe vers la mámelle en action de vouloir delascher son coup. Que dirós nous oultreplus de la chorde, ne vous sēble il pas qu'elle siffle descochant la flesche? Mais ou pretend aller celuy-là? Ne voyez vous pas bien à l'vn des recoins du tableau vn Centaure qui galloppe & bondist tant qu'il peut? C'est Nessus à ce qu'il me semble, lequel euadé seul des mains d'Hercule au mont Pholoé, lors que luy & ses compagnons luy coururent sus sans aucune cause, & n'y eut que luy qui en reschappast: Mais en fin il y est aussi bié demeuré que les autres, pour s'estre monstré desloyal. Car comme il fist cy endroit professió de passer ceux qui l'en requeroient, Hercule auec sa femme Deianire, & son fils Hillus s'y estant arresté sur le bord de l'eau, parce qu'il ne la voyoit pas gaiable, luy chargea de bonne foy Deianire en croupe, & luy montant sur vn chariot auec l'enfant, alloit apres parmy le fleuue. Mais en ces entrefaictes le malicieux iectant son regard sur la
Dame,

NESSVS.

Dame, attentoit de luy faire force quand il fut arriué à l'autre bord, dont Hercule oiant son cry poursuit le Cétaure à coups de flesches. Or Deianire est icy portraitte en contenance d'vne persone qui se retrouue en quelque danger: Car toute transie de frayeur elle tend les mains vers Hercule, & Nessus aiant receu tout recentement vn coup mortel, se demeine du mal qu'il sent: mais il ne monstre pas encore de donner à Deianire la chemise teinte de son sang pour empoisonner Hercule. Et voila cependant Hillus en dedans le chariot aux Gentes, duquel les resnes sont attachees, afin que les cheuaux ne se bougent: lequel clacque les mains de la ioye qu'il a s'esuertuant d'apporter icy par so rire ce que l'imbecillité de son eage ne luy permet d'executer.

ANNOTATION.

SVR CE tableau il ne reste autre chose à dire, sinon de toucher vn mot en passant d'Euene, Deianire, & Hillus, combien que de Deianire il en ait esté desia aucunement parlé sur le tableau d'Hercule, & Acheloe. Euene donques comme nous auons dit au tableau precedant, estoit vn fleuue de l'Etholie, ayant ses sources au mont Callidrome, & sa bouche en la mer Ionienne pres la ville de Calydon, appellé ainsi d'Euenus fils de Mars qui se precipita dedans, pour l'occasion ia mentionnee.

Deianire fut fille d'Oeneus Roy d'Etholie, & seur de Meleagre, laquelle ayant esté promise en mariage à Acheloe, Hercule suruint là dessus qui l'espousa, pour raison dequoy l'autre l'aiant appellé au combat d'hóme à homme, il y fut vaincu & contrainct de la luy quitter. Il en aduint puis apres ce que vous auez peu veoir en l'argumét de ce tableau. Mais il vaut mieux oyr encor là dessus Hygine qui en varie aucunement, & y adiouste ie ne sçay quoy. Il dit donques au 129. chap. ensuiuant. Bacchus en passant pais estant venu loger chez Aeneus fils de Porthaon il s'en amoura de sa femme Althee fille de The-

Aa

frius, dequoy le mary s'estant aperceu pour ne luy entrerompre point son desir, s'en alla volontairement hors la ville, soubs pretexte de quelques sacrifices & deuotions qu'il auoit à faire : Et ainsi Bacchus coucha auecques elle qu'il engrossa de Deianire : Puis au partir, en recompence de la courtoisie qu'il luy auoit faite, il luy fit present de certaines marcottes de vigne, & luy enseigna la maniere de la planter & cultiuer pour auoir du vin, lequel de son nom fut depuis appellé οἶνος. *Et au 36. au precedant.* Deianire fille d'Oeneus, & femme d'Hercule, ayant veu Iolé sa captiue, qu'il enleua apres auoir mis à mort son pere Euryt, lequel ayant esté par luy vaincu refusoit de la luy donner : Et comme elle estoit excellemment belle, de peur qu'elle ne luy fist tort d'Hercule, s'aduisa de la chemise que Nessus luy auoit donnee teinte en son sang, & la donna à Lychas l'vn de ses vallets de chambre pour la luy porter, le priant de la vouloir vestir pour l'amour d'elle. Il ne fut pas plustost parti, qu'vn rays de Soleil estant venu donner sur vne goutte de ce sang qui estoit d'auanture tombé en terre, soudain le feu s'y alluma, & commença à ietter vne grosse flamme : Ce qu'apperceu de Deianire qui y alloit à la bonne foy, elle enuoya soudain apres ce Lychas pour le rappeller : Mais Hercule l'auoit desia vestue en sacrifiant, & aussi tost le feu s'y estoit pris, dont de rage il s'alla plonger dans vne riuiere proche de là pour l'esteindre : mais la flamme se rengregea, & cuidant despouiller la chemise, il s'escorchoit tout vif iusqu'aux os, & à ses entrailles, parquoy il saisit le pauure Lychas, & en ayant fait deux ou trois tours autour de sa teste, comme pour tirer d'vne fonde, le ietta en la mer : là où au propre lieu qu'il tomba vint à naistre vn rocher, qui de luy fut depuis appellé Lychas. Alors, comme on dit, Philoctete fils de Pean luy alla dresser vn bucher sur le mont Aeta, où s'estant lancé, il acheua de despouiller ce qu'il auoit d'homme mortel, & fut là dessus translaté au Ciel au nombre des dieux : pour lequel bienfaict il delaissa à Philoctete son arc & ses flesches empoisonnees du fiel de l'Hydre. Cela oy de Deianire, elle s'assomma de la massue de son mary, du regret qu'elle eut, & de son sãg fut produite vne her-

PHILOCTETE.

be dicte Nymphee ou Heracleon.

Quant à *Hyllus*, il fut fils de *Deianire* & à *Hercule*, apres la mort duquel il espousa *Iolé*, & ayant esté chassé de son Royaume auec ses freres par *Eurysthee* Roy d'*Argos*, il se retira à *Athenes*, où il bastit le temple de la Clemence ou Misericorde, en memoire de la grace que les Atheniens luy auoient faite de le recueillir en leur ville contre la persecution de son aduersaire; Si que depuis ce lieu là seruit de refuge à tous ceux qui s'y alloient mettre en franchise, ainsi que l'*Asyle de Romule* à Rome & les sept villes de la Palestine appellees les villes de refuge pour les Criminels. *Pausanias* en ses Attiques escript que cest *Hyllus* estant venu à vn duel d'homme à homme contre *Etheon* fils d'*Eropus*, il y fut tué, & enseuely à Megares auec son aieulle *Alcmene* : Et qu'aupres d'vne petite ville de la Lycie appellee les portes de *Temene*, vn tertre s'estant fendu & entr'ouuert par vne grād rauine d'eaux, se descouurirent les ossemens d'vn hōme autrefois là enseuely, qui auoit quinze pieds de long, que les Sacrificateurs & deuins dirent estre du Geant *Hyllus* fils de la terre, dont le prochain fleuue auroit pris son appellation, & depuis dit le *Phrygien* selon *Strabon* au 13. Parquoy *Hercule* se resouuenant de l'accoinctance qu'autrefois il auoit eue en ces quartiers là auec *Omphale* qui en estoit Reine, nomma le fils qu'il eut depuis de *Deianire* *Hillus*.

Nomb. 35
Deuter. 19

PHILOCTETE.

ARGVMENT.

PHILOCTETE fils de *Pæan*, & de *Demonasse* Prince de Melibee, en sa ieunesse seruit de page à Hercule, lequel à sa mort sur le mont AEta luy resigna son arc & ses flesches empoisonnees du fiel du Serpent Hydra à sept testes, comme il a esté dit au tableau precedant; apres auoir pris de luy vn fort solennel & estroit serment de iamais ne reueler à persone le lieu ou il seroit enseuely, afin qu'on le pensast auoir esté rauy au Ciel, comme cuidda faire long temps apres le Philosophe & Poëte *Empedocle*; qui à ceste fin se iecta dans le mont AEtna, mais ses pantouffles toutes de fer le descouurirent que les bouillōs reiaillans des flammes reiecterent hors. Philoctete donques ayant depuis accompagné l'armee Grecque au siege de

Aa ij

PHILOCTETE.

Troye auec sept nauires equippees à ses despens, comme on l'eust enquis d'Hercule, & ce qu'il estoit deuenu, du commencement il tint ferme de n'en sçauoir rien: mais estant de plus en plus pressé d'eux de le declarer, il confessa qu'il estoit mort: & pour ne faulser son serment monstra du pied l'endroit de sa sepulture, en punition dequoy quelques iours apres vne des flesches dessusdites luy tomba sur ce mesme pied, & luy fit vne playe ou l'on ne peut trouuer remede, si qu'elle s'infecta de sorte que les Grecs n'en pouuans supporter la puanteur furent contrains de le laisser en l'Isle de Lemnos. Or auoient ils desia demeuré pres de neuf ou dix ans deuãt Troye sans y pouuoir guere aduancer, quãd Helenus fils de Priam ayãt esté pris d'Vlisses par astuce, decela que l'vne des trois destinees fatales qui empeschoient la prise de Troye, dependoit de l'arc & des flesches dessusdites qui estoient pardeuers Philoctete. Parquoy Diomede & Vlisse furent enuoyez à Lemnos, ou ils firent tant par leurs remonstrances qu'ils apaiserent son indignation, & l'emmenerent quand & eux au Camp; ou d'abordee il mit à mort à coups de flesches Paris qui l'auoit defié au combat de l'arc, & y fit tout plein d'autres beaux exploicts d'armes; Si qu'apres la ruine de ceste Cité ayant honte de se veoir ainsi puant & infect, il n'osa retorner chez luy, ains passa outre en Italie, où il fonda la ville de Petilie en Calabre, & y bastit vn temple à Apollon surnommé Halee pres de Crotone, ouquel il pendit son arc & ses flesches pour auoir à la parfin esté guery par Machaon fils d'Esculape, fils dudit Apollon. Sophocle en la tragedie qu'il en a faite, & que cite icy Philostrate, le racompte aucunement d'vne autre sorte, mais la plus commune opinion est ce que dessus.

CELVI que vous voiez icy prest de mettre aux champs son armee, & d'amener de Melybee des Soldats pour venger l'outrage fait à Menelaus par le Troyan Paris, est Philoctete fils de Pæan, braue prince certes, & qui ressent bien la nourriture qu'il a prise auec Hercules: Car on dit qu'il luy seruit d'Escuyer en sa ieunesse, mesmement à porter son arc, lequel il eut pour recompence de luy auoit dreffé le bucher funeral où il fe brufla. Mais vous le voyez maintenant tout abatu de maladie & elangouré; la face maigre, pafle & decoloree, fes fourcils fe reiettás de langueur en bas fur les yeux; Si qu'à peine fe peuuent ils entr'ouurir pour veoir: Sa cheueleure mal teftonnee & pleine de craffe, & fa barbe heriffee & touffue: reueftu de pauures malottruz haillons & lambeaux. Ayant au refte le pied enuelouppé, il femble qu'il nous vueille à peu pres tenir ce langage.

Qvand les Grecs firent voile à Troye, ils allerent quelque temps vaulcrans par la mer de cofté & d'autre autour des Ifles pour chercher l'Autel de Chryfes, lequel Iafon auoit dreffé lors qu'il nauiguoit à Colchos, & Philoctete s'en refouuenant du temps qu'il eftoit auecques fon Seigneur Hercule, le leur enfeigna: mais la deffus vne Vipere le vint mordre au pied, qu'elle infecta de fon venin. Or les Grecs pourfuiuent ainfi que vous voyez leur routte à la volte de Troye: Et cependant il eft icy demeuré en cefte Lemnos, diftillant fon pied, comme dit Sophocle, d'vne infection peftifere.

ANNOTATION.

Svr ce tableau cy il n'y a rien qui merite explication, d'autant que le tout eft affez facile de foy: Neantmoins pource qu' Hyginus en parle aucunement d'vne autre forte, il n'y aura point de mal d'en amener icy le lieu entier du 102. chap. Philoctete fils de Pæan, & de Demonaffe eftant en l'Ifle de Lemnos vne Vipere le picqua au pied, que Iunon y auoit expreffément enuoyee à cefte fin, indignee de ce que luy feul euft ofé prendre la hardieffe de dreffer vn bucher à Hercule, ou ce qui eftoit de caducque en luy & corruptible se seroit aneanty par le feu pour le rendre immortel, pour lequel debuoir Hercule luy donna ses diuines flesches. Mais comme les Grecs du depuis l'eussent mené auec eux au siege de Troye, ne pouuans comporter la puanteur qui procedoit de l'infectiõ de sa playe, par le commandement du Roy Agamemnon, ils l'exposerent en l'Isle de Lemnos auec ses flesches, où l'vn des Pastres du Roy Actor, nommé Phimaque fils de Dolophion luy administroit ses necessitez. Et cõme les Grecs eussent eu responce de l'oracle que Troye ne se pouuoit expugner sãs lesdites flesches, Agamemnõ depescha Vlisse & Diomede deuers luy qui luy persuaderent d'oublier son courroux, & les vouloir aider à prendre Troye: Et ainsi l'emmenerent auec eux. Mais Pausanias en ses Arcadiques, met que le lieu ou Philoctete fut mords du Serpent, estoit vne petite Isle non gueres loin de Lemnos, ditte Chryses, celle dont Philostrate entend parler, qui de son temps n'aparoissoit plus, ains auoit esté toute submergee.

Or pour la fin de ce tableau, & consequemment de ceux du ieune Philostrate, nous adiousterons icy le duel d'homme à homme qu'eurent ensemble Paris & Philoctete, selon que le descript Dictys de Crete au 4. de son Histoire Troyenne: Et puis de Quintus Calaber au 9. de ses Paralipomenes, où la chose est vn peu reprise de plus hault. SVR ces entrefaittes Philoctetes desfia Paris Alexandre qui s'estoit aduancé hors des rengs, s'il auroit point la hardiesse de venir au cõbat contre luy à coups de flesches; Ce qu'aiant esté accordé de part & d'autre, Vlisses & Deiphebus auec la poincte de leurs dagues trasserent le pourpris du Camp ou se debuoit demesler la querelle. Mais pour ne defrauder personne de son trauail, i'aime mieux amener icy tout le reste de ce passage fort gentilement paraphrasé par vn de nos Autheurs Frãçois nõ des plus languides, Iehan le Maire de Belges, qui au 2. de ses illustrations de Gaule s'esgaye là dessus à vn stille quelque peu floride & luxuriant à la verité, mais moins à blasmer qu'vn plus maigre, selon l'opinion de Quintilian au chap. de l'abondance. Il dit doncq ainsi. Les deux armees Grecque & Troyenne s'estans tirees à quartier se tindrent coyes, pour veoir le combat d'homme à homme qui se debuoit demesler de l'arc entre Philoctetes & Paris, alors les cors & buccines com-

mencerent à sonner de toutes parts, & les trompettes & clairons à bondir martialement; les pennons & bannieres venteller à vn doux Zephire qui donnoit dedans, comme si elles se voulussent aussi esmouuoir à ceste esclattãte fanfare; & la resplendeur des harnois dorez diasprez flamboyoit aux raiz du Soleil, ces deux sentimens de veuë & oye faisans mine de vouloir contester ensemble à qui emporteroit le dessus, aussi bien que les combattans, quand Paris Alexandre richement armé, mais prochain de sa mort, entoisant son fort arc decocha le premier magistralement vne fleche qui faillit d'atteinte, parce que les destinees qui vouloient abreger sa vie ne souffrirent pas que ce coup eust aucun effect. Quoy voyant Philoctetes mit soudain en coche vne des Sagettes de son feu Seigneur Hercules teinte au fiel du tres-venimeux serpẽt Hydre, & la desbanda d'vne incroyable puissance: Tellement qu'elle fit autre exploit que n'auoit celle de Paris, car elle luy perça la main gauche d'outre en outre: Et ainsi que Paris crioit horriblement pour l'extreme douleur qu'il sentoit du mortel venin qui auoit tout au mesme instant penetré dedãs les veines & les nerfs, Plhioctete se hasta d'en tirer vne autre, laquelle s'adressa iustement dans l'œil droict, & le luy creua: Et cõsequẽment coup sur coup, la troisiesme, dont ses deux iambes furent cousues l'vne à l'autre: Et le mit finablement en tel poinct qu'il ne valloit pas mieux que mort: Car le poison estoit si violét qu'il n'y auoit remede aucun de guerison. Et quãd les Troyens virent Paris ainsi attorné, ils s'aduancerent tous à vne flotte pour rescourre le corps de la main des Grecs, qu'ils ne luy vsassent d'outrage: Surquoy il y eut vn horrible meurtre de costé & d'autre: Toutesfois les Troyens l'emporterent de viue force vers la Cité, & les Grecs les poursuiuirent d'vne grande animosité & ardeur iusques aux portes, ou la meslee se renforça, & y eut vne merueilleuse confusion. Car ceux qui auoient peu entrer dedans estoient montez sur les murailles, du hault desquelles & des Tours, à grands coups de pierres & de traicts ils s'efforçoiẽt de les repousser: mais Philoctetes les molestoit fort de sõ arc, si que persõne n'osoit presque cõparoir aux Creneaux.
Et ce qui suit apres, mais ce n'est plus de ce propos.

PHILOCTETE.

QVINTVS *Calaber ameine bien cecy de plus loin, & le dilate d'auantage, disant ainsi,* La contention prenoit vn singulier plaisir de veoir la meslee s'attaquer si mortellement entre les Grecs & les Troyens, mais les Grecs à la persuasion du deuin Calchas se retirerent en leurs nauires, pour se deporter de là en auant du combat: Car les destinees ne portoient pas que Troye peut estre prise de force premier que Philoctetes ne fut arriué en l'armee: Et ce Calchas estoit si expert en la science du vol, & du chant des oyseaux, des entrailles des victimes, & semblables especes de deuinemens, qu'il cognoissoit toutes choses tant les passees que futures presqu'à pair d'vn Dieu: Et pourtāt eux acquiesčans à son admonestement s'abstindrēt de plus sortir à la meslee ny escarmouche. Là dessus Agamemnon & Menelaus despescherent Diomede & Vlisse à Lemnos, demeure du boitteux Vulcain fort fertile en vignes, ou les femmes auoient machiné autrefois vne si triste extermination de leurs maris, par despit de ce qu'elles se voioiēt estre mesprisees d'eux, & qu'ils ne faisoient difficulté de s'acointer des chambrieres de la Thrace, si qu'elles les destirent par leur effort, & gasterent tout le pays: Puis espoinçōnees de ialousie qui leur rongeoit l'entendement, mirent à mort chacune endroit soy son propre mary vne nuict qu'ils dormoiēt tous en asseurāce sans en auoir misericorde, combien qu'ils eussent eu auparauant la despouille de leur pucelage. Car le cueur soit de l'homme, soit de la fēme ne se peut fleschir à pitié si vne fois il est atteint de ce cruel mal. Diomede dōcq & Vlisse estans arriuez à Lemnos par la mer Egee, firent tant qu'ils trouuerēt la cauerne ou Philoctete faisoit sa solitaire habitation dās vn creux rocher, & la furēt soudain saisis d'vn fort grād esbahissemēt quād ils le virēt ainsi affligé de cruelles & insuportables douleurs, couché par terre sur de la plume & de la mousse meslee auec des fueilles d'arbres & de la fougere, dont il s'estoit faict vn lict tel quel pour se garantir la nuict des froidures: Car de iour il tuoit à coups de flesches force oiseaux, de partie desquels il se nourrissoit, & partie les appliquoit tous chauds respirans encore dessus sa plaie, pour en radoucir le tormēt. Il auoit au reste les cheueux
herissez

heriffez de hafle & de craffe, à guife du poil d'vne befte fauuage: & la nuict fe retraifnãt dedans fon antre, la paffoit toute fans clorre l'œil, à fe plaindre des poignans cruciemens qu'il fentoit, & des meffaifes ou il fe trouuoit là reduit en vne tref-miferable langueur: fi qu'il eftoit fi defait & fi defcharné que la peau luy tenoit aux oz, dans lefquels la violéce du venin auoit penetré iufqu'aux mouëlles, & rédu la playe fi corrõpue que tout l'air eftoit infecté de fa puanteur, & luy mefme fi empoifõné qu'à peine le pouuoit il cõporter: les yeux enfoncez dans la tefte, les fourcils furcreuz audeffus, de maniere qu'ils les couuroient, & le teint terne & plombaffe. Tel eftoit l'inconuenient ou l'auoit reduit la picqueure de la pernicieufe vipere, qui coullant fans ceffe d'vn mortel venin peftifere auoit fouillé villainemẽt le fueil & l'entree de la cauerne, creufee non par artifice de main, mais par vne longue fucceffion de temps des flots marins qui venoient heurter cõtre cette roche. A l'entree eftoit pendu l'arc fait de la propre main d'Hercule, auec fon ample & large carquois plein de fagettes, les vnes deftinees pour la chaffe à fe pouruoir de gibier & de venaifon, mais les autres qui eftoient teintes de l'irremediable venin de l'Hydre, il les referuoit cõtre les beftes cruelles, & ceux qui fe fuffent voulus ingerer de luy courre fus: tellement qu'ayant defcouuert de loin ces Ambaffadeurs qui s'acheminoient à grãds pas droit à luy, il fut par deux ou trois fois en penfee de leur tirer, fe refouuenant cõme ils l'auoient fi indignement laiffé en ce lieu, fi remply pour luy de miferes qu'il en eftoit prefqu'au dernier foufpir. Et de faict les euft mis à mort, fi Minerue ne luy euft ramoderé fon indignation & courroux, par la remẽbrance qu'elle luy mit deuant les yeux qu'ils eftoient Grecs: ioint la trifteffe qu'ils monftroient en leur femblant, cõme s'ils euffent eu pitié & ennuy de fon mal. Car d'abordee ils luy demanderent gracieufement comme il fe portoit de fa bleffeure: & leur ayant declaré les incomparables douleurs qui le moleftoient, ils le confolerent du mieux qu'ils peurẽt, l'affeurans qu'auffi toft qu'il feroit arriué en l'armee Grecque, il en receuroit non qu'allegemẽt, ains entiere & parfaite guerifon:

Bb

PHILOCTETE.

car tous les Grecs, les Atrides mesmes entre les autres, estoiët bien marris de son infortune, qu'il ne falloit reiecter sinon sur les destinees, dont personne ne peult euiter la determinee rigueur, soit en bien soit en mal qu'elles s'enclinët. Somme qu'ils l'amadoüerent de sorte par leur beau parler, qu'il oublia son maltalent: & eux apres l'auoir laué auec de l'eau de la mer, & nettoyé sa playe auec vne esponge, il sentit du soulagement: puis le firent asseoir à table, qu'il estoit presque tranty de faim: car ils auoient aporté force viures & raffraitchissemens auec eux. Cela fait d'autant que la nuict cōmençoit à se rendre sommeilleuse & pesante, ils s'endormirët au riuage iusqu'au lendemain à l'apparoistre de l'aurore, que leuant les anchres ils mirent les voilles au vent, & Minerue le leur donna fauorable en pouppe. Par ainsi dressans leur prouë à sa droicte voye, ils sillonnoient les ondes marines, dont les flots escumoiët tout aultour du vaisseau auec les Daulphins, lesquels voltigeoient au deuant, comme s'ils luy eussent voulu explaner la routte qu'il deuoit tenir: tant que finablemët ils arriuerent dans le Canal de l'Hellesponte la tãt fertile en pescherie, où la flotte Grecque demeuroit surgie ja dix ans y auoit passez: laquelle se réplit d'vne merueilleuse allegresse quand ils virent retourner ceux qu'ils attendoient en si bonne deuotion. La se desembarquerent bien volontiers Diomede & Vlisse, soustenans de leurs fortes & robustes mains Philoctete par dessous ses languides braz, extenuez de sa tant longue maladie: car à peine pouuoit il marcher; ny plus ny moins qu'vn chesne ou fousteau que le buscheron a demy couppé: & il le laisse debout encore sur le pied, tant que quelque bourrasque vienne qui acheue de le mettre bas: ou quand on fait de longues taillades & incisions à vn pin pour en auoir la poix resine, il bransle & châcelle au vent, tantost d'vn costé, puis d'vn autre, prest à tomber si on ne l'eust estançonné auparauant. Telle estoit la desmarche de Philoctete que ces deux valeureux Heroës conduisoient à la tente d'Agamemnon, où s'estoient assemblez tous les chefs de l'armee Greque pour le receuoir honorablemët. Et au passer les Soldats en ayans compassion pour le veoir si debile au prix de ce qu'il souloit, se le monstroit les vns aux autres. Mais l'expert Chirurgien Podalyre luy appliqua de tels remedes à sa blessure, que bien tost il le mit debout, dont les Grecs firent de fort grands applaudissemēs & caresses à ce sçauant fils d'Esculape: & se conioyrēt d'vne merueilleuse tēdreur de cueur auec Philoctete, qu'ils lauerent & oignirent d'huille, si que sa desconsolee affliction dont la diuine preordonnāce l'auoit voulu ainsi durement visiter, s'en esuanoüit pour faire place à la ioye qui le vint saisir, bannissant de sa triste face la pasle langueur qui l'auoit ternie de si lōgue main: si qu'au lieu d'icelle s'y vint empraindre vn teint vermeil, fraiz & serein, & à tous les mēbres vne renouatiō de force & vigueur, qu'on voyoit croistre à veuë d'œil, tout ainsi qu'vn champ plein d'espics prests à moissonner, lesquels ayans esté accablez d'vn orage & rauine d'eaux se viennēt bien tost redresser, si vn agreable raiz de Soleil, accompaigné d'vne doulce halenee de vent moderé dōne dessus pour les descharger de l'humidité qui les prosternoit: de mesme se rauigora tout de neuf le nerueux corps de Philoctete, que ses pesantes diuturnes douleurs auoient ainsi mis au bas. Agamemnon au reste, & Menelaüs entrerent en vne grande admiration, voyans ce vaillāt personnage de retour si tost, comme des Enfers, ce qui ne pouuoit estre, disoient-ils sans vne speciale grace des dieux: & non sans cause, car Minerue luy auoit inspiré vne nouuelle fleur & restauration de ieunesse en toute sa personne, & certaine estincellante vigueur aux yeux, plus magistrale qu'auparauant. Là dessus les deux freres le menerent en leur pauillon pour le festoyer, comme firent tous les autres Princes à tour de roolle. Et apres de longues excuses de l'auoir ainsi laissé seul en l'Isle de Lemnos, dont ils se iustifierent du mieux qu'ils peurent, & luy auoir fait plusieurs beaux presents, le lendemain dés le poinct du iour ils sortirent à l'escarmouche, où il y eut force coups ruez, & grād meurtre & occisiō d'vne part & d'autre, tant que Philoctete & Páris s'estans rencontrez en la meslee, se desferēt au combat à coups de flesches. Philoctete en descocha trois, qu'à peine

Bb ij

PHILOCTETE.

attendirent elles l'vne l'autre. Toutesfois les deux premieres elles ne firent pas beaucoup d'effect: mais la troifiefme atteignit Paris droict en l'eine, où elle penetra fi auant que le miferable n'en pouuant plus, fut refcoux à viue force par les Troyens, & enleué hors de la preffe, lefquels le porterent à bras dans la ville, où tous les appareils qu'on luy fceut appliquer, ne peurent en rien mitiguer la douleur qui le crucioit, pour le pernicieux venin de l'Hydre qui luy eftoit defia monté es parties vitales. Parquoy f'eftant fait porter à Cebrine deuers fa femme legitime la Nymphe Oenone, de laquelle pour fon grand fçauoir en la medecine & chirurgie il f'attendoit bien receuoir guerifon, ce fut trop à tard, car il ne fe trouua plus de remede à fon mal, dont eftant expiré en cruels tourments toft apres, comme on brufloit le corps, la loyalle Nymphe fe iecta quant & quant dedans le bufcher funeral: & ainfi finerent leurs iours enfemble, & furent inhumez en vne mefme fepulture. *Deiphebus puis apres frere du defunct Paris s'empara d'Helene: mais cela d'icy en auant ne fait plus à noftre propos. Et en ceft endroit finiront les Images du ieune Philoftrate, fils de la fille du precedant.*

LES STATVES DE CALLISTRATE.

LE SATYRE.
LA BACCHANTE.
L'INDIEN.
LE CVPIDON de Bronze de Praxitele.
AVLTRE CVPIDON du mefme.
NARCISSE.
L'OCCASION.
ORPHEE.
BACCHVS.
MEMNON.
ESCVLAPE.
VN CENTAVRE.
MEDEE.
ATHAMAS.

LA DESCRIPTION
DE CALLISTRATE.

DE QUELQUES STATVES antiques tant de marbre comme de bronze.

LE SATYRE, lequel s'exerce en vn lieu à l'escart à iouer du haultboys.

ARGVMENT.

LE SATYRE dont la statue est icy descripte, doibt estre sans aucune difficulté Marsyas, dont on a peu veoir le tableau cy deuant, lequel s'aprend à sonner de ses chalumeaux pour aller puis apres prouoquer Apollon. Et pource que toutes les particularitez dependantes de ce subiect ont esté touchees au tableau dessusdit, il ne reste plus autre chose que d'oyr côme en voudra pour son coup d'essay parler Callistrate, dõt ie n'ay rien peu trouuer nulle part qui m'esclarcisse de son affaire; trop bien peult on dire qu'il debuoit estre du temps presque des Philostrates, ou peu apres, attendu sa conformité de stylle, tenant du leur qu'il imite & suit pas à pas.

EN Egypte pres la ville de Thebes y auoit vne cauerne, ressemblant à vne fistule, auec plusieurs destours, vireuoltes, & concauitez naturellement creusees en rond dans la terre, qui s'enueloppoient l'vne dans l'autre comme vne voulte de chappiteau ionique, ou la coquille d'vn limaçon. Car ses allees ne s'estendoient pas de droict fil, si qu'elles vinssent à se fourcher directement de costé & d'autre, ains en se recourbant dés l'entree au pied du mont, s'en alloient de là tornoiant en des entortillemens obliques, & des reuolutions spirales soubs terre, où elles se destoboient en plusieurs & diuers destours qu'il estoit bien malaisé de tenir sans se foruoyer. Là au fonds estoit plantee vne figure de Satyre faite de marbre sur vne base de la mesme estoffe, en vne place comme à l'escart. Fort bien ordonnee au reste estoit ceste figure, rehaussant en arriere la plante du pied: & au poing tenoit vn flageol, au son duquel il se soubsleuoit tout le beau premier : Mais la musique de ce sonneur ne paruenoit pas aux oreilles des regardans, ny le flageol n'estoit point tel qu'on en peust iouer, ains auoit l'art imprimé au marbre vne action telle comme si le Satyre eust sonné veritablement. Et de faict vous le pouuiez veoir les veines enflees comme pour se remplir de vent, attirant son haleine hors de la poictrine pour en faire resonner l'instrument. Somme que l'image monstroit se vouloir parforcer en cest essay, la pierre s'accommodant à vn geste propre, pour s'aller puis apres hazarder à bon escien, à vn ieu de prix de Musique. Et se fust on bien aiseement persuadé y auoir vne faculté de souffler naturellement introduitte en elle, & vn indice tout euident de respiration excitee par le dedans de ses interieurs conduits & organes. Ce n'estoit pas au demeurant vn corps delicat & mol que le fien, ains la ferme & folide compaction de fes membres luy donnoit vne forme rudde & grofliere, correfpondante à la proportion de fes bien noüees ioinctures, & mufcles virils. Or eſt ce le propre d'vne ieune fille d'eſtre belle ordinairement, & auoir vn corps leſte, delié & aduenant, auec vne charneure tendre, delicate & frefche: Mais vn Satyre doibt eſtre agreſte, rudde, & haſlé, ainſi que de quelque dieu montaignard, lequel bondiſt & trepigne à tous propos en memoire du bon Bacchus: parquoy ceſtui-cy eſtoit coronné d'vne belle guirlande de Lyerre, que l'ouurier, ny fon artifice n'auoient pas cueillie emmy les champs pour luy appliquer, ains la pierre propre ainſi que reployee en des rinſſeaux, luy parcouroit fa cheueleure, nee auec, & s'y entortilloit, rempant du front à l'entour des tendons du col. Pan y aſſiſtoit quand & quand, qui fe plaiſt au fon des haulboys, portant deſſoubs fon bras Echo, de peur à mon aduis, que lors que fon flageol auroit excité de foy quelque fon muſical, la Nymphe n'inuitaſt le Satyre à le contrefonner. Comme donques nous euſſions contemplé tout à loiſir ceſte image, & la pierre Ethiopienne dont elle eſtoit faicte, nous l'eſtimions eſtre la refonante de Memnon, laquelle quand le iour arriue fe refiouyſt par fa prefence: Et quand il s'abfente, alors comme touchee de triſteſſe gemiſt ie ne ſçay quoy de lugubre & de doloreux: Et eſt feule entre toutes les pierres qui fe regiſt par la furuenance de ioye &

CALLISTRATE.
tristesse, & s'est departie de sa villité naturelle, a vne existence de voix.

ANNOTATION.

LES deux Philostrates se sont esbattus ci deuant à nous representer & depeindre vne bonne quantité de tableaux antiques, des plus celebres, & des meilleurs maistres, d'vn tressouuerain & tres-delicat artifice, rare au reste, & comme à eux propre & particulier, car aultres qu'eux ne s'y sont exercitez, que ie sçache, fors Lucian en deux ou trois. Icy à leur imitation Callistrate, Sophiste aussi & discoureur, se parforce de descripre ie ne sçay combien de statues, tant de marbre comme de bronze, & de bois encore; se retenant du tout sur leurs brisees de telle sorte, que sans l'inscription de son nom, l'on prendroit cest œuure pour vne suitte des dessusdits: Ce qui est cause, que nonobstant qu'és exemplaires Grecs il soit apres les Heroiques, pource qu'ils sont de leur main, ie l'ay neantmoins voulu enfiler immediatement à la queuë de leurs tableaux, comme subiect plus conforme que la vie des anciens Heroes. Et pource que Callistrate n'vse point icy d'aucun preambule comme ont fait les autres, il sera besoin de traicter, puis qu'il y vient tant à propos, quelque chose de la sculpture ou statuaire, autrement ditte imagerie, laquelle se diuise en deux principaux artifices; la bosse ou relief, & le creux, qui sont directement opposez l'vn à l'autre: Du relief il y en a de deux sortes; l'vne ditte le plein relief, quand l'image de quelque chose que ce soit est en son parfaict estre, arrondie de tous costez sans tenir à rien; ainsi que sont toutes les testes & statues antiques qu'on voit à Rome, & autrepart; les vases aussi qu'on appelle communement les Corinthieques: les plus belles de Rome sont l'Adonis ou Meleager de Messere Francisque de Norche; l'Apollon de Belbeder, le Laocoon auec ses deux enfans, d'vne seule piece de marbre; la Cleopatre; l'Hercules d'Echion Athenien, qui est en la cour du Pallais Farneze, & plusieurs autres. De bronze il s'en voit bien peu fors l'Hercule du Capitole, & le Marc Aurele monté à cheual; encore est il de pieces rassemblees, & non fondu tout d'vne piece, comme les quatre cheuaux attelez à vn chariot, dessus le portail de la Chappelle de S. Marc à Venize. L'autre espece de relief, est ce qu'on appelle la demy-bosse, ou basse-taille, selon le plus, & le moins que la sculpture est releuee sur le fonds auquel elle tient; comme les deux Colonnes historiees
de Tra-

…ṉ, & Antonin Pie, & les enrichissemens de tous les arcs triomphaux: plusieurs piles aussi ou cercueils de marbre: plus les Medailles d'or, d'argent, & de bronze: & les camaieux d'Agathe, & autres pierres fines. Au regard des Creux ou Graveures, les vnes pareillement sont plus ou moins auant entaillees que les autres, ainsi qu'on peult veoir en infinies Onyches, cornalines, lapis lazuli, agathes, cassidoines, aimathystes, iaspes, cristal, &c. Dont les onyches & cornalines ont esté celles principalement où les plus excellens ouuriers ont plus volontiers employé leur labeur, pource qu'elles sont plus fermes & egalles, & se taillent plus net que nulles des autres. I'ay veu, ie ne sçay si ie l'auray point desia dit ailleurs, vn diamant de la valeur de cinq à six mille escus, où estoient grauees les armoiries de Portugal: & vn aultre de bien plus grande importance à Rome, car il passoit trete mille escus, où estoit graué tres-exquisement tout le blason du Roy d'Espaigne, qui estoit vn labeur & patiëce extreme, à cause de tant de quartiers, & tout de menues pieces dont il consiste: ioint qu'on sçais assez que le diamant ne se taille que par soymesme, aussi y auoit le graueur le plus excellent de tous les modernes, employé bien cinq ou six ans: Il est vray que pour se resgayer les esprits il trauailloit par interualles à d'autres choses. Mais pour retourner aux statues qui sont icy nostre principal propos & subiect, car des medailles nous en auons parlé à suffisance en nos annotations de Tite Liue, la matiere & estoffe de l'imagerie consiste en bronze, or, argent, yuoire, ebene, bois, marbres, & pierres dures de toutes sortes, & l'argile encore ou terre à potier; la cire mixtionnee auec de la poix ceruse, chaux & semblables materiaux, à la discretion des ouuriers. Or il n'y a point de doubte que les statues de terre n'ayent esté les premieres de toutes, (Si la peinture a precedé l'imagerie, ou au rebours, c'est vn cas à part: mais i'estimerois que le dessein simple ait esté deuant l'vne & l'autre) parce qu'aussi bien ne fait on point de statues d'importäce, de quelque estoffe que ce soit, qu'on n'en dresse premierement vn modelle: les Grecs appellent cela πλαστική, comme qui diroit fictrice ou efformatrice contrefaisant de relief les choses naturelles: de laquelle Pline parle bien amplement au 35. liure chapitre 12. Debutades potier de terre Sicyonien fut le premier, qui par le moyen de sa fille à Corinthe inuenta l'imagerie de terre cuitte : car estant esprise de l'amour d'vn ieune homme qui alloit voyager au loin, elle auoit tasché de contrefaire le visage d'iceluy sur son ombre à la lumiere d'vne chandelle contre la paroy,

Cc

où elle en traça tout aultour le profil en gros : & le pere suruenant là dessus y appliqua de l'argille, si qu'il en fit vn modelle qu'il mit cuire au fourneau auec ses autres ouurages de potterie, & s'y estant endurcy fut depuis gardé au Nymphee iusqu'à ce que Memmius ruina Corinthe. Il y en a d'autres qui en attribuent la premiere inuention à vn Rhæcus, & Theodore, qui la trouuerent en Samos long temps deuant que les Battiades eussent esté chassez de Corinthe, d'où l'on dit que Demarathus, celuy qui engendra en Italie Tarquin Prisque Roy de Rome, l'y apporta par l'entremise d'Euthirapne, & Engrammus, lesquels l'accompaignerent en son exil. *Iusqu'icy Pline, qui adiouste subsequemment tout plein d'autres choses concernans l'art de l'imagerie.*

MAIS *pour venir à la premiere introduction & vsage des statues, ayant dit au 4. chap. du 34. liure, que ceste inuention passa des dieux aux hommes en plusieurs manieres, toutesfois qu'on ne leur en dressa pas du commencement s'ils ne l'auoient bien merité, & fait chose qui fust digne de perpetuer leur memoire, ainsi qu'on souloit faire à ceux qui vainquoient és ieux Olympiques, ausquels l'on en dessia les premiers, ou qui eussẽt bien merité du publicq, comme à Harmodie, & Aristogiton pour auoir mis à mort Pisistrate Tyran d'Athenes ; Au moyen dequoy comme l'orateur Antiphon ayant vn iour esté meu propos deuant Denys Tyran de Sicile, lequel Bronze estoit le plus propre à iecter des statues, pour auoir lasché inopineement que c'estoit celuy dont auoyẽt esté faites celles des dessusdits Harmodie & Aristogiton, il fut par le commandement du Tyran mis à mort ; soubspeçonnant que par là il eut voulu tacitement induire le peuple à se soubsleuer contre luy. Mais les statues se communiquerent depuis indifferemment aussi bien aux indignes qu'aux dignes ; tellement qu'Agesilaüs Roy de Lacedemone ne voulut permettre qu'on luy en dressast en sorte quelconque : & le grand Caton enquis pourquoy il n'en auoit aussi bien que les autres, fit responce, qu'il aimoit mieux qu'on le demandist de la sorte, que nompas pourquoy on luy en auoit mis. Car toute la ville de Rome, comme poursuit le mesme Pline, & toutes les foires & marchez d'alentour se remplissoient de statues pour leur ornement & decoration, & les bibliotheques aussi pour perpetuer la memoire des hommes, dont les tiltres & qualitez se pouuoient veoir és inscriptions extaillees és bases d'icelles : & les maisons priuees encore. Quant à la premiere inuention des statues, il n'y a point de doubte qu'elle n'ait esté fort an-*

cienne, comme le discourt Eusebe au 3. de sa preparation Euangelique; car Moyse ayant defendu de n'en faire point, pour les adorer fault entendre, cela presupposoit assez qu'il y en auoit auparauant. Et Pline liure 34. chap. 7. met que dés le temps d'Euander, plusieurs annees deuant la fondation de Rome, il y eut vn Hercule dedié au marché aux bœufs, & vn Ianus depuis par le Roy Numa. Toutesfois Plutarque en sa vie met que plus de huict vingts ans apres il n'y eut aucune image ny sacree ny prophane de relief ny platte peinture. Herodote en sa Clio, & Strabon au 15. de sa Geographie, escriuent que les Perses remplis ne souloient point vser de statues. Et Mahomet depuis voulant à guise d'vn singe imiter les traditions Mossiiques, defendit en termes exprés, ce que tous ceux de sa Secte obseruent tres-estroittement, de ne faire image quelconque de chose qui soit produitte de la nature; n'estant pas (ce dit il) loisible à la creature de contrefaire les ouurages de son Createur. Macrobe au 1. liure des Saturn. chap. 11. met apres vn Epicadus qu' Hercule ayant deffait Geryon en Espagne, & amené ses troupeaux de bestes à corne en Italie, il fit faire autant de simulachres de glisse reuestus pardessus d'accoustrememens, comme il auoit perdu de ses principaux personnages en ce voyage & entreprise, & les iecter à Val le Tybre, pour estre de là roullez en la mer, comme si les vagues les eussent deu de bonne foy porter chacun en sa contree pour y receuoir sepulture. Mais Denis Halicarnassen au 1. des antiquitez met que les Pelasgiens ayans apporté vne tres-inhumaine superstition en Italie, de sacrifier à Pluton appellé Dis, des hommes en vie, & offrir à Saturne des testes humaines, Hercules interpretant l'oracle changea cela en de petites figures dittes oscilla: & pour le regard des testes remonstra qu'il falloit lire φῶτα qui signifie lumieres ou cierges, & nompas φῶτα chef ou personne. Diodore au 4. refere la premiere inuention des images aux Ethiopiens, dont les Egyptiens les receurent: & Lactance au 2. liure de l'origine de l'erreur chapitre onziesme, à Promethee, qui fit sa Pandore d'Argille, & pour l'animer s'en alla desrobber le feu dans le ciel, dont il fut puny par les dieux, comme le racomptent les fictions Grecques: mais cela passeroit à vne trop ennuyeuse prolixité. Parquoy il vault mieux discourir icy de la precellence de la sculpture & de la peinture; & là dessus, comme il a esté desia dict cy deuant, il ne fault point faire de doubte que le dessein simple de crayon ou de charbon n'ait precedé la sculpture, car on ne fait point de statue de quelque estoffe que ce soit, sans en esbaucher premierement quelque modelle de terre, ny de modelle sans vn dessein. Or tout

CALLISTRATE.

ainsi comme au premier liure de ces images, sur le tableau de la chasse des bestes noires, nous auons ramené en memoire tout plein de petits artifices secrets qui ne sont pas vulgaires à tous tant des esmaux, que des teintures des soyes & laines, parce que beaucoup de choses se perdent auec le temps, si elles ne sont preseruees de l'oubliance par les escripts qui peuuent demeurer à perpetuité, tout de mesme nous estendrons nous icy vn peu au long sur ce qui peult concerner l'art de la sculpture, tant en marbre, comme en metal, selon que nous auons esté curieux & pris la peine de nous en instruire de costé & d'autre, car il y a en cest endroit plus de particularitez à coucher par escript que non pas en la platte-peinture, où il n'y a rien, oultre ce qui se peult apprendre à veuë d'œil de la main du Maistre, que le broyement & le meslange des couleurs. Parquoy nous commencerons par le dessein, puis que c'est le principal fondement de l'vne & de l'autre de ces deux arts & professions.

Du desseing & portraiture.

IL y a doncques plusieurs manieres & moyens de desseigner & portraire, comme auec le charbon, le croyon noir ou rouge, & la plume, qui est le plus laborieux, difficile, & hardy de tous, parce qu'il fault hacher dru & menu le dedans des figures qui est enclos dans le profil, que les Grecs appellent ἐπίπεδα, par plusieurs lignes s'entrecouppantes à petits carreaux ou lozanges en forme d'vne treillissure, pour seruir d'ombrage, selon le plus & le moins, laissant autant de blanc qu'il en fault pour seruir de iour. Ceste façon de desseigner auec la plume, sert principalement pour portraire les planches de cuyure, soit dessus de plaine arriuee, ou en y pochāt ce qui auroit esté tracé sur du papier, pour les imprimer puis apres en taille doulce, auec vn noir qui est faict de fumee à peu prés telle qu'on employe à noircir les soulliers, mais plus subtil & delicat, auec des gommes, & mesme celle de draghant, des noyaux de pesches bruslez, & quelques autres ingrediens: en cecy a excellé de nostre temps Albert Duuer alleman entre tous les autres. Mais au lieu de hacher, quand le profil est acheué auec la plume cōme dessus on a accoustumé d'y proceder pour plus grāde facilité auec le pinsseau, & de l'ancre affoiblie auec de l'eau pour la descharger de noirceur on peult vser encore en lieu d'ancre de quelques legieres & foibles couleurs, & s'appelle tout cela lauer: le plus facile expediēt & abregé, est auec le croyō de pierre noire, ou de sanguine qui seruēt tāt pour le profil, que pour former les ombrages dedās le vuide, & la lumiere se formera auec de la ceruse destrempee en eau, & vn peu de gōme arabique, si c'estoit sur vn autre fonds que du papier blanc, de la cartte ou du parchemin.

De cecy ont fort accoustumé d'vser ceux qui tirent & portraient au vif, pour sur leur crayon, que par le moyen de la mie de pain blanc ils reforment & corrigent comme il leur plaist, en elabourer puis apres & parfaire vn portraict accomply de ses naturelles couleurs : car ce crayon leur sert de mesme que le modelle à l'imagerie. Et d'autant que le dessein n'est que l'ombre à maniere de parler, du relief, & la platte peinture vn dessein accompagné de ses couleurs, par consequant le relief sera estimé à bon droict estre le principal fondement de l'vn & de l'autre, si que iamais on ne sçauroit gueres bien reüssir à estre excellét peintre si l'on n'est versé en la sculpture, qui luy acquiert la ruze & dexterité de bien representer, les racourcissemens, les renfondremés, & releuemens en vn plain : & comme on dict en termes de peinture, faire que ce qui est representé tout plat sans aucune eminence paroisse estre de relief, & se ietter comme hors d'œuure, qui est l'vne des plus grandes perfections de cest art, & la plus grand' louange qu'on puisse donner à la platte-peinture. Pline à ce propos liu. 35. chap. 10. parlant de cest excellent portraict d'Alexandre que fit Apelles au temple de Diane en Ephese, ayant la ressemblance de Iuppiter qui tenoit la fouldre en sa main, & ce pour le prix & somme de six vingts mille escus, si les exemplaires ne mentent : Pinxit & Alexandrum magnum fulmen tenentem in templo Ephesiæ Dianæ, viginti talentis auri: digiti eminere videtur, & fulmen extra tabulã esse. Sed legentes meminerint omnia ea constare quatuor coloribus, immane tabulę precium accepit aureos mensura non numero. Quel bon temps deuoit estre celuy-là pour les excellens esprits, on le peult assez iuger de cecy. Mais pour venir à nos peintres modernes qui n'ont pas esté si exquis, & n'ont eu aussi le siecle si fauorable, parce que selon le commun dire, Honos alit artes, on a peu veoir en plusieurs gr'ds ouuriers de nostre aage, & vn peu deuant, combien l'imagerie & le relief ont serui à faire vn bon peintre:côme en Michel l'Ange, qui a surpassé en l'vne & l'autre toute ceste derniere vollee d'excellens Maistres, depuis que les bonnes arts & sciences commencerent à se resueiller, il y peut auoir quelques cent ans & non plus : mais las ? elles s'en reuont derechef plonger dans ce goulphre de barbarie & ignorance où elles auoient esté detenües plus de douze ou treize cens ans. Deuant cest excellent homme susdit estoient en vogue, & non sans cause, le Ghiotto, le Donatello, André Mantegne, & autres : Raphaël d'Vrbin les a suiuis, plus loüé toutesfois pour sa belle & delicate maniere de colorer, que pour la perfection

Cc iij

CALLISTRATE.

du dessein. Les ouurages aussi qu'on voit à Rome en plusieurs endroits du Polydore, & d'vn nommé Machurat, soubs le Pontificat de Leon X. & Clement VII. de noir & de blanc seulement, ce qu'on appelle Chiar' obscuro sont fort estimez. Tellement que le relief est comme le pere de la peinture, & elle la fille du relief. Quant au chef principal de ces deux, ce que Philostrate en son proëme appelle l'imitatrice, il consiste en l'homme: lequel ainsi qu'il a esté formé la plus belle creature de toutes celles qui ont corps, aussi est-il le plus difficile à bien contrefaire & representer, nommément les beaux, tant en plat qu'en bosse: & pourt'ant auant que d'en faire vne image il est bien requis d'en faire vn modelle, & ce modelle sur vn dessein, autremēt ce seroit y aller à clos yeux: enquoy l'on a cherché plusieurs voyes & expediens: les vns en quelque lieu clos ayant les murailles bien vnies & crespies de blanc, font asseoir ou tenir debout, en en autre tel geste & action qui duist à ce qu'on veult representer, quelque personnage bien faict, & par le moyen d'vne lumiere qu'ils font tenir derriere luy la haussant & baissant selon qu'il leur vient à propos, contretirent sur la paroy l'ombre d'iceluy qui s'en forme, ce qui leur sert d'vn premier esbauchement, comme en gros, tant pour les contenances, que pour les mesures, qu'ils accommodent puis apres auec d'autres traicts plus particuliers, qui ne se peuent pas representer par ceste ombre: & là dessus forment tellement quellement leur modelle de terre grasse ou de cire, haussant, baissant, aduançant, reculant, & raccourcissant, & en somme changeant & reformant ce qu'il fault és parties par le menu de ceste image, soit toute nuë, & plantee debout, comme l'Apollon, & la Venus de Belveder, soit vestüe & couchee comme la Cleopatre, iusqu'à tant que l'ouurage plaise, & soit conduit à sa derniere perfection, selon la portee & suffisance de l'ouurier, afin qu'il se puisse par là conduire puis apres à tailler sagement & par discretion à loisir, son estoffe, dont si l'on en oste tant soit peu de trop & mal à propos, l'on ne le peut pas aisement r'habiller. De façon qu'il fault estre bien rusé, seur & expert en cest endroit auant que de s'en entremettre à bon escient, & aller auec vne grand patience en besoigne, mesmement és grandes figures, où il est plus aisé de faire quelque pas de clerc, & broncher qu'és petites: & pareillement quand il y en a plusieurs ensemble, comme en ce taureau du Palais Farneze, planté sur vn piedestal carré, qui a plus de seize ou dixhuict pieds en tous sens, car cest animal est trop plus grand que le naturel, & y a quatre Nymphes colossales aux quatre coings, qui le tiennent attaché à de longs feſtons de fruitages & fleurs, auec tels autres infinis enrichiſſemens pour la decoration de l'œuure: l'entrepriſe auſſi de Michel l'Ange eſtoit haultaine & fort hardie, ſentant bien ſa main aſſeurée lequel commença l'an 1550. que i'eſtois à Rome, vn crucifiement où il y auoit de dix à douze perſonnages, non pas moindres que le naturel, le tout d'vne ſeule piece de marbre, qui eſtoit vn chapiteau de l'vne de ces huict grandes colonnes du temple de la paix de Veſpaſian, dont il ſ'en voit encore vne toute entiere & debout: mais la mort qui le preuint empeſcha la perfection de ce bel ouurage, ſelon ſa couſtume ordinaire d'interrompre les plus haultes deſſeins & proiects des hommes, comme en Alexãdre, Iulles Ceſar, & pluſieurs autres.

LES Imagiers au reſte ſe conduiſent à dreſſer leurs modelles de ceſte ſorte, leſquels ont quatre veües principales, le deuant, le derriere & les deux coſtez; à quoy ayde fort le deſſein qui ſe contretire ſur l'ombre deſſuſdite repreſentée en la muraille, faiſant tourner celuy qu'on prend pour ſon exemplaire & patron, ſelon les varietez des ſituations conuenables. Et là deſſus peuuent venir en l'imagination de l'ouurier pluſieurs beaux concepts, tantoſt d'vne façon, puis d'vne autre, tant que finablement on ſ'arreſte à celuy qui viendra le plus à gré. I'ay dit quatre principales veües, qui ſe ſoubſdiuiſent en quatre autres entremoyennes, ſi qu'elles ſont huict, & non ſeulement huict, mais plus de quarante ou cinquãte, ſelon la diuerſité des muſcles, & de leurs mouuemens, qui varient la contenance de chaſque membre, là tout cela branle & ſe diuerſifie d'infinies ſortes pour ſi peu que la perſonne ſe remuë, & change d'aſſiette & poſture; parquoy l'on ne ſçauroit gueres bien aſſigner aucunes reigles particulieres de cela, ains tant ſeulement quelques maximes en bloc & en taſche à veüe de pays, où la reigle ny le compas ne ſçauroient ſuffire à guider la main d'vn ouurier en la ſculpture ou pourtraiture, combien que le principal depende d'eux, meſmement és grandes meſures, parce que toutes ſortes de lignes droictes & courbes ſe guident par là. Tout ainſi au reſte qu'il eſt bien requis qu'en dreſſant ſon modelle on y regarde ſoigneuſement & à loiſir, ſans ſe trop haſter ny ſe retenir à ſes premieres opinions; & meſme en prendre le conſeil & aduis des experts en l'art, & des gens doctes d'eſprit, & de iugement, car encore qu'ils ne ſçachent ne peindre, ne deſſeigner, ſi ne laiſſent ils pas neaumoins de donner bien ſouuent de belles ouuertures & reſolutiõs, parce que l'entendemẽt humain eſt fort vniuerſel, & ſ'eſtend par tout la dexterité de ſes coniectures, d'autre-part de ſe

CALLISTRATE.

vouloir tousiours amuser à changer & rechanger de proiect & opinion, sans finablement s'arrester à vne, ce seroit vn erreur & defaut non gueres moindre que le premier, ce qui fut blasmé en Prothogenes tres-excellent Peintre, Qui nunquam manum à tabula comme on luy reprochoit, rhabillant tousiours quelque chose en ses ouurages, la pluspart du temps au grand preiudice d'iceux, qui ne faisoient que s'empirer de ces irresolutions, rendans la viue naïfueté qui doibt proceder d'vne gaye, hardie, & esueillee promptitude, plus morne, languide & pesante par tant de reiterations s'elangorans les vnes des autres, si que le plussouuent les desseins tant promenez & variez ne sont pas les meilleurs, non plus que les assaisonnemens des viandes, car il fault qu'il y ait vne mesure en toutes choses, autrement rien iamais ne s'effectueroit.

OR que la sculpture ne soit plus difficile & plus hazardeuse que la peinture, on le peult assez apperceuoir, entre autres choses par les ouurages de Michel l'Ange le plus accomply des modernes en l'vne & en l'autre, car encore qu'il excellast en toutes les deux presque esgallement, & qu'il y despensast son temps comme à la ballance, il a neaumoins pour vne statuë de marbre fait vne centaine de figures de platte-peinture, & bien colorees, comme on peult veoir au iugement de la chapelle Sixte au Palais sainct Pierre & és Prophetes qui sont és voultes, plus grands assés que le naturel que les bons maistres prisent plus que le iugemēt qui est vn plus fonds. Plus en ces deux grands Quadres ou tableaux d'vne chapelle la aupres, le tout à fraiz qui est trop plus prompt qu'à huille ny destrempe, l'vn de la conuersion S. Pol, & l'autre du crucifiement de S. Pierre, où il y a en chacun plus de cinquāte personnages: laquelle difficulté toutesfois de l'imagerie ne procede pas seulemēt de la peine qu'apporte la dureté du marbre, ains du soin aussi qu'il fault employer à la diligēte obseruation de la diuersité des veües qui sont en vne statuë de plein relief qui a sa rotondité accomplie: ce qui n'aduiēt pas à la platte peinture qui n'a besoin de tant de veües. L'autre precellence de la sculpture par dessus la peinture, c'est qu'elle a monstré le chemin & donné la loy à toutes les proportions & mesures de l'architecture, lesquelles ont esté empruntees du corps humain, & ont pris leur origine & fondement, de façon qu'vn sculpteur a vn grand aduantage en cet endroict, & y sera beaucoup plus propre qu'vn simple Peintre, qui ne lairra pas toutesfois de s'y entendre aucunement à cause de la cognoissance & practique qu'il a du dessein, selon qu'on a peu veoir en Raphaël d'Vrbin : car qui sçait bien portraire vne figure d'homme, & d'vn

animal,

animal, à plus forte raison peut bien desseigner vn edifice, dont les lineamens s'accommodent mieux à la reigle & au compas que les traicts desdits animaux : mais d'autant qu'on ne fait que les contrefaire apres le naturel, dont procede le premier dessein ; & que l'ordonnance & disposition d'vn bastiment que les Grecs appellent οἰκοδομία, depend de la fantasie de l'architecte, qui en est comme vn nouueau createur quant à la forme & figure, la difficulté est tant plus grande, parce qu'il est plus malaisé d'inuenter que de contrefaire, & mesmement d'en approprier les parties à leur deuë situation ; car elles se rapportent aux membres du corps humain. Et de fait tout ainsi que le peintre ou imagier les variët pour en faire diuerses figures, & qu'ils adaptent ces figures diuersement pour la representation de quelque histoire ou autre subiect, soit en plain, soit de relief, de mesme l'architecte doit faire, les pieces de son edifice : tellement qu'il a vne fort grande affinité entre eux : ce qui est cause que il seroit bien malaisé, voire presque impossible qu'on peust estre bon architecte, si l'on ne sçait le dessein & la pourtraicture, & pour le rendre plus accomply, quelque chose de l'imagerie. Aussi Michel l'Ange a amandé beaucoup de fautes pour la grande & exacte cognoissance qu'il en auoit, que Brumant, & Sangal auoient commises à la fabrique de l'Eglise de S. Pierre de Rome, dont ils furent les premiers ordonnateurs. Et feu monsieur de Clany enuers nous, lequel ne s'estant iamais exercé qu'au crayon, plustost encore d'vn instinct naturel propre en luy & incliné à la pourtraicture que par art acquise, a neaumoins conduit assez heureusement le Louure de fonds en comble tel qu'on le voit, combien que ceux qui sont versez en l'art y remarquent tout plein d'erreurs tant par dedans que par dehors. Et à la verité ces grands pieces meritent bien de passer par les mains de ceux qui ont fait leur apprentissage & coups d'essais en d'autres moindres, suyuant le dire commun Italien gastando s'impara, qu'vn tailleur auant que se rendre bon maistre aura gasté assez de drap, les deux du Cerceau aussi pere & fi's, ont esté des meilleurs architectes de nostre temps, pour la cognoissance qu'ils auoient du dessein, mais maistre Iean Goujon estoit plus versé en l'imagerie, de la main duquel sont ces quatre grandes Colossalles Caryatides de la salle basse du Louure, ce neaumoins apres le crayon au mesme volume de la main dudict sieur de Clany, si fort estoit pour ce regard le naturel en ce personnage de bonne maison, les fontaines de sainct Innocent, & le poulpitre de sainct Germain de Lauxerrois, toutes bonnes pieces pour des modernes, sont de la main & conduitte dudict Goujon. Mais le plus ex-

Dd

CALLISTRATE.

cellent imager François tant en marbre qu'en fonte : j'excepteray tousjours vn maistre Iacques natif d'Angoulesme, qui l'an 1550. s'osa bien parangonner à Michel l'Ange pour le modelle de l'image de sainct Pierre à Rome, & de faict l'emporta lors par dessus luy au iugement de tous les maistres, mesme Italiens : & de luy encore sont ces trois grandes figures de Cire noire au naturel, gardees pour vn tres-excellent ioyau, en la librairie du Vatican, dont l'vne monstre l'homme vif, l'autre comme s'il estoit escorché, les muscles, nerfs, veines, arteres, & fibres, & la troisiesme est vn Skeletos, qui n'a que les ossemens auec les tendons qui les lient & accouplent ensemble. Plus vn Automne de marbre qu'on peult veoir en la grotte de Meudon, si au moins il y est encore, car ie l'y ay veu autresfois, ayant esté faict à Rome, autant prisé que nulle autre statüe moderne, le plus excellent doncques sculpteur François, ny autre de deçà les monts, a esté maistre Germain Pillon decedé l'an 1590. dont se voyent infinis chefs-d'œuvre en marbre, bronze, & terre cuitte, tant de plein-relief que de basse taille. Le marbre au reste importe auec soy non tant seulement plus de peine que l'argille, le boys, & semblables estoffes tendres, plus aisees à manier, à cause de la masse qui pese de quatre à cinq liures, & la pointe ou ciseau qu'il faut à tous propos acerer de nouueau à la forge, mais pour la ruze & pratique qu'il fault auoir à cognoistre le fil du marbre, & de quel biez on le doibt prendre. A ce propos ie puis dire auoir veu Michel l'Ange bien qu'eagé de plus de soixante ans, & encore non des plus robustes, abattre plus d'escailles d'vn tres-dur marbre en vn quart d'heure, que trois ieunes tailleurs de pierre n'eussent peu faire en trois ou quatre, chose presqu'incroyable qui ne le verroit : & y alloit d'vne telle impetuosité & furie, que ie pensois que tout l'ouurage deust aller en pieces, abattant par terre d'vn seul coup de gros morceaux de trois ou quatre doigts d'espoisseur, si ric à ric de sa marque que s'il eust passé oultre tant soit peu plus qu'il ne falloit, il y auoit danger de perdre tout, parce que cela ne se peult plus reparer par apres, ny replastrer comme les images d'Argille ou de Stucq. Quant au boys, & l'Ebene, & l'Iuoire aussi, ils sont tous plus doux & traictables, & moins rebelles & rebours : mais telle est ceste dexterité & asseurance de la main qui s'acquiert par vne diuturne experience & pratique. Tellement que celuy qui est vsité à faire des figures de pierre ou de bois, est bien plus apte à en elabourer de metal, que non pas l'imagier simple metallaire à se ruer indifferemment sur le marbre : bien est vray que pour raison du dessein, & des modelles qui leur sont

CALLISTRATE.

communs aux vns & aux autres, soient de terre, cire, ou autre semblable estoffe, il ne luy reste que la pratique de le bien iecter dans ses formes.

OR puis qu'il est icy question des marbres, il n'y aura point de mal d'en toucher tout d'vn train quelque chose, car il y en a de plusieurs sortes & especes plus dure & opiniastre soubs les ferremens, & plus fascheux à manier les vns que les autres. En premier lieu est le Porphyre, le plus dur de tous fors le Serpentin qui le passe : c'est vne pierre rouge obscure mouchetee de taches blanches, & le Serpentin a le champ verd tauelé de mesme de blanc, auec quelques noirceurs y entremeslees. Les modernes voyans la difficulté de mordre auec des ferremens dessus, se sont voulu persuader que les antiques eussent quelque secret pour le rattendrir, mais il n'y auoit que leur longue patience, & les frais d'infinis outils qui estoient reacerez & trempez à chasque coup presque, & leur pointe renouuellee : car on a veu de nostre temps vn Francisque del Tadda Florentin qui en a fait plusieurs testes, voire des statuës tout entieres, bien que petites, mais vestiies en recompence, où il y a plus de choses à rechercher que non pas au nud, encore que la science n'en soit pas si grande, ayant celuy-là esté le premier dont on ait memoire, qui depuis les antiques a eu la hardiesse d'assaillir la dureté de ceste desobeïssante pierre. Toutesfois ç'a esté à la faueur du feu grand Cosme de Medicis le premier grand Duc de Toscane, prince d'vne immortelle loüange qui luy en donna le courage, luy en fournissant la despence. Il s'en voit au reste vne statuë collossalle tout entiere fors que la teste qui est de bronze au Palais sainct George à Rome pres Campo difiore : & aupres de l'Eglise saincte Agnes hors des murs vne grande cuue carree qu'on appelle communement la sepulture de Bacchus, toute ouuree par le dehors i sarmens de vigne, & de lyerre auec leurs grappes, & force oyseaux semez parmy : & en l'Eglise vn grand nōbre de belles tables enchassees dans les parois, cōme aussi en plusieurs autres lieux dās la ville tant publiqs que particuliers. Deuāt la Rotonde il y en a deux grāds vaisseaux, l'vn ouuragé qui est au milieu de deux beaux lyons de marbre numidien, de couleur cannelee, tenant quelque peu du grisastre obscur, lequel n'est pas moins dur que le Porphyre, la pierre aussi de parangō, ou de touche cōme on l'appelle, en Latin Lapis bydius, ou l'on touche l'or & l'argent, est en ce mesme degré de dureté, & y en a vne statuë excedante le naturel d'vn Hermaphrodyte au dessusdit Palais S. George: mais le Serpentin est le plus malaisé & rebelle, si qu'on ne l'a iamais employé, que ie sçache,

Dd ij

CALLISTRATE.

qu'à faire des tables. Et si il se sie auec vne extreme peine, patience, & longueur de temps, par le moyen de l'emery mis en pouldre, & vne sie deliee qui le mine & ronge peu à peu. Il y a vne autre pierre de fort belle & agreable veuë grise & mouchetee de taches blanches & noires, enchassee au poulpitre de Saincte Marie maieur, qui n'est pas moins dure, & n'en ay peu veoir que celle là en tout Rome, l'ayant ouy appeller à quelques antiquaires Pierre Marmaride, voyla les pierres les plus dures de toutes autres. Suit apres le marbre qu'on appelle grain ou grené, à cause de gros grains de castidoines, esmerils, & agattes de diuerses couleurs, dont il est composé & tout persemé, si que quelques vns ont cuiddé que ce fust vne matiere fusible, attendu les enormes masses demesurees qui s'en voient tout d'vne piece: mais il y en a de deux sortes: l'vn qui tire sur le grisastre, comme on peut veoir en partie des grandes colonnes du porche de la Rotonde, anciennement le Pantheon, treize debout, du reste de seize qu'elles estoient: les autres sont de grain rouge, comme sont aussi tous les obelisques grands & petits, & quelques cuues pareillement qui seruoient aux bains, dont il y en a vne deuant le palais de S. Marc à Rome & de l'Eglise de S. Saluator de Laure, toutes deux fort grandes: & ailleurs encore. Les marbres grenez viennent des parties Orientales & Meridionales: mais il y en a vne autre espece moins dure, dont il se trouue de belles carrieres en l'Isle de l'Elbe sur la coste de la Toscane: le feu grand Duc en fit l'an 1566. & 67. apporter vn bassin de fontaine ayant plus de quinze poulces d'espais, & vingt cinq pieds de diametre, qui demeura plus de deux ans, à se conduire sur des roulleaux: estançonné de toutes parts d'vne tresforte liaison de charpenterie, y ayans plus de deux cents hommes pour l'acheminer, & faire les explanades necessaires. Il est dressé en la Cour du Palais Pitti à Florence. Or quant à ceux qui ont cuiddé que ces excessiues masses d'obelisques fussent d'vne composition artificielle, ils ont esté poulsez à le croire ainsi, pource qu'ils ne pouuoient comprendre en leur esprit, qu'il y eust moyen de les amener de si loin, ny de les dresser: mais Pline, & autres anciens autheurs y contredisent formellement, qui alleguent les carrieres où ils furent taillez: & comment chargez, conduits, & dressez: oultre ce qu'il s'en voit tout plein de grauez de lettres hieroglyphiques de costé & d'autre, & que n'y a pas long temps que cest obelisque dit communement l'esguille de Virgile qui estoit au mont Vatican ioignant vne chapelle de l'Eglise S. Pierre, a esté de là amené & dressé au bas des degrez en la place où est la fontaine, combien que iusques alors Architecle quelconque ny ingenieux n'euſt ſeulement oſé entreprendre de le remuer de ſa place. Ammian Marcellin ce me ſemble, deſcript la difficulté qu'il y eut de leuer celuy du Cirque maieur, qu'on y voit encore briſé en deux pieces, trop plus grand aſſez que n'eſt ceſtui cy, ſeul de tous demeuré entier, ayant 80. pieds de haut, & neuf en chacune de ſes quatre faces où il eſt le plus large : où l'autre, le plus grand des deux à ſçauoir, auoit 114. pieds de long, & le moindre 88. Celuy auſſi qui eſt enfermé deſſoubs terre au champ de Mars, dans les caues du Palais des Conti eſtoit fort grand : & encore vn autre rompu auſſi, non gueres loin de l'Egliſe de S. Laurens in Lucina, emmy la rue du populo, l'vn des deux qui eſtoient au Mauſolee d'Auguſte, car l'autre eſt couuert de terre derriere l'Egliſe S. Roch. Cela ſoit donques dit comme en paſſant des obeliſques pour oſter l'opinion qu'on pourroit auoir qu'ils ſoient d'vne matiere fuſible, ce qui eſt faulx, ains de marbre grené naturel, lequel pour eſtre fort groſſier & veueſche, parquoy ſubiect à s'eſclatter ioint ſes mouchetteures & tſuellemens, n'a eſté aucunement propre à faire des ſtatues, auſſi perſonne ne s'y eſt amuſé.

SVIT apres en durté ce qu'on appelle breſche, dont il y en a de pluſieurs ſortes, toutes fort dures & variees de diuerſes couleurs : & pourtant non aptes non plus à l'imagerie, ains ſeulement pour en faire des pilliers, colonnes, tables, huiſſeries, cheminees, feneſtrages, entablatures, & autres ſemblables ouurages. Le marbre qu'on nomme gentil, à cauſe qu'il eſt vniment blanc, ſans aucunes veines y eſt bon, & s'en voit pluſieurs teſtes & figures entieres, mais pour eſtre fort dur & malaiſé à manier, les bons maiſtres ne s'y ſont pas voulu arreſter, ains ont tous donné ſur le parien, tant pource qu'il reſiſte fort bien à toutes les iniures de l'air, ſans s'y alterer ne corrompre, & ſi eſt dur competemment pour receuoir le poliſſement, mais non rebelle, que de ce qu'il a certain luſtre & couleur qui approche de la charneure, & qu'il ne s'y trouue iamais tache ny defaut quelques grandes pieces qu'on en vueille tirer, car il n'a point de banc ny d'eſtages comme noz pierres de par deçà : là où les marbres de Carrare ſoient blancs, ſoient noirs, & pareillement ceux des monts Pyrenees ſont tous ou pour la pluſpart ſemez de taches & de veines d'autres couleurs que n'eſt leur fonds : neaumoins il s'en trouue par endroits d'egal, comme celuy dont Michel l'Ange fit toutes les figures qui ſont en la chappelle des Medicis à Florence, en l'Egliſe de S. Laurens. Il y a en outre vne autre eſpece de marbre trop plus tendre que les deſſuſdits qu'on appelle

CALLISTRATE.

Mischio ou mesté à guise de iaspe, à cause de ses diuerses couleurs, dont il y en a d'infinies sortes. De cestui-cy on ne s'est point nomplus serui à faire des figures, car il n'y seroit pas propre, & ne l'employe l'on à autre vsage que les bresches. On ne voit autre chose dans Rome que des gens apres à coupper & sier des pilliers & colonnes antiques de ces marbres misques & iaspez, plus aisez & obeissans à tout que ne sont les bresches. Il y a encore deux grandes colonnes debout à l'entree de l'Eglise S. Pierre, hautes de plus de trize pieds tout d'vne pierre, sur lesquelles car elles sont pres l'vne de l'autre, & y a vn petit tandis dressé dessus où est la Veronique qu'ils appellent le Volto sancto, & le fer de la lance dont nostre SAVVEVR eut le costé percé. Mais cela iroit trop en infiny, il suffit que les marbres susdits sont les plus communs tant pour les statues que les autres ouurages où les sculpteurs se peuuent employer, car de l'allebastre à cause de sa molesse & tendreur les bons ouuriers n'en ont fait compte.

RESTE maintenant de venir aux oustils & instrumens, & à la maniere d'ouurer. Quant aux oustils ils se varient selon la matiere, & le subiect qu'on veult traitter, car autres sont les ferremens dont on trauaille sur des pierres tendres ou du bois, & autres ceux des marbres durs: autres pour des images toutes nues, & autres pour celles qui sont reuestues d'accoustremens, où il faut rechercher les plis, comme aussi en la cheuelleure, au poil des animaux, és fleurs guillochiz & semblables fantastiqueries seruans de parergues. En premier lieu doncq' est la masse ou marteau de fer, dont il y en a de plusieurs calibres, du poix depuis trois liures iusques à six qui sont les plus pesantes. Et faut qu'elles soient d'vn fer doulx & non trempé de peur que pour raison de leur resistace elles ne grillent à tous propos, comme elles feroient, sur les mains de l'ouurier: lequel doibt estre muny d'vn demy gand, qu'on appelle le garde-main, qui est de buffle, pour la conseruer, & specialement à l'endroit de la basse iointure du doigt indice, qui supporte en cest endroit tout le faix: & ne se peult on encore si bien garder que par traict de temps il ne s'y engendre vne calle de chair dure qui ne s'en va pas aisement. Il y a en apres les pointtes trempees & acerees par le moyen de la forge qu'il fault auoir continuellement pres de soy. Celles au reste qui sont pour esbaucher doibuent estre mousses & camuses vers la pointe, qui sera neaumoins fort subtile, & aigue au bout, de peur que si ceste pointe s'alongeoit en vne longueur deliee, elle ne peust supporter le coup du marteau, ains vint à se rompre & esclatter; si qu'il faut aller sagement en besoigne & en biaizant de costé & d'autre, sans donner tousiours en vn mesme endroict de droict fil & à plomb, afin de ne meurtrir le marbre, où les taches s'en demonstreroient puis apres au polissement: des coups deschargez mal à propos, & en vain, comme il aduient assez de fois aux mauuais ouuriers ignorans. Il y a puis apres les ciseaux de plusieurs sortes de largeurs: les petits pour trauailler par le dessus; & les grands aux concauitez: lesquels ciseaux sont brettez, les vns d'vne dent, les autres de deux, ou de trois, comme ceux des tailleurs de pierre: Mais on employe ces ciseaux auec des masses plus legieres que celles des pointes, du poix de trois liures, plus ou moins à la discretion de l'ouurier. On se sert aussi de rondelles, & de becq-d'asnes, de toutes sortes de grandeurs: plus de martellines, c'est vne espece de marteau ayant vne poincte d'vn costé, & vne plate de l'autre: & de bouchardes qui sont en poincte de diamant, il y a aussi des Raspes demy rondes, & en coustæux, & des couldees comme on les appelle, qui sont recourbes (les limes sont pour les ouurages de brouze) des forests ou trepas en forme presque d'arbaleste qui se torne virãt, auec vne courroye enueloppee autour du fust & vne maniere d'archet, les vibrequins ont le fer en forme de dard, ou langue de serpent, qui est trempé & aceré pour entrer és concauitez où les pointes & ciseaux ne sçauroient donner. Plusieurs autres oustils & instrumens inuentent les ouuriers de iour à autre, selon qu'il leur vient à poinct, & le subiect qu'ils ont à traicter & leurs fantasies; Car qui procede par vne voye, qui par vne autre, suiuant le dire de Geber Arabe; Multæ sunt viæ ad vnum intentum, & vnum finem.

L'OVVRIER donques doit en premier lieu arrester de tous poincts son modelle sur lequel il doibt conduire & mener à fin son ouurage, l'ayant tousiours deuant les yeux pour son exemplaire & patron, releué en bosse apres son premier proiect & dessein, autrement s'il n'en estoit bien resolu par vn meur aduis, & qu'il vint inconsiderément à donner au marbre, il y pourroit faire de grands pas de clerc, qu'il ne pourroit point r'habiller puis-apres, côme on feroit bien vne platte peinture, ou du stucq, ou de l'argille. Ce qui seroit perdre inutilemẽt autant de temps, de peine & d'estoffe. Quãt à l'ordonnance & disposition de sa besoigne, elle doit en partie proceder de son inuention, en partie du conseil & aduis de ceux qui s'y cognoissent: en quoy neaumoins il y peut auoir de l'inconuenient, si ce n'estoient gens fideles & familiers; parce qu'ils se pourroient approprier vostre inuention, & en faire leur profit, comme si elle estoit venue de leur cerueau, selon qu'il y a ordinairement de l'emulation entre les ouuriers d'vn mesme art & profession, selon que dit le Poëte Hesiode.

Καὶ κεραμεὺς κεραμεῖ κοτέει, καὶ τέκτονι τέκτων,
Καὶ πτωχὸς πτωχῷ φθονέει, ἢ ἀοιδὸς ἀοιδῷ.

D'autre part de ne receuoir le conseil de personne, ce seroit vne grande temerité, & vne indice d'arrogance. Mais il n'y auroit pas moindre danger de s'amuser apres les diuerses opinions d'vn chacun ; car outre ce qu'on n'auroit iamais fait, ce seroit vn ouurage tout descousu, dont les parties ne correspondroient pas à leur tout, qui doit partir d'vn mesme fil, & mesme veine, si qu'il en auiendroit le mesme que d'vne escripture de plusieurs differentes mains : ou de ces deux statues de Lysippus d'vn mesme subiect & inuention, dont il faisoit l'vne en secret à par soy de sa seule fantasie, & de l'autre il en exposoit le modelle en sa boutique, à la veue de tous les passans, qui en disoient chacun sa ratelee, & auec de la terre il le r'habilloit à tous propos : mais apres qu'il les eust toutes deux menees à fin il les fit porter à la place, là où tous vnanimement s'estans arreslez à la sienne, l'autre reiettee comme quelque monstrueuse chimere, ce neaumoins, leur va il dire, cellecy que vous reprouuez vient de vos opinions & aduis, & l'autre du mien, au moyen dequoy en cecy, comme en toutes autres choses, il faut garder la mediocrité & discretion. Au demeurãt pource que la nature est tousiours plus seure en ses ouurages, que nostre inuention & proiect, & que les peintres & imagiers ne sont qu'imitateurs de la nature, quand il sera question de venir à vn visage, ou à vn nud, voire en tous les animaux, vegetaux, rochers, paisages, nues, & en tout ce qui peut tomber soubs nostre veue, si ce n'estoit en quelque guillochis & fueillages, ou autres telles fantasies & nouueautez, car mesmes les monstres, quelques bizarres que l'ouurier se les puisse representer, ne peuuent estre si esloignez de ce que la nature procree, qu'ils n'en tiennent aucunement quelque chose, le plus seur sera de se conformer en cela sur le naturel & le vif, & à ceste fin choisir en vne ou plusieurs personnes ce qui y sera de beau, & mieux proportionné, Comme il se dit de Zeuxis, qui pour faire sa Venus de platte-peinture, esleut les cinq plus belles & accõplies creatures de tout le territoire de Brotone, pour de ce que chacune auoit de plus beau & exquis en soy, luy qui estoit tres-excellent maistre en peust faire vne image où il ne peust rien auoir à redire, car mal aisemẽt toutes les perfectiõs requises se pourroiẽt retrouuer en vn seul subiect. Sur le naturel dõcques, mais bien choisi, l'ouurier pourra former son dessein & modelle, & sur iceluy conduire son œuure au but qu'il pretend : Car de suiure du tout l'inuẽtion d'vn autre, ce n'est pas pour s'acquerir gueres de gloire &

re & reputation: & d'en prendre icy vn bras, la vne teste, & la vne iambe, ce seroit encourir en l'inconuenient que touche Horace tout au commencement de son art Poëtique.

Humano capiti ceruicem pictor equinam
Iungere si velit, & varias inducere plumas, &c.

Sur tout il faut que l'imagier soit bien instruict & versé en l'anatomie, & és proportions & mesures du corps humain, & qu'il sçache bien discerner que ce qu'il se doit proposer pour patron soit beau & louable, & rapporter deüement tous les membres particuliers, & leurs gestes & mouuemens à l'action qu'il veult representer en sa statue, afin que les parties soient coherentes à leur tour.

QVANT au modelle, il est requis pour le plus seur qu'il soit de la mesme grandeur dont on pretend faire la statue, toutesfois on a de coustume d'en former premierement vn plus petit, comme d'vn pied & demy, plus ou moins, & sur ses mesures agrandir l'autre, qui doibt seruir d'exemplaire, selon la ruze & practique qu'on a accoustumé de tenir à agrandir les statues Colossalles sur de petits modelles. Bien est vray qu'il y a des ouuriers si practiquez & vsitez, que le petit calibre leur suffist, comme en la peinture l'ordonnance & inuention d'vn tableau où il y aura plusieurs personnages, bastimens, passages, & semblables enrichissemens, compartis en plusieurs petits carrez, est suffisante pour l'estendre, ores que ce dessein ne fust que d'vn pied en carré, à telle grandeur qu'on voudra: mais pour le regard des statues, où les dimensions, à cause de leur entiere rondeur, & pluralité de veues tout à l'entour, & de tous costez, sont plus malaisees à obseruer, & plus dangereuses à s'y fouruoyer, le meilleur sera fust-ce mesme pour les plus seurs maistres de faire le modelle de la propre grandeur que la statue doibt estre. Ce qui ne se sçauroit pas pratiquer és patrons & modelles de l'architecture, ny és grands colosses, si d'auenture ce n'estoit en bronze, qui est plus seur à manier que le marbre: parce que le modelle propre y peut estre employé pour seruir de forme & moyen, là où le defaut commis au marbre ne se sçauroit plus replastrer. Le modelle doncq ainsi arresté & paracheué de tous poincts, en premier lieu on trassera auec vn charbon ou pierre noire sur le Bloc, ou masse du marbre grossierement esbauché, à la forme qu'on luy veult donner, la principalle veue d'icelle le plus exactement qu'il sera possible, où les compas croches & recourbes par la poincte seruent pour prendre les mesures des extremitez: & les esquierres pour les concauitez & saillies: puis auec la poincte aceree, & la masse on

E e

CALLISTRATE.

commencent à en oster le superflu, tenant la pointe panchee en travers, & non du tout émet à plomb, afin de n'entrer plus auant qu'il ne faule: & ainsi aller sagement en besogne descouurant peu à peu, & auec patience & discretion, tant qu'on arriue à la penultiesme peau, comme on l'appelle en cest art tout ainsi que si on ne vouloit faire qu'vne figure de bas relief, ou à demy bosse. Ce'a fait faule passer oultre auec le ciseau, pour explaner le reste iusques à la derniere peau : & de là en auant proceder auec des Raspes demy rondes, & en cousteaux; & des couldees qui sont recourbes, & de plusieurs sortes: les limes sont comme il a esté ja dit cy deuant plus pour les ouurages de bronze, combien qu'elles peuuent aussi estre employees par fois icy: & les forets pareillement ou trepants; & les vibrequins; instrument propre aux menusiers, & aux serruriers, mais qui se torne. Virent de diuerses sortes. Mais oultre que tous ces outils sont assez cogneus & vulgaires, toutes leurs façons & calibres ne se peuuent pas gueres bien limiter, d'autant que les ouuriers les varient comme il leur plaist selon leurs intentions & ouurages.

Lesquels conduits à leur derniere perfection on les lustre & polist par le moyen du grez cassé menu, & passé par vn saz, puis empasté auec de l'eau: & ce auec des broches & bastons de saule aguisez par le bout, entortillez d'vn linge blanc; ce qui addoucist & efface les coups & marques des brettures : puis pour le raddoulcir encor d'auantage, auec des pieces de pierre ponce bien vnie, frottant par tout egallement: & en apres auec de la mesme ponce en pouldre destrempee en eau, frottant auec vn linge. Le tout estant bien addoulcy, on luy donne le polissement auec de la pottee, qui est faite de plomb & estain calcinez ensemble, & destrépez auec de l'eau; frottant le marbre de ceste composition auec vn linge, tant que le lustre vous vienne à gré. Pour le marbre noir ou d'autre couleur, on vse de pouldre d'Emery, car pouraultant qu'il est noirastre de soy, il ne seroit pas propre pour le blanc, à cause qu'il les terniroit. On vse aussi d'oz de moutons calcinez, car la ponce ne lustre, ny ne pollist, ains ne fait qu'addoulcir, pour les choses pleines, comme les tables, pilliers, colomnes, architraues, & autres semblables, on vse apres la ponce de meulettee auec de l'eau: ce qui addoulcist encore plus. Voila ce qui nous a semblé à propos d'atteindre icy comme en passant de la maniere de proceder és statues de marbre: au regard de celles de bronze, cela se reseruera en son lieu sur le Cupidon premier de Praxiteles.

Q V A N T aux particularitez de ceste statue il n'y a rien a esclarcir qui n'ait desia esté atteint au tableau de Marsias, & en ceux des Satyres, & autres mentionnez en l'argument. Comme aussi pour le regard de la pierre Ethiopique dont l'image de Memnon estoit faicte, ayant ie ne sçay quel ressentiment en soy d'allegresse & de fascherie, outre la morne & hebetee stupidité naturelle des pierres.

LA STATVE D'VNE BACCHANTE, MAIS METAPHOriquement là dessoubs il explique tout l'artifice de Demosthene.

ARGVMENT.

CY est descripte d'vn tres grand artifice la figure d'vne Bacchante, c'estoient des femmes dediees au seruice du dieu Bacchus, où elles vsoient de plusieurs execrables ceremonies, & se mettoient d'elles mesmes tant par le vin qu'elles prenoient oultre mesure, que par aultres voyes extraordinaires en vne si furieuse alienation d'esprit, qu'elles deuenoient enragees, courans d'vne estrange forcenerie à trauers les champs, monts & vaulx, dans les plus escartez desuoyemens des inaccessibles rochers & forests desuoyables. Mais là dessoubs se commettoiēt infinies malheuretez trop enormes, comme on pourra veoir plus à plain cy dessoubs en l'annotatiō, outre ce qui en a esté cy deuant touché sur le tableau de Semelé, de Penthee, des Tyrrheniēs, Andriens, & des Isles, soubs ceste statue au reste de la main du tres-excellent imagier Scopas. Callistrate s'efforce de demonstrer tacitement l'affinité qui est de la vehemence de l'oraison, & entre autres de Demosthene, le plus nerueux, & persuasif orateur de tous autres, auec l'action que representēt les gestes & contenances que les bons ouuriers introduisent en leurs figures, si qu'encore qu'elles soiēt mortes de soy & insensibles, & d'vne estoffe morte du tout & insensible, elles ne laisser pas neaumoins de paroistre viues. De quoy ne s'esloigne pas beaucoup ce qui se lit de Cicerō & de Roscio le souuerain comediē, qui entreret bien souuēt en dispute, lequel exprimeroit vne mesme chose en plus de sortes, ou luy Cicerō auec sa plantureuse Eloquēce, ou le comediē auec ses taisibles & muets gestes & actions. Mais Callistrate n'atteint ce que dessus de Scopas, & de Demosthene que du bout des leures comme en passant, & en laisse plus à considerer aux lecteurs en le remaschant à par eux, en leur esprit, que paruanture il n'en auroit peu exprimer de sa plume.

ON des Poëtes tant seulement, & de ceux qui traictent les fables, les arts viennent à estre comme inspirees és langues des hommes par vn halenement qui s'espand des dieux, mais les mains mesmes des ouuriers sont esprises aussi de la beneficence des diuines inspirations; & possedees d'vn rauissement de fureur, qui rendent leurs ouurages presque prophetiques. Car Scopas comme meu de quelque diuin admonestement transmit en la representation de ceste sienne statue, ie ne sçay quelle fureur diuine. Mais pourquoy ne vous racompteray-ie de fonds en comble cest enthusiasme de l'art? la figure de ceste Bacchante estoit faite de marbre Parien, mué totalement en elle, car la pierre demeurant en son naturel estre, monstroit d'exceder la commune loy & disposition des autres : & ce qui en apparoissoit par dehors estoit veritablement vne image où l'artifice auoit introduit vne similitude d'existence, car vous pouuiez veoir en ce marbre quelque dur & solide qu'il fust, comme il se ramolissoit à vne semblance de femme, ce qui estoit de farouche & hagard en elle contemperant l'ordinaire simplicité feminine. Et combien qu'elle fust priuee de la puissance de se mouuoir, si la

voyoit on neaumoins Bacchanalifer & rager, &, le dieu s'y introduifant refonner en dedās : dont pource que nous n'y apperceuions perfonne quelconque, nous demeuraſmes tous eſtōnez, tant il y auoit d'apparoiſſance de fentiment, encore que du tout il n'y en cuſt point : & le tranſportement de ceſte infenſee Bacchaniſante ſe manifeſtoit, nonobſtant qu'elle ne fuſt eſpriſe d'aucune fureur, fon eſprit ſe demonſtrant autant agité d'vn impetueux eſguillon de forcenerie, que les indices d'vne vehemente affection reluiſoient en elle de l'art y empraincte, aſſiſtez d'vne ſecrette & latente conſideration & proiect de l'ouurier. Sa perruque au reſte eſtoit abandonnee laſche & flottante au vent, pour n'eſbranler à ſon plaiſir & le marbre ſe rendoit flexible vers la racine de ſes cheueux : mais ce qui ſurpaſſoit encore plus tout ce qu'on en euſt peu ratiociner, eſtoit que la pierre ſe laiſſoit aller à leur ſubtilité ſi delieé, & s'accommodoit à vne vraye reſſemblāce de longues treſſes. Et combien qu'elle fuſt deſtituee de tout habitude vitale, elle ne laiſſoit pour cela d'auoir vie. Vous euſſiez dit meſme que l'artifice y auoit empraint les facultez d'vne augmentation & croiſſance, de ſorte que ce qui ſe voyoit eſtoit incroyable, & excedant toute creance, ce qui ſe repreſentoit à noz yeux. Car elle demonſtroit des mains elabourees d'vne merueilleuſe induſtrie, ne braſlans pas vn iauelot bardé de lyerre, cōme eſt la couſtume de ces forcenees, ains portoit certaine victime pour marque de vouloir aller & celebrer les orgies és ſe-

E e iij

LA STATVE

crets mysteres Bacchiques, estât esprise & transportee d'vn furieux rauissemēt. C'estoit la representatiō d'vne chimere de couleur inde & liuide, car au marbre s'estoit introduitte vne ressemblance de mort, & la matiere n'estant qu'vne mesme d'vne seule piece, l'artifice neaumoins l'auoit sceu mipartir à vne imitation de vie, & de mort, la Bacchante à sçauoir toute debout & respirant, transportee pres Citheron, & la Chimere massacree par fureur Bacchique, la vigueur de son sentiment estant desia esteinte en elle, & flestrie. Scopas donc estoit vn tressubtil & ingenieux ouurier, pour bien contrefaire les effigies des choses inanimees, & pour le regard des corps, proprement exprimer d'estranges merueilles en vne matiere insensible. Tout de mesme Demosthene en son oraison façonnant exactement ces images, peu s'en fault qu'il n'ait demonstré vne forme viue & sensible en ses paroles, meslant les remedes & secours de l'art auec le iugement & dexterité naturelle. Or tout soudain vous cognoistrez que la statuë qui nous est icy proposee pour la contempler n'est point destituee de son mouuement conuenable, car elle domine ensemblement & conserue la figure que luy a donné son propre facteur, & en sa forme de Bacchante garde l'amour qui la transporte.

ANNOTATION.

DE Bacchus, & de ses mysteres il en a esté ja assez parlé cy deuant sur les Philostrates. Reste icy de dire aussi quelque chose de ses ministresses, les Menades, Bassarides, Thiades, Mymalloniennes, Lenees, & aultres semblables, dont l'vne est descripte icy à l'imitation presque de celle du tableau des Isles, à l'endroit où nous auons amené le passage des Chiliades de Tzezes, qui la particularise fort naïfuement, parquoy il ne sera point de besoin d'en vser icy de redicte. Les Menades doncques estoient ainsi appellees du Grec μαίνεσθαι, qui signifie forcener, rager, foillastrer: Hesichius les nomme aultrement Potniades, de la ville de Potnies en la Bœoce, où l'on dit que Glaucus fils de Sisyphe & de Meropé fut nay, qui fut pere de Bellerophon, ce qui viendra à propos cy apres pour le regard de la Chimere que ceste Bacchante tient entre ses bras en lieu de victime, & nourrissoit de chair humaine certaines iumens qu'il auoit pour les rendre plus furieuses & encouragees contre ses ennemis, mais ceste pasture leur estant venu à manquer, elles entrerent en telle rage qu'elles deuorerent leur maistre propre, comme mettent les commentateurs de Virgile sur le 3. des Georgiques.

Scilicet ante omnes furor est insignis equarum,
Et mentem venus ipsa dedit quo tempore glauci
Potniades malis membra assumpsere quadrigæ.

A ce propos Pausanias en ses Bœotiques. A quelque demy-lieuë de la ville de Thebes, quand vous aurez passé la riuiere d'Asope, vous verrez les ruïnes de Potnies, auec le sacré bosquet de Ceres, & de Proserpine, dõt les images qui sont aupres de l'eau sont appellees les Potniades, & là tous les ans certain iour on fait ie ne sçay quels sacrifices, où entr'autres choses, l'on immole de petits cochons nouueau-naiz, mais la cause n'en est gueres bien esclercie. Là aupres il y a aussi vn temple de Bacchus surnommé Ægobole, pource qu'vne fois comme les habitans du lieu sacrifiassent ils s'enhyurerent de telle sorte qu'ils mirent à mort son ministre; pour raison dequoy ayans esté infectez de la peste, l'oracle les admonesta de luy immoler tous les ans vn beau ieune garçon; mais quelques ans apres il leur commua ceste cruelle & inhumaine offrande a vn sacrifice de chieures. Quant aux Bassarides, dont Perse en sa premiere satyre, Et sectum vitulo caput ablatura superbo Bassaris, elles estoient ainsi appellees des robbes longues qu'elles portoient iusqu'aux tallons, selon Pollux, & Hesychius; lesquelles se faisoient en la ville de Bassare

LA STATVE

en Lydie, comme met Acron sur ce lieu d'Horace en la 18. ode du premier liure, Non ego te candide Bassareu inuitum quatiam. Les autres selon le grammairien Cornutus sur cest autre vers du mesme Perse, Bassaris & Lynien Mænas Flexura Corymbis, des peaux de Renards qui en langage thracien s'appelloit Bassares, dont ces Bacchantes se reuestoient parmy celles des Tygres, Onces, Leopards, Loups cerniers, & semblables. Mais Phornut l'aime mieux tirer du grec Βάζω crier, & ne l'escrit que par vn s. Basaris. Les Thyades furent ainsi appellees comme l'escript Pausanias en ses Phocaiques, de Thyia fille de Castalius, & mere de Delphes qu'Apollon engendra en elle, la premiere de tous les mortels qui sacrifia à Bacchus, institua les Orgies dont il sera parlé cy apres. Les Mimallomennes ou Mimallonides du mont Mimas en la petite Asie, non gueres loin de Colophon, ou plustost vn Cap qui se soriecte assez auant en la mer, continuellement couuert de nuages dont l'on conjecture le temps qu'il doibt faire: & là tous les ans les Bacchantes s'en alloient celebrer les Orgies, comme met Strabon au 10. liure. Pausanias és Corinthiaques escript qu'Alexandre le grand se voulut entremettre de le trencher ou il est attaché à la terre ferme, pour abreger d'autant la Vireuolte de la nauigation qu'on est contraint de faire en le doublant, mais qu'il s'en deporta: on veult aussi tirer ce mot de μιμῶ De imiter pource qu'en ces orgies & sacrifices les Bacchantes representoient le voyage que Bacchus fit és Indes, s'appliquans de petites cornes sur la teste, auec des ghirlandes de Pampre de lierre, & de figuier, car les fueilles de ces trois là ont vne grande ressemblance & affinité; en memoire & pour l'amour des Nymphes Staphile qui fut muee en vigne, & Syce en figuier, & du bel adolescent Lisse en lierre, dont à ceste occasion leurs iauelots estoient bardez, auec tel autre equippage que descript Oman en sa harangue de Bacchis. LES Lenees, du surnom de Bacchus Leneen, & cum lænæo genialis consitor vuæ, au 4. des Metam. dit ainsi du Grec Ληνός pressoüer, où l'on pressure la vendange. Le 27. Eidyllion de Theocrite les confond auec les Bacchantes.

LES orgies cõme met Seruius, du cõmencement furẽt pris pour toutes sortes de sacrifices, aussi bien que les ceremonies, dits ainsi du verbe ὀργιάζω sacrifier, ou ὀργιάζομαι se cõsacrer, dont les Prestres estoient aussi appellez ὀργεῶνες de ὀρέγω estendre, esleuer, parce qu'en celebrant le diuin seruice ils esleuoient leurs mains en hault: mais puis apres ce mot d'orgies fut particulieremẽt restreint aux sacrifices de Bacchᵒ, cõme le tesmoigne Strabõ au 10.

D'VNE BACCHANTE.

La pluspart des Grecs ont attribué au pere Liber qu'on appelle aultrement Bacchus, Iacchus, & Dionysus tout le fait des ceremonies qu'on appelle les Orgies, les Bacchanales, le Chorique, & les mysteres des sacrifices; & il est le chef de ceux de Ceres, des danses & ballets sacrez. Ses ministres sont les Silenes, Satyres, Bacchantes, Lenees, Thyades, Mimalloniennes, Naiades, & Nymphes, auec ceux qu'on appelle Tityres. Les Orgies estoient encore ainsi appellez d'ὀργὴ impetuosité & furie, comme elle estoit en tous ces gens là; cependant qu'ils les celebroient: ou de ὄρος montaigne, pource que c'estoit principallement és lieux montueux & couuers de bois solitaires & escartez: & ce de trois ans en trois ans; au moins les plus solennels, dont ils furent aussi dits Trieterice ou triennaux: *Virgile au 4. de l'Eneide.*

    --qualis commotis excita sacris
    Thias vbi audito stimulant trieterica Baccho
    Orgia, nocturnusque vocat clamore Cytheron.

Ouide les descript treselegamment au 4. des Metamorphoses, & n'estoit loisible à autres qu'aux initiez en ceste confrairie de s'y trouuer, tellement qu'on auoit accoustumé de faire crier tout hault à l'entree. ἑκὰς ἑκὰς ὅστις ἀλιτρός, hors d'icy hors d'icy quiconques est prophane. & à ce propos Catulle en ses *Argonautiques*,

    Pars obscura cauis celebrabant Orgia cistis,
    Orgia quæ frustra cupiunt audire profani.

Dequoy quelques vns veulent aussi deriuer ce mot de εἴργω repousser, chasser. Or pour-ce que le pain & le vin, dont Ceres & Bacchus estoiet les deux symboles au paganisme sont les deux maintenemens principaux de la vie humaine, & les deux substances materielles les plus incorruptibles de toutes aultres, & du meilleur norrissement, comme nous l'auons dict en l'argument des *Andriens*, on a accoustumé d'accoupler ces deux deitez ensemble, auecques les ceremonies & mysteres: surquoy il vaut mieux oyr ce qu'en a touché Clement Alexandrin en son exhortation aux gentils. Ils celebrent vn Dionysus Menoles és Orgies de Bacchus, où ils mangent de la chair creuë, comme s'ils estoient insensez, & y departent à ceste fin les victimes par eux immolees, eux estans coronez de serpens, & vrlans hideusement Euan, Euan, celle-là à sçauoir dont s'ensuyuit la premiere faulte & erreur au genre humain: & le signal de ces

Clem. Ale. Menoles tout furieux. En sa sa preparation euagelique & Phornu.

Baccanisans orgies est le serpent que l'on consacre en ces mysteres: car si nous considerons de plus prés ceste diction Hebraïque HEVIA, auec vne aspiratiō elle signifie vne couleuure femelle. Au regard de Ceres, & sa fille Proserpine: le rauissement de l'vne, & les voyages & trauaux de l'autre pour la cercher, tout cela est representé par les flanbeaux, Tabourins, Cymbales; & autres semblables signals qui se souloient representer és mysteres & solemnitez Eleusiniennes auec l'assemblement charnel de Iuppiter & de Ceres dont fut engendree Proserpine, la grossesse de la deesse, la naissance de sa fille, & sa nourriture, comme pendant qu'elle s'amuse à cueillir des fleurs auec ses compagnes en la Sicile, Pluton la vient enleuer: l'ouuerture de la terre par où il l'engouffre és enfers: le courroux que la mere en conçoit contre Iuppiter pour ne la luy auoir voulu absolument restituer, dequoy elle s'acquist le surnom de Βριμώ: sō arriuee deuers la bonne vieille Baubo, qui luy ayant fait vn breuuage mixtionné auec de la fleur de farine y destrempee, par-ce qu'elle desdaigna d'en gouster, oultree de fascherie qu'elle estoit, l'autre par despit se va rebrasser tout son deuant sur la teste, prenant sa chemise à tout les dents, dont la deesse se prit à rire, & beut alors: de là on a accoustumé és Eleusiennes de ieusner, & puis boire de ce breuuage composé. En apres de tirer ie ne sçay quoy d'vne Manne, & le remettre tout aussi tost dans vn pannier, & de là derechef dans la manne. Il y a outreplus vn breuuage de fiel, vn arrachement de cœur, & autres choses execrables. *De là le mesme autheur passe aux Orgies, & mysteres sacrez de Bacchus, qui sont à son dire fort inhumains.* Car estant encore ieune enfant au berceau, comme les Curetes dançassent & ballassent autour de luy au son de leurs cymbales & tabours, les Titanes entrerent en trahison là dessus, qui le desmembrerent, l'ayans amusé auec des bibelots, des pelottes, pommes de pin, touppies, mirouers, & semblables bagattelleries, mais Minerue suruint qui en emporta le cœur. Ce pendant les Titanes l'ayans despecé en mirent bouillir vne partie dans vn chaulderon, & embrocherent le reste pour le rostir: à la fumee duquel rost Iup-

Les interp. d'Apollon. Rhodië au 3. se referent à Proserpine pour raison des horreurs nocturnes & Iean Tzetzes sur Hesiode. Ouide au 5. de metamorphose.

piter estant arrivé foudroya les Titanes, & racueillit les mé- | *Arnobius au 5. contre les gentils.*
bres de son cher enfant, qu'il mit entre les mains d'Apollon,
lequel les alla enseuelir au mont de Parnase, mais les Corybantes autrement appellez Cabyres en auoient substraict
le membre genital, qu'ils porterent en la Toscane, où ils s'habituerent enseignans au peuple tous ces beaux mysteres, &
leur faisans reuerer ceste partie honteuse auec le panier où
elle estoit enclose. Ce qui auroit meu quelques vns non sans
apparence de prendre ce Dionysus pour Atys qui auroit esté priué de ce membre. Ces Cabyres au reste, ou Corybantes estoient deux freres, qui massacrerent le troisiesme, dont
ils enueloupperent la teste en vn riche drap d'escarlatte,
coronnee d'vne belle coronne d'or, & ainsi agensee la porterent enseuelir au pied du mont Olympe, ou elle fut depuis en fort grand respect & veneration, les Prestres qui
auoient la charge de ce precieux reliquaire estans appellez
les Anactotelestes, qui defendoient entre aultres choses l'vsage de l'herbe appellee Ache, l'estimans auoir esté produitte du sang dudit Corybante, que ses freres auoient mis à
mort : tout ainsi que les femmes qui celebrent les Thesmophories s'abstiennent des pommes de grenade, qu'elles tiennent estre prouenues du sang de Dionysus,
lors qu'il fut respandu par les Titanes, dont les grains en seroient demeurez ainsi rouges. *Beaucoup d'autres choses allegue
encore en ce lieu-là Clement Alexandrin, pour monstrer aux gentils l'aueuglée erreur de leurs idolatries, touchant mesmement ces deux faulsement presumees deitez de Ceres, & Bacchus, soubs lesquelles ils ont tasché de voiler plusieurs grands mysteres empruntez de ceux du peuple de
Dieu, & par eux execrablement destornez à la veneration de leurs idoles. Macrobe au premier liure du Songe de Scipion, chap. 12. Felo apres
la Theologie d'Orphee mer que Bacchus desmembré ainsi par les Titanes,
ses membres enseuelis retornez de rechef en vie, n'est autre chose que
ce que les Grecs appellent νᾶς, & les Latins mens, comme estant né de
ce premier indiuidu indiuisible, lequel se depart à tous les viuants. & apres
leur decez retorne de rechef à son premier indiuidu, dont il est party, accomplissant par ce moyen la reuolution des offices & fonctions de ce
monde, sans se departir des secrets mysteres de la nature : mais Phurunty al-*

F ij

legorise de ceste sorte. Nous trouuons és fictions Grecques, que Bacchus ayant esté desmembré par les Titanes, fut de rechef rassemblé en vn par Rhea, souz lesquels enclouppemens les autheurs de ceste fable n'ont voulu presuposer autre chose, sinon que les laboureurs & vignerons qui sont comme enfans de la terre, ont rassemblé & confondu peslemesle les grappes de raisins dont est prouenue ceste precieuse liqueur de vin reduitte en vn corps, qui auparauant estoit espandue en plusieurs parties separees l'vne de l'autre. *Mais combien trop mieux nostre religion, qui selon les enseignemens de son Redempteur reduit toutes ces allegories de pain composé de plusieurs grains & espics de bled, & de vin exprimé de plusieurs grains & grappes de raisins, à la communion des fideles, qui estans separez selon leurs indiuidus, se viennent à vnir ensemble en vn seul corps de l'Eglise Catholique, & au Sacrement d'icelle Communion soubs les especes de pain & de vin, transmuees reallement au corps, & au sang de nostre* SAVVEVR.

OR combien que l'on confonde les Orgies auec les Bacchanales, les liberales, & Dionysiennes, neaumoins il y a de la difference entre toutes ces paiennes ceremonies & solennitez, car les liberales se celebroient tous les ans le 17. de Mars, où les ieunes enfans de 16. à 17. ans souloient laisser leur pretexte, & prendre la togue, qui estoit la robbe virile, aultrement ditte l'accoustrement libre, pour les causes qu'en assigne Ouide au troisiesme des Fastes, & ce de la main propre du Preteur en plein auditoire, auec leur surnom, si que de là en auant ils estoient capables d'estre enroollez és legions & de paruenir aux charges & dignitez de la Republique.

Restat vt inueniam quare toga libera detur
   Luciferis pueris candide Bacche tuis.
Siue quod ipse puer semper iuuenisque videris,
   Et media est ætas inter vtrumque tibi.
Siue quod es liber, vestis quoque libera per te
   Sumitur, & vitæ liberioris iter.

Mais les Bacchanales se celebroient tous les mois, iusqu'à ce que finablement elles furent du tout abolies pour les occasions que nous amenerons cy apres du 39. de Titeliue. Et les Dionysiennes ou Orgies, ne l'estoient que de trois en trois ans, dont on les appella Trieteriques, comme il a esté dit cy dessus. Encores en y eut il de trois manieres à Athenes; l'vne au plat

D'VNE BACCHANTE.

pays, & à la campagne és bourgs & villages, au mois de Posideon, qui correspőd pour la pluspart à nostre Decembre: l'autre au mois Læncon, aultrement Gamelion, qui eschet en Ianuier & Feburier; & est le dernier de l'Hyuer, dont vint aux ministresses de Bacchus le nom de Lenees: & la troisiesme qui estoient les Dionysiennes en celluy d'Elaphobolion ou Feburier. Tellement que toutes ces trois se suyuoient queuë à queuë durant les trois mois de l'Hyuer. Mais Macrobe au premier des Saturnales, chap. 18. où il monstre par viues raisons authentiques Bacchus estre vne mesme chose auec Apollon, met que les Bacchanales se celebroient de deux en deux ans sur le mont de Parnasse consacré à Apollon, & aux Muses; où l'on disoit qu'on voyoit souuent en ceste solemnité des Satyres à grandes trouppes & qu'on pouuoit mesme en oyr les cris, auec les resonnemens des Cymbales, tabours & aultres tels instrumens bacchiques, qui souuět paruenoient iusques aux oreilles de beaucoup de gens qui les oyoient distinctement.

LES Bacchanales donques furent anciennement en fort grande vogue & deuotion enuers les payens, mais comme toutes choses se deprauent & deteriorent auec le temps, ce qui est cause de les aneantir, de ces Bacchanales il aduint vn tres-grand scandale à Rome, l'an de sa fondation 567. soubs le consulat de Sp. Postumius Albinus, & ou Martius Philippus, voire en toute l'Italie, dont fut faitte vne fort estroitte perquisition rigoureuse, & plusieurs milliers de persones executees à mort pour les execrables abbus & forfaicts qui s'y commettoient, comme le descript bien au long Tite-liue au commencement du 39. liure, lequel lieu merite bien d'estre icy amené tout entier bien qu'vn peu prolixe, parce qu'on ne sçauroit rien alleguer qui esclarcisse mieux tout cest affaire. Certain Grec estoit premierement arriué en Thoscane, non auec aucun des arts & sciences que sa nation la plus pertinente de toutes aultres nous a apportees en fort grand nombre, pour le ciuil pollissement tant de l'esprit que du corps, ains s'entremettant seulement des sacrifices & deuinailles, & non encore de telle sorte que par vne religion aperte faisant profession de catechiser les personnes pour gaigner sa vie, il embeust leurs consciences de quelque erronee superstition, mais d'vn ministre & archiprestre de certaines occultes ceremonies. Les mysteres dőques furent pour le commencemét enseignez à peu de gés: & puis apres se diuulguerét peu

Ff iij

à peu parmy les hommes & les femmes : le tout accōpaigné de friāds apasts & amorses de voluptez delicieuses de vins & de viandes pour y en attirer tousiours d'auātage. Et cōme l'iurongnerie & la nuict leur peruertissent l'entendement, & les hommes pesle mesle auec les femmes, ceux d'vn eage, tendre auec de plus aduencez & robustes effaçassent & banissent d'eux toute honte & craintif respect, toutes sortes de deprauations & desbauchemens commencerent à s'y pratiquer, chacun endroit soy se trouuant des plaisirs charnels aprestez à ce que la lubricité de son naturel inclinoit. Et si toutes leurs meschancetez ne consistoient pas en paillardises, qui sans aucune distinction s'exerçoient là enuers les fēmes, filles, garçons & autres de condition franche, ains de ceste mesme boutique partoient faux tesmoins & depositions, signatures contrefaittes, & iugemens falsifiez : force empoisonnemens par mesme moyē, & massacres perpetrez par les domestiques, si que les corps mesines la pluspart du temps ne se trouuoient pas qu'on leur peust donner sepulture. Plusieurs choses s'y executoient de ruze & cautelle : & beaucoup d'autres y osoit on bien entreprendre à force ouuerte, qui estoient cachees de leurs vrlemens, & du tintamarre des cymbales & tabourins, lequel empeschoit qu'on peust rien oyr des piteux criz & lamentations de ceux qui demandoient secours pēdant qu'on les forçoit, ou les massacroit. Le venin de ce mal s'espandit de la Toscane dedans Rome tout ainsi que la contagion d'vne peste, là ou pour raison de la grandeur de la ville, plus spacieuse, & plus propre à tollerer de si mal-heureuses meschancetez, se cacha pour quelque temps, mais en fin tout fut descouuert en ceste sorte. *Et apres auoir discouru le moyen que tint le Consul Posthumius à s'informer de cest affaire, qui luy fut en fin reuelé par vne courtisane affranchie nommee Hispale ; dont estoit amoureux vn ieune homme, Titeline poursuit ainsi le surplus.* Alors Hispale se met à deduire de point en point l'origine de ceste ceremonie : comme pour le commencement ce n'auoit esté qu'vne confrairie de femmes en vn oratoire secret, sans qu'homme aucun y fust admis, y auoir eu trois iours, & non plus establis en toute l'annee esquels elles receues à la profession de ces mysteres des Bacchanales, & ce de plein iour, dont les femmes mariees estoient creees les ministresses, chacune à son tour, mais que Paculle Minie Capouane y estant paruenuë à son rang auroit tout peruerty & changé, comme si elle eust esté inspiree des dieux de ce faire. Car elle la premiere de toutes y auroit introduit des hommes: deux de ses enfans, à sçauoir Minius, & Herennius Circiniens: & au lieu que la ceremonie se faisoit de iour elle l'auoit remise de nuict, & pour trois iours seulement en l'annee en ordonna cinq chasque mois. Depuis que ces mysteres auoient ainsi esté indiferemmét communiquez aux deux sexes, les hommes meslez auec les femmes, joint la liberté de la nuict, aucune sorte de meschancetez, aucune espece de detestables poltronneries n'y auoir esté oubliees: plus de paillardises & constuprations des hommes entr'eux-mesmes qu'enuers les femmes: si quelques vns se monstroiét moins obeissans à souffrir cest oultrage ignominieux, ou moins actifs à le commettre, on ne faisoit point de scrupule de les immoler en lieu de victimes. Toute leur religion consister en cecy, au reste, les hommes se demenans d'vne maniere forcenee comme s'ils fussent alienez d'entendement, contre-faisoient des deuins rauiz en Ecstase annonçans les choses futures: & les femmes decheuclees à guise de Bacchantes tenans des torches allumees au poing, couroient droict au Tybre, ou les plongeans dans l'eau, parce qu'il y auoit du souffre vif, & de la chaux mixtionnez parmy, les en retiroiét sans s'esteindre: & alleguoient ceux auoir esté rauiz par les Dieux qu'ayans liez à certaines machines ils trásportoient à des cauernes destornees à l'escart hors de la veue des personnes, mais c'estoient ceux là seulement qui n'auoiét voulu complotter auec eux, ou adherer à leurs mauuaistiez & forfaits, ou souffrir qu'on les villenast. Le nombre en estre merueilleusement grand, & presque cóme vn autre peuple, entre lesquels y auoit quelques hómes & femmes de qualité: & que depuis deux ans il auoit esté estably que persone n'y seroit receu, plus eagé de vingt ans, parce qu'on choisis-

LA STATVE

soit l'eage le plus propre à estre deceu, & le plus obeissāt aux violements. Voila en somme ce qu'ē met Tite-liue, à quoy il ne nous semble pas y debuoir plus rien adiouxter de peur d'estre trop prolixe & ennuyeux, en vne chose mesme qui de soy n'est ny belle, ny bonne ny honneste, mais c'est pour ne laisser rien en arriere de ce qui peut faire à propos du subiect que nous traictons, le tout traduict en nostre langue, où consiste la pluspart de tous nos labeurs.

SCOPAS comme meu de quelque diuin admonestement. Scopas le sculpteur de ceste Bacchante fut natif de l'Isle de Paros, selon Pausanias és Arcadiques. Au temple de Tegee, hors d'iceluy sont esleuees des colonnes d'ordre, que i'ay entendu estre de la main de Scopas Parien, lequel a faict en tout plein d'endroits de l'ancienne Grece des statues, & aultour de l'Ionie & Carie semblablement. De faict ce fut l'vn des plus renommez sculpteurs de son temps, tant en bronze qu'en marbre, ainsi qu'on peut recueillir de Pline liu. 34. chap. 8. pour le regard du bronze, où il parle des bons ouuriers en ce metal. En l'Olympiade 87. fleurirent Agelades, Callō, Polyclet, Phragmin, Gorgias, Lacori, Mycon, Pythagore, Scopas, & Perclic. laquelle 87. Olympiade eschet enuiron l'an du monde 3530. du temps que les Iuifs soubs la conduitte de Neemie redifierent le temple de Ierusalem: & de la fondation de Rome 320. Ce neaumoins au 35. liu. chap. 5. il le dit auoir trauaillé au Mausolee ou sepulture qu'Artemisie reyne de Carie fit edifier à son mary; auec trois autres Architectes & sculpteurs, car il se mesla aussi de l'Architecture, à sçauoir Brixas, Timothee, & Leochares, qui seroit plus de cinquante ans apres; car ceste Reyne viuoit du temps de Philippes pere d'Alexandre le grand, qui seroient encore plus de 70. ans: & si ce fut encore depuis son decez qu'ils y trauaillerent, comme il est dict au 36. liu. chap. 5. que Mausolus le mary d'elle trespassa l'an second de la 100. Olympiade: & consequemment que cest edifice estant de forme carree Scopas tailla la face de l'Orient, Briax celle du Septentrion, Timothee du midy, & Leochares de l'Occident. Au regard de ce que Scopas excella aussi en marbre, de sa main il feit l'vne des trente-six colonnes historiees qui estoient au temple de Diane, à Ephese, selon le mesme Pline liu. 36. chap. 14. Il y auoit six vingts sept colonnes faictes faire, & donnees par aultant de Roys, de la haulteur de soixante pieds, dont les trente six estoient ouurees, vne entre les autres de la main de Scode Scopas. Il racompte outreplus en diuers endroits plusieurs statuës de marbre de la main dudit Scopas, & mesme au 36. & ailleurs, comme aussi faict Pausanias celles de Cupidon, Hymenus, & Porbus, au temple de Venus à Athenes, és attiques: le Mercure du temple d'Apollon Ismenien, és Beotiques: d'Hercule au temple de Lucine à Corinthe, és Corinthiaques, & autres. Strabon aussi au 13. parle de l'image d'Apollon Smyntheen qui estoit au temple de Chryse, ayant vn rat soubs les pieds. Mais il suffit de ce propos.

C'estoit la representation d'vne Chimere de couleur liui-de, au lieu de victime qu'elle tenoit entre ses mains; car au marbre s'estoit introduitte vne ressemblance de mort. Callistrate vse icy d'vne fort artificielle inuention de presuposer que l'ouurier de ceste statue ayant rencontré vne veine de couleur plombasse au marbre, dont il la pretendoit elabourer, l'eust si bien pratiquee de l'accommoder à vne chimere morte, que ceste Bacchante tenoit en ses mains; & à la verité c'estoit vn traict des plus delicats, car il exprime quant & quant fort naifuement l'insensee alienation d'esprit de ceste enragee, d'auoir pris ce monstre infect & puant corrompu, comme la premiere chose que sans y penser autremēt elle eust rencōtree en sa voye pour l'aller offrir à son Dieu. Cela me fait ressouuenir d'vn fort plaisant & naïf traict que fist autrefois vn Gentilhomme vers l'an 1543. que monsieur de Bouttieres estoit Lieutenant general pour le Roy François en Pied-mōt, lequel estant tout à coup deuenu desuoyé de son sens, si qu'on ne s'en estoit point apperceu encore: à vn matin s'en alla au logis dudit sieur où chacun auoit de coustume de s'assembler pour faire sa Cour ayant caché soubs son manteau le corps d'vn enfant tout recentement mort de peste, & dit ces mots, il y a icy force braues qui menassent soubs la cheminee, mais ie verray à ceste heure s'il y en aura de si hardis qui me veullent arracher ce que ie tiens, & quant & quant le va ietter emmy la place. Là dessus vous pouuez penser comme on s'efforça de le quereller pour le deposseder de son buttin: Il pensoit auoir fait vn beau coup. Mais pour retorner à ceste Chimere, c'estoit vn monstre & nompas chose naturelle, feint, fabuleux & controuué, au plaisir des Poëtes: pour le moins vne chose insensible appropriee à vne fable; assauoir certaine montaigne de la Lycie iettant feu & flamme, comme celle d'Ethna en Sicile, selon Pline li.2.chap.109.& au 27. Mons Chimera noctibus flagrans, comme aussi Strabon au 14. Virgile aussi vers la fin du 7. liure descriuent l'armet de Turnus.

Gg

LA STATVE

Cui triplici crinita iuba Galea alta chimæram
Sustinet, Æneos esflantem faucibus ignes.

Et pource qu'en sa cime repairoient force lions; & le millieu à cause des tendres arbrisseaux & des bons pacages estoit fort frequenté de chieures, y ayant au bas vne grande quantité de couleuvres, & semblables vermines ils auroient pris de là occasion d'en forger vn monstre engendré de Typhon, & de l'Hydre, qui auoit la teste & le col de Lyon vomissant par la gueulle des flammes: le ventre & les iambes de chieure, & la queue de serpent, comme le restreint le Poëte Lucrece en ce seul vers:

Prima leo, postrema dracho, media ipsa Chimera.

Mais plus distinctement Ouide au 9. des Metamorphoses:

Quoque Chimera iugo mediis in partibus hircum.
Pectus & ora leæ, caudam serpentis habebat.

Et pour-ce que Bellerophon fils de Glaucus rendit ceste montaigne habitable, on le dit auoir mis à mort la Chimere. Mais pourquoy ne puiser en cest endroict plustost dans la viue source de la fontaine, qu'ez ruisseaux qui en sont attirez de loin? Homere au 6. de l'Iliade descript fort particulierement tout le faict de ceste Chimere comme il s'ensuit. Il y a vne ville appellee Ephyre sur le bord du goulphre Argolique, où se produisent de bons cheuaux. Là regna aultrefois Sisyphe le plus malicieux, qui fut oncques: Sisyphe disie qui fut fils d'Æolus, & pere de Glaucus, qui engendra le gentil Bellerophon sans reproche, auquel les dieux impartirent vne beauté virile & aimable, dont vint la cause pour laquelle Prætus luy machina de si grands maux en son courage: car il le chassa de son pays, pource qu'il estoit le plus fort de tous les Argiens que Iuppiter auoit rengez soubs son sceptre & obeissance: l'occasion fut pource que la belle Antie femme de Prætus deuint amoureuse de luy, desirant tres-ardemment d'en estre accoinctee: mais luy qui estoit discret & preud'homme ne se voulut oncq condescendre à accomplir sa volonté: dequoy indignee elle alla controuuer ceste calomnieuse menterie à Prætus, en luy disant, certes c'est faict de toy Sire, si tu ne fais passer le pas à Bellerophon, lequel m'a voulu violler. Soudain que le Roy eut oy cela il entra en vn grand despit & courroux: si ne le voulut-il pas faire mourir pourtant, ains le depescha en Licie, auec vne lettre bien dangereuse, close &

Hyginus 57. l'appelle Stenobee qui se tua puis-apres de regret.

cachettee, où il y auoit tout plein de choses qui tendoient à son extermination & ruine: addressante à son beaupere pour le mettre à mort: neaumoins soubs la sauuegarde des dieux il s'achemina en Lycie, où estant arriué pres du fleuue Yanthus, le Roy luy fit d'arriuee vn fort grand recueil & honneur, & le tint neuf iours auec luy, immolant chasque iour vn bœuf pour le festoyer: mais quand la dixiesme aurore aux doigts rosins eut ouuert le iour icy bas, alors il luy demanda l'occasion de son arriuee, & de veoir ses lettres qu'il luy apportoit de la part de son gēdre Prætus, les ayant leues, il luy ordonna sur le champ d'aller combattre en premier lieu la Chimere, monstre inexpugnable, qui auoit esté procreé de race diuine, & non humaine, de la partie de deuant ressemblant à vn Lyon: du derriere à vn serpent, & du millieu à vne chieure: & iettant par la gueule de grosses flammes de feu ardent. Il la mit à mort soubs la confiance des heureux signes que luy demonstrerent les dieux. En apres il s'en alla faire la guerre aux Solymiens, trespreux combattans sur tous autres: Et en troisiesme lieu aux Amazones, qui n'ont point d'accointance aux hommes. Toutes lesquelles choses ayans par luy magnanimement esté exploictees, comme il s'en retornoit le Roy luy fit attiltrer vne embuscade sur le chemin, par vn bon nombre des plus dangereux hommes de tout son Royaume, que le vaillant Bellerophon mit tous à mort iusqu'au dernier: de sorte que le Roy apres auoir cogneu sa vertu le retint aupres de soy: & luy dōna sa fille en mariage, auec la moictié de son Royaume, que les Lyciens mesmes luy assignerent au meilleur & plus plantureux endroit d'iceluy: fertile en arbres fructiers, & terres labourables. Il eut de sa femme deux fils, Isandre, & Hippologue, & vne fille nommee Lacdamie, que Iuppiter engrossa du belliqueux Sarpedon: mais Isandre insatiable de la guerre fut mis à mort des Solymiens qui l'estoit allé assaillir, & Laodamie par la Deesse Diane. Hippoloque engendra Glaucus: celuy qui permua ses armes eualluees à cent bœufs, à celles de Diomede qui estoiēt d'airain, & n'en valloient à peine dix. *Iusques icy Homere.*

Gg ij

LA STATVE

MAIS pour ne laisser rien en arriere de ce qui peut seruir à ce propos, afin de tousiours y amener tant plus d'esclaircissement & lumiere des fictions Grecques, à ceux qui n'ayans icy le loisir de les fueilleter çà & là, ny la cognoissance des langues, pour lesquels comme nous auons desia assez dit ailleurs, sont tous nos labeurs entrepris en la langue Françoise, faisant en cela acte de bon citoyen, ce me semble, & tresbié affectionné enuers ma Patrie, Higinus chap. 151. apres Hesiode, & autres Poëtes, pour le regard de ce que Homere met ceste Chimere auoir esté procreée de race diuine, & non des hommes ny des animaux, dit que de Typhon l'vn des grãds fils de l'abisme, & de la terre, & d'Erhidné, furent procreez la Gorgone, le chien Cerberus à trois testes, le dragon qui gardoit les pommes d'or des Hesperides oultre l'Ocean: & celuy de la toyson d'or en Colchos: plus l'Hydre qu'Hercules mit à mort és maresçages de Lernee: Scylla qui du nombril en hault estoit femme: & de là en bas chien, miparty en six grosses testes de dogues qui procedoient toutes d'vn mesme estocq: la Sphinx qui proposoit les deuinailles en la Bœoce, & finablement la chimere en Licie: ayant le deuant de Lyon, le derriere de serpent, & le milieu de chieure.

OR pour venir aux allegories de ceste chimere & Bellerophon, voycy ce qu'en met en premier lieu Palephat. On dit que Bellerophon cheuaulchoit vn cheual esté: ce qui me semble par trop absurde qu'vn cheual puisse voller, quand bien on luy auroit appliqué le pennage de tous les plus legers oyseaux qui furent oncques: & si autresfois il y auoit eu vn tel animal, il y en deuroit auoir quelque part encore. On allegue de plus, que ce Bellerophon mit à mort la Chimere d'Amisodar, vn monstre à sçauoir qui auoit le deuant de Lyon, le derriere de serpent, & le millieu de chieure. Les autres veullent qu'elle eust les trois testes seulement de ces trois animaux: ce qui seroit tout de mesme de toute impossibilité, impossible, car ils vsent tous de differens norrissemens; ce qu'elle fut au surplus mortelle, & iettast du feu par la gueule, cela est côtrouué aussi, car laquelle de ces trois bestes si dissemblables eust-ce esté qui eust eu la superintendance & conduitte du corps? la chose doncques va de ceste sorte. Bellerophon fut vn ieune homme natif de Corinthe, beau par excellence, & d'vne tresbône nature, lequel ayãt trouué le moyê d'equipper vne fuste qu'il nomma Pegase, selon qu'on donne communement quelque nom à tous les vaisseaux, il s'en alla escumer la coste de Phrygie, où pour lors regnoit vn Amisodar, pres du fleuue Xanthus: le long duquel il y auoit vne montaigne fort haulte, appellee Telmisse, où l'on montoit de la plaine par deux aduenues, & par le deuant de la ville des Xanthiens y auoit force bons paccages, mais le derriere vers la Carie estoit desert & inaccessible: & au milieu de tout cela y auoit vn grand goulphre & ouuerture de terre, d'où s'exhaloient par interualles de grosses flammes de feu, & de la fumee, pres duquel y auoit vne autre montaigne ditte Chimere. Or en ce temps là, comme les habitans du lieu le racomptent, audeuant de ceste plancure repairoit vn Lyon, & au derriere vn grand serpent qui molestoiet fort les Pasteurs, qui y menoient leurs troupeaux paistre, mais Bellerophon y estant suruenu auec sa fuste, se saisit de ceste montaigne de Telmisse couuerte de bois où il mit le feu, & par ce moyen perirent le Lyon & le serpent, ce qui fut cause de faire dire à ceux du pays, que ce ieune homme valeureux estant là abordé sur le Pegase, il y auoit mis à mort la Chimere d'Amisodar.

Au regard de cest Amisodar à qui il attribue la Chimere, cela est pris du 16. de l'Iliade, où Homere met que les deux enfans de Nestor, Antiloque & Thrasymede mirent à mort les deux fils d'Amisodar, lequel auoit esleué & nourry la Chimere qui auoit fait de grandes ruines & dommages à plusieurs mortels.

Ὣς τὼ μὲν δοιοῖσι κασιγνήτοισι δαμέντε
Βήτην εἰς ἔρεβος Σαρπηδόνος ἐσθλοὶ ἑταῖροι,
Υἷες ἀκοντισταὶ Ἀμισωδάρου, ὅς ῥα χίμαιραν
Θρέψεν ἀμαιμακέτην, πολέσιν κακὸν ἀνθρώποισιν.

Mais Fulgence au 3. de son Mythologique allegorise bien plus profondement là dessus. Que Bellerophon lequel monte sur le Pegase qui auoit esté produit du sang de la Gorgone, & qui mit à mort la Chimere, est ainsi appellé quasi βουληφόρος plein de bon conseil, & propre à le donner, pour ce qu'il mesprisa les attraits & semonces impudiques d'Antie, comme qui diroit contraire, c'est à sçauoir à la vertu, car ἀντίον signifie opposé & contraire: mais de qui estoit femme ceste Antie là? de Prætus, qui en langue

LA STATVE

l'amphilienne vault autant à dire qu'ord, salle, villain, sordide, parce que la paillardise est la vraye femme & espouse des ords & insects. D'autre part Bellerophon qui est le bon & prudent aduis, sur quel cheual est-il monté sinon sur le Pegase, qui vient de moyē fontaine perpetuelle? Car la sapience est la viue source eternelle. Il a des esles, à cause que la contemplation penetre à vn instant la nature & disposition de tout l'vniuers par ses promptes meditations. Au moyen dequoy on le dit d'vn coup de pied de son ongle auoir ouuert la fontaine appellee de là Hippocrene, qui estoit sacree aux Muses Heliconiennes, lesquelles la reçoiuent de la sapience: & pour ceste occasion on le feint auoir esté procreé du sang de la Gorgone, qui signifie espouuantement & terreur, parquoy on l'assiche au plastron de Minerue deuant sa poictrine, comme met Homere és 5. & 11. de l'Iliade: car où il ne veut entendre autre chose, sinon qu'apres que la frayeur est passee la sapience vient à naistre, ainsi que le Pegase du sang ou de la mort de la Gorgone, car la follie est tousiours incertaine & craintifue: ou bien plustost selon nos sainctes lettres, Le commancement de la sapience est la crainte de Dieu, parce que du respect que nous luy deuons porter, & de la crainte de l'offenser naist la sapience, & prend en nous accroissement. Et quiconque aura peur de perdre sa reputation, sera sage, parquoy il mettra à mort la Chimere, dicte ainsi quasi χυμ᾿ ἔρωτος flottement d'amour: pourtāt on la peint auec trois testes, parce qu'il y a trois degrez en l'amour, l'entree, la iouyssance & la fin. Car quand il commence à naistre, il assault & donne furieusement comme vn Lyon, dont le Comique Epicharme auroit dit, δαμάσης ἔρως λεπτείᾳ δυνάμυν θαλερός le dompteur des cueurs Cupidon est vigoureux, & garny d'vne force Leonine. La cheure qui est au milieu est l'accomplissement du desir charnel, denoté par cest animal lascif sur tous autres, parquoy on peint les Satyres auec des cornes & iambes & cuisses de boucq, dont le traict de leur visage tient fort aussi, parce qu'ils sont si lubriques. Finablement ce qu'on assigne à la Chimere le derriere de serpent, c'est pource qu'apres ceste satisfaction sensuelle, le venin du peché se descouure, dont s'en ensuit la penitence. Tellement qu'en l'amour il y a l'entree ou les aproches, Puis suit apres la iouyssance: & en troisiesme lieu le repentir. Tout cecy touche Fulgence presque de mot à mot: à quoy l'on peut encore adiouxter à propos du vers dessusdit ces deux icy d'vn ieune homme affolé d'amour,

  Vix illigatum te triformi
  Pegasus expediet Chimæra.

Mais Nazianzene, & les interpretes d'Hesiode veullent entendre par la Chimere les trois parties de Rhetorique & art oratoire, la iudicielle par le Lyon à cause de la terreur qu'elle donne aux criminels: la demonstratiue qui consiste à louer, par la chieure, pour raison qu'en ceste maniere d'escripre l'on se dispence de s'esgayer & regaillardir, & mignarder son oraison, à maniere de chieures saffres & lascines qui bondissent & saultellent à tout propos. Vnde & luxurians oratio. Et la deliberatiue finablement par le serpent, pour la varieté des arguments, & des longs destours & obliques circuitions qu'ony va chercher, dont on ennelouppe les oreilles des escoutans ainsi que par les entortillemens d'vn serpent, pour persuader ce qu'on veult. Ce que Hesiode a voulu donner à entendre par la fiction de son Echidne, mere de la Chimere, qu'on interprette ποικίλον νοῦν, καὶ πολυειδῆ, vn entendement orné de plusieurs disciplines diuerses.

CAR elle domine ensemblement, &c. le lieu est fort suspect d'estre depraué au grec, mais l'on en tire ce qu'on peult: ἀλλὰ καὶ ὁμοῦ δεσπόζει, ἐν τῶ χαρακτῆρι σώζει τὸν οἰκεῖον γενήτορα. Διὸ δὲ τῆς βάκχης, τὸν ἔρωτα. Ce que nous auons rendu par coniecture à veuë de pays; Car elle domine ensemblement, & conserue la figure que luy a donnee son propre facteur; & en sa forme de Bacchāte represente l'amour qui la transporte. Mais cela ne bat aucunement sur ce lieu du tableau des Isles. Estes vous bien si asseurez que vous n'ayez peur de ce Silene concierge de l'isle; yure tout oultre & qui se veult iouer à la Bacchante, mais elle ne le daigne pas seulement regarder: car estant esprise de l'amour de Dionysus, elle ne peult penser à autre chose qu'à luy: elle l'imprime en sa pensee, & le contemple tout absent qu'il est: Et de faict la contenance de ses yeux est fort attentiue, mais nompas sans quelque sollicitude amoureuse. Ce qui amene quelque lumiere à ce passage, mais nompas qu'il l'esclarcisse du tout.

LA STATVE D'VN INDIEN.

ARGVMENT.

Il n'y aura pas beaucoup à alleguer sur ceste image qui n'est en somme rien autre chose qu'vn Ethiopien que l'autheur veult icy descripre, fait de marbre noir, comme celuy de Dinan pourroit estre, pour representer sa noirceur naturelle; mais marqué en certain endroit de deux petites tasches blanches que l'ouurier a sceu fort dextrement accommoder au blanc des yeux, plus apparent en ces Negres là qu'és personnes blanches pour raison du contraire qui le rehaulse, & le rend en plus d'euidence. Il est au reste en contenance d'vn homme hyure; en quoy gist tout l'artifice; Car cela est touché fort nayfuement, auec quelques traits empruntez comme du tableau de Persée, à propos de ces Negres, qui sont là designez ainsi. Certes ces Ethiopiens sont fort plaisans & recreatifs à veoir en vn teint si estrange, rians farouchement, menans grand ioye à leur troigne, & se ressemblent presque tous. Mais bien mieux encore au secõd liure de la vie d'Apollonius Thyaneen, que nous auons amené sur la preface de ces images en ces termes icy. Si nous venons à portraire d'vn crayon blanc vn Indien, il ne lairra pas toutesfois de paroistre aux regardans comme noir, car son nez plat-camus renfroigné, ses nazeaux larges & ouuers, ses cheueux crespeluz à guise presque du poil frisé d'vn ieune aigneau crespe; & le surmontemẽt de ses ioües, auec vne mine morn'-effraice respandue tout autour des yeux, vient à renfondrer & noircir ce qui de soy paroist blanc à nostre regard; & monstrer pour vn vray Indien celuy qui sera ainsi peint: à ceux qui le vouldront soigneusement considerer. Mais au regard de ce qu'il appelle, & improprement, les mores noirs; Indiens, nous le deduirons cy dessoubs.

PRES

D'VN INDIEN.

PRES d'vne fontaine estoit l'effigie d'vn Indien, dressee là comme pour vne offrande aux Nymphes; & fait d'vn marbre noir comme iaye, qui se desroboit du naturel de son espece pour passer en ceste couleur. Il auoit au surplus vne cheueleure fleuronnee & fort crespelue, reluisante d'vne noirceur non pure & naïfue, ains és extremitez contendant auec le lustre & esclat d'vn pourpre tyrien; car le poil tout ainsi que s'il eust esté cultiué & arrousé par les Nymphes de là aultour, s'esleuant hors de ses racines se rendoit plus noir par le bout. Mais les yeux ne conuenoient pas du tout auec le surplus de la pierre, car à l'endroit de la prunelle venoit à s'espandre vne blancheur qui se renforçoit là endroit de tant plus que le naturel teint de l'Indien noircissoit. Or ce qui le rendoit eslourdy, ainsi qu'à la verité il se demonstroit, estoit son hyuresse, que la couleur de la pierre n'eust pas sceu descouurir, parce qu'il n'y auoit point d'artifice qui luy peust faire rougir les ioües, car la noirceur mesme couuroit l'hyuresse, mais sa mine le faisoit paroistre de ceste sorte, estant comme transporté hors de soy, & chancellant sans pouuoir arrester son pied-ferme, qui fleschissoit comme prest à donner des genouils en terre: & la pierre sembloit estre atteinte de cest accident, ainsi que si elle se fust deue esbransler pour monstrer le vacillement que cause l'hyuresse. La figure au reste de cest Indien n'auoit rien en elle de delicat, de gentil, ny deliberé

Hh

LA STATVE

en pas vn de ses actions, ains estoit seulemẽt esbauchee en gros pour monstrer l'ordonnance & composition de ses membres; le tout à nud & descouuert, selon que les corps Indiens ont accoustumé de s'endurcir & renforcer en leur chaulde & bouillante fleur de ieunesse.

ANNOTATION.

Les Indes, l'Ethiopie, ny les aultres regions esloignees de ceux qui anciennemẽt habitoient au cueur de l'Europe, n'en furent pas si exactement cogneuës au temps iadis, comme depuis cent ans en ça que les marchans & voyageurs n'ont laissé coing ny recoin en tout le pourpris de la terre & des mers qu'ils n'ayent fureté, veu & reuisité fort exactemẽt, si qu'ils en ont bien peu mieux parler à la verité que les aultres qui ne bougeroiẽt presque de leur estude, ou pour le plus de leur pays, s'arrestãt au dire de ceux qui n'en eussent sceu parler au vray nomplus qu'eux. Alexandre le grand employa tout plein de peine & de fraiz pour faire descouurir les costes de l'Inde Orientale par Onesiric, & Nearque: & les Empereurs Romains tout de mesme, mais ils n'en eurent pas pour cela à beaucoup pres l'instruction bien qu'ils ne manquassent de tous moyens à ce requis, qu'ont eu puis cent ans en ça les Portugais; & plus recentement encore les Iesuites, qui ont bien donné plusauant que nuls aultres iusques icy, non pour vne curiosité de veoir, ny pour aucun desir de conquester, ny pour le trafficque, ains seulement pour y planter la Foy Chrestienne. Mais pour laisser cela à part qui s'ẽ iroit trop en infiny, nou nous reduirõs à toucher icy ce qui auoit meu les anciens d'appeller les mores noirs Indiens; car on sçait assez qu'en toutes les Indes de l'Orient ny de l'Occident il n'y en a point, s'ils n'y ont esté transportez, ains sont basanez seulement; les vns plus, & les aultres moins: d'autant que toute la terre habitee consiste pour ce regard, de trois manieres de gens, les vns assauoir qui sont blancs ainsi que tous les Europeens : les aultres noirs comme les Ethiopiens, & les mores de la Guinee: & d'aultres qui participant de ces deux extremes, tels que sont les Africains de la Barbarie, qu'on appelle les mores blancs ou Oliuastres les Indiens outre cela, tant les Orientaux que les Meridionaux, & Occidentaux tiennent ie ne sçay quoy du grisastre. Ces negres doncques que Philostrate & Callistrate appellent Indiens, sont proprement ceux de l'Ethiopie, la Guinee, Tombut, &c. Mais il vault mieux ouïr l'a là dessus ce qu'en dit Iean Leon en sa description de l'Afrique. I'ay esté en quinze Royaumes de la terre des Negres (il n'y comprend rien de l'Ethiopie) & si i'en ay laissé trois fois autant ou ie ne mis oncques le pied: les noms au reste de ces Royaumes là, à commencer de l'Occident vers le Midy & le Leuant, sont Gualata, la Ghinee, Meli, Tombut, Gago, Guber, Agadez, Cano, Casena, Zegzeg, Zanfara, Gangara, Borno, Gaoga, & Nubie, la pluspart desquels sont scituez le long du fleuue Niger, & pour le iourd'huy soubs l'obeïssance de trois puissants Rois, à sçauoir celuy de Tombut, qui est le plus grand de tous, de Gorga, & de Borno, qui est le moindre. Il ne touche point à l'Ethiopie, car il n'y fut oncques, où sont les vrays noirs, & d'où tous les autres ont pris leur denomination suyuant le prouerbe, lauer vne brique ou vn Ethiopien, pour aultant de peine perdue. Celuy qui le premier de tous les Occidentaux en a eu la plus exacte cognoissance au moins de ceux qui sont peu venir à nostre notice a esté vn Prestre Portugais appellé Francisque Aluarez, lequel en a faict vn beau liure. Somme que ces Negres perfaictement noirs sont particuliers à l'Afrique tant seulement, ou pas vne des Indes n'est scituee, car il ne s'en trouue point icy en Asie ny en Europe, ny en ceste grande estenduë de terres en l'autre Hemisphere qu'on appelle communement l'Amerique, ou les Indes Occidentales: ny en celles de l'Orient, soit és isles, ou en terre ferme, ains sont tous bazanez. Et certes ny Pline, ny Ptolenee, ny Strabon, ny autres Geographes anciens n'en ont rien dit dont l'on se peust gueres bien instruire, ne s'y arrester pour adiouster foy: car mesme iceluy Strabon aduouë au 2. liure, que ny Diemarchus, ny Megasthenes, Onesicritus nomplus, & Nearchus, & semblables qui se sont ingerez de traicter des affaires des Indes, n'en ont dict que des menteries & friuoles vaines, controuuees par eux à plaisir pour en entretenir les ignorans. Mais ie croirois bien que luy qui est venu apres n'a fait gueres mieux, ou les choses se sont bien changees depuis, comme on peut assez veoir par la description qu'il en faict au 15. liure. Ne Pline en semblable de l'Ethiopie liure 5. chapitre 8. au moyen dequoy plus

Hh ij

LA STATVE

seurs en cela sont noz modernes que les anciens, qui pour l'ignorance qu'ils ont eu des Indes, & de l'Ethiopie, ont estimé qu'eZ Indes les gens deuoient estre noirs comme en Ethiopie : mais pource que le mot d'Inde estoit plus general, ils ont mieux aimé dire Indiens pour ce regard que non pas Ethiopiens.

LA STATVE DE CVPIDON DE PRAXITELE, EN BRONZE.

ARGVMENT.

DE L'AMOVR, & des amours, & de tout ce qui en peult dependre, il en a esté parlé competemment au premier liure sur leur tableau. Callistrate au reste descript icy vne image de Cupidon, de la main de Praxitele en Bronze, comme est celle qui viedra cy apres encore, laquelle au texte Grec, est l'onziesme en nõbre, mais ce n'est presque qu'vne mesme chose, discouruë diuersemẽt car le tout rapporte quasi à vn, parquoy nous les auons bien voulu accoupler: toutesfois ie ne pense point auoir veu nulle part estre faicte expresse mention de ces Cupidons de Bronze, si d'auenture ce n'estoit celuy dont Pausanias entend parler en ses Atiques, sur le propos de quelques trippiers qui estoiẽt de Bronze, là où il dit, que cest excellent sculpteur s'estant enamouré d'vne Courtisane nommee Phryné la plus fameuse de son temps, & qui ayant esté accusee de ie ne sçay quoy où il n'alloit moins que de sa vie, l'Orateur Hyperides prit en main sa defence, & apres auoir employé toute l'art de son eloquence pour esmouuoir le peuple à compassion, luy fit à la fin de son plaidoyer descouurir sa gorge qu'elle auoit singulierement belle: ce qui fut de telle efficace que tout sur le champ elle fut deliuree absolute de son accusation. Vne fois doncques que Praxitele l'estoit allé voir, comme ils furẽt au millieu de leur soupper, & de leurs plus ioyeuses cheres: voila vn des seruiteurs de Phryné embouché d'elle, & fort esmayé par semblant, qui luy vient s'accouter à l'oreille ie ne sçay quoy, dont monstrant estre toute troublee, il voulut sçauoir que c'estoit, c'est dit-elle apres en auoir fait quelque refus, que le feu s'est presentement pris à vostre officine, & a consumé vne partie de vos ouurages, dont luy tout esperdu se prit à crier, qu'il ne luy resteroit plus rien de tous ses plus fauoris labeurs, si le Satyre & le Cupidon estoient peris. Or ne vous fachez point aultrement luy dit elle, car il n'est rien de tout cela, ie voulois seulement sçauoir ce que vous estimiez le plus: & là dessus ayant eu le choix de ces deux, elle demanda le Cupidon, comme vn subiect de plus de plaisir, & plus conforme à son humeur & profession. Voila comment cela passa pour lors. Au demeurant encore que Praxitelle excellast aussi bien au bronze qu'au marbre, si fut il neaumoins plus renommé au marbre, selon Pline liu. 34. chap. 8. Praxitelle fut plus heureux au marbre & par consequent de plus grand renom en cela: neaumoins il fit de tres-beaux ouurages de Bronze, comme le rauissement de Proserpine, la Catachlyse, vne femme qui auoit les yeux esbloiz: l'Hyuresse, le bon pere Aber, auec vn Satyre fort excellent, que les Grecs appellent Perhibæton, ou le celebre: plus la Venus, qui fut consumee du feu, soubs l'Empereur Claudius, auec le temple de la felicité, egalle à celle de marbre si renommee par tout le pourpris de la terre: item la Stephuse ou fascheuse de bouquets & chappeaux de fleurs: l'Oinophore ou eschançon: Harmodius & Aristogiton qui mirent à mort le Tyran Pisistrate d'Athenes. Apollon en l'eage de 15. à 16. ans, espiant auec son arc tendu, & la flesche encochee, de tirer vn lezard au sortir d'vn creux de muraille, & de là appellé Sanroctonos, tue lezard. Il y a deux autres Statues de luy encore, exprimans diuerses affections, l'vne d'vne femme d'honneur qui pleure, & l'autre d'vne courtisane gaye & ioyeuse, on estime que c'estoit Phryné, car on y remarquoit l'amoureuse passion de l'ouurier: & a la mine de putain lasciue effrontee le salaire qu'elle eut de luy à sçauoir le Cupidon dessusdit, dont elle monstroit estre si contente & satisfaicte. Toutesfois il ne dit pas qu'il fut de Bronze, ains parle d'vn de marbre au 36. liu. chap. 5. Des ouurages de Praxitele est aussi ce Cupidon que Ciceron reproche à Verres, pour veoir lequel on alloit de toutes parts à Thespies ville de la Bœoce, maintenant il est és escoles d'Octauia. Et vn autre encore tout nud qui estoit à Parium colonie de la Propontide, pareil à la Venus de Gnidos, tant en l'excellence de son ouurage, que de l'ordure qui en aduint, car vn Alcidas Rhodien en estant deuenu amoureux, &c. Pausanias és Bœotiques met que Lysippus fit vn Cupidon de Bronze à Thespies, quelque temps apres celuy de Praxiteles qui estoit de Marbre: & que l'Empereur Caligula l'ayant enleué de Thespies, son successeur Claudius le leur renuoya: Mais Neron qui luy succeda l'apporta de rechef à Rome où il fut bruslé: toutesfois Menodore Athenien en auoit contrefait vn sur celuy de Praxitele, lequel estoit à Thespies, du temps d'Adrian: au moyen dequoy ie croirois que ce fut celuy qu'eut Phryné, & non celuy de Bronze dont il est icy question.

R D'VN autre artifice mes raisonnemens ont enuie de discourir, car il ne m'est pas loisible d'oultrepasser icy soubs silence les sacrez fruicts que produist ceste art. C'est donc vn amour, ouurage de Praxitele, ie vous dis l'Amour mesme, vn beau ieune garçon gaillard, & ayāt des esles, & vn arc garny de sagettes. Au surplus il est de Bronze, & represente Cupidon, vn Dieu Tyran de tres-grand pouuoir, l'ouurier n'ayant point voulu que ce metal demeurast metal, ains que tout ce qui en estoit deuint amour. Et de faict vous voyez bien comme le Bronze se facilite à certaine delicatesse, & qu'insensiblement il se mignarde & rend souple à vne pottellee charneure, & vn rebondy en bon point farfelu, ou pour le dire en peu de mots, accomply de tout ce qu'on y sçauroit desirer, se contentant de son estoffe. Car ce Dieu est tendre & poly, sans aucune maiesté ny haultesse, ayant vne action conuenable au bronze, & paroissant de croistre comme à veuë d'œil. Et encore qu'il soit priué des facultez de mouuement, neaumoins il se monstre tout prest de s'esbranler tout de ce pas, planté au reste dessus vn ferme piedestal, il regarde en hault, comme s'il auoit l'administration du cours des astres, & des cieux : & s'esgaye à rire, ses yeux estincellans ie ne sçay quoy d'ardent & benin tout ensemble. Car vous pouuez veoir comme le Bronze obeist à ses affections, & reçoit en soy fort naïfuement vne apparoissance de rire. Le voila donques esleué en hault, le bras droict ployé quelque peu, & de l'autre main il hausse son arc, se panchant sur le costé gaulche pour seruir de contrepoix à la base : car le recourbement du flanc senestre est retiré hors de sa naturelle assiette par la facilité du cuyure, qui dur & solide de soy, se laisse neaumoins reployer ainsi : sa perruque d'ailleurs crespelue, & bien testonnee luy ombrage le chef reluisant de certaine fleur de ieunesse, si que tout le Bronze se rend admirable : car à le veoir il y a ie ne sçay qu'elle rougeur esclattante qui s'esleue du bout du poil, & en passant la main dessus, il semble se dresser encontre, comme s'il chatoüilloit vostre sentiment. A moy quand i'en contemple l'artifice, il me vient en opinion que l'ouurier l'a façonné à guise d'vne danse qui se remue, & que la couleur obtempere aux sentiments : puis que Praxitele en vne representation de l'amour a presque introduit vne forme de cognoissance, & donné moyen à ses esles, de fendre l'air, par où il se met en debuoir de passer.

LA STATVE
ANNOTATION.

NOVS auons cy deuant traicté en la description du Satyre, sur le propos que ceste statue estoit de marbre, ce qui pouuoit concerner l'art de la sculpture tant sur les pierres que sur le bois, & semblables estoffes qui se taillent auec le cizeau & marteau : icy puis qu'il est question des figures qui se iectent de fonte, il n'y aura point de mal, tout de mesme d'en toucher aussi quelque chose. Pausanias és Arcadiques, met que les premiers qui fonderent des images de bronze furent vn Ræcus fils de Phiæus; & Theodore fils de Telecles Samien, car auparauant ils ne les faisoient que de la mil gossement & mal assemblees. C'est ce Theodore qui graua l'esmeraude dont Polycrates Tyran de Samos se plaisoit tant. Il y a au reste plus de considerations au metal, qu'au marbre, ainsi que de leurs chemises de cire, leurs tuniques & couuertures d'estain ; la terre dont il faut faire les modelles & moyeux ; le plastre pour les creux & formes ; les armeures de bandes & cercles de fer pour les retenir ; & les fourneaux ou se doibuent cuire les moyeux, & les formes creuzes ; & finablement fondre le metal pour les ietter. Quant à la terre, on prend non de l'Argille grasse & vnie comme est celle dont on fait les pots, qu'on tire en plusieurs endroits icy aultour de Paris ; à Gentilly principallement ; car elle est trop subiecte à se creuasser & estendre, ains d'vne aultre qui est aucunement sablonneuse; dont l'vne des plus excellentes qu'on sçauroit gueres trouuer nulle part est celle du faulxbourg S. Honoré, qu'on prēd pour faire les fours des boullangiers & pastissiers : & en l'arcenal aussi pour l'artillerie: & de mesme pour fondre les cloches : si l'on n'auoit que de l'argille, il la fauldroit ramoderer auec des cendres, & du sablon d'Estampes, ou autre semblable delié & vny comme farine. Ceste terre bien dessechee, on la broye menu, & passe par vn saz ou tamis, pour en separer les pierres, & aultres ordures estranges & inegalles ; Cela fait, on y mesle la moitié d'aultant de bourre de tondeurs de draps, baignant le tout auec de l'eau, & les incorporant bien ensemble, à force de les battre auec vne verge de fer : Puis les fault laisser courroyer & confire par l'espace de trois ou quatre mois, tant que la bourre soit bien corrompue & destrempee auec la terre ; & le tout reduit à maniere d'onguent mol & tendre ; car ce courroyement si long, rend la composition plus propre à receuoir & souffrir l'ardeur du metal sans qu'elle s'altere ny fende. Et auec ceste terre ainsi accoustree vous formerez premierement vostre figure en la perfectiō & estat

qu'elle

DE CVPIDON.

qu'elle doibt demeurer: puis la cuirez tout doulcement à feu lent, comme à demy: où elle se retirera quelque peu, ainsi qu'à l'espoisseur d'vn doigt, plus ou moins: & pourtant vous la retoucherez de nouueau auec la mesme terre és endroits où il conuiendra, lesquels se seroient restressis, afin de remplir le vuide des riddes & retiremens, si qu'elle redeuienne en son premier estre ainsi qu'il faut qu'elle demeure: & alors vous la recuirez derechef par les degrez de feu conuenables iusqu'en son accomplie perfection. Puis y appliquerez vne chemise de cire à la grosseur d'vn doigt, ou peu moins: & l'accroistrez ou pareillement il sera besoin, auec des instrumens & oustils propres à ce tant de bois que de fer: en ostant aussi où il en auroit trop. Cela fait on prend des cornes de mouton bien bruslees & calcinees, & sassees, si qu'elles soient reduittes en pouldre impalpable, deux parties: du tripoli, & escailles de fer, de chacun vne partie: le tout bien broyé & sassé aussi: & meslé ensemble: les incorporant auec de l'eau où ait esté destrempee de la fiente seiche de vache ou cheual, & broyee menu, & le tout passé doulcement par vne estamine sans l'espraindre, tant que l'eau en demeure teinte, & non plus, & qu'il n'y ait laissé aucunes feces ne residences. De ceste composition liquide à guise des couleurs des peintres, ou de saulse vert, auec vne brouesse de soyes de pourceau tournees du costé qu'elles sont attachees au cuir pour estre plus doulces, vous en donnerez vne couuerture dessus la cire, l'applanissant bien: & la lairrez seicher: Puis en donnerez vne autre, & la lairrez seicher de mesme: reiterant cela tant que ceste crouste arriue à la grosseur d'vn dos de cousteau: puis y appliquerez vne autre chemise de la terre susdite dont la figure aura esté bastie, à l'espoisseur de demy doigt: & la lairrez seicher. Derechef vous en redoublerez vne autre encore pardessus, de la mesme espoisseur.

Il y a vne autre maniere de proceder à ces chemises & reuestemens: car le modelle ou figure de terre estant conduitte à sa derniere perfection, & recuite comme il a esté dit cy dessus, il faut prendre de la cire, & de la terbentyne par egalle portion & les fondre ensemble dans vne poesle ou vn pot de terre, les meslant fort bien: Puis auec la brouesse susdicte en enduire tout doulcement la figure, & coucher dessus de l'estain en fueille qu'on appelle communement de l'orpel, comme si on la vouloit argenter: mais ceste couche pour appliquer l'estain se peut encore faire auec de la colle de fleur de farine, telle que celle dont vsent les Libraires & cordouenniers. Cela sert, à cause que pour mouller le creux qui doibt estre de

Ii

LA STATVE

plastre gasché en de l'eau, mal aisémēt le modelle se pourroit-il contregarder de l'humidité d'iceluy, quelque bien recuit qu'il peust estre, qu'il ne le r'amollist, & par consequent vint à le gaster & corrompre, si que le moulle ne s'y pourroit pas empraindre si nett qu'il seroit besoin pour former le bronze : Parquoy on luy donne ceste couche & couuerture d'estain, pour le preserner de cest accident : car on le frotte d'huille par dessus, afin que le plastre ne s'y attache : & qu'on puisse ietter la figure plus nette : & par consequent qu'il y ait puis-apres moins de peine à la reparer, nettoier & ciseller : si que cela reuient à vn fort grand soullagement pour l'ouurier, auquel seruira pour patron, le modelle sur lequel on aura moullé le creux ou la forme, si d'auenture il est diuisé en plusieurs parties, & se iette à plus d'vne fois : Que si la fonte se fait tout à vn coup, & mesme en vne figure de plein relief, il fauldra necessairement faire son compte de perdre ce modelle ou moyen, & laisser plusieurs trouz aux flancs, aux espaules, cuisses & iambes de la statue és chemises de cire & de terre appliquees sur le modelle pour le tirer & euacuer puis-apres du creux auec les ferremens propres à ce. Tellement qu'en ce cas le plus seur seroit d'auoir deux modelles : bien est vray que le petit sur lequel aura esté formé le plus grand, comme il a esté dit cy dessus, pourra seruir d'exemplaire & patron pour reparer apres la fonte, & refreschir la memoire de tous les plus importans traicts à l'ouurier. Les trouz puis-apres se referment auec de petites pieces du mesme metal, les y appliquant & souldant dextrement : car on presuppose qu'ils se doibuent faire és endroits les moins apparens, & où il y a moins de danger de rien peruertir & corrompre de ce qui est le plus d'importance en la besoigne. Mais le plus seur est de mouller la figure par plusieurs pieces separees : & en esprouuer chacune à par soy fort diligemment pour veoir si le creux sera bien nett, & tel de tous poincts qu'il doibt estre : & à ceste fin y retourner plustost à diuerses fois, puis les reioindre bien ensemble auec du mesme plastre, si que les iointures soient bien vnies & reparees, tant que le tout vienne à faire vne moictié de la statue entiere non à la prenare de la ceinture contremont, & d'icelle en bas, ains du hault de la teste tout le long des bras & du corps descendant vers les cuisses & les iambes iusques aux pieds : tout mi-party par le millieu & de plat : si que le derriere de la teste & du doz, les fesses & le reste soit vne moictié, & le visage, l'estomac, le ventre, & le surplus du deuant pour l'autre. Comme il fault puis-apres appliquer dans ces creux la cire pour faire l'espoisseur de la figure, auec vne crouste de terre au dessus, pour former le noyau qui doibt remplir le vuide d'icelle: reioindre les pieces ensemble: les recuire de loing lentement à feu de rouë de charbon de couldrier ou aultre bois tendre, ou auec de petites buschettes; percer les souspiraux & esuents, tant pour escouller la cire hors du creux, que pour donner air au metal entrant dedans; reparer l'ouurage auec les oustils & instruments propres: & semblables choses; Tout cela depend plustost d'vne practique oculaire, qui se doibt apprendre par les menus, & de main de maistre, que nompas qu'il se puisse enseigner par vne tradition ny de bouche ny par escript: parquoy il suffist d'en auoir icy atteint & traissé les principaux poincts, sans s'y engoulpher plus auant en vne mer de mecaniques, qui seroit oultrepasser aucunement les bornes de nostre profession: pareillement la maniere des fourneaux à vent, & à soufflets pour fondre le bronze, & lesquels sont les plus commodes & à propos. Quant à l'estoffe on s'y sert de cuiure, mais non du tout pur, parce qu'il coulle trop difficilement, ains d'vne maniere de bronze allié comme celuy de l'artillerie, de six ou sept parts d'estain de cornouaille pour quintal de cuiure, là ou l'alliage des cloches est cõmunement de vingt ou vingt deux liures d'estain doulx pour chaque cent de cuyure; & s'appelle ce meslange metal; l'autre bronze. Au regard de l'or & l'argent on y procede d'autre maniere. La fosse au reste doibt estre faicte si spacieuse qu'elle ne touche d'vn bon pied en carré la forme tout à l'entour, afin d'y pouuoir mettre vn reng de bricques qui la defende de l'humidité de la terre, & remplir l'entredeux d'vne terre bien seiche & criblee, y meslant vn peu de sable; & la comprimant dextrement auec des battes: puis boucher fort bien les souspiraux & esuents auec de l'estouppe, de peur qu'il n'y entre des ordures, mais quand on desbouchera le tampon auec la periere, il les fauldra ouurir: car s'il n'y auoit de l'air libre, le metal n'entreroit pas dedans la forme. Or il fault que la statue soit doulcement auallee en la fosse auec des cordages, & des tours, & engins, que rien ne s'y altere & desmente: & la planter toute debout la teste en hault, dont le sommet soit plus bas d'vn bon demy pied que le niueau de l'entree de la coullouere ou eschenal, & la chaise qui est au bout par ou doibt entrer le metal dans la forme: Et fault que ceste coullouere aille tant soit peu de trauers en biaisant, & non du tout de droicte ligne, afin de refrener l'impetuosité & furie du metal, qui pourroit aultrement engorger l'entree, & par ce moyen reiallir contremont de costé & d'autre: pourtant quand on repoulsera le tampon en dedans le fourneau,

Ii ij

LA STATVE

fauldra tenir par vn peu d'espace la periere ferme à la bouche de la coulouere, pour faire sortir le metal en ceste premiere veine peu à peu, car autrement la violence du metal ainsi ardent & enflambé, pourroit causer vne ventosité à l'entree de la forme qui empescheroit son remplissement tel qu'il fault : Cela fait on le lairra couller à son aise : Et sur la fin luy fauldra aider encore auec des pesles & rasteaux de fer, tant que la forme soit remplie.

Si tost que la fosse sera remplie de terre : on doit mettre le feu aux fourneaux sans temporiser dauantage, de peur que la forme n'attire à soy quelque nouuelle humidité, à toutes lesquelles particularitez il est necessaire que l'ouurier ait l'œil, parce que la moindre faulte en ce cas luy seroit d'vn grand preiudice. Quant à la coullouere ou canal par où doibt passer le metal, il la fauldra faire large presque de demy pied, plus ou moins selon la quantité du metal, & les paroys des deux costez haultes d'autant, le tout fait de bricques crues ; Mais bien seches, assemblees auec de la terre susdite, & fort bien recuit, y allumant tout du long vn feu de charbon pour l'eschauffer pendant que le Bronze fondra : & quand on sera prest de iecter, faudra oster tous les charbons, & nettoyer bien la coullouere de ses immondices, ostant mesme la cendre auec vn soufflet, afin qu'elle ne se mesle auec le Bronze, dont il fault qu'il y en ait tousiours de surcrez pour mieux faire venir la figure, & qu'il n'y ait point de tare. Il y a d'autres considerations encore qui meritent qu'on y preigne garde, sans du tout s'en remettre aux fondeurs d'artillerie, & de cloches, ny autres : car encore que la maniere de fondre & iecter l'alliage du Bronze pareillement soient presque tous vns & semblables aux vns & aux autres, le plus seur sera neaumoins que le sculpteur soit aussi versé en cela & bien entendu, parce que les statues ne viennent pas tousiours si à souhait comme font les pieces d'artillerie, ou les cloches qui sont toutes d'vne venue, & n'y a pas à beaucoup pres tant d'ouurage. Ne si recherché, ny tant de differentes besoignes, ne si malaisees à y espandre le metal, à cause des infinies gestes qui s'y representent, comme d'vn bras aduancé tout droict, & l'autre recourbe raccourcy : & les iambes de mesme, auec tout le surplus du corps, oultre les veines, muscles, nerfs & tendons qu'il fault faire naistre & paroistre delicatement dans le Bronze : la cheueleure aussi, & semblables menues besoignes, selon qu'on le peut voir descrit & representé fort naifuement en ces statues : Bien est vray que la difficulté en consiste plus és modelles que nõ pas au iect, ioinct qu'il les faut reparer fort discrettement apres la fonte, ou le tout ne vient pas tousiours si au nect qu'il ne le faille retoucher: neaumoins plus malaisement, & auec plus d'incertitude coulle le brõze en tant de replis & destours qu'il ne fait és pieces d'artillerie, ny le metal és cloches : & y fault bien plus des-vents & de souspiraux, & de bouches, nonobstant que toutes se viennent finablement raporter à celle ou l'on met la quemilse, qui est la principale entree, parquoy il y fault quelquefois plus de coloueres & eschenaux, qu'il est besoin de sçauoir bien establir à propos és endroits necessaires & conuenables: & pour cest effect disposer le fourneau vn peu en panchant par le fonds d'iceluy vers ces coloueres, de la mesme sorte à peu pres qu'on obserue és pendans qu'on donne aux pauez pour euacuer les eaux plus commodement, & les immondices qu'elles charrient auec elles. Il faut au reste que ce fonds du fourneau soit de briques bien liees ensemble auec de la terre qui ne se coulle ny se surfonde à la forte expression du feu que requiert le Bronze, car il y en a assez, qui y sont subiectes: les Verriers sçauent bien choisir les meilleures, car le feu estant assiduel & fort grand en leurs fourneaux, la necessité leur aprend cela. Il y en a d'excellentes icy à Paris, ou l'on peut mesler des tets de creusets bien broyez menu, & sassez, pour la rendre encore plus ferme & solide. Et pour-ceque toute terre en se recuisant est subiecte à se lascher & creuasser, le meilleur sera de les ioindre le plus pres l'vne de l'autre qu'il sera possible, afin qu'il y en ait moins és ioinctures & assemblemens, car le Bronze estant en bain & fondu s'en pourroit fuir par là, & y cherchant quelque eschappatoire gaster le paué du fourneau: le reste duquel tant les parois que la couuerture se peuuent faire de thuillots maçonnez de la mesme terre. Au regard de ses proportions & mesures, elles varient selon la quantité du metal qu'on y veult fondre, tant en sa largeur & haulteur, qu'en l'ouuerture de ses bouches, dont il y en a deux és costiez par ou sort la flamme, & vne autre par le derriere iointe au petit four ou l'on met le boys par vn trou d'enhault, par laquelle entre la flamme dedans le grand ou est le Bronze, comme en vn four à vent de reuerberation, qui la faict tournoyer pour chercher l'issue, qui luy estant desniee par le trou d'enhault, car on le bouche soudain qu'on y a iecté le boys auec vn couuercle de fer, par-ce que le feu tend tousiours en hault de son naturel, par-ce moyen elle se vient rabattre sur le Bronze, qu'elle eschauffe & fond, tant qu'il coulle à son heure determinee, plustost ou plus tard selon la quantité d'iceluy, & la chaleur qu'on luy aura administree deuement sans aucune discontinuation, d'autant que ces interualles ont accoustumé de le

Ii iij

LA STATVE DE CVPIDON.

rendre plus rebelle à fondre, & engendrent vne croustre dure au dessus, qui est souuent cause de plusieurs inconueniens aux fondeurs: Voire mesme que quelquesfois le metal au lieu de couller se calcine, à quoy l'on remedie auec de l'estain qu'on iecte parmy, & autres dexteritez & remedes assez cogneuz à ceux qui manient les metaux & le feu, dont les actions sont fort difficiles à limiter. Il y a puis apres les souspiraux, quatre en nombre, par ou euade la fumee, larges pour y mettre la moitié du poing. Et finablement le pertuys par ou doibt sortir le metal dans la coullouere, lequel se creuze dans vne bricque maçonnee fermement aux deux costez: mais il fault que ce pertuys soit vn peu plus large par le dedans que par dehors, & pareillement le tampon qui le bouche, afin de mieux l'estoupper encontre l'impetuosité du metal, qui estant fondu vient charger là contre, ainsi que l'eau d'vn estang en la bonde de la chaussee, à cause du panchant du fonds: & ioindre ce tampon au trou de la bricque, auec de la cendre sassee menu, & delayee auec de l'eau, afin qu'il ne face pas trop de resistance contre le coup de la periere. Au deuant de laquelle bricque en fault asseoir vne autre persee de mesme, mais tout au rebours, car il faut que l'ouuerture soit plus large en dehors du costé de la coullouere que par le dedans vers la bricque. Il y a puis apres l'autre moindre fourneau où l'on iecte le boys, comme il a esté dict cy dessus, mais le fonds d'iceluy qui est aucunement plus bas que la bouche par ou entre la flamme dedans le grand, doit estre planché d'vne grille de barreaux de fer distans d'vn poulce l'vn de l'autre, afin que par là les cendres & la braize s'auallent en la fosse qu'on aura cauee au dessoubs, & qu'on les puisse retirer de là auec vn rable de fer, de peur qu'elle s'en remplisse, & par consequant estouffe l'air qui doibt resueiller l'action du feu. Il ne faut pas oublier au reste de recuire tous ces fourneaux par vingt-quatre heures, y donnant le feu peu à peu, & par degrez conuenables tant qu'ils soient bien secs, & ne iectent plus de fumees ny de vapeurs qui empescheroient le bronze à couller net & liquide comme il est besoin. Et en le mettant dans le fourneau on doibt prendre garde d'arrenger les pieces debout, & non de plat l'vne sur l'autre, afin qu'il y ait de l'air entredeux: que s'il y en fault mettre d'autres de surcrez apres que celuy du fourneau sera prest à fondre, on l'eschaufera deuant à l'vne des bouches, de peur qu'il ne refroidisse le reste: & ne retarde d'autant la besoigne. Il y a assez d'autres considerations là dessus, que nous toucherons plus à plain en nostre traicté de l'artillerie sur l'art militaire d'Onosander autheur Grec par nous mis en langue Françoise, auec des annotations dessus: Parquoy nous finirons icy ce propos apres auoir dict que les figures d'or & d'argent se font de lames, ausquelles on faict prendre la forme qu'on veult sur des modelles de Bronze qui auront esté iectez de fonte dans des creux de plastre, les battant dessus auec des oustils de fer plats & mousses tant qu'elles ayent receu le plus de resemblance du modelle qu'il sera possible: puis on les acheue de parfaire en les cizellant comme il faut: & soulde l'on finablement les pieces ensemble: mais cela depend de l'art de l'orfauerie où Phydias fut le plus excellent ouurier qui fut oncques. Et d'autant que Callistrate ne parle que des statues de marbre & de Bronze, nous reseruerons celles-cy à vne autrefois, & nous contentans de ce que nous auons dict de tous ces artifices cy dessus, reuiendrons aux particularitez de la statue, apres que nous aurons parlé des souldeures, dont malaisement les ouurages de Bronze, & d'autres metaulx se peuuent passer: & il y en a tant de difficultez & incertitude dans les autheurs, qu'on n'y sçauroit asseoir nulle part le pied ferme, tant ils y vont à tastons, priuez de toute experience, si qu'il n'est possible d'en rien recueillir de certain. Mesmement és Iurisconsultes, qui l'ont embrouilhé plus que tout le reste, par faulte de s'en estre instruits de ceux qui manioient ceste art. Parquoy nous en mettrons icy vn extraict de ce que nous en auons traicté plus au long ailleurs.

DE LA FERRV-
MINATION OV
SOVLDEVRE.

IL y a des doubtes & controuerses en cest endroit entre les Iurisconsultes, qui s'arrestent aux mots, non parauenture bien entendus d'eux: Car les mots estans fort subiects à s'equiuoquer, ont besoin d'estre particulierement distinguez pour l'intelligence de ce à quoy on les veult appliquer, ce qui leur est comme vne conduitte & redressement pour les faire charrier droict. Cassius en Paulus met: *Ferruminatio per eandem materiam facit confusionem: plumbatura vero non idem efficit.* Et Pomponius monstrant s'y vouloir conformer; *Si tuum scyphum alieno plumbo plumbaueris: alienoue argento Ferruminaueris, non dubitatur scyphum tuum esse: & à te recte vindicari.* Ce neaumoins il entend que ceste couppe soit d'argent. Certes cela est vn peu ambigu, & si l'on n'a exacte cognoissance de la nature metallique, ces deux authoritez tailleront bien de la besoigne.

En premier lieu donques il fault profonder plus auant en l'interpretation de ce vocable Ferrumination, que ce qu'il sonne en apparence : Car on peult bien veoir qu'il ne se restreint pas seulement au fer, dont il prend le nom, ains s'estend encore à l'argent, & consequemment à tout le reste des metaux, voire à plusieurs choses qui sont hors leur latitude: comme on verra par les authoritez suiuantes. Pline liu. 10. chap. 33. parlant de la maniere dont les pics transportent leurs œufs d'vn nid à aultre: *Surculo super bina oua imposito, ac Ferruminato alui glutino, subdita ceruice medio æquè vtrinque librato deportant alio.* Là ou sans doubte il est pris comme pour vne forme de colle. En l'onziesme liu. ch. 37. rendāt la raison pourquoy les oz des chiens, & des cheuaux ne se peuuent ferruminer, c'est à dire estans rompus ne se peuuent reprendre, ce qu'il refere au default de la mouelle: *& medulla ex eodem videtur esse in iuuenta rubens, & in senecta albescens: non nisi cauis & ossibus: & cruribus iumentorum aut canum; Quæ fracta non Ferruminantur: quod defluente euenit medulla.* liur. 27. chap. 4. pour la souldeure: *Fabulosa arbitror quæ adiiciuntur de herba anonymo; recente ea, si vratur, ferrum aut æs Ferruminari.* au 31. liur. chap. 7. pour vn adglutinement: *Carrhis arabiæ oppido mures domosque massis salis faciunt, aqua Ferruminantes.* Pour du mortier ou du ciment liur. 35. chap. 15. parlant du bitume: *calcis quoque vsum præbuit, ita ferruminatis Babylonis muris.* Et au 36. encore chap. 23. *Ruinarum vrbis ea maxime causa, quod furto calcis sine ferrumine suo cæmenta componuntur:* ou plustost pour vn anglutinement, car on sçait assez que la chaux par sa viscosité sert au mortier pour lier le sable.

Pour

FERRVMINATION.

Pour vn endurciſſement au 26. chap. du meſme liur. *Vitrum ſepulchri concoctum, ferruminatur in lapides.* Et finablement pour vn default & ſeparation, au 37. chap. 2. parlant de ceux du criſtal: *infeſtantur plurimis vitiis, ſcabro ferrumine, maculoſa nube, occulta aliqua vomica præduro fragilique centro.* Par tous leſquels lieux deſſuſdits il appert que la Ferrumination eſt priſe pour toutes manieres de colles, ciments, mortiers, ſouldeures, & ſemblables adglutinemens que les Grecs appellent κόλλησις & συνάφεια. mais nous n'auons icy affaire que de celle des metaux: ou il fault premierement enquerir pourquoy c'eſt que ce mot de Ferrumination a pluſtoſt pris ſon appellation du fer, le plus vil metal de tous, que de pas vn des aultres: Car il n'eſt pas à croire que cela ait eſté fait à la vollee, & ſans occaſion; d'aultant qu'il y a es anciens primitifs vocables certaine proprieté emphaſtique qui porte auec ſoy la realité de la choſe qu'ils repreſentent. Le fer donques nonobſtant que de primeface il ſemble en ſon dehors eſtre froid & ſec, comme fort terreſtre qu'il eſt: en ſon occulte neaumoins, & par le dedans il eſt adglutinatif & viſqueux. Oyós ce qu'en dit la deſſus Rhaſes excellent Philoſophe Arabe au liure du perfaict magiſtere: *Ferrum in altitudine ſua eſt calidum & ſiccum: in ſuo profundo frigidum & humidum vt ſtannum; in vno latere, calidum & humidum, vt aurum: in alio frigidum & ſiccum, vt plumbum.* Mais cela concerne plus les conſiderations thuniques, & les anatomies des metaux par leurs tranſchangemens d'vne qualité & nature en vne aultre diſpoſition: Car il n'y a rien qui reçoiue plus d'alterations ſans ſe defecter du tout de ſon eſtre, auquel il peult eſtre touſiours reduit, que fait le metal. Nous dilaterons ce que deſſus de Rhaſes par ce lieu du liure des Vapeurs, d'Auenzoar. *Ferri natura calida & ſicca eſt: Quidam tamen dixerunt quod eſt frigida & humida; & ipſum maſculinum & fœmineum. Huius autem manifeſtum eſt calidum & ſiccum, & durum: occultum his contrarium. Nec in aliquo corporum eſt aliquid durius manifeſto ipſius. Similiter eius mollicies manifeſtatur, cum in eius occultum conuertitur. Huius exemplum eſt argentum viuum: cuius occultum eſt ferrum. Cum igitur occultabitur eius manifeſtum, & manifeſtabitur eius occultum, conuertetur in ferrum.* Mais à quel propos ces authoritez, & encore assez malaisees? pour monstrer que la nature du fer en son interieur est fort gluante, plus que pas vn des aultres metaux, parquoy il est plus propre à soulder, & par consequent à donner l'appellation aux souldeures, ciments & colles: à cause mesmement de sa dureté, enquoy elles le doibuent rassembler. Car en premier lieu nous voyons qu'il n'y a point de metal dont les pieces se repreignent & consolident plus aisement en les forgeant & martellant rougies au feu, pour les ioindre & vnir ensemble, que fait le fer, sans adioustement de choses estranges, comme nous verrons cy dessoubs en sa premiere façon de souldeure. En apres on sçait assez de combien les escailles de fer seruent à rafermir vn ciment quand elles sont meslees auec, estans battues en mesme pouldre: mais mieux encore feroit cest effect, la chaulx d'iceluy, que les Alchimistes appellent Crocum ferri, & se fait ainsi. Prenez des lammes de fer de l'espoisseur d'vn teston; Et les mettez à calciner à fort feu de reuerberation, tel que celluy des verriers, ou semblable: par douze ou quinze iours: elles se conuertiront en vne pouldre plus impalpable que fine fleur de farine, & rouge comme sang. Cela meslé auec de la pouldre de briques & de verre: du charbon de pierre, de la chaux du sable, feront vn ciment pour durer presqu'à perpetuité. Le mesme fait aussi la rouilhe: & la mine de fer battues subtilement: le tout à cause de sa viscosité glueuse. Vous voyez oultreplus comme le *Boliarmein* est tenant, qui n'est autre chose qu'vn mineral procedant des vapeurs des mines de fer, ou la matiere n'est point encore bien reduitte en metal formé. Et le pareil de ceste terre ditte Lemnienne qu'on appelle communement Sigillee, qui est certaine Argille tresfine, empreignee des vapeurs d'vne mine de fer, & decuitte à vne chaleur lente, egalle & proportionnee dans les entrailles de la terre en vne successiue longueur de temps. Et de faict, prenant de l'argille commune, & la decuisant à feu fort gradué & temperé en vn bain de marie, auec du *crocum ferri*, dessusdit, & de l'eau de vie, contemperee auec de l'eau de chardõ benit, de betoine, melisse ou semblables, elle emboit par succession de temps vne proprieté & vertu qui ne degenere guere de la naturelle : car nous voyons en tout plein de choses l'art non seulement imiter, mais egaller, voire surmonter la nature: suyuant le dire du Philosophe: *Nil differt an hæc in naturalibus vel artificialibus organis fiant.* Tout cela bat & tend à monstrer combien le fer en son interieur est visqueux: ioinct qu'on sçait assez par experience que la terre sigillee qui participe de son essence, comme a esté dit, appliquee à la langue, pour quelque s'escouer qu'on la puisse, malaisement s'en peult desprendre. Mais, pourra l'on alleguer là dessus, pourquoy est-ce doncques qu'on ne s'en sert point es souldeures comme on fait de la limaille d'or, d'argent, & de cuyure? On peult respondre que ce n'est point pource que ces trois metaux soient plus adglutinatifs que le fer, mais pource qu'ils sont de plus aisee fusion: imo le fer n'en a point du tout apres sa premiere, qui se fait par le moyen de la gastine vne terre qui par certaine prouidence de la nature se retreuue tousiours en abondance auec celles de fer : si ce n'est par artifice y meslant de l'antimoine ou de l'arcenic, & semblables moyens mineraux, assistez de choses inceratiues, comme les appellent les alchmistes. ainsi que le sauon-mol: le sublimé, les huilles, gommes, & graisses: Athincars, Borax, sel alcali, sel de tartare, sel armoniac, sel alembroch, & autres semblables: mais lors estant ainsi rendu fusible il n'est plus malleable n'y extensible soubs le marteau : ains se rend frangible & se rompt, comme on peult veoir es boullets d'artillerie, es pots de fer, contrefeux & aultres telles ferailleries de fonte.

Cela premis, pour retourner aux authoritez cy dessus alleguees des Iurisconsultes, il semble qu'ils ayent voulu restreindre la Ferrumination, non tant seulement aux metaux, en general, mais à ceux encore qui ne se fondent qu'auec ignition precedente, c'est à dire rougis au fer, comme l'or, l'argent, le cuyure, & le fer, les metaux qui se fondent sans ignition, sont le plomb & l'estain, le plomb plus facilement que l'estain. Et est vne chose admirable, qu'estans ces

DE LA

deux metaulx à par soy si mols comme chacun sçait, joints ensemble ils se rendurcissent: la raison de cela, Auenzoar la rend au liure des Vapeurs en ces paroles : car nous entrelacerons icy auec la ferrumination quelques incidents des metaux qui la feront tant mieux comprendre. Ce qui consolide & rafermist l'estain, est le plomb : & reciproquement l'estain endurcist le plomb. Car comme la viscosité gluante qui lie les parties de l'estain doibue consister d'vn humide & d'vn sec, cela fait qu'il n'y a aucune conglutination de l'estain auec l'estain, tellement que les ouuriers voulans rendre le plomb plus dur, ou l'estain, meslent tous les deux ensemble : & se rend la masse plus dure que s'ils estoient à part l'vn de l'autre: pourautant que de l'humidité du plomb, & de la siccité de l'estain, s'engendre vne viscosité plus ferme, qui est cause de dureté en ce meslange de ces deux metaux. Tout le rebours aduient en la mixtion de l'or & l'argent au moins pour le regard de la fonte, car meslez ensemble ils se fondent beaucoup plustost & plus aiseement que separez: c'est pourquoy on les mesle en la souldeure.

Il y a au reste quatre sortes d'estain: celuy qu'on appelle le doulx, ou de cornouaille, qui est l'estain pur venant d'angleterre: l'estain commun, qui est meslé auec du plomb, non seulement pour-ce que le plomb soit à meilleur compte que l'estain, mais pour le rafermir & rendurcir par cest aliment, lequel ne doibt porter pour le plus, que de douze a quinze liures de plomb pour chaque quintal d'estain. Il y a puis apres l'estain sonnant, qui se faict d'vn quintal d'estain pur de cornouaille auec vne liure seulement d'estain de glace: & vne liure de franc cuyure ou rosette: l'estain de glace est vn mineral, (de moy ie ne l'estime estre autre chose que ce qu'on appelle le Regule d'antimoine,) dont on se sert en tout plein de choses: & entre autres pour le fonds ou derriere des mirouers de Christallin, ou on le mesle auec l'Amalgame d'argent vif & d'estain, qu'on y applique pour reboufcher la transparence du verre, l'on s'en sert aussi en lieu de sable és horlorges, car il n'y a rien de plus delié, vni, & esgal, ny plus sec, & moins subiect à l'alteration du temps. Les mirouers de fonte, qu'on appelle les mirouers d'acier, se font de cuyure & d'estain fondus

FERRVMINATION.

ensemble: & puis se lustrent & pollissent auec du sable, du tripoli, pierre-ponce & semblables. Pline monstre auoir eu quelque odeur de ces meslanges, mais grossierement & côme à trauers quelque espoisse obscure nuee, au 34.liu.chap. 17.où il dit, *Maintenant on sophistique l'estain en plomb blanc, y adiousstant la tierce partie d'airain. Il se faict encore en autre maniere, meslant vne liure de plomb blanc, auec autant de plomb noir, aucuns l'appellent pour le iourd'huy argentin: & tiercelet, celuy où il y a deux parts de plomb noir, & la tierce de blanc.* Il appelle le plomb blanc l'estain doulx de cournouaille, dit des Grecs κασσίτηρος & le plomb noir, le plomb commun μόλυβδος. Mais tout cela, ainsi que le reste, est fort embrouillé & confus en luy. Quant aux alliages du cuyure pour faire les cloches, c'est de vingt iusques à vingt-cinq d'estain pour quintal de cuyure ou rosette, & cela s'appelle metal. Pour l'artillerie, les statues, & semblables ouurages, de six à sept liures d'estain pour quintal de cuyure: & s'appelle Bronze.

Les Iurisconsultes doncques monstrent de vouloir entendre par la ferrumination, la souldure qui se faict tant de soy, qu'auec l'argent & le cuyure ou letton, comme il se dira cy apres, laquelle mesle, vnist, & confond les parties ensemble, si qu'il n'y a point de disparité. Et par la plombature, les assemblemés qui se font en lieu de mortier, comme on peult veoir és quartiers de pierre liez les vns aux autres auec des barreaux de fer, & du plomb, où és chandeliers, chenets d'airain, & dont les parties sont iointes & cimentees auec ce metal: ou bien la souldure contemperee de plomb & d'estain, à sçauoir trois parts d'estain, deux de plomb, & vne demie d'estain de glace, les Pottiers d'estain, les Plombiers, les Vitriers, & aultres, en vsent, l'appliquans auec l'instrument qu'ils appellent le fer, enduit de ce mesme a sa poincte, carree presque comme vne fleur de liz non encore espanouie, & pour cest effect le reschauffent sur des charbons à demy esteints, & y adioustent de la poix resine.

Venons maintenant aux souldeures de fer, il y en a de trois sortes: la premiere & la plus grossiere est de ioindre de grosses pieces l'vne auec l'autre, comme deux barreaux, ou

Kk iij

semblables: ce qui se fait en les rougissant au feu, & iettant dessus du grez en pouldre, ou du sablon, qui garde de brusler la coisne, & rembarrent la chaleur en dedans, puis on les assemble, en les battant & forgeant sur l'enclume.

L'AVTRE plus subtile, est de ioindre & appliquer deux pieces l'vne contre l'autre, & les lier auec vn fil d'archal, puis les saulpouldrer auec de la l'imaille de letton, trempee en de la dissolution de gomme de Draghant, & d'eau commune, ou des mucillages, & enuelouppez en de l'argille courroyé auec de la fiante de vache seiche, & chauffez à la forge a feu de soufflets.

LA tierce plus subtile encore. Ioignez les deux pieces, les liez auec du fil d'archal: iettez dessus de la souldure suiuante. Deux parties d'argent, & vne de letton, fondez les ensemble, & limez bien delié & egal: Puis y adioustez pour trois parties de souldeure vne partie de borax battu en delicé pouldre, meslez bien le tout, & empastez auec de la gōme de dragant dissoulte en eau. Puis les mettez en vn rechault sur des charbōs ardēts, & esuentez doulcement auec vn soufflet à main, tant que la souldeure fonde, & se colle és parties qu'on veut assembler: Ce qui se reparera puisapres auec la lime. Ceste maniere se manie par vn orfeure, & nompas par vn mareschal comme le premier: n'y par vn serrurier comme le second.

Le cuiure & l'airain se souldent auec la souldeure de pottier d'estain cy dessus: & celle d'argent, de letton & borax.

L'or & l'argent se granulent, c'est a dire reduisent en menue grenaille, si on ne veult prendre la peine de les limer en ceste sorte. Fondez les en vn creuset: & quand ils seront bien fondus, iectez les doucement dans vn autre plus grād creuset, où il y ait du charbon reduit en pouldre, & demenez tāt qu'il se granule.

Les souldeures se font de deux parties d'argent, & vne de cuyure ou de letton. De trois d'argent, & vne de cuyure. Et ainsi de degré en degré, iusques à sept d'argent & vne de cuyure ou de letton: lequel court & coulle plus aiseement que le cuyure, en la souldeure: mais en recompense le cuy-

FERRVMINATION.

ure est plus ferme, & se cizelle & repare mieux & plus net que le letton.

Il fault tousiours bien mesler & incorporer ensemble la souldeure, & le borax, les broyant sur le marbre, ou dans vn mortier de cuyure dont lon se sert à battre l'esmail: puis les mettre dans le Boracier, pour les auoir ainsi preparez prests à son besoin.

• Quant à l'or, il y a deux manieres de le soulder, l'vne que on appelle soulder au chault, & cela se fait auec du vert de gris qui n'a point seruy, aussi gros qu'vne noisette, la sixiesme partie de sel armoniac, & autant de borax. Broyez le tout ensemble, & le destrempez auec vn peu d'eau commune dans vn godet de terre de Beauuais, à guise de boullie. Mettez de ceste compositiō sur les iointures de ce que vous voullez soulder à l'espoisseur d'vn parchemin, & espandez dessus vn peu de borax bien broyé: Puis ayez du charbon rond, & l'arrengez en forme de grille, sur laquelle vous mettrez vostre ouurage vers les bouts & extremitez des charbons: car estans allumez il en sort ie ne sçay quelle petite vapeur, qui souffle & esuente aucunement. Mais faites en sorte que les charbons ne touchent point l'endroit que vous voulez soulder: & esuentez legierement auec vn soufflet à main, de sorte que la flamme se rabatte dessus l'ouurage: car si le feu estoit trop aspre, il y auroit danger que l'ouurage ne se fondist, & tout seroit gasté. Et quād vous verrez que la premiere peau de l'or commencera à s'esbranler, & reluire comme enflambee, arrousez-le legierement d'vn peu d'eau auec vne brouesse: & par ce moyen la superficie de l'or se viendra à rassembler & vnir és iointures, comme si le tout auoit esté iecté & fondu d'vne seule piece. Cela fait, ayez du vinaigre distillé, & mettez y vn peu de sel tant qu'il soit dissouls, là vous lairrez tremper vostre ouurage tout le long d'vne nuict, & le borax s'en separera. S'il y a quelques faultes puis apres és trouz & creuasses qui resteront à aplanir, il les fauldra soulder ainsi. Prenez six carats d'or fin de ducat, qui sont vingt-quatre grains ou vn denier: car le caract est de quatre grains, tant és metaux qu'és pierreries, fors és diamans qui sont la plus legiere chose de toutes aultres; & là le caract ne va que pour trois grains: Prenez doncq. 24. grains d'or, & trois ou quatre grains d'argent seulement, & autant de cuiure. Fondez premierement l'or, puis mettez à fondre l'argent & le cuyure. Les orféures appellent cela ligue, dont ils se seruent à en mettre vn peu sur toutes les souldeures qu'ils font d'argent & de cuyure ou letton, comme il se dira cy apres: Et ce pour les raffermir tousiours dauantage, faut estre aduerty que toutes les fois qu'on recuit l'or, il fault iecter dessus du vetre, ou de l'esmail noir, en pouldre: Car cela oste toutes les mauuaises fumees & vapeurs que l'or pourroit auoir attiré du cuiure, qui le noircissent aucunement, & l'infectent. Au reste, ce qui s'appelle recuire en l'or, est braser en l'argent: assauoir de les repasser vn peu sur la braise.

La maniere puis-apres de le remettre en couleur, est auec du vert de gris, & du sel armoniac, autāt de l'vn que de l'autre, & leur vingtiesme partie de sel nitré, le tout reduit en pouldre sur le marbre: & destremper ceste composition auec vn peu de vinaigre, distillé tant qu'elle soit en forme d'ōguent; dequoy vous enduirez vostre ouurage d'or à l'espoisseur d'vn dos de cousteau, auec vne brouesse: Et le mettrez sur des charbōs à demy esteints, tant que le vert de gris se brusle & consume par le moyē du sel nitré, car le sel armoniac s'en ira en fumee. Et pour cest effect auec les mollets vous prendrez des charbons ardents, que vous passerez sur les endroits ou la composition demourroit trop espoisse, afin qu'elle se brusle au plustost egallement, & qu'elle ne desseche pas sur l'ouurage, parce que cela empescheroit la couleur. Cela fait ostez-le du feu, & laissez-le refroidir en vne escuelle plombee: Puis estant froid, vous le nettoyerez auec vne brouesse, & le mettrez tremper dans de l'vrine de ieunes garçons de dix à douze ans.

La souldeure d'argent se fait auec sept parties d'argent, & vne de cuyure, si l'argent dont l'on besongne est fin à onze deniers: si de bas alloy, au lieu de cuyure, il fault prendre du letton.

FERRVMINATION.

du letton. Fondez doncq le cuyure premier, parce qu'il est de plus dure fusion que l'argent: & puis mettez l'argent dedans, & faites les bien iouer ensemble, si qu'ils soient bien incorporez, iectez en lingot, & le limez deliement: puis y adioustez la tierce partie de borax bien broyé menu, & empastez auec de la gomme de dragant dissoulte en eau. De cela enduisez les fentes que vous vouldrez soulder: Et mettez l'ouurage à feu de charbon, soufflant auec vn soufflet à main tant que la souldeure se fonde, qui par le moyen du Borax se rendra de plus tendre fusion que le cuyure, ny que l'argent, s'il y a quelque deffault ou creuasse, il y faut remettre nouuelle souldeure, & proceder comme deuant.

Le plomb & l'estain se souldent par eux mesmes meslez ensemble, comme il a esté dit cy dessus.

Reste maintenant à examiner le lieu de Pline, qui est des souldeures, liu. 33. chap. 5. où il dit ainsi. *Chrysocollam & auri artifices sibi vendicant adglutinando auro: Et inde omnes appellatam similiter vrentes dicunt.* (Pource que ce mot signifie souldeure d'or,) *Temperatur autem ea Cypria ærugine, & pueri impubis vrina, addito nitro.* Il semble qu'il vueille traitter par là, l'artifice que nous auons mis cy dessus, de donner couleur à l'or, à cause du vert de gris, du nitre, & de l'vrine des ieunes enfans: & nõ pas de la souldeure: car la chrysocolle estant sans doubte le borax, elle ne se peult faire sans la limaille des metaux: si que le mot de *temperatur* ne se pourroit pas prendre pour la confection de ladicte souldeure, ains plustost pour le destrépement de la chrysocolle ou borax auec le vert de gris qu'il appelle *Cypria ærugo*, & le nitre, lesquels trois ensemble ne sçauroiẽt adglutiner ou soulder l'or sans la souldeure cy dessus escripte: si d'auenture ce n'estoit par la premiere maniere qui s'appelle soulder au chault. Et pourtant Pline ne veult pas par ce mot de *temperatur* enseigner la composition de la chrysocolle, ny de la souldeure, comme quelques vns l'ont cuiddé, ains tant seulement la maniere de s'en seruir à soulder l'or.

Au regard de la composition de la Chrysocolle ou borax que les Arabes appellent *Atincar*, & Pantheus en sa Voarchadumie, oleum vitri, car elle est artificielle, & non naturelle, il fault premierement entendre que c'est le vray moyē de faciliter la fusion de tous les metaux : & de reduire leurs chaulx quelques alterees qu'elles puissent estre en corps metallique, leurs loppes pareillement, & minieres, & les separer de leurs terrestreitez, pierres, & semblables choses estranges, comme met Rhases en son traicté des alums. *Quo (scilicet Borace) mediante, omnia corpora metallica, quantumuis alterata in itura sal, etiam loppa & minera dura. & contumacis fusionis liquantur & in pristinum redeunt statum : ita vt exsuccata eorum humiditatis alienæ susceptibilia, & ad fundendum velociora sunt enim omnes athincares propter humiditatem quam habent multum fixam, inceratim præ omnibus aliis salibus : ob idque cum illis omnes metallorum calces facile reducuntur.*

Le mesme tesmoigne Auicenne au liu. de l'ame des metaulx diction 6. chap. 12. *Illæ res quæ se incerant sunt plus humidæ quam aliæ quæ se non incerant : ergo inceramentum non est aliud nisi accrescere humiditatem in illis rebus quæ se incerant.* & au 7. ca. *Quando tu inceras facis humiditatem maiorem, frigiditatem, caliditatem, & siccitatem minores.*

Rhases au reste au liu. des Atramens donne ceste composition de Borax, calcinez du sel commun ja preparé, par six heures : mais il se prepare en ceste sorte. Dissoluez de gros sel noir dans de l'eau tiede : escumez les ordures : & laissez reposer par trois ou quatre heures : euacuez doulcement le clair : & faictes euaporer l'eau, tant que le sel vous demeure au fonds blanc comme neige, & bien desseché. Dissoluez ce sel calciné en ce vinaigre distillé, & le filtrez & congellez. Dissoluez d'autre-part ensemblement vinaigre, de l'alun zuccarin, & de la chaulx-viue autant d'vn que de l'autre & autant que du sel : laissez le reposer par trois iours, & cueillez auec vne coquille vne fleur qui surnagera au dessus à guise de chresme ou d'huille : & meslez-le auec ce que vous aurez en semblable recueilli de la fleur du sel, & gardez que vous ne cueilliez rien qui ne soit bien pur & bien clair : & congellez le tout ensemble au soleil, ou à feu-lent, en vne pierre clere comme cristal. Si vous le dissoluez de rechef

FERRVMINATION.

en nouueau vinaigre, filtrez & congellez il s'affinera tousiours d'auantage, iusqu'à la trois ou quatriesme fois.

Vous y pouuez adiouster aussi du sel alcali, c'est de la soulde de l'herbe de Salicor, dont on fait le verre de pierre, dissoulte premierement en eau commune, filtree & congellee, & puis dissoulte en du vinaigre distillé comme le sel commun, & fera l'athincar meilleur: & tout de mesme que du sel alcali, & du sel de tartre ou lye de vin, celuy de l'Anguedoc est le meilleur. Le mesme Rhases enseigne vne autre façon de sel inceratif au traicté intitulé le liure d'vne nuict, qui est d'vne merueilleuse efficace. Prenez vne partie de soulphre, deux de salpetre, & trois de sel commun preparé. Et ayez vn pot de terre de Paris non plombé correspondant à la quantité de ces trois materiaux, que vous mettrez entre les charbons ardents, tant qu'il soit bien rouge & enflambé, & alors iectez dedans lesdits materiaux bien broyez & incorporez ensemble, ou le feu se prendra soudain, remuant auec vne broche de fer, tant qu'il n'en sorte plus de flâme, versez ce qui restera fondu dans le pot, en vn mortier de Bronze, & le lachez refroidir. Cest athincar est si inceratif que ie l'ay veu en vn instant, iecté sur vne lame de fer de l'espoisseur de deux doigts, rougie au feu, penetrer de l'autre part, tout ainsi que feroit de l'huille sur du papier.

Mais pour retourner au lieu cy dessus allegué de Pline, où il semble vouloir monstrer l'artifice & composition de la Chrysocolle ou Borax. *Chrysocollam & aurifices sibi vendicant agglutinando auro, & inde omnes appellatam similiter vtentes dicunt. Temperatur autem ea cypria ærugine, & pueri impubis vrina, addito nitro.* Que si par le mot *de temperatur*, il entend sa confection, il se seroit fort abusé aussi bien qu'en infinies autres choses, où il s'est embarqué par vn oy dire, car l'experience & pratique nous monstre, que le Borax ne se fait pas auec le verd de gris, ains auec les sels & alum cy dessus mentionnez: & de faict il est fort blanc, là où le verd de gris le feroit verdir, & mesmement auec l'vrine qui est acre & pontique: Suit apres, *teritur cyprio ære* (à sçauoir d'vn pillon de cuyure) *in cypriis mortariis* (de la mesme estoffe: & tels sont les mortiers des orfeures, où ils broyent leurs fouldeures, borax, & efmaux: mais ils font trop meilleurs d'acier.) *Ita ferruminatur aurum quod argentofum vocant. Signum eft fi addita fanterna nitefcit: é diuerfo ærofum contrahit fe, hebetaturque, & difficulter ferruminatur.* Par l'or argenteux il entend l'or allié auec l'argent, ce qu'on appelle allier au blanc: & par le cuyureux, celuy qui eft meflé auec le fin cuyure, parce que l'or ne fe peult pas bien ioindre au letton, ains ils fe refillent: & cela s'appelle allier au rouge. Mais au refte ie ne comprends pas bien ce que Pline veult dire en ceft endroict, car l'or allié auec l'argent ou le cuyure fe fould indifferemment auec la fouldeure que on appelle ligue, par le moyen du Borax, qu'il appelle fanterne: Et fi les orfeures befoignent plus volontiers de l'or allié fur le cuyure, que fur l'argent, tant pource qu'il eft plus ferme, & endure mieux le grauer, tailler, cizeller, que pource qu'il prend vne plus belle couleur que l'autre qui eft allié fur le blanc, lequel demeure plus blafart. Le tiltre au refte dont ils trauaillent communement eft de vingt-deux caracts: c'eft à dire de vingt-deux parties d'or fin, & de deux de cuyure, ou d'argent, pour paruenir aux 24. caracts à quoy monte la derniere graduation & tiltre de l'or, encore n'y arriue-il pas du tout precifement. Suit apres en Pline. *Id glutinum fit auro, & feptimæ parte argenti ad fupradicta additis, vnique cotritis.* Cecy eft vn peu obfcur en luy, voulant defcripre la fouldeure de l'or: enquoy il parle aucunement à la verité. Mais trop fuccinctement: car comme il a efté dit cy deffus, les proportions des meflanges d'vne mefme fouldeure font differentes, depuis deux à vne, iufques de fept à vne. Comme par exemple, la fouldeure d'or de deux parts d'or, & vne d'argent, de trois d'or, & vne d'argent, &c. Iufques à fept d'or & vne d'argent: qui eft ce qu'il veult dire icy. Mais la vraye fouldeure de l'or qu'on appelle la ligue, eft de huict parties d'or fin, & trois d'argent, & autant de cuyure. Celle d'argent de bas alloy, de cinq parts d'argét, & vne de lettõ, de onze deniers, car le fin va iufques à douze, celuy dont l'on befoigne en quelques endroits, mefmement és monnoyes, car le poinçon de Paris n'eft que de dix & demy, c'eſt à dire dix parts & demy d'argent, & vne & demy de cuyure. La ſouldure doncques de l'argent à onze deniers, eſt de ſept d'argent, & vne de cuyure ou de letton: mais le cuyure eſt plus ferme, & par conſequant endure mieux & plus net le cizellage. Celle de cuyure, & vne d'argent. Mais on ſoulde les chandeliers, chenets, & ſemblables auec de la ſouldeure de plomb & d'eſtain: Ce que les Iuriſconſultes appellent *Plumbatura*, qui ne ſe meſle pas auec les metaulx qu'ils ſouldent, ains n'y ſeruent ſinon que comme de mortier ou ciment es pierres, ou de colle au boys. Et fault eſtre aduerty qu'en toutes les ſouldeures ſuſdites, il fault touſiours meſler la tierce partie de Borax, empaſté auec de la diſſolution de gomme de draghant deſtrempee en eau commune.

Suit conſequemment en Pline: *auri glutinum tale eſt quod dictum eſt: Argilla ferro cadmia æris maſſis: alumen laminis: Reſina plumbo & marmori, ſed plumbum nigrum albo iungitur, ipſumque album ſibi, oleo: item ſtagnum æramentis; ſtagno argentum.* Pline nous en compte icy de merueilleuſes, & en peu de mots, s'eſtant contenté de ce qu'il a peu oyr ſuperficiellement d'infinies choſes qu'il a atteintes comme en paſſant, ſans en auoir experience. Car en premier lieu toute l'argille du monde, ne ſçauroit de rien ſeruir à ſoulder le fer, ſi ce n'eſtoit par accident, comme à tenir fermes deux pieces de fer attendant qu'elles ſoient ſouldees, & pour en empeſcher ce temps pendant l'aduſtion: Car quelle conuenance y peut-il auoir de l'argille auec le metal: *Et quod non ingreditur non alterat*, dit Geber. Quant à la cadmie qu'il dit ſoulder l'airain en maſſe, que n'a-il auſſi toſt dit mis des lames & ſemblables pieces, comme il dit que c'eſt l'alun qui fait ceſt effect? Il y a au reſte pluſieurs ſortes de l'admies: mais il entend la calamine, vn mineral qui ſe trouue es mines de cuyure: & eſt frequent en Allemagne & en la Duché de Milan: C'eſt auec quoy on reduit le cuyure en airain ou letton, les fondant enſemble vn lict de l'vn ſur vn lict de l'autre, en vn grand fourneau, la tuthie fait le meſme effect, ou à peu pres: mais elle ne ſert pas à foulder le cuyure ou airain ny en maſſe ny aultrement, nomplus que l'alun les lamines de cuyure: oultre ce qu'il n'y peult pas auoir grande difference à foulder des lames ou des barreaux d'vne meſme eſtoffe. *Reſina plumbo & marmori.* à la verité les plombiers & pottiers d'eſtain ſe ſeruent de la poix reſine en leurs ſouldeures qui ſont faites de plomb & d'eſtain comme il a eſté dit cy deſſus, pour eſchauffer & faire couller le metal, & qu'il entre mieux. Elle ſert auſſi au marbre & ſemblables pierres dures: & appelle lon cela maſtiquer, pource qu'on y emploie pareillement du maſtic, de la poix, & aultres telles gommes.

Au regard du *plumbum nigrum & album* dont il parle icy, voicy ce qu'il en touche plus amplement au 34. liu. chap. 16. *l'origine du plomb eſt double: car ou il prouient en ſa veine & miniere à part ſans produire autre choſe de ſoy: ou il naiſt auec de l'argent, & ſe fondent les deux veines meſlees enſemble, dont la premiere liqueur qui vient à couller és fourneaux, s'appelle eſtain: l'autre d'apres eſt l'argent: & ce qui demeure en la fournaiſe galene, qui eſt vne tierce portion & eſpece de la veine.* Certes il eſcript à la volee de tout ce qui luy vient en la fantaſie & qu'il s'imagine: Ce qui nous aprend qu'il ne ſe fault pas touſiours fier à tout ce que les autheurs mettēt: car la pluſpart du temps c'eſt apres les autres ſans en auoir eu cognoiſſance: comme quand Dioſcoride au 5. liure dit que l'argēt vif ne ſe peult mieux garder qu'en des bouettes de plomb, ou d'eſtain: Et on peut aſſez cognoiſtre en l'eſprouuant, que ſi vous mettez de l'argent vif en du plomb ou de l'eſtain, il s'y amalgamera, c'eſt à dire empaſtera en vn inſtant pour la cōformité de leurs natures, de ſorte qu'il le perſera ſoudain. Ce fut quelqu'vn qui ſe mocqua de Dioſcoride en luy enſeignant ceſte traditiue: comme feu Mollans grand Alchimiſte fit à Monſieur Fernel, lequel s'eſtant mocqué de luy, il voulut auoir ſa reuanche en luy enſeignāt tout le rebours, ie ne ſçay quoy de l'argent vif, qu'il a mis en ſon ſecond liure *De abditis rerum cauſis.* Au reſte c'eſt vne choſe aſſez cogneue aux metallaires que par toutes les minieres, ſpecialement de l'argent, il ſe trouue touſiours du plomb, comme par vne prouidence de nature, car c'est ce qui depure & affine tous les metaux, & les nectoye des immondices & choses estranges qui y seroiët: comme des pierres, loppes, & odeurs des moyens mineraux: & en fin le plomb despouilhe l'or & l'argent de tous les metaux imperfaits qui y pourroient estre meslez, comme on le peult veoir es cendrees & couppelles.

Reste icy vn petit incidét à toucher, de l'industrie que quelques vns ont tenu a descouurir si parmy vn metal il y en auroit point d'autre meslé, vous en auez vn fort bel exemple dans le 10. de Vittruue, de la voye que tint Archimede à verifier si en la corone d'or que le Roy Hieron auoit fait faire, l'Orfeure auoit point adiouxté d'argent ou de cuyure: Cela eust bien esté aisé à faire s'ils eussent sceu l'artifice des affineurs de maintenant, par le moyen de la couppelle qui separe de l'or & de l'argét tout ce qui peut estre meslé parmy, de metal imparfaict: & puis apres par l'eau de depart, on separe l'argét de l'or, car l'argent se resoult en eau, & l'or s'en va au fõds en vn sable tané-canelé. Archimede n'ayãt pas cognoissance de cela, s'alla aduiser que d'autãt que l'or estoit plus pesant que le cuyure ny l'argent, par consequent il occuperoit moins de place: & en cela on procedde par l'eau, cõme vous le pouuez veoir au lieu dessusdit de Vitruue. D'autres puis apres comme Fannius & semblables sont venus a cõmoditer tousiours par le moyen de l'eau, mais d'vne autre sorte, prenans des balances ayãs les bassins fort iustes: en l'vn desquels ils mettent vne once d'or ou plus ou moins, & autant d'argent en l'autre, puis les plongeans dedans de l'eau si qu'ils en demeurent rempliz, ils ont veu que le bassin ou estoit l'or s'est trouué peser plus, & emporter celuy ou estoit l'argent, par-ce que l'argent estant plus legier par consequent sera-il de plus grand volume, & occupera plus de place, au moyen dequoy il laissera tant moins de lieu a l'eau & pourtant pesera tant moins. Et par là sont venus à cognoistre les proportions des poix d'vn metal a autres, mais on se pourroit aiseement tromper en la mesure des bassins, car encore qu'ils soient iustement d'vn mesme poix, il pourra estre qu'ils ne seront pas pour cela exactement d'vne mesme capacité, il y a vn autre moyen plus subtil & plus abregé, dont vsent les Pottiers d'estain pour discerner si leur vaisselle est du tiltre qu'elle doibt estre. Et s'il y aura point plus de plomb meslé qu'il ne fault. Ils prennent de leur besoigne quelque petite quantité & la iectent fondus dedans vn moulle a faire des balles d'arquebouze. Fondent d'autre part vne balle semblable de l'estoffe du tiltre qui leur est limité : & pesent les deux balles l'vne contre l'autre. Que si celle de leur ouurage est plus pesante que celle du tiltre deu, on coniecture par là, que d'autant que le plomb est bien plus pesant que l'estain, par consequant il y aura plus de plomb qu'il n'y doit auoir. Mais il y pourroit pareillement auoir de la fraulde & abuz, en pressant & resserrant plus ou moins le moulle : car ou il sera plus lasche la balle pesera d'auantage que s'il estoit plus resserré : parquoy il le fault presser egallement en vn estocq de serrurier. Le mesme se pourroit practiquer des autres metaux, pour cognoistre les differences & proportions de leurs poids, des vns aux autres.

PRAXITELES. Il y en a deux de ce nom là afin qu'on ne s'y abuse, ainsi qu'a fait le Calepin, & assez d'autres : tous deux neaumoins sculpteurs tref-renommez, mais en diuers temps, le premier & plus excellent florissoit vers la 104. Olimpiade, selon Pline liu. 34. chap. 8. Qui tombe en l'an de la fondation de Rome quelques 390. vn peu deuant la naissance d'Alexandre le grand, ou il l'accouple auec Euphranor, le statuaire fault entendre : car il y en eut vn du mesme nom qui estoit peintre, mais posterieur à luy. Le premier Praxitele donques est celuy dont il est icy question : car on sçait assez que Phryné & l'orateur Hyperides qui la defendit, estoient du temps de Demosthene, & d'Alexandre, qui reuient à ce que dessus. L'autre Praxitele imagier aussi vint pres de trois cens ans apres du temps de Pompee, selon le mesme Pline liur. 33. chap. 9. & au XXXvj. 5. il le dit auoir esté nay en la grande Grece qui est la Calabre de maintenant, & fait citoyen Romain, ayant escript cinq volumes des ouurages les plus excellens qui se trouuoient en tout le monde. Puis il adiouxte que des siens il n'en trouuoit rien escript nulle part : ce qui monstre assez que c'estoit

vn autre

STATVE DE CVPIDON. 137

vn aultre que le premier, duquel il recite tout plein de beaux chefs d'œuure tant de bronze comme de marbre : mesmement ceste tant celebre & fameuse Venus Gnidienne. Pausanias en allegue aussi de sa part quelques vns : comme es Arcadiques parlant des effigies de Latone, & de ses enfans de la main de Praxitele, il dit qu'il vint apres Alcamenes qui fut contemporain de Phidias enuiron trois eages qui font cent ans.

Ie vous dis l'amour mesme, vn beau ieune gars fort gaillard ayant des aisles, & vn arc au poing accommodé de sagettes. Encore que la pluspart de tous ces poincts ayent esté touchez à suffisance au tableau des amours, & aultres, comme il a esté dit cy dessus en l'argument, nous ne lairrons neaumoins d'en atteindre, ce qui en pourroit auoir esté obmis. Et en premier lieu, quant à estre vn ieune garçon, c'est suiuant ce que tous les poëtes ont feint l'amour estre perpetuellement ieune, pour le peu de sens assauoir qui est en luy, & ceux qui en sont possedez, selon Seruius sur le premier de l'Eneide : Pource aussi que les amoureux besgayent ordinairement comme font les petits enfans, qui ne sçauent pas bien encore distinctement former leurs mots ; mais es amans la crainte continuelle ou ils sont en est la cause. En apres pour la legereté & inconstance qui est en eux, fort aisee à changer d'aduis à toute heure ainsi qu'es ieunes creatures ou la resolution n'est pas bien meure ny arrestee. Et à ce propos Alexandre Aphrodiseen en ses problemes, si au moins ils sont de luy : mais c'est tout à vn de quelque part que cela vienne, il est dit assez proprement : rendant là donques la raison pourquoy les extremitez de ceux qui sont passionnez d'amour sont tantost froides, tantost chauldes, apres auoir en partie referé cela aux mouuemens de l'espoir & du desespoir dont ils sont continuellement agitez, il adiouxte que les Peintres tout de mesme le representent vne fois triste, & ioyeux vne autre : tantost assis, tantost debout, tantost immobile, & puis vollant legierement à guise d'vn enfant qui est fort vollage & muable. Et dont les opinions & desirs ne sont iamais gueres fermes ny arrestez. Suit puis-apres qu'on le feint tenir vn flambeau allumé au poing : & auoir des esles : parce que les pensees des amoureux sont perpetuellement en ardeur et suspens, et comme en bransle, ainsi qu'vn oiseau parmy l'air : et legiers comme eux. En la main droicte il tient vne flesche, & de la gaulche l'arc tendu, pour monstrer son action preste tousiours à desocher quelque traict d'œillades qui frappent au despourueu et de loin, tout ainsi qu'vn coup de flesche, & persent ius-

Mm

LA STATVE

qu'au fonds du cœur. Au demeurant ce qu'il est nud denote que le desir va sans aucun entremoyen qui luy destorne ou retarde la promptitude de son action. A ce mesme propos Platon au banquet le faict estre le plus ieune de tous les dieux, dont fait foy ce qu'il refuit et abhorre ordinairement la vieillesse, comme à luy contraire, et luy porte ie ne sçay-quelle inimitié particuliere ne chenhant que la ieunesse comme à luy plus conforme : Car ce qu'Hesiode, & Parmenide l'ont descript plus vieil et ancien que Saturne ne Iapet, cela se doibt(dit-il)là plustost referer, à la necessité qu'à l'amour: lequel d'abondant est delicat et tendre, parce qu'il fait sa demeure dedans les cueurs et les volontez des dieux et des hommes : mais nompas de tous, ains seulement des delicats : Car s'il en rencontre quelques vns qui soient de dure resistance, et rebarbatifs et chagrins, soudain il les quitte-là pour en aller aborder d'autres, et se prochasser aultre-part : mais si tendres et pitoyables, il y fait son habitation, s'espandant par toutes les parties de l'ame à maniere d'eau coullante, ou autre liqueur. Et au viij. des loix il en fait de trois especes, l'vn qui consiste es beautez du corps seulement, qui est le lascif et desordonné, inconstant ordinairement et vollage, plein de soulcis continuels et de fascheries. L'autre au rebours ne regarde qu'aux perfections de l'esprit, et aux bonnes mœurs. C'est le plus perfaict. Le troisiesme participe de l'vn et de l'autre, qui est le moyen : mais pour venir à la nudité cela demonstre que mal-aisément on le peult couurir, car son effect est trop manifesté. Properce l'ayant descript fort elegamment en vne de ses elegies du 2. liure amenee sur le tableau des amours, en vne autre du mesme liure il ne dit moins mignardement cecy.

> Obuia nescio quot, pueri mihi turba minuta
>   Venerat, hos vetuit me numerare timor.
> Quorum alij faculas, alij retinere sagittas,
>   Pars etiam visa est vincla parare mihi.
> Sed nudi fuerant, quorum lasciuior vnus
>   Corripite hunc inquit, nam bene nostis eum.

Que nous nous sommes essayez de representer à peu pres ainsi.

> Ie ne sçay quants petits enfans
> I'encontray, menue racquaille,
>   Que ie ne peus bien compter,

DE CVPIDON.

Et la peur en fut la cause.
Dont les vns portoient des flambeaux,
Les aultres des arcs, & des flesches.
Il y en auoit aussi
Qui m'aprestoient des manottes.
Tous au reste nuds ils estoient:
Dont l'vn plus insolent va dire,
Empoignez moy cestuicy
Vous le pouuez bien cognoistre.

Svit puis apres en Callistrate, vn Dieu tyran de tresgrand pouuoir, ce mot de tyran qui est pur Grec, & vient de τυραννέω regner, dominer, est confondu par les poëtes & orateurs tantost en bien tantost en mal, comme au 7. de l'Eneide, Pars mihi pars erit dextram tetigisse tyranni, il est mis en bonne part: & en Platon pareillement en la 8. de ses Epistres, parlant de Dionysius, & Hipparinus: ὅτι σωτῆρια τ̃ Σικελίας αὐτοκράτορας ὥς φασι, τυραννοὺς ἐπονομάζοντες, Ils les esleurent auec toute puissance de commander, pour pouruoir au salut & conseruation de la Sicile, les appellans, comme l'on dit communement tyrans. Et Isocrate en l'oraison de la paix, met que ce tiltre ayant esté pour le commencement fort honorable, par succession de temps puis apres à raison des cruaultez, violences & extortions des mauuais Princes, qui ont cela de propre de se forger le plus grand contentement et delectation qu'ils puissent auoir en leur esprit, des ruines, calamitez et miseres des autres. Callistrate le prend icy pour-ce que nous appellons communement tyran, voulant dire que ceste passion est la plus violente et tyrannique de toutes autres: apres ce vers d'Euripide que les Abderites auoient à tous propos en leur bouche durant leurs insensees phrenesies, σὺ δ' ὦ θεῶν τύραννε κἀνθρώπων Ἔρως. Et toy O Amour le tyran des dieux immortels, & des hommes. Ce que Platon a ensuiuy, qui luy donne aussi ceste qualité pour les insolences et tyrannies, dont il vse à l'endroit mesme des plus grands, et des plus puissans: dont il auroit esté surnommé παν-

Mm ij

LA STATVE

du *ματνω* dompteur de tout : et Ouide en l'Epistre de Phedra à Hyppolite :

> Quicquid amor iussit non est contemnere tutum,
> Regnat, & in Superos ius habet ille Deos.

Proclus sur le Sophiste de Platon l'appelle magicien et enchanteur : mais pour ce que nous n'en parlerons plus icy, encor que la statue subsequente soit de luy, il nous a semblé n'estre point inconuenient d'y adiouxter pour le dernier mets l'hymne que luy addresse Orphee, au moins au chaste et pudique.

L'ENCENSEMENT D'AMOVR,
les Aromates.

J'inuoque icy le chaste amour,
Le grand, le ioyeux & aimable,
Puissant de flesches & de dards;
Eslé, courant parmy les flammes
De grand' impetuosité.
Qui se ioue aux dieux & aux hommes :
Double en nature, & bien formé :
Ayant les clefs en sa puissance
Du ciel, de la terre, & la mer,
Et de tous les esprits de vie,
Qu'aux mortels octroye icy bas
La grand' engendre tout deesse
Qui t tous les fruicts verdoyer.
Brie ce qu'a le profond abysme :
Et la mer resonnant de flots :
Car toy seul de toutes ces choses

Tu tiens le gouuernail en main,
O bien-heureux viens icy donques
Et t'approche d'vn œil benin
De ceux qui tes sacrez mysteres
Taschent d'apprendre d'vn cueur nect:
Bannissant toutes les prophanes
Pensees qu'ils pourroient auoir.

L'AVTRE CVPIDON DE BRONze aussi, de la main du mesme Praxitele.

AVEZ vous point iamais veu aussi ce Dieu qui est en la citadelle d'Athenes, lequel Praxitele iadis y mit, s'il est question de vous proposer icy vn chef d'œuure? C'estoit vn ieune gars tendre & douïllet, l'art ayant ramolly le bronze à vne enfantine delicatesse; car il estoit plein de volupté, & d'vn chauld amoureux desir, la fleur d'vn verdoyant eage s'y manifestant: si qu'on pouuoit aiseement veoir toutes choses y correspondre au proiect & intention de l'ouurier: tant la figure estoit leste & polie, n'y aiant rien qui repugnast à sa naifue mignardise, ains estoit le tout amené à vne perfaicte tendreur nóobstát qu'il n'y en eust point. Et s'estoit entierement le metal iecté de sorte hors de sa propre nature, que se transportant des bornes d'icelle à vne representation veritable, priué de respiration qu'il estoit, en receuoit neaumoins vne

AVTRE CVPIDON.

dans soy. Car ce dont la nature en cest endroit n'estoit point susceptible, ny n'en auoit la faculté nee en elle, l'artifice l'y auoit acquis. Et de faict ses ioües estoient colorees d'vn beau teint vermeil, chose estrange à veoir que le bronze produist le rouge: & vne viue fleur de ieunesse y reluire & flamboier: ses passefillons crespelus ondoiez puis-apres luy venás battre les sourcils, tout le reste de sa perruque estoit cordonné auec des beaux rubents, en des tresses qui se venoient entortiller aultour de la teste: ou vne bandelette les repoulsoit de dessus les yeux, si que le front en demeuroit libre. Mais pour mieux examiner l'artifice de chacune chose à parsoy, & les mouuemens qui s'y presentoient, nous demeurasmes tous espris d'estonnement: car le bronze monstroit vne charneure fresche, grasse & rebondie: Et s'estoit d'aultrepart transformé, partie à l'imitation d'vne vraye cheueleure, d'vn costé ondoiants en de gros flocs de cheueux frizez, & de l'autre s'en allant de soy-mesme espandre à l'abandon le long des espaulles: Et partie en vne action & effort à quoy se tendoit chaque membre. Son œil au reste eslançoit dehors ie ne sçay quel ardent desir contemperé d'vne honte craintifue parmy tous les attraits Veneriens dont il estoit remply: ce bronze ayant empraint en soy, nonobstant qu'insensible, le zele & passion amoureuse: & apris à se rendre obeissant au vouloir de ceste tant hardie image, de façon qu'estant immobile de soy, elle estoit neaumoins admirable pour sembler estre participate de mouuemét,

& de se preparer à des gestes comme pour vouloir danser vn ballet.

LA STATVE DE NARCISSE.

ARGVMENT.

D E Narcisse, & de tout ce qui depend de ce subiect, il en a esté traicté si au long en son tableau au premier liure, que ce ne seroit qu'vne ennuyeuse reddiste de le reiterer icy derechef: seulement peult-on bien dire que cecy est fort delicatement touché de l'Autheur, de representer ceste figure faicte d'vn marbre parien se contemplant dans vne fontaine naturelle & vraye au millieu d'vn plaisant bosquet. Que si on pouuoit arriuer à le contrefaire reellement comme il est icy desseigné de paroles, ie croirois que peu de tels ornemens de lieux de plaisance se pourroient mettre à execution qui fussent plus beaux à l'œil n, delectables, quoy que ce soit ce sera autant d'ouuerture & inuention pour ceux qui se voudront employer en de tels subiects, selon la suffisance & dexterité que leur art par de longs labeurs leur aura acquise.

I L y auoit vn gentil boscage: & au millieu vne fontaine belle en toute perfection, d'eau pure, clere, & nette au possible: là où estoit vn Narcisse de fin marbre blanc parien, enfant encore, ou plustost en adolescence pareille à celle des Cupidons: & de la beaulté de son corps estincelloit ie ne sçay quel rayon d'esclair. Au surplus telle en estoit la figure. Il resplandissoit d'vne cheueleure dorée entourant sa face, dont les tresses le long du col s'alloient espandre sur les espaules. Quant à son regard, il n'estoit ne par trop superbe & dedaigneux, ny du tout amiable & benin nomplus, ains y auoit dedans ses yeux certaine morne & languide melancolie y empreinte de l'artifice, afin que l'image representast auec Narcisse son accident. Du surplus il estoit comme les amours, ausquels il ressembloit de fleur d'eage, coint & ioly, reuestu d'vne Iuppe blanche de la mesme couleur que le corps, car elle estoit de la mesme piece de marbre, laquelle s'espandoit en rond tout autour, y ayant le long de l'espaule droicte des bouttonnieres qui descendoient iusqu'au genoil, & finoient là, si qu'il n'y auoit que la main qui en fust exempte. De ceste façon estoit-il fort mignardement accoustré à l'imitation d'vne vraye Iuppe, afin que le lustre du corps peut reluyre à l'entour de ceste blancheur, le permettant s'en esclatter en tous ses membres. Et estoit là planté se seruant de la fontaine comme d'vn mirouer, ou la figure de son visage se venoit rabbatre à ses yeux: car l'eau receuant en soy la forme y empreinte en contrefaisoit vne si naïfue representation, qu'il sembloit qu'elles debatissent à l'enuy entr'elles de la gloire & perfection de leurs natures, par-ce que tout le marbre se transformoit exactement en ce iouuenceau, & la fontaine contestoit

stoit auec ce qui auoit d'vn si grand artifice esté taillé en la pierre, formant vne figure incorporelle du tout semblable à celle qui procedoit d'vn corps: & l'ombre de l'image s'introduisant dans les Ondes y adioustoit comme vne tres-naïfue ressemblance de chair, si viue & animee estoit la figure y emprainte, qu'elle ressembloit proprement estre ce Narcisse qui s'estoit venu là endroit embattre, ou ayant veu sa figure en l'Onde, l'on dit qu'il y expira pour auoir trop amoureusement desiré de s'accointer de sa ressemblance, & qu'à ceste heure il apparoist dans les prairies fleurissant en la saison de la Primevere. Vous eussiez certes veu en ceste image, comme ce qui estoit purement pierre auoit accommodé sa couleur à la structure des yeux, & gardé la demonstrance des affections: mis quant & quant en euidence les sentiments, & manifesté les interieures passions de l'ame: & se laissoit d'autre part aller la facture de sa perruque: ou elle se fleschissoit de soy-mesme aux ondoyemens de son poil frizé: mais cecy ne se sçauroit pas exprimer de paroles que la pierre se relaschant dans l'humidité donnoit de soy vn corps contraire à sa nature, car ayant rencontré vne dure & solide substance compacte, elle y auoit neaumoins introduit ie ne sçay quel ressentiment de delicatesse, qu'elle respandoit en vne soupple & deliee masse de corps. Il tenoit au reste vne flutte au poing, dont il auoit offert les primices aux dieux champestres, & fait resonner la solitude où il estoit de ses chançons, desirant s'addonner aux instru-

Nn

LA STATVE

Cuius opus? Phidiæ, qui signum pal-
    lados eius,
  Quique Iouem fecit: tertia palma
    ego sum.
Sum dea quæ raro, & paucis occasio
    nota
  Quid rotulæ insistis? stare loco ne-
    queo.
Quid talaria habes? volucris sú: mer-
    curius quæ
  Fortunare solet, tardo ego cú volui.

Crine tegis faciem: cognosci nolo.
    Sed heus tu
  Occipiti caluo es: ne tenear fugiés.

Quæ tibi iuncta comes? dicat tibi ro-
    go quæ sis;
  Sum dea cui nomen nec Cicero ip-
    se dedit.
Sum dea quæ facti: non factique exi-
    go pœnas:
  Nempe vt pœniteat, sic metanæa
    vocor.
Tu modo dic quid agat tecum? si
    quando volam,
  Hæc manet: hanc retinent quos e-
    go prætereij.
Tu quoque dum rogitas, dum per-
    mutando moraris,
  Elapsam dices me tibi de manibus.

De qui est ce chef-d'œuure icy?
De Phidias qui fit Minerue.
  Iuppiter Olympien,
  Et moy qui suis le troisiesme.
Deesse ditte Occasion,
Rarement, & de peu cogneue.
  Sur vne roue pourquoy?
  Demeurer ne puis en place.
Pourquoy as tu ainsi aux pieds
Des esles? car ie suis vollage,
  Et ce que Mercure veult
  Bien-heurer, ie le retarde.
Sur ta face sont tes cheueux,
Ie ne veulx point estre cogneue.
  Chauue tu es; C'est de peur
  Qu'en fuyant on ne m'arreste.
Qui est celle qui te suit?
Demande luy, dis le moy doncques.
  Ie suis celle dont le nom
  En latin n'est point encore,
  Une deesse qui du faict,
  Et non fais chastie les hommes,
  Metanoie ditte en grec,
  Et en françois repentance.
Et que fait elle auecques toy?
Si s'outrepasse & ie m'en volle,
  Elle demeure pour ceux
  Lesquels ne m'ont arrestee.
Mais toy pendant qu'à t'enquerir
Temporiser tu t'amuses
  Tu verras que de tes mains
  Ie te seray eschappee.

DE L'OCCASION.

JE veulx representer aussi de paroles vn des chefs d'œuure de Lysippus, que cest ingenieux sculpteur ayant desseigné en son esprit pour la plus excellente statue de toutes les siennes exposa en veue aux Sicyoniens. C'estoit l'image du temps oportun faite de bronze, ou l'art contendoit auec la nature : Vn ieune adolescent à sçauoir, fleurissant depuis la teste iusques aux pieds d'vne gaye ieunesse; beau à veoir, & tres-agreable, le poil follet de sa prime-barbe qui luy cottonnoit le menton abandonné au vent pour le frizer à son plaisir, & laissant d'ailleurs pendre sa perruque en liberté de quel costé qu'elle vouloit : de couleur plaisante, & qui manifestoit bien à son lustre quel estoit le teint delicat de son corps, pour la plus-part du tout semblable à vn Bacchus. Car sa face resplandissoit d'attractiue grace : & ses ioues estoient colorees d'vn vermeil naïf incarnat, à ressemblance d'vne rose, belles certainement à veoir, d'où s'eslançoit aux yeux des Regardans vn fort mignard escarlatin. Au surplus il estoit plāté sur vne boulle ou il se soustenoit du bout de ses pieds garnis d'esterons. Au regard de la cheueleure elle n'estoit pas selon l'ordre accoustumé de nature, ains toute reiectee vers les sourcils s'en venoit de là espandre le long du visage, si que la partie de derriere en estoit entierement desnuee, n'y apparoissant que les seules racines du poil, à la veue duquel spectacle nous autres touchez de certain esbaissement demourasmes-là suspendus, en voyant ce metal produit de la nature elabouré de forte qu'il fortoit hors de l'ordre par elle eftably; car eftant bronze il ne laiſſoit pas de rougir, & nonobſtant que ſi dur de ſoy & ſolide, l'image ne laiſſoit pas pour cela de ſe laſcher delicatemēt à tout ce que l'art y auoit voulu figurer: Priuee quant & quant de tout ſentiment & de vie, on euſt creu fermement qu'il y en euſt eu ie ne ſçay quoy renclos dedans. Elle eſtoit doncq plátee de forte qu'elle s'appuioit ſur le dernier bout des arteils, & eſtant debout immobile, monſtroit neaumoins d'auoir la faculté de ſe mouuoir, ſi qu'elle vous deceuoit la veue, comme ſi elle euſt eu en ſa puiſſance toutes ſortes de geſtes & de mouuemens qu'elle euſt receu de ſon ouurier, voire iuſqu'à ſe faire voye à trauers l'air, le fendant auec ſes eſles ſi bon luy ſembloit, ce que nous trouuions admirable que cela fuſt tel. Or ſi quelqu'vn des hommes experts és arts & ſciences, qui ſçauroit bien rechercher auec la ſubtilité de ſon ſens les induſtrieuſes merueilles des bons ouuriers, & par la viuacité de ſa ratiocinatiō diſcerner l'efficace de l'occaſion obſeruee en ceſt artifice, venoit à la deduire de paroles, on cognoiſtroit comme le pennage de ſes tallons denotoit tacitement ſa celerité, par le moyen de laquelle l'opportunité du temps a parcouru pluſieurs reuolutions de ſiecles, comme s'il eſtoit porté ſur vn chariot attelé des quatre eages de la vie humaine, dont la fleuriſſante ieuneſſe eſt la plus belle & deſirable, par-ce que toute occaſion embraſſee à propos eſt fort plaiſante & agrea

DE L'OCCASION. 144

ble: & est seule ouuriere de la formosité: là ou tout ce qui est desia passé & flestry est hors du gibier de l'occasion. Ce qu'il a au reste sa cheueleure sur la face, est pour-ce que quand elle se presente & arriue, il est aisé de l'empoigner, mais aussi tost qu'elle oultrepasse, l'efficace & effect des choses s'en va auec, & n'est plus possible en façon quelconque de la ratteindre si elle est vne fois negligee.

ANNOTATION.

LYSIPPVS *statuaire en Bronze le plus renommé de tous autres, fleurissoit enuiron la* 104. *Olympiade, qui tombe en l'an de la fondation de Rome* 430. *enuiron* 300. *tant d'ans auant l'aduenement du Sauueur. Ce fut celuy qui contrefaisoit toutes choses mieux au naturel, ainsi que dit Quintilian, & pourtant Alexandre le grand defendit par Edit expres qu'aucun n'eust à s'entremettre de le peindre fors Apelles, le iecter en Bronze sinon Lysippe, & le grauer que Pyrgoteles, selon Pline liure* 7. *chap.* 37. *apres Horace au* 2. *de ses Epistres à Auguste* 1.

Edicto vetuit ne quis se præter Apellem
Pingeret, aut alius Lysippo duceret æra
Fortis Alexandri vultum simulantia.

Et à la verité c'est chose ennuyeuse à vne belle femme, ou personnage signalé qui voudroit perpetuer sa memoire par ses portraits & effigies, de se veoir representer, de sorte qu'il seruist de risee aux regardans. Lysippus au reste fit selon le mesme Pline bien six cens dix figures, dont la moindre pouuoit faire foy de l'exquise perfection de son art & sçauoir: & cela se cognut par autant de pieces d'or qu'il souloit tousiours mettre à part à mesure qu'il vendoit ses statues de grosses sommes de deniers, voire ce qu'il vouloit, que ses heritiers apres sa mort trouuerent en son cabinet. Entre ses aultres siens ouurages Pline met ce Collosse de soixante pieds de hault qui estoit au port de Tarente en la Calabre, mais celuy de Rhodes de la main de Chares l'Indien son disciple le passoit de quarante cinq pieds. Plus vne menestriere qui iouoyt des fluttes estãt byure: vne chasse d'Alexandre auec force chiens, duquel il fit aussi plusieurs representations en diuers eages, à

LA STATVE

commancer de son enfance: d'Ephestion, & de plusieurs autres fauoris de ce grand Roy: Vn trouppeau de Satyres, lequel estant à Athenes, Metellus apres auoir subiugué la Macedoine transporta à Rome. Vn chariot du Soleil à Rhodes, qu'on mescroit estre celuy qui est sur le portail de l'Eglise de S. Marc à Venise, & plusieurs autres. Il apporta beaucoup à la sculpture, exprimant entre autres choses mieux les cheueleures que nul des autres precedans, & faisant les testes moins grosses, comme aussi les corps, & les membres, pour les faire paroistre plus grands, & de plus belle taille: car les autres faisoient (disoient-il) les personnes, comme elles estoient, & luy comme elles apparoissoit à la veuë. Pausanias en recite çà & là quelques vnes, & mesmement és Bœotiques, vn Cupidon de bronze aux Thespiens, à l'emulation de celuy de marbre de Praxiteles, qui auoit esté quelques ans deuant luy comme il a esté dit cy dessus.

Nous auons en l'argument inseré l'Epigramme d'Ausonne poete Gaullois, à l'imitation de celuy de Posidippus qu'on peult voir au 4. des Epigrammes Grecs, en forme aussi de Dialogisme comme est l'autre dont il a esté emprunté: d'vn passant qui interroge la statue de ceste sorte.

De quel pays fut ton ouurier?
De la ville de Sicyone.
Declare son nom? Lysippus.
Qui es tu? celui qu'on appelle
Καιρὸς, lequel surmonte tout.
Et pourquoy est-ce que tu reposes
Sur le bout des pieds seulement?
Pource qu'à tous propos ie torne.
Pourquoy des esles aux tallons?
Plus viste que vent ie m'en volle.
En ta main tu as vn rasouer?
Cela te doibt seruir de signe,
Qu'il n'y a si aigu trenchant
Qui à mon effort s'accompare.
Ta perruque est tout sur le front:
Affin qu'au venir on m'empoigne.

Mais

D'ORPHEE.

Mais pourquoy chaulue ainsi, es tu
Par le derriere? à ce que prendre
On ne me puisse, si ie suis
Oultrepassée auec mes esles.
Passant le sculpteur m'a ainsi
Façonné à sa fantasie,
Pour vous enseigner, estant mis
A l'entree de ceste porte.

LA STATVE
D'ORPHEE.

ARGVMENT.

E Tableau du mesme subiect qu'on aura peu veoir cy deuant, auec ce que nous auons dit dessus, & ailleurs encore. Nous retranche toute occasion & moyen d'en vser icy de reddite. S'il y a quelques particularitez qui meritent d'estre esclarcies, ce sera pour l'annotation.

EN la montaigne d'Helicon y auoit vn plaisant bosquet ombrageux, ou les muses auoient de coustume de s'assembler le long des canaux de la riuiere d'Olmee, & la fontaine sombre de Pegase. Là tout aupres de ces deesses estoit la statue d'Orphee fils de Calliope : tresbelle à veoir: car le bronze auec l'industrie dont il estoit elabouré luy auoit acquis ceste beaulté là : par l'agreableté du corps denotant la gentillesse de l'esprit: orné au reste d'vne coiffeure à la Persienne brochee d'or, qui du hault de la teste se releuoit encontremont en se soustenant toute droicte: & sa juppe s'estendoit des espaules iusques aux pieds, bouclee sur la poitrine d'vne riche estrainte d'or: sa cheuelure estant au reste si comte & gentille qu'elle monstroit ie ne sçay quoy comme de vif & respirant, qui deceuoit l'apprehention de la veue, par-ce qu'esbranlee des ondees du vent e'le proprement sembloit se mouuoir : dont partie s'espandant le long des espaulles, triomphoit là de voltiger, & partie se reforchant sur les sourcils, illustroit les clairs estincellements de ses yeux. Sa chaussure d'aultrepart reluisoit d'vn bel or bruny: & son manteau vollant à l'abandon descendoit sur le col du pied, il tenoit au surplus és mains vne lyre, qui en ses tons egalloit le nombre des Muses: car le bronze distinguoit les chordes, & diuersifiant l'imitation de chacune s'accommodoit à la varieté de leurs diuers chãgemens, si que peu s'en falloit qu'au son des tons le metal mesme ne resonnast. Or en la base qui estoit soubs ses pieds le ciel n'y estoit pas figuré, ny les Pleiades qui incisent l'air, ny les tornoiemens de l'ourse, qui ne se va point plonger dedans l'Occean, ains toutes sortes d'oyseaux estoient là rauis en l'admiration de son chant, & toutes les bestes sauuages qui repairent parmy les montaignes: & autant de poissons qui se paissent dedans les plus escartez destours de la mer, le cheual au lieu de bridde & de licol estoit là retenu de la doulceur de sa musique: & le beuf ses paccages abandonnez escouttoit attentiuement le son de sa lyre : & le felon du naturel des implacables lyons se ramollissoit à ceste harmonie: vous eussiez dit mesme que les fleuues cizellez au bronze s'escoulloient de leurs viues sources à ceste doulce melodie: & que les flots de la mer se haulsoient à la volupté qu'ils en parceuoiét les pierres aussi touchees de ce chant musical d'Orphee, voire tout ce que la terre produist, chaque chose en son opportune saison y accourir de leurs propres demeures & sieges: neaumoins il n'y auoit rien qui sonnast, ne qui esmeust harmonie quelconque de ceste lyre, ains c'estoit l'artifice qui és animaux demonstroit le plaisir qu'ils prenoient aultour de ceste si bien accordante musique, & faisoit apparoistre au bronze leurs insensibles delectations, & l'agreable resiouyssance redondant à leur imaginaire sentiment qui occultement s'en manifestoit.

ANNOTATION.

EN la montaigne d'Helicon. *Elle estoit en la Phocide pres du goulphe de Crissee, exposee au Septentrion selon Strabon au 9. non gueres loin de Parnase, & d'vne pareille haulteur & circuit, l'vne & l'autre consacrees à Apollon, & aux muses. Elle fut ainsi appellee d'Helicon frere de Citheron qui se combattirët là corps à corps: fort fertile au reste, & abondante en bonnes herbes, dont il ne s'y en trouue vne seule de nuisible ny venimeuse, selon que met Pausanias en ses Beotiques. Il y a aussi quelques riuieres de ce nom, de l'vne desquelles a esté fait mention apres le mesme Pausanias au tableau d'Orphee. Quant à celle d'Olmee, elle descent de ceste montagne ou elle prend son origine.*

EN la base le ciel n'y estoit pas figuré: &c. *Cecy est dit à l'imitation d'vne gentille & gaye Ode d'Anacreon addressant à Vulcain, pour luy forger vn gobellet, ou le ciel ny les estoilles ne soient pas figurees, ains son sauoir Bachyllus foullant la vendange auec Bacchus & Cupidon,*

LA STATVE

[annotation: Que nous auons icy tourné vers pour vers : et en autant de sylla-bes sans contrainte aucune : τὸν ἄργυρον τορεύσας Ἥφαιςέ μοι ποίη-σον &c.]

Vulcain prends moy de l'argent,
Et le bats sur ton enclume,
Non pour en faire vn harnois,
Car qu'ay ie affaire aux batailles ?
Ains vn profond gobellet
Le plus qu'il sera possible :
Et cizelle tout aultour
Non les chariots, & astres,
Ny le facheux Orion :
Qu'ay-ie affaire des Pleiades :
Ny du luisant bootes ?
Mais vne vigne, & des grappes,
Et l'amour, & Bathyllus,
Qui foullent ceste vendange
Auec le gentil Bacchus.

LA STATVE DE BACCHVS.

ON pouuoit bien veoir des merueilles presqu'-incroyables de Dedalus, estans en l'isle de Can-die, des ouurages c'est à sçauoir qui s'emouuiēt par certains ressorts : & de l'or exprimant l'humain senti-ment, mais les mains de Praxiteles formoiēt des arti-fices tous viuāts, il y auoit dōcq vn petit bosquet, & vn Bacchus planté au milieu, monstrant à sa troigne d'estre en eage d'adolescēce, si delicat au reste que le brōze ressentoit du tout sa charneure, auec vn corps si tendre & douillet qu'il sembloit estre d'vne autre matiere que de metal, car estant de ceste morte insensible estoffe, il ne laissoit pas pour cela d'auoir vne couleur viue & vermeille: & n'ayant aucune participation de vie taschoit d'en demonstrer la ressemblance: que si vous l'eussiez manié, il fretilloit souz le touchement: & le cuyure de soy dur & rebelle estoit par le moyen de l'art ramolly en vne soupple & molette charneure, qui se desroboit soubs le sentiment de la main: ce Dieu au reste tout surfondu & coullant de lasciueté, tel qu'Euripide en ses Bacchantes le depeint au vif, vn lyerre l'enuironnant tout autour en rond, plissé en rinsseaux tout ainsi que s'il eust esté naturel: & ses passefillons tortillonnez se venans recueillir parmy le lyerre, qui se respandoient le long de sa face pleine d'vn gracieux souz-rire. Mais cecy outrepassoit toute autre merueille de veoir ceste matiere si inanimee rendre des marques & indices de volupté, & contrefaire vne imitation des affections. Pour son vestement il auoit vne peau de cheureul qui le couuroit: nompas celle-la que Bacchus auoit de coustume d'enuelopper autour de soy, ains du bronze mesme, qui s'accommodoit à la ressemblance, de ceste despoüille: & estoit debout, s'appuyant auec vne lyre sur vn iauelot bardé de lyerre, lequel surmontoit l'acuité de la veuë, fait aussi de bronze, mais de sorte qu'il sembloit resplandir d'vn verdoyant lustre correspondant à sa matiere. Son œil au reste reluisoit comme feu, furieux à veoir, si naïfuement auoit sceu representer le metal l'insensé Dieu de ses Bacchanale-

Oo iij

LA STATVE

ries : & monstroit de celebrer ses secrets mysteres, selon, comme ie croy, que Praxitele auoit sceu y entremesler l'esguillonnante guespe Bacchique.

ANNOTATION.

Callistrate à y prendre garde de prez, semble de redire tousiours vne mesme chose, bien qu'en termes aucunement differends, comme s'il iouait sur vne mesme chorde, variant seulement les sons par les touches ou battent les doigts, qui la rendent plus courte ou plus longue : Car il ne tend qu'à monstrer par ses descriptions le marbre & le bronze dont ces statues consistent, estre si bien elabourez qu'ils monstrent vn sentiment de vie en vne matiere insensible y emprainte par l'artifice des ouuriers. Tout ce qui concerne au surplus tant le subiect de ceste image, que les particularitez d'icelle, a esté touché si au long cy deuant en plusieurs endroits, comme on a peu veoir en la statue de la Bacchte, que ce ne seroit qu'vne perte de temps ennuyeuse aux lecteurs, d'en vser icy de redicte. Pareillement des ouurages de Dedalus, au tableau de Pasiphaë, & pour le regard de l'Oestre Bacchique, en celuy de l'anthee : trop bien pour ne delaisser ceste figure du tout trop maigre & descharnee, y peult-on adiouster la description que fait Albricus de ce Dieu. Bacchus fils de Iuppiter est referé au nombre des Dieux, ayant esté appellé vin, & le Dieu du vin : duquel les anciens considerans la vertu & la proprieté, l'ont reueré en la nature tout ainsi qu'vn Dieu, & figuré de ceste sorte. D'vne face assauoir feminine, l'estomac tout descouuert : & deux petits cornichons en la teste, couronce de fueillards de vigne, & monté sur vn tygre, auec les figures de ces trois animaux aultour de luy : d'vn Singe, d'vn Porc, & d'vn Lyon, qui monstroient d'enuironner le pied d'vn sep tout couuert de grappes ; à l'ombre duquel Bacchus se promenoit sur sa monture, tenant vne tasse en sa main gaulche, dedans laquelle de la droicte il espraignoit vn gros raisin. Ces trois animaux representent les effects que cause le vin és personnes qui en prennent trop, selon la diuersité de leurs complexions : Car les vns en leur hyuresse sont ioyeux à guyse d'vn singe : les autres endormis comme vn pourceau : & les aultres furieux ainsi que lyons.

LA STATVE DE MEMNON.

IE vous veux aussi racompter l'estrange merueille de Memnon, car certes l'artifice en estoit admirable, & superieur à toute humaine manufacture. C'estoit l'image d'iceluy, fils de l'aurore & de Tithonus en l'Ethiopie, faicte d'vne pierre, non qui eust esté tiree des montaignes de ces quartiers-là, & qui fust muette de sa nature, ains estant reellement pierre ne laissoit d'auoir la puissance & la faculté de la voix : car tantost elle saluoit l'aube du iour, demóstrant par sa resiouye acclamation vn signe euident de liesse, en se rallegrant de la venue de sa mere : Puis quand le iour se rabaissoit deuers le vespre, gemissant ie ne sçay quoy de pitoyable & douloureux comme si elle se sentoit contristee de l'absence d'elle. Et n'auoit ceste pierre faute de larmes, ains elles luy estoient à commandement, prestes & obeyssantes à son vouloir. Telle doncq estoit ceste image : qui me sembloit ne differer des personnes que de la figure tant seulement, car au reste elle estoit conduitte des mesmes accidents & affections : car elle auoit certaines marques de tristesse empraintes en elle, & d'ailleurs vn ressentiment de plaisir qui la possedoit comme estant au vray touchee de ces deux passiós diuerses. Et là ou la nature a rédu le génere des pierres sourd & muet de soy, & qui volontairement ne se peut laisser aller à la tristesse, ny n'est nom-plus propre & capable de se resiouyr,

LA STATVE

ainsi resiste permanemmẽt à toutes sortes de fortunes, qui ne le peuuent en rien greuer, elle a my-party du contentement à ceste pierre de Memnon, & icelle entremeslee aussi de tristesse. Nous sçauons outreplus qu'elle est seule entre toutes autres ou l'art a inseré la cognoissance, & la voix, & que Dedalus s'estant enhardy en ses statues de leur donner iusqu'au mouuement, faire aussi par son art qu'vne matiere du tout insensible acquist vne puissance de se mouuoir & esbranler mesme à vne danse, neaumoins il luy eust esté bien malaisé, voire impossible totalement de faire en sorte que ses ouurages participassent d'aucune voix, là ou les mains des Ethiopiens ont excogité des moyens de paruenir à des choses presqu'impossibles, & que la pierre se departist du defaut qu'elle auoit de voix. On dit encore qu'Echo contreresonne à ce Memnon toutes les fois qu'il sort quelque bruit de luy: & que quãd plainctiuement il gemist, elle renuoye la mesme plainte & doleance: s'il se resiouist & r'allegre, elle rend le son tout semblable. Cest ouurage en fin tout le long du iour assoupissoit ses facheries, & ne consentoit que le iouuenceau allast plus renouuellant ses douleurs, comme si l'industrieux artifice des Ethiopiens auoit par-là recompencé Memnon de ce que la Parque l'eust si tost exterminé de ce monde.

ANNO-

ANNOTATION.

CE Memnon n'estoit pas vne statuë taillee en figure d'homme, ains vne grosse pierre informe iettant au lever du soleil certain son allegre, s'il est vray au moins ce qu'on en racompte : & sur le soir ie ne sçay quoy de plaintif & de lamentable. Ce que ie tiendrois à vne pure fable: car mesme Pline liu. 36. chap. 7. ne luy attribuë que certain petillement sourd & confus, aux premiers rayons du soleil, ainsi que nous auons dit cy deuant en son tableau, auec tout le reste qui peut dependre de ce propos. Quant à la danse de Dedalus, Homere la touche au 18. de l'Iliade, en la description de la targue d'Achille, là où il met que cest ingenieux ouurier fit vn bransle de personnages qui dansoient en rond, à Ariadné fille de Minos en Candie, dont nous auons aussi parlé sur le tableau de Pasiphaé.

LA STATVE
D'ESCVLAPE.

ARGVMENT.

ESCVLAPE fut fils d'Apollon, & de la Nymphe Coronis fille de Phlegias & de Larisse, selon Ouide au 2. des Metamorphoses, laquelle s'estant depuis abandonnee à vn ieune homme nommé Æmenius, aultrement Ischrys, Apollon de despit & de ialousie la mit à mort à coups de fleches, qu'elle estoit preste d'accoucher, mais en ayant eu depuis regret, il la fit ouurir: & en fut l'enfant retiré en vie qu'il nomma Esculape, & le donna à esleuer & instruire au Centaure Chiron, dont il aprit la Medecine & la Chirurgie, auec la vertu des herbes, & autres simples dont les medicaments sont composez, y ayant grandemēt profité à la requeste de Diane il remit Hippolite en vie, lequel par la fraulde de sa marastre Phedra, ses cheuaux auoient desmembrez, parquoy Iuppiter le fouldroya, comme mettent les interpretes de Pindare sur la 3. Ode des Pythiennes à Hieron, où est racompté bien au long tout le faict d'Esculape, & comme Apollon apres la mort de sa mere le sauua du feu où l'on brusloit le corps. Iuppiter au reste à la requeste

LA STATVE

d'Apollon le transfera au ciel, & en fit vn astre dit Ophiucus ou le Serpentaire: c'est vn homme nud enueloppé d'vn grand serpent qu'il tient des deux mains: & quant à luy il a vne estoille au chef, deux au dessus des deux mammelles: deux au ventre, deux aux genoüils, vne sur la greue droicte, & vne sur le col du pied: trois en la main gauche: & quatre sur la main droicte: le serpent vingt-trois en tout. Les autres alleguent que ce ne fut pas Hypolite qu'il resuscita, ains Glaucus fils de Minos qui s'estoit estouffé en vn tonneau plein de miel: & qu'ayant eu fort estroict commandement du pere de le remettre en vie, comme il fust à songer les moyens de ce faire, vn serpent de cas d'aduenture s'estant venu entortiller à son baston, il le mit à mort: mais la dessus vn autre serpent luy vint mettre dedans la bouche vne herbe, dont aussi tost il resuscita. Et de ceste herbe Esculape fit le mesme enuers Glaucus. De là en auant les serpens furent attribuez à sa protection & tutelle, & estoit luy mesme veneré en forme de serpent, selon Flore en l'Epitome de l'onziesme de Tite-liue en ces propres termes. Comme la ville de Rome se trouuast fort molestee de peste, ils enuoyerent vne ambassade à Epidaure pour auoir l'image d'Esculape: mais au lieu de cela ils amenerent vn grand serpent, qui à leur arriuee se vint iecter de son bon gré dans leur gallere, & estans de retour à Rome il se lança en cas pareil dedans l'Isle qu'y fait le Tybre, où depuis fut basty vn beau temple à Esculape. *Mais Hyginus traicte bien plus delicatement tout cecy au 136. de son Mythologique, encore que ce ne soit pas à propos d'Esculape, disant en ceste maniere,* Glaucus fils de Minos & de Pasiphaë iouant à la balle tomba dans vn tonneau plein de miel où il s'estouffa: & comme on le cherchast par tout sans en pouuoir ouïr nouuelles, ils enuoyerent à l'Oracle d'Apollon pour s'en enquerir, à quoy il fit responce, vn monstre est nay parmy vous, que si quelqu'vn peult desnoüer ce que c'est, il vous restituera l'enfant: Minos faisant chercher par tout où estoit ce monstre, on luy vint dire qu'il estoit nay vn veau qui changeoit trois fois le iour de couleur, à sçauoir de quatre en quatre heures, premieremét blanc, puis rouge, & puis noir, pour interpreter cest enigme, Minos assembla tous les deuins du pays, lesquels n'y pouuans mordre, finablement Polydus fils de Ceranus Bizantin monstra que cela ressembloit à vn meurier dont le fruict est premierement blanc, puis rouge, & puis noir quand il est venu à sa parfaicte maturité: alors Minos, or selon l'Oracle d'Apollon il fault que tu me restitües mon fils. Et comme Polydus meditoit en son esprit les moyés, il vit vne chouette qui chassoit aux mouches à miel sur vn cellier, où estant entré il retira l'enfant du tonneau où il s'estoit laissé tomber. là dessus Minos de rechef: puis que tu as trouué le corps, restitue luy l'esprit, ce que Polydus alleguant n'estre en son pouuoir de le faire, Minos le fait enfermer dans vn sepulchre auec l'enfant. Et y mettre vne daigue, & soudain voila vn gros serpent qui accourt au corps, parquoy Polydus estimant que ce fust pour le deuorer, le tua: & vn autre serpent qui venoit chercher sa compagne la voyant morte s'en va querir vne herbe, par le touchement de laquelle l'autre est resuscité: soudain Polydus fit le semblable enuers l'enfant, & comme ils criassent à haulte voix là dedans, vn passant le vint annoncer à Minos, qui fit ouurir le monument, & recouura son fils en vie, & faisant de beaux presens à Polydus le renuoya en son pays.

Nous croyons bien que la fameuse barque Argo fut participáte de voix, fabriquee qu'elle estoit des mains de Minerue, dont elle obtint d'estre translatee aux astres, & nous ne croirons pas que l'image à laquelle Esculape a consigné de si grandes vertus, y introduisant vne prouidente notice pour la rendre communicable auecques luy d'vne faculté propre à vaincre toutes maladies ait eu le moyen de ce faire. Or s'il nous fault aduoüer que par fois la diuinité se fourre dedás les corps humains, sans s'y côtaminer des affections ores qu'elle en imprimast en soy quelque chose, si est il plus raisonnable de croire qu'elle s'y accostera moins de la deprauation & du mal, que du bien. A moy donques ce ne me sembloit pas vne statuë qui se vist à veüe d'œil, mais vne representation de la verité propre essentielle, ou l'art n'auoit pas contrefaict les affections, ains ayant faict vn Dieu image, l'auoit entierement fait passer en elle. Car nonobstant qu'elle fust de boys, elle y auoit neaumoins inspiré vne intelligence diuine : & estant vn ouurage de main d'homme, elle effectuoit ce que l'artifice ne sçauroit faire, iectāt de soy mesmement certains tesmoignages de vie. Que si l'on en eust bien contemplé la façon, elle vous eust manifesté vn vray sentiment : car elle n'auoit pas esté elabouree auec vne beaulté y emprainte, ains estoit seulement ioyeuse & allegre, remuant vn œil benin qui estincelloit d'vne profonde & magistrale grauité presqu'inimitable, entremeslee neaumoins d'vne tref-modeste pudeur. Les ondoyemens au reste de ses belles tresses estoient tous parsemez de graces, dont partie se coullans le long des espaulles s'espandoit-là en liberté, & partie sur le visage s'escarmouchās d'vne gayeté amoureuse aultour des sourcils, se venoiēt comme anneller au droict des yeux: & tout ainsi que s'ils eussent esté arrousez d'vne viue source, s'y amoncelloient de gros flots de cheueux frizez, la matiere ne ceddant point à la loy de l'art, ains cognoissant que c'estoit vn Dieu qu'elle auoit à representer, & pourtāt qu'il failloit qu'elle la mesprisast, & en fust la superieure. Car comme toutes les choses engendrees ayent accoustumé de s'anneantir, la figure de ceste effigie, comme celle qui portoit en soy la faculté de santé & de guerison, possedoit vne fleurissante vigueur imperissable à tout iamais. Nous au reste ô diuin enfant d'Apollon, vous auons bien voulu rendre les premices de noz renouuellez discours prouenans de nostre meditation & memoire: car vous l'ordonnez ainsi ce me semble: bien deliberez de vous chanter vn bel Hymne, si vous nous restituez la santé.

ANNOTATION.

Nous auons touché en briefs mots ia cy dessus en l'argument aucunes choses d'Esculape, parce que cela auoit esté amené bien au long de Pausanias sur le tableau des Phlegiens: ce qui en reste, c'est cecy: que ce Pasteur qu'il nomme là, ayant trouué le petit Esculape, qui ne faisoit gueres que naistre, auec son chien qui le gardoit vne de ses chieures l'alaictant, bien tost apres la renommee s'en espandit tant par la terre que par la mer, comme de celuy qui pouuoit guerir toutes sortes de maladies à son vouloir, voire resusciter les morts, & les faire de rechef reuiure. Mais les autres racomptent d'vne autre sorte que Coronis estant enceinte d'Esculape s'abandonna à vn Ischie fils d'Elatus, pour raison dequoy Diane voulant venger l'iniure faite à son frere Apollon, la mit à mort. Et comme le bucher estoit allumé pour brusler le corps, Mercure vint qui retire l'enfant du feu, & le sauua. Il y en a d'autres qui controuuent qu'il fut fils d'Arsinoé fille de Leucippe messenien: à quoy contredist formellement l'Oracle de Delphes, qu'eut là dessus Apollophanes d'Arcadie, lequel y estoit allé tout expres pour en sçauoir la verité, car il le declara apertement nay en Epidaure, de Coronis fille de Phlegias: & de faict les Epidauriens furet les premiers qui luy instituerēt vne solennité, que les Atheniës ayans prise d'eulx appellerent les Epidauriennes, & refererent Esculape au nōbre des dieux. Outre-plus cōme Archias fils d'Aristhene eust en chassant esté surpris d'vne conuulsion, il en fut guery à Epidaure, d'où il porta ce dieu à Pergame, lequel fut aussi reueré à Smyrne, là où on luy dressa vn temple sur le bord de la mer: & à Cyrene encore soubs le nom de medecin, & luy fait on là le mesme seruice qu'à Epidaure, fors que là on luy immole des chieures: & en Epidaure non, où son image est d'or & d'iuoyre, de la main de Thrasymedes fils d'Arignotus parien: assise au reste sur vn throne de la mesme estoffe, tenant en l'vne des mains vn baston, & l'autre il l'appuye dessus la teste d'vn serpent: à ses pieds il y a vn chien. En son temple lequel estoit à Epidaure l'on pouuoit veoir force tableaux attachez aux murailles, & aux pilliers, contenans les noms de ceux & celles qui auoient receu guerison par son aide, & la maniere dont l'on y auoit procedé. Ce qui seruit depuis beaucoup à ceux qui reduirent la medecine de l'Empirique à l'art & methode. Mais pour ne laisser rien en arriere qui puisse resiouir & prossiter tout ensemble, il vault mieux amener encore icy le lieu de Pindare de la troisiesme Ode des Pythiennes, où il descript bien au long en son accoustumee elegance, tout le mystere d'Esculape: ce qui commence ainsi parlant de Chiron.

Ἤ θέλον χείρωνα κε Φιλλυρίδαν
Εἰ χρεὼν θ᾽ ἁμετέρας ἀπὸ γλώσσας
κοινὰν εὔξασθαι ἔπος, &c.

Pindare.

Ie desirerois bien en nostre langage, s'il m'estoit loisible, pouuoir vser de ce souhait & priere, que Chiron fils de Phillyra, & de Saturne fils du Ciel regnant au long & au large peust reuiure, & venir habiter derechef és vallees du mont Pelion, creature agreste de vray, mais d'vn courage fort humain, & bien affectionné enuers les personnes, tel au reste qu'il estoit lors qu'il nourrit iadis Esculape, d'vne vigoreuse disposition & santé en ses membres, Heroe inclite, repoulseur de toutes sortes de maladies, lequel fut conceu en la fille du preux cheualier Phlegias: mais deuant que la deesse Lucine qui assiste aux accouchemens l'en eust deliuree, ayant esté accablee en son lict des flesches dorees de Diane à l'instigation de son frere, elle descendit aux bas manoirs de Pluton: car le courroux des enfans de Iuppiter n'est iamais en vain, & ce pour auoir mesprisé le beau cheuelu Apollon, mal-aduisee qu'elle estoit, s'estant laissé aller à vne autre accoinctance, desia encein-

Homere presqu'à ce propos au 3. de l'Odissee, οὐ γὰρ τ᾽ αἶψα θεῶν τρέπεται νόος αἰὲν ἐόντων: Le proiect des dieux immortels en vn instant pas ne se change.

D'ESCVLAPE.

te de son faict, au desceu de son pere, & portant en elle la pure semence du dieu, si qu'elle n'eut la patience d'attendre son sacré nuptial festin, & la melodie bien resonante des Epithalames qu'eussent chanté en son mariage ses compaignes cœtanees, filles vierges à marier, comme elles ont accoustumé de faire à haulte voix, le soir qu'on meine l'espousee au lict, se recreans iuuenillement, ains se laissa surprendre de la folle amour & desir des absents, à l'imitation de plusieurs autres: car c'est le propre des personnes legieres & vaines de mespriser les choses qu'ils ont deuant les yeux en leur pays, pour tendre leurs pensers au loing, à ce qui est friuole & sans certitude, les conuoitans d'vne immoderee esperance. L'orgueil donques de ceste Coronide aux beaux affiquets & attours encourut en vn fort grand inconuenient par sa temeraire legiereté, s'estant voulu abandonner à vn estranger venu d'Arcadie, ce qui ne fut pas ignoré de ce dieu Archer, qui de son temple Pythonien où on luy immoloit des victimes l'apperceut aussi tost, l'ambigu & oblique Roy, adioutāt foy à son droit equitable compagnon l'intellect tout cler-voyant, lequel n'entēd point aux menteries, & n'est deceu ny par les dieux, ny par les hommes, soit en faicts, soit en intention: & alors mesme cognoissant bien ceste accointance qu'auoit eu cest estranger Ischys fils d'Elatus, & sa malheureuse deception, enuoya sa sœur esprise d'vne furieuse ardeur de courage à la ville de Lacerce, là où Coronis habitoit sur le bord du lac Bebias, & vn autre mauuais Demon qui l'auoit poussee à mal faire, aida quant & quant à l'exterminer, & plusieurs autres auec elle qui participerent de sa ruine, à guise d'vn feu qui partant d'vne petite estincelle va embraser toute vne forest. Mais apres que ses chers parents eurent agensé le corps au bucher, & que la resplendissante fulgueur de Vulcain l'eut parcouru de toutes parts, alors Apollon s'en va dire, ie ne sçaurois certes plus supporter en mō courage, que le fruict procreé de moy se perde ainsi par vne mort si miserable, auec vn tel calamiteux desastre de la mere, & ayant

Homere au 4. de l'Iliade: οὐδ' ὅτι ψεύδοσι πατὴρ Ζεὺς ἐστι τῶν ἀρωγός le pere Iuppiter n'est point iamais protecteur des mensonges.

proferé ces mots, d'vn plein sault s'y estant lancé, retira l'enfant du corps mort, car la flamme ardente soudain s'escarta en deux pour luy faire place, & de là l'emporta au Centaure Magnesien pour l'instruire en la cure des maladies tant nuisibles aux hômes mortels, si que tous ceux qui venoient vers luy entachez de quelques vlceres malins naiz d'eulxmesmes, ou blessez en leurs membres de quelques glaiues & ferrements, ou meurtris de coups de pierres tirez de loin, ou leurs corps alterez par les excessiues chaleurs de l'esté ou par vne extremité de froidures, deliuroit les vns d'vn mal, les aultres d'vn aultre: en les traictant par quelques gracieux charmes qui assouppissoient leurs insupportables douleurs, ou par des potions conuenables, ou leur appliquant des cataplasmes & medicaments lenitifs en leurs malaffectees parties: & procedant d'ailleurs par des incisions & couppemens, pour oster ce qui leur nuisoit, les rendoit droits, & en leur pristine conualescence & disposition. Mais la sagesse se laisse bien aussi lier & garotter par la conuoitise du gain, car ayant esté debauché par vne grosse somme d'or & d'argent qu'on luy monstroit pour resusciter vn corps que la mort auoit ja saisi, pour raison de ce, le Salurcrié Iuppiter leur dardant à tous deux sa fouldre tout au trauers de la poitrine, leur osta la vie de ses propres mains. *Iusqu'icy Pindare, ce que nous auons bien voulu inserer icy torné presque de mot à mot, non tant pour vne chose necessaire à eluciderce subiect, que pour tracer tousiours quelques nouuelles fleurs d'enrichissement de nostre langage cueillies dans les bons autheurs Grecs & Latins, source de toute elegance & delicatesse, là où ceux qui voudront escripre soit en vers, soit en prose vn peu plus magnifique & haultaine que la vulgaire triuiale oraison puissent puiser infinies belles locutions pour l'ornement de leur stille.*

OR pour reprendre nostre propos, Ciceron en ses liures de la nature des dieux met trois Esculapes: le premier fils d'Apollon, qui fut reueré des Arcadiens, & trouua le premier les ligatures & bandages des playes: le second fut fils du second Mercure, & fouldroyé, puis ensevely à Cynosures. Le troisiesme, fils d'Arsippus, & Arsinoé, le premier qui enseigna à purger le ventre, & à arracher les dents qui font mal, dont le sepulchre

auec

DESCVLAPE.

auec vn sacré bosquet tout ioignant se voyoit iadis du temps mesme de Ciceron, en Arcadie. Lactance liure premier de la faulse Religion, chapitre dixiesme : apres Tarquitius au traité des hommes illustres, le dit auoir esté nay d'incertains pere mere, & qu'il fut trouué des chasseurs ayant esté exposé dans les boys, qui l'auroient nourry du laict d'vne chieure: l'vis donc à Chiron, dont il apprit la medecine, & fit apres sa residence à Epidaure. Mais Hermes Trismegiste en son Asclepie ou Esculape, le fait estre Egyptien, petit fils de celuy qui inuenta le premier l'art de medicamenter les malades, auquel auroit esté basty vn temple au mont de Libye ioignant le viuage des Crocodiles, & Cirylle contre Iullian l'Apostat, qui alleguoit Esculape auoir esté engendré de Iuppiter en son interieure pensée, & par traict de temps s'estre manifesté en forme d'homme, entre autres choses met qu'ayant appris la medecine de certain Apis Egyptien tresgrand Philosophe, lequel auoit plus diligemment que nul autre recherché les secrets de cest art, ne se voulut plus arrester en Egypte, ains Cupide de gaing, comme aussi dit Pindare qu'afriandé de l'or qu'on luy monstra il auroit resuscité vn homme mort, Hippolitte ou autre, s'en alla rodder çà & là guerissant les malades à chresme d'argent, si qu'enorgueilly & enflé d'vne vaine gloire il se disoit dieu, & se vantoit de pouuoir faire reuiure les morts. Pour lesquelles impietez arrogantes, estant en fin arriué à Epidaure, il fut fouldroyé de la diuine vengeance. Au demeurant il estoit appellé Asclepie, en grec, selon Phornute, ἀπὸ τοῦ ἐυκλᾶσθαι καὶ ἀναβάλλεσθαι, &c. d'exclurre & reietter la mort où balanceroit la personne, & pour ceste occasion on luy met aupres vn serpent, à cause que ceux qui par l'ayde & secours des medecins guerissent des maladies qui les oppressēt, semblent cōme se raieunir & despouiller de leur vieille peau ainsi que font les serpents. Dauantage qu'il fault que les medecins soient bien clair-voyans & attentifs à leurs malades, cōme sont de leur nature ces animaux qui ont la veuë fort aigue, & continuellement l'œil au guet, le baston qu'on luy donne monstre que les malades conualescens se trouuans encore debiles ont besoin de quelque soustenement & appuy : & qu'on ne se doibt pas aussi trop haster auant que d'estre du tout bien reuenu & confirmé, de peur de la recidiue, Albricus en ses images le depeint ayant vne longue barbe, & habillé en medecin, car ces deux arts estoient anciennement ioinctes ensemble auec l'apothicairerie, de la main droicte il empoignoit sa barbe, comme resuant profondement, ainsi que les medecins doibuent faire pour soigner attentiue-

LA STATVE

mettre à la guerison de leurs patients, & de la gauche vn baston autour duquel estoit entortillé vn serpent. Mais à propos de ceste barbe d'Esculape il se lit vn compte impie de vray, mais au reste facetieux, de Denys tyran de Sarragosse en Sicile, lequel osta la barbe d'or massif qu'auoit l'image d'Esculape, alleguant que c'estoit chose mal seante de le representer auec vne barbe, puis que son pere Apollon qui estoit plus aagé que luy n'en auoit point. Il se veoit de medailles antiques de bronze & d'argent de la famille des Acilicas, où d'vn costé est la teste d'Esculape coronee de Laurier, pour denoter qu'il estoit fils d'Apollon à qui cest arbre est consacré, ou pour les medicamens & remedes qui s'en tirent specialement de ses bacques, auec vne grosse barbe touffue, & au reuers vne baguette où est entortillé vn serpent ayant vne creste auec des pendans de barbe ainsi qu'vn coq, lequel luy estoit dedié pour raison de sa vigilance, parquoy on luy en faisoit des sacrifices, comme aussi des chieures, parce qu'on dit qu'elles sont en fiebure perpetuelle. Mais ce que Socrates à sa mort ordonna de sacrifier vn coq à Esculape, fut pource que cest oiseau és symboles Pythagoriques est pris pour la diuine portion de nos ames, & pourtant ce Philosophe enioignoit de le nourrir soigneusement, si que Socrates se voyant prochain de s'en aller reioindre à la diuinité quand il seroit deliuré de ceste prison corporelle, & de toutes les infirmitez d'icelle, se disoit deuoir vn coq au souuerain medecin des ames. On luy sacrifioit aussi des poulles, pource que la chair en estant de bon suc & legiere digestion est conuenable pour les malades, il y en a encore d'autres medailles ayans d'vn costé la teste de la santé, que les Grecs appellent ὑγίεια, les Latins Salus ou Valetudo, & au reuers la mesme deesse appuyee sur vn pillier, tenant à la main droicte vn serpent, qui est l'occasion pour laquelle les anciens au Paganisme l'attribuerent à Esculape, & consequemment à la Santé, & que mesme il estoit reueré en forme de serpent, comme le demonstrent tout plein de marbres & medailles où il est representé auec ces mots, Salus Aug. ou Salus Publica, & semblables: & ce pour les vertus medicinales qui sont en ces manieres de vermines bien que venimeuses, & mesmes de faire raieunir les gents, & les conseruer longuement sains & gaillards. Nicandre & ses interpretes en ses Antidotes theriacaux en allegue entre autres choses vne telle fiction Allegorique. Que les mortels és premiers temps auroient impetré des dieux à force de supplications & prieres, de se pouuoir continuellement maintenir en vne vigoureuse fleur de ieunesse, sans estre affligez des inconueniens que le vieil eage a accoustumé d'apporter. Ce qu'ayans obtenu

de la benignité de Iuppiter, ils furent si maladuisez de commettre à vn asne ce beau priuilege & grace speciale, & le charger dessus son dos, lequel se trouuant là dessus oppressé de soif, comme il cuidoit s'abbreuuer à vne fontaine, où vn serpent faisoit sa residence, & s'en estoit approprié la garde, il l'en empescha que premierement il ne luy eust donné toute sa voiture: & de là vint que les serpents s'estans saisiz de cest octroy, se renouuellent tous les ans, quittans là leur vieille despouille pour en reprendre vne nouuelle, là ou les paoures mortels s'en vont d'heure à autre diminuans de force & vigueur tant qu'ils arriuent à vne decrepite vieillesse qui les acheue de consumer, s'ils ne sont preuenus de quelque mort accidentelle auāt que de paruenir à ce but: dequoy se cōplait ainsi le poete Tibulle.
 Anguibus exuitur tenui cum pelle vetustas:
  Cur nos angusta conditione sumus?
Des serpents au reste, & de leurs remedes & facultez en la medecine, tous les liures en sont farcis iusqu'à regorger, mais la pluspart pleins de fables & incertitudes, cōme en Dioscoride, que ceux qui sont norris de chair de viperes ont accoustumé de viure plus longuement que les autres. Mais comment est ce que l'estomac humain en pourroit faire son profit, à tout le moins en quantité pour sa nourriture, attendu que si l'on prenoit vne drachme, & moins encore des trotisques qui en sont faits pour entrer en la theriaque, quelques preparez & corrigez qu'ils puissent estre, cela feroit tout peller vne personne, & tomber le poil & les ongles, tant est leur substance maligne. Isigone outreplus à ce mesme propos de Dioscoride, allegue ie ne sçay quelle race de gens controuuez és Indes, appellez les Cirnes, qui viuent 7. ou 8. vingts ans, pource qu'ils vsent ordinairement, ce dit-il, de chairs de viperes. Tertullian estime aussi que les cerfs sont ainsi de longue duree pource qu'ils mangent souuent des couleuures qui les raieunissent. En effect il y a quelque proprieté occulte au serpent contre plusieurs sortes de maladies, & mesmement contre la lepre, & les venins, où ils seruent de contrepoison, comme on peult veoir en la Theriaque, & Lactance au traitté de l'ire de Dieu met qu'à la morsure des Viperes le plus prompt remede qu'on luy puisse trouuer est leur propre cendre apres les auoir fait bien brusler, le mesme se voit encore és picqueures des Scorpions, qui se guerissent en les escachant dessus, & à faute de ce auec l'huile où il y en aura eu plusieurs esteincts. Toutes lesquelles choses confirme Adamantius en l'Homelie 17. sur le liure des nombres que le venin de l'idolatrie se repoussoit par l'adoratiō du vray Dieu, ainsi que les morsu-

LA STATVE

res des serpens par les medicaments tirez d'eux mesmes, à propos de ce serpent de bronze que Moyse fit esleuer au desert, auquel les Israelites qui estoient piquez de quelque venimeuse vermine iectans leurs veues fermement guerissoient soudain chose fort admirable, comme le touche Dauid Kimhi en ses racines, que ce serpent estant d'airain eust telle vertu, attendu que ce metal a vne certaine proprieté occulte de vengreger les accidents de telles morsures, en le regardant seulement: mais ceste faculté luy venoit pource que c'estoit vn type & representation du mesihe, selon qu'il est dit en S. Iean troisiesme. Ce serpent au reste dura iusques au temps du Roy Ezechias (quatriesme des Roys, chapitre dixhuictiesme) lequel voyant qu'on en abusoit, car chacun luy offroit des encensemens, le fit mettre en pieces.

Mais pour retorner à Esculape, lequel soubs vn serpent en vie estoit reueré à Epidaure, où les Romains molestez de la peste l'enuoyerent querir comme il a esté dit cy dessus, & voicy ce que Valere liure premier chapitre 8. en a tiré de Tite-Liue, comme infinies autres choses. Or afin de poursuyure les miracles, & la puissance des autres dieux bien-affectionnez enuers ceste ville, comme elle eust esté fort affligee par trois ans entiers sans y veoir esperance d'aucune fin qu'on peust attendre ny de la diuine misericorde, ny par ayde & secours humain, les liures de la Sibylle ayans esté soigneusement reuisitez par ceux qui en auoient la charge, on apperceut que l'accoustumee bonne disposition de l'air, & santé du peuple ne se pouuoit autrement recourer qu'en faisant venir Esculape de la ville d'Epidaure. Parquoy y ayans esté despeschez des Ambassadeurs, on s'asseura que pour la grande reputation & credit que dellors le peuple Romain auoit acquis par tout le pourpris de la terre, on obtiēdroit bien aiseemēt ce seul secours & fatal remede, dōt on ne fut point deceu de son opiniō, car il ne fut pas demādé de plus grand zele, qu'octroyé soudain: & tout sur le chāp les Epidauriēs ayans mené les Ambassadeurs au tēple d'Esculape loin deux petites lieues hors la ville, les inuiterent benignement à enleuer de là tout ce qu'ils verroient estre salutaire pour leur patrie, comme si c'eust esté du leur propre: laquelle si prompte gratification, la diuinité de ce dieu secondant les paroles des hommes mortels, approuua par vne celeste facilité qu'il monstra de les vouloir contenter sans attendre, & de faict ce serpent que les Epidauriens le voyans rarement, mais iamais sans quelque grand bien, & bonne fortune pour eux, reueroient en lieu d'Esculape, par les plus habitez endroits de la ville cōmença à se traisnasser doulcemēt & d'vn œil benin: & trois iours durant auec vne deuote admiration ayant faict ses monstres, & donné à cognoistre que non ennuis, ains fort alaigrement il despayssoit pour s'en aller à vne plus auguste demeure, s'achemina droict à la gallere Romaine, où les mattellots tous espouuantez de ceste merueille, il entra dedans, & s'en alla entortiller en plusieurs replis & rondeaux fort paisiblement dans la chambre d'Ogulinus chef de l'ambassade, si qu'ayans obtenu ce qu'ils pretendoient, apres auoir remercié les Epidauriens de leur courtoisie, & apris comme il falloit gouuerner le serpent, de ceux qui le souloiēt auoir en charge, ils leuerent l'ancre, fort ioyeux d'auoir si bien exploitté. Ayans donc eu le temps fort à propos & fauorable en tout leur voyage, quand ils furent arriuez à Antium, le serpent qui s'estoit tousiours tenu coy sans se remuer, dedās le vaisseau, se coulla de soy-mesme au porche du temple d'Esculape, tapissé tout aultour de force branchages de meurthes, où il s'alla enuclouper aultour d'vn palmier surpassant en haulteur tous les aultres arbres d'aupres. Et là par trois iours durāt luy ayant esté presenté ce dont il auoit accoustumé de se paistre, s'hebergea au temple, auec vne grande crainte & soulcy des Ambassadeurs qu'il ne voulust plus retourner en la gallere: mais il s'y remit derechef pour estre transporté à Rome, où les Ambassadeurs s'estans desembarquez sur le bord du Tybre, il passa à nage iusques en l'Isle, en laquelle luy fut dedié vn temple, & à son arriuee il assoupit la maladie, pour remedier à laquelle on l'auoit enuoyé querir de si loin.

CESTE *narration ne s'esloigne gueres de ce que Pausanias en ses Corinthiaques met, que Nicagore mere d'Agasicles, & femme d'Echetion, aporta d'Epidaure Esculape auec soy en la ville de Sicyone dont elle estoit natifue, en forme d'vn grand serpent en vie dans vne littiere at-*

tellee de deux mullets. Il me semble aussi auoir leu quelque part, que ce serpent auoit esté jadis nourry à Escalape, ieune encore, au mont Pelion, & peu à peu apriuoisé, comme nous verrons cy apres és Heroiques, de celuy qui suiuoit par tout Aiax Locrien comme vn braque: mais celuy cy d'Esculape estoit de couleur noire & le ventre verdastre, auec triples dents neanmoins petites, à guise presque de celles d'vn rat si qu'elles ne pouuoient pas faire beaucoup d'offense: gras au reste dessus la teste, & vers les sourcils d'où luy pendoient de grosses peaux soubs la gorge en façon de barbe, de couleur liuide plombassé, approchant de celle de la poche ou sachet du fiel. Finablement quant à ce qu'on peult allegoriser en cest endroit, Macrobe liure premier des Saturn. chapitre vingt, dit qu'aux Images d'Esculape ou de la Santé on approprioit vn serpent, qu'on attribué à la nature du Soleil, & de la Lune, à cause de leurs cours qu'ils parfont obliquement en rond comme les serpents: & qu'Esculape est l'efficace & vertu salubre prouenant de la substance du Soleil pour subuenir aux esprits, & aux corps des hommes mortels: & la santé est l'vn des effects de la nature lunaire, dont les membres des animaux viennent à estre renforcez d'vn salutaire temperament icy bas. Parquoy on applique communement à leurs images des effigies de serpents, pour-autant qu'ils sont & la cause & le moyen que les corps humains, comme s'ils se despouïlloient d'vne peau d'infirmité & de maladie, retournent à leur premiere conualescence & vigueur, de la mesme sorte que les serpents se renouuellent par chacun an, leur vieillesse despouïllee & mise bas. Apollodore au liure des Dieux met qu'Esculape preside aussi aux deuinements & predictions, pource qu'il fault que le medecin selon Hippocrate en son traicté du Prognostiq, sache rendre compte de ses malades, ce que c'est de leurs maladies, & ce qu'il en a esté, & sera, ainsi qu'Homere au premier de l'Iliade dit du deuin Calchas, ὅς ᾔδη τά τ' ἐόντα, τά τ' ἐσσόμενα, πρό τ' ἐόντα, quæ sunt, quæ fuerint, & quæ ventura trahuntur, a rendu de mot à mot Virgile. Tellement que ceste art est fort difficile, comme le tesmoigne le mesme Hippocrate à l'entree de ses Aphorismes: ce qui est denoté par le baston noueuds qu'Esculape tient en sa main. Les chiens qu'on entretenoit ordinairement dans son temple, monstrent qu'il auoit esté alaicté d'vne chienne, & ce que ces temples sont par tout hors des villes & en lieu hault, est à cause que les anciens selon Plutarque en la 94. question Romaine, reputoient la demeure des champs estre plus saine que celle des villes: à propos de quoy

Pline liure 29. chap. prem. Non rem antiqui damnabant, sed artem (parlant de la Medecine) maximè vero quæstum esse immani pretio vitæ recusabant, ideo templum Æsculapij, etiam cum reciperetur is Deus, extra vrbẽ fecisse, iterúmq; in insula tta sutur, Et ce en memoire que le serpent estoit descendu en ceste Isle.

Nous croyons bien que la fameuse barque Argo fut participante de voix, &c. Tout cela a esté desia cy deuant vuidé sur le tableau de Glaucus. Suit puis apres vn aultre point, duquel puis que nous sommes rencontrez icy à propos, il n'y aura point de mal de toucher quelque chose, Nous ne croyons pas que l'image à laquelle Æsculape a consigné de si grandes vertus, &c. Asçauoir de l'efficace & faculté qui peult estre és choses inanimees & mortes de soy, ie ne parle pas des proprietez occultes, comme es medicamens, & en l'aymant plus admirablement qu'en nulle autre chose tant enuers le fer que le pol artique, ains comme en des images faictes de bois, pierre, ou metal, soubs certaines constellations appliquees à des caracteres, auec des exorcismes, encensemens, sacrifices & semblables superstitieuses ceremonies, dependantes toutes de la Magie. Quant aux images de nos Saincts, & à leurs reliques c'est vn cas à part, & qui depend immediatement de la grace qu'il a pleu à Dieu leur impartir, comme on voit que la nature met de plus fortes facultez & vertus en des simples que nom pas en d'aultres: & qu'elles y demeurent imprimees bien longuement apres leur mort, c'est à dire apres leur arrachement de la terre dont ils prenoient leur estre & maintenement. Or la pluspart des Philosophes: & mesmement les Platoniciens conuiennent en cecy, que les choses inferieures de ce monde elementaire correspondent par certaine Analogie aux celestes. & que tout ce qui se fait icy bas, cõme le specifie Auicenne, il fault premieremẽt qu'il ait esté cõme esbauché, voire preformé és mouuemẽs & conceptiõs des astres, & de leurs Spheres: à quoy les Cabalistes qui les ont surmõtez en cas de speculations mentales, ont passé oultre, que le tout correspond de mesme au monde intelligible, où sont les Idees de toutes les formes du monde sensible, auquel elles se deriuent & attirent de là ainsi que par des canaux qu'on feroit venir de fort loin d'vne viue source soubs terre pour en arrouser vn iardin: & ce par le moyen des dix Sephirots qui procedent tous de la source de la diuine essence, que Rabbi Eliezer & les autres docteurs Hebrieux appellent le throsne de la gloire de Dieu, lequel par l'entremoyẽ de ses Anges, & des Cieux, & des Estoilles, espãd toutes les vertus

LA STATVE

icy bas qu'on peult voir es trois genres des indiuidus animaux, vegetaux, mineraux: & non seulement és choses procreées de la nature, mais encore en celles qui sont faictes par artifice, pourueu qu'on sçache les appliquer deuement aux vertus agentes. Mais cela seroit s'extrauaguer trop auant de nostre propos, au moyen dequoy il suffist de dire auec Proclus, que cela va tout ainsi qu'vne corde de Luth, ou d'Espinette, qui estant bien tendue quelque longue qu'elle puisse estre, vous ne la sçauriez si peu toucher en vn endroit qu'elle ne tremble & resonne toute: & qui plus est, s'il y a deux chordes accordees d'vn mesme ton en touchant l'vne, ores qu'elle fust à quatre doigts de distance, l'autre se remuera & correspondra à peu pres comme si on la touchoit. De mesme l'esprit de l'vniuers se mesle par tout, comme dit Virgile au 6. de l'Eneide.

Totámque infusa per artus
Mens agitat molem, & magno se corpore miscet.

Lequel esprit est le moyen de ioindre les vertus & proprietez occultes qui sont au ciel, & és estoilles, à la matiere d'icy bas, & aux corps des indiuidus, esquels il les imprime & seelle moyennant la deue & proportionnee correspondance qu'ils ont auec les influctions celestes, qu'ils reçoiuent tout ainsi que la femelle patiente fait la semence de son masle agent, & la cire le caractere d'vn seau ou cachet. De façon que celuy qui sçait bien marier le ciel auec la terre, c'est à dire appliquer conuenablement les vertus celestes aux subiets terrestres, peut faire des œuures admirables surpassans tout l'ordre de nature: car de ce seul point depend tout le principal fondement de l'occulte philosophie ou magie naturelle licite, n'y ayans vertus, ny au ciel, ny en la terre quelques escartees qu'elles soient, que par ce moyen l'on ne puisse ioindre, vnir & apparier en vn subiect, & de leur puissance sourde où elles estoient comme endormies, les attirer en vne action effectuelle. En ceste sorte les magiciens souloient par les choses inferieures conforme aux superieures, attirer les vertus celestes, voire les Demoniques en leurs images, anneaux, & caracteres, & Mercure Trismegiste a escript, que moyennant certaines choses conuenantes à certain Demon, vne image composee en pouuoit estre animee par iceluy, iusques à rendre des responses comme vn Oracle, & produire de soy de trop estranges & merueilleux effects: non pour y estre contraints ne forcez, mais pource qu'ils y prennent plaisir, tãt à cause des choses qui leur y sont Symbolisantes, que pour attirer par là les personnes à les reuerer & seruir, qui est ce qu'ils connoitent & recherchent le plus ardemment. A ce propos Delyra sur le 31. de Genese, & 18.

D'ESCVLAPE.

& 18. des Iuges. Et en Zacharie 10. Plus Elias leuiti en son Thisbi, apres Rabi Eliezer au 36. de ses chap. parlans des Teraphins ou idoles que Rachel desroba à son pere Laban le plus grand enchanteur de son siecle, mettent que pour faire ces Teraphins ils prenoient le premier nay de quelque noble maison en l'aage de 12. à 15. ans, & luy tordoient le col iusques à en arracher la teste tout nett, sans y appliquer aucun serrement (voyez la detestable cruaulté où le diable se plaist) puis l'embausmoient auec du sel & des aromates, pour la conseruer longuement. Cela fait escriuoient le nom d'vn mauuais esprit en vne lame d'or, & force caracteres parmy, qu'ils enchassoient dedans la langue. & gardoient ainsi ceste teste agencee en quelque secrette aumoire dans vne muraille. Que s'ils en vouloient tirer des responces, ils luy faisoient certains sacrifices & encensemens: somme qui on l'adoroit. Gulielmus Parisiensis parle aussi d'vne teste d'airain fabriquee soubs le leuer de Saturne, laquelle parloit: dequoy ne s'esloigne gueres ce qu'on peult voir dans le Romans de Valentin & Orson, d'vne teste d'airain aussi qui faisoit vn semblable effect : & au 6. volume de Perseforest d'vne d'argent, dicte la teste voirdisant, choses qui ne sont du tout vaines ny fabuleuses : car Dieu le permettant ainsi les Demons sont de grands merueilles pour deceuoir les creatures. Tout cela premis, pour venir aux images muettes qui ont en soy quelque proprieté & vertu occulte, comme celle dont il est icy question, il y en a de plusieurs sortes, les vnes à bien, & les autres à mal, comme on list de certain magicien dit Nectanabus lequel ayant faict vn nombre de nauires & galleres de cire, à mesure qu'il les submergeoit en de l'eau dans vn grand bassin, les vaisseaux de ses ennemis couroiet la mesme fortune. Et Iosephe dit que Moyse fit des anneaux d'amour, & d'oubliance. Mais quels exemples peult-on voir tous les iours des seules paroles sans y employer ny images ne caracteres, ny matiere aucune, comme de noüer l'esguillette dont l'espreuue est par tout si notoire & diuulguee? d'enclouer vn cheual, fichant d'vn cloud la marque qu'il aura empreinte en la terre, arrester le sang, guerir les anines, faire tomber le feu tout à coup qui se seroit pris à vne cheminee, & infinis autres tels charmes & sorcelleries, pour lesquelles se sont veües executer tant de personnes? Il n'y a gueres que pres le village de Baron en Vallois fut iecté vn bouquet au passage d'vn escallier pour entrer d'vn mauuais chemin dans vn champ, si empoisonné, mais de sortileges, qu'vn chien ayant bondy par dessus le premier en mourut soudain: le maistre passa apres, & encore que la premiere furie & vigueur de l'enchantement pour

R r

LA STATVE

auoir operé sur cest animal fust aucunement rebouchee, l'homme ne laissa pas pour cela d'entrer en vn accessoire dont il cuida presque mourir. Et en estoit desia en termes, si l'autheur ayant esté pris par soupçon n'eust defaict le charme, lequel fut tost apres executé en ceste ville de Paris, & confessa à la mort, que si l'autre eust leué le bouquet, il fut expiré sur le champ. Ie racompteray encore ce que i'ay ouy n'y a pas six ans racompter à Monseigneur le Duc de Niuernois, & à plus de vingt Gentils-hommes dignes de foy auoir veu de leurs propres yeux, qui aduint à Neufuy sur Loire, où le Sieur & la Dame du lieu ayans deposé leur procureur fiscal, tost apres vne ieune fille qu'ils auoient de l'eage de quinze à seize ans se trouua tout à vn instant saisie d'vne langueur vniuerselle en tous ses membres, si qu'elle sechoit à veüe d'œil, sans que les Medecins y peussent non seulement trouuer remede d'y donner quelque allegement, mais nom pas mesme cõceuoir aucune occasion apparẽte d'où pouuoit prouenir ce mal: & comme dit Ouide en l'vne de ses Epistres, de la maladie de Cydippé.

Languor enim causis non apparentibus hæret,
Adiuuor & nulla fessa medentis ope.

En estans doncques les pere mere venus comme au dernier desespoir il leur va tomber en la fantasie que ce pourroit estre parauenture quelque vengeance de leur procureur, qui auoit vne fort estroitte communication & accointance auec vn berger d'aupres de Sanxerre le plus sorcier de tout le Berry: & sur ce soupçon le firent fort bien mettre en cul de fosse, là où menacé d'infinies tortures il desbagoulla à la fin que ceste Damoiselle auoit esté ensorcellee par le berger, lequel auoit fait vne image de cire, qui à mesure qu'il la molestoit la fille se trouuoit molestee de mesme, & en fin dirent à la mere qu'il n'y auoit qu'vn seul moyen de la guerir, anima pro anima, il fault necessairement, Madame, que vous vous resoluiez de perdre pour la sauuer la plus chere chose que vous ayez en ce monde, excepté les creatures raisonnables. En bonne foy respondit elle, ie vous en diray la pure verité, il n'y a rien que pour ce regard i'ayme tant que ma guenon, mais pour guarentir ma fille de la langueur ou ie la voy, ie vous l'abandonne. On ne se donna garde que peu de iours apres on voit la fille s'ayder d'vn bras, & la guenon demeurer percluse du mesme: & consequemment tout le reste alla de mesme, si que dans la reuolution de la Lune elle fut du tout guerie, fors sa foiblesse, & la guenon morte en douleurs extremes. Or les sorciers y procedent bien plus abregement que nom pas ceux qui y vont par les constellations, parfums, encensemens, caracteres,

& autres telles superstitions magiques, pour raison de l'accez & commerce qu'ils ont immediatement auec les Demons, mesmement en leurs consistoires & sabats comme on les appelle, où ils se retrouuent aux iours nommez. Cela est assez aueré par les procedures contr'eux faictes, & les executions qui s'en sont ensuiuies en ces derniers tẽps en peu d'annees plus qu'en cinq cens auparauãt, vray presage de nos malheurs. C'est chose estrange de ce qui se lit és histoires modernes des Indes, des merueilles qu'y souloit exercer Sathan tant en responses plus infaillibles & ouuertes que tous les Oracles du Paganisme, qu'en miracles, si on doit ainsi appeller ses illusions, auãt que la foy Chrestiẽne y fust plantee auec ses sacrements. Albert le grãd liu. 2. de ses Mineraux, traicté & chap. 3. & Pomponatius apres luy en celles des enchantements voulans referer tout cela aux causes naturelles, & vne vicissitude des choses: Nous ne deuons point ignorer (disent ils) que tout ainsi que les vertus naturelles ont leur duree pour certain temps, & non plus, le mesme est-il de la faculté & vertu des images, car aucune vertu n'influë point du ciel icy bas, sinon à certain temps, & non d'auantage. Ainsi est-il de celle que peuuent auoir les images, qui leur periode passee demeurent vaines & inutiles sans aucun effect, comme mortes & refroidies. Et c'est la cause pour laquelle aucunes d'icelles n'operent plus en ce temps cy, comme iadis elles souloient faire, au moyen dequoy, l'on distingue en l'astrologie iudiciaire diuerses annees des images du ciel, des Planettes, & estoilles fixes, qu'on appelle les grandes annees, les moyennes, & les petites, esquelles se dilatent leurs effects, plus ou moins forts, & les moyens. Et n'est pas ny la matiere ny l'escripture, ou les paroles qui de soy puissent agir, ains cela se fait par la vertu des corps celestes, qui fauorisent tout cela à ceux qui les font. A la verité si nous aduoüons Dieu auoir imparty des vertus admirables aux simples de ce bas mõde elementaire soubs la Sphere de la Lune, lesquels sont ainsi materiaux & grossiers, à plus forte raison en a il peu attribuer de plus grandes & efficaces aux corps celestes qui sont plus simples & formels. Et si les rays partans des astres peuuent à vn instant penetrer le globe de la terre iusqu'à son centre, où il y a plus de mille lieües de droicte ligne de sa superficie, ils les peuuent bien mieux & plus fortemẽt imprimer à certaines choses conuenantes & pro-

Rr ij

LA STATVE

portionnees, qui leur sont exposees tout à nud, & à descouuert sans aucun empeschement ny obstacle: car n'y ayant rien que l'air entre deux, leur lumiere & vertu y peult plus aisement penetrer qu'à trauers l'eau, & l'eau plustost que non pas le verre: & le verre plus que le chrystal, & le chrystal plus que la terre condensee auec les pierres dures & solides qui y sont encloses. Voyla pourquoy entre les autres choses propres à former les images, on a choisy en beaucoup d'occasions la cyre pour estre ainsi molle, flexible & obeissante à toutes les figures & qualitez qu'on y veult empraindre, & par consequent susceptible mesme en sa fusion, des influxions & facultez des corps celestes, d'ou procedent toutes les proprietez occultes és indiuidus des trois genres des composez, qu'ils ne peuuent moins departir aux choses artificiellement composees qu'aux naturelles, ioint la preparation coadiuuante qu'on leur donne pour les en rendre plus susceptibles. Car nous aduoüons bien qu'vne forte imagination, qui est plus spirituelle que les rayons, qui participent plus du corps, tout ainsi que quelque Halenee, peult auoir vne grande action & impression sur le subiect où elle se destine & addresse: comme on peult veoir par les marques que les femmes enceintes impriment en leur portee des choses qu'elles auroient trop auidemment conuoité en leur grossesse. Mais ces influxions procedantes des rayons des corps celestes, qui se dardent icy embas comme à vne butte, se varient diuersement selon la diuersité de leurs conionctions & aspects: tout ainsi que les pieces d'vn ieu d'eschez, ou les lettres en l'Escripture, qui diuersement accouplees font diuerses sortes de ieuz, & diuers sens. Et voit-on par experience qu'en cueillant l'Ellebore, si on veult qu'il purge & euacue par enhault on arrache les fueilles en les tirant encontremont: si par le bas, tout au rebours encontre bas: & infinies aultres telles obseruations oculaires, par où nous sommes acertenez qu'il y a eu, & peult auoir encore pour le iourd'huy des vertus admirables és images deuement faictes, soit à bien, soit à mal. Et me semble auoir leu quelque part, qu'aupres du Caire fut trouué il y a quelque cinq ou six cens ans, vne image de plomb à la ressemblāce d'vn Crocodile, laquelle ayāt esté mise en pieces par le cōmandement du Calipse, parce que les Mahometās detestēt toutes figures de quelque chose naturelle qu'elles puissent estre, tout incontinēt apres ces pernicieux animaux recōmencerent à apparoistre en la riuiere du Nil là endrois, & en infester les riuages cōme ils souloient auparauāt que ceste figure de plomb eust esté mise là, durāt laquelle on n'auoit de memoire d'hōme veu vn seul Crocodile, pour le moins qui eust fait dommage depuis la mer où sont les bouches de ce fleuve iusques plus de cent lienës contremont. Mais si nostre religion n'en permet l'vsage, ny de toutes autres sortes de charmes, fust-ce à quelque bon effect charitable, ains veult qu'on se retienne du tout à la vertu que Dieu a imprimée és choses naturelles sans s'en departir, à plus forte raison l'on s'en pourroit encore moins seruir sans vne tres-grande offence, pour nuire & endommager son prochain, ny aultre quelconque, ores qu'il fut heretique, mescreant, & en toutes autres sortes detestable, nous ayant donné d'autres voyes.

Mais il n'est pas ainsi des Sainctes images qu'on se propose pour venerer, en nostre religion d'vne sorte, & au Paganisme d'vne autre, car là se refere le tout à l'honneur d'vn seul Dieu, & icy au culte, & idolatrie des Demons, neantmoins ils n'anoiët pas tant a'esgard à la matiere qu'ils cuidassent y auoir plus de vertu en l'vne qu'en l'autre, ny à certaines constellations, caracteres, &c. Ains seulement à la vertu qu'ils estimoient y estre infuse de la deité qu'elles representoient, selon que le deduit tout apertement Callistrate en ceste statue, où il approche fort de ce que le Christianisme tient des images, sinon que celles des payans tendoient toutes à idolatrer les faulx Demons au lieu du vray Dieu, là où en celles de nos Eglises on ne considere fors vne remembrance de ce que nous nous proposons d'imiter, pour nous remettre deuant les yeux quelque exemple de saincteté, & de bonne vie, afin de nous y pouuoir conformer: de maniere qu'elles tiennent le mesme lieu enuers les simples & ignorans, que les liures à l'endroit des gens doctes: & comme dit Damascene, ce qu'est la parole aux oreilles, la peinture est le mesme aux yeux, conformement à Horace en son art poëtique.

Segnius irritant animos demissa per aures,
Quam quæ sunt oculis subiecta fidelibus.

Le surplus qui se pourroit amener icy des images croist trop en prolixité, & hors de nostre propos principal. Quoy que ce soit les images des payans en leurs temples & lieux sacrez, ne manquoient pas de miracles, mais faulx, illusoires & deceptifs resentans leur autheur dont cela venoit par vne occulte conniuence & permission de Dieu, & les nostres sont reels, veritables, & essentiels.

CAR nonobstant qu'elle fut de bois. Il dit que ceste statue d'Esculape estoit de boys, sans specifier de quel: mais Pline à ce propos liure 13. chapitre 5. dit qu'on auoit accoustumé la pluspart du temps de faire les images des dieux, de cedre, pour estre le moins corruptible de tous, & de

LA STATVE

la plus longue durée: Materia verò ipsi Cedro æternitas, itaque & simulachra deorum ex ea factitauerunt. Pausanias és Corinthiaques dit que celle d'Esculape à Epidaure estoit d'or & d'yuoire: & en met ailleurs quelques autres de marbre, mais de bois nulle part. Car les anciens selon Eusebe, Athanase, Porphyre, Pline & autres, faisoient leurs images de diuerses sortes d'estoffes, comme de cire, sel, verre, toutes especes de marbres & pierres dures, terre à pottier, metaux, yuoire, pierreries, & de plusieurs manieres de bois, comme Ebene, Cyprés, Cedre, Chesne, Smilax, Lotos, Buys, & de racines d'Oliuier selon Theophraste, & Pline. A cecy bat ce Prouerbe, que de tout bois le mercure ne se fait pas, ains de celuy principalement qu'Homere appelle Trogetes, vulgairement Thyca en tout temps verd selon Theophraste.

Bien-deliberez de vous chanter vn bel Hymne si vous nous restituez la santé. Il pourroit estre que Callistrate comme payan qu'il estoit, ayant l'attente de sa santé sur Esculape, luy pourroit auoir faict quelque Hymne, mais il nous a semblé pouuoir icy commodeement amener celuy qu'Orphee luy addresse: & consequemment vn autre apres de la Santé.

L'ENCENSEMENT D'ESCVLAPE,
LA MANNE.

Esculape secours de tous,
 Seigneur Pæan qui des hommes
Alleges toutes les douleurs,
 Vien, & santé nous ameine.
Apaise les Parques qui ont
 De mort & de maladies,
En main tout le gouuernement,
 Tres-ennuyeuses Deesses.
Tousiours ieune enfant, biẽ-heureux,
 Croissant la vigueur és membres:
Germe honorable d'Apollon,
 Ennemy des maladies,

D'ESCVLAPE.

Et amoureux de la santé,
　Sans aucun blasme ne reproche.
Vien doncques nostre Protecteur,
　Et donne nous fin heureuse.

HYMNE DV MESME A LA
Santé, dont la manne est l'encensement ainsi
que d'Esculape.

Desiree aymable Santé
En plusieurs licts de tout la Reyne,
Santé heureuse escoute moy,
Mere de tous, porte richesse:
Car par ton moyen les mortels
Sont exemptez de maladies,
Et toute maison s'esiouist
Quand reuisiter tu la daignes.
Tout le monde t'a en honneur
Reyne eternelle, qui des vies
Es le ferme soustenement:
Tousiours en vigueur souhaittable,
Et repos de tous les Humains.
Sans toy leur seroit inutile
Tout cela qu'ils pourroient auoir,
Tant les richesses sur richesses,
Que les plus sumptueux banquets.
Fors que par toy à la vieillesse
Les hommes ne paruiendroient pas.
Tout tu gouuernes toute seule,
Et commandes à tous viuants.

LA STATVE

Vien doncq sacre saincte Deesse,
Qui ne defaulx de ton secours
A ceux qui de bon cueur t'inuoquent:
Deliure nous de nos douleurs,
Et de nos griefues maladies.

LA STATVE
D'VN CENTAVRE.

ARGVMENT.

DIEV en la premiere origine des choses fit deux creatures fort extremes & differentes, ne participans comme en rien l'vne de l'autre: l'ange du tout incorporel, immortel, impassible, immuable, pourueu de raison & d'entendement, pour recognoistre & venerer son Createur: & la beste brute toute de corps materiel subiecte à la mort, passions, changements, & destituee de l'vsage du discours ratiocinatif. Lesquelles deux natures si esloignees par vn admirable artifice il voulut ioindre en vne entre-moyenne, d'vn costé qui participast du corps, & de tout ce qui en depend auec les animaux irraisonnables, ensemble de la sensualité, & incitation du peché que les Hebrieux appellent Iezer: & auec les Anges de la raison & entendement pour cognoistre son Createur, qu'il beust au reste, mangeast, dormist, s'hebergeast, vestist, & fut en somme subiect à toutes les necessitez & defaulx que patissent les bestes: & auec les Anges contemplast la majesté de Dieu, & les merueilles de ses œuures, l'honorast, seruist, & aimast: & finablement fit tout son effort de s'esleuer à luy entant qu'il pourroit, laissant en bas ceste carquasse inutile de corps, qui ne sere que de luy abysmer la meilleure partie de sa structure: mais pource qu'apres sa preuarication & premier peché ces deux natures commencerent à se des-vnir, suruint entr'elles vne dissension & haine irreconciliable, taschans non seulement de faire chacune à part soy son cas à part, mais de se suppediter l'vne l'autre, & s'entr'attirer à ce qui luy estoit le plus propre & aggreable: à sçauoir la charnalité, l'esprit aux lubricitez & concupiscences: & l'esprit au contraire de faire paroistre à la charnalité, que l'homme n'auoit pas esté

creé

ué pour se lascher apres les vueils & desirs du corps, luy deuant suffire de le nourir & entretenir pour la necessité tant seulement, & non pour l'irritation & chatouillement du plaisir voluptueux & charnel: le faisant ainsi qu'il s'acqueroit le tiltre de l'homme intellectuel, & le contraire, de sensuel, s'il adheroit à ce Iezer ou sensualité bestiale, suyuant ce que dit l'Apostre en la prem. aux Corinth. 2. L'homme sensuel ne comprend point les choses qui sont de l'esprit de Dieu, mais le spirituel discerne tout. Or ces deux natures ont esté par les fictions Grecques representees en vn Cétaure, hôme depuis la ceinture enhault, qui denote la partie rationnelle & intellectiue residente au cerueau: & celle d'ébas où la sensualité domine, par le cheual le plus lubrique animal de tous autres, comme il a esté dit au tableau des fables, laquelle est logee es reins, lumbes, & autres parties basses, & pource que ceste passion hebete fort l'entendement, & le rauaille à l'ignorance, le Psalmiste 48. compare telles manieres de gens aux cheuaux, Comparatus est iumentis insipientibus: & au 32. Nolite fieri sicut equus & mulus, quibus non est intellectus, par où est designé l'appetit sensuel, & la vie brutalle, les Egyptiens voullans au rebours esleuer l'homme plus hault que son degré d'humanité, luy attribuoient vne teste d'esparuier, pource qu'il volle tousiours contremont (mais entendez plustost d'vn gerfault, dont le propre est tel, là où les esparuiers ne font que hacher pres de terre à tire d'elle, les Grecs soubs le mot d'ίἐϱαξ, & les Latins d'accipiter confondans toutes sortes d'oyseaux de proye) & de fait en leurs notes Hieroglyphiques l'esparuier signifioit l'esprit à cause de sa celerité, selon Diodore, & appelloient l'ίἐϱαξ Baieth, mot composé de ces deux vocables Bai ame: & Eth cœur. Et Eusebe alleguant Zoroastre met qu'il disoit Dieu auoir la teste d'esparuier. Mais cela seroit sortir hors de nostre propos des Centaures, dont il a esté parlé cy deuant si à plein sur le tableau des Centaurelles, qu'il n'en reste rien icy plus à dire.

S s

LA STATVE DV CENT.

ENTRANT vne fois dans vn temple fort venerable & spacieux & d'vne belle representation, i'apperceu vn Centaure planté au porche d'iceluy, non du tout semblable à vn homme selon la description d'Homere, ains tel presque qu'vne beste brute residente dans les plus profondes forests: car il estoit homme en descendant iusques au flanc: & se terminoit par embas au train d'vne beste cheualline à quatre pieds: si que la nature des cheuaux & des hómes distincte là par le millieu se venoit assembler en vn corps: partie separant ses membres, & partie les rendant fort industrieusement cócordans entr'eux. Car ce qui y estoit de forme humaine tout autant qu'il s'en esleuoit depuis la hanche iusques au sommet de la teste, estoit retranché du dessoubs, & le separoit du corps cheualin iusques à ce qu'il s'arreste vers le nombril, là endroit cóioint & vny à la forme d'hóme: de façó que ce qui y estoit de cheual máquoit de teste, & de tout le reste qui en descendant s'essargist du col vers l'eschine: & ce qui estoit d'hóme depuis le nombril iusqu'aux pieds, desiroit son soustenement qui y defailloit. Ce corps doncques estant tel, vous y eussiez peu veoir vne viue & impetueuse action surabondante en cest ouurage, & vn corps sauuagin: & en la face ie ne sçay quel air d'vne farouche & fiere mine: car la pierre dót il estoit fait cóuenoit fort bien à ceste care & contenance, le tout se parforçant comme à la haste & à l'enuy de representer vne vraye & reelle figure.

LA STATVE
DE MEDEE.

ARGVMENT.

IASON apres auoir enleué de Colchos Medee, comme en s'en retournant il se remist deuant les yeux les dangers où son oncle Pelias Roy de Thessalie l'auoit malicieusement exposé pour se defaire de luy, & fust apres pour s'en vanger, à songer les moyens de le mettre à mort sans soupçon d'auoir attenté vn si detestable forfaict, Medee en print sur soy la charge: & la dessus se desguisant en ministresse de Diane, s'en alla deuant trouuer les filles de Pelias, leur offrir de remettre leur pere ia du tout abattu d'vne decrepite vieillesse, en son eage vigoureux de trente ans: ce qu'Alceste l'aisnee d'icelles ne pouuant croire, Medee auec ses charmes accompagnez d'herbes, fait bouillir vn vieil mouton dans vn chauderon, & le retire en ieune aigneau. Dequoy les filles persuadees en cuidderent faire autant de leur pere, mais se voians deceues de leur intention, & qu'il estoit demeuré roidde mort, s'enfuyrent de la contree. Iason arriué là dessus laissa le Royaume de Thessalie à Acastus fils de Pelias, qui l'auoit accōpagné à Colchos, & se retira à Corinthe auec Medee, où s'estant amouraché de Creusa fille du Roy Creon, il la prit à femme. Dont Medee enragee d'vn felon despit pour se veoir ainsi laschement trahie & abandonnee, dissimula son maltalent, & soubs pretexte de vouloir faire des presents nuptiaux à la nouuelle mariee luy enuoya vne couronne, qu'elle n'eust pas plustost assise sur son chef que le feu s'y mit, qui la brusla miserablement auec son pere & Iason, & tout le Palais. Cela fait Medee ayant mis à mort de sa propre main les deux enfans qu'elle auoit eu de Iason, Maücr, & Feret, qui est le subiect de ceste statuë, se retira à Athenes, où Egee fils de Pandion l'espousa, & en eut vn fils appellé Medus, lequel apres vn fort long emprisonnement fut en fin deliuré par sa mere, & transporté auecques elle dans vn chariot enchanté attelé de deux draghons volans, en la contree qui de son nom fut depuis appellee Medie.

Sf ij

LA STATVE

I'AY VEV aussi vne Medee de grand renom, sur les marches de Macedoine. C'estoit vn marbre demonstrant au vif sa naturelle ressemblance, auquel l'ouurier auoit empraint tout ce qui peult accomplir vne representation naïfue: car l'image iectoit hors de soy vn indice de discours ratiocinatif: & s'excitoit à vne action courageuse, qui se transportoit en vn ressentiment d'angoisse & affliction d'esprit, ou pour le dire en peu de mots, tout ce qui concerne les anciens comptes qu'on a faict d'elle, estoit-là exprimé aux yeux, & de faict la remembrance de ce qui luy estoit aduenu, manifestoit assez les actions de ceste femme; & l'animosité empreinte en sa vehemente indignation, conioignoit le naturel à cest ouurage, y introduisant de l'impetuosité & furie, sa tristesse d'autrepart declaroit sa tendre commiseration pitoyable enuers ses enfans, retirant le marbre du despit en elle conceu à vne cognoissance maternelle, qui le rendoit plus relasché: car l'image n'estoit pas du tout comme d'vne immisericordieuse implacable, ny d'autrepart emmalicee & felonne à guise d'vne farouche beste sauuage, ains mipartie à vne demonstration de courroux & mordente rage, accommodee aux deliberations & proiects d'vne nature feminine. Aussi estoit-il bien raisonnable qu'apres le premier feu d'vne si bouillante colere, despouilhant son indignation elle se fleschist à pitié: & que ramenee à vne recognoissance de sa

DE MEDEE.

cruauté, l'esprit d'elle vinst à estre touché de compassion. L'ouurage doncques imitoit toutes ces passions de l'esprit imprimees au corps, & pouuoit-on veoir le marbre partie empraint d'vne transportee animosité en ses yeux, & partie d'vn regard morne & triste, & aucunement ramolly d'vne angoisseuse destresse: de sorte que tout ce que l'ouurier auoit proiecté d'y representer y estoit tres-parfaictement accomply à l'imitation de la Poesie d'Euripides, s'estant proposé de susciter tout ensemblement vn aduis consideratif, & d'exasperer quát & quant l'affection imprimee dedans vn humain naturel, à vn courroux, la iectant hors des bornes de l'amour qu'on porte ordinairement à sa lignee: si qu'elle conçoit vne charité pitoyable de mere enuers ses enfans apres l'inique massacre d'iceux: car elle auoit la main saisie d'vn poignard aceré, toute preste de mettre à execution son inhumanité furieuse, qui la precipite à ce detestable forfaict: & sa cheueleure non agensee denotoit assez le peu de soin qu'elle auoit d'elle, comme aussi son accoustrement lugubre conuenant à l'affliction où elle est reduitte.

ANNOTATION.

Tovt ie discours de ceste image ne tend qu'à representer Medee en sa furieuse indignation, où elle estoit lors que par despit de Iason elle mit à mort leurs communs enfans, dont voicy ce qu'en atteint Pausanias es Corinthiaques, ce qui seruira à l'elucidation de ce lieu, bien qu'il en parle quelque peu differemment de ce que dessus. A la main droicte vous verrez le temple & l'image du dieu Apollō, qui est de bruze, & vn peu apres la fontaine ditte Glaucé de la fille de Creon, aultrement Creusa, qui s'y ietta pour se garentir des charmes & ensorcellemens de Medee. Au dessus de ceste fontaine est basty l'Odeon, comme on l'appelle, & tout ioignant la sepulture des enfans de Medee, nōmez Mermerus, & Pheres, qu'on dit auoir esté assommez à coups de pierres par le peuple de Corinthe, pour raison des presens qu'ils auoient aportez à Glaucé, & pource que ce massacre auoit esté ainsi violent & inique, les petits enfans des Corinthiens à ce qu'on dit, estoient ordinairement par eux mis à mort, iusques à ce que fuyant l'admonestement de l'oracle on leur eust institué certains sacrifices expiatoires, auec vne image de la frayeur qui estoit encore entiere de nostre temps, soubs la representation d'vne femme d'vne contenance fort horrible & espouuentable: mais Corinthe ayant esté ruinee par les Romains, & les anciens habitans la pluspart morts ou transportez, ces sacrifices cesserent, auec ce qu'on y souloit offrir les premiers cheueux des ieunes enfans, vestus de robbes noires en signe de duēil, qu'on tondoit à l'honneur de ces deux deffunēts. Medee au reste estant arriuee en celle saison à Athenes espousa Egee, mais ne tarda gueres qu'ayāt esté descouuerte de machiner ie ne sçay quoy contre Thesee, elle s'ensuit, & se transporta en ceste region de l'Asie qui pour lors estoit appellee Arie, & depuis Medie du nom de Medus, qu'ayant eu d'Egee elle auoit emmené quant & soy. Toutesfois Hellaine l'appelle Polixene, & le fait estre fils de Iason. Il y a des vers qu'on appelle les Naupactiens qui portent, qu'apres la mort de Pelias Iason passa d'Iolque à Corfou, où l'aisné de ses enfans Mermerus estant allé chasser en la terre ferme prochaine, fut mis à mort d'vn Lyon: & quāt à Pheres, qu'il ne fit rien de memorable en tout le reste de ses iours. Il y en a d'autres qui disent que Medee à mesure qu'elle auoit des enfans de Iason, elle les alloit tous cacher secrettement dedans le temple de Iunon, esperant par là de les rendre immortels, mais ayant apperceu que cela ne luy reussissoit pas selon son attente, & esté oultre-plus descouuerte de sa malice par son mary, sãs qu'il luy voulust pardonner, elle s'en alla à Iolque, où ayant laissé le Royaume à Sisyphe, elle depaisa ailleurs. *Voyla ce que met Pausanias des faicts de Medee à propos du subiect dont il est icy question.*

LA FIGVRE D'ATHAMAS.

ARGVMENT.

ATHAMAS Roy de Thebes, fils d'Æolus, eut de sa femme Nephelé deux enfans, Phryxus à sçauoir, & Hellé: mais Nephelé estant priuee de son bon sens par Bacchus, s'en alla errant à trauers les boys desuoyez, à guise de beste sauuage: parquoy Athamas reconuolla en secondes nopces auec Themisto fille d'Hypsee dont il eut Sphincius & Orchomenus: puis s'estant ennuyé d'elle espousa encore Ino fille de Cadmus, de laquelle vindrent Learchus & Melicertes. Themisto indignee de se voir ainsi supplantee elle & ses enfans, se resolut de mettre ceux de l'autre à mort, & pour cest effect s'estant cachee dans le Palais en vn lieu secret, tua elle mesme les siens propres par mesgarde, au lieu de ceux de sa concurrente, abusee par la norrisse qui auoit changé leurs habillements: ce que cogneu elle se donna la mort de sa main. Et là dessus comme Ino se voyant defaire des enfans de Themisto en voulust autant faire de ceux de Nephelé, elle suborna la pluspart des femmes qui rostirent malicieusement les grains qu'elle leur auoit donné pour semer, afin que rien ne s'en procreast. Dequoy estant procedee vne famine accompagnee de pestilence. Athamas despescha vn de ses Satellites à Delphes pour auoir le conseil d'Apollon, mais ayant esté corrompu par Ino, il rapporta qu'il failloit sacrifier Phryxus. Et comme le pere refusast, Phryxus s'y offrit volontairement, si qu'il estoit desia prest à immoler, quand le Satellite en ayant pitié alla reueler toute la machination d'Ino, ce qu'entendu par Athamas, il la liura és mains de Phryxus auec son fils Melicertes, pour en prendre telle vengeance qu'il luy plairoit: mais en les menant au supplice, Bacchus qu'elle auoit alaicté de ses mammelles, alla espandre aultour d'eux vne nuee obscure qui en osta la cognoissance, & furent par ce moyen deliurez du peril qui les menaçoit. De la Athamas

LA STATVE

ayant esté rendu insensé par Iuppiter, il tua son fils Learchus, & Ino auec Melicertes se precipita d'autre costé en la mer, lesquels furent deifiez : elle soubs le nom de Leucothoé ou la mere Matute, & luy de Palemon, en latin Portumus. Phryxus & sa sœur Hellé ayans aussi perdu l'entendement par Bacchus qui les forcena, s'en allerent errans dans les boys, ou leur mere Nephelé leur amena vn mouton ayant la toison d'or, & les fit monter dessus pour se retirer en Colchos, mais Hellé estant tombee par les chemins dans le bras de mer qui de son nom fut depuis appellé Hellesponte, Phryxus arriua sain & sauue au lieu destiné, où il sacrifia son mouton au Dieu Mars, & en pendit la peau en son temple, d'où Iason l'enleua depuis.

I L y auoit vn tableau de bas relief de stucq sur les riuages de la Scythie, non tant pour demonstrer le faict aduenu de ce qu'il vouloit representer, comme pour en contendre auec les plus excellentes peintures, encore que le maistre ne se fust pas aultrement trop estudié d'y representer rien d'agreable ny de plaisant : car c'estoit Athamas qui estoit là contrefait au vif, espris de fureur ; & le pouuoit-on veoir tout nud, sa cheueleure ensanglantee espanduë au vent en desordre, l'œil farouche & extrauagué, & remply d'vne stupidité estonnee, n'estant pas seulement transporté de forcenerie pour commetre quelque cruaulté extraordinaire, ny par les furies effarouché de quelques espouuantables horreurs qui ont accoustumé d'exagiter les simples personnes, ains auoit quant & quant le fer nud au poing, tout prest d'en faire quelque coup : neaumoins sa main de soy estoit immobile, & si ne sembloit pas quant à luy qu'il fust là endroit

attaché

attaché ferme, ains comme s'il y euſt de l'actiõ & du ſentiment, il paroiſſoit paſlir de frayeur, ou comme s'il fuſt deſia treſpaſſé. Il tenoit ſoubs le bras au reſte vn petit enfant, aux leures duquel il appliquoit vne mammelle degouttant force petits ſourgeons de laict, propres à ſuſtanter de petits nourriſſons : & monſtroit ceſte figure ſe vouloir haſter de gaigner le ſommet du mont de Scirrhon, & de la, la mer qui battoit au pied, dont le flot ſe recourboit vers le riuage, comme s'il euſt voulu aller au deuant pour le receuoir, ayant accouſtumé de iecter là endroit de groſſes vagues eſcumeuſes. Or le corps monſtroit contenir en ſoy quelque choſe du vent de Zephire, qui de ſon gracieux halenement rend la mer bonace, car le ſtucq y ayant formé vn ſentiment, comme celuy qui ſçait s'accommoder pour repreſenter les ſoufflemens, & lancer contremont les exhalations de la mer, & introduire les imitations de nature es ouurages qui en ſont faits, les Daulphins follaſtroiẽt là à leur plaiſir, fendans les flots en la ſculpture: & le ſtucq ſembloit proprement eſtre agité de vents, ſi qu'on l'euſt cuiddé eſtre vne vraye repreſentation de la mer, s'eſtant façonné à ſa reſſemblãce de ſe trãſformer en vne vraye apparence d'icelle. Et aux extremitez de ce tableau eſtoit figuree Amphitrité ſe hauſſant hors des ondes, toute effaree, & d'vn eſpouuantable aſpect, comme ſi ſes yeux euſſent eſtincellé vn eſclat de rayon ſolaire. Les Nereides s'eſtoient rengees alentour d'elle, fort mignardes & gentilles à veoir, eſpandants de leurs yeux vn certain amou-

Tt

LA FIGVRE

reux desir, & se torne virans à saulx & gambades sur la superfice des ondes marines, s'y promenoient en grand soulas, aultour desquelles l'Ocean alloit & venoit, l'agitation de son courāt ayant presqu'apris de se mouuoir à la mesure de leurs cadences.

ANNOTATION.

Tout ce tableau de basse taille faict de stucq est assez intelligible de soy, car on sçait assez ce que c'est du vent de Zephire, & de l'Ocean, que les poëtes feignent estre fils du Ciel & de Vesta, mary au reste de Tethis, & le grand superintendant de la mer: voire la mer mesme, dont procedent non tant seulement tous les goulphes qui sont leurs entrees dedans la terre, ainsi que la mer mediterranee, la mer rouge, celle de Perse, & plusieurs autres, mais tous les fleuues & riuieres, & les sources dont ils procedent, pour s'aller de nouueau rendre en luy. Au regard d'Amphitrité, les Poetes la feignent estre sa fille ditte ainsi δ'ἀμφιτρίβευ d'enuironner, pour-ce qu'elle circuit la terre de toutes parts dont elle est bornee: & que Neptune la prochassāt en mariage, comme elle qui vouloit garder sa virginité s'allast recellant de costé & d'autre sans qu'il en peut auoir nouuelles, il depescha un Dauphin qui la chercha tāt qu'il la trouua finablement au pied du mont Atlas, où il fit en sorte qu'elle se condescendit aux prochassemens de Neptune, qui en eut Triton. C'est à quoy veult battre icy Callistrate que les Dauphins follastrent alentour d'elle. Mais puis qu'elle enuironne la terre comme fait aussi l'Ocean, quel inconuenient y aura-il de border icy ce tableau de leur Hymne en Orphee, accompagné de celuy de Zephire qui le rend paisiblement nauigable. Il met doncq ainsi: mais entendez que l'Ocean, Tethis, Amphitrite, Nereus, & autres semblables ne sont qu'vne mesme chose, à sçauoir la mer Oceano diuersifiee de tous ces noms là.

L'ENCENSEMENT DE
l'Ocean, les Aromates.

J'Inuocque le grand Ocean,
Pere de tout incorruptible,
Qui est, & a tousiours esté:
Dont procedent toutes les races
Des immortels, & des mortels.
Qui borde ainsi que par vn cercle,
De toy terre les extremitez
De toutes mers, & riuieres,
Et les pures humeurs des eaux,
Se coullent soubs terre à leurs sources
Escoutte moy ô bien heureux
Riche, opulent, & la plus grande
Purification des dieux:
Borne amiable de la terre,
Le premier principe du pol:
Qui a tes creux sentiers humides:
Vien propice tousiours à ceux
Qui considerent tes mysteres.

L'ENCENSEMENT DE LA
mer, la Manne.

DE l'Ocean la belle espouse
Tethys aux yeux perds-verdoyans

LA FIGVRE

J'inuoque icy, qui est vestue
D'vn grand manteau noir azuré.
Reine qui rondement ondoies
De vents doulcement respirans,
Pres la terre qui en resonne
Rompant tes longs sillons de flots
Contre les rochers & riuages:
Bonace propice à hanter,
Et despitee inaccostable,
De voiles coiffer tu te plais:
Tu nourris de merueilleux monstres
Dedans tes mols humides creux.
Tu es mere de Cypris, mere
Des espoix nuages obscurs,
De toutes sources & fontaines
Dont les Nymphes vont bouilhonnans.
Escoutte moy doncq venerable,
Sois moy benigne ie te pry:
Et octroye des vents propices
A mon legier courant vaisseau.

L'ENCENSEMENT DE
Zephire, l'Encens.

Doulces gracieuses ondees
De Zephire, par l'air vollans,
Qui prenez naissance des ondes,
Et en soufflant donnez repos
Au moleste trauail des rames.

Amoureuses du gay prin-temps,
Tres-agreables aux prairies,
Cheries de toutes saisons.
Qui tirez par les molles routtes
Les vaisseaux, en leur inspirant
Vn air legier dedans leurs voiles.
Venez à nous d'vn cueur ioyeux,
Vollans sans qu'on vous aperçoiue,
Par l'air auquel vous ressemblez,
Et de vos fresches halenees
Esuentez nos fortes ardeurs.

Fin de Callistrate.

LA PREFACE.
PROTESILAVS.
NESTOR.
ANTILOQVE.
DIOMEDE, ET STHENEL.
PHILOCTETE.
AGAMEMNON, ET MENELAVS.
IDOMENEE.
AIAX LOCRIEN.
CHIRON.
PALAMEDES.
VLISSES.
AIAX TELAMONIEN.
TEVCER.
HECTOR.
ÆNEE.
SARPEDON.
PARIS ALEXANDRE.
HELENVS, DEIPHOBVS, ET POLYDAMAS.
EVPHORBE.
ACHILLES.
NEOPTOLEME.

LES HEROIQVES DE PHILOSTRATE;

OV SONT DESCRIPTS LES anciens Heroes ou Princes Grecs & Troyans, qui se retrouuerent au siege de Troye: & ce soubs le rapport de Protesilaus, qui apres sa mort conuersant domestiquement comme vn esprit familier, auec vn Vigneron de la Cheronese de Thrace, l'informe de tout ce qui s'y passa, la pluspart au rebours de ce qu'en a escript Homere, & autres tant Poëtes qu'Historiens.

ENTREPARLEVRS.

LE VIGNERON ET VN NAV-TONNIER PHENICIEN QVI d'auenture passe par là.

PREFACE.

LE VIGNERON. Estranger qui passez chemin, d'où estes vous? *Le Phenicien.* Vigneron mon bel amy, ie suis Phenicien, des quartiers qui sont autour de Tyr, & de Sidon. *Vigneron.* Toutesfois vous monstrez estre Ionien à la longue robbe que vous portez. *Phenicien.* Cela nous est de longuemain accoustumé à nous autres Pheniciens. *Vign.* Et d'où vient il que vous ayez ainsi changé d'habit? *Phen.* La Sybaris de l'Ionie a dominé presque toute la Phenice, & estoit reputé pour crime à quiconque n'eust vescu delicatement ainsi qu'eulx. *Vign.* Or où allez vous ainsi maintenant à trauers-champs, tout pensif ce semble, remarquant ce qui est bien loin encore de vos pieds? *Phen.* Au conseil à l'Oracle, dont i'ay besoin pour sçauoir comme nous pourrions bien & heureusement nauiguer: car on dit que nous aurons à faire voile par la mer Egee, qui est fort rudde communement, & tempestueuse : & ie men-vois à contrevent: car entant que touche la nauigation les Pheniciés sçauent fort bien considerer tout ce qui y peut conuenir. *Vign.* Vous estes à la verité fort expers en l'art nautique, & auez estably vne autre Ourse au ciel selon laquelle il fault dresser la routte de son nauigage. Mais tout ainsi que vous estes recommandez en cela, l'on vous taxe en recompence d'estre au trafficq de grands Arabes & coursaires, tres-actifs & ingenieux apres le denier, pour lequel vous escorcheriez volōtiers les personnes. *Phen.* Et vous messieurs les vignerons n'aymez vous pas aussi l'argent, passans le cours de vostre vie à estre continuellement dans les vignes, à guetter parauēture si quelque passant s'ingetera d'y cueillir quelque pauure petit grapillon auorté, pour lequel vous ne ferez point de conscience de le râçonner d'vne realle : car c'est le taux que vous y mettez. Puis quand vous portez en present

quel-

quelque peu de moust à la ville, n'exigez vous rien de cela, ou bien quelque bouteille de bon vin vieil odoriferant, que vous aurez à vostre dire, enfouy longuement dessous terre, comme souloit faire Maron? *Vign.* Certes si en quelque endroit de ce monde il y a des Cyclopes que la terre nourrisse, comme l'on dit, sans rien faire, ne semans ny ne plantans rien, il y a bien apparence que tout doibue là demeurer sans garde, soient les despouilhes & fruits de Ceres, soient ceux de Bacchus, & que rien qui soit ne s'y véde de ce que le territoire produist, ains que le tout soit exposé en commun, gratis comme en vn marché sans payer: mais ou il est questió de semer, labourer, anter, & cultiuer les terres tantost d'vne façon puis d'vne autre selon les saisons oportunes, là il est besoin d'achepter & vendre. De maniere que l'agriculture a besoin d'argent, sans lequel vous ne sçauriez entretenir ny vn laboureur, ny vn vigneron, ny vn pastre aussi peu pour garder vostre bestial. Et ne sçauriez pas mesme auoir vn gobellet ou tasse pour boire, ou pour faire vos effusions aux dieux. Ny de tout ce qui est le plus delectable en la vie champestre, faire vos vendanges sans payer les manouuriez qui y trauaillent. Brief que sans cela on demourroit oisif & inutile tout ainsi que quelque peinture. Cecy doncques mon bel amy soit dit de vous à moy entant que touche en general. Le fait du labourage & des laboureurs: mais pour mon regard en particulier les choses doibuent aller auec vne plus equitable consideration, car ie ne traffique point auec les

Homere au 9. de l'Edissec.

Vu

LES HEROIQVES

marchans, & ne sçay que c'est de realles ny de testons, ains achepte vn bœuf auec du froment, & vn mouton auec du vin; & semblables choses par semblables permutations, qui sont toute ma maniere d'achepter & de vendre, m contentant selon ma basse condition de dire & oyr choses petites. *Phenicien.* Vous me designez icy vn marché & trafficq vrayement doré, & plustost d'Heroes que de communs hommes. Mais que veult dire ce chien icy qui tournoie ainsi aultour de mes iambes, & me caresse se monstrant si doulx, & benin? *Vigneron.* Ie vous declare par-là ma complexion, & comme nou-nous comportons graciusement enuers les debonaires qui abordent icy, despouilhes de toutes mauuaises intentions de nous nuire: ne luy permettant pas seulement de les aborer, ains de les receuoir doulcement, & s'humilier deuant eulx. *Phenicien.* Nous sera-il doncques loisible d'entrer en ceste vostre belle vigne? *Vigneron.* Il n'y a rien qui vous l'empesche, & si il y a force raisins. *Phenicien.* Et quoy, de cueillir des figues aussi? *Vigneron.* Et pourquoy non? Cela de mesme, car il y en a grande abondance: je vous donneray encore des noix, & des pommes, & infinis autres tels biens que i'y recueille comme vne saulce de ma vigne. *Phen.* Et que payeray-je pour toutes ces courtoisies? *Vigneron.* Quoy autre chose sinon d'en manger de bon courage, & en emporter encore auec vous, & vous en aller tout ioyeux & content de ce lieu? *Phenicien.* Vrayement vous mõstrez de faire icy vn tour de Philosophe plustost que de vigneron. *Vigneron.* Auec le courtois & gentil Protesilaus ie fais tout cecy, & à son exemple. *Phenicien.* Et que pouuez vous auoir de commun auec Protesilaus si vous l'aduouez estre nay en la Thessalie? *Vigneron.* Ie parle du mary de Laodamie, car oyāt cela il s'en reioist. *Phenicien.* Mais que fait il en ces quartiers? *Vigneron.* Il y vit, & exerçons l'agriculture par ensemble. *Phenicien.* Est-il doncques resuscité, ou quoy? *Vigneron.* Il ne me racompte pas aultrement ses affaires, ny ses accidents, sinon qu'il fut mis à mort au siege de Troye pour raison d'Helene, & depuis retorna en vie en la contree de Lhtia, estant amoureux de Laodamie. *Phenicien.* Mais on le dit estre derechef mort apres auoir esté resuscité: & qu'ayant espousé vne autre féme elle seroit decedee auec luy. *Vign.* Il dit ainsi de sa part: mais desirant sçauoir comment cela aduint apres son retour, il ne me le voulust point dire, me cachant selon qu'il disoit, ie ne sçay quels secrets des Parques. Neaumoins on peult veoir encore pour le iourd'huy ses soldats gisans en la campaigne d'aultour de Troye, qui monstrent assez à leurs gestes & contenances combien ils furent belliqueux, secouans les tymbres & pennaches de leurs armets. *Phenicien.* Par Minerue ie me defieroys de cela, combien que ie desirerois qu'il fust ainsi. Mais si vous n'estes trop occupé à vostre labour, ie vous prie me racompter tout ce que vous pouuez sçauoir de Protesilaus, car ce vous sera acquerir la bien-vueillance des Heroes, si par vostre recit ie m'en pars

Vu ij

d'icy informé de leurs faicts. *Vign.* Il n'est pas encore temps d'arrouser les plantes n'estant encore que midy, joint que nous sommes en automne, ou la moisteur de la saison les humecte assez de soy: Tellemét que i'ay bon loisir de vous compter tout, & afin que telles choses si grandes & si diuines ne soient teues aux gens de bien, il vault mieux que nou-nous placiós icy en quelque endroit conuenable. *Phen.* Marchez deuant, & ie vous suyuray, fust-ce par de-là le millieu de la Thrace. *Vign.* Entrons doncques dedás la vigne, car nous y trouuerons de la recreation d'abondant. *Phen.* Allons à la bonne heure, & de faict ie ne sçay quoy de souefue odeur s'espand icy, tant de la vigne, que des arbres plantez parmy. *Vign.* Que dittes vous de souef, mais de diuin, prouenant de ces sauuageons, & des fruitages domestiques, que si vous en trouuez de ceux qui sentent ainsi bon à cause des fleurs, cueillez plustost de leurs fueilles qui rendent vne odeur tres-fragráte. *Phen.* Mais de quelles variees couleurs outre-plus est decoree ceste vostre tant plaisante possession? Combien belles & agreables sont paruenues de leurs bourres & premiers bourgeós iusques à leur parfaite maturité ces grosses grappes de raisins? & comme sont d'aultrepart bien & ordonneement plantez ces arbres icy à la ligne? Certes tout cest heritage semble respirer ie ne sçay quelle plus qu'ambrosienne haleine. Et trouue fort plaisans ces beaux promenouers qui ont esté laissez à vuidde en eus espaces, si que i'estime à vray dire, que vous ne vous occupez qu'apres ceste heureuse

Cela s'entéd des orengiers, citroniers & semblables qui fleutissent en toutes saisons.

vigne, pour y prendre voſtre ſeul plaiſir, laiſſant vne ſi grande eſtendue de terrouer inutile & vague alentour. *Vign.* A la verité ces allees me ſont ſacreſainctes: car c'eſt ou mon Heroé ſe promeine plus volontiers. *Phen.* Vous me pourrez plus à loiſir cõpter cecy apres que vous ſerez aſsis auec celuy que vous menez: mais ce temps pendant dittes moy ie vous prie, ſi ceſte poſſeſsion eſt à vous en propre, ou ſi vous la tenez à louage d'vn aultre qui en ſoit le maiſtre, & eſleuez par voſtre labeur ce qui le norriſt, ainſi qu'vn autre Ceneus d'Euripide. *Vign.* Rien ne m'eſt demeuré de tous biens que ce peu de fonds, lequel à la verité m'entretient honeſtement, tout le reſte de mes heritages m'ayant eſté oſté par des plus puiſſants, pendãt que i'eſtois encore en tutelle: & ſi c'eſt Proteſilaus qui me l'a donné, l'ayant oſté à ie ne ſçay quel eſtranger de la Cherroneſe qui le detenoit: car il luy enuoya certain phantoſme qui l'aueugla, parquoy il fut contraint de s'en departir. *Phenicien.* Vous auez certes récontré vn bon Protecteur & gardien de ceſt heritage, & n'auez à craindre qu'vn tel Patron y veillant pour vous, les loups y entrent. *Vigneron.* Vous dittes vray, car il ne permet qu'aucune beſte nuiſible ſe iette dedans, ny aux couleuures ny aux phalangrons & lezards qu'on appelle les Tarentelles: ny que le Sicophante vienne icy rodder alentour pour nous y dreſſer quelque embuſche, qui eſt la plus pernicieuſe beſte de toutes autres, car elle ruyne & proſterne tout és congregations publiques. *Phenicien.* Comment donques le permettez vous de regner, qui à ce

Le chiquaneur & harangueur publique.

que ie voy vous pouuez defendre du becq, car il me semble que vous n'estes pas du tout despourueu d'eloquence. *Vigneron.* A la verité en nos premiers ans nous faisions nostre residence en la ville, vacans à l'estude de Philosophie: ou nous auions de fort bons maistres: mais nostre faict n'alloit pas bien à la campagne, car estans contraints de nous en remettre sur des vallets, ils ne se soulcioient pas beaucoup de nous en rapporter rien au logis, de sorte qu'il nous failloit prendre à interest de l'argent sur nos heritages, ou estre oppressez de necessité. Or soulois-ie auoir pour mon conseil en toutes choses Protesilaus: mais s'estant alors indigné contre moy pour vne iuste occasion, mesmement que ie l'auois quitté pour me retirer à la ville, il se tenoit coy sans plus me vouloir donner aucun aduis ny instruction. Mais comme ie l'en eusse pressé importunement, & luy alleguasse que s'il m'esconduisoit de cela i'estois en danger de me perdre, ie changeray d'accoustrement, va-il dire, ce que ie ne compris pas a l'heure, mais y ayant pensé de plus pres, ie cogneus que parlà il me cõmandoit de cháger ma forme de viure. Au moyen dequoy m'estãt reuestu d'vne peau de chieure, & garny d'vne bonne besche, ie n'ay sceu depuis iusqu'icy retrouuer le chemin de la ville: car toutes choses m'abondent aux champs: & quand bien quelqu'vne de mes brebis s'amaladeroit, ou mes rusches à miel, ou qu'il aduinst quelque accident à vn arbre, i'vse en tout cela de Protesilaus pour mon medecin, viuant ensemblement auec luy, addonné du tout au labourage: si que de iour à aultre i'aprends de luy, & deuiens plus sage, car il y a beaucoup de sens & prudence en luy. *Phenicien.* Certes ie vous estime bien-heureux tant pour sa conuersation ainsi familiere, que pour vn tel heritage vostre: quand non seulement vous y recueillez des oliues, & des raisins, mais de la prudence & sagesse aussi, qui est diuine & immortelle: de maniere que i'estime faire tort à celle que i'apperçois estre en vous, en vous appellant vigneron. *Vigneron.* Ainsi toutesfois me nomme Protesilaus, & luy faites plaisir d'en vser de la mesme sorte: m'appellant iardinier, laboureur & semblables noms. *Phenicien.* Icy doncques il y a vne grande, & mutuelle familiarité entre vous. *Vigneron.* Ouy certes, mais à quoy l'auez vous apperceu? *Phenicien.* Par-ce que ce terrouer me semble merueilleusement delectable & plaisant, voire diuin: & si quelqu'vn venoit à y reuiure, ie ne sçay s'il le vouldroit changer pour vn aultre: car il y viuroit fort plaisamment, & sans aucun moleste ny fascherie, separé de l'importune multitude du populaire. Et de faict voyons vn peu ces beaux arbres comme la longueur du temps les a hault esleuez en l'air. Et ceste eau de fontaines & sources viues ainsi diuersifiee: Puis beuuant tantost d'vn vin odoriferāt, tātost d'vn autre & dressāt d'autrepart de belles loges & fueillees, en plaissāt les arbres pour entrelasser leurs rameaux, si qu'à peine pourroit on faire vne ghirlāde mieux cōplette d'vne prairie tout' entiere. *Vign.* Mais vous n'auez pas oy les petits oiseaux comme ils gazouillheront sur ce pré, quand le soleil viendra à s'abaisser, ou le iour à poindre. *Phenicien.* Il me semble les auoir ja oyz conuenir ensemble, mais nompas plaindre & lamenter, ains chanter seulement; & au reste si vous me voullez racompter les faits des Heroes, ie les orrois plus volontiers, ce pendant seroit-il loisible de s'asseoir icy quelque part? *Vigneron.* Mon Heroe certes le vous permet, estant tout benin comme il est, & vous receura splendidement en ces sieges. *Phenicien.* Puis qu'ainsi est ie m'en vois asseoir, & prendray fort en gré ceste courtoisie, pour oyr plus attentiuement vn discours de telle importance. *Vigneron.* Demandez doncques ce que vous vouldrez, afin que vous n'ayez occasion de dire que vouvous soyez icy embattu en vain. Car Vlisse se trouuant vne fois loin de son vaisseau tout esperdu, on dit que Mercure le vint trouuer, ou quelqu'vn de ceux qui sont enseignez de Mercure, pour luy communiquer & la forme de discourir, & l'industrie de ce faire, car il fault estimer que ce fut ce Moly qu'il luy enseigna: mais Protesilaus vous a rassasié par le compte que i'en ay fait, dont vous en pourrez demeurer plus content en vostre esprit, & plus entendu, par-ce que la cognoissance de plusieurs choses est fort à priser. *Phenicien.* Or ie ne perds point le courage, car c'est la deesse Minerue qui me guidde & conduit, si que ie comprends ce qui reste du surplus de mon songe. *Vigneron.* Qu'auez vous donc songé, car vous me faites icy vne ouuerture de ie ne sçay quoy de diuin? *Phenicien.* Voicy le trente-cinquiesme

iour

jour que ie nauigue d'Egipte & Phenice: & m'estant desembarqué en ceste Eleonte, il me sembla que ie prononçois à parmoy ces vers d'Homere, où il recite la liste des Grecs qui allerent au siege de Troye: & que ie les exhortois de monter sur mon nauire, qui estoit suffisant de les tenir tous, m'estant esueillé là dessus, ie fus saisy d'vne frayeur, parce que ie confrontois ce que i'auois veu en dormant à la lenticude de mon vaisseau & à la longueur de mon nauigage, laquelle venant conferer auecques la tardité des defuncts, ie la remettois deuant les yeux à ceux qui veullent faire diligence. Mais comme ie me voulois preualoir ainsi que de quelque presage de la signifiance de mon songe, car le vent ne me permettoit pas de faire voile, ie descendis là du Nauire, d'où m'acheminât par terre, le premier que i'ay rencontré comme vous sçauez, ç'a esté vous: & nou-nous sommes mis à deuiser de Protesilaus, toutesfois nous discourrons aussi s'il vous plaist de ce Catalogue & roole d'Heroes, parce que vous promistes d'ainsi le faire, & me les compter vn à vn comme ils s'embarquerent. Mais il vaudroit mieux premierement reciter comme ils s'assemblerent en vn endroit, & puis comme ils entrerent dans les vaisseaux. *Vigneron.* A la verité vous estes icy arriué à la bonne heure, & exposez deuement vostre vision. Poursuiuons doncques nostre propos, si d'auenture vous ne voullez alleguer que ie prenne plaisir à vous distraire de vostre songe. *Phenicien.* Ce que ie desire sçauoir vous l'entendrez tout de ce pas. Ceste fami-

Tout cecy embrouïlhé au Grec comme vn ènigme.

liere accointance à sçauoir que vous auez auec Protesilaus : & la façon dont il vint icy, ou autres telles choses vsitees aux poetes ; ou qui n'ayent esté cogneues d'eulx, qu'il ait peu entendre du faict des Troyans: tout cela de vray ie desirerois fort de l'oyr de vous. Mais quand ie dis des Troyans, i'entends par-là l'assemblee des forces Grecques qui se fit en Aulide pour passer à Troye: & ce qui concerne en particulier chaque Heroe, s'ils ont esté si beaux, si cheualeureux & si sages que les poetes chantent. Car comment sçauroit parler Protesilaus de la guerre qui se fit deuant Troye, attendu qu'il ne s'y troua pas, ayāt esté le premier de tous les Grecs mis à mort à l'instant mesme qu'ils prirent terre, & sortirét de leurs vaisseaux ? *Vigneron.* Ce seroit vne grande simplesse à vous de le croire ainsi, car à des ames ainsi diuines & bien-heureuses, le commencement de vie est quand elles sont deliurees du corps: & de faict on commance lors à cognoistre les Dieux, & estre faits participans de leur compagnie, ne s'arrestant plus apres leurs images & simulachres, ny aux doubteuses opinions qu'on en auroit, ains tout à descouuert sans aucun voile ny entremoyen conuersant auec eulx, & s'esleuant par dessus l'humaine condition, despouillez de toutes infirmitez, & de corps: & sont lors remplis d'vne science diuinatoire, dont ces ames libres sont esprises & agitees tout ainsi que de quelque esguillon bachique. Parquoy vous pouuez dire d'asseurance que quiconque aura soigneusemét examiné les poesies d'Homere, ne les aura point leu d'aultre sorte que faict Protesilaus, & selon qu'il les discerne & entend. Or deuant que Troye ne Priam fussent, il n'y auoit point d'œuures d'Homere, & iamais les faicts & gestes n'auoient encore esté redigez par escrit en vers: car tout ce qui dependoit de la Poesie estoit employé aux oracles & predictions. Et entant que concerne Hercule fils d'Alcmene, cela a esté composé puis n'agueres, n'ayant point esté en vogue au precedant. Au regard d'Homere il n'en auoit encore rien cogneu: mais Troye prise & ruynee ceux-cy alleguét que non long temps apres, ou quelques deux cens ans au plus, il se seroit addonné à faire des vers. Neaumoins Protesilaus a eu cognoissance de toutes ses œuures, & si racompte beaucoup de choses qui furent faictes deuant Troye, ayant esté engendré depuis luy. Plusieurs autres pareillement de la Grece, & de la Medie: & appelle la descente de Xerxes en Grece la tierce desolatió & ruine du genre humain, apres celles qui aduindrét du viuát de Deucalion, & de Phaeton, ou beaucoup de peuples perirent. *Phen.* Certes vous combleriez la corne d'abondance d'Amalthee, si ioissant ainsi de la compagnie d'vn qui a la notice de tant de choses, vous racóptiez tout ce que vous auez oy de luy. *Vign.* Et par Iuppiter ie ferois tort à ce Philosophe & Heroe amateur de la verité, si ie la taisois & ne l'honorois, ayant de coustume de l'appeller la mere de la vertu. *Phen.* Il me semble dés le commácement de nos propos vous auoir assez apertement declaré ce qui me trauailloit l'esprit, & vous dis encore que ie n'adioute pas

Il bat icy sur la Palingenesie ou renaissance.

11

12

X x ij

LES HEROIQVES

aisément foy aux choses fabuleuses: la cause de ceste mescroyance est, que ie ne me suis iamais rencontré auec persone qui les ait veues: car l'vn des poetes dit l'auoir ainsi apris d'vn aultre: l'autre, qu'il le pense ainsi: & cestui-cy a pris en main d'extoller vn Heroe. Mais ce qui se racompte de leur grandeur, & comme ils passoient quinze pieds de hault, i'estimerois cela estre fort plaisant à oyr. Neaumoins celuy qui les vouldra confronter auec les œuures de Nature, & à la mesure & proportion de ceux d'aujourd'huy, le reputera à vne pure menterie. *Vign.* Et depuis quand auez vous commancé à penser que cela ne fut vray semblable? *Phenicien.* Autresfois estant encore comme garçon ie croyois à la verité telles choses: & ma norrisse m'en faisoit tout plein de beaux comptes, me les entonnant aux oreilles pour m'apaiser si ie criois, par fois aussi ie ne laissois pas de braire & pleurer. Mais depuis que ie fus paruenu en adolescence, ie n'estimay plus y debuoir adiouxter foy sans quelque authorisé tesmoignage. *Vign.* Mais ce qu'on dit de Protesilaus, & comme il s'apparoist icy, ne l'auez vous iamais oy? *Phen.* Et comment l'aurois-je veu, que ce que i'en ay mesme entendu ce jourd'huy de vous, ie n'y adiouxte point de foy? *Vign.* Ie commanceray doncq mon propos par les choses anciennes lesquelles vous sont ainsi suspectes: car vous auez dit ce me semble, que vous faites doubte que les hommes fussét en ce siecle-là haults de quinze pieds. Mais comme cela soit assez notoire, exigez ce qui reste de nostre discours touchant Protesilaus,

Il fait allusion à ce qu'Homere extolle sur tout Achilles.

13

& tout ce que vou-vous vouldrez enquerir des Troyans, car i'estime que vous n'y vouldrez en rien contredire. *Phenicien.* Vous dittes bien, faisons le ainsi. *Vigneron.* J'auois vn ayeul fort instruit de la pluspart des choses que vous reuoquez en doubte, lequel disoit que le sepulchre d'Ajax fut vne fois demolly des vagues de la mer, sur le bord de laquelle il estoit dressé, & que les ossements qui y estoient monstroiēt le corps auoir esté hault de quinze pieds: car l'Empereur Adrian lors qu'il alla à Troye les fit rassembler & remettre en leur naturelle assiete & disposition, & en ayant amiablement embrassé quelques vns, fit refaire ce monument. *Phenicien.* Certes ce n'est pas sans cause si ie me defie de semblables comptes, & les tiēne pour vn peu suspects, car ce que vous me dittes icy c'est apres vostre Pere grand de qui vous l'auez apris, ou peut estre de vostre mere, ou vostre norrisse, mais de ce que vous pouuez vous mesme auoir veu, vous n'en sonnez mot, si vous ne dittes d'auēture ce que vous auez peu entendre de la bouche de Protesilaus. *Vigneron.* Si i'estois vn faiseur de comptes au iour la iournee, ie vous alleguerois icy le corps d'Orestes que les Lacedemoniens trouuerent en la Nemee de dix à douze pieds de long. Et cest autre qui long temps auparauant auoit esté enseuely en la Lydie dans vn cheual de Bronze, la terre par vn tremblement ayāt esté lors entr'ouuerte, ce cheual se manifesta, chose que les Pastres du Roy trouuerent estrange auec lesquels Gyges seruoit aussi Salarié aux despens du Roy. Ce Cheual au reste estoit creux, &

14

Herodote en sa Clio Pausanias és Laconiques & Philostrate au tableau de la norriture d'Achille & celuy de Rhodogune.

auoit de chaque costé des fenestres, par ou estants entrez dedans, ils trouuerent vn corps humain si grand qu'il ne sembloit point estre d'homme, que si l'on ne veult adiouster foy à cela attendu la longueur du temps, ie ne sçay si vous aurez quelque chose à contredire sur-ce qui est aduenu du nostre. Car le long du bord du fleuue Orontes en Assyrie, qui s'estoit fédu, le corps d'Ariadné, (les vns le font estre Ethiopien, les autres Indien) ayant quarante cinq pieds d'estendue, ne s'y est-il pas manifesté puis n'agueres? Ceste mer oultre-plus qui est au bout du cap de Sygee, il y a quelques cinquante ans exposa en veue le corps d'vn geant, lequel combattat pour les Troyans contre Apollon, l'on disoit auoir par luy esté mis à mort. Or estant vne fois abordé en ceste plage de Sigee, ie sceus au vray ce qui y estoit aduenu, & de quelle grandeur estoit ce geant, pour lequel veoir la plus grand'part de l'Hellesponte, & de la coste de l'Ionie, & des Isles circonuoisines, & de tout l'Eolique nauiguerent là, où il demeura plus de deux mois sur-ce promontoire tout à descouuert, apprestant aux vns & aux aultres diuerses occasions de discours, car le temps n'auoit pas encore manifesté qui c'estoit. *Phenicien.* Vous direz doncq par mesme moyen quelque chose aussi de sa grandeur, & de la proportion de ses membres. Et des serpents qu'on dit auoir esté engendrez des geants, dont les Peintres en attribuent sept à Enceladus, & à ceux qui sont alentour de luy. *Vigneron.* Quant à ceux là on les deburoit certes tenir pour monstrueux, comme s'éstans accouplez aux beſtes bruttes, mais il y en auoit ie neſçay quel en Sigee, long de plus de trente trois pieds, eſtendu au creux d'vn rocher, la teſte tornee deuers la terre, & les pieds s'allans terminer au dernier bout du Promontoire, neaumoins nous n'y peuſmes apperceuoir aucunes marques de ſerpents entour luy: les oſſemens au reſte ne differans comme en rien de ceux des hommes naturels. D'auantage Hymnee Peripateticien auquel ie ſuis joint d'vn eſtroit lien d'amitié, il y a enuiron quatre ans enuoya icy deuers moy l'vn de ſes enfans, pour s'informer par mon entremiſe & addreſſe de Proteſilaus d'vn pareil monſtre: car en l'Iſle de Cos que ceſt Hymnee poſſede preſque luy tout ſeul, il aduint que faiſant fouyr à ſes vignes, la terre vint à rendre vn ſon cas aux oreilles des manouuriers, comme ſi elle euſt eſté creuſe au deſſoubs, & l'ayant acheué de perſer, ils trouuerent vn corps mort de dixhuict pieds de long, en la teſte duquel, là ou elle eſt couuerte de cheueux s'eſtoit entortillé vn ſerpent qui l'occupoit toute: & ce ieune homme eſtoit venu tout expres pour ſçauoir ce qu'on en debuoit faire. A quoy Proteſilaus fit reſponce, couurons mon enfant ce pauure eſtranger, ordonnant par-là d'enſeuelir ce corps ſans le deterrer plus auant: il nous dit de plus que c'eſtoit vn des Geants que Iuppiter fouldroia jadis. Mais celuy qui fut veu en Lemnos, trouué par Menecrates Styrien eſtoit merueilleuſement grand, & le vis l'an paſſé, y ayant fait voile d'Imbros: Toutesfois il ne me ſembla pas d'arriuee ſi grand, parce que les ossemens ne tenoient plus les vns aux autres, ains ses vertebres estoient chacune endroit soy separees & disjointes, cela estant arriué à mon aduis par les croullemens de la terre. Les costes estoient semblablement diuisees à part de l'eschine : mais à prendre le tout ensemble, la grandeur m'en sembloit estrange & malaisee à exprimer : car ayans versé du vin dans son test, nous ne le peusmes remplir du tout auec soixante douze peintes candiottes. Or il y a vn promontoire en l'isle d'Imbros, exposé au vent Daual, ou les vaisseaux peuuent surgir, auec vne fontaine ioignant, laquelle rend Eunuques & impuissants à engendrer tous les animaux masles qui en boiuent, & enhyure les femelles de sorte qu'elles s'endorment tout soudain. Là vn gros pan de terrein s'estant esboullé du promontoire desbrisa le corps d'vn fort grand Geant : que si vous ne m'en voulez croire nauiguez y : car il s'y peult veoir encore tout estendu, & le chemin d'icy la est fort court. *Phenicien.* Ie desirerois certes fort volontiers aller iusqu'au delà de l'Ocean pour rencontrer vne telle merueille si elle y estoit, mais mon trafficq ne me permet pas de l'abandonner, ains nous fault assubiectir à nostre vaisseau, & y demeurer attachez, tout ainsi qu'Vlisses au sien pour ne se laisser aller aux Seraines : que si nous le faisons autrement, tout perira comme l'on dit, tant à la prouë comme à la pouppe. *Vigneron.* A la verité tout cecy est bien dit de vous, mais n'adioutez point de foy si bonne vous semble à rien de ce que ie vous aie dit, premier que d'auoir nauigué à Cos, là là où les ossements de ceux qui furent engendrez de la terre se peuuent veoir tous estendus, qu'on appelle les Meropes ou premiers hômes : & en Phrygie ceux d'Hyllus fils d'Hercules: voire par Iuppiter en la Thessalie mesmes des Aloïdes, qui pour vray comprennent neuf iournaux de terre, & ainsi le racomptent les Poëtes. Les Neapolitains d'aultre part habituez en Italie ont fait ceux d'Alcyoneus d'vne merueilleuse grandeur, & alleguent qu'il y eut là plusieurs Geants qui furent fouldroyez de Iuppiter, & tous ars au mont Besbien. Pareillement en Pallené que les Poëtes appellent *Phlegra*, la terre a en sa possessiõ plusieurs autres tels corps de Geants qui se camperent là endroit pour batailler contre les dieux, dont les lauasses de pluyes, & les tremblements de terre en ont manifesté la pluspart : mais il n'y a pasteur qui y ose bonnement demeurer sur le midy pour le bruit & grand tintamarre qu'y font leurs phantosmes qui y apparoissent, tous forcenez comme s'ils estoient chassez des furies. Or de mescroire telles choses parauenture qu'on l'eust bien peu du temps d'Hercule, lequel ayant tué Geryon en Erythee, afin qu'on le dit s'estre attaqué à vn homme d'vne telle enorme grandeur, & que personne ne voulust plus faire de doubte de leur combat, en mit les os en l'Olympe. *Phen.* Ie vous estime bien-heureux certes d'estre ainsi versé és histoires. Quant à moy i'estois ignorant de ces grãdes choses, & m'en deffiois en mon gros & rural lourdois, mais pour le regard de Protesilaüs, & comment cest af-

Yy

faire va, ie desire fort de l'entendre, car il est desormais temps d'y venir. *Vign.* Escoutez doncq ce qu'il s'en dit digne de foy.

ANNOTATION.

1 IE SVIS Phenicien. *La Phenice est vne region de Surie, proche de la Palestine, dont les principales villes anciennement estoient Tyr & Sydon, maintenant Sur & Said, l'vne & l'autre sur le bord de la mer, comme le reste de la Phenice qui est presque toute maritime, si qu'ils furent de tout temps grands nauigateurs, selon Pline liure 5. chapitre 12. où il leur attribue l'inuention des lettres, & de l'obseruation des estoilles, auecques l'art de nauiger, ce qui fait à nostre propos:* Ipsa gens Phœnicum in gloria magna litterarum inuentionis, & syderum, naualiúmque ac bellicarum artium.

2 VOVS vous monstrez Ionien à la lógue robbe que vous portez. *Ionie est vne region de la petite Asie, entre Carie & Eolide, anciennemēt fort voluptueuse, tant pour la benigne clemēce de l'air, que pour la fertilité de la terre qui y produisoit toutes choses plus qu'à souhait, oultre les aultres delicatesses & commoditez qui leur estoient aportees de dehors par la mer. Elle fut ainsi appellee des Ioniens peuple de Grece qui y passerent, & y fonderent douze belles grandes citez, dix en terre ferme, à sçauoir Milet, la ville capitale, Myus, Priené, Ephese, Colophon, Lebede, Teos, Clazomene, Phocee, & Erythree: & deux és Isles, Scio, & Samos. Strabon 14. Pline 29. De là est venu le langage ou la dialecte Ionique au Grec, & l'ordre Ionique en l'Architecture.*

3 SYBARIS de l'Ionie. *Il dit cela à la difference d'vne aultre ville du mesme nom, qui fut edifiee en la grande Grece ou Calabre par les Grecs qui apres la destruction de Troye furent iettez par fortune de mer en ceste coste d'Italie, & monta depuis ceste ville à vn tel pouuoir & orgueil, qu'elle arma bien pour vne fois trois cens mille combattans en la guerre contre les Brotoniates, qui ne laisserent pour tout cela de les defaire tout à plat, selon que met Strabon au sixiesme liure, comme gens delicats & effeminez qu'ils estoient sur tous aultres peuples, & raserent leur ville à fleur de terre. De ceste Sybaris de l'Asie, il en est fort peu de mention nulle part, si ce n'estoit d'auenture qu'on y voulust approprier ce lieu icy de Suydas. Les Sybaritiens furent si delicats & voluptueux qu'ils addresserent leurs cheuaux à se manier au son*

des fluttes & hault-bois ; & des estrangers prisoient sur tous aultres les Ioniens, & Tyrrheniens, pour raison que ceux-cy de tous les barbares, & ceux-là des Grecs, leur estoient le plus consemblables en delices & voluptez.

ET auez establi vne aultre Ourse au ciel, &c. Il y a deux astres vers le pol arctique, dits la grande & la petite Ourse dont les fables sont assez cognues. Car Iuppiter ayant engrossé Callisto fille de Lycaon Roy d'Arcadie, laquelle estoit l'vne des Nymphes fauorites de Diane, vn iour comme elles se fussent despouillees toutes nues selon leur coustume pour se baigner en vne fontaine, sa grossesse fut descouuerte, & elle tout à l'instant bannie de la compagnie de la deesse : si que s'en allant vagabonde desolee parmy les bois, elle y enfanta Arcas qui donna nom à l'Arcadie auparauant appellee la Pelasgie. Iunon esprise de ialousie la conuertit bien tost apres en vne Ourse, que Diane tua à coups de flesches, & Iuppiter la translata au ciel, où elle est autrement ditte Helicé, par laquelle, auant que l'vsage fust trouué de la Calamité, c'est ceste pierre d'aymant dont on frotte les esguilles à nauiguer qui tousiours se tornent au nort, les Grecs souloient se conduire de nuict sur la mer, ainsi que l'a touché Properce au 2. de ses Elegies :

Callisto Arcadios errauerat vrsa per agros
Hæc nocturna suo sydere vela regit.

La petite Ourse ditte Cynosura fut l'vne des sept Nymphes Ideennes nourrices de Iuppiter en Crete, qui pour recompense de ce benefice les translata aussi au ciel en vn astre composé de sept estoilles : & par ceste-cy se gouuernoient les Sydoniens, & autres nauigateurs de Phenice dont elle prist le mesme nom, selon Hyginus au 2. des signes celestes. Ouide aussi au 3. des Tristes.

Esse duas Arctos, quarum Cynosura petatur
Sidoniis. Helicen Graïa carina notat.

Et en vn autre endroit.

Magna, minórque feræ, quarum regit altera Graias,
Altera Sidonias (vtráque sicca rates.)

Il les appelle seches, pource qu'elles ne se couchent point dans la mer, ains demeurent tousiours sur nostre herizon ; & ce, selon le mesme Hyginus, pource que Thetis qui auoit esté nourrice de Iunon, ne les y veult point receuoir, ny laisser mouiller dans ses Ondes. Manil plus à plein au premier de son Astronomique.

Summa tenent axis miseris notissima nautis
Signa per immensum cupidos ducentia pontum,
Maiorémque Helicen maior decercinet arctos,
Septem illam stellæ certantes lumine signant,
Qua duce per fluctus Graiæ dant vela carinæ.
Angusto Cynosura breuis torquetur in orbe.
Tam spatio quàm luce minor, sed indice vincit
Maiorem Tyrio.

C'est ce à quoy veult battre icy Philostrate.

Av trafficq vous estes de grands Arabes & Coursaires. *Strabon au 15. Quelques vns diuisent toute la Surie és Cælosyriens, & Pheniciens, & alleguent quatre nations y entremeslees & comprises, les Iuifs, les Idumeens, Gazeens, & Azotiens, les Syriens au reste sont bons laboureurs, & les Pheniciens grands trafficqueurs.*

5 Comme souloit faire Maron. *Cecy est tiré d'Homere au 9. de l'Odissee, & esclarcy cy deuant au tableau des Tyrrheniens.*

6 S'il y a des Cyclopes que la terre nourrisse sans rien faire. *Pris pareillement du lieu preallegué d'Homere, & touché au tableau du Cyclope.*

7 I'achepte vn bœuf auec du bled, & vn mouton auec du vin, *d'Homere aussi au 7. de l'Iliade, où il traicte les permutations, le denier n'ayant point encore de cours, ou fort peu:* Νῆες δ' ἐκ λήμνοιο παρέσασαν οἶνον ἄγουσαι, *&c. Force nauires venoient de Lemnos chargees de vin, que les Grecs acheptoient en eschange, les vns de cuyure, les autres de fer, quelques vns de peaux, & les autres de bœufs & esclaues. A ce propos Aristote au premier des Politiques. La permutation fut introduitte du commencement parmy les personnes, daultant qu'elle est selon nature, car les vns ayans plus d'vne chose qu'il ne leur failloit, & les autres moins : pour reduire cela à vne egalité, il estoit besoin de trouuer l'expedient de la permutation, ainsi que font encore quelques nations estrangeres, donnás & receuans en contreschange vne chose pour l'autre. Pausanias en ses Laconiques:* En Lacedemone ioignant ceste rue sont les Bootenes, aultresfois le palais du Roy Polydore, apres le decez duquel on l'achepta de sa femme donnant

des bœufs en payement: car il n'y auoit point encore de Monnoye d'or ny d'argent, ains suyuant la coustume ancienne ils donnoient en contreschange quelques denrees, des bœufs, des esclaues, de l'argent aussi, & de l'or en lingot. *Et Pline derechef liu.33.chap.prem.* O combiē plus estoit heureux le siecle d'alors où les choses s'eschāgeoient l'vne pour l'autre, selon qu'il fault croire à Homere qu'on faisoit au siege de Troye: car par ce moyen furent inuentees à mon aduis, les compagnies & associations des hommes, afin de pouuoir viure par le moyen des commoditez les vns des aultres. *Il nous suffist d'amener icy ces passages: car d'en discourir plus-auant cela requerroit vn volume entier.*

C A R il fault estimer que ce fut ce Moly que luy enseigna Mercure. *Cecy est encore pris du 10. de l'Odissee, qu'Vlisses estant de fortune arriué par mer és quartiers de Circé, comme quelques vns des siens qu'il auoit enuoyé vers elle en eussent esté transmuez en bestes, & retenus en des estables, & qu'il voulust aller apres, Mercure le vint aduertir du faict, & luy donna vn preseruatif pour se garentir de ses charmes & sorcelleries, vne herbe à sçauoir dont il luy moustra la vertu & l'vsage, ayāt la racine noire, & la fleur blanche comme laict que les Dieux appelloient Moly, (Διὰ τὸ μωλύειν τὰς νόσοις,) de soullager les douleurs & les maladies. Ouide au 14. des Metamorphoses:* 8

Pacifer huic dederat florem Cyllenius Album,
 Moly vocant superi, nigra radice tenetur.
Et le reste, qui est presque de mot à mot emprunté d'Homere; lequel poursuit, que ceste herbe là est malaisee aux mortels à arracher de la terre. Pline 25.chap.4. La plus excellente de toutes les herbes au tesmoignage d'Homere, est celle qu'il estime estre des Dieux appellee Moly, dont il attribue l'inuention à Mercure, & la monstre estre d'vne souueraine efficace contre tous les sortileges & enchantemens. On dist qu'elle naist pour le iourd'huy aupres de Phenee ville d'Arcadie, & au mont Cyllené, de la mesme sorte qu'il la descript, ayant la racine rondē & noirastre, de la grandeur des cōmuns oignons: & la fueille comme vne eschallotte; qu'on l'arrache au reste fort malaisément hors de terre. Les autheurs Grecs depeignent la fleur iaunastre, combien qu'Homere la dise estre blanche:

Y y iiij

mais i'ay apris des plus pratiques Herboristes qu'elle croist aussi en Italie: & m'en fut aportee vne de la terre de Lauour, qui auoit auec vne tresgrande difficulté esté tiree d'entre les pierres & rochers, ayant la racine longue de trente pieds, encore n'estoit elle pas toute entiere ains entrerompuë. Au 9. chapitre, encore il la dit auoir fort grande vertu contre les arts magiques: comme fait aussi Suidas qui la prend pour la ruë sauuage, laquelle, ce dit-il, a vne grande proprieté contre les charmes & empoisonnemens. Mais Pline liu.22.chap.31.parle d'vn autre Moly ou Halycacabut, qui endort mortellement comme l'Opion. Philostrate l'interprete icy pour la Prudence: les autres pour la vertu, dont les commencemens sont noirs & fascheux: & les fleurs & fruicts qui s'en produisent blancs, celebres, & agreables.

9 M'estant desembarqué en ceste Eleonte. C'est vne ville de la Thrace sur le dernier bout de la Chersonese qu'on appelle Eolium, ce dit Pline liu.4.chap.11. Turris & delubrum Protesilai, & in extrema Cherronensi fronte quæ vocatur Æolium, oppidum Æleus. Et Pausanias és attiques, met que la ville d'Elee au Cheronese estoit dediee à Protesilaüs. Hyginus liure 2. des signes celestes, chap. de l'Hydre, apres Philarius racompte vne belle & plaisante histoire, laquelle nonobstant qu'elle soit aucunement hors de ce propos, toutesfois pour y estre comme annexee nous l'auons iugé meriter d'estre inseree en ces recueils nostres. Au Chersonese Limitrophe de Troye, où plusieurs ont dict estre le sepulchre de Protesilaüs, il y a vne ville appellee Phlaguse, où durant qu'vn nommé Demiphon commandoit il aduint vne calamité & ruïne merueilleuse des habitans qui se mouroient tous les iours à taz, sans sçauoir la cause, au moyen dequoy Demiphon enuoya à l'Oracle d'Apollon en Delphes pour auoir conseil là dessus: & il leur fut ordonné d'immoller tous les ans aux Dieux Tutelaires patrons du lieu, vne fille vierge de noble race, de maniere que toutes celles des plus apparentes maisons auoient desia passé le pas chacune à son tour selon qu'il aduenoit au sort, horsmis les siennes, qui n'y auoient point encore esté cõprises, iusques à ce qu'il vint au rang d'vn des plus grands nommé Mastusius, qui refusa tout à plat de soubsmettre la sienne à ce hazard, si celles de Demiphon ne venoiët en ieu:

lequel indigné de cela la fit immoler sans aultrement iecter au sort. Le pere le dissimula pour l'heure, alleguât de n'auoir occasion de se plaindre, puis que c'estoit pour le salut publique; neaumoins qu'il l'eust porté moins à regret, si cela fust passé par la voye ordinaire. Et sceut si bien se contrefaire que le Roy le mit en oubliance peu à peu, estimant que Mastusius l'auroit fait aussi de sa part. Mais quelque temps apres il inuita Demiphon & ses filles à vn sien solennel sacrifice & festin, où les ayant enuoyees deuant pendant qu'il vuidderoit quelques affaires, Mastusius les fit massacrer, & mesler leur sang auec du vin qu'il presenta à Demiphon, & luy confessa tout l'affaire. Demiphon le fit à l'instant iecter en la mer auec la couppe où il auoit beu; dont la mer fut depuis appellee la Mastusienne, & le port la couppe: que les anciens Astrologues ont figuré par vn nombre d'estoilles là hault au ciel en vn astre du mesme nom, pour seruir d'admonestement aux mortels de ne faire iniustice ne tort à personne: ou s'il'on en fait chercher de le reparer, ou de se tenir sur ses gardes, deuant penser que ceux qui auront receu l'oultrage ne le vouldront mettre en oubly.

Comment pourroit parler Protesilaüs de la guerre de Troye, attendu qu'il fut le premier de tous les Grecs mis à mort quand ils prindrent terre en Phrygie? *Il fut fils d'Iphicle, fils d'Amphytrion & d'Almene, & enfanté quant & Hercules qu'elle auoit conceu de Iuppiter. Hyginus chap. 103. l'appelle Iolaüs fils d'Iphicle & Diomedee: & alla auec les aultres Princes Grecs à la guerre de Troye, accompagné de quarante nauires toutes frettees à ses despens, comme met Homere au Catalogue & liste des forces nauales au 2. de l'Iliade. Et encore qu'il eust esté admonnesté de l'Oracle que s'il y alloit, il seroit sans doubte le premier de tous mis à mort descendant en terre, il ne peut ou bien ne voulut euiter son fatal destin, si qu'Hector le tua de sa main au sortir de son vaisseau: comme le tesmoigne aussi Ouide au 12. des Metamorphoses.*

    Hostis adest, prohibéntque aditus, littúsque tuentur,
    Troyes, & Hectorea primus fataliter hasta
    Protesilae, cadis.

Toutesfois Dicte de Crete met que ce fut Eneas, non Hector. Sa femme

Laodamie fille d'Acaste, qu'Homere appelle Philacé, aduertie de ce desastre requist aux dieux, que pour tout le soulagement de ses maulx, il leur pleust luy permettre de deuiser auecques luy seulement trois heures, ce qu'ayant imperré, & Mercure le luy ayant amené, les trois heures passees Protesilaüs expiré derechef elle ne peut supporter sa douleur, ains alla apres. Philostrate au reste fait icy ie ne sçay quelle palingenesie & reuiuiscence de Protesilaüs en vn corps spiritualisé, suyuant ce qu'allegue Plutarque du Poëte Hesiode en la cessation des Oracles: lequel mettoit quatre manieres de natures qui participent du discours de raison: les Dieux, les Demons, les demy-dieux, & les hommes par ce que les Heroës, ce dit-il, sont du nombre des demy-dieux. Et là dessus quelques vns alleguent qu'il se fait mutation des corps aussi bien que des ames, car ny plus ny moins que de la terre s'engendre l'eau: de l'eau l'air: & de l'air le feu; de mesme les bonnes ames prennent aussi mutation, se tornans d'hommes en demy-dieux, & de demy dieux en Demons, & de Demons finablement viennent à participer de la diuinité. Mais ceux qui ne se peuuent pas contenir, ains se laissent aller, & s'enueloupent de rechef de corps mortels & corruptibles, ils viuent d'vne vie sombre & obscure, comme d'vne caligineuse fumee.

11 Et appelle la descente de Xerxes en Grece, la tierce ruine du genre humain, apres celle de Phaëton, & Deucalion. Ceste entreprise & voyage de Xerxes en Grece auec dixsept cens mille combattans est descripte bien amplement par Herodote, & assez d'autres: ce qui arriua enuiron l'an du monde 3480. & de la fondation de Rome quelques 270. Quant aux deux aultres accidents, l'vn de feu & l'autre d'eau, à l'exemple, comme mettent les Philosophes & Medecins, qui constituent deux manieres de desinemens naturels de l'homme, si sa vie n'est preuenuë par des accidens, l'vn par les fiebures & ardeurs qui deuorent la chaleur radicale, l'autre par des suffocations & estouffemens de catherres, le premier doncques de ces deux accidents au monde qui est le grãd homme, car il y a vne Analogie de l'vn à l'autre, fut quant au feu soubs Phaëton Roy d'Ethiopie du temps d'Abraham, ou peu apres, lequel s'estãt acheminé en Italie pour la conquerir, tout-plein de lieux s'y embraserent, comme le mont Vesuue pres Naples, & celuy d'Ethna en Sicile, & assez d'autres, voire vne grande portion de la terre & du ciel, si l'on s'en veult rapporter aux Poëtes, qui s'estendent là dessus à infinies fictions, Ouide mesme entre les aultres au second des Metamorphoses. Mais Pline liu. 37. chap. 2

chapitre 2. apres Theophraste le dit estre decedé en l'Æthiopie d'Ammon. Au regard de Deucalion fils de Promethee, ce fut vn autre accident tout contraire, à sçauoir vn deluge & inondation d'eaux, qui submergea vne portion de la terre, quelques 700. tant d'ans apres l'vniuerselle de Noé, & mesmement la Thessalie, dont luy & sa femme Pyrrha s'estans sauuez dans vne nasselle sur le mont de Parnasse, apres que les eaux se furent escoulées & rassises, ils allerent au conseil à l'Oracle de la Deesse Themis, pour sçauoir comme ils pourroient restaurer le genre humain, qui leur ordonna de s'en retourner, iettans derriere eux les ossements de leur grand' mere, ce qu'ils interpreterent pour les cailloux, qui sont comme les os de la terre mere commune, & ils se conuertirent à sçauoir ceux de Deucalion en hommes, & de Pyrrha en femmes.

Vous combleriez la corne d'Amathee. Comme Saturne deuoroit tous les enfans que luy procreoit sa femme Rhea tout aussi tost qu'ils estoient naiz, pour en garentir Iuppiter elle trouua le moyen de le destourner: & en lieu de luy emmaillotta dedans des langes vne grosse pierre qu'il aualla sans y penser. Cependant Iuppiter ayant esté alaicté par vne chieure ditte Amalthee, luy memoratif de ce bien-faict la translata au ciel auec ses cheureaux, & remplit ses cornes d'vne abondance de tous fruitages, dont seroit venu depuis le nom de Cornucopie, les autres alleguent que ce fut la corne qu'Hercules rompit à Acheloüs, lors qu'il le combattit pour l'amour de Deianire: & que les Nymphes Naiades l'ayant recueillie la remplirent de fleurs & de fruicts, selon Ouide au neufiesme des Metamorphoses.

--Rigidum fera dextera cornu
Dum tenet infregit, truncáque à fronte reuellit.
Naiades hoc pomis, & odoro flore repletum
Sacrarunt, diuésque illo bona copia cornu est.

Ce qui se recite de leur grandeur, & comme ils passoient quinze pieds de hault. Il y a eu deux choses aucunement en controuerse & de longuemain, si les hommes du premier siecle ne viuoient pas trop plus longuement que ceux qui sont venus depuis, mesmement apres le deluge, comme si ceste inondation vniuerselle eust emporté auec soy la plus-grand part de la force & duree de la vie humaine, ainsi que seroit vne grosse lauasse de pluyes le limon & gresse de la terre estant au pied d'vne colline dedans vn Arride & pierreux torrent subiacent. Mais de ce doubte le plus seur est de nous esclarcir & resouldre du texte de l'escripture saincte. L'autre, s'ils estoient de plus grand stature sans comparaison que nous ne sommes maintenant. Virgile au 12. de l'Eneide monstre se vouloir mocquer de ce qu'on disoit à propos de ce dont il est icy question, de ceste grandeur des anciens Heroës, d'autant qu'il ne s'en trouvoit plus de tels du temps d'Homere, qui toutesfois ne vint que six ou sept vingts ans apres, Nam genus hoc viuo iam decrepebat Homero, Pausanias au dixiesme liure alleguant ces vers de l'onziesme de l'Odissee.

Καὶ Τιτυὸν εἶδον γαίης ἐρικυδέος υἱόν.

Κείμενον ἐν δαπέδῳ, ὁ δ' ἐπ' ἐννεάκειτο πέλεθρα.

Qu'Vlisse vit es enfers le corps de Tytius fils de la terre estendu de son long, qui contenoit neuf Iugeres ou iournaux de terre. Met que ce n'estoit pas du corps qu'Homere vouloit entendre, ains du pourpris où il estoit enseuely. Ce neaumoins (adiouste-il) vn Cleon Magnesien qui a escript des choses exorbitantes, dit que ceux-là sont tardifs à croire, qui en leur vie n'ont point veu de choses plus grandes que n'est l'opinion commune, & que quant à luy il croit Tityus auoir esté aussi grand que ces neuf iournaux, & d'autres encore, qui furent produits tels que le bruit en est: car estant à Gadyres, c'est l'isle des Gades vers le destroit de Gilbaltar, luy & tout le surplus de leur compagnie par le commandement d'Hercules en estans sortis, ils trouuerent vn homme Marin iecté à bord, lequel contenoit cinq Iugeres, & ayant esté frappé de la fouldre fumoit encore. Or en cest endroict se presente encore vn autre incident, des Geants à sçauoir qui estoient d'vne extraordinaire grandeur oultre la commune taille des hommes: dequoy il en a esté amené ie ne sçay quoy au tableau de Midas, de ceste engeance des Geants que trouua és Indes Fernand de Magallanes Portugais il n'y a que 60. ou 70. ans: mais nous en auons tout plein de tesmoignages en l'escripture, comme au sixiesme de Genese. Il y auoit lors des Geants en la terre. Et au treiziesme des Nombres, des enfans d'Enoch qui estoient en Hebron, que le texte Hebrieu appelle Nephilim, & Ontelos en son Thurgon ou Paraphrase Chaldaïque a interpreté pour Geants: lequel mot de Nephilim, vient de Naphal tomber, pource que pour leur enorme procerité & haulteur, il semble que les autres en comparaison d'eux, soient prosternez par terre, tant ils semblent petits, & non pas comme l'ont voulu gloser quelques vns, que par là estoient designez les mauuais

Anges qui tomberent du ciel, lesquels disent-ils, du temps de Noé se mirent à parcourir la terre, où ils se meslerent auec les filles des hommes, & espoississans leurs corps aerez, y engendrerent les Geants. Ce que touche assez apertement Lactance liu. 2. de la source d'erreur chap. 15. disant ainsi.

Comme le nombre des viuants se fust accreu, Dieu voulant pouruoir que le diable par ses fraudes & deceptions, à qui dés le commencement il auoit donné pouuoir sur la terre, ne vinst à corrompre les hommes, ou les disperser, il enuoya des Anges pour la garde du genre humain, ausquels pource qu'il leur auoit laissé le liberal arbitre, il ordonna sur toutes choses de se donner de garde, que s'infectans de la contagion de la terre ils ne perdissent la dignité de la substance celeste, ores qu'il preueust assez qu'ils ne lairroiēt pas pour cela de faire ce qu'il leur defendoit: mais c'estoit afin qu'ils ne s'attendissent plus d'en auoir pardon. Au moyen dequoy conuersans auec les hommes, ce seducteur & dominateur de la terre, par vne accoustumance les tira peu à peu aux vices, & les coinquina de l'accoinctance des femmes mortelles, si que pour raison des pechez où ils se plongerent, n'ayans plus esté receuz au ciel, ils vindrent tresbucher en la terre: & ainsi le diable, des Anges de Dieu en fit ses ministres & satellites. Ceux au reste qui s'en procreurent pour-aultant qu'ils n'estoient ny Anges ny Dieux, ains participans d'vne moyenne nature, ne furent point receus és enfers nomplus que leurs progeniteurs, au ciel: tellement que de là furent faits deux especes de Demons, l'vne celeste, l'autre terrestre. *Or ie ne veux pas faire la maille bonne de ce texte icy de Lactance, qui parauenture pourroit estre de ceux que l'Eglise Catholique a censuré: car il y a ie ne sçay quoy fort aprochant de çecy dans la doctrine Mahometaine, de ces deux Anges* Aroth & Maroth, *qui ayans esté enuoyez de Dieu pour venir administrer la justice icy bas, se laisserent corrompre par vne femme belle à merueilles, laquelle ayant procez contre son mary, les gaigna leur ayant fait boire du vin, dont depuis il fut defendu aux mortels: mais ie ne fais qu'alleguer les authoritez des anciens, de quelque religion qu'ils soient, puis qu'il n'est pas icy question de foy & creance, ains de l'humanité du paganisme, qui n'a rien de commun auec ce que nous deuons croire & tenir.*

Z z ij

Pour retorner doncq à nostre propos, ce que remarque Pausanias en ses Arcadiques apres Homere au 7. de l'Odissee semble battre à ce que dessus, quand Alcinous Roy des Pheaciens, dit qu'ils aprochoient fort, ainsi que les Cyclopes, & les Geants, des dieux immortels:

ἐπεὶ σφίσιν ἐγγύθεν εἰμέν.

Ὥς περ Κύκλωπές τε καὶ ἄγρια φῦλα Γιγάντων.

Et au 10. ensuyuant que les Lestrigons estoient semblables à des Geants, & non à des hommes, οὐκ ἀνδράσιν ἐοικότες, ἀλλὰ γίγασι. Ce neantmoins il les fait estre mortels au 7. parlant d'Eurymedon fils de Neptune, & de la belle Leribee, lequel regnoit iadis sur les Geants, mais par son imprudence il fut cause de leur ruine, & se perdit auecques eux.

Ὅς ποθ' ὑπερθύμοισι Γιγάντεσσιν βασίλευεν.

Ἀλλ' ὁ μὲν ὤλεσε λαὸν ἀτάσθαλον ὤλετο δ' αὐτός.

Suidas en la diction μιμᾶς, met que du temps de l'Empereur Anastase à Constantinople enuiron l'an de salut 500. tant d'ans, comme on nettoioit l'Eglise de sainct Menas, furent trouuez en vne grande fosse soubs terre grande quantité d'os de Geants, qu'il fit pendre pour chose admirable en son Palais.

14 LE sepulchre d'Aiax fut vne fois desmolly par les vagues. *Pausanias en ses Attiques.* Vn Mysien me compta la grandeur d'Aiax. Que la mer s'estant desbordee & espanduë sur le riuage où estoit le sepulchre d'Aiax, elle y entama vne entree & aduenuë non malaisee, & me voulant representer la grandeur de son corps taschoit de me la proportionner en accomparant l'emboiteure de ses genoils, qu'on appelle aultrement la meulle à vn disque ou platteau dont les ieunes gens s'exerçoient és ieux Olympiques. Ceste placque ou disque qui estoit de fer, & la iectoient comme nous faisons la pierre ou la barre, pouuoit estre à pair d'vn pain bis de trois sols en bon temps, plus plat que hault esleué. Et vn peu au dessoubs il met que le corps d'Asterie fils d'Anaise, qu'on disoit auoir esté engendré de la terre; n'auoit pas moins de dix couldees qui sont quinze pieds.

15 LE long de la barge du fleuue Orontes fut trouué le corps d'Ariadné, &c. *Pausanias és Arcadiques le racompte d'vne aultre sorte aucunement.* Orontes, dit-il, est vn des fleues de Surie, lequel ne se va pas rendre en la mer à trauers vne plaine continuee, ains passe par vn hault precipice de rocher,

& de là entre dans des vallons & baricaues. Sur ce fleuue le capitaine general de l'armee Romaine ayant eu quelque volonté de nauiguer en contremont depuis la mer iusqu'à Antioche, fit creuser auec beaucoup de trauail, & de fraiz pour s'en retorner, vn canal où il destorna l'eau du fleuue, au fonds duquel estant mis à sec fut trouuee vne vrne de terre cuitte d'enuiron dixsept pieds de hault, & en icelle vn corps mort de la mesme grandeur, qu'on voyoit bien à tous ses membres estre d'vn homme. Là dessus ayant enuoyé des gens du pays à l'Oracle pour sçauoir de qui c'estoit, Apollon Clarien fit responce, que d'Orontes Indien de nation, car il est à croire par les animaux mesmes d'vne grandeur excessiue sur tous les autres que produist ceste region, qu'il n'y en a point de plus propre aultre-part à porter des hommes grands oultre-mesure: comme celle qui est fort humide de son naturel, & où le soleil desploye ses premiers & plus vigoreux rayons quand il ressort de l'Ocean pour recommencer sa iournee.

Des Serpents qu'on dit auoir esté engédrez des Geants, dont les Peintres en attribuent sept à Enceladus. *Les Poëtes feignent que les Geants furent procreez iadis de la terre, d'vne stature & grandeur enorme, ayant les pieds façonnez à guise de serpents ou couleuures, pour faire la guerre aux dieux, & les desnicher de l'Olympe, où ils viuoient, ce disoient ils, trop à leur aise: si que Macrobe liure 1. des Saturnales chapitre 20. allegorisant là dessus, estime les Geants n'auoir esté autre chose qu'vne race de gens impies & detestables atheistes, nians les dieux, & ne se souciant de leur deité & pouuoir: au moyen dequoy on auroit estimé qu'ils voulurent attenter de les ietter hors de leurs demeures, mettans pour y arriuer deux ou trois montaignes l'vne sur l'autre: que leurs pieds au reste s'abbouttissoient en des entortillemens de couleuures, pour denoter n'y auoir rien en leurs pensees & intentions qui fust droict ny hault esleué, ains toutes choses obliques & basses: & qu' Hercules qu'il prend là pour la vertu diuine, les extermina quand ils voulurent mouuoir la guerre contre le ciel. Surquoy Strabon liure onziesme.* En Phanagorie est vn temple fort signalé, de Venus surnommee Apaturienne, comme qui diroit deceptiue, ce qui depend d'vn tel compte. Que les Geants s'estans voulu ruer

16

sur ceste deesse, elle inuoqua à son secours Hercules, demeurant ce pendant en vne cachette, où à mesure qu'ils entroient Hercules les assomma tous l'vn apres l'autre, par la ruze d'elle qui auroit de là obtenu ce surnom. Les Naturalistes les interpretent pour des esprits & vapeurs violentes, qui enfermees dans les cauernes de la terre sans en pouuoir trouuer l'issue, causent les tremblements d'icelle, auec des emotions si furieuses quelquesfois, qu'elles renuersent les montaignes, dont elles eslancent des quartiers tous entiers contremont vers le ciel, comme si c'estoit pour luy faire la guerre: mais quant est de leurs iambes & pieds serpentins, Ouide les auroit de là appellez Anguipedes en certain endroit des Metamorphoses, où il leur attribue cent bras.

    --Cum centum quisque parabat
    Iniicere Anguipedum captiuo brachia collo.

Mais plus apertement au 5. des Fastes.

    Terra feros partus,
    Immania monstra gigantes, &c.

La terre enfanta les Geants,
Monstres inhumains, qui oserent
    Aller chercher Iuppiter
    Iusque dedans ses demeures.
Mille mains elle leur donna,
Et des serpents en lieu de iambes:
    Et leur dit, allez vous en
    Aux celestes faire guerre,
Ils s'efforçoient ia d'esleuer
Des Montaignes iusqu'aux estoilles,
    Pour donner à Iuppiter,
    Vne griefue & rudde estrette,
Mais luy dardant du hault du ciel
Sur ces execrables ses fouldres,
    Fit renuerser dessus eulx,
    Les fardeaux, qu'ils remuerent.

Virgile nomplus ne l'a pas oublié en son Ethna:
> His natura sua est aluo tenus: ima per orbes
> Squammeus intortos sinuat vestigia serpens.

Dont l'Empereur Commodus dans Lampride souloit appeller Geants ceux qui auoiēt les iambes & les pieds tortuz: ce que Diodore prend pour l'oblique malignité des meschants: qui anciennement oppresserent la plus grand part de la terre. Comme ils font encore: lesquels ne marchēt iamais droict, ains tortillans, si qu'ils chancellent à tous propos, principallement ceux qui taschent de violenter la droicte religion & creance, representee par Ezechiel en ce qu'il dit, que les iambes & les pieds de ces quatre animaux qui soustenoient le throsne de Dieu, representās nos quatre Euangelistes, estoient droits, au contraire des impies & detestables, qui ne dressent iamais leurs pieds à la droicte voye dit S. Ambroise apres le Psalmiste: ains retornent incessamment à leurs iniquitez & malices, comme les pourceaux qui se veaultrent & tantouillent dedans la fange, selon Lucrece: Insatiabiliter toti voluuntur ibidem. Enceladus au reste, dont il est icy question, estoit l'vn de ces Geāts, fils de Titan & de la terre. & le plus grand de tous ceux qui conspirerent contre Iuppiter, qui l'ayant fouldroyé, le plaqua soubs le mont Ethna selon Virgile au 3. de l'Eneide:
> Fama est Enceladi semustum fulmine corpus
> Vrgeri mole hac, ingentémque insuper Ætnam
> Impositam.

Mais il en a esté desia parlé au tableau des Isles.

17 Tout perira comme l'on dit tant en la proue qu'à la pouppe. C'est vne maniere de prouerbe par lequel on veult declarer tout vn negoce entierement, tiré des vaisseaux marins, où la proue faisant le deuant, & la pouppe le derriere tout y est par ce moyen compris: ce qui se rapporte à l'Alpha & Omega, la premiere & derniere lettre de l'alphabet Grec. Ciceron au 16. des Familieres à Tyron: mihi prora & puppis, vt Græcorum prouerbium est, fuit à me tui dimittendi, vt rationes meas explicares. Ce mesme prouerbe, τὰ ἐκ πρώρας, καὶ τὰ ἐκ πρύμνης ὑπὸ λύται, se verra vsurpé encore cy apres és Heroiques ἀλλὰ δεῖ προσδεδέσθαι τῇ νηί, καθάπερ τὸν ὀδυσσέα, εἰδὲ μή, καὶ τὰ ἐκ πρώρας φασὶ καὶ ἐκ πρύμνης ὑπὸ λύται. Mais il fault à guise d'Vlisse estre attaché au vaisseau, aultrement, comme on dit, & la proue & la pouppe perissent.

18 Les Meropes ou premiers hommes. Ce mot de μέροψ est

prins par Homere pour l'homme mortel, composé de μέρει ou partie, separer, diuiser, & ch Voix ; parce que le parler des hommes est diuisé en tant de sortes de langages, là où les animaux ont chacun en leur espece leur voix propre & particuliere, toutes semblables les vns aux autres : ou pource que l'hôme est seul qui a sa voix articulee en tant de syllabes & de mots distincte. Il s'estend encore à d'aulters significations du nom propre d'vn deuin en Homere en l'onziesme de l'Iliade, & d'vn oiseau aussi : mais cela ne faict pas à nostre propos.

19

EN Phrygie ceux d'Hyllus fils d'Hercules. Pausanias en ses Attiques dit cest Hyllus auoir esté fils de la terre, duquel vn fleuue de la Phrygie, que Strabon au 13. liure met depuis auoir esté appellé Phrygien, prit son nom, & qu'Hercules se resouuenant de l'accointance qu'il y auoit autresfois eüe auec Omphalé Reyne de ces quartiers là, donna ce nom d'Hyllus au fils qu'il eut de Deianire.

20

EN la Thessalie mesme des Aloides. Aloeus fut vn Geant fils de Titan, & de la terre, lequel espousa Iphimedie, dont Neptune qui la prit à force eut deux enfans, Othus à sçauoir, & Ephialtes, qu'Aloeus nourrit pour siens, & de là ils furent dits les Aloides. Virgile au sixiesme de l'Eneide :

 Hinc & Aloidas geminos, immania vidi
 Corpora, qui manibus magnum rescindere cælum,
 Aggressi, &c.

Ceux-cy croissans par chacun mois de neuf poulcees, paruindrent à vne si enorme grandeur, qu'ils furent bien si oultrecuidez d'oser faire la guerre aux celestes : où le pere pour raison de sa vieillesse ne s'estant peu trouuer, il les y enuoya en son lieu, comme met Lucain, Impius hinc prolem superis immisit Aloeus. Mais ils y furent tuez à coups de flesches par Apollon & Diane. Homere en l'11. de l'Odissee descript assez particulieremët ceste fable. Apres ie vys, és enfers à sçauoir, Iphimedie fême d'Aloeus, qui se disoit auoir esté engrossee de Neptune & d'iceluy eu deux enfans, qui ne vescurêt pas beaucoup, le robuste & viril Othus : & le fameux Ephialtes, que la terre esleua les plus beaux & plus grands d'entre tous les hommes apres le tant renommé Orion. Ils n'auoient que neuf ans encore, & si estoient gros de treize à quatorze pieds, & longs de neuf perches, tellement qu'ils oserent bien mouuoir la guerre aux dieux, & les aller assaillir iusqu'au ciel, s'ils eussent

eussent peu, se parforçans à ceste fin de planter le mont Ossa sur l'Olympe, & le boccageux Pelion sur Ossa pour se faire vne voye là hault. Ce que peut estre ils eussēt fait s'ils fussent arriuez iusqu'en l'eage d'adolescēce: mais deuant que la barbe commençast à leur cotôner le menton, l'excellent fils de Iuppiter qu'il auoit engendré en la belle Latone les tua tous deux. Et au 5. de l'Iliade il met qu'ils eurent bien autrefois la hardiesse & effort de lier mesme le Dieu Mars, qu'ils tindrent l'espace de treize mois en prison, tant que Mercure à la requeste d'Eubœe l'en retira surtinement. Pindare en la 4. des Pythiennes dit que ce fut en l'Isle de Naxe qu'Apollon les mit à mort l'vn & l'autre assisté de sa sœur Diane, laquelle s'estant muee en vne bische pour les deceuoir qu'ils cuiddoient tuer à coups de flesches, elle les destorna contr'eulx mesmes. Horace au troisiesme des Carmes, Ode 4. exprime fort elegāment ceste entreprise des Geāts, comme il s'ensuit, ou à peu pres.

Ceste audacieuse ieunesse
Intimida bien Iuppiter
De leurs forts bras espouuantables,
S'efforçans mettre Pelion
Dessus le hault mont de l'Olympe.
Mais qu'eussent peu Tiphoeus
Mimas, Porphyrion, ny Rœte,
Ny le hardy Enceladus
Lançant comme des dars les arbres
Tous entiers de terre arrachez,
Contre la resonante targue
De l'insurmontable Pallas,
Et des aultres dieux la puissance?
La terre gemist, & se plaint
De se veoir iecter sur ces monstres,
Et ennoyer iusqu'aux enfers
Ceste fouldroiee portee,

Que le prompt feu du mont Ætna
N'a du tout acheué de perdre.

21 D'ALCYONEVS d'vne merueilleuse grandeur. Ce fut vn autre Geant frere de Porphyrion, qui fit aussi la guerre aux dieux: mais Hercules le mit à mort à coups de flesches; & de regret ses sept filles, Phtomie, Anthé, Methone, Alcippe, Pallene, Drimo, & Astorie se precipiterent du hault du promontoire de Lanastree en la contree de Pellené, dedans la mer, où Amphitrité en ayant eu compassion les transmua en des oiseaux dits Alcyons du nom de leur pere, comme met Suidas.

22 PALENE que les Grecs appellent Phlegra : vne ville sur les confins de la Thrace, Macedonie, & Thessalie aultrefois habitee de Geants qui en cest endroit meurent la guerre contre le ciel. Il y en eut encore vne autre Phlegre en Italie en la terre de Lauour anciennement la Campanie pres de Cumes, fort abondante en Soulphrieres habitee aussi de geants; qu'Hercules fauorisé des fouldres & tonnerres de son pere Iuppiter extermina, pour les exces & violences qu'ils commettoient : ce qui donna lieu à la fable, qu'ayans voulu guerroyer les dieux ils furent tous accablez de fouldres.

Hercules ayant tué Geryon en Erythee, &c. Pausanias en ses Attiques. Il y a vne petite ville en la haulte Lydie appellee les portes de Temene, là où vn tertre ayant esté miné par les eaux, se manifesterent des ossements qui à leur forme sembloient bien estre d'vne personne, mais si l'on n'eust voulu auoir esgard qu'à leur tant enorme grandeur, on n'eust sceu à peine y asseoir iugement aucun. Soudain le bruit s'alla espandre que c'estoit le corps de Geryon fils de Chrysaor, lequel auoit là endroit estably son throsne : & de faict il y en auoit vn taillé dedans vn rocher tout aupres : ioint qu'en labourant la terre on y trouua force cornes de bœufs : ce qui confirma ceste opinion pour le grand nombre de bestail que souloit norrir ledit Geryon : mais c'estoit bien loin de là en Espaigne aupres des Gades ; aussi les Lydiens declarerent que c'estoient les os d'Hyllus, dont il a esté parlé cy dessus.

PROTESILAVS.

PROTESILAVS ne gist pas à Troye, ny aultour de là, mais en ceste Cherrhonese sur ce tertre hault esleué à la main gaulche. Et quant aux ormes que vous voyez vers le sommet, ce furent les Nymphes qui les planterent de leur main, soubs vne telle proprieté & condition qu'ils y establirent, que les branches tornees du costé d'Ilion s'espanouissent au poinct du iour, mais bien tost les fueilles leur tombent, & flestrissent deuant le temps; ce qui denote le regret de Protesilaüs: mais de l'autre costé elles demeurent en leur entier, & se portent bien. Tous les aultres arbres au reste qui ne sont plantez pres ce monument, comme ceux que vous auez veu arrengez au vergier, sont sains & sauues en tous leurs rameaux, reuestus d'vne gaye fleurissante verdure. *Phen.* Ie les veoy certes, & y ayant dequoy m'esbair ie ne m'esmerueille pas pour cela, car la diuinité est tressage & industrieuse. *Vign.* Mais ceste chappelle où le Medien se monstra aultrefois si insolét, & qu'on dit que iadis vn corps embaulmé de sel y resuscita, considerez là ie vous prie. Vous voyez bien au demeurant que ce qui en est demeuré de reste est peu de chose pour le iourd'huy, neanmoins elle debuoit estre alors fort exquise & non petite, cóme on peult comprédre à ses fondemens.

Aaa ij

PROTESILAVS.

D. Quant eſt de l'image elle eſtoit plantee en vn nauire; & la forme de ſon piedeſtal eſtoit vne proue, auec vn matelot deſſus, mais le temps l'a tout rechangé: & en bonne foy ceux qui y ſont venus faire leurs offrandes & oraiſons, à force de l'oindre de chandelles & y immoler des victimes en ont corrompu la figure: toutesfois cela ne me meult de rien, car ie coucerſe auecques luy, & continuellemēt ie le veois, ſi que nulle autre image ne me ſçauroit eſtre plus agreable ne plaiſante *Phen.* Et ne me la voulez pas particulierement mieux ſpecifier & deſcripre, & me faire participant de ſa forme? *Vign.* Par Minerue cela feray-je volontiers: car elle fut contretiree ſur luy eſtant en l'eage de vingt ans, lors qu'il s'achemina à Troye, que la barbe ne luy faiſoit que cōmencer vn peu à poindre; rendant ſon image vne plus ſouefue odeur que les Myrthes ne font en automne: & autour de ſes yeux s'eſpand vn fort ioyeux ſourcil, leſquels iettent ie ne ſçay quelle ſplédeur agreable: ſon regard au reſte eſt comme plongé en vne profonde meditation d'eſprit, & par conſequent fort attentif & vehement. Que ſi nou-nous eſtions embattus ſur luy eſtant hors de ſes ſpeculations & penſees, ô que nous verrions bien comme ſes yeux ſont de ſoy debonnaires & amiables: enſemble la mediocrité moderee de ſa blonde perruque: car il n'en a ſinon ce qu'il en fault pour ſe ſuſpendre au hault du front, & non pour battre & voltiger deſſus trop inſolémēt. La forme de ſō nez eſt carree ainſi que d'vne ſtatue.

E. Et iecte vne voix diſtincte & aiſee à oyr comme de

quelque doulce sourdine entonnee d'vne foible & petite bouche. Mais ce seroit vne chose bien agreable de le rencontrer estant nud, car il est solide & robuste, & legier quant & quant, comme ceux qui font profession de la course és ieuz de prix, & qui sont doüez d'vn vigoureux effort de la nature propre à cela. Quant à sa haulteur elle eut peu aiseemēt paruenir à quinze pieds, selō qu'il me semble de l'auoir parcouru cy dessus, s'il ne fust mort en si ieune eage. *Phen.* Ie recognois ce genereux adolescent, & vous admire pour auoir vn tel familier cōpaignon. Mais il est armé, pourquoy est-ce? *Vign.* C'estoit sa coustume d'aller ordinairement ainsi equippé d'vne cotte-d'armes à la mode des Thessaliens, comme vous pouuez veoir en ceste image, ce hocqueton d'vn fin pourpre, voire diuin, dont le lustre esclattāt ne se pourroit presque bonnement exprimer. *Phen.* Mais ceste amour ainsi grande qu'il portoit à sa Laodamie, qu'est elle deuenuë, & comment s'y comporte-il maintenant? *Vign.* Il l'aime encore, & en est aimé, & sont reciproquement affectionnez l'vn à l'autre, selon les ardens desirs de deux nouueaux mariez. *Phen.* Et quand vous l'acollez à vostre F. venir, vous refuit il comme feroit vne fumee, ainsi que chantent les Poëtes? *Vign.* Il se resioüist & complaist que ie le caresse, & me permet que ie l'ēbrasse à mon plaisir. *Phe.* Est-il souuent auecques vous, ou G. s'il y a long tēps qu'il ne vous vint veoir? *Vign.* Trois ou quatre fois chaque mois à ce qu'il me semble, ie ioys de sa compagnie, mesmement quād il veult se-

Aaa iij

mer ou planter quelque chose en ce vergier sien, ou vendanger, ou cueillir des fleurs, car il aime fort les boucquets & Guirlandes: me monstrant à son arriuee les fleurs qui luy sõt les plus cheres & agreables.
H. *Phen.* A la verité vous me racomptez icy vn Heroë fort debõnaire & pacifique, & comme si c'estoit vn vray espoux. *Vign.* Et modeste aussi: car encore que pour son ieune eage il doibue aimer à rager & à folastrer, si ne fait il rien d'insolent. Il prend mesme la hoüe en main souuentefois, & si en fouyant ie rencõtre quelque grosse pierre, il m'y assiste de son ayde: & en somme en tout ce qui se presente de difficile: ques'il y a quelque chose en nostre labour où ie ne sois pas bien versé, il m'y redresse. Et de fait m'arrestant au dire d'Homere ie plantois par le passé des arbres qui estoient ja grãds, & les enfonçois dans la terre beaucoup moins que ce qui en restoit dehors: ce que voyãt il m'en reprenoit: mais ie luy alleguois là dessus Homere pour luy contredire, & luy en me repliquant me disoit, qu'Homere l'ordonnoit tout d'vne aultre sorte que ie ne le faisois: car selõ son accoustumee sciẽce il auoit par les grãds arbres entendu ceux qui estoiẽt bien auãt enfouys en terre, tout de mesme qu'il appelle les grãds puits, les profonds: & a dit que les arbres viuẽt & se maintiennẽt mieux dans la terre, si la plus-grãd' partie d'iceux y demeure ferm'-arrestee, & la moindre est laissee dehors exposee aux esbranlemens. Et comme vne fois il m'eust trouué arrousant des violettes, mon amy, me va-il lors dire, le parfum n'a point besoin d'eau, m'enseig-

gnāt par là qu'il ne failloit point deſtréper les fleurs. *Phen.* Et le reſte du tēps où eſt ſa demeure? *Vign.* Partie là bas és enfers, partie en Phtie: aucunefois auſſi à Troye, où ſes gens font leur reſidence. Mais quād il va à la chaſſe aux ſangliers & aux cerfs, il retourne ſur le midy, & ſe couchāt plat eſtendu, prend ſon repos. *Phen.* Où eſt-ce qu'il hante auec ſa Laodamie? *Vign.* Es enfers auſſi, où il dit qu'elle eſt ordinairement occupee à toutes ſortes de beaux ouurages conuenables aux Dames d'honneur, telles que ſont Alceſte femme d'Admet, & Euadné de Capanee, & aultres ſemblables ſages & pudiques femmes. *Phe.* Ne vous eſt-il point quelquefois loiſible de bāquetter auecques luy? *Vign.* Certes ie ne l'ay iamais rencōtré qu'il beuſt ny mangeaſt: mais ie boy bien à luy quelquefois ſur le ſoir du vin Thaſiē de ces vignes qu'il ſouloit luy-meſme cultiuer de ſa propre main : & luy preſente par meſme moyen des fruitages & entremets ſelon la ſaiſon enuiron l'heure de midy, ſoit au printemps, ou en l'automne, lors que la Lune arriue au plein : & luy verſe du laict en ceſte tinette, luy diſant, voila ce que nous decoule & elargiſt ceſte ſaiſon. Cela dit ie me tire arriere, & ſoudain en moins d'vn clein d'œil le tout eſt deuoré & beu, ſi que rien n'en demeure de reſte. *Phen.* Or de l'eage qu'il pouuoit auoir quād il decedda qu'en dit-il? *Vign.* Ie de-pleure ſon inconuenient, & en a luy meſme pitié, reputant ſon genie ſoubs lequel il eſtoit reduict, inique & malin, de ne luy auoir meſme voulu permettre de mettre ſeulement le pied ſur le territoire de

PROTESILAVS.

Troye: car au combat il n'eust pas esté legierement surpassé de Diomede, ny de Patrocle, ny de l'autre Aiax: mais au regard des Æacides il leur vouloit bien cedder és factions & exploicts belliques, selon qu'il dit, à l'occasion de sa ieunesse, n'estant encore qu'vn ieune page lors qu'Achille estoit desia bien

M. aduancé en l'adolescence, & Aiax vn homme faict. Il loüe au reste les vers qu'Homere a composez de luy, combien qu'il n'approuue pas tous ses dicts, comme de ce qu'il appelle sa femme ἀμφιδρυφὴς, qui s'est deschiree l'vne & l'autre ioue de dueil: & sa maison ἡμιτελῆ à demy parfaitte, & le vaisseau où il nauiguoit, ἀμφιμάχητον propre à combattre de tous costez: & luy bon guerrier, & fort belliqueux: là où il se lamente de n'auoir rien fait à Troye, ains, au sortir de son vaisseau s'estre laissé tôber par terre, qu'il ne l'auoit point encore touchee: & ayant esté frappé dans le flanc, il dit que son corps demeura de ce coup roidde mort estendu sur la place. *Phen.* Mais à quoy, ny comment s'exercite-il? car vous auez dit ce me

N. semble qu'il s'y addonne quelquefois. *Vign.* En tout ce qui peult dependre du mestier des armes, si ce n'est à tirer de l'Arc: & pareillement en tous les exercices du corps, fors à la lucte, parce qu'il estime celuy-là estre propre des coüards, & failliz de cœur: & l'autre de gens pusillanimes & pesans. *Phen.* Au regard du sault, de la course, de lancer le disque, & l'escrime à coups de poings, comment se comporte-il en cela? *Vign.* Il n'en exerce que les ombres: car il tire bien plus loin le disque que ne font

font les hommes mortels, il l'enuoye par dessus les nues, & le iecte de droicte ligne cent cinquante pieds: encore que vous apperceuiez bien ces disques icy estre plus grands & pesans au double que n'est celuy qui se practique en l'Olympie. Et quãd il a couru, vous ne verriez pas la moindre marque que ses pieds ayẽt empraint en la terre. *Phe.* Toutesfois si en y a il icy de fort grandes, comme de celuy qui a quinze pieds de hault. *Vign.* Ce sont celles qu'il marque quand il se promeine, ou qu'il fait quelque autre exercice, car il n'en laisse trasse aucune que ce puisse estre quand il court, ains se sousleue & tient suspendu comme vn qui vouldroit courir sur les ondes. Il dit outre-plus qu'en Aulide il auroit surmonté Achilles à la course, lors que les Grecs s'esbattoient à ces exercices attendant le vent propre pour passer à Troye: mais qu'il l'auroit perdu au sault: & à la guerre il auroit esté inferieur audit Achille, fors au combat contre les Mysiens, où il en mit plus grand nombre à mort qu'il ne fit, & en raporta vne fort honorable recompense. Il le surpassa aussi à l'espreuue de la rondelle. *Phen.* Et qu'est-ce, ie vous prie beau sire, de me dire, que de ceste rondelle que vous m'alleguez, car cela n'a point esté que ie sçache touché des Poëtes, ny ne vient à propos nulle part sur ce qu'on racompte de Troye? *Vign.* Vous pourriez dire le mesme d'infinies choses semblables; car Protesilaus racompte plusieurs beaux faicts d'armes qu'exploitterent les valeureux champions, qui ne sont cogneus que de peu: & dit

Bbb

cela proceder de ce que ceux qui lisent les œuures d'Homere estans rauis en admiration de ce qu'ils trouuent là escript seulement d'Achille, & Vlisse, ne regardẽt point aux autres excellens personnages, & ne se soulcient de pas vn d'eux: là où aux autres deux a esté equipee vne galere de quatre vers: car il dit qu'Achille merite certes dignemẽt estre celebré: & quant à Vlisse, qu'il ne le sçauroit assez exalter. De ce qui a esté obmis au reste de Sthenel & Palamedes: & aultres tels signalez preud'hommes, ie le vous declareray en peu de paroles, si que vous ne vous en irez point d'icy les mains vuiddes, & sans en estre biẽ instruit. Quant au propos des Mysiens dont depend le compte de la rondache: nous le poursuyurons cy apres: car puis que du pancrace, & du cõbat à coups de poing armez de Manopples de cuir boully, & de lancer au loing le disque, nous sommes tombez sur ceste targue, oyez premieremẽt choses estranges & merueilleuses enuers les Athletes qui se sont seruis des instructiõs de ce miẽ Heroe. Vous entendez bien, ce me semble, ce que c'est d'vn Pancratiaste Cilicien que nos peres appelloient ἀλθὴς le seiourneur ou ardent, & comme il estoit du tout inferieur à ses aduersaires en cas de lucte. *Phen.* Ie l'ay ainsi apris des hommes: le coniecturant outre-plus de ce qu'il est esleué de bronze en tant d'endroits. *Vign.* En luy certes y auoit beaucoup de sçauoir, & de prudence, & ce qui le renforçoit le plus estoit la bien proportionnee composition de son corps, & dexterité de ses membres. Or estant arriué en ceste chapelle tout ieune encore qu'il vouloit nauiguer à Delphes pour sçauoir le succez de quelque espreuue de combats, mesmement de la Lucte où il pretendoit de s'auenturer, il s'enquit de Protesilaüs comme il deburoit faire pour en obtenir la victoire : lequel en se promenant luy va dire, le relaschement de courage bien tost prosterne le combattant. Dont tout ainsi que s'il eust esté inspiré d'vn oracle trouuant le premier la maniere de terracer ses resistans, il cogneut par là à la fin qu'il luy ordonnoit de n'abandonner point sa prise des pieds : car il les fault presser sans intermission auec les accrochements du tallon, & trouuer moyen d'en supplanter son aduersaire, ce qu'ayant pratiqué, il s'acquit depuis vn nom fort illustre, & ne fut vaincu de personne. Mais oyez-vous point ce Plutarque à main droicte? *Phen.* Ie l'oys de vray, & voullez dire ce me semble ce combattant à coups de poing. *Vign.* Cestuicy en la seconde Olympiade retournant combattre, requit cest Heroe de le vouloir fauoriser à la victoire, & il luy ordonna d'en aller supplier Acheloe, president des sacrez combats. *Phen.* Et à quoy est bon cest Enigme? *Vign.* Ie le vous diray, on combattoit en l'Olympie contre vn Ermeias Egyptien à qui obtiendroit la coronne de la victoire : & comme la pluspart se trouuassent tous harassez & recreux, l'vn de naureures, l'autre de soif, car c'estoit sur le hault du iour que cest affaire se demesloit à l'escrime de coups de poing, voila de gros nuages de pluies se desbander dedans les lisses, si que Plutarque transi

P.

Bbb ij

de soif eut le loisir de boire de l'eau qu'il auoit apportee dans vn baril. Et ramenteuant là dessus en soy-mesme ce qu'il auoit peu oyr de l'Oracle comme il le declara puis apres, il s'en alla ainsi refreschy qu'il estoit d'vne grande impetuosité & furie ruer sur son aduersaire, dont il emporta la victoire. Mais peult-estre que vous eussiez admiré cest Eudemon Égyptien pour sa magnanimité & constance, si vous l'eussiez rencontré combattant, lequel demanda à ce nostre Heroe, comme il ne seroit point surmonté. Et il luy fit responce, s'il ne faisoit cas de la mort. *Phen.* De faict il obeit à cest Oracle, car il se cóporte de sorte qu'à plusieurs il semble estre de diamant, tant il est ferme & resistant, voire diuin. *Vign.* Mais Elix l'athlete n'est point encore arriué à ce temple, trop bien y a il enuoyé quelques vns de ses compagnons pour sçauoir combien de fois il pourroit vaincre en l'Olympie, & cestui-cy luy respondit, deux tu vaincras, pourueu que tu n'aspires à la troisiesme. *Phen.* Voila vn Dieu certes : mais dittes-moy comment cela passa en l'Olympie, si ce n'est qu'apres auoir obtenu la premiere victoire, pource qu'estant desia homme fait il en auoit acquis vne sur les enfans, il se desista en ceste Olympiade de la Lucte, & du surplus du pancratisme, à raison dequoy les Eleens s'estans indignez contre luy, Protesilaus luy auoit fort bien conseillé de se retenir à ses deux victoires : preuoyant bien que les autres taschcroiét de luy susciter quelque crime des Olympiques, & à peine encore l'honorerét ils du pácratisme, afin dóques de luy faire euiter ceste enuie, Protesilaüs l'en admonesta, car il consideroit qu'on le vouldroit apparier à des esleus antagonistes & concurrens. *Vign.* Vous l'auez certes fort bien deuiné entant que touche cest Oracle. *Phen.* Et au regard des maladies, n'en guerist-il pas quelques vnes? car vous dittes qu'il y a beaucoup de gens qui viennent icy faire leurs vœuz & prieres. *Vign.* Tous ceux qui y arriuent, quiconques ils soient, il les guerist, mesmemét les Phthisiques, & hydropiques, & les maladies des yeux, & ceux qui sont trauaillez de la fiebure quarte, vn amoureux pareillement peult tirer beaucoup d'aide & secours de ses sages aduertissements, car il se compassionne fort de veoir leurs afflictions ne succeder pas comme ils voudroiēt bien, ains estre frustrees de leurs desirs, leur fournissant de chançons & aultres tels artifices pour s'insinuer en la bonne grace de ce qu'ils aiment. Mais sur tout il ne veult auoir aucune accointance auec les adulteres & puttiers lubriques, ny ne leur impartist rié dont ils se puissent preualloir: au côtraire il se dit estre leur ennemy, parce qu'ils difament l'amour. Or vn iour que certain adultere estoit venu icy auec celle qu'il pratiquoit, prests à s'ētrepromettre & dôner la foy l'vn à l'autre par serment mutuel contre le mary d'elle en la presence de Protesilaüs, qui toutesfois n'en oioit rien, car de fortune il s'estoit mis icy à dormir sur le midy, comme ils iuroient sur son autel, que fit il là dessus? il hasla ce chien que vous voyez neaumoins si doux, & paisible apres eux pour

Bbb iiij

PROTESILAVS.

les aller attaquer par derriere, & les mordre aux iambes, pendant qu'ils estoient encore apres leurs sermens & promesses: & ainsi confondit ce qu'ils se iuroient, insistant au reste apres le mary, auquel il ordonnoit d'ainsi le faire, de ne soulcier d'eux ny de leurs mences, parce que leur felonnie & mauuais vouloir estoient incurables, ains de n'auoir esgard pour l'heure qu'à se sauuer luy & sa maison, d'aultant que les dieux cognoissoiēt toutes choses, & les Heroes bien que moins que ne faisoient les dieux, toutefois beaucoup plus, & mesmement des importantes que nompas les hommes mortels. De tels accidents & aultres semblables il y en a infinis qui arriuent de iour à aultre, si ie me pouuois souuenir de tous ceux qui en Phtie, & Phylare sont plus que manifestes à tous ceux qui demeurent en Thessalie, car Protesilaus y a vn temple basty industrieusement, où il se monstre fort debonaire & propice à ceux qui le reuerēt, & au contraire fascheux & moleste si l'ō n'en tiēt cōpte. *Phen.* Ie croy certes ce que vous m'en dittes, & me persuade qu'il soit ainsi, estimant estre conuenable de iurer par vn tel Heroe. *Vign.* Si vous le pensiez aultremēt, & en fissiez doubte, ce seroit faire tort à Amphiaraus qu'on dit que la terre a dans sa sacristie plus secrette: & à son fils aussi Amphiloque, lequel pareillement cognoist de plus haultes choses que moy, car il n'est pas fort esloigné du cœur de la Cilicie. Ce seroit pareillement faire iniure à Maron le fils d'Euāthes, lequel se promeine ordinairemēt au vinoble du mōt Ismarus, &

fait en sorte qu'il s'y produist de tres bõ vin, le plãtant, cultiuant, & faisant la ronde alentour, car il s'aparoist là souuent aux vignerons, respirant ie ne sçay quoy d'agreable à boire & vineux: mais il nous fault aussi discourir quelque chose de ce qui concerne le Thracien Rhesus, celuy à sçauoir que Diomedes mit à mort deuant Troye, qui demeure encore au mont Rhodopé: & se comptent plusieurs grands merueilles de luy, qu'il y norrist des cheuaux, s'arme & va ordinairement à la chasse, dont l'indice qu'on en peut auoir est que les sangliers, cerfs & cheureux, & toutes autres sortes de bestes sauuages qui repairent en celle montaigne, s'en viennent viues en son autel, deux ou trois ensemble pour y estre sacrifiees, sans autre contrainte ny qu'on les lie, ains de leur bon gré se presentent soubs le cousteau. On dit de plus, que cest Heroe diuertit la peste de ces limites, car Rhodopé estoit peuplee de beaucoup de gens, & plusieurs personnes s'estoient rengees entour son temple. Mais il me semble que Diomede auroit à bon droict crié contre ses soldats, & contre ce Thracien encore qu'il occit de sa main, pour n'auoir rien faict de louange à Troye, ny rien demonstré d'ailleurs qui merite qu'on le racõpte, fors qu'il norrit des cheuaux blãcs, ce neaumcins on ne laisse de luy immoler en passant par ceste montaigne de la Thrace; & negligerons-nous ceux qui ont fait tant de belles & diuines choses, alleguans que la gloire qu'õ leur attribue est fabuleuse, & rien pour tout qu'vne vãterie temeraire & friuole: *Ph.* Desor-

PROTESILAVS.

mais ie veux adherer à vostre opiniõ, car nul cy apres ne deura doubter de ce que vous dittes. Mais à ceux
T. que vous auez cy-deuant dit par fois sortir à la meslee emmy la campaigne de Troye, quand est ce qu'on les y a veuz? *Vign.* On les y voit certes comme i'ay dit, & y sont encore apperceuz de ceux qui gardent le bestail, se monstrans de grand' stature & cõme diuins, mais c'est quelquefois au preiudice de la contree; car s'ils apparoissent pouldreux, cela denote vne grande secheresse aduenir : si baignez de sueur, vne inondation d'eaux, & de gros rauages de pluyes : si eulx & leurs armes souillees de sang, ils enuoient des maladies sur Ilion : que si rien de ce que dessus ne se voit alentour de leurs simulachres, ils ameinent certes vn temps heureux. Au moyen dequoy les Pasteurs leur sacrifient, qui vn aigneau, qui vn taureau : l'vn vn poullain, l'autre quelque aultre chose de ce qu'il norrist & esleue. Mais toutes les maladies & contagions qui se mettent parmy le bestail, ils les disent prouenir d'Aiax, à l'occasion, ce crois-je bien, de ce que lors qu'il estoit en sa grande
V. phrenesie & fureur on dit qu'il se rua sur les trouppeaux, & tua des porcs estimant addresser ses coups sur les Grecs, de maniere que nul n'a enuoyé depuis rien paistre pres de son tombeau, de la crainte qu'on a de l'herbage qui croist là aultour, lequel engendre des maladies, & est fort dangereux aux bestes. L'on en allegue encore vne autre raison, que les Pasteurs Troyans iniurierent vne fois cest Heroe : car voyans leurs ouailles s'amalader, ils s'en
vindrent

vindrent à son sepulchre, le nommans l'ennemy d'Hector, l'ennemy de Troye, & de ses trouppeaux: l'vn l'appelloit insensé & fol: l'autre furieux, & le plus insolent de ces pastres alloient criant que ce n'estoit plus rien d'Aiax, iusques mesmes à composer des chançons diffamatoires de luy comme d'vn couard, lasche & failly de cueur, & luy là dessus, si suis, ie suis encore va-il dire, iectant vn hault horrible cry de son monument. On dit de plus, qu'il fit cliquetter son harnois comme il souloit faire és combats. Or il ne se faut pas esbahir si ces malottruz furent alors epouuantez, comme Troyás qu'ils estoient & pastres; Si que de la peur qu'ils eurent de ceste impetuosité d'Aiax quelques vns tomberent à la renuerse, les autres trembloient comme la fueille dessus l'arbre, les autres gaignerent le haut le plus viste qu'ils peurent vers leurs trouppeaux: mais il se monstra digne d'admiration & louange, en ce qu'il n'en voulut pas tuer vn seul, ains supportant patiemment les insolences & outrages dont ils auoient vsé en son endroit, il se contenta seulement de leur auoir fait aduouer qu'aumoins l'auoient-ils bien oy. Mais Hector à mon opinion ne recognoissoit pas ceste vertu: car l'an passé comme certain adolescent l'eust iniurié, qui n'estoit encore qu'vn ieune page à ce qu'on dit, mal apris, il ne laissa pas pour cela de se ruer sur luy, & le mettre à mort emmy le chemin, puis en reiecta la coulpe sur le fleuue proche de-là. *Phen.* Vous le dittes à vn qui ne sçait que c'est, & neaumoins trouue ce propos ad-

CCc

mirable: car ie penfois que ceft Heroë ne fe peuft plus voir nulle part: & en me parlant des faits des Grecs, ie me contriftois pour Hector, de ce qu'il n'y a laboureur ny bergier qui de luy die chofe quelconque, ains leur eft incogneu à tous, & du tout comme enfeuely. De Paris au refte ie ne cuide pas qu'il f'en peuft rien dire qui vaille, pour raifon duquel tant de grands & illuftres hommes ont finé leurs iours auant temps: mais d'Hector qui eftoit tout le fouftenement de Troye, & de ceux qui vindrent à fon fecours: lequel alloit à la meflee fur vn grand chariot d'armes attellé de quatre courfiers, ce que pas vn des Grecs n'auoit eu: qui mit prefque le feu à tous leurs vaifleaux, & faifoit luy feul tefte à eux tous qui le venoient charger en foulle rengez en ordre de bataille, ne vous dois-ie pas requerir d'en parler vn peu plus auant? Car il n'y a rien que ie n'en oye fort volontiers. Si vous ne voulez pafler par deflus, & ne le difcouriez trop nonchalammēt. *Vign.* Oyez en doncques d'auantage, afin que vous ne penfiez pas que ie l'aye incurieufement parcouru. La ftatue d'Hector eft à Ilion, en femblance d'vn homme mortel demy-dieu: & qui la voudra confiderer auec difcretiō, elle monftre diuerfes paffiōs en elle: car elle apparoift fiere & terrible, & quāt & quāt gaye & ioyeufe, en vigueur d'vn fleuriffant eage, accōpagné de certaine delicateffe, & d'vne naïfue beauté, combien qu'il n'y euft point de cheueleure, refpirant au refte ie ne fçay quoy qui inuite ceux qui la contemplent de la toucher. Cefte ftatue donques est plantee au Donjon d'Ilion, d'où elle fait tant en publicq qu'en particulier tout-plein de biés, au moyen dequoy on luy addresse force vœuz & prieres, & celebre l'on des combats & des ieuz de prix solennels à son honneur. Mais par fois la chaleur luy monte au visage, & s'engendre en luy ie ne sçay quelle ardeur de combat, si que vous verriez la sueur en distiller à grosses gouttes. Or cest adolescent dessusdit estoit d'Assyrie, & estant arriué à Troye il se mit à blasonner la statue d'Hector, luy reprochant les traisnements qu'Achilles en fit. Et X. ceste grosse pierre dont ayant esté atteint par Aiax peu s'en falut qu'il n'en expirast sur le champ. Plus Y. comme du commancement il s'en-fuit deuant Patrocle, & que ce ne fut pas luy qui le mit à mort, ains ses coustilliers, ainsi rabbrouoit il la statue d'Hector, qu'on eust prise pour celle d'Achille apres qu'il se fut tondu pour l'amour de son fauorit Patrocle. Et quand il se fut fort insolemment saoullé de semblables conuices, il s'en alla hors d'Ilion, mais à peine en estoit il esloigné d'vne demy lieuë, que voilà vn ruisseau si foible qu'à peine auoit-il aucun nom à Troye, lequel tout à coup de sa petitesse se va enfler & deuenir gros: & comme l'annoncerent depuis ceux de sa suitte qui s'en alloient auecques luy, vn homme de grande stature armé de pied en cap, va apparoistre comme s'il eust conduit ce ruisseau par des resnes, l'excitant d'vne voix barbare esclattáte, qu'il eust à destourner son eau en la voye par ou ce ieune homme deuoit passer sur son

Ccc ij

PROTESILAVS.

chariot attelé de quatre cheuaux, mais non gueres grands, si que le ruisseau l'ayant enueloppé auec celuy qui estoit dessus, lequel crioit de recognoistre desormais Hector, il l'attira en son canal, où il fut perdu, de maniere que le corps ne retourna plus sur l'eau, car il disparut, mais ce qu'il deuint ie ne l'ay point sçeu sçauoir du depuis. *Phen.* Il ne fault certes point autrement admirer Aiax pour auoir ainsi patiemment supporté les oultrages de ces Pasteurs, ny appeller Hector barbare, n'ayant peu endurer les insolences de ce temeraire : car il estoit aucunement raisonnable d'excuser ceux-là, qui estans Troyans, & leurs trouppeaux se portans mal s'en allerent ainsi brauer son sepulchre : mais à cest adolescent Assyrien qui se monstra si insolent enuers l'Heroë d'Ilion, quel pardon luy peult-on donner? Car iamais les Assyriens & Troyans n'eurent maille quelconque à departir, ny rien d'hostillité l'vn à l'autre : ny Hector ne ruina oncques leur bestail, comme Aiax celuy des Troyans. *Vign.* Vous-vous monstrez trop partial contre Aiax, & affectionné pour Hector, ce que ie ne sçaurois trouuer quant à moy ny raisonnable ny bien decent. Mais retournons aux faicts d'Aiax, car c'est de là que nous sommes partis ce me semble. *Phen.* Retournons y puis qu'il vous plaist. *Vign.* Escoutez doncques, certain nauire estant vne fois abordé au sepulchre d'Aiax, deux des passagiers se mirent là endroit à se resiouir, & iouoient aux dames là dessus Aiax se leuant : & ie vous prie au nom de nos dieux va-il dire de changer voſtre paſſe-temps, car cela me fait ſouuenir de Palamedes, vn fort homme de bien & d'honneur, diſcret & prudent, & conjoinct d'vn eſtroict lië d'amitié auec moy: de la mort duquel, & de la mienne pareillement, vn de nos ennemis fut cauſe, controuuant contre l'vn & l'autre vne fauſſe & inique accuſation. *Phen.* Par le ſoleil, vous m'auez fait venir les larmes aux yeux, car les complexions de ces deux eſtoient tout ſemblables, & treſ-propres à contracter vne mutuelle amitié par enſemble : mais la ſocieté des preud'hômes leur acquiert la pluſ-part du temps des enuies, car tous ceux qui courent vne meſme fortune s'entr'aiment ordinairement, & ſe portent vne compaſſion reciproque. Au ſurplus me pourriez vous dire ſi vous auez point veu quelque repreſentation de Palamedes à Troye? *Vign.* Il ſeroit certes fort malaiſé de dire au vray de qui ſont les figures qui ſe voient deça & delà, car il y a beaucoup de choſes qui ſe transfigurent des vnes aux aultres, tant de la forme que de l'eage, & de leurs armeures, neaumoins ie me reſouuiens d'en auoir entendu cecy, il y auoit vn laboureur à Ilion qui me racôpta vne fois, qu'eſtant grandement irrité de la deſconuenue de Palamedes, il s'en lamentoit quand il s'aprochoit du riuage ou lon dit que les Grecs l'aſſommerent à coups de pierre; & tout ce que les hômes ont de couſtume de deferer aux ſepultures, il l'aportoit là endroit à ſes cendres & oſſements : choiſiſſants meſmes les plus belles grappes de toutes ſes vignes il les eſpraignoit dedans vne taſſe, & diſoit d'ë boire

Ccc iij

PROTESILAVS.

à Palamedes, quant il venoit de son labour. Au reste il auoit vn chien duit à carresser les personnes, & ce temps pendant leur donnoit en trahison quelque coup de dent, lequel il appelloit Vlisse: & cest Vlisse estoit de luy vesperisé pour l'amour de Palamedes, car il oioit vne milliasse de mauuaistiez qu'on luy imputoit auoir faictes: & semble que Palamedes eut autrefois quelque accointance auec ce grand amy sien, auquel il eust fait quelques biens & faueurs: mesmement de luy auoir guery vn genouil comme il trauailloit vne fois à la vigne. Et vne aultre en s'apparoissant deuant luy: me cognois tu gentil vigneron, va-il dire? Et comment vous cognoistrois je, respondit il, puis que iamais ie ne vous vis? Pourquoy aimes-tu donc ainsi celuy que tu ne cognois & n'as point veu? Par là le vigneron entendit assez que c'estoit Palamedes: & raportoit à cest Heroe la figure qu'on en auoit veue belle & gentille, & ressentant bien son viril & valeureux homme, encore qu'il n'eust pas trente ans accomplis à le veoir. Mais là dessus il le va embrasser en riant: ie t'aime certes ô Palamedes va-il dire, parce que tu me sembles le plus sage de tous les mortels, & le plus droict & equitable guerrier de tous ceux qui se comporterent selon la prudence humaine, si que tu as miserablement esté oultragé des Grecs par la frauduleuse & maligne suggestion d'Vlisses: duquel s'il y en auoit quelque monument, il y a desia bien long temps qu'il auroit esté renuersé de moy çen dessus dessoubs, car il est meschant, detestable, voire pire que le chien que ie norris ſoubs ſon nom. Or laiſſons le ſurplus d'Vliſſe va alors dire ceſt Heroe, car de tout cela i'en ay eu ma raiſon es enfers : & dv moy, puis que tu aimes ainſi les vignes, que c'eſt q̃ tu y redoubtes le plus ? Quoy autre choſe, reſpondit-il, que les greſles, qui les eſborgnent & les briſent ? Applicque doncques adiouſta-il, des courroyes à l'vn des ſeps, & le reſte ne ſera plus moleſté de la batture. *Phen.* Ceſt Heroe à la verité eſt fort ſage, & ne ceſſe d'inuenter touſiours quelque choſe pour le benefice & commodité de la vie humaine. Mais d'Achilles qu'en dittes vous ? car nous le tenons auoir eſté le plus diuin de tous les Grecs. *Vign.* Ce qui s'en racompte au Royaume de Pont, ſi d'auenture autrefois vous y nauigaſtes, & tout ce qu'on dit là qu'il a fait en l'Iſle, ie le vous declareray cy apres, quand nous viendrons en eſpecial à parler de luy, car cela eſt vn peu longuet : mais de ce qu'il fait à Ilion c'eſt de meſme que les autres Heroes : car il deuiſe auec quelques vns, & les va trouuer, & chaſſe aux beſtes ſauuages. On coniecture au ſurplus que c'eſt luy à la beauté de ſon viſage, à ſa grãde & diſpoſte taille, & à la ſplendeur de ſes armes : & qu'à ſes eſpaules ſouffle ordinairement vn gros tourbillon de vents & orages, qui accõpaigne ſon phátoſme. Mais la parole me manqueroit en vous racomptant telles choſes. On dit au reſte d'Antiloque qu'vne ieune Damoiſelle Troyenne allant à la riuiere de Scamandre rencontra le ſimulachre de luy, & que s'en eſtant en amouree ne bougeoit gueres d'aupres son corps, deux ieunes garçons oultre-plus qui gardoient les vaches, s'estans mis à iouer aux bibelots aupres de l'autel d'Achilles, l'vn frappant, l'autre à coups de pieds l'eust là mis à mort sur la place si Patrocle ne leur eust fait peur. Or il me suffist de vous racompter vn Enygme de ces bibelots, & peult-on cognoistre cela tant des pasteurs de la campaigne, que de ceux qui demeurent à Ilion : car nous conuersons auec eulx, comme ceux qui frequentons les plages & riuages de l'Hellesponte, & faisons de ce bras comme vous voyez, vne mer. Mais reprenons deuant la rondache que Protesilaus dit auoir esté ignorce d'Homere, & des autres poetes. *Phen.* Certes vous retornez sur les erres d'vn propos que ie desirois singulierement, comme chose rare, d'oyr. *Vign.* Tref-rare à la verité, parquoy oyez le attentiuement. *Phen.* Que dittes vous attentiuement? les bestes sauuages ne se rendirēt onques plus coyes & transportees à escoutter Orphee chantant, comme en vous oyant racōpter cela ie dresse desia les oreilles: & y esleue ma pensee, conceuant le tout en mon souuenir, comme si i'estois l'vn de ceux qui combattirent deuant Troye, tāt ie suis possedé de ces demydieux dont nous deuisons. *Vign.* Puis que doncques vous y estes ainsi attentif, deslogeons des-ormais d'Aulide, ou la verité est que les Grecs s'assemblerent, & enfournons nostre propos par Protesilaus. Or deuant qu'ils s'acheminassent à Troye, la Mysie estoit soubs l'obeissance de Telephus, lequel combattant pour les siens fut blessé d'Achille : car

vous

vous auez bien peu veoir cela dans les Poetes qui ne l'ont passé soubs silence. Mais de croire que ceste contree la pour auoir esté incognue des Grecs fut par eulx saccagee cuidans qu'elle fust des appartenances du Roy Priam, ce seroit reprendre ce qu'- Homere a escrit du deuin Calchas, d'aultant que si eulx nauigeoient selon les aduertissemenss des predictions, & se reigloient par les sciences diuinatoires, comment est-ce qu'insciemment ils allerent aborder en ces quartiers la, ou bien qu'y estans arriuez ils ignorerent que c'estoit le chemin pour aller à Troye? mesmement qu'ils rencontroient tant de bouuiers & de pasteurs emmy les champs, desquels ils pouuoient prendre langue, car ceste region est toute remplie de pasturages iusqu'à la mer : & ceux qui nauiguét ont accoustumé ce me semble de s'informer des estrangers de nom des contrees ou ils abordent. Mais s'ils ne firent rien de tout cela, ny ne s'enquirent, Vlisses, & Menelaus estans au precedát allez en ambassade à Troye, & qui virent les murs d'Ilion, ne l'auroient pas bien remarqué, ce me semble, si l'on eust depuis permis à l'armee de faire vne telle faulte à la guerre, que de s'aller iecter à la desbandee à trauers vne prouince ennemie pour la piller & fourrager : au moyen dequoy ce fut sciemmét que les Grecs saccagerent les Mysiens, ayant oy dire qu'ils possedoient le meilleur pays de tous les mediterranees, & craignant que ceux qui estoiét proches d'Ilion ne fussent appellez à la participation du peril. Mais cela ne sembloit pas tollerable à Telephe com-

me à celuy qui estoit fils d'Hercule & quant & quāt homme vaillant & belliqueux: & qui commandoit à vn peuple armé, de maniere qu'il tint prest & leua force rondelliers, & gens de cheual en la Mysie à luy subiecte, car il commandoit ce me semble, à toute ceste estendue de pays qui est le long de la marine: & à luy s'associerent d'abondant pour combattre les
AA. habitans de la haulte Mysie, que les Poetes appellent les Abiens: & ceux qui gardoient les haraz des

Au commencement du 13. de l'Iliade, où ils sont appellez tresnustes.

juments dont ils boiuent le laict. Le dessein des Grecs au reste de rodder ainsi de costé & d'aultre par la mer, ne fut pas du tout incogneu & celé, car Tlepoleme despecha vn messagier à son frere Tele-
BB. phe sur vn nauire de charge Rhodien, pour luy faire entendre de bouche tout ce que les Grecs auoient complotté de faire en Aulide, par-ce que l'vsage des lettres & de l'escriture n'estoit pas encore trouué, si
CC. que toute la region mediterranee se vint liguer à ceste guerre, & que les peuples de la Mysie, & de la Scythie estoient desormais en campaigne. Certes Protesilaus m'a compté que ceste rencontre fut la plus forte que les Grecs eurent contre les peuples de l'Asie, voire plus griefue que tous les faicts d'armes qui furent exploittez à Troye: car & en gros & en particulier c'estoient tous hommes esprouuez ceux qui vindrent au secours de Telephe. Et comme les Grecs celebroient les Eacides sur tous autres, les Diomedes, & les Patrocles, de mesme le nom de Telephe estoit grandement glorieux & illustre en ces quartiers là. Celuy pareillement d'Ænus fils de

Mars, Elore auſſi, & Acter enfans du fleuue Iſter qui coulle au long de la Scythie y acquirent vn grand renom, tellement que les Myſiens ne permirent pas aux Grecs de prendre terre, ains les repouſſerent fort viuement à coups de fleſches & de dards: nonobſtant toutes leſquelles reſiſtances les Grecs ſe parforçoyent de ſortir de leurs vaiſſeaux, & les Arcadiens aborderent auec quelques nauires au port, comme ceux qui faiſans là leur coup d'eſſay n'eſtoient pas encore gueres inſtruits à la marine. Or DD. Homere comme vous ſçauez, met que les Arcadiens deuant le voyage de Troye n'auoient point eu aucunes flottes, ny ne s'eſtoient encore addonnez au nauigage, ains en ſoixante nauires ou Agamemnon les auoit departis, il les mena lors auec luy, leur ayant fourny de vaiſſeaux pour s'y embarquer, ce qu'onques auparauant ne leur eſtoit aduenu, tellement que tout l'effort & vſage de leur milice conſiſtoit en vne infanterie bonne par terre, mais ſur la mer ny bons combattans, ny duits à voguer: dont partie par ignorance, partie par vne indiſcrette hardieſſe, vindrent de plaine arriuee donner droict au port, la ou pluſieurs des leurs furent bleſſez de ceux qui eſtoient arrengez le long de la greue, neaumoins bien peu y moururent: joint qu'Achille & Proteſilaus craignans qu'il ne leur meſaduinſt ainſi que d'vn commun accord ſaulterent en terre, & rembarrerent les Myſiens: car paroiſſans aux Grecs meſmes les mieux armez & plus beaux d'eulx tous, A ces gens-la qui eſtoient groſſiers & barbares ils

Ddd ij

semblerent proprement des dieux. Apres donc que Telephe eut amené son armee emmy la plaine, & que les Grecs en grand silence furent passez oultre, ils sortirent diligemment de leurs vaisseaux, fors les mattelots, & les vallets, & sans mot dire commancerent de se renger en ordonnance de bataille: c'est ce que Protesilaus allegue Homere auoir dit le mieux à propos, en louant la façon de faire que les Grecs gardoient allans au combat, dont il dit Aiax fils de Telamon auoir esté le premier autheur: car Menesthee Athenien le plus expert de tous ces Princes à ordonner vne bataille, venant à Troye monstra aux Grecs pendant qu'ils seiournoient en Aulide, comme on debuoit arranger vne armee bien à propos, reprenant ceux qui ne sonnoient mot, & ne crioient à haulte-voix quand ce venoit à la meslee: ce qu'Aiax ne voulut passer, ains y contredit, remonstrant cela estre vne chose desordonnee, & plus propre aux femmes qu'aux hômes, & que telles criailleries denotoient vn courage peu-affectionné au combat. Disoit oultreplus Protesilaus, que la endroit il fut placé contre les Mysiens auec Achille & Patrocle: contre Ænus le fils de Mars, Diomede, Palamedes, & Sthene: & contre ceux qui estoient venus du Danube, les deux Atrides, & le Locrien, auec le reste de l'armee. Au demeurant que le grand Aiax reputoit ceux qui ne tuoient que les simples soldats, comme moissonneurs ou faulcheurs, lesquels n'abbattent rien de grand: mais les aultres qui s'addressoient aux preux & plus signalez combattans, il les accomparoit aux couppeurs de bois qui atterroiét, & mettoient bas les grands arbres: estimant au reste ceste maniere taciturne de mener les mains estre digne de luy nom-pas la criande telle que de pies desnichees. Cecy au surplus firent les Grecs contre Helee, & Actee enfans du fleuue dessusdit Ister, qui ne combattoient pas comme les autres, ains à la façon d'Hector de dessus vn chariot attellé de quatre coursiers: mais Aiax marchoit fierement contr'eux la lame au poing, dont il faisoit clicquetter sa grād targue pour espouuanter leurs cheuaux, lesquels prindrent soudain le frein aux dents comme forcenez, & se cabrans recullerent arriere, si que les Scythes n'ayans plus d'attente en leur chariot ainsi partroublé, mirent pied à terre, & s'en vindrent de furie charger sur Aiax, là ou combattans courageusement ils finerent l'vn & l'autre leurs iours. Protesilaus en oultre racomptoit les faits & prouësse de Palamedes comme fort grands & signalez, lequel auec Diomede & Sthenel ayant mis à mort Ænus, & ceux de sa trouppe, n'estimoit pas pour cela auoir fait chose dont il deust obtenir vne recompense honoraire de sa vertu, ains remettoit cela à Diomede, sçachant assez qu'il cherchoit d'acquerir toute sa gloire & reputation des faits belliqueux: mais si les Grecs proposoient quelque corone de prudence, qu'il ne souffriroit pas qu'elle fust donnee à vn autre: d'autāt que de son plus tédre eage il auoit aimé le sçauoir & y appliquoit toute sa sollicitude & entente. Protesilaus dit de plus, qu'il s'attaqua lors à Telephe, au-

Ddd iij

quel nonobstant qu'il fust vif encore & tout sain, il auroit osté sa rondelle, & qu'Achilles estant suruenu là dessus le chargea ainsi desnué de ses armes, & le blessa d'abordee à la cuisse ; dont il le guerit depuis deuant Troye: mais que Telephe de ceste plaie s'esuanouit, en danger de passer le pas si les Mysiés ne fussent arriuez au secours, qui le retirerent hors de la meslee, ou plusieurs perdirent les vies pour le rescourre, du sang desquels la riuiere de Cayque en auroit coullé toute rouge. Item, qu'il seroit entré en contention touchant la rondelle susdite auec Achille qui se la vouloit approprier pour auoir blessé Telephe, mais que les Grecs la luy adiugerent, par ce qu'Achille ne l'eust pas nauré si premier Protesilaus ne luy eust osté sa defence. En apres, que les Mysiēnes combattirent-là à cheual peslemesle auec leurs marys tout ainsi que des Amazones : & que celle qui commandoit à ceste feminine cauallerie s'appelloit Hiere espouse de Telephe, laquelle à ce que on dit fut là mise à mort de la main de Nereus, car les Grecs opposerent les ieunes gens de leur armee qui n'estoient pas encore bien agguerris à cest esquadron de femmes, qui se prindrēt à escrier à haute voix quand ils virent leur coronnelle par terre: & la dessus s'estans mises à vauderoutte se retirerent dans les marescages de Caycus. Or ceste Hiere au rapport de Protesilaus, estoit de la plus grande stature qu'autre femme qu'il eust oncques veuë, & la plus belle quant & quant de toutes celles qui en acquirent iamais le bruit : car il n'afferme pas auoir veu

Helene femme de Menelaus à Troye, mais qu'il la peut bien veoir à ceste heure, & qu'il ne veult point autrement descrire sa beauté, attendu mesme qu'il fut mis à mort pour son occusion, mais quand il se ramentoit d'Hiere, & la represente en sa pensee, que elle surpassoit d'autant Helene en beauté, qu'Helene faisoit toutes les Troyennes. Que si Hiere n'a point esté celebree d'Homere, ç'a esté en faueur d'Helene, n'ayát point voulu introduire en ses poësies vne dame plus que diuine, laquelle apres sa mort on dit auoir esté regrettee des Grecs, qui en eurent quelque dueil en leur esprit, si qu'ils ordónerent aux plus eagez de leur ieunesse de se prendre garde que elle ne fust point despouillee, ny qu'on ne touchast en façon quelconque à son corps. En ceste rencontre furent blessez grand nombre de Grecs, pour lauer les playes desquels, & les baciner leur furent denoncees de par l'Oracle, des fontaines d'eau chaude en l'Ionie, que les habitans de Smyrne appellent encore pour le iourd'huy les baings d'Agamemnó, distans ce me semble de quelque lieuë & demie d'icelle ville, où il fit depuis pendre les cabassets des Mysiens qui furent conquis en ceste rencontre. *Phen.* Que dirons-nous doncques gentil vigneron de tout cecy ? Homere auroit-il tout expres ou non oublié tant de belles & plaisantes choses si poëtiques ? *Vign.* Parauanture que tout expres: car s'estant proposé de celebrer Helaine pour la plus excellente femme de toutes aultres en cas de beauté, & les combats de deuant Troye, comme les plus grands qui aduindrent oncques en nulle autre part : celebrer quant & quant Vlisse pour vn homme diuin par toutes sortes de lágage à luy possible : & attribuer tellement à vn seul Achille tout ce qui se fit de bon & de beau en ceste guerre, que les autres Grecs y sont oubliez toutes les fois que cestui-cy sort au combat : il ne voulut rien dire des Mysiens ny de leur guerre, ou se retrouua vne féme plus belle qu'Helaine, & des hommes non moins preux & vaillans qu'Achilles, ains tres-esprouuez. Que s'il eust fait mentiõ de Palamedes, il ne voyoit pas comme il peust couurir l'outrage d'Vlisse en son endroit. *Phen.* Quelle opiniõ doncques est-ce que Protesilaus a d'Homere, attédu que n'agueres vous disiez qu'il espluchoit fort exactement ses poësies? *Vign.* Il dit qu'Homere tout ainsi qu'vne Musicalle harmonie a touché tous les tons & accords poëtiques : & surmonté tous les poëtes de son temps en ce que chacun d'eux pouuoit le plus exceller : comme en magnificence & haultesse de stille Orphee, en douceur Hesiode : & ainsi du reste, l'vn en vne chose, l'autre en vne autre : embrassé au reste, & pris pour subiect tout le discours entierement des affaires de Troye, ou la fortune auoit comme amoncellé toutes les vaillances & efforts tant des Grecs que des barbares : car il y auroit appliqué les combats, & ces combats-là contre les hommes & les cheuaux : les assaults aussi des murailles & des rampars : le tout entremeslé de plaisans contes des Muses, des fleuues & riuieres, des dieux pareillement & deesses:

ses : & en oultre tout ce qui depend de la paix & repos, de danses, chançons & amours, baquets, festins: des ouurages conuenans à l'agriculture, des temps & saisons qui nous monstrent tout ce qui peut duire & estre propre à la terre : l'art de bastir des nauires, & forger des armes, mestier particulierement affecté à Vulcain: les figures & les tailles des personnes, & leurs diuerses complexiõs. Tout cela dit Protesilaus auoir esté diuinemẽt accomply par Homere : & que ceux qui ne l'aiment sont plus qu'insensez. Il l'appelle outreplus le fõdateur de Troye, d'autant que des deplorations qu'il en fait, elle auroit acquis vn bruit & renom immortel. Et l'admire de ce qu'il reprend les aultres de la mesme profession, par ce qu'il ne les corrige pas vehementement & de droict fil, ains comme à la desrobee, ainsi qu'Hesiode en maintes autres choses, mais specialement en l'expression des escrits & targues : lequel descriuãt en certain endroit celle de Cignus met, mais fort froiddement & non assez poëtiquement, qu'elle auoit la figure de la Gorgone : Parquoy Homere en l'amendant auroit dit ainsi :

GG.

Ceste targue estoit reparee,
De la Gorgone, d'vn aspect
Trop hideux, & espouuentable
Regardant tres horriblement:
Et aultour la frayeur & crainte
Auec vne escharpe d'argent
D'vn gros serpent entortillee
Ayant les escailles d'azur:

PROTESILAVS.

Et trois testes toutes diuerses
Qui procedent d'vn mesme col.

Ainsi descript-il la Gorgone, mais il a surpassé Orphee en plusieurs choses concernans la Theologie: & Musee en ses Cantiques des Oracles. Pamphus aussi, lequel encore qu'il eust fort sagement consi-
HH. deré Iuppiter estre le Procreateur de toutes sortes d'animaux, & que de luy procede tout ce qui se produist icy bas en la terre, neaumoins il auroit vsé d'vn langage vil & absurde en cest endroit : & addressé des vers bas & abiects à ce Dieu là, car il met ainsi : *Iuppiter illustre, le plus grand des dieux, reuestu de fiens*
II. *tant des brebis que des cheuaux, & des mullets.* Là ou Protesilaus dit Homere auoir chanté cest hymne à Iuppiter digne de louange : *Iuppiter tres-glorieux & tresgrand: qui obscurcis les nuces, habitant en la region Etheree :* comme celuy qui fait sa demeure au lieu le plus pur & le plus nect de tout l'vniuers, & qui bastist les
KK. choses animees de la substance Etheree : cause tous les debats quels qu'ils furent entre Neptune & Apollon, de Latone contre Mercure : & ce que Minerue s'attaqua à Mars, & Vulcain à l'eau. Tout cela dit Protesilaus auoir Philosophé à la mode d'Orphee, & n'estre point à mespriser, ains digne d'ad-
LL. miration: comme aussi cecy, *tout aultour tonna le grãd ciel: &) Pluton saillit de son Throne: &) la terre mesme*
Iliad.20. *croulla, soubs l'esbranlement de Neptune.* Mais il trouue à
MM. reprendre en Homere, premierement de ce qu'il
NN. entremesle les dieux auec les hõmes desquels il dit de grãdes choses, & des dieux de bien petites, & or-

des encore. En apres sçachant bien qu'Helene auec
Paris auoit esté iectee par les vents contraires en la
coste d'Egypte, il l'introduit sur les murs de Troye *Iliad. 3.*
contemplant les maux qui se commettoiēt à la plai- OO.
ne pour l'amour d'elle, là où il luy eust esté mieux
sceant, si pour vne autre cela se fust fait de s'aller cacher & ne le veoir point, comme chose blasmable
en son sexe. Paris nomplus ne deuoit pas estre loué à PP.
Troye pour auoir enleué Helaine, ny Hector ainsi
preud'homme & aduisé empescher qu'on ne la rendist à Menelaus si elle y estoit : ny Priam permettre
à Paris de se desborder ainsi en delices & voluptez a-
pres que tant d'enfans luy eurent esté miserablemēt
mis à mort en ceste guerre. Ny Helaine euadder la QQ.
mort par les mains des femmes Troyēnes, dont les
maris, freres, & enfans y auoiēt perdu la vie à son occasion : car peult-estre qu'elle se fust desrobee pour
s'enfuir à son mary à cause de la hayne que luy portoient tous les Troyans. Ostons pareillement le cō- RR.
bat qu'Homere escrit estre entreuenu entre Paris &
Menelaus pour raison d'elle, soubs les solennitez &
conuentions qui se pratiquent à la guerre : car Helaine estoit en Egypte, & les Grecs le sçachans fort
bien l'y laisserent à la bonne heure, pour s'en aller
faire la guerre aux Troyans, c'est à dire à leurs opu-
lentes richesses. Protesilaus n'approuue pas nom- SS.
plus cecy du mesme Homere, que s'estant proposé *De l'Ilia-*
de traicter les choses de Troye, il en sort du tout a- *de à L'O-*
pres la mort d'Hector pour passer soudain à vn au- *dyssee.*
tre discours où il descript les faits d'Vlisse : & recite

Eee ij

PROTESILAVS.

és laiz & chançons de Demodocus, & de Phemius, le saccagement & ruine de Troye, & le cheual d'Epeus, & de Pallas, parcourant cela à la haste, & entrerompant son propos pour le transferer tant plustost à Vlisse: pour lequel il alla inuenter le Cyclope encore qu'il n'en fut iamais, & forger ie ne sçay quels Lestrigons, qu'on ne sçauroit dire ou onques ils firent leur residence. En apres vne telle quelle deesse de Circe est de luy cōtrouuee fort experte és charmes & sorcelleries, & d'autres deesses encore qui furent amoureuses de luy, combien qu'il fust desia sur l'eage lors qu'il parut auoir les cheueux blonds, qui se raieunirent en luy lors qu'il estoit chez Nausicaa: tellement que Protesilaus l'appelle le mignon & le jouët d'Homere: car ceste ieune princesse ne s'en-amoura pas de son beau parler ny de sa prudence, & de faict qu'est-ce que de tout cela il fit ou dit chez Nausicaa? Au moyen dequoy il l'appelle vn vray esbattement & plaisir d'Homere: car les dangers qu'il encourut furent la pluspart en dormant, & fut porté hors du nauire des Pheanens cōme vn homme mort en son nauigage. Au regard de l'indignation de Neptune, en son endroit, pour raison de laquelle vn seul vaisseau ne luy resta, & tous ceux de sa flotte perirent, elle ne vint pas pour l'occasion de Polypheme, selon que le dit Protesilaus, car Vlisse n'arriua pas en ces quartiers-là: & encore que Neptune eust eu vn fils Cyclope, iamais il ne se fust courroucé pour vn tel enfant, qui à guise d'vn cruel Lyon deuoroit les hommes, ains plustost

Odiss. 9. 10.

Calypso n. 5.

Odiss. 13. VV.

pour raison de Palamédes fils de son fils il rendoit ainsi la mer difficile à nauiguer. Et comme il fust eschappé de toutes ces afflictions & trauaux, finablement il ne laissa de le perdre estant arriué en Ithaque, luy ayant à mon opinion lancé vn coup de la poincte de son trident. Dit de plus Protesilaus que Achilles ne conceut pas son mescontentement & courroux enuers les Grecs pour raison de la fille de Chryses, ains du mesme Palamedes. Mais ie remettray ce propos à quand ie viendray aux faicts en particulier d'iceluy Achille, car ie parcourray chacun des Heroes à part, racōptant tout ce que i'en ay peu apprendre de Protesilaus. *Phen.* Vous venez certes à vn discours qui m'est merueilleusemēt agreable, car desia le bruit des cheuaux & des hōmes me vient de toutes parts frapper aux oreilles, & deuine desia d'oir quelque chose de grād & de singulier. *Vign.* Escouttez doncques. Mais ô Protesilaus qu'il vous plaise m'assister de sorte que rien ne s'enfuye de moy de ce que i'ay peu aprendre de vous : & ne m'en oblie.

ANNOTATION.

EN ceste Cherrhonese. *Ce mot importe vne contree de pays à tout autour enclose de mer à guise d'vne isle, fors de quelque estroitte aduenue en forme de digue ou chaussee que les Grecs appellent Isthme, mais naturelle, qui la ioint à la terre ferme. Dequoy elle a pris ceste appellation, de* χέρσος *à sçauoir terre vague proprement,* & νῆσος, *Isle, les latins disent* peninsula *presqu'isle. Il y en a cinq au reste les plus celebres & signalez entre les autres, le Peloponese, maintenant la Moree, à l'vn des recoins de la Grece : la Chersonese Cimbrique, qui est celle de Dannemarc : la Doree, qui est au bout du leuant en l'Inde au dela du fleuue Ganges : la quatriesme dicte la Taurique ou Precop, entre la mer maiour,* & *les marets de la Meotide, possedee par vne Horde de tartares : & la cinquiesme est celle de Thrace dont il est icy question : dont l'Isthme ou destroit du costé*

PROTESILAVS.

du soleil couchant est baigné du goulphe du Melané noir, & du leuant des flots de la Propontide. La estoit le temple et la tour de Protesilaus, comme il a esté dit cy deuant apres Pline liur. 4. chap. 11. Herodote en fait aussi mention en sa Polymnie, selon qu'il a esté dit sur le mot d'Eleonte. Des autres Chersoneses qui ne sont point icy à nostre propos, voyez Strabon au commencement du 8. liure, et au 10. Il y en a vne autre au Royaume de Pont dont il parle au 14.

B. Quant aux ormes que vous voyez vers le sommet, &c. Pline nous esclarcira ce lieu au 16. liur. chap. 45. ou il dit, que vis à vis du lieu ou souloit anciennement estre Troye, le long du destroit de l'Hellesponte vers Gallipolli, pres le sepulchre de Protesilaus il y auoit des arbres de son temps encore, qui en tous leurs renouuellemens des qu'ils estoient si exaultez qu'ils pouuoient descouurir de leur cime la cité de Troye, ils flestrissoient et deuenoient secs: et puis repoulsoient derechef. I'en adiousteray icy le Latin pour-ce qu'il est vn peu ambigu, comme est cest autheur en beaucoup d'endroits. Sunt hodie ex aduerso Iliensium vrbis iuxta Hellespontum, in Protesilai sepulchro arbores, quæ omnibus Ephœbiis eius cum in tantum accreuere vt Ilium aspiciant marcescunt, rursusque adolescunt.

C. Ceste chappelle ou le Medien se monstra autrefois si desbordé & insolent. Herodote en sa Polymnie dont cecy est pris, met que la coste de ce Chersonese entre Seste et Madyte est fort rabotteuse. Et que peu apres la descente de Xerxes en Grece fut soubs la conduitte de Xantippus fils d'Arijlon general des Atheniens, pris et empallé tout vif vn Artayctes Perse gouuerneur de Seste, pour auoir perpetré tout plein de villenies et meschancetez au temple de Protesilaus à Eleonte, y menant des fêmes soubs ombre de deuotiõ, pour les y violler puis apres, il le nõme Perse, et Philostrate Mediē ou Medois, mais ces deux prouinces estās soubs vne mesme domination, il est bien aisé de les confondre l'vne pour l'autre. Au regard de la resurrection de ce corps embausmé de sel, qui suit apres, ie n'en ay rien leu nulle part: Ce sont des miracles dont cest œuure est tout farsy.

D. Au regard de l'image elle estoit plantee en vn nauire, & vn mattelot à la proüe. Il dit cela pource que Protesilaus fut mis à mort de la main d'Hector au sortir de son vaisseau, comme met Homere au 2. de l'Iliade;

—τ̀ δ᾽ ἔκτανε Δάρδανος ἀνὴρ,
Νηὸς ἀποθρώσκοντα πολὺ πρώτιςον ἀχαιῶν.

Surquoy on peut remarquer vn fort gentil traict qui est atteint tacitement: car tout ainsi que la plus-grand' part des anciens Heroes, à la guerre mesme de Troye, combattoient de dedans des chariots d'armes, Philostrate faict icy equipoller le vaisseau où estoit Protesilaus combattant de dedans, à vn de ces chariots, & le matelot qui est en la Proüe est en lieu de l'aurigateur, cõbien que par vn ordre renuersé, par-ce que les chariots se cõduisent par le deuant, & les vaisseaux, comme l'on dit, se brident par la queuë.

Et icelle vne voix distincte & aisée à oyr comme d'vne F. doulce sourdine, entonnée d'vne foible & petite bouche. Psellus à ce propos met que les Demons comme fort spirituels qu'ils sont, s'aprochans de nostre esprit phantastique luy rememorent ce qu'ils veullent, & non point en iectant vne voix resonante & qui frappe l'air: mais nous introduisans leurs propos sans parler ny faire aucun bruit. Et de faict ceux qui parlent de loin ont besoin de crier plus fort que s'ils estoient pres: et qui vous parleroit à l'oreille ce seroit si bas que les assistans ne cuidderoient pas qu'on dist rien. Si doncques il se pouuoit ioindre à vostre ame, la parole ne seroit pas aultrement necessaire. Et cela aduient aux ames qui sont sorties du corps: car elles peuuent conuerser entr'elles & s'entr'entendre sans aucun bruit. Tout de mesme font les Demons.

Quant vous accollez Protesilaus, vous refuit-il comme F. feroit vne fumee, ainsi que les Poetes chantent. Homere en l'onzieme de l'Odissee parlant d'Vlisse & de sa mere Anticlie;

Ὣς ἔφατ'. αὐτὰρ ἔγωγ' ἔθελον φρεσὶ μερμηρίξας,
Μητρὸς ἐμῆς ψυχὴν ἐλέειν κατατεθνειυίης.
Τρὶς μὲν ἐφωρμήθην, ἐλέειν τέ με θυμὸς ἄνωγε,
Τρὶς δέ μοι ἐκ χειρῶν σκιῇ ἴκελον ἢ καὶ ὀνείρῳ
ἔπτατ'.

Ainsi me parla elle: mais ie voulus deliberant en ma pensée empoigner l'ame de ma defuncte mere, & me lançay trois fois apres, car le courage m'incitoit fort de l'embrasser, mais par trois fois elle s'en volla de mes mains à guise d'vne ombre ou fumee, dont vne fort aigue douleur vint saisir mon cœur. Et parlant à elle luy dis ainsi: Ma mere, & pourquoy ne m'attendez vous, qui ay vn si grand desir de vous accoler, afin qu'es enfers mesmes nous entr'embrassans de nos cheres mains, l'vn & l'autre se resioysse en sa tristesse? la cruelle Proserpine m'aura elle suscité ce phantosme pour me rengreger ma douleur? ainsi luy disois-je. Mais ma venerable mere me fit responce: Helas mon pauure fils desastreux & infortuné sur tous autres hommes, certes Proserpine fille de Iuppiter ne se veult point mocquer de toy: mais telle est la condition des mortels apres qu'ils sont priuez de vie: car alors les nerfs n'ont plus de chair ny d'ossements, ains la force du feu ardent les consume si tost que l'esprit les a laissez, & l'ame comme vn songe qui s'en volle se part delà & s'esuanouist: mais plus à propos encore pouuons nous y amener ce passage du 23. de l'Iliade ou l'ame de Patrocle s'estant apparue à Achilles apres auoir eu de longs propos ensemble sur le debuoir qu'il luy fit à ses obseques;

Ὡς ἄρα φωνήσας ὠρέξατο χερσὶ φίλῃσιν,
οὐδ' ἔλαβε· ψυχὴ δὲ κατὰ χθονὸς ἠΰτε καπνὸς
ᾤχετο τετριγυῖα.

Aiant dit cela, il estendit ses mains amies, & il ne l'apprehenda pas, car l'ame s'en alla murmurant soubs la terre comme vne fumee.

G. Est-il souuent auecques vous? *Vign.* Trois ou quatre fois chaque mois, mesmement quand il veult semer ou planter, &c. Philostrate entre icy en vne estrange Philosophie, Comme aussi en tout le reste de ce discours, car il met cest Heroé sien, Protesilaus à sçauoir long temps auparauant decedé, comme pour vn esprit familier qui conuerse auec luy debonnairement, & apres auoir esté separé par la mort temporelle de son corps, en prend vn autre fantastique, ouquel il apparoist tantost icy, & tantost là comme bon luy semble, faisant des actions spirituelles à maniere d'vn corps glorifié, que la crassitude de la matiere ne peult plus desormais empescher: ce qu'il touchera puis apres ou le vigneron dit, que quand il luy presente des fruits & du laict il se tire arriere, & soudain en moins d'vn clein d'œil le tout disparoist & s'esuanouist comme s'il estoit engloutty. Et vn peu plus outre, qu'en courant sur le sablon aucune marque de ses pieds ne s'y voit emprainte, car il se soubsleue & tient suspendu comme vn qui vouldroit courir sur les Ondes: car les actions de l'esprit sont à vn instant, & celles du corps successiues de peu à peu. Or quant les anciens ont parlé des esprits familiers, ils les ont tousiours presuposez & pris pour Demons, qui sont neaumoins de plusieurs ordres & Hierarchies, prenans tous par fois des corps aerez & imaginaires comme il leur plaist, pour faire des cas admirables: mais ils n'ont pas attribué ces fonctions

aux

aux esprits des hommes apres leur mort. Que s'ils reuiennent quelquefois, on tient que ce ne sont-ils pas, ains des Demons qui falsifient leur ressemblance comme il s'est peu veoir il y a quelque 70. ans à l'esprit de la ville de Lyon, & depuis quinze ou seize ans à iceluy de Laon. Ceux qui traictent des Minieres Metalliques, afferment que bien souuent dedans les concauitez de la terre plusieurs y en apparoissent à ceux qui fouillent, & leur font bien souuent de bons offices, ainsi que le tesmoigne icy Philostrate; Vous me racomptez vn Heroe fort debonaire, & modeste aussi, car encore que pour son ieune aage, il doibue aimer à follastrer, si ne fait il rien d'insolent. Parfois aussi de la fascherie & ennuy si tant soit peu on les irrite: car ils sont despits & coleres, & fort aisez à courroucer: ce neaumoins on les refere tousiours au rang des Demons, Lares, Lemures, Larues, & autres semblables phantosmeries. Surquoy y a il encore vn doubte non bien resolu; à sçauoir si ce sont les esprits des hommes deffuncts, ou Demons de la premiere creation, qui ne furent oncques incorporez, ains sont du nombre des substances separees, à sçauoir de corps, combien que les vns plus subtilement, & les autres plus grossierement, comme l'air qui est trop plus subtil que l'eau, & l'eau que la terre. Algazel au liure de la diuine science, & quelques autres Philosophes Arabes Mahometistes, sont d'opinion, que les operations que l'ame a eu en commun icy bas auec le corps auquel durant ceste vie elle auroit esté conioincte, impriment en elle certain caractere d'accoustumance, exercice, & vsage, lequel y estant fortement empreint, apres en estre separee, pour les mesmes operations & passions qu'elle y auoit eu durant leur conionction, ne demeure pas pourcela du tout esteint & effacé: de maniere que nonobstant que le corps organique soit corrompu & resouls de son premier estre, l'operation ne cessera pas pourcela, ains demeurront quelques restes de ses affections, tout ainsi que le feu estant osté hors du fouyer ou d'vn fourneau, la chaleur ne s'en absente pas toute si tost, ains demeure ce que les Grecs appellent ἐμπύρευμα. Virgile ne l'a pas ignoré nomplus quand au 6. de l'Eneide il dit ainsi.

    Quæ gratia curruum,
Armorúmque fuit viuis, quæ cura nitenteis
Pascere equos, eadem sequitur tellure repostos.

Dequoy ne s'esloigne pas du tout aussi S. Augustin, lequel aduoue que les ames separees du corps retiennent encore pour quelque temps vn resouuenir de l'inclination qu'ils auroient eue en ceste vie temporelle : ce que le

Fff

m:esme poete explique encore plus ouuertement au mesme lieu:

Quin & supremo cum lumine vita reliquit,
Non tamen omne malum miseros, nec funditus omneis,
Corporeæ excedunt pestes, penitusque necesse est
Multa diu concreta modis inolescere mores.

A quoy monstre vouloir battre aussi Philostrate quand il dit cy apres, Que Protesilaus s'exerce à tout ce qui depend du mestier de la guerre & des armes. Mais ce qui fait le plus à ce propos, est-ce qui se retrouue en certaines Annales des Candiots, que les esprits des defuncts qu'ils appellent les Carhecans ou Incubes, souloient retorner en leurs corps, & en iceux accointer de nouueau leurs femmes : Pour à quoy obuier, & qu'ils ne les molestassent plus de la sorte, ils auoient accoustumé de ficher vn cloud dans leur cœur, & brusler leurs corps : ce que touche aucunement Homere au 23. de l'Iliade ou il introduist Patrocle aparoissant en songe à Achille auquel il dit :

- ὐ γὰρ ἔτ' αὖτις
Νίσομαι ἐξ ἄϊδαο, ἐπήν με πυρὸς λελάχητε.

Ie ne retourneray plus des Enfers apres que vous aurez bruslé mon corps. Saxon le Grammairien en ses histoires de Dannemarth, et de Nortverge, & Olaus magnus des regions septentrionales en racomptent tout plein de choses toutes semblables, mais qui sont à la verité disparues & aneanties, comme aussi de mesme és Indes occidentales depuis la reception de la foy Chrestienne, et specialement ou le S. Sacrement de l'autel repose. Or pour euiter plusieurs doubtes et difficultez qui pourroient sourdre en cest endroit, il y en a qui ont mieux aimé prendre vne aultre routte et addresse, et dire que ces esprits familiers que nous nommõs aultrement follets sont ie ne sçay quoy à part entre les Demõs et les hommes : comme Paracelse en son traicté des hommes spirituels, mais la plus part pris de Psellus Philosophe Platonicien, qui receut tout cela ce dit-il, d'vn nõmé Marcus qui menoit vne vie solitaire et contemplatiue en ce Chersonese, dont il est icy question. Paracelse doncques constitue vne maniere d'hommes qu'il appelle spirituels, par-ce que leurs corps sont beaucoup plus subtils que les nostres, meu à cela de ceste Philosophique consideration qu'on ne peut passer d'vn extreme à l'autre, sinon par vne moyenne disposition : tellement qu'entre l'homme qui est mortel, et a vn corps corruptible, et le Demon qui est immortel on a pensé qu'il y doyue auoir vne tierce nature participante comme des deux, et qui ne soit ne l'vn ne l'autre : à sçauoir qui aye vn corps aussi bien que l'homme, mais plus rare et subtil sans comparaison, à guise d'vn air moins espoix que ne sont les nuees, sans aucune terrestre solidité, parquoy nostre œil ne les sçauroit discerner sinon entant qu'il leur vient à gré. Psellus à ce propos; la nature des Demons n'est pas sans corps, ains en ont, & ont commerce auec les choses corporelles, si que mesmes on les peult toucher: & sont subiects aux passions, specialement les Soutterains, si qu'ils peuuent sentir le feu, & laissent par fois des cendres de leurs brulleures. Poursuit puis apres Paracelse, qu'ores qu'ils soient subiects à la mort et resolution, ils sont neaumoins de trop plus longue duree que nous ne sommes. Et comme le Demon est moyen entre les hommes et les dieux du tout abstraits et separez de corps, par ce que les hommes habitent la terre, et les dieux le ciel: les Creatures ou hommes spirituels le sont entre les hommes et Demons d'vn costé, et les hommes, et les bestes bruttes de l'autre, à cause qu'ils n'ont point d'ame raisonnable ains à leur mort tout perist en eulx. Il en fait au reste de quatre sortes, selon le nombre des Elemens, et qu'ils participent plus de celuy ou ils font leur habitation principale. A sçauoir les Pygmees ou Gnomons comme il les appelle, qui resident dans les entrailles de la terre, et es plus creuses concauitez des montaignes: les Nymphes Nayades ou Vndenes en l'eau: les Syluains et Geants en l'air, es plus destornees et profondes forests: et ceux-cy sont les moins accostables de tous aux persones, fors les Vulcains qui resident au feu. A chacun desquels leur element particulier est le mesme qu'aux animaux l'air, aux poissons l'eau, aux taulpes et vers la terre: et aux Pyrales ou Pyrustes le feu, selon Pline liu. 11. ch. 36. Es fournaises en Chypre, ou l'on fond & affine le cuyure, au beau millieu de la plus grande ardeur du feu, se voit vne maniere de petit bestion à quatre pieds qui a des esles, de la grandeur d'vne grosse mousche appellé Pyralis, & d'aucūs Pyraustes, tant qu'il est au feu il est vif: mais si en volāt il s'en esloigne vn peu trop, il meurt soudain. Quant aux Salemandres comme les appelle encore Paracelse, tant s'en fault qu'elles viuent au feu, & s'en nourrissent comme l'on tient cōmunement, qu'elles s'y consument aussi bien que les crapaux, ausquels elles ressemblent presqu'en tout horsmis qu'elles ont vne queue cōme vn lezard, ayans au reste vne froideur si grande, que pour quelque tēps ie les ay veu amortir & esteindre des charbons ardents. Mais tous ces animaux ne font rien à nostre propos, qui est des creatures participātes de l'vsage du discours ratiocinatif, & de la parole selō leur maniere.

Fff ij

PROTESILAVS.

Et tout ainsi que l'eau ne peult compatir auec le feu à cause de leurs cõtraires qualitez, les Vndenes ou Nymphes de mesme n'ont aucune affinité ny rien de commun auec les Vulcains: ny les Geants sylueſtres gueres plus cõme eſtans aerez auec les Gnomons ou Pygmees terreſtres. Ces quatre manieres doncques de creatures ne procedent pas, ce dit-il, de la race & engeance d'Adam, comme nous autres, ains en sont diſtinguez, combien qu'ils communiquent par fois auec nous, & en peuuent auoir lignee, les femmes principalemẽt pluſtoſt auec nos hommes, que leurs hommes auec nos femmes au contraire des Incubes. *Pſellus pourſuit.* M'enquerant de ce Marcus ſi les Demons pouuoient patir, il me reſpondit, ouy de vray, ſi qu'aucuns d'eulx iectent du ſperme dont ſe procreent de petits beſtions. Et comment, reſpondis-je, ſe peult faire cela, car il fauldroit qu'ils euſſent des mẽbres genitaux? Ils en ont dit-il, mais nompas comme les perſonnes, & en ſortent quelques excremẽts. Et quoy, il fault dõcques qu'ils ſe norriſſent? ouy certes, les vns de l'inſpiration de l'air, les aultres de quelque humidité, mais ils ne la reçoiuent pas par la bouche, ains la ſucceans comme les eſponges, dont puis apres en s'eſpraignant ils iectent dehors le plus groſſier. Neaumoins tous les Demons n'en font pas ainſi, mais ſeulement ceux qui ſont les plus prochains de la matiere, comme les Soutterrains & Aquatiques. Car il y en a ſix eſpeces: la premiere eſt des Leliurans ou Ignees qui habitent aultour de la ſuperieure region de l'air. La ſeconde des aerez: la troiſieſme des terreſtres, ou ils prochaſſent infinis inconueniens & deſaſtres: la quatrieſme des Aquatiques & Marins qui habitent le long des lacs & riuieres ou ils font noyer & perir maintes perſonnes: la cinquieſme de Soutterrains qui font leur reſidence dans les entrailles de la terre, ou ils moleſtent ceux qui creuſent les puits, & fouillẽt les metaux: la ſixieſme ſont ceux qui haiſſent du tout la lumiere, & ſe rendent inaccoſtables. *Au reſte que la diference des ſexes maſle & femelle n'eſt pas reellement en eulx, ains les prennent en apparẽce, mais cela n'eſt pas gueres ſtable, nomplus que les figures qui s'impriment es nuees, ſoit de forme ſoit de couleur, leſquelles ſe diſſipent tout auſſi toſt: & de meſme en l'eau. Au ſurplus la lignee qui s'en procree n'eſt pas de leur eſpece ains de la noſtre,* parce que du masle vient la forme à la matiere que la femelle contribue, ainsi qu'on lit de Melusine & de Raymondin. Et d'autant que la chair & tout le reste de nostre substance corporelle que nous auons prise d'Adam, est grossiere, massiue & terrestre, ainsi que de bois ou de pierre, la leur au rebours qui ne vient pas de nostre premier pere, ains d'vne creation à part, est trop plus subtile sans comparaison, & plus impalpable à l'attouchement, à maniere presque de l'air si qu'elle penetre ayseement par tout où il y a des pores, & petits souspiraux & conduits : comme la vapeur de la souldre qui brisera vne espee engaisnee sans en offenser le fourreau, & reduira des testons en pouldre dedans vne bourse de cuir ou autre estoffe, sans aucune lesion d'icelle. Si que pour autant que ces creatures ne sont pas de terre, elles penetrent bien ayseement toutes choses solides, comme les huis & les murailles sans les faulser ou y faire bresche : & ne ceddent à rien que ce soit, quelque resistance qui y puisse estre, parquoy elles n'ont besoin d'huis, fenestrages, ou autre ouuerture pour entrer par tout. Du surplus ils sont ainsi comme l'homme Adamique, composez de chair, nerfs, ossements, & de sang : parquoy ils diferent des esprits simples qui n'ont ny chair ny os, comme mesme dit le Sauueur en S. Luc dernier : & engendrent des enfans entr'eux qui leur sont semblables, parlent, boiuent, mangent, & marchent, participans en tout cela de l'homme Adamique : mais d'autrepart ils en diferent d'agilité, vistesse, promptitude, celerité, & disparoissance soudaine. Desquelles parties ils approchent plus de la nature des esprits : tellement que tout ainsi qu'vn corps composé de deux ou plusieurs substances : & vne couleur de deux ou de trois, ne produisent qu'vne seule forme, ces creatures sont de mesme comme moyennes entre les hommes & les esprits. Il y a encore vne autre diference, c'est que l'homme a vne ame, & ils n'en ont point, ains consistent seulement du corps & de l'esprit, dont ils diferent neaumoins en ce qu'ils definent & meurent, & les esprits non. Et tout ainsi qu'és bestes brutes l'vne excelle l'autre de tant plus qu'elle approche du naturel de l'homme, aussi sont ces creatures tous les animaux, qui n'ont point d'ame raisonnable, en ce mesmement qu'elles approchent plus de l'homme qu'ils ne font ; & ont toutes les fonctions de l'homme, qu'elles surpassent en cas de spiritualité pendant qu'il est accompaigné de son corps terrestre en ceste vie temporelle. Mais d'autant que le Redempteur est mort seulement pour les hommes doüez de l'ame raisonnable qui leur fait auoir vn estre perpetuel, le merite de sa Passion, & le salut qui en depend ne s'estendent point

Fff iiij

PROTESILAVS.

à ceste maniere de gens spirituels, lesquels encore que leur vie soit trop plus longue que la nostre, quand ils viennent à deceder tout meurt & s'aneantist auec eux, n'ayans point d'ame raisonnable par le moyen de laquelle le corps se puisse quelquefois resusciter, & reprendre vne nouuelle vie soit à salut ou damnation : ils desirent fort l'accointance des hommes. Et ont au reste leurs differences de grades entr'eux comme nous auons, de richesses & de pauureté, de sagesse & imprudence: & en somme sont aucunement ainsi qu'vn image de l'homme, ainsi que l'homme est l'image de Dieu. Et comme l'homme pour auoir ceste image & caractere n'est pas Dieu pourtant, ains tant seulement son image, de mesme ne sont-ils pas hommes, ains vne image seulement de l'homme : mais ils ont cela par-dessus nous que rien ne leur nuist ny ne les offence, ny la fumee, ne la chaleur, ne la froidure, ny autres accidēts semblables: trop bien souffrēt-ils des maladies & infirmitez, dōt par fois ils guerissēt, par fois ils meurēt ainsi que nous, mais leurs medicamēts sont aultres, cōme aussi leurs viandes. Apres leur deces leur chair, ossements, & le reste de leur corporelle structure se corrompt, pourrist & altere comme la nostre, combien qu'en plus long espace de temps, d'autant qu'ils sont moins subiects à corruption, comme plus proches de la spiritualité. Ils ont leurs Arts & Mestiers, la dexterité & industrie, & leur lourdisse & ignorance : & gaignent leur vie à trauailler ainsi que nos laboureurs, artisans, traffiqueurs & aultres: ont vne fort grande discretion à la conduitte de leurs affaires, & en leur iustice & police, qu'ils obseruent fort exactement : si qu'ils ont toutes les parties de nostre ratiocination & discours, fors l'ame raisonnable qui en est la vraye source en nous : & en eux certain instinct naturel comme aux bestes brutes : mais trop plus excellent sans comparaison : ce qui fait qu'ils n'ont point le soin de la religion & culte diuin comme a la creature raisonnable.

Or ie ne fais doubte que si ces choses estoient telles qu'on nous les propose, beaucoup de gens ne desirassent de les cognoistre & à s'accointer de ceste maniere de Fees, Sibylles, Melusines, Oberons, &c. comme firent iadis, s'il en fault croire à nos Romans, Raymondin, Guerin Mesquin, Huon de Bourdeaux & autres semblables qui nous sont par-là proposez tout ainsi que Philostrate fait ces anciens Heroës. Quoy que ce soit, car ie n'en veulx pas faire la maille bonne, s'il nous en preste icy de belles, comme il faict à la verité, nous le payerons en la mesme monnoye, si que ces annotations correspondront au moins au texte en ce qu'elles contrementiront si besoin est, à ses menteries. Passons doncq outre.

De leurs habitations & demeures.

ELLES sont diuerses, comme il a esté touché cy dessus, selon la qualité & disposition de leur naturel, dont les plus approchans du nostre, encore que bien peu accostables, ains fort farouches, sont les Syluains, parce qu'ils viuent en l'air comme nous, & ont leur mort plus approchante de la nostre: car ils se peuuent suffoquer en l'eau: estouffer dans la terre, brusler au feu. Les Vndenes viuent en l'eau, qui ne leur fait non plus de nuisance que l'air à nous. Les Gnomons dans la terre, comme les taulpes: & d'autant que leur Element est plus crasse & grossier que de nuls des autres, de tant plus leur composition corporelle est plus deliée, si qu'à maniere d'vne tressubtile vapeur ils persent tout. Et ainsi que nostre habitation est en l'air, entre le ciel & la terre qui nous soustient, le mesme est aussi aux Syluains aux Vndenes habitans en l'eau, le fonds d'icelle leur est comme à nous la superfice de la terre, qui est le fonds de l'air, & leur ciel est en la superfice de l'eau: de maniere qu'ainsi que nostre Sphere est entre le ciel & la terre, la leur est entre la terre & l'air, qui leur est en lieu du ciel. Des Gnomons le fonds est l'eau: leur habitation ou Sphere la terre, dont la superfice est leur ciel. Des Vulcains autrement Sallemandres le fonds est l'air, leur demeure la Sphere du feu, & leur ciel la region etheree. Tous lesquels prennent leur nourriture & maintenement chacun endroit soy selon leur nature: si qu'aux Vulcains ces exhalations enflammees qu'on appelle les estoilles cheantes, & autres tels feuz aërez leur sont comme en lieu de viande & breuuage: car tous ont besoin de nourrissement, lequel ne nous est pas cogneu. Ils ont leurs vestements aussi à eux propres, parce qu'ils naissent nuds comme les hommes: & en toutes choses se gouuernent par vn instinct ou lumiere de nature, comme les fourmiz en leur forme de Republique, les mousches à miel en leur Republique dessouz vn Roy: les Grues, les Cigoignes, & oyes sauuages soubs leurs guides & conducteurs, & les autres animaux chacun endroit soy ont ie ne sçay quoy de particulier à eux propre, & non aux autres. Ils dorm̃t & veillẽt: & iouyssent de la lumiere du Soleil, & de la clarté de la Lune & des Estoilles: car les raiz de ces corps celestes penetrẽt dedãs leurs cle-

PROTESILAVS.

m⟨…⟩ comme à trauers l'air, si qu'ils ont le iour & la nuict, & les quatre saisons de l'annee, esquelles sont en chaque element à eux particulier produittes par le cours du ciel & de ses lumieres, les choses à eux propres & necessaires pour le maintenement de leur vie, & leurs autres commoditez tant du manger que du vestir. Quant à leurs tailles & statures, les Gnomons ne passent gueres vne coudee de hauteur: les Vndenes ont la leur conforme à la nostre: les Syluains trop plus grande comme Geants: les Salamandres sont longuettes, minces, gresles & deliées. Les Gnomons edifient leurs habitations soubs les montaignes, selon leur proportion & grandeur: les Nymphes & Vndenes se tiennent és fleuues & riuieres, lacs & estangs, & semblables lieux aquatiques, la pluspart du temps le long des bords pour plus aisement se communiquer a ceux qu'il leur plaist, & s'esiouyssent à les toucher quand ils s'y baignent. Les Syluains habitent és profondes forests cõme hommes sauuages: les Vulcains là hault en la Sphere du feu, & icy bas és monts gibels comme Ethna, & autres semblables. Et pource que tous se recelent fort de nostre conuersation bien que les vns plus que les autres, il est mal-aisé de les accoster, & d'auoir leur practique & cognoissance.

Comment c'est qu'ils viennent à nous, & se rendent visibles.

Tout ainsi que Dieu n'a pas à tous propos, & à toutes sortes de personnes indifferemment enuoyé des Anges visibles: ny permis d'ailleurs aux Demons de trauailler en les possedant sinon que bien peu de personnes, comme il luy a pleu, dont il ne se faut point enquerir dauantage: il ne permet pas nomplus que ces hommes spirituels ainsi separez de nous, se voyent & y communiquent que tres-rarement, & pour les occasions à luy seul cogneues. Et comme nous n'auons point de cognoissance d'eux, ny de leurs affaires, de mesme ils n'en ont point aussi de nous & des nostres, si d'auenture ils ne nous viennent visiter & accointer par vn particulier octroy du Dieu Souuerain: & puis à leur retour en peuuent dire des nouuelles à leurs consemblables: ainsi que quelques vns d'entre nous feroient des Indes, & de la Chine où ils auroient voyagé, nous en viendroient racompter ce qui s'y fait, & comme les choses s'y portent. Au demeurant

ils

ils ne nous peuuent pas attirer en leur monde: car outre ce qu'ils n'ont point de pouuoir sur nous, aussi bien n'y viurions nous pas, comme estant de dissemblable nature, encore qu'ils puissent viure au nostre, si ce n'estoit d'auenture en celuy des Syluains qui consiste à l'air, bien que plus espois & vellent que le nostre: mais les plus familiers de toutes ces manieres de gens, & accostables sont les Vndenes, dont les femmes par la permission de Dieu ont quelquefois contracté mariage auec des hommes, ainsi que Melusine auec le Comte de Poictiers Raymondin, si nous-nous en voulons rapporter à ce qu'en a chanté son Roman, & en ont eu mesmes lignee, qui estoit semblables aux peres, & nom pas à elles, qui l'ont alaictee & nourrie, eu soin du mesnage, & fait toutes autres actions de femmes humaines: En consideration duquel mariage ceste lignee a esté douee de l'ame raisonnable immortelle, & leurs meres pareillement, qui auparauant ne l'auoient pas: telle efficace a ceste solennelle paction matrimoniale, que elle transmet à l'inferieur les perfections & dignitez de ce qui luy estoit superieur & plus excellent, & le fait iouyr de ses graces & priuileges. Les Vndenes doncques preuoyans assez le grand bien de ceste alliance & paction coniugalle, la cherchent fort & la conuoitent auec les hommes. Quant aux Gnomons, fort rarement y viennent-ils à cause de leur disposition, & aussi que leur naturel est plus esloigné du nostre que nom-pas celuy des Vndenes, selon que l'eau est bien plus proche & a plus d'affinité auec l'air ou nous viuons, que n'a la terre. Trop bien ces bons petits hõmets de Gnomons se rendent par fois fort seruiables & obsequieux aux personnes, & leur font beaucoup de soullagement pourueu qu'on se garde de les courroucer, car ils sont fort colleres & despits de leur nature, qui est beaucoup plus spirituelle & subtile que celle des hommes, & ont plus parfaicte cognoissance du passé, du present, & de l'aduenir que nous n'auons: & sçauent trop mieux parler des choses occultes & cachees, si que par la permission de Dieu ils nous peuuent reueler plusieurs grands secrets à guise d'esprit familier. Les Syluains sont grossiers & ruddes, & n'ont l'vsage de la parole, combien qu'ils n'en soient pas du tout incapables, ains se passe tout leur affaire par signes, mines & gestes, auec quelques voix inarticulees. Les Vndenes sont trop plus affables, et vsent du langage de leur region, comme font aussi les Gnomons: mais ils ont le leur d'abondant à part, et la prolation aussi. Les Sallemandres aussi, ou Vulcains parlent tres-rarement, toutesfois ils le peuuent. Les Vndenes apparoissent en sem-

Ggg

blanc e humaine, de face & de membres conformes aux hommes, & en leurs vestemens encore, auec les mesmes affections & desirs. Les Sylvains abhorrent & refuyent du tout nostre commerce, & accointance, & de les y vouloir attraire seroit vne chose fort dangereuse, d'autant qu'ils sont fort felons & farouches: que s'ils se manifestent quelquefois, ils n'y persistent pas longuement, ains disparoissent aussi tost. Les Gnomons se monstrent en maniere de petits vallets seruiables, prompts & habiles à executer ce qu'on leur commande. Les Sallemandres ou Vulcains apparoissent tousiours en viues flammesches, ainsi que des brandons ardents qu'on verroit reluire de loin à trauers les champs ou prairies. Psellus à ce propos des apparitions, dit que les especes des Demons pour ce regard different fort entr'elles, car les ignees & les aerez ne persistent pas volontiers longuement en l'apparoissance qu'ils veullent prendre, par ce que d'autant que leur imagination phantastique est plus subtile que de nuls des aultres, ils se transforment d'infinies sortes toutes distinctes les vnes des autres: Au contraire les Aquatiques & les terrestres demeurent plus fermement és formes qu'il leur plaist de choisir, & ne les changent pas si tost, car ils n'ont pas tant de diuerses imaginations. Et pour ce que les Aquatiques sont plus mols & fluides, ils apparoissent plus communement en forme d'oiseaux ou de femmes, & les terrestres en celle de bestes ou d'hommes mesles. Mais la conuersation des Vulcains est ordinairement auec les sorcieres & enchanteresses, où ils ont mesmes des accointances Veneriennes: & le diable les possede parfois comme de substance à luy conforme qui est le feu, lequel en la circulere reuolution des Elemens s'allant ioindre auec la terre, cela fait que les Gnomons & Vulcains ont plus d'affinité entr'eux que n'ont les Vndenes auec les Sylvains. Par le moyen au reste de l'association de ces sorcieres auec les Vulcains s'effectuent des cas trop estranges, parquoy c'est chose trop dangereuse de s'y rencontrer: car le mauuais esprit saisist aussi parfois les Gnomons & les Sylphiens ou Sylvains, mais les Vndenes fort rarement: trop bien par elles & leur entremise tasche-il à deceuoir les personnes, les incitant mesme à s'y presenter en guise d'hommes ou de femmes, selon ceux ou celles à qui ils s'addressent: que s'ils s'y iouent, ce n'est pas à faulses enseignes, & sans en receuoir leur payement tout comptant, en especes de ladrerie, verolle, pelade, galle, & semblables ordes & salles contagions incurables, là où les Vndenes sont de soy pure-nettes, & inuisibles, lesquelles en leurs disparoissances gardent plus le naturel des esprits que tous les autres : parquoy quiconque en auroit vne à femme, qu'il se garde de les laisser aller promener le lög des eaux & sur tout de les courroucer pres des lieux aquatiques, parce qu'il la perdroit bien aiseemēt. Tout de mesme est-il des Gnomes, car qui aura le ministere & seruice de l'vn d'iceux qui se soit addönä à luy, qu'il se retienne de le despitter, parce qu'ils sont petits & colleres par cösequent, comme le sont ordinairement les petites gents, qui n'endurent pas facilement vn oultrage desraisonnable & supercherie, ains disparoistroit aussi tost, & peult estre non sans quelque insigne dommage, autrement ils sont fort obsequieux, & ne se departiront pas legierement, ny sans quelque legitime occasion, de ceux ausquels ils se seroient vouez. Car tout ainsi qu'ils obseruent fort estroittement leurs promesses & conuentions, il leur fault de mesme tenir si dellement ce qu'on leur promet, de maniere que la paction soit reciproque ; se monstrans en tout & par tout estre fort veritables, constans, & bien affectionnez aux personnes. Es d'autant qu'ils sont ainsi d'vne nature si spirituelle, aussi ont ils fort aiseement tout ce qu'ils souhaittent, & dont ils peuuent auoir besoin ou desir tant pour eux, que pour ceux qu'ils seruent : & en ce cas ils excellent de beaucoup les hommes qui sont contraints auec de tresgrandes difficultez & trauaux prochasser leurs necessitez : si que ce Comique allegué par Plutarque au traicté de la superstition auroit fort pertinemment dit, que les dieux n'ont rien octroyé gratuitement aux humains fors le dormir. Mais pource que ces manieres de creatures, ayans ainsi à leur plein souhait toutes choses, on pourroit demander quel besoin ils ont de se soubsmettre ainsi de leur bon gré aux hommes, & les rechercher, il fault entendre que tout ainsi que les creatures raisonnables addressent tous leurs vueils & intentions à Dieu, ceux-cy pour n'auoir point d'ame raisonnable qui les y conduise immediatement, s'addressent aux hommes comme moyens entr'eux & la diuinité.

De leurs admirables ouurages, & façons de faire.

SI l'on promenoit vne Nymphe ou Vndene dans vne barque dessus l'eau, & qu'on la courrouçast, elle se submergeroit dans

PROTESILAVS.

les Ondes tout à l'instant, sans plus comparoistre: et pourtant celuy qui l'auroit à femme doit tenir cela pour certain qu'il l'aura perdue à tout jamais sans la reuoir plus: neaumoins qu'il se garde bien de penser qu'elle soit morte ny noyée, car elle ne peult perir en son element: ny que pour cela il pense estre deliuré de son mariage si qu'il aye liberté de se pourvoir auec vne autre; car s'il le fait, il se peult asseurer de ne la faire pas longue apres: d'autant, que leur mariage n'est pas resolu par ceste absence, car c'est tout ainsi que si vne femme se departoit d'auec son mary, elle n'est pas pour cela absoulte et delivré de son mariage, ny vn homme qui lairroit sa femme non-plus, ains demeurent liez en la mesme obligation qu'auparauant tant que l'vn et l'autre viuront. Les Vndenes doncques vne fois espousées de leurs maris n'y retournent plus, si d'auenture il n'espousoit vne autre femme, car en ce cas elles luy viendroient au plustost prochasser sa mort, à cause que d'autant qu'elles ont laissé leurs maris, & la lignée qu'elles en auoient eu, qui n'est pas toutefois de longue durée, car elle ne passe point la seconde ou tierce generation, elles seront tenues d'en rendre compte au iour du iugement, ayans en faueur de ce mariage obtenu l'ame raisonnable ainsi que pour vn special douaire priuilegé. Mais tout ainsi que ceux qui les accointent soit en mariage ou autrement sont coustumiers de ne viure gueres, comme le donne assez à cognoistre Homere en l'hymne de Venus pour le regard d'Anchise lequel engendra Eneas en elle.

ἐπεὶ ὗ βιοθάλμιος ἀνήρ,
γίγνεται ὅς τε θεαῖς εὐνάζεται ἀθανάτοις.

Qui se meslera aux deesses
Ne peult pas viure longuement.

Les Rabins sur ce passage du 32. de Deuteronome, ils ont sacrifié aux Schedim, interpretent cela pour des mauuais esprits Aquatiques, que l'antiquité, disent-ils, a reueré en lieu de dieux, à sçauoir les Nymphes, les plus propres de tous les Demons à peruertir & desbaucher l'homme, & l'abbreuuer de delices, voluptez & mauuaises mœurs: aussi ceste diction de Schedim est tirée de perdre, gaster & corrompre. Et à la verité les Nymphes comme estans de nature d'eau sont les plus dangereuses, à cause de leur fluide humidité, laquelle coule & s'introduist bien aisément en la sensualité des personnes, qui consiste principalement en l'humidité aquatique source de la lubricité, aussi feint-on Venus auoir esté procreée de la mer, dont le Poëte Virgile en passant pays auroit dit, agitata tumescunt æquora. Parquoy il y a d'autres Nymphes dictes les Seraines qui hantent plus volontiers les mers que les eaux doulces, en forme de belles ieunes filles, toutefois aucunement alteree de celle des femmes naturelles, & n'engendrent point, comme estans du genre des monstres, procreées par des masles & femelles aquatiques, qui pour ceste occasion les bannissent d'alentour d'eulx. Elles sont au reste de diuerses semblances, comme les monstres, qui ne gardent pas vn ordre immuable, ainsi que sont les choses reiglees de la nature, & sont sans tare: & ont aussi diuerses manieres de faire, non toutefois du tout abhorrentes des creatures humaines; car les vnes chantent, les autres sifflent, les autres pleurent & lamentent. Il y a encore vne autre espece de ces monstruositez produittes d'vn meslange des Gnomons auec les Vndenes, qui p.areillement n'engendrent point, nomplus qu'vn mullet ou mulle qui viennent de l'assemblement d'vn asne & d'vne iument: & tous ces monstres appetent fort l'accointance humaine, principallement les femelles estans en trop plus grand nombre que les masles, par-ce que l'element de l'eau qui est mol, froid & humide, conuient mieux à la nature feminine & à ce sexe, là ou au contraire les Gnomons qui sont plus terrestres, secs & arides, sont plus de masles que de femmes, Parquoy ils se ioignent plustost aux nostres, & les Vndenes à nos hommes. Elles viuent fort longuement, leur premiere beaulté iuuenille perseuerant tousiours en vn mesme estat iusqu'à leur decez, sans aucunement se flestrir ny decheoir. Hesiode semble aucunement auoir touché cela, au rapport de Plutarque en la cessation des oracles: où il estend leur vie à neuf mille sept cens vingt ans, comme nous l'auons deduit sur le tableau des amours. Aucuns veulent dire que Venus fut iadis leur reyne: & que c'estoit ceste Fee ou Sibylle qu'on a feint tenir le Berland es montaignes de Norche en la contree des Sabins, aupres du Duché d'Espollette, dont il est fait mention au Roman Italian de Guerin Mesquin: & en vn ancien liure François intitulé la Salade, ou l'autheur dit auoir eu ceste curiosité autrefois de veoir ce que s'en estoit: & de faict il monta en deux iours iusques au hault de la montaigne, dont le sommet se separe en deux crestes iointes ensemble par vn destroit de rocher à guise de planche, qui ne sçauroit contenir plus de quatre pieds de large, & bien quarante pas de long, auec des abismes & des precipices de costé & d'autre si profonds & espouuentables, qu'il n'y a courage d'homme si asseuré qui ne s'espouuante si l'on y iecte l'œil tant soit peu, neanmoins qu'il passa oultre, mais à quatre pieds, & deux autres auecques luy, iusques à vn

Ggg iij

PROTESILAVS,

petit lac qui estoit à l'autre costé, ayant au milieu vne islette de rocher aussi à quelques dixhuict ou vingt pas du bord ou l'on va par dessus vne petite chaussee du mesme roc enfoncee bien trois pieds auant dans l'eau, tellement qu'il y fault auoir vne guidde qui voise deuant, fondant le chemin auec vn baston. De ceste Islette on trauerse sur vne aultre pareille chaussee dedans l'eau à l'autre bord ou se trouue l'entree d'vne cauerne, ou ils deuallerent quant à culx auec des lanternes, par trente ou quarante marches taillees au roc, mais la pluspart mangees de la vieillesse & fort vsees, iusques à vne petite chambre taillee aussi dedans la roche, pouuant contenir quelques trois toises en carré: & à l'vn des coings y auoit vn autre pareil escallier descendant plus bas, ou ils n'oserent s'auanturer pour le grãd vent qui en sortoit & le bruict que faisoient les eaux dedans ces concauitez de rochers d'vn fort estrange tintamarre, si que leur plus beau fut de s'en retorner le chemin qu'ils estoient allez. Mais Guerin Mesquin, ce dit son compte, se hazarda de passer oultre ie ne sçay combien de centaines de marches, tousiours en bas, iusqu'à vn petit torrent fort impetueux, qu'il passa sur vne planche molle & obeissante, comme vn sac de laine comme il luy sembloit, & l'ayant consideree de plus prez quand il fut oultre, à la lumiere qu'il portoit il trouua que c'estoit vn enorme & hideux serpent, lequel luy dit en voix humaine qu'il s'appelloit Macho, & auoit ainsi esté transformé pour s'estre trop curieusement entremis de rechercher les secrets de ceste Fee. Toutefois il ne laissa de passer auant iusqu'à vne porte de bronze, ou ayant heurté par trois fois, trois belles ieunes Damoiselles luy vindrent ouurir & le receuoir, qui le menerent en vn vergier ou il y auoit plusieurs aultres de leurs compaignes, lesquelles se leuerent toutes au deuant de luy, fors vne seule qui sembloit bien estre leur dame & maistresse, d'vne souueraine beaulté, & paree somptueusement, assise dans vn tres-riche faudesteul soubs vn grand dez tout de drap d'or. Elle luy fit la bien-venue, & le receut fort amoureusement, Puis le mena en vn autre iardin plus secret, ou apres plusieurs deuiz qu'ils eurent ensemble, & tous d'amour & de plaisir, le souper fut magnifiquement aprefté en vne gallerie trop superbement tapissee, & enrichie d'ouurages de plattepeintures & stucq, lequel dura iusques bien auant dans la nuict: Cela faict le mena coucher elle-mesme en vne chambre la plus belle, & la mieux paree que l'on vit oncques: ou l'ayant fort importuné de la cognoistre charnellement, il en fit refus suyuant l'admonestement que luy en auoient donné des hermites, & la requit

PROTESILAVS.

de luy declarer qui estoient son pere & sa mere, dont elle luy en print quelque ombrage : & le planta là comme toute indignee de son refus. Le lendemain elle le mena à l'esbat par la contree la plus plaisante ce luy sembloit, qu'il eust onques veuë, à la chasse & vollerie, luy s'esbahissant bien fort comme dedans ces baricaues ainsi contraintes & resserrees, & en tels destroits de rochers, il y peust auoir vne telle estendue de pays si delicieux. Ainsi passerent deux ou trois iours, elle tousiours le pressant de plus en plus de luy accomplir son vouloir, & luy s'en defendant du mieux qu'il pouuoit, iusques au vendredy au soir, qu'à soleil couchant il apperceut toute ceste compagnie changer à vn instant de visage, & de leur beau accoustumé teint vermeil, deuenir pasles & liuides comme vn trespassé de huict iours, qui se disparurent de luy. La nuict ensuiuant il oit force plaintes & lamentations effroiables : Puis le lendemain à l'aube du iour elles prindrent diuerses formes, les vnes de serpents & couleuures, les autres de lezards & scorpions, crocodilles, & autres semblables vermines, ou elles demeurerent tout le long du iour, demenans vn treslaid et hideux seruice, iusques au soir qu'elles reprindrent leur accoustumee semblance. La fin fut que n'ayant voulu obtemperer aux lascifs, et lubriques desirs de ceste Fee, il fut honteusement chassé dehors par les espaulles, et s'en retorna le chemin qu'il estoit venu. Voila en somme ce fabuleux compte pour autant de recreation aux lecteurs, à l'exemple de celuy de Psyche en l'asne doré d'Apulee, qui n'est pas plus extrauagant que ces Heroiques narrations.

Vous me racomptez icy vn Heroe fort debonaire. Cecy H. est dit pour ce qu'ordinairement ces genies ou esprits venenaus, mesmement apres vne mort violente et anticipee, ont de coustume d'estre malfaisans et facheux : à propos dequoy Suidas en ce mot οὐκ εἰμὶ τέτων τῶν ἡρώων, Ie ne suis pas de ses Heroes, dit cecy du sien, que c'est vn prouerbe duquel on vse enuers ceux qui veulent bien meriter et faire quelque chose de bon, pour ce que les Heroes sont plus prompts à offencer qu'à bien faire. Et la dessus ie me contentery d'amener icy ce que Pausanias en racompte dans ses Eliaques. Vlisses apres la prise de Troye s'estant embarqué auec les siens pour retorner en son pays, fut porté par les vents contraires & les tormentes en plusieurs endroits hors sa droicte routte : & entre aultres à Temese ville en la coste de la Calabre : là ou comme l'vn de ses nautonniers estant hyure eust forcé vne ieune fille, les

PROTESILAVS.

habitans meuz de cest oultrage l'assommerent à coups de pierres: & Vlisse sans en faire cas aultrement, se partit de là. Mais l'esprit du defunct ne cessa depuis de molester les habitans en maintes sortes, iusques a en mettre plusieurs à mort, & se ruer à tous propos sur ceux qu'il pouuoit trouuer à l'escart, de toutes sortes d'eage & de sexe: iusqu'à ce que la Pythienne ou ils auoient enuoyé au conseil estans sur le point de quitter toute leur contree, les admonesta de n'en desloger, ains qu'ils taschassent d'appaiser cest Heroe, en luy edifiant vn temple accompagné d'vn sacré bosquet, ou ils exposassent tous les ans au mesme iour qu'il fut lapidé, la plus belle de toutes leurs filles pucelles: & que cela effectué ils n'auroient plus rien à craindre de ce Genie. Or Euthyme vn tres-braue & vaillant Athlete es sacrez combats Olympiques, estant de fortune arriué en ces quartiers-là lors qu'on celebroit cest aniuersaire, apres auoir apris des habitans ce que s'en estoit, il luy prit enuie de le veoir à l'œil, & entrer au temple: là ou ayant apperceu ceste pauure desolee creature n'attendant l'heure que le Luicton la vinst trouuer, pour la violer, & la mettre à mort quant & quant, il en eut compassion d'arriuee, qui soudain passa oultre à vn amoureux desir de la garentir, & auoir à femme: ce qu'elle luy accorda volontiers, & le luy promit par serment pourueu qu'il la deliurast du danger. Au moyen dequoy il se prepara tout à l'heure pour attendre l'assault du Genie: qu'il surmonta, & le contreignit de s'aller ietter dãs la mer, si qu'il ne fut oncq veu depuis. Cela faict il espousa ceste belle fille, auec laquelle il vescut depuis longuement en la mesme ville: ou se pouuoit veoir vn tableau de plattepeinture ouquel estoit representé tout ce faict. Et en premier lieu estoient peints les fleuues de Sybaris, & de Calaber en forme de deux iouuenceaux accouldez sur des cruches qui versoient de gros bouillons d'eau auecques la fontaine de Calyque: Puis la deesse Iunon presidente des mariages, tenant la fille d'vne main & Euthyme de l'autre pres de la ville de Temesse. Et consequemment le Genie ou Luicton qui s'en fuioit deuers la mer, noir comme vne taulpe, & espouuentable en

tout

PROTESILAVS.

tout le reste de sa personne, vestu d'vne peau de loup, dont la teste ouurant la gueulle, & rechignant des dents luy seruoit de cabasset, & au dessus son nom escript, à sçauoir Liban. *Somme que ces Genies sont ordinairement dommageables & pernicieux, & peu s'en trouue de debonnaires & traictables, dequoy Philostrate tasche de loüer icy Protesilaüs.*

IE plantois par le passé des arbres qui estoient ja grands. I.
Auec le surplus de ce propos, qui est d'vne estrage agriculture, car il veult qu'on plante les arbres aussi auant dans la terre comme ils peuuent arriuer hors d'icelle à leur accomplie haulteur, pour deux raisons: l'vne qu'ils en reçoiuent mieux leur nourrissement: & l'autre qu'ils sont moins subiects à estre esbranlez des vents, & battus d'orages, & semblables iniures & assaults de l'air. Là dessus ie me resouuiens de ce que i'ay leu és histoires des Indes Occidentales dans Gonçalo Ouiedo liu. 4. chapitre premier, que lors qu'elles furent premierement descouuertes par Christosle Coulon Geneuois, comme il en faisoit son rapport au Roy Dom Ferdinand d'Arragon, & à la Reyne de Castille Isabelle sa femme: & qu'entre les aultres particularitez de ces quartiers-là il alleguast pour vne chose assez estrange, que les arbres pour quelques grands qu'ils peussent estre, voire trop plus assez que ceux de cest Hemisphere, n'enfonçoient neantmoins gueres auant leurs racines dedans la terre, ains les estendoient le long de la superfice vn peu au dessoubs: ce qui prouenoit à son dire de ce que le terroüer est fort humide en cest endroit, à cause des grandes pluyes qui y regnent arrousans fort souuent la terre, & plus bas il est chauld & aride, de maniere que les racines cherchans pour leur maintenement l'humidité à elles propre sont contraintes de se dilater ainsi, & non s'enfoncer où elles ne trouueroient aucune nourriture. Mais ceste sage & prudente Reyne le destournant à vn autre sens alla dire; certes cela denote qu'en ce païs là où les arbres s'enracinent si foiblement, les hommes tout de mesme y doibuent estre fort legers, inconstans, & de peu de foy: ce que l'effect a aueré. Mais quelque chose que vueille dire icy Philostrate comme rare & Paradoxique, qu'il fault ainsi enfoncer les arbres auant dans la terre pource qu'ils en reçoiuent mieux leur nourrissement, tous les Naturalistes conuiennent que la bonne terre propre à la production des Vegetaulx ne s'estend communement gueres plus de six pieds dedans terre: tout le reste y estant inutile, comme composé de pierres, grauoier, glaires, argille, tuf, & aultres semblables, plus conuenables aux mineraux que

Hhh

PROTESILAVS.

nom pas aux arbres & plantes. Et de tous les arbres, fruictiers mesmement, le poirier est celuy qui enfonce le plus auant ses racines en terre, si que le pinot d'icelles, qui equipolle à sa tige, cherche tousiours en droicte ligne le bas; parquoy il ne l'y fault enfondrer que le moins qu'on peult, de peur que rencontrant ce Tuf, car il ne s'estend pas en large le long de la superfice comme les autres arbres, il ne vienne à se melancollier & secher par faulte de nourrissement.

I.   *Suit apres de ce mesme propos encore,* Qu'Homere par les grands arbres hault esleuez, entend ceux qui sont bien auāt enfouïs dans la terre, cōme il appelle les haults & longs puis les profonds, cela est tiré de l'onziesme de l'Iliade pour le regard des arbres; τοίχους δ'ὑψηλεξ μακρα. Et quant aux puits, du 21. parlant de l'Ocean.

Cecy bat à ce dire d'Heraclitus: comme ce ne soit pas peu de peine de conuerser tousiours en hault auec les Dieux, & s'y trauailler, & y estre continuellemēt assubiecty à ceste cause, l'ame partie pour vn desir de repos, partie pour estre plus en liberté redescend par fois és enfers. *Mais cela est mystique.*

K.   L E reste du temps où est sa demeure? *Vign.* Partie la bas és enfers, partie en Phtie.

  Ἐξ οὗ περ πάντες ποταμοὶ καὶ πᾶσα θάλασσα,

Καὶ πᾶσα κρήνη, καὶ φρείατα μακρὰ νάουσιν.

Duquel tous les fleuues, & toute la mer, & toutes les fonteines & les puits longs ou haults prennent leur naissance. Et ne fault oblier que ce mot là de puy en nostre langue denote aussi bien vn tertre ou motte de terre haulte esleuee qu'vn puy creusé, comme on peult veoir en nostre Dame du puy, & le puy de Domme en Auuergne.

Comme sont Alceste femme d'Admet: & Euadné de Capanee, & autres semblables sages & pudiques femmes. Cela est dit à l'imitatiō de l'onziesme de l'Odissee, où Homere designe tout plein de Dames illustres qu'Vlisses trouua és enfers: comme *Tyro, Anthiope, Alcmene, Megare, Epicaste, Chloris, Pero,* & autres, cōbien qu'il ne face point de mention de ces deux, de l'vne desquelles à sçauoir Euadné il a esté parlé suffisammēt en son tableau, quant à *Alceste Hyginus* chap. 50. & 51. dit qu'elle fut fille du Roy *Pelias,* & d'*Anaxobie* fille de *Dimas:* laquelle estant requise en mariage de plusieurs grāds personnages, son pere la leur refusa à eux tous, alleguant que iamais il ne la donneroit qu'à celuy qui luy attelleroit vn chariot des deux bestes sauuages les plus fieres & incompatibles de toutes autres. La dessus le Roy Admet de Thessalie qui auoit fait beaucoup de bons traictemens & honestetez à Apollon lors que Iuppiter le rellegua chez luy à garder son bestail neuf ans durant, pour auoir mis à mort les Titanes qui forgeoiẽt les fouldres dont auoit esté tué son fils Esculape, le requit de luy pouruoir en cest endroit, & Apollon luy attela vn sanglier, & vn Lyon à vn coche, sur lequel il emmena Alceste: & si obtint encore vne faueur de ce Dieu, que lors qu'il se trouueroit si griefuemẽt atteint de maladie qu'il n'y auroit plus d'espoir aucun de sa guerison, il se pourroit neantmoins redimer de la mort si quelqu'vn de ses plus proches voudroit mourir en lieu de luy: ce que son pere & sa mere ayans refusé tout à plat sa femme Alceste s'y offrit liberallemẽt. Mais Hercules estant descendus aux enfers pour en enleuer Proserpine, & y ayant trouué Alceste, meu à compassion de ceste si charitable dilectiõ coniugalle, la luy ramena, & luy fut la vie restituee par Pluton à son instance. Homere en fait mention au 2. de l'Iliade: parquoy il là outrepassee en l'Odyssee es enfers, pource qu'elle en auoit esté ramenee.

Τῶι ἦρχ' Ἀδμήτοιο φίλος παῖς ἕνδεκα νηῶν
Εὔμηλος, τὸν ὑπ' Ἀδμήτω τέκε δῖα γυναικῶν
Ἄλκηστις, Πελίαο θυγατρῶν εἶδος ἀρίστη.

A ceux là sur onze nauires
Commandoit le cher fils d'Admet
Eumelus, qu'enfanta Alceste
La fille du Roy Pelias,
De beauté diuine entre toutes.

Fulgence au premier de son Mythologique voullant allegoriser là dessus, dit cecy. Comme il n'y ait rien de plus recommandable ny excellent qu'vne loyalle preude-femme: d'autre part il n'y a rien de plus detestable & pernicieux, qu'vne mauuaise, & desbauchee. De tant plus doncques que la sage, vertueuse & honneste ne craindra point pour sauuer la vie de son mary d'exposer sa vie, d'autant la desloyalle & maligne n'estime comme rien la sienne pour moyenner la mort & ruine du sien. Et de tant plus qu'elle est estroittement liee à son espoux, de tant plus sera elle ou d'vne doulce & benigne nature, ou amere & empoisonnee du fiel venimeux de malice, si qu'elle est ou vne ferme consolation & secours

PROTESILAVS.

à son mary: ou vne perpetuelle gehenne & tourment d'iceluy. Admet donceques Roy de Thessalie prochassa Alceste en mariage: mais le pere auoit proposé ceste condition que nul ne l'auroit fors celuy qui attelleroit à son chariot les deux plus dissemblables & incompatibles bestes sauuages: si qu'Admet employa à cela Apollon & Hercule, qui luy donnerent vn sanglier & vn lyon ioints d'accord: dont il obtint Alceste en mariage. Et comme il fut tombé en vne griefue maladie en danger de passer le pas, il requit Apollon le Dieu de la medecine de luy en donner guerison, qui luy dit que cela ne se pouuoit faire, si quelqu'vn de ses plus prochains ne s'offroit volontairemēt à mourir pour luy: ce que sa femme Alceste fit: au moyen dequoy Hercules estant descendu aux enfers pour en amener le chien Cerberus, il l'en retira. Or Admet represente en nous, le courage, car il est ainsi appellé pource que la peur que les Latins nomment *Metus*, le peult bien aborder & saisir en quelque danger eminēt, & pourtāt il desire d'espouser Alceste, ditte ainsi de ἀλκή force, vigueur, hardiesse, asseurance: & pour cest effect fault qu'il y attelle deux bestes sauuages, c'est à dire qu'il prochasse à son courage, les vertus de l'esprit, & du corps, le Lyon à sçauoir pour celles de l'esprit, & le sanglier les corporelles, & se rende en cest endroit propices Apollon & Hercule, c'est à dire la prudence, & la force. Ainsi ceste asseurance de courage se presente à la mort pour l'ame, comme fait Alceste, laquelle asseurance & hardiesse defaillant bien souuent au peril de mort, il fault que l'effort vertueux la rameine des enfers, ainsi qu'Hercule fit Alceste.

M. Protesilaüs loüe les vers qu'Homere a composez de luy, combien qu'il n'approuue pas tous ses dits, comme quand il appelle sa femme ἀμφιδρυφής, &c. *Cecy est tiré du 2. de l'Iliade au Catalogue des forces Grecques: là où parlant de Protesilaüs il dit ainsi.*

Τῶν αὖ Πρωτεσίλαος ἀρήϊος ἡγεμόνευε
Ζωὸς ἐών· τότε δ' ἤδη ἔχεν κ̀ γαῖα μέλαινα
Τοῦ δὲ καὶ ἀμφιδρυφὴς ἄλοχος Φυλάκῃ ἐλέλειπτο
Καὶ δόμος ἡμιτελής· τὸν δ' ἔκτανε Δάρδανος ἀνὴρ
Νηὸς ἀποθρώσκοντα πολὺ πρώτιστον Ἀχαιῶν.

PROTESILAVS.

De ceux-cy (à sçauoir qui estoient venus de Phylacé, Parrase, Hone, Autron, & Pthelee) estoit le chef Protesilaüs prudent qu'il viuoit, mais pour lors il estoit detenu soubs la terre, c'est à dire qu'il estoit mort: & sa femme Philacé auoit esté laissee toute desconsolee, & sa maison à demy perfaite ayant esté mis à mort par vn homme Troyan comme il saultoit de son nauire le beau premier de tous les Grecs pour prendre terre.

IL s'exerce à tout ce qui depend du faict des armes, si ce N. n'est à tirer de l'arc, estimât cela estre le propre des couards. A l'imitation encore d'Homere, qui en l'onziesme de l'Iliade introduit Diomede reprochant à Páris sa lascheté, qui n'ose combattre de pres de pied ferme ains de loin à coups de flesches, τοξότα λωβητὴρ, κέρᾳ ἀγλαὲς παρθενοπῖπα.

Couard pernicieux archer,
Reputé pour ton arc de corne,
Qui les femmes vas escumant.

Et plus bas: κωφὸν γὰρ βέλος ἀνδρὸς ἀναλκιδος ὐπδανοῖο, le traict d'vn Pusillanime, est tousiours de nul effect.

EN Aulide Protesilaüs auroit surmonté Achilles à la O. course. Par tout Homere donne cest Epithete à Achille, de πόδας ὠκὺς ou ποδάρκης viste du pied; parquoy Protesilaüs prend icy à vne grand' gloire de l'auoir gaigné à courir, car Antiloque au 23. de l'Iliade luy en attribue la principale louange sur tous les Grecs.

ἀργαλέον δὲ
Ποσὶν ἐριδήσασθαι ἀχαιοῖς. εἰ μὴ Ἀχιλλεῖ.

S'estant ce Pancratiaste Lilicien enquis de Protesilaüs sur P. la Luctte, il luy ordonna de n'abandonner sa prise des pieds, car il en fault presser sans intermission son aduersaire auec le tallon, & trouuer le moyen de l'en accrocher. Cela se conforme à ce qu'en met Aristote au premier de la Rhetorique à Theodectis, chap. 5. ὁ γὰρ δυνάμενος τὰ σκέλη, καὶ ῥίπτειν πῶς, καὶ κινεῖν ταχὺ, καὶ πόρρω, δρομικός· ὁ δὲ θλίβειν, καὶ κατέχειν, παλαιστικός: Celuy qui sçait bien arpenter des iambes & les foriecter en auant de vistesse & au loin, sera bon coureur: & qui les sçaura serrer de pres, & les contenir sans laschet, bon lucteur. Pausanias à ce propos au 6. liure parle d'vn Sostratus Sicyonien qui fut surnommé, à rebours, pource qu'en combattant au Pancratisme à faire du pri qu'on peult, il prit vne fois les doigts de son aduersaire, & les lui tordant de telle sorte qu'il les luy rompit sans vouloir lascher sa prise que l'autre ne se rendist. Et pareillement fit Leontiscus de la Ville de Messine en Sicile, le-quel n'estant pas autrement guere à droit à mettre bas ses aduersaires, auoit emporté la victoire leur rompant les doigts. Cela soit doncq amené pour le regard de ne lascher sa prise à la Lucte, & au Pancratisme.

Q. Pource qu'il auoit desia obtenu vne victoire sur les En-fans. Pausanias nous esclaircira vn peu mieux cecy, lequel met en ses Eliaques, que la course & la lucte furent proposées aux ieunes Enfans en la 37. Olympiade, dont rapporterent la victoire Hipposthenes Lacedemonien à luicter, & Polynices Elien à courir. En la 41. ils vindrent la premie-re fois à combattre à coups de poings, là où Philetas Sibarite emporta le prix. La course armée commença en la 65. Olymp. & de ceux qui couroient en selle chargez de grosses rondaches pesantes, Damaratus Hereen vain-quit le premier de tous. La course des coches attellez de deux cheuaux en la 93. Euagoras Elien en eut la victoire. En la 99. les attellez des ieunes poullains, que gaigna Sybariades Lacedemonien. En la 145. le Pancratisme fut proposé aux enfans, que Phedimus Eolien vainquit alors, de la Ville de la Troyade. Quant au Pentathle il auoit esté institué dés la 38. Mais pour-ce qu'vn Lacedemonien nommé Eutelidas en auoit emporté le prix les E-liens le supprimerent. Au reste l'eage de ces enfans estoit limité iusques à seize ou dixsept ans, & non plus: car au 18. ils estoient ja au rang des hom-mes, comme le monstre tout apertement le mesme Pausanias au 6. Car il nous fault emprunter tout cecy de luy, personne ne l'ayant traicté plus parti-culierement: Hyllus Rhodien estant entré au 18. an de son eage fut reietté par les Eliens de lucter auec les enfans, neaumoins tout ainsi ieune qu'il estoit, il obtint la victoire des hommes.

R. Preuoyant bien que les autres tascheroient de luy susci-ter quelque crime des Olympiques. De ces ieux de prix & sa-crez combats qui se celebroient de quatre en cinq ans en la Grece, dont prindrent leur nom les Olympiades pource que cela se demesloit en l'Olym-pie de l'Elide, & de tout ce qui en dependoit, il en a esté parlé à suffisance cy deuant sur le tableau d'Arrichion, & autres, reste icy de recourir somma-rement qu'il y en auoit de cinq sortes les principales; le sault, la course, ie-cter le disque, la lucte, & l'escrime à coups de poings armez manopples garnies de bouillons ou petites bossetes de cuiure. Le Pancrace estoit mesté de ceste escrime, & de la lucte, s'entresaisissans, & taschans à se ren-uerser & porter par terre, & là se tantouiller dans le sable, mordre, po-cher, esgratigner, desnouer, rompre & destordre leurs mébres, selon que dit Lucrece au 3. Arma antiqua manus, vngues, dentésque fuerut. Suidas le restreint aussi en peu de paroles: que les Pancratiastes estoient les athletes qui combattoient des bras & des mains, & des iambes & des pieds. Quant aux trois premiers, on ne les y apparioit pas homme à hom-me comme à la lucte, & à l'escrime de coups de poings, ains estoient plu-sieurs, quelquefois plus, quelquefois moins. Selon qu'ils se presentoient sur les rangs, ceulx à sçauoir qui en estoient iugez les plus dignes, car l'on en faisoit premierement vn choix & essay pour euiter la confusion: dequoy auoient la charge les Hellanodiques, c'est à dire les Iuges de ces solemnels ieux de prix & combats sacrez: lesquels selon que met Pausanias en ses Eliaques ne furent que deux seulement establiz en la 50. Olympiade, qui eschet en l'an du monde 3385. Et là dessus on pourra adiouxter les aultres. Quelques annees apres ils furent accreuz iusqu'à neuf, trois desquels auoi-ent le regard sur les courses des chariots, & cheuaux en bastine: trois du pentathle qui comprenoit les cinq espreunes dessusdittes: & trois des autres combats. Huict ou dix ans apres l'on en y adiouxta encore vn pour par-faire le dixiesme. En la 113. Olympiade les Eleens furent departiz en dou-ze tributs, & de chacune d'icelles vn Hellanodique esleu: mais quatre ans apres ayans esté escornez de partie de leur territoire par les Arcadiens, & reduits à huict tributs, ces Iuges furent restreints à pareil nombre. Mais en la 108. Olymp. ils se remirent à dix, où ils persisterent tousiours depuis. Les Hellanodiques estoient tenus apres leur election de faire continuelle residence dix mois durant en vn lieu destiné en l'Elide, & de là dit Hel-lanodiceum, auquel les Nomophylactes ou gardes des loix & statuts les instruisoient de tout ce qui pouuoit concerner leur charge, & comme ils s'y deuoient porter: car c'estoit à eulx d'adiuger les prix, & à imposer les amendes, & ce pour diuerses occasions: Comme pour s'estre desisté sans occasion legitime de se presenter és combats s'ils y auoient esté inscripts, se-lon qu'il est dit icy. Ou pour n'estre comparu au iour prefix, comme là mes-me il est allegué d'vn Apollonius Egyptien surnommé Rhantis, ou pour vne lascheté de courage, ainsi que fit Serapion Alexandrin qui eut telle apprehension de ses aduersaires, qu'il s'enfuit secrettement le iour de deuant qu'on debuoit combattre. Ils estoient aussi condamnez à l'amende pour auoir excedé les statuts & conditions des combats:

ou pour auoir vsé de quelques charmes, comme le monstre ce lieu cy de *Suidas*. Ces lettres Ephesiennes estoient certains carmes obscurs qui importoient vn sortilege, dont auroit autresfois vsé Cresus quand il fut mis sur le bucher par le commandement de Cyrus pour le brusler: & en l'Olympie en vne lucte d'vn Ephesien & d'vn Milesien, cestui-cy ne peut oncques venir à bout de son aduersaire l'Ephesien, pource qu'il auoit auprés du Tallon certains characteres, iusques à ce qu'ils furent descouuers & ostez, ou pour s'estre comporté trop felonnement, & auec quelque supercherie. *Le mesme Pausanias au 6. de ce tant renommé Athlete Theagenes, qui fut condamné en six cents escuts pour auoir blessé extraordinairement Euthymus. Car ces combats ne se desmesloient pas sans de bonnes naurevres, comme en peult veoir au 23. de l'Iliade d'Euryalus, qu'Epeus d'vn coup desserré de grand force traicta de sorte que ses compagnons furent contraints de l'emporter entre leurs bras tout pasmé & crachant le sang des dents: & Entellus au 5. de l'Eneide. Mais Pausanias assez aperement au 6. liure.* Glaucus Carystius fut fils de Demylus: & en ses ieunes ans à son grand regret fut employé au labourage, là où vn iour son pere l'ayant apperceu comme à coups de poings à faulte de maillet il raccoustroit vne charrue, il le mena és ieux Olympiques pour y combattre à coups de poing: mais n'estant pas encore bien duit à ceste escrime, comme il eust receu tout plein de playes de ses aduersaires, & commençast à monstrer vn mauuais semblant pour les coups qu'il auoit receu contre le dernier qui restoit, son pere craignant qu'il ne succombast s'escria; ô mon fils & où est ceste main de la charrue que tu sçais? ce qu'ayant ouy il reprit courage, & obtint entierement la victoire. On lit encore dans le mesme *Pausanias* de Cleomedes Astypaleen qui tua Iccus à ceste escrime, parquoy il fut & priué de sa victoire, & mulcté oultre plus d'argent, dont il entra en tel despit, que tout furieux, & insensé de colere estant de retour en Astypalee, il s'alla ietter dedans vne escolle où estoient bien soixante ieunes garçons estudians: & ayant saisy le pillier qui soustenoit la couuerture le renuersa, si que tout ce qui estoit dessoubs demeura accablé, dequoy le cry s'estant leué, comme le peuple courust aprés à coups de pierres, il s'alla sauuer à garend dedans le temple de Minerue, où s'estant enfermé en vn

grand

grand coffre de bois, les Astipaleens pour essayer qu'ils y sceussent faire, ne le peuvent oncques ouurir par le couuercle, ains furent contraints de le rompre à coups de hache, mais ils n'y trouuerent rien que ce soit : parquoy ayans enuoyé à l'Oracle, ceste responce leur fut donnee ;

Cleomede Astipaleen
Est tout le dernier des Heroes;
Et pourtant sacrifiez luy
Comme s'il n'estoit plus en vie.

Car Platon au 4. des loix ordonne apres les dieux de sacrifier aussi aux Demons, & puis aux Heroes. On estoit encore mulcté és combats pour auoir corrompu par argent ses aduersaires Antagonistes pour se laisser vaincre : ou pour s'estre deporté du combat, comme il se lit és mesmes Eliaques liure 5. d'vn Thessalien nommé Eupolus lequel practiqua à force d'argent Argetor Arcadien & Pritanes Cyzicenien qui estoient enroollez pour combattre à l'escrime de coups de poings, & vn Phormion Halicarnasseen qui auoit obtenu le prix en la precedente Olympiade : tellement que cest Eupolus fut mulcté & ceux quant & quant qui auoient receu de luy les presens. Puis apres luy vn l'Alippus Athenien qui de mesme auoit practiqué ses contendans au pentathle : & au rebours pour s'estre laissé corrompre, Eudelus par Philostrate Rhodien. Mais cela iroit trop en infiny. Il y a quelques autres particularitez à esclarcir en cest endroit ; comme de sçauoir si tous ceux qui se presentoient à ces combats y estoient receux indifferemment, ce que non, car on les y faisoit exercer long temps au parauant, & essayer mesme deuant les iuges auant que d'y estre admis la premiere fois. Quant à la course, Pausanias en met assez clairement la maniere au 2. des Eliaques, parlant de Polytes où il dis, qu'on ne les y receuoit pas en tel nombre tout à vn coup qu'il y eust du desordre & confusion, ains les departoit on au sort en plusieurs trouppes : de chacune desquelles on prenoit celuy qui auoit deuancé les autres ; & puis tous ces victorieux couroient ensemble à qui emporteroit le prix. Ainsi (dit-il) celuy qui est arriué à la course du Stade, fault que par deux fois il obtiéne la victoire : en quoy excella sur tous autres vn Leonidas Rhodien, qui fut d'vne si exquise & perseuerante vitesse, que par quatre Olympiades de suite il vainquit douze fois tout de rang. Le Roman de Perseforest, afin qu'on ne pense pas que ces liures là soient destituez de toute erudition & methode, a

PROTESILAVS.

imité ce que dessus au quatriesme liure parlant des espreuues aux boucliers & aux bastons, où Blanche la Fée faisoit exercer les ieunes bacheliers qui tendoient à l'ordre de cheualerie, pour d'eulx tous prendre les deux meilleurs, & les commettre puis apres l'vn contre l'autre à qui emporteroit le harnois complet qu'elle donnoit au mieux faisant. Le mesme aussi se practiquoit au sault, & à iecter le disque, en toutes lesquelles trois espreuues plusieurs contēdoient ensemble: mais és combats singuliers d'homme à homme, comme à la luéte, Pancratisme, & escrime de coups de poings, cela alloit d'vne autre sorte, à sçauoir ou au sort entre ceux qu'on voyoit egaux; ou à l'arbitre des iuges qui les apparioient ayans esgard à leur portee, les faisans premierement esprouuer, comme met Pausanias au mesme liure parlant du parc des exercices ou gymnase dit le Plethrium: Là les Hellanodiques apparient à la luéte ceux qui aduancent les aultres de fleur d'eage, & force robuste, & de dexterité, ruze & practique. Et en vn autre appellé le petit pourpris, ceux qui doibuent combattre à coups de poings, mais c'est auec des manoples & gantellets de cuir doulx qui ne les peult pas grandement blesser. Les Gladiateurs en faisoient de mesme à Rome, selon que le marque ce lieu de optimo genere oratorum de Ciceron, où il parle de comparare, committere, conferre. Paudimnus auec Feruinus, les deux plus fameux gladiateurs de leur temps. Et à cela se rapporte ce lieu-cy de Pausanias, qu'Euthymus ayant obtenu la victoire à l'escrime de coups de poings en la 74. Olympiade, ne fust pas peult estre arriué à vne si bonne fortune celle d'apres, parce que Theagenes Thasien y voulant vaincre aussi s'il pouuoit, reietta Euthyme, à vn autre temps: Ce Theagenes fut le plus excellent homme en ces combats; & à la course pareillement, comme d'vne extreme forte & agilité qu'il estoit, dont il remporta comme nous auons dit ailleurs bien quatorze cents coronnes en sa vie, si qu'on le met au rang des Heroes, & fut tel declaré par l'Oracle d'Apollon mesme; car luy ayant pour ses beaux faits esté dressee vne statue de bronze apres sa mort, comme vn sien enuieux maluueillant l'allast souuent battre à coups d'estriuieres, elle tomba en fin sur luy, & l'accabla; dont ses enfans suiuant les statuts de Drachon, qui comprit és loix qu'il donna aux Atheniens, les choses mesmes inanimees en la punition des homicides, comme si quelque chose en tombant auoit tué vne personne, firent conuenir ceste statue en iustice, où elle fut condamnee à estre iectee en la mer. Mais quelque temps apres, vne sterilité s'estant leuee au territoire des Thasiens, & la famine ensuiuie, ils en-uoyerent à l'Oracle, qui leur ordonna de rappeller leurs bannis: & qu'ayans faict sans que ces inconueniens relaschassent, ils y renuoyerent de rechef, & eurent lors ceste responce plus esclarcie;

Vous auez foullé les honneurs
Du grand & du fort Theagene.

Parquoy ils la firent pescher, & remettre en sa place, & de là en auant luy sacrifierent comme à vn Dieu, ayant le bruit de guerir tout plein de mala-dies: ce qui se rapporte à ce que ce vigneron raconte de Protesilaüs.

LE Thracien Rhesus que Diomede mit à mort deuant S. Troye. *Rhesus fils du fleuue Strymon, & de la Muse Euterpé, ou d'Eio-neus selon Homere au dixiesme de l'Iliade où tout ce faict est de luy de-duit fort par le menu, fut Roy de Thrace. Et comme l'vne des destinees fauorables pour les Troyens fust que leur ville ne pourroit estre prise des Grecs, si les cheuaux blancs que ce Prince nourrissoit fort soigneusement se pouuoient vne fois abbreuuer dans la riuiere de Scamandre, Diomede & Vlisse qui auoient esté enuoyez pour espier le faict d'Hector & des Troyans, lesquels à la faueur qu'Achille indigné contre Agamemnon ne vouloit plus sortir au combat, estoient venus assaillir les Grecs iusques dans leur fort, rencontrent de fortune Dolon enuoyé pour semblable ef-fect par Hector, soubs promesse de luy donner les cheuaux d'Achille, duquel ils apprindrent de luy tout cecy. Au moyen dequoy l'ayans mis à mort, ils s'acheminerent tout de ce pas à l'obscurité de la nuict vers les Thraciens, dont les ayans trouuez endormis ils en tuerent iusqu'à douze, auec Rhesus pour le treiziesme, & emmenerent ses cheuaux auant que d'auoir beu dans le Scamandre.* Virgile au premier de l'Eneide:

Nec procul hinc Rhesi niueis tentoria velis
Agnoscit lachrimans, primo quæ prodita somno
Tytides multa vastabat cæde cruentus,
Ardentesque auertit equos in castra priusquam
Pabula gustassent Troiæ, Xantúmque bibissent.

Av regard de ceux que vous auez dit cy deuant par fois T. sortir à la meslee emmy la campaigne de Troye, quand est-ce qu'on les y a veuz? *ela est au commencement de ces Heroiques, où il est dict: on peult veoir encore pour le iourd'huy les sol-dats de Protesilaüs gisans en la campaigne d'aultour de Troye,*

PROTESILAVS.

qui monstrent assez à leurs gestes & contenance combien ils furent belliqueux, secouans les tymbres & pennaches de leurs armets. *Pausanias en ses Attiques à ce propos.* Au sortir de là vn peu à l'escart est la sepulture de Miltiades fils de Limon, qui apres la bataille de Marathon deceda ayant esté tiré en iugement par les Atheniens pour n'auoir pris l'Isle de Paros. Là toutes les nuicts s'entedent des hennissemets de cheuaux, & le chappellis de plusieurs hômes qui côbattent. Or d'y aller tout exprés pour oyr cela, personne ne s'en est pas bien trouué : mais si au precedent l'on n'en auoit rien oy, & qu'on s'y embattist par cas d'auenture, on n'en receuroit aucun mal. Les Marathoniës au reste reueräs ceux qui demeurerent en ceste bataille les nommët Heroes, & inuoquent quant & quant Marathon, dont ceste bourgade a pris son appellation ; auec Hercules, auquel ceux cy les premiers de tous les Grecs à ce qu'ils disent, defererent des honneurs diuins. Ils alleguent oultre-plus que durant le combat il aduint qu'vn personnage de façon de Paysan s'y apparut, qui à coups du manche d'vne charrue assomma grand nombre de barbares : & puis apres que la bataille fut finie s'esuanouit qu'on ne sceut qu'il deuint, surquoy estans allez à l'Oracle pour en apprendre des nouuelles, il ne leur fut respondu aultre chose sinon qu'ils reuerassent desormais l'Heroe Echetlee : (car ἐχέτλη signifie le manche d'vne charrue.) Es Messeniennes il met qu'Aristomene long temps apres sa mort se trouua à la bataille de Leuitres contre les Lacedemoniens, pour l'ancienne inimitié qu'il leur portoit. Et Plutarque en l'esprit familier de Socrates escript, que la nuict se voyoit vn homme qui se leuoit au tour de la sepulture de Lysis, accompagné d'vne longue suite de gens bien en ordre, qui se logeoit là, couchans sur des paillasses, parce que l'on y voyoit le matin de petits licts de franc Ozier & de Bruyere, auecques des marques qu'on y auoit allumé du feu : & fait quelques effusions & offrandes de laict : & que dés l'aulbe du iour il demandoit aux premiers passants s'il trouueroit les enfans de Polymnius au pays.

V. Ils disent ces contagiôs du bestial prouenir d'Ajax, à l'occasion que lors qu'il estoit en sa grand' fureur, il se rua sur les trouppeaux. Achilles mis à mort en trahison par Paris, il y eut de la contention pour ses armes, dont tous les autres se deporterent fors Aiax Telamonien cousin germain dudit Achilles, & le plus vaillant de tous apres luy; & Vlisse, seul qui s'osa opposer en cest endroict à Aiax, contre le merite & valeur duquel le babil de ce causeur l'emporta, dont Aiax entra en un tel despit & furie, que se cuiddant ainsi forcené qu'il estoit de rage, ruer sur les Grecs il mis un grand nombre de leurs bestes à mort, & en attacha d'autres à des liens, mesmement un grand bellier qu'il estimoit estre Vlisse, lequel ayant mené garotté en son pauillon, il le fouetta si outrageusement qu'il en expira sur la place. Et c'est surquoy Sophocle fonde son argument de la tragedie qu'il intitule αἴας μαστιγοφόρος: mais s'estant depuis recogneu, il se donna la mort de la mesme espee dont Hector luy auoit fait present lors qu'ils combattirent ensemble. Quintus Calaber au 5. de ses Paralip. descript bien au long tout cecy: mais il viendra plus à propos cy apres sur son chap. particulier.

Et ceste grosse pierre dont Hector ayant esté atteint par X. Aiax, peu s'en fallut qu'il n'expira. Homere un peu partial pour les Grecs a touché cecy en deux endroicts de l'Iliade, desfraudant Hector de sa magnanimité & proüesse pour l'attribuer à Aiax; le premier au 7. où s'estans rencontrez homme à homme apres auoir lancé chacun deux coups de leurs corsesques ou iauelines, dont du dernier Aiax blesse Hector, ils viennent à ietter des pierres; ἀλλ᾽ οὐδ᾽ ὣς ἀπέληγε μάχης κορυθαίολος Ἕκτωρ, &c.

Pour cela ne desista pas
Le preux Hector de sa bataille,
Ains se recullant va saisir
De sa forte main une pierre
Qui gisoit là emmy le champ
Noire, pesante, & rabbotteuse,
Et en donne dedans l'escu
D'Aiax fait d'une estrange sorte
De sept cuirs de beuf, l'atteignant
Au millieu de la grand bossette,
Dont l'acier resonna tresfort.

PROTESILAVS.

Mais Aiax vne encor plus grande
Que l'autre n'estoit esleuant,
L'enuoya de toute sa force,
La tournant aultour de son chef,
Et luy froissa toute sa targue.
Ses genouils ne peurent porter
Vn si pesant coup, ains fleschirent,
Si qu'il tomba plat estendu,
Embarassé dessoubs sa targue:
Mais Apollon le releua.

L'autre est en vne seconde rencontre de ces deux mesmes au 14.
Αἴαντος δὲ πρῶτος ἀκόντισι φαίδιμος Ἕκτωρ.

Le premier fut le braue Hector
A darder contre Aiax sa lance:
Et pour-ce qu'elle estoit vers luy
Tout droit addressee, d'atteinte
Il ne faillit pas, ains donna
Où deux courroyes en escharpe
S'entrecroisoient sur l'estomac,
L'vne pour soustenir sa targue,
Et l'autre où l'espee pendoit
De beaux clouds d'argent estoffée:
Cela du coup le garentit:
Dont Hector voyant que son glaiue
Fust ainsi enuollé en vain,
Eut grand despit en son courage,
Et arriere se retira,
Fuyant la mort, dedans la treuppe
Des Troyans qui l'accompaignoient
Mais Aiax prenant vne pierre

PROTESILAVS.

De celles qui entre les pieds
Des combattans, & tres-grand nombre
Gisoient là plantés pour seruir
A y attacher les gumenes
Des anchres, la soubsleue en hault,
Et la rouant entour sa teste
Ainsi qu'on feroit vn Sabot,
Il l'en atteint à la poictrine
Au dessus du bord de l'escu,
Dont ainsi que d'vn coup de fouldre
Vn grand chesne seroit mis bas
Iusqu'aux plus profondes racines,
Auecques vne forte odeur
De soulphre, dont empuantissent
Ceux qui sont pres, & perdent cœur.
De mesme Hector tomba par terre
De ce dur coup dans le poulsier,
Et du poing luy saillit sa lance,
L'escu se renuersant sur luy,
Auec sa salade: & ses armes
Menerent vn terrible bruict.
Là soudain les Grecs accoururent
De toutes parts esperans bien
L'attirer à eux & le prendre,
En luy lançant infinis dards:
Mais pas vn ne le peut atteindre
Ny le blesser, car secouru
Il fut des Troyens tout à l'heure.

Hector s'enfuit deuant Patrocle: & ne fut pas luy qui le
mit à mort, ains ses coustilliers. Cela est encore pris du 16. de

Y.

PROTESILAVS.

l'Iliade, où il semble qu'Homere en vueille à la vaillance d'Hector qu'il fait s'enfuir à tous propos: & mesmement à la cargne que luy fait Aiax.

Ἕκτορα δ᾽ ἵπποι
Ἔκφερον ὠκύποδες σὺν τεύχεσι, λεῖπε δὲ λαὸν
Τρωϊκόν, οὓς ἀέκοντας ὀρυκτὴ τάφρος ἔρυκε, &c.

    Les cheuaux emportoient Hector
    A toute bride, auec ses armes,
    Si qu'il laissa là les Troyens,
    Que malgré eux de passer oultre
    Vn profond fossé empeschoit.
    Et Patroclus d'vn grand courage
    Les poursuiuoit, allant apres
    Hector, desireux, de l'atteindre,
    Mais il se forlongea deuant.

Puis il continue les proüesses dudict Patrocle, qui apres auoir tué Serpedon il rembarra de rechef Hector & les Troyens iusqu'aux murailles de la ville, laissans là le corps. Car Iuppiter (ce dit-il) introduit lors vn failly courage en Hector, lequel remontant à la haste sur son chariot, ne se contenta pas de fuyr à bride aualee, ains incita les Troyens à faire de mesme, & le suyure: Ἕκτωρ δὲ τρωσίτω ἄπαλκιδα θυμὸν ἐνῶρσαν, &c. Mais finablement Hector rencouragé par Apollon soubs la ressemblance de son oncle Asius frere d'Hecube, retourna à la meslee, où si tost que Patrocle l'eut descouuert, il saulta à terre de son chariot, & sa lance transportee en la main gauche, de la droicte il saisit vne grosse pierre, dont il va atteindre Cebrion bastard de Priam qui conduisoit le chariot d'Hector, lequel il porta par terre tout roidde mort de ce seul coup qu'il luy donna emmy le front, dont les yeux luy sortirēt, & luy tomba à la renuerse cōme vn qui feroit le plongeon dedās l'eau. Dequoy Patrocle se gauldissant alla dire, Hotho, certes voila vn fort agile hōme & bien dextre à faire le sault perilleux, & qui plonge extremement bien: que s'il faisoit ce mestier sur la marine à pescher les huittres, en se iectāt à corps perdu dedans les Ondes, quelques agitees qu'elles peussent estre, il en

PROTESILAVS.

il en pourroit rassasier beaucoup de gens: tant il sçait bien faire le plonjon du hault en bas de son chariot: tellement qu'à ce que ie veoy les Troyans n'ont pas faulte de plongeurs. Mais Hector mit pareillement pied à terre, & alla empoigner Patrocle à la teste, qui l'auoit saisy par la jâbe, sans vouloir l'vn ne l'autre lascher leur prise iusqu'à ce que la soulle des Grecs, & des Troyans, qui se vint embattre sur eulx, les departit à toute force. Patrocle la dessus ayant fait trois charges, & tué grand nombre d'ennemis, voicy suruenir Apollon couuert d'vne noire nuee, qui le va frapper par derriere: si que l'autre y ayant cuiddé tourner l'œil, son armet luy tomba par terre auec son escu, & sa lance se froissa toute dans son poing, le tout par le moyen d'Apollon qui luy entr'ouurit sa cuyrasse: si qu'Euphorbe fils de Panthus luy donna vn coup de corsesque à trauers le dos, dont ayāt esté contraint de se retirer à ses gens, Hector arriua qui l'ancheua de massacrer. *Voila ce que veult dire icy Philostrate des iniures & reproches que ce ieune Assyrien desbagoulloit à la statuë d'Hector. Dictys de Crete au troisiesme liure le racompte de la mesme sorte, que Patrocle ayant esté blessé d'Euphorbus, Hector le vint paracheuer.*

CE seroit reprendre ce qu'Homere a escript du deuin Z. Calchas, &c. C'est au premier de l'Iliade en ceste sorte, Κάλχας Θεστορείδης οἰωνοπόλων ὄχ᾽ ἄριστος, &c.

Calchas le meilleur des deuins,
Qui sçauoit les choses presentes,
Les futures, & le passé:
Et fut conducteur de la flotte
Des Grecs allans à Ilion,
Pour raison de la prescience
Dont Apollon l'auoit loué:

Les habitans de la haulte Mysie, que les Poëtes appellent AA. les Abiens, & ceux qui gardent les haraz des Iuments, dont ils boiuent le laict. Le mot de ἄβιος *a diuerses significations, comme de pauure & souffreteux, d'vn qui est sans armes, mesmement offensiues; de la particule priuatiue α, & βιός la chorde d'vn arc, ou la flesche,*

Kkk

PROTESILAVS.

parce que les premiers bastons furent l'arc, & les armes d'arc qu'on lançoit : pour vn debonnaire aussi & non violent, qui ne vouldroit faire tort à personne. de la mesme particule encore a, & bia violence ; parquoy Homere au commencement du treiziesme de l'Iliade les auroit appellez les plus iustes de tous les hommes : & c'est de là que ce lieu est tiré.

Μυσῶν τ' ἀγχεμάχων, καὶ ἀγαυῶν ἱππημολγῶν
Γλακτοφάγων, ἀβίων τε, δικαιοτάτων ἀνθρώπων.

Des Mysiens qui combattent
De pres : & des Aganois
Trayans les iuments pour boire
Et en aualler le laict :
Des Abiens les plus iustes
De tous les hommes mortels.

BB.   Tlepoleme depescha vn messager à son frere. Il fut fils d'Hercule, & d'Astyoché qu'il en'leua de la ville d'Ephyre au Peloponese, & pourtant frere de pere de Telephe : homme Belliqueux au reste, fort de membres, & de belle taille : lequel ayant mis à mort Cicymnius fils de Mars, & oncle maternel d'Hercule qui l'aimoit fort, il abandonna son pays : & ayant fretté vn nombre de nauires à ses despens, auec vne bonne trouppe de ieunes & valeureux hommes, il s'en alla conquerir l'Isle de Rhodes où il obtint la seigneurie des trois villes qui y estoient. Puis à la guerre de Troye il vint au secours des Grecs auec neuf vaisseaux, comme met Homere au Catalogue dans le 2. de l'Iliade ; Τληπόλεμος δ' Ἡρακλείδης ἠΰς τε μέγας τε, &c.

Tlepoleme fils d'Hercules,
Valeureux & de belle taille,
De Rhodes mena neuf vaisseaux,
Garnis d'hommes tresmagnanimes
Qui habitoient és trois citez,
Lindus, Ialissus, & Camyre :

Lequel Astyoche enfanta
Prise par Hercule de force :
Et estant desia grandelet

PROTESILAVS.

Tua le cher bien-aymé oncle
De son Pere, Cicymnius
Desia accablé de vieillesse:
Si qu'ayant fretté des vaisseaux
Ils s'enfuit par mer à Rhodes
Craignant la race d'Hercules,
Et y acquit de grands richesses,
Commandant à tout le pays.

Il fut mis à mort au siege de Troye par Sarpedon Roy de Lycie, comme il est dit au 5. de l'Iliade où leur combat est descript fort par le menu. Ouide en l'Epistre de Penelope à Vlisse;

Sanguine Tlepolemus Lyciam tepefecerat hastam,
   Tlepolemi letho cura nouata mea est.

Parce que l'vsage des lettres, & l'escripture n'estoient pas encore trouuez. Cecy se conforme à ce qu'escript Iosephe au commencement de son antiquité Iudayque contre les Grecs, & les Egyptiens, Manethon, Appion, & autres. Qu'on sçache pour certain que les Grecs sur le tard, & à peine encore, peurent auoir cognoissance de la nature des lettres, car on a opinion qu'ils eurent des Pheniciens le plus ancien vsage d'icelles: & ils se vantent qu'il leur est venu de Cadmus: mais personne d'entr'eux ne sçauroit mõstrer que de ce tẽps là il y eust eu aucune inscriptiõ ny és temples, ny és lieux publiques. Et mesme pour le regard des choses de Troye, où ils menerẽt la guerre par tãt d'annees, cela vint puis apres en vne fort grãde contẽtion & dispute, à sçauoir mon s'ils vserẽt lors des caracteres de l'escripture: car plustost la verité a obtenu que l'vsage des lettres modernes leur fut incogneu. Et est tout notoire qu'enuers les Grecs ne se trouuét resolumẽt aucũs escripts plus anciẽs que les œuures d'Homere, lequel il est assez manifeste auoir esté apres la guerre de Troye; & qu'auparauant on ne redigeoit rien par escript nompas luy-mesme, car il alloit chantant toutes ses poësies de costé & d'autre, qui furent par ce moyen retenües en la memoire des personnes de main en main: & finablemẽt recueillies & ordõnees en ce corps cõ-

PROTESILAVS.

plet qu'on peult veoir. Atais se peult confumer par Ciceron en son Orateur à Brutus, qu'il y eut tout plein de Poëtes deuant Homere, comme on peult veoir par les vers alleguez de luy en son Odissee, és banquets des Pheaciens, & des Proques de Penelope. Eusebe aussi au 10. de la preparation Euangelique monstre y auoir eu assez de Poëtes plus anciens que Homere comme Cynus, Philamon, Thamyris, Amphion, Orphee, Musee, Demodore, Epimenide, Arisice, & autres. Toutesfois on pourroit dire d'eux, cela mesme qui a esté allegué cy dessus de Iosephe, que leurs poësies estoient seulement par eux chantees & recitees de viue voix, & non escriptes. Pline liure 7. chapitre 56. dit que quant à luy il estime les plus anciennes lettres auoir esté les Assyriennes, neantmoins que d'autres les referoient aux Egyptiens, & quelques vns aux Syriens, où elles furent inuentees premierement: & que Cadmus enuiron l'an du monde, 2520. deuant la guerre de Troye plus de 250. de la Phenice qui est vne contree de Surie, en aporta seize en la Grece, A. B. C. D. E. G. I. L. M. N. O. P. R. S. T. V. Ausquelles durant la guerre de Troye Palamedes en auroit adiousté quatre Θ. Ξ. Φ. Υ. Et apres luy pareil nombre encore, Ψ. Ζ. Η. Ω. Aristote dict y auoir eu dixhuict anciennes, A. Β. Γ. Δ. Ε. Ζ. Ι. Κ. Λ. Μ. Ν. Ο. Π. Ρ. Σ. Τ. Υ. Φ. Et deux y furent adioustees par Epicharme plustost que par Palamedes, Θ. & Ψ. Herodote au cinquiesme liure met que les Pheniciens qui vindrent auec Cadmus en Grece y apporterent oultre plusieurs aultres belles inuentions & doctrines, les caracteres de l'escripture dont l'vsage n'y auoit point encore esté, & que ces premiers caracteres furent ceux dont tous les Pheniciens se seruoient. Ce que confirme aussi Diodore au 6. Que ceux, qui passerent en Europe auec Cadmus, afferment que les Pheniciens aporterent les lettres en Grece qu'ils auoient auparauant receües des Muses: ce qu'auroit ensuiuy Lucain:

 Phœnices primi, famæ si credimus, ausi
 Mansuram rudibus vocem signare figuris.

Mais Diodore tasche de monstrer que les premieres lettres de la Grece ne furent pas celles qu'y aporta Cadmus, car il y en auoit eu, ce dit-il, auant le deluge, tesmoin Actinus fils du Soleil qui estant passé de Grece en Egypte, y enseigna l'Astrologie, & s'estant perdues auec le pays à l'inondation Deucalionienne, Cadmus ne fit que les y renouueller. Mais cela ne conclud rien, car il y a eu assez d'arts & sciences qui se sont enseignees de viue voix sans en rien coucher par escript, comme la Cabale, qui de la auroit pris son nom de reception ou tradition verbale: la Philosophie pythagoricienne, celle des Brachmanes, & gymnosophistes, & autres: ioint que les Grecs glorieux de leur naturel se sont voulus attribuer ce que la pluspart de leurs autheurs mesmes donnent aux Egyptiens; ou Mercure, que Ciceron au troisiesme de la nature des dieux appelle le cinquiesme de ce nom là, monstre le premier l'vsage des lettres: que Diodore au quatriesme dit les Egyptiens auoir receuës des Ethiopiens. Mais Eupolemus selon Eusebe és huictiesme & dixiesme de sa preparation, & en sa Chronologie, en refere la premiere origine à Moyse le plus ancien autheur de tous: lequel plusieurs annees deuant Cadmus les donna aux Iuifs, & des Iuifs elles vindrent aux Pheniciens leurs proches voisins, desquels les Grecs les eurent depuis. Philon Iuif les attribue à Abraham, qui fut bien long temps deuant Moyse: & Iosephe au premier des antiquitez les renuoye encore bien plus arriere: disant que les Enfans de Seth qui fut fils d'Adam, grauerent leurs canons de l'Astrologie, & autres secrettes sciences en deux colonnes, l'vne de marbre pour resister aux inondations generales: & l'autre de terre cuitte contre les conflagrations, preuoyans assez que le monde debuoit souffrir ces deux accidents: & que celle de marbre se pouuoit veoir encor de son temps de luy Iosephe, debout en Surie, ce qui est vn peu chatouilleux & suspect, attendu qu'il y a pres de quatre mil ans de l'vn à l'autre: & les grandes ruines & desolations qui aduindrent en ce grand interualle de temps: mais le pauure miserable papier souffre tout. Au demeurant ces premiers characteres de Moyse n'estoient pas les Hebraïques de maintenant, lesquels furent inuentez par Esdras du temps de Zorobabel apres le retour de la captiuité Babylonienne, ains ceux qu'on appelle les Samaritains, selon sainct Ierosme en sa preface sur les liures des Roys: à quoy adherent quelques Rabbins, se fondans sur ce que les Samaritains eurent de tout temps la Thorah ou la loy de Moyse escripte és cinq liures du Pentateuque en leurs characteres particuliers: & sur les medailles antiques d'or, d'argent, & de cuiure qui se trouuoient en plusieurs endroits de Ierusalem & de la Palestine, inscriptes de lettres Samaritaines. Mais de tout cecy il y a vne grande controuerse entr'eulx non bien resolue, comme on peult veoir dans le Talmud, où il est escript en la sorte. Premierement ce dit Matsuka, fut donnee la loy au peuple d'Israel en characteres Hebraïques, & en la saincte langue: laquelle loy du temps d'Esdras fut tornee en langage Arameen, & en characteres Assyriens: mais quelque temps apres les

PROTESILAVS.

gens doctes retenans l'escripture Assyrienne ou Chaldaïque la restituerent en la saincte langue à sçauoir l'hebrieu: & le langage Arameen demeura aux idiots, que Rabi Hista appelle les Chusiniens, qui ont bien quelque crainte & respect du souuerain Dieu, mais ils ne laissent pas pour cela d'adorer les idoles. Il y a vn autre Rabi qui afferme que dés le commencement la loy fut donnee & escripte és mesmes langues & characteres qu'on voit encore pour le iourd'huy, mais qu'à cause de la preuarication des Israelites lors qu'ils vindrent à se desmembrer de Iudah, ceste escripture fut changee en vne aultre: & puis apres estans venus à se recognoistre & faire penitence de leur mesfaict, l'escripture premiere leur fut restablie. Toutesfois Rabi Simon fils d'Eleazar, maintient que le langage ne l'escripture ne furent oncques changez, ny autre que ceux dont on vse encore pour le iourd'huy. Or ceux qui y pensent veoir le plus clair, alleguent que Moyse eut deux sortes de characteres, l'vne pour les choses sacrees qui est l'hebraïque telle que nous l'auons, & l'autre pour les prophanes, comme la iustice, police, milice, trafficq, commerces, & semblables affaires du monde, parquoy vulgaire & vsitee de tout le peuple Iudaïque: qu'on tient estre la Samaritaine, celle dont vsoient les anciens Chaldees, & qui se communiqua depuis aux Pheniciens, dont, tout ainsi que de l'Hebraïque sont prouenues la Syriaque, & l'Arabesque, fut enfantee la Grecque, & consequemment la Latine, qui consiste toute, ou peu s'en fault, des capitales Grecques, comme on peult veoir en les conferant: & que le tesmoigne Pline liure septiesme chapitre 58. où il allegue vn ancien tableau de bronze apporté de Delphes à Rome, ayant ceste inscription icy en vers exametre.

ΝΑΥΣΙΚΡΑΤΗΣ Ο ΜΕΝ ΑΘΗΝΑΙΟΣ
ΕΜΕ ΤΕΘΗΚΕΙΝ.

Par où il s'estudie de prouuer que les lettres Grecques antiques estoient presque les mesmes que les Romaines ou Latines. Et au chapitre cinquante-sixiesme il dit ces lettres là, comme il a esté dit cy dessus, auoir esté les Assyriennes, ou selon les autres les Syriaques: mais ce sont sans doubte les Samaritaines, lesquelles horsmis l'Aleph, & le Iod, deux mysterieux cha-

PROTESILAVS. 224

racteres, sont si conformes aux Grecques & Latines, si on les considere & prend à l'enuers, que ce n'est presque qu'vne mesme chose : ce que confirme encore Eusebe par la propre denomination des Grecques, où à l'imitation du Chaldaïsme a esté adiouxté à la pluspart vn a pour leur dissonance, auec quelques transpositions en d'aucunes : comme Alpha au lieu d'Aleph : Betha, Beth : Gamma, Gimel : Delta, Daleth : &c. Voyla ce qu'il nous a semblé dire à l'elucidation de ce passage de Philostrate, & pource qui suiura cy apres au chap. de Palamedes.

Homere dit que les Arcadiens deuant le voyage de DD. Troye n'auoient eu aucuns vaisseaux ; ny ne s'estre addonnez à la marine c'est dans le second de l'Iliade au catalogue des nauires.

Ἀρκάδες ἄνδρες ἔβαινον ἐπιστάμενοι πολέμοιο
Αὐτὸς γάρ σφιν δῶκεν ἄναξ ἀνδρῶν Ἀγαμέμνων
Νῆας ἐϋσσέλμους περάαν ἐπὶ οἴνοπα πόντον
Ἀτρεΐδης, ἐπεὶ οὔ σφι θαλάσσια ἔργα μεμήλει.

Les Arcadiens au combat
Duits de long temps, sur ces nauires
Estoient montez, qu'Agamemnon
Leur auoit fourny, roy des hommes,
Pour trauerser la noire mer :
Car ces gens-là de la marine
Ne se soulcierent iamais.

L'Arcadie au reste est vne region, comme nous auons desia dit cy deuant sur le tableau d'Hercule & Acheloë, dans le cœur du Peloponese, de tous costez la plus esloignee de la mer ; parquoy les habitans ne s'y seroient oncq exercez, ains toute leur vacation estoit à la nourriture de bestail, pour leurs beaux paccages, plustost qu'à l'agriculture ny au trafficq, ce qui leur faisoit reuerer Pan le Dieu des Pasteurs qu'ils auoient pour leur Patron sur tous les autres, comme le monstrent ces vers de Virgile en la 4. de ses Eglogues.

Pan Deus Arcadiæ mecum si iudice certet,
Pan etiam Arcadiæ dicat se iudice victum.

Protesilaüs alleguoit Homere auoir dit le mieux à propos, en louant la façon de faire que les Grecs gardoient au

PROTESILAVS.

combat, dont Aiax auroit esté le premier Autheur. Et ce qui suit de ce propos, que Menesthee Athenien auroit enseigné aux Grecs de fort crier en combattant, Aiax au contraire d'aller à la meslee paisiblement sans sonner mot. Dictys au 2. liure dit que les Grecs estoient rengez en ordonnance de bataille par Menesthee Athenien qui leur estoit en cela comme precepteur: & les mettoit par esquadrons chaque peuple à part. Ce que dessus au reste a esté touché en deux endroits de l'Iliade. Premierement tout à l'entree du troisiesme liure, αὐτὰρ ἐπεὶ κόσμηθεν ἅμ' ἡγε-μόνεσιν ἕκαστοι, &c.

 Apres que soubs leurs conducteurs,
 Ils furent mis en ordonnance,
 Les Troyans s'en alloient crians,
 Et menans vne grande noise
 Ainsi qu'oiseaux: & comme en l'air
 Fait vne vollee de grues,
 Apres que l'hyuer est passé,
 Et les grandes rauines de pluyes,
 Qui vont criaillant vers les flots
 De l'Ocean pour aux Pigmees
 Aller porter playes & mort,
 Et à coups de becq les combattent
 Estans suspendues en l'air,
 Mais les Grecs alloient en silence
 Respirans au fonds de leurs cœurs
 Vne prompte ardeur de bien faire,
 Et s'entr'aider sans sonner mot.

L'autre est au quatriesme ensuinant: ὡς τότ' ἐπασσύτεραι Δαναῶν κίνυντο φάλαγγες, &c.

 Ainsi les bataillons des Grecs
 Bien serrez s'esbranloiët grand'erre,
 Allans attaquer le combat,
 Vn chacun soubs son Capitaine

PROTESILAVS.

Sans sonner mot : vous n'eussiez pas
Dit qu'un si grand nombre de peuple
Eussent rien eu de voix en eulx :
Tant ils respectoient en silence
Leurs côducteurs. Mais les Troyans,
Ainsi que mille brebiailles
De quelque riche laboureur
Beslent dedans leurs bergeries
Quand on les traict, oyans la voix
De leurs aigneaux qui les appellent,
De mesme des Troyans les cris
S'esleuoient parmy leurs batailles.

Mais les Romains qui estoient trop meilleurs guerriers que les Grecs n'estoient pas de ceste opinion, ains toute contraire : car Plutarque en la vie du grand Caton met qu'il souloit dire, qu'on debuoit tousiours aller choquer son aduersaire d'vne grande impetuosité & furie : & pour cest effect s'esbranler de quelque distance, auec vne voix aspre & effroyable, accompagnee de cris & menaces les plus horribles qu'il se peult : car cela l'espouuante bien plus souuent que les coups mesmes qu'on luy tire. Ciceron pareillement en ses Philippiques. Ie feray comme les chefs d'armee ont accoustumé de faire estants sur le poinct de choquer en vne bataille, là où nonobstant qu'ils voient leurs soldats fort prompts & bien disposez à mener les mains, pour les animer neaumoins d'auantage ils taschent de les encourager en les escriant. Et Cesar tout apertement au 3. des guerres ciuiles, reprouuant ce que Pompee en la bataille de Pharsalie auoit à la persuasion de Triarius ordonné aux siens de ne faire fors soustenir la charge, & le premier choc de leurs aduersaires sans se remuer de leur place, afin que ceste impetuosité & furie s'estant rebouchee leur bataillon se relaschast, & eux serrez en ordonnance les allassent charger quand ils seroient comme hors d'aleine, & tous recreuz de lassété auant que de venir aux mains : il adiouxte : Cela me semble auoir esté fait de Pompee auec fort peu d'apparence, pour autant qu'il y a ie ne sçay quelle incitation de courage & gaillarde viuacité naturellement

L II

PROTESILAVS.

uee & empraincte en nous, qui par vne ardeur de combattre vient d'abondant à s'allumer: ce que les chefs ne doiuent point ramollir ny refraindre, ains pluftoft la leur exciter & accroiftre. Et n'a point efté anciennement inftitué en vain, que fur le point de donner dedans, les trompettes, phiffres & tabourins fe parforçaffent à l'enuy de refoner de toutes parts : & que tous en general leuaffent vn hault cry & clameur militaire, defquelles chofes ils ont eftimé que les ennemis fe deuffent efpouuanter, & la hardieffe croiftre à leurs gens, *ce que touche auffi Virgile au 6. de l'Eneide.*

Mifenum Æoliden, quo non præftantior alter,
Ære ciere viros, Martémque accendere cantu.
Hectoris hic magni fuerat comes, Hectora circum
Et lituo pugnas infignis obibat, & hafta.

A cecy fe conforme encore Quofander au 16. cha. de fon liure de l'office & debuoir d'vn bon capitaine, que nous auons puis n'agueres torné du Grec. Ayez foin entre aultres chofes que vos foldats ayent toufiours leurs armes cleres & reluifantes, bien fourbies & efcurees, parce que cefte netteté & fplendeur fera paroiftre vos trouppes plus terribles & effroyables : & mettra en eftonnement & perturbation le courage de vos aduerfaires. En apres vous les menerez à la charge auec de haults cris & exclamations. Par fois auffi lafchez les & faittes partir d'vne grande impetuofité & roiddeur, pour choquer d'vn plus vif effort, car telles chofes en apparence, les cris à fçauoir & refonnemens, le bruit des armes, le fon des trompettes, le battement des tabourins, accompagné d'vn gay refueil de phiffres & de cornets eftourdift d'vne eftrange forte, & eftonne les ennemis. Et quand vous ferez arriué iufqu'au ioindre, auant que de venir aux mains, & iouer à bon efcien des coufteaux, faites que vos foldats les efpees traictes en les brandiffant hault en l'air contre le foleil plufieurs fois, s'en efcriment deffus leurs teftes, car refplandiffantes ainfi contre la lueur de fes rayz par vne reflexion, or d'vn fens, or d'vn autre, elles produiront ie ne fçay quelle forme d'efclair qui efbloyra les yeux de vos aduerfaires par vn belliqueux efclat effroyable : que s'ils en veullent vser de mesme, au moins leur respondrez vous en cela, & serez egaux, leur donnant pareil espouuantement & frayeur qu'ils vous donneront: & s'ils ne le font, vous aurez cest aduantage sur eulx, si qu'il vous fault en toutes sortes parforcer de leur faire peur. *Mais Vegece liu. 3. chap. 13. semble n'estre pas du tout de ceste opinion:* Que fera celuy qui arriue au combat ainsi qu'oultre & hors d'aleine ? les anciens l'ont euité à leur pouuoir: & parcy deuant quelques chefs d'armees Romaines ne s'en estans pas sçeu garder, par inaduertance ont precipité leurs armees à vne euidente perdition & ruine: car la condition est bien inegalle & dissemblable d'vn laz & recreu, auec vn qui seroit fraiz & reposé: D'vn qui tressue à grosses gouttes du trauail qu'il a enduré, auec vn alaigre & rassis: Et finalemẽt de venir s'attaquer en courãt, cõtre ceux qui vous attẽdẽt de pied coy en assiette ferme. *Toutefois cela se doit plustost referer à quelque grosse excessiue traicte qu'on auroit fait faire à ses soldats à la haste, & de plaine arriuee les mener au cõbat sans les faire refraichir & repaistre, que non pas du choc de deux batailles qui seroient egallement seiournees. Cesar mesme le reprouueroit, comme on peult voir en plusieurs lieux de son histoire, & des autres Capitaines Romains. Au demeurant les Lacedemoniens qui furent durant leur vogue les meilleurs combatans de la Grece, non sans cause obseruoient ceste institution, qui monstre fort conuenir auec ce que dessus d'Homere d'aller d'vn pas compassé à la charge au son des fluttes & chalemies comme le tesmoigne Plutarque en assez d'endroits, & mesmes au traicté de refrener la cholere, & es dicts notables du Roy Agesilaus: lequel enquis pourquoy ils faisoient ainsi posement marcher leurs gens au combat au son de ces doulx instrumens mesurez: pour cognoistre, respondit il, ceux qui y procedent d'asseurance, & sont vaillans, d'auec les couards estourdis que la peur a accoustumé de precipiter, & les fait haster, & criailler de la crainte qu'ils ont: ainsi qu'ordinairement il aduient à ceux qui en quelque lieu à l'escart se retrouuent seuls en tenebres. Mais plus expressement Auluguelle liure premier, chapitre 11. de ses nuicts attiques.* Theucidide escript que les Lacedemoniens gens belliqueux entre tous autres, & tres valeureux cõbattans auoiẽt accoustumé d'vser en leurs rencontres & batailles non de trõpettes ou de cornets, mais d'vne doulce harmonie de fluttes:

PROTESILAVS.

non pour aucun scrupule ny superstition, ny pour exciter & haulser les cueurs d'auantage, ains plustost pour les refrener, & les rendre plus rassiz & ramoderez: ce que ceste harmonie effectue; n'estimans quant à eux rien plus propre pour la vaillance, lors qu'il est question de choquer l'ennemy & donner dedans, ny pour la saueté & conseruation des gens de guerre, que de les radoulcir & mitiguer par des sons doulx, & gracieux, à ce qu'ils ne se laissent transporter par vne impetuosité efrenee & bouillante ardeur. Tellement que quand ils estoient prests de combatre, & leur bataille ia ordonnee, les ioueurs de fluttes entremeslez parmy leurs rangs commençoient à sonner: & là dessus par de posez accords venerables d'vne musique militaire se refrenoit la trop chaulde ardeur & ferocité des soldats: de peur que s'escartans, & laissans leur ordre indiscrettemēt par la furie qui les pousseroit, ils ne fussēt en danger de se perdre. *Aristote en ses problemes (adiouxte le mesme Aulugelle) met que ce que dessus des Lacedemoniens estoit d'eux estably ainsi pour descouurir quelle estoit l'asseurance & resolution des soldats, suiuant ce qui a esté allegué du Roy Agesilaüs: car aller poseemēt & alaigrement à vn si euidēt peril ne peult cōuenir à vne lascheté & faulte de cœur, ny des hommes pusillanimes s'accommoder aussi peu à ceste gaye deliberee & ioyeuse marche: ce que traicte aussi Plutarque en la vie de Lycurgus. Il n'y a pas 30. ou 40. ans que les Escossois, ie ne sçay pas cōme ils en vsent à ceste heure, auoiēt de coustume d'aller au combat au son d'vne cornemuse ou doulcine. Mais pour acheuer le lieu d'Aulugelle qui fait encore à ce propos.* Que veult dōcq dire ceste tāt aspre & animeuse clameur des soldats Romains, que les autheurs de leurs annales & histoires tesmoignēt auoir tousiours esté practiquee d'eulx au choc & enfonnement des cōbats? Commettoient-ils par là quelque faulte contre les statuts de leur anciēne discipline, ou s'il fault plustost aller en silence d'vn pas rassis & moderé, quand de loin on s'esbranle pour aller charger l'ennemy, afin de ne s'oultrer d'haleine? Puis quād on vient de pres aux mains, c'est alors qu'on le doibt choquer de furie, & l'espouuanter auec de grands cris & clameurs. *Ce qui suffira pour accorder les contrarietez du propos dont il est icy question.*

PROTESILAVS.

Hiere auoit esté de la plus grand' stature que femme qu'il FF. eust oncques veüe: & la plus belle quant & quant. De ceste *Hiere femme de Telephe Roy de Mysie* ie n'en ay iamais rien leu en nulle aultre part que ie sçache: & quant à sa grandeur & beauté, c'est le propre, mesmement des Poëtes, de ne depeindre soit homme soit femme d'vne extraordinaire beaulté, à qui ils n'attribuent tousiours quelque grande, haulte & droicte taille: ainsi que fait Hesiode tout au commencement de l'escu d'Hercule, parlant de sa mere *Alcmena femme d'Amphitrion* de la mesme sorte à peu pres que fait icy Philostrate d'Hiere.

Ἀλκμήνη, θυγατὴρ λαοσσόου Ἠλεκτρύωνος.
Ἥ ῥα γυναικῶν φῦλον ἐκαίνυτο θηλυτεράων
εἶδός τε, μεγέθει τε.

Alcmene d'Electryon fille
Des peuples le conseruateur,
Qui surpassoit toutes les femmes
En beaulté & grandeur de corps.

Et Homere tout de mesme au 13. de l'Odyssée parlant de Minerue qui s'apparoist à Vlisse en semblance d'vne belle grand' femme: lequel auoit esté amené dormant par les Pheaciens à Ithaque,

— δέμας δ' ἤϊκτο γυναικὶ
Καλῇ τε, μεγάλῃ τε.

Il corrige Hesiode en l'expression des escuts & targues. GG.
Cela presupposoit qu'Hesiode auroit esté deuãt Homere, comme à la verité il y a apparence de conjecturer, en ce mesmement qu'il y a beaucoup de choses en ceste description d'escu moins eslabourees & plus grossieres que celle d'Achille au 18. de l'Iliade amenee cy deuant sur le tableau de Pyrrhus & des Mysiens. Car il n'est pas à croire qu'vn Poëte fust si mal aduisé de vouloir aller sur les erres d'vn autre qui auroit mieux faict. Mais cecy n'est pas bien resolu entre les autheurs, dont les vns mettent Homere deuant, & les autres apres; meuz de ce qu'Homere au dernier de l'Odyssée trouue son pere Laertes trauaillant en son jardin d'vne maniere qu'Hesiode en ses labourages n'auroit point touché, dont il s'ensuiuroit qu'elle seroit venüe depuis luy. Plutarque au 5. des Symposiaques, chap. 2. les fait estre contemporains: si que mesme ils firent des vers à l'enuy l'vn de l'autre és obseques d'Amphidamas Chalcidien: & au banquet des sept sages, encore Aulugelle liure 17. chapitre 21. met que tous les autheurs presque

Aulugelle lin. 3. chap. 11

sombr' obscur: & leurs machoueres tout arrousees d'vn sang caillé, meurtry, liuide. En ceste targue estoient oultreplus figurees des compagnies de bestes noires auec des lyons, qui s'entremorguoient de trauers, les vns grinssans les dents pleines de fieres menaces: & les autres doublans le pas, toutesfois en ordre, & sans monstrer de se craindre les vns les aultres, mais leurs hures estoient tout' herissees: & y auoit desia vn des lyons gisant par terre, le ventre descousu d'vne grand' lardesse, si que les boyaux, en sortoient dehors : & aupres de luy deux sangliers despouillez de leur chere vie qu'ils luy auoient venduë bien cheremēt: dont le sang noircy degouttoit à bas de leurs playes horribles & profondes qu'ils auoient receuës de l'effort de ces redoutables lyons: mais les autres ne laissoient pas pour cela de s'acharner tant plus fort au combat. Il y auoit en apres le conflit des belliqueux Lapithes, chez le Roy Lence: Dryas, à sçauoir, Pyrithee, Hoplee, Exadie, Phalere, Prologue, Mopse fils d'Amphiades, Titarese rameau de Mars, Thesee le fils d'Egeus, egal aux Dieux immortels, tous faits d'argēt, & les armeures dōt leurs corps estoiēt munis tout aultour, de fin or bruny. D'aultre-part les Centaures s'assembloiēt contre eux à l'enuiron du grand Petree, & du vaticinateur Asbot, Arctus, Orion, & Mimas tout couuert de poil comme vn ours, les deux Pericides, Perimede & Dryal, d'argent aussi, tenans au poing de longs sapins d'or en lieu de lances, lesquels se chargeoient d'vne grande impetuosité & furie; paroissans vifs, tant il y auoit d'action exprimee naïfuement. Là estoient les cheuaux de l'horrible Mars, lesquels auoient des esles aux jambes d'or aussi, & ce pernicieux spoliateur mesme le glaiue au poing, encourageant ses Satellites, tout couuert du sang de ceux qu'il massacroit inhumainement: planté debout dans son chariot d'armes: & ioignant luy se pouuoient veoir la frayeur hideuse, l'espouuantement & la crainte, desirans d'entrer au combat. Là encor la saccageuse Tritogenie Minerue fille du hault Iuppiter, comme si elle eust voulu enfourner la meslee, la corsesque en main, & vne sallade doree en la teste, auec sa grand' targue, Egys aultour

des

des espaulles, marchant à grands pas droict à la furieuse rencontre. D'vn aultre part en cest escu l'on pouuoit veoir la sacree danse des immortels, & au millieu d'eux le fils de Iuppiter & de Latone ioüant de sa lyre doree ie ne sçay quoy de desirable: leur siege au reste est le pur Olympe. Là estoit aussi vne maniere de marché & aport, garny d'infinies richesses, ordōnees en forme d'vne guirlāde ou chappeau de fleurs alentour de ces immortels comme à l'enuy, & qu'elles eussent combattu à se supplāter les vnes les aultres pour estre attribuees en prix d'honneur au mieux faisant: mais les Muses Picrides commençoient la note, comme si en effect elles eussent veritablement desgoisé de leurs gorges armonieuses vn melodieux concert de Musique qui s'accordast auec la lyre d'Apollon. Itē vn port de tresbō acees, & seure retraitte contre les vagues impetueuses de la mer qui seroiēt esmcuës des vents: tout rond estoit-il, & fait d'estain fondu qui sembloit ondoyer & ietter des flots: & au milieu d'iceluy force Daulphins nageans de costé & d'autre d'vne incomparable vistesse pour y attraper leur proye: mais il y en auoit deux faits d'argent qui boursoussloient l'eau contremont, deuorans les poissons muets faits de bronze, que la peur chassoit deuant eux: & sur le riuage y auoit vn pescheur assis qui les guettoit, tout prest à ietter en l'eau vn fillé qu'il tenoit és mains pour les prendre. Là estoit figuré en oultre le gentil Caualcadour Perseus fils de Danaé aux beaux cheueux, qui ne tenoit point à l'escu, & n'en estoit pas aussi gueres separé, chose admirable à veoir, car il ne posoit nulle part: & tel l'auoit fait de ses mains le celebre boitteux des deux anches Vulcain, tout d'or, auec des esletons aux pieds: & à son costé en escharpe pendoit d'vne fort riche bandolliere vn braue couttelas d'acier reclos dans vne gaisne de couleur noirastre, vollant quant à luy aussi viste que nostre pēsée seroit, le doz couuert de la teste de l'espouuentable Gorgone, & à l'entour d'elle vn certain estuy voltigeoit, (chose trop merueilleuse à veoir) qui estoit d'argent, auec des franges clair esclattantes d'or soprefin: les fieres temples de ce Prince garnies au reste du cabasset de l'infer-

PROTESILAVS.

nal Pluton dieu de l'orque, offusqué de l'ennuyeuse obscurité de la nuict : & luy se hastoit d'aller, semblable à vn qui auroit peur, comme tallonné de pres qu'il estoit des inaccostables Gorgones, qu'on ne sçauroit bien exprimer, desireuses de l'attraper dequoy resonnoit le fourby reluysant acier de ceste spaticuse targue d'vn son aigu. Des courroyes au surplus d'icelle pendilloient deux horribles serpents rehaussans les testes, qui monstroient lescher leurs fieres & horribles babines, esguisans leurs dents de grand' ire, auec vn furieux regard. Et au dessus des testes des Gorgones s'esmouuoit vn grand tintamarre, car il y auoit force gens armez, acharnez à vn dur & rudde combat ; les vns pour defendre leur ville, & repousser la ruyne qui les menaçoit eux & leurs chers parens & amis, les autres s'efforçans de la prendre d'assault & la saccager : si qu'il en auoit desia beaucoup de portez par terre qui ne s'en pouuoient plus releuer : mais plus grand estoit le nombre de ceux qui combattoient encore : & les femmes de dedans les tours crioient à haulte voix ie ne sçay quoy de lamentable, en se deschirant les ioües comme si elles eussent esté proprement en vie : le tout de l'ouurage du subtil Vulcain. Mais ceux qui estoient atteints de la tardiue & pesante vieillesse, s'en alloient serrez en trouppe dehors des portes, tendans les mains contremont aux Dieux bien-heureux pour leurs chers enfans dont ils auoient crainte qu'il ne mes-aduinst, lesquels ce temps pendant ne perdoient pas temps, ains joüoient magnanimement des cousteaux : & apres eux les noires Parques mortiferes faisoient craquetter leurs dents blanches, iectans vn tresfier & horrible regard : tout ensanglantees, qui se debattoient entr'elles touchant ceux qui tomboient par terre, dont elles desiroient chascune endroit soy humer le noir sang qui fumoit encore : & le premier qui leur pouuoit venir entre les mains, fust gisant à bas, où tombant encore ne venant que d'estre frappé, elles leur iectoient leurs grands ongles aiguz & tranchants, dont l'ame aussi tost s'en volloit du corps aux enfers dedans le froid creux du barathre : mais elles apres s'estre rassasiees leurs rauiſſantes glouttes entrailles affamees de ce ſang humain, en reiectoient les corps derriere elles, & ſe haſtoient de retorner à la tuerie & maſſacre pour attraper nouuelle proye: Clotho, & Lacheſis les accōpaignoient, & Atropos vn peu moindre qu'elles, car elle n'eſtoit pas des grandes deeſſes, neaumoins plus excellente que quelques autres, & fort agee. Toutes leſquelles s'eſtoiét acharnees à vn dur cōflict aultour d'vn ſeul corps, s'entreregardans l'vne l'autre cruellement d'vn œil courroucé & felon, & ſe meſurás leurs fiers ongles & mains hardies. Là aupres eſtoit auſſi la tenebreuſe obſcurité, paroiſſant eſtre fort miſerable & malmenee, paſle, haue & defaitte, toute eſpuiſee & trāſie de faim: la peau couſüe aux oz, & ne ſe pouuant preſque ſouſtenir, tant elle auoit les genoils enflez, auec de longs ongles crochus qui luy aduançoient hors des doigts: le nez degouttant d'vne morue infecte, & de ſes machoüeres du ſang humain iuſqu'en terre. Elle grinſſoit les dents trop horriblement, ſa poictrine auec les eſpaulles toutes pouldreuſes, & les yeux baignez de chaiſie parmy les larmes qu'ils iectoient, là aupres eſtoit vne ville bien habitee, & munie de belles haultes tours & murailles, auec ſes portes toutes d'or, accommodees de leurs guiſchets & huiſſeries: & le peuple de dedans tout confit en delices & voluptez, danſes, maſcarades, feſtins aſſidus & banquets, auec ſemblables reſiouiſſances: dont les vns menoient en vn beau chariot richement eſtoffé, vne nouuelle mariee à ſon eſpoux, auec de gracieux chāts d'Hymenee qui reſonnoit de toutes parts; & de loin reluiſoit la ſplendeur des torches & flambeaux qui l'accompagnoient, portez par les vallets de la feſte: les dames fleuriſſantes en eage & beauté marchoient deuant, ſuyuies d'vne trouppe de ieunes hommes qui follaſtroient fort gaiement le long des ruës: les vns chantans au ſon des fluttes, lequel ſe rabattoit alentour d'eulx: & elles danſoient agreablement à la cadence de ceſte note. Il y en auoit d'aultres qui banquettoient à ce doulx concert de Muſique: & quelques vns qui ſ'eſgaioyent à chanter, baller, gambader: les aultres rioyent à pleine gorge: & deuant

PROTESILAVS.

chasque menestrier marchoit vn bedeau pour faire large; si que toute la ville estoit remplie de ioye & de plaisir. Il y en auoit d'aultre-part qui picquoient & manioient leurs cheuaux hors de l'enceinte des murailles, & des laboureurs cultiuans la terre, leurs Souguenies retroussees fort proprement. D'aultres qui auec leurs dentellees faulcilles abbattoient les espics de bled, dont la moisson estoit bien chargee, comme du substantatif fruit de Ceres: les autres lioyent les iauelles mises à bas, & en alloient remplir vne aire. Les aultres d'ailleurs vendangeoient les vignes auec des cousteaux, qu'ils auoient és poings; d'aultres qui receuäs d'eulx les grappes noires & blanches, les portoient sur le pressoüer dedans des hottes; & d'aultres dans des paniers tissus d'osier qui les leur deschargeoient dans les hottes: aupres desquels estoit vne belle vigne d'argent, vn chef-d'œuure aussi du gentil Vulcain: les sarments d'icelle, & les fueillus branchages qui estoient esbranlez du vent, soustenus sur des pesseaux, de la mesme estoffe, & ces porteurs s'en alloient dansans chacun à parsoy au son d'vne cornemuse & flageol. Les aultres foulloient ceste vendange dedans les cuues, dont les aultres vuiddoient le vin. Quelques vns ce pendant s'esbattoient à l'escrime de coups de poings, & à la lucte: d'aultres s'en alloient courre le lieure, & là deux leuriers en poursuiuoient vn, qu'ils taschoient d'attrapper & prendre, & luy tant que jambes le pouuoient porter à se forlonger deuant eux. Là aupres y auoit encor des carrozzes & chariots qui couroient le prix, dont les conducteurs y plantez tout debout laschoient la bride à leurs cheuaux, qui galoppans de grand roiddeur sembloient voller: & les chariots bien vnis en leur assemblage, auecques les moyeux des roües resonnoient fort de la vistesse dont ils alloient, ceux-là doncques estoient comme en vn continuel laborieux exercice d'autant que la victoire ne leur estoit pas encore acquise, ains le prix balançant en suspens & incertitude, lequel estoit proposé dedans la carriere, à sçauoir vn grád trippier d'or, de la main pareillement du gentil orfeure boitteux: qui aultour du bord de l'escu auoit espandu l'Ocean semblant

PROTESILAVS.

flotter, & l'enfermoit tout, auec force lignes, dont les vns volletoient en l'air criaillans, les autres nageoient à fleur d'eau, plongeans souuent leur becq dedans pour y attrapper les poissons qui estoient en continuel mouuemẽt: chose certes admirable à veoir, fust-ce mesme à Iuppiter le haultonant, par le commandement duquel Vulcain auoit fait ceste ainsi grande & forte targue: mais son robuste fils la manioit tout à l'aise: & garny d'icelle se ietta d'vn plein saut dans son chariot. *Voyla ceste description d'Hesiode, qui peult estre ne sera point du tout desagreable aux Lecteurs.*

Pamphus aussi, lequel encore qu'il eust fort sagement HH. consideré, &c. *Ce fut vn des plus anciens Poëtes, & qui precede Homere comme on peult veoir en cest endroit. Pausanias és Achaïques met qu'il auoit escript aux Atheniens les plus anciens cantiques & hymnes aux dieux, de tous ceux qu'ils eurent, où entre autres choses il attribue à Neptune le tiltre de domteur de cheuaux, & de nauires hault esleuees. Et és Arcadiques, que ce fut le premier de tous, en ayant ainsi esté instruit des Arcadiens, qui appella en ses vers Diane Kalliste c'est à dire tresbelle, & soubs lequel surnom elle auoit vn temple sur vn tertre pres de la fontaine de Crunes en Arcadie.*

Protesilaüs dit Homere auoir chanté vn hymne à Iuppiter digne de louange: Iuppiter tres-glorieux, & tres-grand, &c. II. *C'est au 2. de l'Iliade, en vne priere qu'Agamemnon luy fais selon que Philostrate l'allegue icy.*

Ζεῦ κύδιςε, μέγιςε κελαινεφὲς, αἰθέρι ναίων
Μὴ πρὶν ἐπ' ἠέλιον δῦναι ἢ ἐπὶ κνέφας ἐλθεῖν, &c.

O Iuppiter tres-glorieux,
Et tres-grand qui rends les nuees
Obscures, habitant en l'air:
Ne permets que dans les tenebres
Le Soleil se voise cacher,
Premier que ie ne mette à terre
Le Palais de Priam en feu,
Et reduise en flammes les portes

Mmm iiij

PROTESILAVS.

De Troye: que par le millieu
Ie n'ouure d'Hector la cuirasse
A coups d'espee: & qu'entour luy
Les siens sans nombre ne mesure
Ie ne face à bas tresbucher
Dans la pouldre mordans la terre.

Hesiode aussi en la dessusdite targue d'Hercule attribue ce mesme Epithete de καλαυρεφὲς à Iuppiter; τὸν μὲν ὕπνῳ μηδῆσαι καλαυρεφεῖ κρονίωνι.

K K.   Iuppiter cause de tous les combats qui furent entre Neptune & Apollon, de Latone contre Mercure, &c. Ie suis contraint d'amener icy ce qu'à ce propos i'ay touché en mon liure des chiffres apres la secrette Theologie Hebraïque, qu'en vertu du tetragrammaton יהוה Moyse prosterna du tout Ammomino assisté de son frere Germain Amael, auec leurs six cens coadjuteurs esprits immondes familiers aux Egyptiens, & designez dans le Zoar par les six cens chariots armez en guerre que prend Pharaon en Exode 14. pour aller apres les Israelites, car nul ne peult estre surmonté icy bas, selon que le collige Rabbi Ioseph fils de Carnitol en son traicté des portes de Iustice, de ce passage du quatorziesme d'Isaye; *in die illa visitabit dominus super militiam cæli in excelso, & super reges terræ qui sunt super terram*, que l'intelligence qui luy assiste d'enhault ne le soit auant, & distraitte de sa protection; comme il se voit au vingthuictiesme d'Ezechiel, là où Dieu se deliberant de destruire la ville de Tyr, en retire premierement le Cherub: & en Daniel 10. de ce Prince du Royaume des Perses à sçauoir leur genie & patron tutelaire qui resista à l'Ange Gabriel par 21. iours iusqu'à ce que Michael luy fut arriué de renfort. Homere doncques conformement à ceste tradition cabalistique au 20. de l'Iliade descript le combat qu'eurent les dieux & les deesses les vns contre les autres en faueur des Grecs, & des Troyans, & ce par la permission de Iuppiter qui leur octroya d'eyder à ceux que bon leur sembleroit: Et là dessus Iunon auec Minerue, Neptune, Mercure, & Vulcain se partialiserent pour les Grecs: & Mars, Apollon, Diane, Latone, Venus, & le fleuue Xanthus pour les Troyans, comme nous l'auons desia deduit sur le tableau de Scamandre au commencement de cest œuure, auec tout ce qui peut concerner le sens allegorique de ceste fietion, ou partie de ce que dessus a esté touché. Et semblablement comme s'apparierent à ce duel Apollon contre son Oncle Neptune, Mars contre Minerue, Diane contre Iunon, Latone contre Mercure, & Xanthus contre Vulcain: tous lesquels combats en particulier sont fort plaisamment exprimez au 21. ensuiuant: là où Minerue surmonte Mars, & Venus, & Iunon Diane, qu'elle destrousse d'arc & de flesches: Mais Apollon se retient de batailler contre Neptune, pour les remonstrances qu'il luy faict de l'ingratitude & mauuaise foy dont leur auoit à tous deux vsé Laomedon apres qu'ils luy eurent basty ses murailles.

Tovt aultour tonna le grand Ciel. Du vingtiesme encore L.L. de l'Iliade.

Δεινὸν δ' ἐβρόντησε πατὴρ ἀνδρῶν τε θεῶν τε
Ὕψοθεν αὐτὰρ ἔνερθε Ποσειδάων ἐτίναξε
Γαῖαν ἀπειρεσίην, &c.

Le Pere des hommes & Dieux
Tonna d'enhault de vehemence,
Et dessoubs Neptune esbranla
La large terre spacieuse,
Auec les haults sommets des monts.
Toutes les racines de l'Ide
S'esmeurent abondante en eaux,
Et ses cimes auec la ville
Des Troyans, & tous les vaisseaux
Des Grecs qui estoient là à l'anchre:
Pluton aussi Roy des Enfers
Eut belles baffres soubs la terre:
Et transy de peur en criant
Se iecta à bas de son throsne,
Redoutant qu'au dessus de luy
Neptune n'entr'ouurist la terre,
Et que ses horribles Manoirs,
Que les dieux mesmes abominent,

Ne se monstrassent aux mortels,
Et immortels, tel tintamarre
Firent les dieux en leur assault
Quand au combat ils s'attaquerent.

MM. Il trouue à reprendre en Homere, de ce qu'il entremesle les Dieux auec les personnes. *Au contraire Plutarque en sa vie approuue cela,* πεποίηκε δὲ ὅτι θεοὺς τοῖς ἀνθρώποις ὁμιλοῦντας, *&c.* De ce qu'il introduist les dieux pratiquans familierement auec les hommes, cela a esté fait de luy non pour la delectation, & admiration, mais pour denoter par là que les dieux ont soin de nous ayder & assister, & qu'ils ne nous mettent point en oubly: ou bié pour le restreindre en moins de paroles, il vse d'vne admirable & fabuleuse narratió pour rendre les auditeurs plus attentifs & les tenir suspendus en estonnemét des belles & plaisantes choses qu'il compte: ce qui est cause que quelquefois il se transporte hors du debuoir & bien-seance: mais il fault aussi considerer que si on veult examiner de plus pres ces fictions, on verra cóbien il a esté excellent en toutes sortes de doctrines. *Cecy dit Plutarque.*

NN. Sçachant bien qu'Helaine auec Paris auoient esté iettez par les vents contraires en Egypte. *Ce lieu d'Herodote en son Euterpé, nous esclarcira tout cecy, qui en a esté emprunté: lequel apres auoir sommairemeut discouru en la preface de son histoire, que les Pheniciens estans abordez en Argos, & là debité leurs marchandises, ils rauirent Io fille d'Inachus, qui auec quelques aultres ieunes Damoiselles estoit allé veoir leurs vaisseaux, & la menerent en Egypte.* De là à quelque temps les Grecs pour en auoir leur tenanche, ayans nauigué à Tyr enleuerent Europe fille du Roy Agenor, par où l'iniure precedéte auoit esté assez végee: mais ne se contentans de cela, ils voulurét redoubler encore soubs la conduitte de Iason enuers Medee fille d'Ætes Roy de Colchos, tellement que pour compenser cest oultrage Paris Alexandre fils de Priam, quelques soixáte tant d'ans apres se seroit meu d'aller querir vne femme pour luy en Grece, où il rauit Helaine: pour r'auoir laquelle les Grecs depescherent vne

vne ambassade à Troye, dont fut mesme Menelaus son mary; Surquoy pour toute resolution leur fut mis en auant le restablissement de Medee premier que de leur faire droict sur leur plainte, si que les Grecs dresserent vne grosse armee, & s'en allerent saccager & ruiner Troye. *Herodote doncques ayant premis en brief cela, il poursuit au second liure.* Que luy s'informant vn iour en Egypte d'vn des Prestres de cest affaire, il luy vint à racompter comme Páris retornant à Troye auec Helaine, & les biens qu'il auoit pillez à Sparthe, il fut surpris d'vne tormente en la mer Egee, dont il fut iecté malgré luy en la coste d'Egypte, où il fut contraint d'aller donner fonds en l'vne des bouches du Nil qu'on appelle la Canopique, & à Tarithees, en cest endroit où estoit encore de son temps le temple d'Hercule, lequel si quelque esclaue pouuoit gaigner, & se deuouoit à ce Dieu receuant ses sacrees marques, il n'estoit plus loisible de mettre la main sur luy. Tellement que les esclaues qui estoient auec Páris, ayans eu le vent de ceste franchise, s'y enfuyrent à garand, le chargeans enuers les Prestres du temple, & le gouuerneur de la ville appellé Thonis, de sa grande trahison & desloyauté à l'endroit de Menelaüs: duquel apres auoir receu tãt de courtoisies, & esté receu si humainement, il auroit enleué la femme, & saccagé tous ses thresors. Ce que Thonis alla sur le champ raporter à Prothee qui pour lors regnoit en Egypte, pour sçauoir de luy ce qu'il en feroit, ou de le retenir, ou laisser aller: Prothee ordonna qu'õ le luy amenast lié & garrotté pour sçauoir ce qu'il vouldroit dire, ce que fit Thonis, & retenant les vaisseaux, mena Páris auec Helaine, & toutes leurs hardes au Roy Prothee à Memphis & pareillement les Esclaues qui l'auoient accusé. Prothee luy ayant demãdé qu'il estoit, & d'où il venoit auec ceste flotte, Páris luy declara le nom de son pays, & de ses parents: mais quand il le vint à interroger sur Helaine, comme il tergiuersast en ses propos, les Esclaues le rechargerent de nouueau, renforçans leur premiere accusation par les particularitez de tout ce qu'il auoit comis en ce voyage. Là dessus Prothee, si ie n'estimois estre de trop grãde importance de faire mourir vn passant que les vents

Nn

PROTESILAVS.

auroient poussé en mes limites, certes ie serois sur toy la vengeance de ce Grec-là, comme ton forfaict le merite, ô ingrat perfide le plus meschāt & malheureux de to9 les viuāts, qui as ainsi trahistreusement enleué la femme de celuy qui t'auoit ainsi benignement receu en son hostel, & non content de cest oultrage rauy le meilleur & plus beau de son bien auec elle: mais reputant ce que cela importeroit de mettre la main à vn estranger, au moins pour luy oster la vie, ie retiendray icy ceste femme & ses biens, pour rendre le tout à son mary quant il le viendra repeter. Et quant à toy ie te commande que dans trois iours pour tous delaiz tu ayes à vuider hors de mes confins toy & ta suitte, aultrement ie vous traicteray tous comme mes mortels ennemis. *Telle recomptoit ce Prestre-là à Herodote auoir esté l'abordee de Paris & Helaine en Egypte: Mais pource que cela ne sembloit pas propre à Homere pour l'enchasser en ses poësies, il voulus prendre vne autre addresse: ce neaumoins au 6. de l'Iliade (tout cecy est encor du mesme Herodote) où il traicte les prouësses de Diomedes, il donne tacitement à cognoistre qu'ils aborderent en Egypte, quand il aduouë qu'ils furent iettez par fortune de mer en la Surie dont l'Egypte est toute prochaine, & mesmement en cest endroit-là où estoit la ville de Sidon.*

Ἀυτὴ δ' ἐς θάλαμον κατεβήσετο κηώεντα,
Ἔνθ' ἔσαν οἱ πέπλοι παμποίκιλοι, ἔργα γυναικῶν
Σιδονίων, τὰς αὐτὸς Ἀλέξανδρος θεοειδὴς
Ἤγαγε Σιδονίηθεν ἐπὶ πλὼς εὐρέα πόντον,
Τὴν ὁδὸν ἣν Ἑλένην περ ἀνήγαγεν εὐπατέρειαν.

*Hecube descend en sa chambre
Remplie de bonnes odeurs,
Où estoient plusieurs tauaiolles
D'œuure à l'esguille tous diuers,
Labeur de ces Sidoniennes,
Qu'Alexandre Paris le beau
Auoit rauy en Sidonie
Nauiguant par la haulte mer,*

PROTESILAVS.

Alors qu'il enleua Helaine
Née d'vn si bon parenté.

Il allegue encore quelques autres passages de l'Odissee pour confirmer ce que dessus: que Menelaus & Helaine furent en Egypte: mais ils ne sont rien à ce propos, par ce que ce fut à leur retour apres la prise de Troye, où Helaine fut vendue à son mary, & ils passerent par Egypte: Bien y pourroit mieux quadrer ceste coniecture qu'il y aporte, que malaisément seroit il à croire, que Priam & tous les siens eussent voulu endurer tant & si longuement de telles calamitez & ruines pour vn fol desbordé plaisir d'vn de ses enfans, lequel mesme n'estoit pas pour succeder à la couronne, Ains Hector aisné de luy, & plus valeureux, qui n'eust pas voulu perdre ainsi temerairement, & l'heritage qui l'attendoit, pour la mauuaistié d'vn sien frere puisné tout consit en delices & voluptez. Et de fait ce Prestre luy raconpta oultreplus, qu'apres le retour de ceste ambassade que les Grecs depescherent à Troye, à laquelle fut fait response auecques serment solennel. Qu'ils n'auoient ny Helaine, ny les biens dont estoit question, ains que le tout estoit demeuré en Egypte où Prothee les retenoit, les Grecs cuiddans que ce fust vn eschappatoire & deffaicte assiegerent par-apres Troye & la saccagerent, là où n'ayans trouué ny Helaine ny ce qu'ils querelloient, Menelaus s'en alla en Egypte deuers Prothee qui luy restitua le tout, dequoy il se monstra depuis fort ingrat: car ayant surpris à l'escart deux ieunes enfans de la contree, il les immola pour voir par leurs entrailles ce qui luy debuoit aduenir: si qu'il fut contraint de s'enfuir honteusement. Ces passages-là sont au 4. de l'Odissee, où est fait mention de ce Thonis, de la femme duquel Helaine aduoue auoir apris beaucoup de secrets de l'Egypte, tant en medicaments qu'en charmes fondez sur la vertu des simples qui s'y produisent: & entre aultres d'vn breuuage qui chasse toute tristesse, fascherie & courroux, qu'elle mesla parmy le vin au banquet que fait Menelaus à Telemaque.

Τοῖα Διὸς θυγάτηρ ἔχε φάρμακα μητιόεντα
Ἐσθλά, τά οἱ πολύδαμνα πόρεν Θῶνος παράκοιτις
Αἰγυπτίη, τῇ πλεῖστα φέρει ζείδωρος ἄρουρα.
Φάρμακα πολλὰ μὲν ἐσθλὰ μεμιγμένα πολλὰ δὲ λυγρά.

Telles drogues bonnes vtiles
La fille auoit de Iuppiter,

PROTESILAVS.

Que Polydamne Egyptienne
Femme de Thonis luy auoit
Apris, & donné, dont la terre
En produist grande quantité,
Tant de bonnes que de mauuaises.

Et puis apres encore au mesme liure, ce que cite Diodore Sicilien au 3. Où Menelaus racompte à Telemaque ce qui luy estoit entreuenu en Egypte auec Prothee.

Αἰγύπτῳ μ' ἔτι δεῦρο θεοὶ μεμαῶτα νέεϑαι
Ἔσχον ἐπεὶ οὔ σφιν ἔρεξα τελείεσσας ἑκατόμβας.
Οἱ δ' αἰὲν βούλοντο θεοὶ μεμνῆσϑαι ἐφετμέων.

Mais les dieux encor en Egypte
Me retindrent voullant venir,
Pour n'auoir faict les sacrifices
Solennels dont i'estois tenu
En leur endroit: car ils desirent
Que tousiours des commandemens
Qu'ils nous font l'on ait souuenance.

OO.   Homere ne debuoit pas introduire Helaine en son poëme, contemplant de dessus les murailles de Troye les maux qui se commettoient à la plaine pour l'amour d'elle. Au 3. de l'Iliade le duel ayant esté arresté corps à corps entre Menelaus & Paris, pour terminer leur diferent sans que tant de gens en patissent, Priam s'en vient sur vne tour pour le regarder, & fait aprocher Helaine afin qu'elle luy nomme les Princes Grecs qui y assistoient.

Τὸν δ' Ἑλένη μύθοισιν ἀμείβετο δῖα γυναικῶν
Αἰδοῖός τέ μοι ἐσσι φίλε ἑκυρὲ δεινός τε.

Helaine luy respond ainsi,
Diuine entre toutes les femmes,
O mon cher beau-pere qui m'es
Le venerable, & redoubtable,
Combien m'eust deu plaire la mort,

PROTESILAVS.

Quand ton fils ie me mis à suiure,
Venant icy, & delaisser
Mon lict nuptial, & mes freres,
Ma fille vnique Hermioné,
Et mes tres-aimees compaignes,
Plustost que de veoir arriuer
Tant de maux dont ie suis la cause.

Et là dessus elle luy designe Agamemnon, & les autres. Cela fait Priam ne pouuant comporter de veoir son fils en ce danger, s'en retorne en son pallais; & Helaine demeure à regarder le combat du hault de la tour, accompagnee de grand nombre de Troyennes: où Venus apres auoir subistrait Paris dans vne nuee obscure des mains de son aduersaire qui estoit sur le point de le mettre à mort, la va querir:

Αὐτὴ δ' αὖθ Ἑλένην καλέουσ' ἴε, τὴν δ' ἐκίχανε
Πύργῳ ἐφ' ὑψηλῷ, περὶ δὲ Τρωαὶ ἅλις ἦσαν.

Qui est ce que Philostrate veult entendre icy.

Paris nomplus ne debuoit pas estre loüé à Troye pour p p. auoir enleué Helaine: Et le surplus de ce propos. Ie ne me resouuiens point auoir rien leu de tout cecy en Homere, si ce n'est pour le regard de ses delices au 6. de l'Iliade, où est descripte succinctement la magnificence de son pallais, qu'il fit bastir à son retour de la Grece, pres de celuy de son pere le Roy Priam.

Ἕκτωρ δὲ πρὸς δώματ' Ἀλεξάνδροιο βεβήκει
Καλά, τά ῥ' αὐτὸς ἔτευχε σὺν ἀνδράσιν οἳ τότ' ἄριστοι
Ἦσαν ἐνὶ Τροίῃ, &c.

Hector s'en alla au pallais
Beau magnifique que son frere
Alexandre auoit fait bastir
Par des ouuriers qui lors à Troye
Estoient estimez les meilleurs,
Lesquels luy firent vne chambre,
Vn grand salle, & vn logis

Nnn iij

PROTESILAVS.

Tout complet en la citadelle
Auprés de Priam & d'Hector.

QQ. Ny Helaine euaddé la mort par les mains des Dames Troyennes. Cecy n'est point nomplus dans Homere: mais de la mort d'elle, il y en a diuerses opinions, & entre autres Dion Prusien, lequel en son traicté de Troye non prise dit auoir sceu des Prestres d'Egypte, qu'Helaine fille de Tindarus la plus belle creature de toute la Grece, fut pour ceste occasion requise en mariage de tous les ieunes Princes du pays: mais que la renommee s'en estant espandue de là la mer iusqu'en la Phrygie, Paris Alexandre fils du Roy Priam voulut aussi estre de la partie, si que tant pour sa beauté que pour le riche train & equippage, où il comparut, Helaine le choisit deuant tous les autres; lesquels ne pouuans comporter de se veoir ainsi à mespris pour vn estranger, à l'instance de Menelaus qui en estoit trop plus piqué que nul des autres, mirent vne grosse armee sus, dont Agamemnon Frere dudit Menelaus eut la charge & conduitte, & s'en allerent assieger Troye, où Achilles fut mis à mort de la main d'Hector, & Paris à coups de flesches par Philoctetes. Puis fut vn appoinctement traicté par v lisse; auquel les Grecs pour la reparation des degasts par eux faits iniustement dans les terres du Roy Priam, se soubsmirent à offrir vn grand cheual de boys doré à la deesse Minerue. Cela fait ils s'en retournerent en leur pays sans r'auoir Helaine, qu'Hector donna en mariage à son Frere Deiphebus, mais quelque temps apres elle fut massacree par Orestes fils d'Agamemnon. D'aultrepart Menelaus tout honteux d'auoir failly à ses atteintes, n'osa plus retorner en Grece, ains prit la route de l'Egypte, où il espousa la fille du Roy Prothee. Priam de son costé regna longuement depuis en grande gloire & prosperité: auquel son fils Hector succeda, qui enuoya Enee & Anthenor en Italie conquerir de nouuelles terres, Helenus aussi en Grece. De luy il subiugua par force d'armes comme trespreux & vaillant qu'il estoit, vne bonne portion de l'Asie: & mourut fort vieil, laissant son Royaume tout paisible à son fils le prince Scamander. Voila ce qu'en met Dion. Mais Herodote escript, qu'apres le decez de Menelaus, deux seigneurs Lacedemoniens Nicostrate & Megapenthus chasserent Helaine qui auoit esté cause de tant de maulx, hors de la ville, & de tout l'estat de Sparte, sans luy assigner aucune demeure, ny rien dequoy se maintenir: Parquoy contrainte de la necessité elle se retira à Rhodes deuers vne sienne compaigne & amie ancienne

PROTESILAVS.

Polypo veufue de Tlepolemus Roy de ceste isle-là, lequel auoit esté tué deuant Troye de la main de Sarpedon Roy des Lyciens, ceste Polypo luy fit bon racueil d'arriuee: mais ses Damoiselles la hayssant de ce qu'elle auoit esté cause de la mort de leur feu seigneur, vn iour qu'elle s'estoit allee esbattre en vn verger sans leur maistresse la pendirent & estranglerent à vn des arbres. Ainsi fina miserablement ses vieils iours ceste pauure infortunee creature, qui de ses difamations a remply par vne si lōgue suitte de temps tout le pourpris de la terre. Pausanias és Laconiques appelle l'autre Polizo natifue d'Argos: & met que ce fut elle mesme qui la fit pendre par ses seruantes desguisees en habit de furies, vne fois qu'elle se baignoit.

Ostons pareillement le cōbat qu'Homere escript estre inter- R.R.
uenu entre Menelaus & Paris deuant Troye pour raison d'Helaine. Ce duel est fort particulierement descript au 3. de l'Iliade, & comme Paris estant sur le point d'estre mis à mort par Menelaus Venus l'enleua hors de ses mains, & le transporta dedans Troye en sa chambre, où elle fit venir Helaine pour se coucher auecques luy, mais elle luy fit dix mille reproches: & finalement condescendit au vouloir de la deesse. C'est vn des traicts qu'on taxe & reprend en Homere, comme d'vne fiction trop extrauagante, & où il n'y a pas beaucoup de verisimilitude ny instruction, si ce n'estoit, comme le touche Plutarque liu. 3. des Symposiaques question 6. pour monstrer la continence des Grecs au prix de celle des Asiatiques: car il ne se trouuera point ce dit-il qu'aucun des Princes & Heroes se soit iour couché auec sa femme ny son amie, sinon Paris, qui s'en estant fuy de la bataille s'en alla cacher au gyron de son Helaine, donnant à entendre par-là que c'est plustost acte d'vn concubinaire lubrique & voluptueux que d'vn mary legitime possedé de l'honesteté.

Protesilaus n'approuue pas nomplus cecy d'Home- SS.
re, que s'estant proposé de traicter les choses de Troye, il en sort du tout apres la mort d'Hector, pour passer soudain à vn autre discours où il descript les faits d'Vlisse. Homere en ses poësies departies en deux grands œuures, l'Iliade, & l'Odissee, contenant chacun vingt-quatre liures, aultant qu'il y a de lettres en l'Alphabet Grec pour faire la reuolution entiere, nous a voulu par là depeindre tout le cours de la vie humaine, qui n'est autre chose qu'vne carriere qu'on passe, toute parsemee de chausse trappes, d'orties, espines & chardons, de miseres & calamitez, ennuys, fascheries, &

PROTESILAVS.

angoisses qui nous aduiennent tant à la guerre à quoy bat l'Iliade, que hors d'icelle en l'Odissee, d'infinis trauaux, peines, labeurs, perils & desestres, tels que souffrit par dix ans entiers, autant qu'auoit duré le siege de Troye, Vlisses s'en retornant en son pays. Oultreplus par ces deux œuures, il a voulu representer l'homme qui consiste du corps, & de l'esprit: Cestui-cy par Vlisse sage, prudent & aduisé, eloquent, constant patient en toutes ses aduersitez: & le corps par Achille fort & robuste, agile & dispost, preux & vaillant, mais despit, colere, & fort aise à courroucer & se mettre aux champs: qui sont les passions plus tenans du corps; qu'il nous remet deuant les yeux excellemment par la querelle dudit Achille & d'Agamemnon pour l'occasion d'vne garce, par où il enfourne son œuure. Car pensez quelle apparence il y auoit qu'Agamemnon ayant la charge & superintendence de l'armee Grecque, & par consequant tant de souleys & occupations, & tant de gens à contenter, au plus fort de l'affaire où il debuoit plus craindre d'offenser personne, & mesmement des signalez, qui l'auoient volontairement suiuy en ceste longue & fascheuse guerre, entreprise pour venger le tort & oultrage fait à son frere Menelaus, de s'aller hors de tout propos attaquer par vne arrogance & lasciueté au plus valeureux & redoubté de l'armee: & luy de sa part qui debuoit auoir plus de consideration au salut publique qu'à ses particulieres passions, s'aigrir de sorte qu'il cuidda mettre le tout en danger de se perdre, sans se vouloir aucunement flechir, ny entendre à pas vn raisonnable party, si qu'il ne se meult ny par prieres, remonstrances, ny offres mesmes plus que raisonnables, ains tant seulement par la mort d'vn sien cher fauorit mignon, qu'il monstre auoir trop plus à cueur, que ny l'honneur de sa patrie, ny sa reputation, ny la iuste vengeance d'vne iniure faicte à toute la Grece en general. Homere doncques voullant representer les transportees passions du corps, commence ce poëme par le mot de μῆνις indignation & courroux felon; & l'acheue non precisement à la mort d'Hector comme fait Virgile par celle de Turnus,

Vitáque cum gemitu fugit indignata sub vmbras,

Ayant commancé son Eneide de mesme par l'ire & vindicte de Iunon despittee de longue main contre les Troyans, ains par les funerailles dudit Hector pour denoter la courtoysie & honesteté pitoyable dont vsa icelui Achille enuers Priam, qui luy estoit venu redemander le corps de son fils.

Mais

PROTESILAVS.

Mais là dessus on censure Homere d'auoir representé son Achille si sordide, taquain & auaricieux qu'il ne le rendit que moyennant les grands dons & presents que luy en apporta Priam, encore fut-ce apres auoir vsé enuers le corps d'infinis opprobres & contumelies. Plutarque au reste en la vie de ce Poëte monstre par viues raisons, qu'il n'y a rien d'inepte ny mal à propos en ses poesies: Et Horace en son art poetique.

Quanto rectius hic qui nil molitur ineptè,
Dic mihi musa virum, captæ post tempora Troiæ,
Qui mores hominum multorum vidit, & vrbeis, &c.

IL recite es laiz & chançons de Demodocus, & de Phemius le saccagemēt & ruine de Troye: & le cheual d'Epeus, & de Pallas. Cecy est au 8. de l'Odissee où ce Demodocus est introduit: lequel apres auoir chanté comme Mars & Venus furent surpris par Vulcain dans vn pan de rets qu'il leur auoit attitré, & le surplus de ceste fable: il vient à reciter sur la lyre, comme Epeus ayant paracheué à l'aide de Pallas le cheual de boys que les Grecs feignans vouloir offrir à leur partement auoient emply de gens armez, & leué l'anchre ainsi que s'ils s'en fussent voulus retorner, ceste machine fut conduitte par les Troyans mesmes sur des roulleaux iusques dedans la citadelle, où les vns estoient d'aduis qu'on la debuoit mettre par pieces à coups de haches & coignees: les aultres de la precipiter du hault de la rocque: & les autres de la coseruer pour tesmoignage à leur posterité de ce qui estoit aduenu: laquelle opinion l'emporta, parce qu'aussi bien estoit il preordonné des destinees que Troye debuoit estre prise par le moyen de ce cheual, auquel s'estoient enfermez les principaux & plus vaillans de l'armee Grecque. Il poursuit puis apres comment ils saccagerent Troye, s'estans au sortir d'iceluy espandus par la ville de costé & d'autre: & qu'Vlisse auec Menelaus s'addresserent au logis de Deiphebus, où il y eut vn gros combat, dont à la parfin ils vindrent à bout moyennant l'ayde de Minerue. Cependant Vlisse qui oioit reciter tout cela sur la lyre, se consumoit en son courage les larmes aux yeux, dont pas vn des Pheaciens ne s'aperceut fors Alcinous quiy prenoit garde: car estant assis à table aupres de luy il pouuoit aisement oyr les profonds souspirs qu'il iettoit. Voyla pour le regard de Demodocus. Quant à Phemius, au premier de l'Odissee il est dit que par contrainte il estoit auec les Proques de Penelope où pendant qu'ils faisoient bonne chere aux despens d'Vlisse, il les resioyssoit de ses chants au compas de son instrument. Et au 22 q'apres qu'Vlisse les eut mis à mort & luy pardonna

PROTESILAVS.

à la requeste de Telemaque, qui luy tesmoigna comme ç'auoit esté oultre
son vouloir par contraincte qu'il estoit demeuré auec eux.

Τερπιάδης δὲ τ' ἀοιδὸς ἀλύσκαζε κῆρα μέλαιναν
Φήμιος, ὅς ῥ' ἤειδε μετὰ μνηστῆρσιν ἀνάγκῃ, &c.

Phemius le chantre euita
La mort, lequel chantoit aux Proques
Contraint oultre sa volonté :
Et estoit là prés de la porte
Tenant sa lyre entre les mains,
Suspendu de double pensee,
S'il debuoit aller à l'autel
De Iuppiter, en la grand salle,
Où Laertes, & Vlisses
Luy auoient fait maints sacrifices,
Ou aux prieres recourir,
S'agenouillant deuant Vlisse :
Ce qu'il trouua plus à propos,
Il mit doncq sa lyre par terre,
Et luy empoigna les genouils,
Le priant en ceste maniere,
Ie te supplie ô Vlisses
Auoir de moy misericorde,
Car à l'aduenir tu aurois
Trop de regret qu'vn pauure chantre
Tu eusses icy mis à mort
Qui chante & aux dieux, & aux hommes
Ie me suis de moy mesme apris,
Mais Dieu m'a mis en la pensee
Toutes mes Odes & Chançons :
Et à toy chanter il me semble,

Comme si tu estois vn Dieu,
Parquoy decoller ne me vueilhes,
Car Telemaque ton cher fils
Te pourra rendre tesmoignage,
Que non de mon propre vouloir,
Ny nomplus contraint d'indigence
Ie suis venu en ta maison
Seruir de mon mestier les Proques,
Ains malgré moy m'y ont conduit.

Au regard de l'indignation de Neptune, pour laquelle VV. vn seul vaisseau ne luy demeura, elle ne vint pas pour l'occasion de Polypheme, &c. De cecy au commencement de l'Odissee.

Θεοὶ δ' ἐλέαιρον ἅπαντες
Νόσφι Ποσειδάωνος ὁ δ' ἀσπερχὲς μενέαινεν
Ἀντιθέῳ Ὀδυσῆϊ πάρος ἣν γαῖαν ἱκέσθαι.

Les dieux auoient compassion
D'Vlisse tous fors que Neptune,
Qui sans cesse le molesta
Auant qu'arriuer en sa terre.

Au cinquiesme ensuyuant il escript comme Neptune luy submergea tous ses vaisseaux, auec ceux qui estoient dedans qu'il n'en reschappa vn seul fors que luy, qui à nage dessus vn aix fut poulsé par les vagues au riuage des Pheaciens, où il trouua Nausicaa fille d'Alcinous, qui estoit là venue sauonner son linge. Mais entant que touche Polyphemus, cela est vers la fin du neufuiesme liure, où le Cyclope ayant eu son œil vnique d'emmy le front creué par Vlisse, il requiert à son pere Neptune qu'iceluy Vlisse ne puisse point arriuer en son pays: ou bien s'il luy est destiné d'y venir, que ce soit à tard, apres auoir perdu tous les siens, & encore sur aultruy vaisseau: & qu'à son arriuee il trouue plusieurs grands detriments & ruines en sa maison: dequoy Neptune l'exauça. Ce qui est plus amplemēt exprimé en l'onziesme où l'ame de Tiresias és enfers, luy annonce tout ce qui luy deuoit arriuer en ceste maniere. Tu m'interroges ô genereux Vlisse de ton retour: lequel, Dieu te rendra fort difficile, car

O o ij

ie ne cuidde pas que Neptune vueille apaiser le courroux qu'il a conceu contre toy en son cœur pour son cher fils que tu luy as aueuglé: Neaumoins encore que ce soit auec de grands maulx & ennuys, si tu te puis abstenir auec tes compaignons, lors que vostre vaisseau abordera en l'Isle Trinacrienne pour euiter la mer esmue de vagues tempestueuses, des bœufs que vous trouuerez-là paissans, & des mouttons gras & refaits, le tout consacré au Soleil qui tout voit & oit: & que les delaissans sans y toucher vou-vous remettez au retour, certes encore parauenture paruiēdrez vous en Ithaque, ores que ce soit auec de grandes & fascheuses tribulations. Mais si vou-vous iouez de les offenser tant soit peu, certes ie t'anonce infalliblement ta mort, & de tes compaignons, auec la ruine de vostre vaisseau. Que si d'auenture tu en reschappes, ce sera toutesfois à tard, & ayant souffert infinis trauaux, que tu arriueras chez toy, & encore en vaisseau d'autruy. Et si tu trouueras au logis beaucoup de desolatiōs: des gents insolents & superbes qui mangent & dissipent ton bien, & prochassent ta femme pour l'espouser, luy offrans force riches dons & presents: mais à ton arriuee tu chastieras tous leurs oultrages. Or apres que tu auras mis à mort tous ces poursuyuans en ta maison, soit d'astuce, ou par la furie du glaiue, embarque toy lors promptement dans vn nauire, & fais voile iusqu'à ce que tu paruiennes à des gents qui ne sçauent que c'est de la mer, & n'ont point accoustumé de saller leurs viandes, ne cognoissent nonplus les vaisseaux qui vont à rames leurs seruans d'esles. Ie te donneray au surplus vn signe tout manifeste & infallible, quand tu auras rencontré vn passant qui a vn van sur ses espaulles, fiche lors ton auiron dās la terre, & apres auoir immollé à Neptune vn belier, vn taureau, & vn verrat, retorne chez toy, & fais là de beaux sacrifices aux dieux immortels qui habitēt là hault dans le large & spacieux Olympe, à chacun d'eux selon leur ordre: & la mort te viendra de la mer doulce & debile, qui t'emportera de ce monde tout elangouré d'vne extreme & gracieuse vieillesse, & ce peuple là alentour viura en grande felicité. *Toutesfois Hyginus escript au chap.127. que Telegone fils d'V-*

PROTESILAVS. 239

lisses & de Circé, ayant esté despesché d'elle pour chercher son pere fut porté par fortune de mer en Ithacque, là où contraint de la necessité de fourrager le plat pays, Vlisse & Telemaque sans le cognoistre le vindrent rencontrer à main armee, où Vlisse par mescognoissance fut mis à mort de son fils Telegone, suiuant ce qui luy auoit esté predit par l'Oracle: mais Telegone, ayant cogneu qui c'estoit, par le commandement de Minerue, s'en retorna en l'Isle d'Æee, auec Telemaque & Penelopé, & emporterent auec eulx le corps d'Vlisse qu'ils y ensepulturerent: & par l'admonestement encor de Minerue Telegone espousa Penelope, & Telemaque Circé, dont il eut le Roy Latin, du nom duquel la langue Latine prit son appellation, & le peuple des Latins aussi: de Penelope & Telegone nacquit Italus qui donna le nom d'Italie à tout le pays.

Desia le bruit des cheuaux & des hommes me vient de ZZ. toutes parts frapper aux oreilles. Cecy a esté dit de Philostrate à l'imitation de ce qui se veoit au 10. de l'Iliade, ou Diomede & Vlisse ayant mis à mort Rhesus, & emmené ses cheuaux feez auant qu'auoir beu dans le Scamandre, comme ils furent de retour pres du camp, Nestor qui en oit le premier le bruit s'escrie ainsi ἵππων μ' ὠκυπόδων ἀμφὶ κτύπος οὔατα βάλλει.

Des cheuaux vistes du pied
Le bruit me frappe aux oreilles.

Lequel vers Suetone en la Vie de Neron chap. 49. met qu'il prononça lors que s'estant allé cacher pres de Rome en vne pauure cabuette d'vn de ses affranchis Phaon, il oit de loin le bruit des cheuaux qui auoient esté depeschez du Senat pour le prendre en vie, & le traitter selon que ses tyranniques forfaits requeroient; mais il les preuint, à l'aide d'vn sien secretaire Epaphrodytus s'estant donné du poignard dans la gorge.

Ooo iij

NESTOR.

LE plus ancien de tous les Grecs qui allerent au siege de Troye selon que dit Protesilaus, fut Nestor fils de Neleus, fort esprouué auparauant en plusieurs guerres & rencontres, car la jeunesse de son temps le guerroioit, & y auoit des ieuz de prix proposez, à l'escrime de coups de poing, & à la lucte: mais pour bien renger en bataille tant les gents de cheual que de pied, il estoit en cela excellent sur tous aultres: & pour l'administration d'vne Republique, ensemble à tout ce qui y eust peu suruenir par le Hault Dieu, il s'y comportoit de sorte qu'il ne flattoit pas le peuple pour acquerir sa bien-vueillance, ains ne visoit qu'à le rendre plus modeste & plus attrempé, ce qu'il obtenoit aisement par le moyen de sa doulce & ornee eloquence: tellement que ses remonstrances & representations n'estoient ny rudes ny facheuses: & tout ce qui a esté dit de luy par Homere, Protesilaus l'asseure estre veritable. Pareillement ce qu'vn autre a dit des bœufs de Geryon, que Neleus & ses enfans les osterent à Hercules sans le sceu & consentement de Nestor, car il est ainsi, & n'est point chose controuuee. Et de fait Hercules donna à Nestor Messene, pour l'amour de son integrité & iustice, d'aultant qu'il n'auoit rien voulu attenter sur ses trouppeaux de bestes à corne comme ses freres

NESTOR.

auoient fait: De façon qu'Hercules auroit esté espris de son amitié, le voyant si preud'homme, & si beau, & l'eut plus à cueur qu'Hylas ny Abdere, lesquels n'estoient que ieunes pages si indiscrets & ignorants, qu'à peine eussent ils peu dire vn mot à droict, là où Nestor quand Hercule s'accointa de luy estoit desia paruenu en adolescence, si qu'il exerçoit la vertu tát de l'esprit que du corps: au moyē dequoy il l'aima singulierement, & en estoit aimé de mesmes. Et comme les hommes n'eussent encore accoustumé de iurer par Hercule, Nestor fut tout le premier qui l'institua, & enseigna d'ainsi le faire à ceux qui allerent à Troye.

ANNOTATION.

NESTOR fut esprouué en plusieurs guerres. *Il fut fils de Neleus Roy de Pylos: & de Chlerys fille d'Amphion Roy d'Orchomene, comme met Pausanias en ses Beotiques. En son ieune eage il fit la guerre aux Egeens peuple du Peloponese qui furent aussi appellez Eliens, laquelle il racompte fort par le menu en l'onziesme de l'Iliade à Patrocle, s'en allant combatre equippé des armes d'Achille, pour l'encourager par ce sien exemple à bien faire: ce qui est attaint par Plutarque au traicté comme on se peult louer sans enuie. Et pource que cela esclaircira la plus grand part de ce chapitre, il vaudra mieux amener tout le lieu entier torné en prose, pource que aussi bien c'est vne narration historique desnuee de tous ornemens poëtiques, & qui ne differe comme rien d'vne simple oraison soluë, ioint que Strabon au 8. de sa Geographie en a fait de mesme. A la mienne volonté que ie fusse en ceste fleur d'adolescence, & aussi fort & vigoureux de tous mes membres, comme lors que nous vinsmes en contention auec les Eliens pour des bœufs, ou ie mis à mort de ma main le preux Ithymonce fils d'Hyperoque lequel faisoit sa demeure en Elide: car cōme il vouloit rescourre la preye que nous em-*

menions, il fut par moy atteint d'vn coup de dard, combattant entre les premiers, dont il tomba roidde mort par terre: & quelque resistance que sceussent faire ces gens ruraux, nous emmenasmes de la campaigne bien cinquante trouppeaux de bestes à corne, & pareil nombre de bestes blanches, de porcs & de cheures, auec cent cinquante iuments bayes, la pluspart ayans des poulains. Nous amenasmes tout cela dans la ville de Pylos où nous arriuasmes de nuict; dequoy Neleus eut grand'ioye au cueur, pour m'auoir veu si bien exploitter en vn si tendre eage. Et le lendemain si tost que l'aulbe du iour aparut, les trompettes allerent publier par les carrefours, que tous ceux qui s'estoient trouuez à ceste entreprise, vinssent receuoir leur part du butin, qui leur fut egallement distribué: car les Epeens nous estoient debiteurs de tout plein de choses, deslors que nous estans en petit nombre fusmes fort affligez en Pylos par l'effort d'Hercule, lequel quelques annees auparauãt auoit mis à mort les plus valeureux d'entre nous. Or estiõsnous douze enfans de Neleus, dont il ne demeura que moy, tous les autres y estans morts: & pour ceste occasion les Epeens nous estoient plus audacieusement venus courre sus: car le bon vieillard nostre pere auoit mis à part vn bon nombre de bestes à corne, & de blanches aussi, auec leurs gardiens & pasteurs, à cause qu'on luy retenoit en l'Elide quatre cheuaux qui auoient gaigné le prix à la course des chariots, auecques les trippiers d'airain qu'on debuoit donner pour ceste victoire: le Roy Augeas retint le tout, & renuoya le cocher à vuide, bien ennuyé de se veoir traitter de la sorte. Ce tort là accompaigné encor de quelques paroles iniurieuses auoient fort picqué le vieillard, au moyen dequoy ayant mis à part sa portion du butin susdit, il departit le reste au peuple; afin que personne ne fust defraudé de son droict. Comme doncques nous estions occuppez à faire ces distributions hors la ville, auec des sacrifices aux dieux pour l'heureux succez de nostre entreprise, le troisiesme iour ensuiuãt voicy les aultres qui suruiennent en bon nombre de cauallerie, qui à toute bride vient charger sur nous, ayãs auec eulx, les deux Moliõs bien armez,

armez, mais fort ieunes encore, & non des plus practiqués aux armes. Or il y a vne ville sur vn hault sommet de rocher assez loin du fleuue Alphee appellee Thryoesse, qu'ils inuestirent d'arriuee, & y vouloient donner l'assault, quand aussi tost qu'ils eurent trauersé la plaine, Minerue arriua du ciel qu'il estoit desia noire nuict, laquelle fit promptement armer le peuple, & ils y obeirent bien volontiers: mais Neleus ne voullant pas que ie m'armasse me fit destorner mes cheuaux, car il n'estimoit pas que ie fusse encore capable d'aller à la guerre: neaumoins ie ne laissay pas pour cela de me constituer chef de nos gens de cheual nonobstant que ie fusse à pied, puis que Minerue estoit celle qui nous guiddoit à la meslee. Il y a vne riuiere ditte Myncie qui se va descharger en la mer pres d'Arené, là ou nous attendismes l'aube du iour: & cependant arriua le reste de nostre cauallerie auec l'infanterie: Puis de là nous-nous acheminasmes tant que sur l'heure de midy nous paruinsmes au fleuue d'Alphee: là ou faisans alte nous sacrifiasmes au puissant Iuppiter, à Alphee, & à Neptune, à chacun vn taureau à part, & à Minerue vne Ienisse non domptee encore: & fismes repaistre nos gés par ordre, qui se reposerēt vn peu puis apres, tous auec leurs armes aupres d'eulx le lōg du fleuue. Cependant les Epeens s'estoient espandus aultour de la ville prests de la prendre & saccager, mais auant qu'en venir à bout ils trouuerent plus d'affaires qu'ils ne cuiddoient: car si tost que le Soleil commāça de paroistre dessus la face de la terre, nous les allasmes attaquer, faisans noz vœuz & prieres à Iuppiter, & à Minerue. Et ainsi le combat s'estant commancé entre les Pyliés, & les Epeens, ie mis le premier de tous de ma main à mort vn nommé Mulius qui estoit gendre d'Augeas dont il auoit espousé la fille aisnee la blonde Agamede, qui sçauoit aultant de medicaments comme la spacieuse terre en produist: m'aprochāt de luy, ie luy tiray vn coup de corsesque, dont il tōba à la réuerse dedās la poudre, & en emmenay ses cheuaux, les Epeens le voyans tomber luy qui estoit chef de leur cauallerie, & fort vaillāt de sa personne, prindrent l'espouuāte, & s'enfuirēt à vauderoutte l'vn d'vn costé l'autre d'vn autre:

P p p

mais ie les tallonnay de pres ainsi qu'vn orage, & leur pris bien cinquante chariots, à chacun desquels deux hommes tomberent par terre, que ie mis à mort de mon glaiue. Et certes ie n'en eusse pas fait moins des deux Molions, si Neptune ne les en eust garentis, les couurant d'vne nuee espoisse: & alors Iuppiter donna vn fort grand effort aux Pyliens, car nous poursuiuismes les autres, à trauers la plaine les massacrant & despouillant de leurs belles armes, tant que nous eussions donné auec nos cheuaulx à Buprase fertile en bleds: & à la roche Oleuienne: & Alche qui pour lors s'appelloit Colone, d'ou Minerue retira derechef le peuple: mais ie demeuray sur la queue, ou i'en mis encore vn à mort pendant que les autres faisoient leur retraicte tout bellement: si que de ce faict d'armes tous en donnerent la gloire pour le regard des dieux à Iuppiter: & des hommes à Nestor. *Voyla vne bien longue narration, mais à la mode des vieillards, qui sont ordinairement grands vanteurs, & prolixes en leur langage: si que le discours qu'il fait au 3. de l'Odyssee à Telemaque de ce qui estoit aduenu à Troye n'est pas moindre que cestui-cy.*

Quant à l'eage qu'il pouuoit auoir lors qu'il alla au siege de Troye, pource qu'il est mis icy pour le plus ancien de tous les Grecs, & le plus sage & eloquent, Homere au prem. de l'Iliade dit qu'il auoit lors passé deux eages d'homme: lequel eage est diuersement limité, par les vns à 33. ans, si que les trois en facent cent, qui est l'eage que luy donne Ciceron, & par Plutarque en la cessation des Oracles apres Heracliie, à trente: Comme fait aussi Suidas en la diction γενεὰ, *ou il met que Nestor fut enseuely à Pylos ayant nonante ans qui font trois fois trente, dont il auroit esté appellé* τρίγερων *&* τριτογέρων. *Mais Ouide au 12. des Metamorphoses l'estend iusqu'à cent ans à propos de Nestor qu'il dit auoir vescu deux cens ans, & estre sur le troisiesme Centenaire,*

    --Ac si quem potuit spatiosa senectus
    Spectatorem operum multorum reddere, vixi
    Annos bis centum, nunc tertia viuitur ætas.

Ce qui s'aproche d'Homere au lieu susdit.

    --Τοῖσι δὲ Νέστως
  Ἡδυεπὴς ἀνόρουσε, λιγὺς πυλίων ἀγορητὴς,

Là dessus se leua Nestor
Le doulx emparlé : de la langue
Duquel decoulloient des propos
Plus doulx que miel : & qui deux eages
Auoit vescu d'hommes mortels :
Pour lors il estoit au troisiesme.

 • Mais pour bien renger en bataille tant les gens de cheual que de pied, il estoit en cela excellent sur tous autres. *Homere au Catalogue Iliad. 2. parlant de Menesther Capitaine des Atheniens.*

Τῷ δ' ὔπως τις ὁμοῖος ἐπιχθονίων γένετ' ἀνήρ,
Κοσμῆσαι ἵππους τε καὶ ἀνέρας ἀσπιδιώτας.
Νέςωρ οἶος ἔριζεν. ὁ γὰρ προγενέςερος ἦεν.

A celui-là autre semblable
N'auoit point esté engendré
Pour bien ordonner en bataille
Des gens de cheual, & de pied :
Nestor seul qui auoit plus d'eage
En contendoit auecques luy.

Pour l'administration d'vne republique il s'y comportoit de sorte qu'il ne flattoit point le peuple. *Homere fait par tout Nestor fort prudent, & tref-eloquent : Et Platon à son imitation dans le Phedre monstre que la principale estude de luy & d'Vlisse s'employoit à bien dire. Et en l'Hippias, qu'Homere a voulu representer Achille pour le plus vaillant de tous les Grecs qui se retrouuerent au siege de Troye : Pour le plus sage & prudent Nestor, & pour le plus cault & ruzé Vlisse. Plus au 4. des loix, que de vray Nestor surpassa en eloquence, & notice d'infinies choses tous ceux de son temps.* Quant à ce qui suit puis apres, qu'il ne flattoit point le peuple pour acquerir sa bien-vueillance : mais au reste que ses remonstrances n'estoient ny ruddes ny facheuses : on peult assez voir cela tref-naifuement representé dans Homere, & comme il ne dissimule ny desguise rien pour crainte d'offencer les grands : mesmement en ceste querelle d'Agamemnõ & d'Achilles pour Briseide au prem. de l'Iliade sans me rendre plus ennuyeux à parcourir tout

NESTOR.

le reste ὦ πόποι, ἦ μέγα πένθος ἀχαιΐδα γαῖαν ἱκάνει, &c. Las & quelle douleur vient icy saisir la terre de Grece! Certes Priã & ses enfans deburont auoir vne grand'ioye, & tous les autres Troyans aussi s'ils vous oyoient ainsi debattre, Vous qui de cõseil & de prouesse excellez tous les autres Grecs. Mais croyez-moy : car vous estes l'vn & l'autre beaucoup plus ieunes que ie ne suis, qui ay conuersé autrefois auec de plus braues gens que vous n'estes, & iamais ne me mespriserent, & si ie ne vys onques de tels personnages, ny n'en verray, comme estoient Pirithoe, Drias, Cener, Exadie, Polypheme, Thesee, qui furent certes en leur temps les plus vaillans & belliqueux de tous les hommes mortels. Ils estoient à la verité oultrepreux & tresforts : aussi combattoient-ils contre les plus forts hommes de la terre, les plus puissants & redoubtez : des geants montaignars à sçauoir qu'ils mirent tres-glorieusement à mort. Auec de tels hommes ie conuersois, m'ayans fait venir de Pylos : & à eulx, s'ils estoient en vie ne s'oseroit prendre pas vn de tous ceux qui sont sur la terre : neaumoins ils ne dedaignoient mon aduis, ains obeissoyent à mes remonstrances. Obeyssez y doncques de mesme : & toy Agamemnon encore que tu ayes le plus de pouuoir : ne luy oste pas pourtant son amie, ains laisse la luy, puis que c'est le premier prix qu'il a eu des Grecs pour recognoissance de son bien-faire. Ny toy pareillement Achille ne vueille entrer en contention contre vn Roy, lequel a la charge de ceste armee : honneur tel que iamais autre Prince n'en eût de semblable. Que si tu es plus fort & vaillant, c'est pour-ce que tu es nay d'vne deesse : mais il est plus puissant quant à luy, car il commande à plus de gens. Par-ainsi laissez l'vn & l'autre vos riotes & contentions. *Voyez vn peu de quelle liberté de langage il vse alendroit du chef souuerain de l'armee: & d'vn si vaillant Cheualier, si aisé à mettre en colere, que mesme il auroit voulu tirer l'espee sur Agamemnon si Minerue ne l'en eust retenu. Mais c'est la verité qui a ceste force & puissance, laquelle comme dit Socrate en son Apologie, l'Orateur se doit proposer pour la plus excellente partie qui puisse estre en luy. Et au Dialogue du Gorgias reprouuant la Rhetorique flatteresse, il monstre que les Orateurs qui en vsent sont semblables*

Au 12 des Metamorphoses.

aux Tyrans, qui priuent & de la vie & de leurs biens ceux qu'il leur plaist, les bannissent, proscriuent & tortionnent d'infinies sortes: car le harengueur qui par ses amadouemens & feintes paroles aura vne fois gaigné l'oreille du peuple, il le poussera à toutes choses qui luy viendront à gré, quelques iniustes & illicites qu'elles puissent estre: tellement qu'ils sont cause de beaucoup de maulx, en vn estat, & par fois de la ruine d'iceluy, voire d'eulx mesmes le plus souuent. Et à ce propos Plutarque en la 18. question Grecque, met que les Megariens apres auoir chassé leur tyran Theagenes ne demeurerent gueres en vn bon train de leurs affaires, car soudain les harangueurs & flatteurs du peuple les empietterent, les inuitans à vne licentieuse & insolente liberté encontre les principaux Cytoiens: car les pauures & necessiteux induits de ces pestes de Republiques, s'en alloient saccager les maisons des riches: & en fin firent vne ordonnance d'estre quittes & absoubs de leurs debtes: auec autres telles infinies maluersations.

Neleus, & ses enfans osterent les bœufs de Geryon à Hercules. *Neleus pere de Nestor fut fils de Neptune, & de la Nymphe Tyro fille de Salmonee (celuy qui vouloit contrefaire les tonnerres de Iuppiter, parquoy il en fut fouldroyé:) Et ayant esté debouté de la Thessalie par son frere iumeau Pelias il se retira en la contree de Laconie, où il edifia la ville de Pylos, comme met Homere en l'onziesme de l'Odissee. Il auoit eu de sa femme Chlorys douze enfans masles, onze desquels furent mis à mort par Hercule, pour luy auoir voulu enleuer de force les bœufs qu'il auoit conquis sur Geryon, Nestor estant pour lors absent, selon qu'il le racompte en Ouide vers la fin du 12. des Metamorphoses à Tlepolemus.*

Ille tuus genitor Messenia Mænia quondam
Strauit, & immeritas vrbes Elimque Pylúmque
Diruit, inque meos ferrum flammásque penates
Impulit. vtque alios taceam quos ille peremit,
Bixsex Neleida fuimus, conspecta iuuentus,
Bixsex Herculeis ceciderunt, me minus vno,
Viribus.

Plutarque à ce propos que d'vn mauuais pere tel que de Neleus, sortit vn bon enfant Nestor ce qui est rare, au traicté de la tardifue vengeance de Dieu apres Homere au second de l'Odissee,

NESTOR.

Παῦροι γάρ τοι παῖδες ὁμοιοὶ πατρὶ πέλονται.
Οἱ πλέονες κακίους παῦροι δέ τε πατρὸς ἀρείους.

Au pere semblables sont
Peu d'enfans, la pluspart pires :
Peu en y a de meilleurs.

Il en specifie de ces meilleurs iusqu'à trois, Antigone fils de Demetrie: Phileus fils d'Augeas, & Nestor fils de Neleus, lesquels estans fort gens de bien estoient issus de mauuais peres. Hyginus au 10. chap. en parle aucunement d'vne autre sorte. Hercules ayant pris Pylos de force, y mit à mort Neleus & dix de ses fils, car l'onziesme Periclimenes par le benefice de Neptune ayant esté transmué en vne aigle euita la mort, & le douziesme Nestor estoit à Troye, lequel par le benefice d'Apollon vescut trois siecles : car les ans qu'iceluy Apollon auoit osté à ses freres, il les octroya à Nestor. Pausanias au 4. liure fait ce Neleus fils de Cretheus, qui estoit, ce dit-il, fils d'Aeolus surnommé Neptune, & ayant esté contraint par son frere Pelias de s'enfuir d'Iolque, Apharee Roy des Messeniens le receut chez soy, & luy donna les lieux maritines de sa contree, mesmes la ville de Pylos qui est en Elide, où il bastit vn beau pallais, qu'auoit desia edifiee vn nommé Pylus fils de Pleson, mais il en fut depossedé par Neleus, dont elle fut aussi appellee la ville Neleienne selon Homere. Mais Pausanias ne dit pas que Neleus ny ses enfans eussent voulu rauir les beufs d'Hercule ; trop bien que dans ladite ville de Pylos il y auoit vne cauerne ou se souloient iadis establer ceux de Nestor qu'il auoit euz par succession de son pere : ayans esté auparauant à Iphicle pere de Protesilaus, & Neleus les auoit demandez à ceux qui prochassoient sa fille en mariage pour la dot qu'ils deuoient donner : Car anciennement les maris acheptoient leurs femmes, comme on fait encore en Turquie, & non les femmes les maris. Au moyen dequoy Melampus pour gratifier à son frere Bias l'vn d'iceux poursuyuans estoit allé en Thessalie pour les enleuer : mais il fut là emprisonné par les Pasteurs d'Iphicle, lequel en faueur de quelque prediction qu'il luy auoit faite, le deliura, & luy fit present de ses beufs. Car en ce temps là on s'estudioit fort à posseder de grands trouppeaux de bestes à corne, & de cheuallines. Tellement que Neleus desira aussi de recouurer les beufs d'Iphicle : & Eurystee commanda à Hercule de luy amener ceux de Geryon dont la renommee en estoit courue du bout des Espagnes iusques en Grece, lesquels Eryx luy voulut oster à son retour passant par Sicile, & Cacus au mont Auentin à Rome, si curieux ils estoient lors de ce bestail, à la verité tres-vtile & durant la vie, & apres la mort. Pausanias au reste és Corinthiaques met que Neleus ne fut pas tué par Hercule comme Hyginus dit, ains mourut de maladie à Corinthe, & fut enseuely pres de l'Isthme; neaumoins que iamais on ne peult trouuer sa sepulture, & ne la voulut point Sysiphe enseigner à Nestor.

Hercules donna à Nestor Messene. Ce fut vne ville fort ancienne au Peloponese, & qui par vne longue suitte d'annees eut de grosses guerres contre les Lacedemoniens, desquels ils furent finablement ruinez tout à faict, & reduits à vne miserable seruitude, comme on peult veoir bien au long au 4. liure de Pausanias: lequel és Corinthiaques pour le regard de ce, dont il est icy question, dit cecy. Hercules ayāt mis à mort Hippocoon auec ses enfans, restitua le Royaume d'Argos à Tindarus, à la charge de le rendre soubs certaines conditions lors qu'il en seroit requis, car il ne le luy laissoit qu'en garde, & comme en depost. Et de mesme ayant pris Pylos, mit és mains de Nestor le Royaume de Messene comme en depost. Les Heraclides puis apres, c'est à dire les descendās dudit Hercule chasserent Tisamenes hors de Lacedemone, & d'Argos, & pareillement la posterité de Nestor, de Messene, à sçauoir Alcmeon fils de Sylla, fils de Thrasymede, fils de Nestor, & les enfans de Pæon fils d'vn des enfans d'Antiloque fils de Nestor.

Nestor fut le premier qui institua de iurer par Hercule. *Plutarque en la 28. question Romaine, pourquoy c'est que quand les enfans iurent par Hercule, on les fait sortir hors de la maison; entre autres raisons qu'il en allegue, c'est, dit-il, pour ce qu'être les dieux* Hercules n'estoit pas proprement naturel, ains comme estranger venu de dehors: *par où il entend qu'Hercules n'auoit pas esté du nombre des tres-anciens dieux qui de tout temps residoient là hault en l'Olympe, ains d'homme mortel, par ses biens-faits auoit esté translaté au ciel en leur compagnie : comme fut aussi Bacchus : par lequel pour ceste mesme occasion l'on n'auoit point accoustumé de iurer nom-plus dans le logis, ains failloit sortir hors à l'erthe.* Or ceste maniere de iurer par Hercule, νὴ τὸν ἡρακλέα, en Latin Herculè, & Herclè : *Terence en l'Eunuque,* Herclè hoc *ctum est: & Ciceron pour Plancius, Verè me hercule dicam:* soit qu'elle eust premierement esté introduite par *Nestor,* ou autrement, fort fort ancienne, & vsitée au Paganisme, à tout le moins aux gens de bien, ou le serment estoit en fort grand respect & religion, l'estimans comme immuable, ainsi qu'on peult veoir en l'onziesme des loix dans *Platon*: κάλλιστα μετὰ δὴ καλῶν ἐστὶ τὸ δῶμα, &c. En toutes manieres ç'a esté vne fort belle ordonnance & institution de n'vser point du nom des dieux legierement, de peur de le contaminer, l'vsurpant en diuerses choses, comme font ordinairement la plus-part des nostres, là ou la majesté des dieux ne se doit employer qu'en vne saincte & venerable pureté. *Au moyen dequoy de peur de se pariurer, enquoy on feroit vne grande iniure à Dieu qu'on appelle lors à tesmoin comme pleige de la promesse qu'on y fait, laquelle est ratifiée de son nom: dont Homere au 3. de l'Iliade fait les pariures estre grieuement punis és enfers,*

— Καὶ οἳ ὑπένερθε καμόντας
Ἀνθρώπους τίνυσθον ὅτις κ' ἐπίορκον ὀμόσσῃ.

En la Loy Iudaique il estoit expressement defendu de prendre le nom
Exo. 20. de Dieu en vain: ny de iurer par iceluy faulsement, afin de ne le souiller et
Leui. 19. contaminer. Mais plus religieusement le Sauueur en S. Matthieu 5. nous defend de iurer en quelque sorte que ce soit, nom-pas mesme par nostre teste, ains d'afferrmer la verité simplement par ces mots oy & non, selon que le deduit fort bien Clement Alexandrin au 7. des Stromates, où il diffinit le serment n'estre autre chose qu'vne affirmation resolue de ce qui est, ou ce qui n'est pas, la diuinité y appellée pour tesmoin. A ce propos *Suidas* en la lettre N. ναὶ μὰ τό, par ma peau riddée, met que les anciens n'auoient pas de coustume de iurer temerairement par-dieu, mais par la premiere chose qui se presentoit: comme dans *Callimaque* en Hecale, Par cest arbre icy nonobstant qu'il soit mort. Et *Menander,* l'appelle à tesmoin cest Apollon, & ceste porte. Homere aussi au premier de l'Iliade fait iurer Achilles par le sceptre;

Ἀλλ' ἔκ τοι ἐρέω, καὶ ἐπὶ μέγαν ὅρκον ὀμοῦμαι,
Ναὶ μὰ τόδε σκῆπτρον, τὸ μὲν ὔ ποτε φύλλα καὶ ὄζους
Φύσει, &c.

D'autres par la teste d'vn pauot, &c. Les Romains par Iuppiter pierre, en *Festus* & *Polybe* au 3. de ses histoires: mais *Titeliue* au 21. par la Pierre simplement: Ce qui estoit plus grand chose qu'ils ne cuidoient

cuidoient. Aristote en la Rep. des Atheniens: & Philocore: plus Demosthene en l'oraison contre Conon, καὶ πρὸς λίθον ἄγοντες, καὶ ἐξορκοῦντες, les menant à vne pierre pour les adiurer par icelle. Socrates aussi souloit iurer par l'Oye, & le chien, & Zenon par vn Capprier: ce qu'on obserue encore à Rome ou l'on vse de ce mot icy Cappari par vne forme d'admiration, & nous par ma figuette, teste d'oignon, vertu d'vn petit poisson, corps de beuf: & autres semblables qui troient comme en infiny.

ANTILOQVE.

RAcomptoit outre-plus Protesilaus, que Nestor auoit eu vn fils nommé Antiloque: lequel enuiron le millieu de la guerre de Troye y arriua fort ieune encore, qu'à peine auoit il atteint l'eage propre à porter les armes : car lors que les Grecs s'assemblerent en Aulide pour passer la mer, ce ieune Seigneur s'estant presenté pour faire le voyage auec eux, son pere ne le voulut pas consentir: mais cinq ans apres que ceste guerre auoit ja duré il se seroit embarqué pour y venir, & de plaine arriuee s'en alla descendre au pauillon d'Achille, ayāt sceu qu'il auoit vn fort estroit lien d'amitié auec son pere Nestor, enuers lequel il le supplia de vouloir interceder qu'il luy pardōnast son courroux & indignatiō pour luy auoir desobey en ce qu'il luy auroit defendu de venir. Et la dessus Achille aiant fort grād plaisir de le veoir si beau, & admirant ceste siéne generosité de courage, luy alla dire: Certes vous ne cognoissez pas bien vostre pere, si vous ne l'estimez auoir eu plustost agreable ce bel acte vostre digne d'vn ieune Prince vertueux: enquoy Achille ne se trõpa pas: car Nestor en fut fort cõtent, & tout de ce pas le mena à Agamēnõ, qui fit tout soudain assembler les Grecs, ou l'on dit que Nestor parla plus eloquément qu'il n'auoit onques fait encore, & y vindrēt tous à grãd'ioye pour veoir ce fils du bõ vieillard: lequel au reste n'eut pas vn de ses enfãs à Troie, soit Thrasymede, cõme quelques vns veullent dire, ou soit vn autre. Antiloque ainsi que son pere harēguoit se rengea tout aupres de luy d'vne face vermeille & hõteuse, & les yeux abaissez en terre: si qu'il ne s'acquit pas moins d'admiratiõ de sa modestie & beauté qu'auoit fait Achille, dont la chere paroissoit furieuse & redoutable, là ou celle d'Antiloque se mõstroit douce, benigne & gracieuse à vn chacun. Protesilaus dit aussi, que les Grecs cõbiē que sans cela ils eussent en tres-speciale recõmēdatiõ & memoire Achille, d'abondãt elle se renouuella de plus fort encore quãd ils apperceurent Antiloque aupres de luy, l'vn & l'autre d'vn mesme eage presque & grandeur, dõt à la pluspart les larmes leur en vindrēt aux yeux, de la cõpassion qu'ils auoiēt de leur ieunesse, & benirēt d'heureuses & fauorables acclamations Nestor, pour les bõs propos qu'il leur auoit tenus, estãs aussi biē sans cela fort affectiõnez en son endroit, ny plus ny moins que des enfans enuers leur pere. Il est bon encore de vous representer icy la stature de Nestor, lequel Protesilaus dit s'estre tousiours monstré d'vn visage clair & serain, & en vne action de soubsrire, ayant vne barbe venerable & biē agensee: mais quel il deuoit auoir esté à la lucte, & autres exercices du corps, cecy le pourra tesmoigner à vos oreilles, qu'il auoit le col ferme & roidde, & cóme s'il eust raieuny encore, estát droict, & nó courbé de son grád eage, auec de beaux gros yeux noirs vifs & estincellás, & le nez non affaissé, ny morne & láguide, toutes lesquelles choses ont en leur vieillesse seulemét ceux que la bóne & saine disposition de leurs personnes n'a point encore abandóné. Il dit en outre qu'Antiloque ressembloit à Nestor en beaucoup de choses, & au reste qu'il estoit pl^9 viste coureur, & d'vn teint plus fraiz & plus delicat, mais moins soigneux, & atten if à bien agencer sa perruque. Racóptoit encore Protesilaus d'Antiloque, qu'il estoit fort addóné aux cheuaux, & à la chasse des bestes sauuages, tellement que durát les suspensiós d'armes qui interuenoient deuant Troye, il seroit plusieurs fois allé auec Achilles, & ses Myrmidós: & luy à parsoy encore accópaigné des Pyliens, & Arcadiens chasser dessus le mont Ida, ou prenás force venaison ils en fournissoiét l'armee Grecque tout ainsi qu'en vn plein marché. Et estant fort courageux & hardy au faict de la guerre, dispost de sa personne, viste du pied, & adroit aux armes, il se rendoit neaumoins fort docile à receuoir les remonstrances & admonestemens qu'on luy faisoit au combat, n'obmettoit rien de tout ce qui y pouuoit estre requis de dexterité & pratique. Finablement qu'il fut tué, non comme quelques vns veullent dire, de la main de Memnon qui fust venu d'Ethiope : car on sçait assez que ce Memnon

Qqq ij

du téps de la guerre de Troye cōmādoit en l'Ethiopie, soubs lequel à ce qu'on dit le môt Phānien se seroit esloigné du Nil: & que les Ethiopiēs & Egyptiēs qui habitēt autour de Meroé, & de Memphis ayans accoustumé de luy sacrifier tous les matins aussi tost que le soleil viēt à espādre ses premiers rayōs dessus la face de la terre, dōt sa statue estāt atteinte iecte certaine voix, cōme si elle vouloit resaluer ceux qui la reuerent. Mais il y eut vn autre Mēnon biē plus ieune, lequel du viuant d'Hector ne fut gueres de rien plus preux que Deiphobus & Euphorbe, mais apres la mort d'iceluy Hector il fut reputé fort vaillāt, si que Troye estāt lors reduitte à de mauuais termes, on auroit mis toute son esperāce & ressource en luy. Ce fut dōques celuy-là qui mit à mort le tant beau & gētil Antiloque, qui s'estoit voulu mettre en debuoir de garentir son pere Nestor de l'effort de l'autre. Mais Achille luy dressa vn fort magnifique Bucher où il immola plusieurs bestes: & y brusla les armes & la teste dudit Memnon. Il dit de plus que les jeux de prix qu'Achille proposa és funerailles de Patroque & d'Antiloque furent fort approuuez de la pluspart des gens de bien: tellement qu'on en auroit dressé de semblables apres sa mort à Patrocle & Antiloque dedās Troïe, cōme à Hector aussi, ce dit-on, à la course, tirer de l'arc, & lancer le iauelot: car pour le regard de la lucte, & l'escrime de coups de poings pas-vn des Troyās ne s'y seroit exercité, parce qu'ils ne cognoissoient pas celle-là, & ceste cy leur sembloit trop dangereuse & redoutable.

DIOMEDE, ET
STHENEL.

Es deux estoyent d'vn mesme eage: cestui-cy fils de Capance, & celui-là de Tydee: lesquels à ce qu'on dit demeurerent au siege de Thebes: l'vn tué par ceux de dedãs: & l'autre accablé d'vn coup de fouldre. Et cõme on ne voulust permettre que leurs corps eussent sepulture, les Atheniens entreprindrent la guerre à ceste occasion, dont en ayãt eu le dessus ils les firẽt enterrer honorablemẽt: mais pour les venger, & donner satisfaction à leurs ames, leurs enfans icy mentionnez prindrent les armes cõtre les Thebains, & en obtindrent la victoire qu'ils estoient encore fort ieunes, toutesfois fort preux & vaillans desia, comme ceux qui ne forlignoient en rien de la generosité de leurs progeniteurs, tout l'effort & faix du combat s'estant reiecté dessus eulx. Neaumoins Homere ne les met pas en pareil degré, & ne les iuge dignes d'vn hõneur egal: car il accõpare Diomede à vn fier Lyõ, ou à vn furieux torrẽt qui de son impetuosité violente emporte à val, & réuerse tout ce qu'il rencõtre, ponts, digues, & chaussees, & semblables ouurages de main d'homme, dont on le cuideroit brider. Tel se monstroit ce preux Heroe au combat: la ou Sthenel n'est que cõme spectateur des proesses de Diomede, luy ayãt mesme conseillé de prendre quelquefois la fuitte, dont pour luy en monstrer le chemin, il se met le premier à gaigner le haut: mais Protesilaus n'est pas de ceste opinion, ains

Qaq iij

allegue que Sthenel ne fit lors vn moindre debuoir que Diomede : & que l'amitié d'entr'eux-deux ne fut en rien inferieure à celle d'Achille & Patrocle, auoir au surplus si ambitieusement cōbattu à l'enuy, qu'auec vn tref grand mes-contentement & ennuy ils retornerent de la meslee s'estans separez l'vn de l'autre : mais ce faict d'armes qui leur aduint cōtre Enee & Pandarus, on dit que cela leur fut commun à l'vn & à l'autre, & qu'ils l'exploitterēt de compagnie : car Diomedes s'attaqua à Enee, le plus grand de tous les Troyans, & Sthenel à Pandarus dont il remporta la victoire : mais Homere auroit le tout attribué au seul Diomede, comme ne se resouuenant de ce qu'il auroit auparauant fait dire par Sthenel à Agamemnō. *Nou-nous pouuons glorifier d'estre trop meilleurs que nos peres : car nous prismes estās fort peu, Thebes munie de sept portes.* Cela & semblables choses s'entend fort biē leurs gens courageux, & exercitez deuant Troye. Mais il fault que vous sçachiez encore cecy de Sthenel, que les Grecs ne se bastirent point de clostures ne de rempars deuant Troye, fust pour la seureté de leurs vaisseaux, fust pour serrer leurs buttins, ains ont esté ces murailles edifiees en la fantasie d'Homere, pour chanter la dessus les assaulx que les Troyans y donnerēt. Trop bien aduouë Protesilaus qu'Agamemnon durant le courroux d'Achille auroit eu enuie de se baricader, mais que Sthenel la dessus luy auroit cōtredit le premier de tous, alleguāt qu'il estoit plutost disposé quāt à luy à ruiner des murailles, qu'à en dresser : ce qu'auroit pareillement fait Diomede, disant q̄ ce seroit trop fait d'estime d'Achille, si pendant qu'il estoit ainsi despitté on se retranchoit & fermoit. Et Aiax regardant le Roy de trauers, hà failly de cueur, va-il dire, & que nous seruiroient doncques nos rôdelles & targues, s'il nous failloit couurir de remparts? oultre-plus Sthenel reiectoit ce cheual de bois creux, par-ce que ce n'estoit pas, disoit-il, la voye d'expugner brauement vne ville de viue force, ains la surprendre d'emblee, & en trahison. Quant à leurs prouesses & exploits belliques, ils ne s'en debuoient rien l'vn à l'autre, ains estoient egallement craints & redoubtez des Troyans: mais Sthenel estoit surmōté de Diomede en prudence, & efficace de parole, en constance aussi & moderatiō tant de l'esprit que du corps, la ou Sthenel estoit impatient, & se laissoit suppediter à l'impetuosité & colere, vn peu trop fier & arrogant enuers les soldats qu'il desdaignoit, aspre & seuere à les reprendre, & qui se traictoit plus splendidement qu'il ne conuient quand on est au camp. Dōt tout le contraire se retrouuoit en Diomede, car il se comportoit fort modereement à tanser les soldats & les chastier: domptoit en soy l'irritatiō de son courroux: ny ne permettoit d'oultrager iusqu'aux plus petits: ny qu'on leur donnast occasion de se contrister & perdre courage. Et pour ce qu'il se monstroit aucunement mal propre, c'estoit estimant que cela conuinst mieux à l'homme de guerre: comme aussi de prendre indiferemment son repas par tout ou il luy en prenoit enuie, sans estre nōplus delicat au coucher, ny pareillement es vian-

DIOMEDE, ET

des dont les premieres venues luy suffisoient: & ne se soulcioit point aultrement de vin, si d'aueture il n'estoit par trop harassé de trauail. Au reste il estimoit à la verité beaucoup Achilles, & l'auoit en opiniõ d'vn trespreux & vaillant Cheualier, mais nõ pas que pour cela il monstrast de le redoubter, ny de le vouloir courtiser & flatter comme plusieurs faisoient: côtre lesquels i'oys vne fois Protesilaus exclamer ces vers cy, ou Homere introduist Diomede parlant à Agamemnon de la sorte : *Et certes vous ne debuiez pas, ainsi abiectemẽt Achille, faire requerir: luy offrãt tant de presens, car d'insolence il en a assez sans cela.* Et l'alleguoit auoir dit cela familierement en cõpaignon d'armes, & nõ pas par forme d'admonestemẽt: & attaqué par là Achille de ce qu'en ce sien corroux il se mõstroit ainsi brauer & insulter les Grecs. Finablemẽt Protesilaus alleguoit les auoir cogneus l'vn & l'autre: Sthenel à sçauoir d'vne taille haulte & droicte, ayant les yeux vers, le nez aquilin, & vne perruque bien testonnee, la face vermeille, comme d'vn sang chauld & bouillant qu'il estoit: mais il depeignoit Diomede d'vne contenance attrempeé & rassise, auec vn visage doux & plaisant, & qui n'estoit guere encore bazané du hasle, le nez droict, & les cheueux crespes, mais mal pignez, & tout crasseux.

Iliad. 9.

ANNOTATION.

Diomede *Roy d'Etholie fut fils de Tydee, & de la belle Deiphile fille d'Adraste Roy d'Argos, duquel mariage voicy ce qu'en met Hyginus ch. 69. Adraste fils de Talaus, & d'Eurynomé eut reuelation de l'oracle d'Apollon en Delphes, de marier ses filles Argie, & Deiphile à vn sanglier, & vn lyon. Et sur ces entrefaites*

trefaites Polynices fils d'Edippus ayant esté chassé de Thebes par son frere Etheocles, arriua deuers luy: Tidee aussi fils d'Æneus & de Peribee, chassé pareillemēt de son pere pour auoir mis à mort son frere Menalippus à la chasse, s'y rendit presqu'au mesme tēps. Dequoy les gardes en estans allez aduertir Adraste, & que deux ieunes hōmes en habit estrange estoient là venus, l'vn vestu d'vne peau de sanglier, & l'autre d'vne despouille de lyon, Adraste se resouuenant de l'oracle les fit amener deuant luy, & leur demanda à quel propos ils estoient venus en ses marches ainsi equippez? Polynices fit respōce, que pour tesmoignage qu'Hercules qui portoit ceste peau de lyō auoit pris sō origine de Thebes: & Tidee declara qu'il estoit fils d'Æneus, & natif de Calydō, si qu'en remembrance du sanglier Calydonien il s'estoit vestu de son cuir. Parquoy, Adraste suyuant sa prediction donna l'ainee de ses filles Argie à Polynices, dōt vint Thersander: & la plus ieune Deiphile à Tidee, qui en eut Diomede, lequel se trouua à la guerre de Troye, Polynices la dessus requit son beaupere Adraste de l'accōmoder d'vne armee pour r'auoir son Royaume, ce que non seulemēt il luy octroia, ains y alla luymesme en personne auec les autres Capitaines. *Diomede au reste est fort celebré par Homere, voire plus que nul des autres qui se retrouuerent au siege de Troye, apres Achille, & Aiax Telamonie, encore semble-il qu'il le luy vueille preferer en beaucoup d'édroits: car oultre plusieurs autres vaillances ou il s'estend à sa louange, & specialemēt les 5. & 6. de l'Iliade, il y blessa Mars & Venus à la paulme de la main droiēte, comme elle s'efforçoit de rescourre son fils E ee d'entre ses mains, dequoy la deesse se voulant vanger desbaucha sa femme gyale: de sorte en toutes espeies de lubricitez, que par despit ne voulut plus retorner en son pay, ains passa outre iusqu'en la Pouille, ou a ant obtenu du Roy Daunius vne partie de son territoire, il y fonda la ville d'Arpi comme met Pline liu. 3. chap. 11. Suydas l'appelle Argyripe, auiourd'huy Beneuent conté fort riche du Royaume de Naples. Quelques vns alleguent qu'il fut tué en trahison par Eneas: & les Cypriens par Vlisse, selon Pausanias au 10. liur. Mais Suydas au lieu preallegué de l'Isle de Diomedes met que luy & Vlisse ayans enleué le Palladion à Troye, comme ils s'en retornoiēt au camp. Vlisses qui venoit derriere tira son espee pour en tuer Diomedes: lequel l'ayant aperceu à* son ombre se retorna soudain, & luy donnant du plat de la sienne sur les espaulles le fit marcher deuant. Comment que ce soit, apres la mort de Diomedes ses gens du regret qu'ils en eurent furent muez en des oiseaux, qui de luy furent appellez Diomedeens, comme escript Ouide au 14. des Metamorph. & Strabon au 6. ou il dit de plus, qu'en la coste de la mer de la Pouille pres la ville des Dauniens, y a deux petites Islettes: l'vne habitee, & l'autre non, qu'on appelle les Isles de Diomedes, là ou il seroit disparu d'entre les viuants: & ses compaignons muez en oiseaux fort priuez & benins enuers les gens de bien, refuyans de tout leur pouuoir les meschants & les forfaitteurs, si qu'il semble qu'ils retiennent encore ie ne sçay quoy de l'humanité. Pline liu. 10. chap. 44. les descript plus particulieremēt en ceste maniere. Ie ne veux outrepasser les oiseaux de Diomedes, que Iuba nomme Cataractes: les alleguant auoir des déts, & des yeux qui estincellent comme feu: mais au reste leur pennage est blanc. Ils ont d'ordinaire deux conducteurs: l'vn qui va deuant, & les meine, l'autre demeure derriere sur la queüe comme vn sergent de bande. Auec le becq ils cauent de petites fosses en terre, qu'ils tapissent de clayes au fonds, & les couurēt de la terre qu'ils en ont tiree en les creusant: là ou ils ponnent, couuent, & escloent leurs petits: & y a tousiours deux portes en ces nids-là, l'vne tornee à l'Orient, par ou ils sortent à leurs prochas, l'autre du costé d'occident par laquelle ils rentrent à leur retour. Que s'ils veullent esmeuttir, c'est tousiours en vollant en l'air, & à contre-vent. Mais il ne s'en voit en toute la terre fors qu'en l'Isle qui est illustree de la sepulture de Diomedes, & de sa chappelle pres de la coste de la Pouille : estans au reste semblables aux foulques marines. Ils molestent & persecutent de leurs criz toutes manieres d'Estrangers passans par-là, sinon les Grecs qu'ils caressent & festoient, les discernans admirablement entre tous les autres, comme octroyans ceste faueur à ceux qui sont du pays de Diomedes. Et ne se passe iour qu'ils n'arrousent sa chappelle de l'eau qu'ils y aportent à pleines gorges, & la ballient & nettoient auec leurs esles mouillees en de la mesme cause qui auroit donné lieu à la fable que ses compaignons furent muez en ces oiseaux.

Sthenel, auec lequel comme met Hyginus au 257. ch. Diome le cōtracta

STHENEL.

vne si estroitte amitié, fut fils de Capaneus, lequel pour son arrogance & blasphemes fut foudroyé de Iuppiter au siege de Thebes, ainsi qu'il a esté dit sur le tableau de Menelee. & celuy d'Euadné mere d'iceluy Sthenel. Il n'en est pas fait beaucoup de mention nulle part, fors ce que nous en amenerons cy dessoubs d'Homere, es endroits ou cela viendra à propos: & ce que Virgile au 2. de l'Eneide met que ce fut l'vn de ceux qui s'enfermerent dans le cheual de bois: Thisandrus, Sthenelusque Duces, & Dirus Vlisses. Pausanias es Corinthiaques le fait estre descedu des Anaxagorides, et qu'Iphys fils d'Alector fils d'Anaxagoras laissa le Royaume d'Argos à Sthenel, qui le laissa à son fils vnique Cyllabar: lequel n'ayant point eu d'hoirs, la corone vint es mains d'Orestes fils d'Agamenon qui s'en empara.

Comme on n'eust voulu permettre que leurs corps eussent sepulture, les Atheniens entreprindrent la guerre à ceste occasion. Par-là est designee la seconde guerre de Thebes, que les Epigons c'est à dire les enfans de ceux qui demeurerent à la premiere, entreprindrent pour venger la mort de leurs peres contre Creon frere d'Iocaste mere d'Etheocles & Polinices, lequel apres qu'ils se furent entretuez se saisit de Thebes, sans vouloir permettre qu'on donnast sepulture aux corps de ceux qui auoiët là finé leurs iours, Tous fors Adrastus, & Amphiaraus, mais cestuicy en s'en cuidat retorner fut englouty de la terre auec son chariot. Les autres cinq furët mis à mort là deuant, à sçauoir Polynices, Tidee, Capanee, Hippomedon nepueu d'Adraste, & Parthenopee fils de Meleagre, & d'Atalante. Ces Epigons donques furent, Alcmeon fils d'Amphiaraus esleu chef de l'armee selô l'admonestement de l'oracle, Thersandre fils de Polynices, Polydore fils d'Hyppomedon, Promaque fils de Parthenopee: Diomede fils de Tidee, que Pausanias es Corinthiaques dit y auoir esté accompaigné de Sthenel, comme fait aussi le Commentateur de Pindare sur ces vers cy de la 2. Olympiade, λείφθη δὲ Θέρσανδρος ἐπιτίμητι Πολυνείκει: & Egyalee fils d'Adraste, lequel seul y fut tué par les mains de Laodamas fils d'Etheocles, comme met Pausanias es Bæotiques: & ce en recompence de son pere qui à l'autre guerre estoit seul reschappé de tous les sept chefs par la vistesse de son cheual: les autres ses compagnons en demeurerent victorieux, & prindrent Thebes, qu'ils restituerent à Thersandre fils de Polynices, lequel au voyage de Troye fut depuis tué par Telephe en la Mysie: on peult veoir bien à plain tout cecy deduit en la tragedie d'Euripide intitulee les Epigons.

Homere accompare Diomede à vn fier lyon. Cela est au 5. de

DIOMEDE, ET

l'Iliade, ou ayant receu vn coup de flesche par Pandarus, il le met à mort.

Δὴ τότε μιν τρὶς τόσσον ἕλεν μένος, ὥστε λέοντα,
Ὅν ῥά τε ποιμένα ἀργῷ ἐπ' εἰροπόκοις οἴεσσι, &c.

Deslors trois fois aultant de force
Il se trouua, comme vn lyon
A qui vn pastre à la campagne
Parmy ses trouppeaux de moutons
A donné quelque foible atteinte,
Mais il ne l'a pas mis à mort,
Ains l'a mis plus fort en colere,
Si que puis apres il ne peult
Le repoulser de ses estables :
Ou ces pauures bestes de peur
Se culbuttent l'vne sur l'autre,
Et ce furieux les assault
Au milieu de la bergerie.
Ainsi s'alla dans les Troyans,
Mesler le vaillant Diomede.

Et derechef vn peu plus oultre, ou il tue deux des enfans de Priam, Echemon, & Chromie, estans en vn mesme chariot. ὡς δὲ λέων ἐν βουσὶ θορὼν ἐξ αὐχένα ἄξῃ, &c.

Comme vn fier lyon se iectant
Es trouppeaux de bestes à corne,
Estrangle vne vache ou taureau
Qui cuident paistre en des brossailles,
Ainsi le fils de Tydeus
Renuersa hors de leur carroze
Ces deux nonobstant leur effort,
Et les despouilla de leurs armes :
Donnant leurs cheuaulx à ses gens
Pour les emmener aux nauires.

Mais Philostrate met icy la charrue deuant les beufs : car ce qui suit apres, qu'il accompare encore Diomede à vn furieux torrent, est deuant ces comparaisons du Lyon vers le commencement du mesme liure.

Οὐδὲ γὰρ ἀμπεδίον ποταμῷ πλήθοντι ἐοικὼς
χειμάρρῳ ὅς τ' ὦκα ῥέον ἐκέδασσε γεφύρας, &c.

Il couroit à trauers la plaine
Ainsi qu'vn desbordé torrent,
Qui coullant viste à val dissippe
Digues, chaussees, & les ponts
Qu'il rencontre, sans qu'ils le puissent
Arrester, qu'il n'enuoye à bas
Beaucoup d'ouurages de main d'homme
En son venir, estant enflé
De grosses rauines de pluyes
Que Iuppiter lasche d'enhault.

Luy ayant mesme conseillé de prendre quelque fois la fuitte. Cecy est encore du 5. liure, ou Sthenel voyant venir Aeneas, & Pandarus de compagnie pour les charger, dit ainsi ; car la pluspart de ces Heroiques ne sont qu'vne rapsodie & regrabellement d'Homere.

Τυδείδη Διόμηδες, ἐμῷ κεχαρισμένε θυμῷ,
Ἄνδρ' ὁρόω κρατερὼ ἐπὶ σοὶ μεμαῶτε μάχεσθαι, &c.

Diomedes fils de Tydee
Tres-cher amy, ie voy venir
Contre nous deux tres vaillans hommes
Pour nous enuahir, lesquels sont
D'vne force desmesuree ;
Celuy-là vn expert Archer,
Le fils de Lycaon Pandare :
Et l'autre le preux Eneas

Fils d'Anchises, se glorifie
D'auoir pour sa mere Venus.
Mais rebroussons chemin arriere

DIOMEDE, ET STHENEL.

Sur nos cheuaux, sans te vouloir
A ton escient ainsi te perdre
Contre des gens si belliqueux,
De peur que n'y laissez la vie.

Mais Homere auroit attribué le tout au seul Diomede. Conséquemment Homere poursuit, comme Diomede pour les propos que Sthenel luy auoit tenus de se retirer, le regardant d'vn mauuais œil, encore qu'il eust esté blessé bien auant en l'espaulle d'vn coup de flesche par Pandare, il s'en va à beau pied tout seul contr'eux-deux, où d'arriuee il met Pandare à mort auec sa lance qu'il luy darde droict au visage. Et tout de ce pas n'ayant plus de glaiue s'en va attaquer Enee, qu'il naure à la cuisse d'vn coup d'vne grosse pierre, qu'à prime deux hommes de maintenant pourroient tant soit peu soubsleuer de terre: mais comme il le vouloit acheuer, Venus s'en vint mettre à la trauerse pour l'enleuer, & il la blesse à la main droicte: Puis consequemment Mars encore qui estoit venu pour la reuenger.

Ne te resouuenant de ce qu'il auroit fait dire auparauant par Sthenel à Agamenon, nous-nous pouuons glorifier, &c.

Cecy est du 4. de l'Iliade, où Agamemnon estant allé encourager les Princes Grecs par certaines atteintes qu'il leur donne, reprochant aux vns les banquets & bonnes cheres qu'il leur faisoit, & remettant aux autres deuant les yeux, les proësses de leurs ancestres, & les leurs mesmes accoustumeés, il remémore à Diomedé la hardiesse de son pere Tidee, dont il se monstroit forligner: mais luy pour le respect qu'il porte à la dignité de sa charge ne luy veult rien repliquer, ains se taist: si fait bien Sthenel, lequel prenant pour eux-deux la parole dit ce que Philostrate insere icy.

Ἀτρείδη μὴ ψεύδε᾽, ἐπιστάμενος σάφα εἰπεῖν.
Ἡμεῖς τοι πατέρων μέγ᾽ ἀμείνονες εὐχόμεθα εἶναι, &c.

O Agamemnon, ne vueilles
Mentir pouuant dire vray.
Nous-nous glorifions d'estre
Meilleurs que nos geniteurs,
Car nous expugnames Thebes
Ayans beaucoup moins de gens
Qu'ils n'auoient, & ils perirent

PHILOCTETES.

Par leurs mauuais portemens,
Ne vueilles doncques nos peres
Accomparager à nous.

Mais Diomede le tanse & reprend d'auoir ainsi audacieusement respondu au chef de l'armee, & se contente quant à luy de s'en aller tout de ce pas faire vn extreme deuoir, qui suit apres.

Il fault que vous sçachiez encore cecy de Sthenel, que les Grecs ne se baricaderent point deuant Troye. Philostrate allegue qu'Homere a expressement controuué ces remparemens & trenchees des Grecs, pour tirer de là occasion de chanter les prouësses d'Hector, lesquels rempars sont ainsi descripts au 12. de l'Iliade, parlant d'Hector.

--Ὑπὸ γὰρ δεδιάσετο τάφρος
Εὐρεῖ᾽, οὔτ᾽ ἄρ᾽ ὑπερθορέειν σχεδόν, οὔτε περῆσαι
ῥηϊδίη, &c.

Que la profonde trenchee l'en destourna, qui n'estoit ny aisee à franchir d'vn plein-sault, ny à la passer s'auallant dedãs car elle estoit fort creuse, & à fonds de cuue, escarpee des deux costez: & au dessus munie d'vne pallisade de picux aigus, que les Grecs y auoient fichez, druz & menuz, pour en repousser les ennemis: de maniere que ny vn chariot pour bien attellé qu'il peust estre, n'y eust pas bien legierement entré: ny vn homme à pied, mesme des plus disposts. *Il en parle encore en plusieurs autres endroits: mais cecy suffist: n'y ayant au reste plus rien à dire sur ce chap. qui ne soit assez clair de soy.*

PHILOCTETES.

IL fut fils de Pæan, & alla sur le tard à la guerre de Troye, le plus seur au reste & adroit Archer de tous autres, comme ayãt esté en cela instruict & endoctriné à ce qu'õ dit par Hercules fils d'Alcmene, de l'arc duquel il herita, & de ses sagettes lors qu'il se despouilla de l'humaine nature: & que ce fut cestui cy qui luy dres-

PHILOCTETES.

sa le bucher où il se brusla sur le mōt Æta. Mais il fut trop ignominieusemēt delaissé par les Grecs en l'Isle de Lemnos apres que l'Hydre l'eut mords au pied, dont il demeura merueilleusement affligé sur vn haut rocher au riuage. Neaumoins il les vint finablement trouuer deuant Troye, où il mit à mort Paris auec les flesches de son feu maistre & seigneur Hercule, si que la Cité fut par ce moyē prise, & luy guery de la picqueure par les enfans d'Esculape, ce que Protesilaus dit n'estre pas sans quelque apparēce de verité: car l'arc & les flesches d'Hercule estoiēt tous tels qu'on les extolle de louanges: & Philoctetes luy assista en ceste desconuenue & angoisse qui luy arriua sur le mont Æta, où il se saisit de son arc, seul de tous les hōmes mortels qui eut cognoissance comment il s'en failloit ayder, & à quoy il pouuoit seruir, de maniere qu'il en fit tout plein de beaux exploits deuant Troye: mais pour le regard de sa maladie, & de ceux qui l'en guerirent, Protesilaus n'est pas de la cōmune opiniō, ains dit que de vray Philoctete fut bien delaissé en Lemnos, mais non du tout abādonné d'assistance & secours des Grecs: car ils laisserent des gēs pour le penser & en auoir soin, oultre ce que la plusart des habitans de Melibee demeurerent de leur bon gré auec luy, à cause qu'il estoit leur chef, & les Grecs en espādirēt maintes larmes, pour se voir frustrez d'vn tel personnage si belliqueux & esprouué, car en vaillance il se pouuoit mettre en parangon auec leurs plus estimez combattans. Au surplus, qu'il fut incontinent guery par le moyen de la terre Lem-

Lemnienne, qu'on tire au propre endroit ou Vulcain jadis cheut du ciel, si que ceste terre a la vertu d'appaiser toutes sortes de maladies violentes & furieuses, & arrester tous flux de sang: mais des morsures de serpens, il n'y a seulement que celle de l'Hydre qu'elle guerisse. Or tout le temps que les Grecs consumerēt sans y rien faire, Philoctetes l'employa auec Eunee fils de Iason, à la conqueste de certaines petites isles de là aultour, dont ils chasserent les Cariens qui les occupoient, si qu'vne portion de Lemnos suiuant leurs conuentions escheut audit Eunee, & fut ceste portion appellee de Philoctete, Acesie, apres qu'il eut receu guerison en ceste Isle, d'où Diomede & Neoptoleme fils d'Achille l'emmenerent à Troye de son bon gré, apres qu'ils l'en eurent requis au nom de toute l'armee Grecque, & declaré l'oracle qu'ils auoient eu touchant ses flesches, venu à ce que dit Protesilaus de Lesbos: car les Grecs vsent de leurs oracles domestiques, comme de celuy de Dodone, & du Pythien, & de tous les autres, ou se rendent des predictions approuuees, & qui ont vogue & reputatiō, ainsi que de la Bæoce & Phocide: mais comme Lesbos ne fust gueres esloignee de Troye, les Grecs qui estoient-là deuant y enuoyerent à l'oracle, lequel se rendoit-là par Orphee. Pour aultant qu'apres le cruel massacre qu'en firent les femmes Thraciennes, sa teste estant paruenue en Lesbos, s'y arresta sur vne roche, du dedans de laquelle se rendoiēt ces oracles, si que non seulemēt les Lesbiens se seruoient en leurs predictions & deuinemens de ce

C'est ce qu'on appelle la terre Sigillee.

S ſſ

PHILOCTETES.

chef, mais tous les autres Eoliens encore, & les Ioniēs leurs proches voisins qui y venoient au conseil, & de Babylone mesme: car il predit tout plein de choses aux Roys de Perse, & entre autres à l'ancien Cyrus, auquel on dit qu'il donna vne telle responce: *Ce qui est à moy ô Cyrus, est à toy*, voulant par-là luy dōner à entendre qu'il viendroit occuper les Odrysiēs, & l'Europe. De fait Orphee autrefois acquit beaucoup de pouuoir & credit par sa grande sagesse & science, mesmement à l'endroit des Odrysiens, & de tous les autres Grecs qui celebrent ses mysteres. Mais par ce que dessus il vouloit aussi designer à Cyrus ce qui luy deuoit finablement arriuer: car s'estāt hazardé de dōner iusqu'au delà du Danube contre les Massagetes & Issedoniens peuples de la Scythie, il y fut mis à mort par vne femme qui leur commandoit, laquelle luy couppa la teste tout ainsi que les Thraciennes auoient fait à Orphee. Tout cela ay-ie apris de Protesilaus, & des Lesbiens, & que Philotecte alla à Troye non malade ny mal disposé, ny ne monstrant aucun semblant de l'auoir esté, trop bien que le poil luy grisonnoit desia de vieillesse, car il passoit les soixante ans: neaumoins fort robuste & vigoureux en tous ses membres, plus que beaucoup de ieunes hommes: d'vn fier & seuere regard au reste plus que nul autre, & qui parloit peu, exprimant ses conceptions en briefues paroles.

ANNOTATION.

DE Philoctete, & de son arc, & de ses flesches, ensemble de tout ce qui peut cōcerner ce propos, il en a esté parlé cy deuāt à suffisance en son tableau, & ailleurs encore. Restent icy quelques particularitez à deduire & en premier lieu de l'Hydre dōt il est dit auoir esté picqué en Lemnos, comme fait aussi Homere au 2. de l'Iliade dont cecy est pris,

Ἀλλ' ὁ μὲν ἐν νήσῳ κεῖτο κρατερ' ἄλγεα πάσχων
Λήμνῳ ἐν ἠγαθέῃ, &c.

Philoctete estoit demeuré
Souffrant de grands douleurs, en l'Isle
De Lemnos, ou les fils des Grecs
L'auoient delaissé fort malade
D'une picqueure du serpent
Qu'on nomme Hydrus, tref-venimeuse
Il estoit doncq demeuré-là
Remply d'une grande tristesse.

C'est vn serpent qui reside és eaux dont il a pris son nom au Grec, & de mesme les Latins l'appellent Natrix de Nager. Pline liu. 29. chap. 4. Le plus beau de tous les serpents est celuy qui vit en l'eau, dit de là Hydrus, ne ceddāt en rien de venin à nul de toutes les autres vermines. Laquelle beauté consiste és mouchetteures variees de diuerses couleurs dont il est par tout tauelé: & de là est venu le Prouerbe ποικιλώτερος ὕδρας, plus varié qu'vne Hydre, de ceux qui sont si diuers qu'on ne les sçauroit cognoistre. Elian au 9. met qu'à Corfou naissent des Hydres, qui se retournent en arriere contre ceux qui les poursuiuent, les parfumans d'vne si puante & infecte odeur, qu'ils sont cōtraints de s'arrester. Et à ce propos Pline liu. 27. chap. 12. parle d'vne herbe ditte Natrix, dont la racine arrachee de fraiz sent vn fort des-agreable faguenas & boucquin.

Les habitans de Melibee dont il estoit le conducteur. Philoctete en estoit natif & seigneur, comme met Herodote au 6. liu. Vne ville maritine de la Thessalie, ou se souloiēt teindre de belles et fines escarlattes selon Stephanus au recueil qu'il a fait des Villes. Pline liu. 4. chap. 9.

PHILOCTETES.

la mer en la Magnesie, & la fait differente de celle d'Olizon, combien que Strabo les confonde. Homere aussi en fait deux au catalogue des vaisseaux dans le 2. de l'Iliade.

Ὁι δ' ἄρα Μηθώνην καὶ Θαυμακίην ἐνέμοντο,
Καὶ μελίβοιαν ἔχον, ἠδ' ὀλιζῶνα τρηχεῖαν,
Τῶν δὲ Φιλοκτήτης ἦρχε, τόξων εὖ εἰδὼς,
ἑπτὰ νεῶν, &c.

Ceux qui Modon, & Thaumacie,
Melibee & l'aspre Olizon,
Habitoient, ausquels Philoctete
Commandoit, fort adroit Archer
Auec sept vaisseaux, ou cinquante
Bons vogueurs estoient en chacun
Tous sçachans de l'arc bien combattre.

Tout le temps que les Grecs consumerent deuant Troye sans y rien faire, Philotecte l'employa auec Eunee fils de Iason. Les femmes de l'Isle de Lemnos ayans intermis quelques annees les sacrifices de Venus, la deesse irritee de cela incita leurs maris à les desdaigner, de sorte qu'ils en espouserent d'aultres de Thrace, dont les Lemniennes à l'instigation de la mesme Venus coniurerent de mettre à mort tous les hommes de l'Isle, ce qu'elles executerent fors Hypsiphylé, qui mit secrettement son pere Thoas en un vaisseau, lequel fut porté par la fortune de mer en la Chersonese taurique, sur ces entrefaites les Argonautes passans par-là pour aller à Colchos, s'accointerent de ces femmes là, dont Iason comme leur chef eut à sa part la reyne de l'Isle Hypsipylé, & en eut deux enfans, Euneus, & Deiphile, Stace l'appelle Thoas du nom de son ayeul. Ayans doncques seiourné là vne bonne piece, en fin par les admonestemens d'Hercule ils en partirent pour poursuiure leur entreprise : & les femmes comme elles sceurent qu'Hyphipylé auoit sauué son pere contre leur commun complot, la voulurent tuer, mais elle se sauua par mer, ou estant tombee és mains des Coursaires, ils la menerent à Thebes, & en firent present au Roy Lycus. Les Lemniades ayans chacune endroit soy conceu des enfans des Argonautes, leur donnerent les noms de leurs peres, dont voyez plus à plain Orphee en ses Argonautiques, Valerius Flaccus liu. 2. Et Higinus au 15. chap. des Lemniades. C'est à quoy veut battre icy

PHILOCTETES.

Philostrate, qu'Eunée venoit de conquerir ce qui luy appartenoit par sa mere: à quoy Philoctete comme son proche-voisin l'assista à la conqueste de certaines Isles, dont ils chasserent les Cariens qui les occupoient. Carie est vne prouince de la petite Asie, entre Lycie et Ionie le long de la mer Egée où est l'Isle de Lemnos, parquoy en estans si proches, ils s'en pouuoient bien estre emparez: mais à cela fait plus à propos ce que Strabon és 12. & 14. met que les Cariens dits les Zeleges pendant qu'ils furent soubs Minos furent insulaires premier que de s'habituer en terre ferme, où ils se saisirent d'vne grande estendue de pays le long de la coste, auec quelques Isles, comme gens belliqueux, qu'ils estoient. Des Ioniens, il en a esté parlé au commancement de ces Heroiques.

Et fut ceste portion appellee de Philoctete Acesie, apres qu'il y eut receu guerison. Ie n'en trouue point de mention nulle part, mais ce fut vn tiltre que cest Heroe donna à cest endroit de Lemnos pour y auoir esté guery de sa picqueure, car ἄκεσις veut dire guerison & recouurement de santé.

L'Oracle qu'ils eurent touchant les flesches de Philoctete, venu de Lesbos. Il explicque par apres que cest Oracle dependoit de la teste d'Orphee, qui auoit esté portee la par les vagues, comme il a esté dit en son tableau.

Les Grecs vsent de leurs Oracles domestiques, comme celuy de Dodone, du Pythien, &c. De cest-cy il en a esté parlé amplement sur le tableau de Phorbas, & de l'autre au sien. Quant à ceux de la Bæoce & Phocide, il y eut autrefois celuy de Tiresias en la Bæoce, dont il a esté parlé sur le tableau d'Hercules au berseau: mais par traict de temps il cessa, & fut du tout rendu muet par vn tremblement de terre, comme met Plutarque en la cessation des Oracles: mais il dit là mesme qu'il y eut encore vn autre Oracle en la Bæoce, à sçauoir en la ville de Thegyre où l'on tenoit Apollon le dieu des predictions & Oracles auoir esté nay, y ayant deux ruisseaux qui coulent autour, l'vn dit la Palme, & l'autre l'Oliue. Ce fut là endroit qu'Apollon par la bouche de son ministre Echecrates annonça aux Grecs qu'ils emporteroient le dessus des Perses lors qu'ils leur vindrent faire la guerre: & vn peu auparauant il dit, que de son temps tous les Oracles de la Bæoce estoient faillis fors celuy de la Lebadie. Au regard de ceux de la Phocide, ie n'en trouue point nulle part fors le Pythien dessusdit, qui estoit à Delphes au mont de Parnase, en icelle Phocide selon Strabon au 9.

Sff iiij

Par cela il vouloit aussi designer ce qui aduiendroit à Cyrus. Il fut fils de Cambyses Roy des Perses, & de Mandané fille d'Astyages Roy des Medes, dont il transmit l'empire à sa nation, comme l'escript Iustin au premier liure. Et auant luy Xenophon en sa Cyropedie, ou il descript bien au long tous ses faits & gestes. Finablement comme Prince ambitieux, qu'il estoit, & insatiable de domination, apres auoir conquis l'Asie, & reduit tout l'Orient en sa puissance, il voulut torner vers le Septentrion, & entamer la guerre aux Scythes, sur lesquels il obtint d'arriuee quelques belles & heureuses victoires, mais là dessus Thomyris reyne des Massagetes, dont il auoit tué le fils, luy ayant dressé vne grosse embusche, luy tailla en pieces bien deux cens mille hommes, & luy mesme y demeura pour les gages, auquel elle fit trencher la teste, & la mettre dans vn vaisseau plein de sang humain, en disant, saoulle toy de sang miserable, qui en fus ainsi alteré, Comme mettent Herodote, & Iustin au 3.

AGAMEMNON ET
MENELAVS.

AV regard d'Agamemnon, & Menelaus, Protesilaus alleguoit qu'ils ne se ressembloyent ny de visage ny d'effort: car celuy-là au fait des armes estoit fort preux de sa persone, & en ce cas non inferieur à pas vn des Grecs pour vaillant qu'il fut, fort bien instruict oultreplus & exercité en tout ce qu'vn Roy doibt auoir, & tref-versé en ce qui appartient à vn chef d'armee, ayant la grace de persuader ce qu'il voulloit sur tout autre; & finablement n'ignoroit rien de ce qui pouuoit estre conuenable & digne d'vn general des forces Grecques:

Enquoy luy aidoit beaucoup son beau port graue & haultain, & la venerable maiesté de sa contenance. Car il estoit d'vne façon magnifique & Royalle, & neaumoins parmy tout cela courtois & benin enuers vn chacun, comme s'il eust sacrifié aux graces. Et quant à Menelaus, on le pouuoit bien mettre en cas de vaillance apres plusieurs Grecs, abusant au reste de la prompte & bonne volonté de son frere, qu'il emploioit trop priuemeht iusques aux moindres occasiós, esquelles encore qu'il le trouuast tresenclin & appareillé à toute heure, si ne laissoit il pas pour cela de luy porter enuie, ne tenant pas beaucoup de compte de tout ce qu'il faisoit pour luy, comme ambitieux qu'il estoit de commander : Au moyen dequoy Orestes s'acquit vne grande reputation à Athenes, & enuers tout le reste de la Grece, pour auoir ainsi magnanimement vengé la mort de son pere : & estant en Argos en grand danger de sa persone, desia blessé à coups de pierres & de dards par le mespris des Argiés, Orestes s'estant venu ruer dessus à l'ayde des Phocenses, en mit les vns en fuitte, & espouuenta les autres, de sorte que malgré qu'é eust Menelaus il recouura son Royaume paternel. Au regard de Menelaus il portoit vne longue perruque à la mode des ieunes adolescés, par-ce aussi qu'à Sparte on auoit accoustumé de porter les cheueux fort longs, & pourtant les Grecs l'en auroient excusé, puis qu'il gardoit les façons de faire de sa Patrie : & ne se mocquoient point nomplus de ceux qui venoient de l'Isle d'Euboee, encore qu'ils fussent ridi-

AGAMEMNON, ET

cullement cheuelez. Protesilaus dit au reste que Menelaus discouroit le plus aiseement de tous autres, & en fort briefs termes, meslant encore de la volupté auecques ses raisonnemens.

ANNOTATION.

AGamemnon, & Menelaus furent enfans d'Atreus fils de Pelops, et de la belle Hippodamie, & de là surnommez ordinairement les Atrides. Celuy-là fut Roy d'Argos, & de Mycenes, & ayant espousé Clytemnestre fille de Tyndarus & de Leda, & par consequent seur d'Helene, il fut à son retour de la guerre de Troye massacré par elle inhumainement, qui pendant son absence s'estoit enamouree d'Egystus fils de Thyestes, comme il a esté dit au tableau de Cassandre: laquelle le luy auoit plusieurs fois predit: mais il ne l'en auoit pas voulu croire. Menelaus Roy de Sparte ou Lacedemone espousa Helaine fille de Leda & de Iuppiter, qui l'accointa desguisé en signe si que le temps arriué de sa deliurance elle vint à pondre deux œufs, de l'vn desquels furent esclos Pollux & Helaine, & de l'autre Castor, & Clitemnestre. Mais Paris Alexandre fils du Roy Priam la luy enleua, dont sourdit la guerre de Troye.

Agamemnon fort preux de sa persone, &c. Cela est icy dilaté de ce qu'Helaine narre à Priam, d'Agamemnon, ἀμφότεροι, βασιλεύς τ' ἀγαθὸς, κρατερός τ' αἰχμητή; l'vn & l'autre, tresbon Roy, & vaillant à la bataille, & au 2. de l'Iliade,

Κυδιόων, ὅτι πᾶσι μετέπρεπεν ἡρώεσσιν,
Οὕνεκ' ἄριστος ἔην, πολὺ δὲ πλείστους ἄγε λαοὺς,

Se glorifiant d'exceller
Dessus tous les autres Heroes,
Par-ce qu'il estoit le meilleur,
Et commandoit à plus de peuples.

Neantmoins quant à ceste si grande vaillance Homere ne la luy attribue pas tousiours d'vne mesme sorte, ains en parle diuersement. Mais en l'onziesme liu. il luy fait exploitter tout plein de beaux, et courageux faits d'armes, apres auoir fort particulierement descript son equippage et armeure, disant ainsi. En premier lieu il mit ses greues attachees aux cuissots

cuissots auec de belles charnieres d'argent : & apres vestit son corps de cuirasse, dont les Cyniriens luy auoient fait present: car le bruit de ceste grosse armee Grecque qui s'en alloit assieger Troye, estoit vollé iusques en Chypre, parquoy pour la gratifier, & mesmes luy qui en estoit le chef, ils luy enuoierent ce beau corsellet, ou il y auoit dix caneleures de couleur d'eau, douze d'or, & vingt d'estain : & trois serpenteaux azurez qui se venoient entrelasser vers le haulsecol, semblables à cest arc en ciel que Iuppiter attache aux nues pour l'admiration des mortels. Cela fait il pendit son espee en escharpe, la poignee reluysante toute de clouds & bouillons d'or: renclose au reste dans vn fourreau d'argent, le tout attaché à vne riche bandouilliere estoffee d'or. Puis empoigna son large & plantureux pauois, tout damasquiné de diuerses couleurs & ouurages, aultour duquel y auoit dix cercles d'or, & le champ estoit parsemé de bossettes de cuiure d'vn fin estain blanc comme argent : mais au milieu y en auoit vne plus grande que les autres, en forme d'vn bouclier placqué-là, ou estoit cizellee de basse taille l'espouuentable teste de la Gorgone d'vn tref-fier & horrible aspect, & alentour la crainte & frayeur, vn gros floc d'argent s'alongeant de sa gueule hideuse, ou s'entortilloit vn serpent de couleur inde, qui auoit trois testes opposees tout au contraire l'vne de l'autre, mais partans d'vn mesme col. En son chef, finablement il accommoda sa sallade garnie de quatre beaux grãds tymbres s'auallans en bas le long des espaulles, faits de queues de cheual. Et au hault du casquet s'esleuoit sur la creste vn grand pennache de plumes naifues de diuerses couleurs qui bransloient trop estrangement, si qu'il mettoit peur à le regarder. En son poing il prit deux forts iauelots ferrez au bout d'vn acier luysant bien fourby, dont la splendeur reuerberoit deuers le ciel, ou Iunon & Minerue exciterent vn grand tintamarre pour honorer cest excellent Roy de Mycenes. *En apres il poursuit les vaillances qu' Agamemnon fait en ceste iournee, mettant à mort de sa main plusieurs Troyans de nom, comme Bianor, & son cousteillier Oileus, Isus, & Antiphe : l'vn bastard de Priã, & l'autre son fils legitime: Puis Pisandre, & Hippoloque enfans du belli-*

Ttt

AGAMEMNON, ET

queux Antimachus, lequel ayant esté gaigné par Paris auoit empesché qu' Helaine ne fust vendue lors qu' Vlisse & Menelaus la vindrent redemander: & esté encore d'aduis de tuer les ambassadeurs. Auec plusieurs autres beaux exploits d'armes qu'il execute, iusqu'à tant qu' Hector par l'admonestement de Iupiter, qui l'ennoye esmouuoir par la messagere Iris, vient au secours des siens malmenez.

    Fort versé & bien cognoissant à tout ce qui appartient à vn Roy, & vn chef d'armee. Homere le descript par tout tel, et gardant bien sa maiesté, comme au premier liur. en la picque & contention qu'il a contre Achille. Quant à son soin & vigilance au commencement du 10.

    Ἄλλοι μέν ῥα θεοί τε καὶ ἀνέρες ἱπποκορυσταί
    Εὖδον παννύχιοι, μαλακῷ δεδμημένοι ὕπνῳ, &c.
    Les autres principaux des Grecs
    Dormoient toute nuict es nauires,
    Pressez d'vn gracieux sommeil:
    Mais Agamemnon chef des peuples
    Ne s'y laissoient point succomber,
    Meditant en soy plusieurs choses.

Et auparauant au 4. encore plus expresement.

    Ἔνθ' οὐκ ἂν βρίζοντα ἴδοις Ἀγαμέμνονα δῖον,
    Οὐδὲ καταπτώσσοντ', οὐδ' οὐκ ἐθέλοντα μάχεσθαι
    Ἀλλὰ μάλα σπεύδοντα μάχην ἐς κυδιάνειραν.
    Vous n'eussiez pas veu endormy,
    Là Agamemnon diuin homme,
    Ny estonné, ny esperdu
    Et qui n'eust vouloir de combattre,
    Ains se hastant tant qu'il pouuoit
    D'aller attaquer l'escarmouche.

Et en infinis autres endroits.

    Car Agamemnon estoit d'vne façon magnifique & Royalle. Le Roy Priam au 3. de l'Iliade ayant iecté l'œil sur Agamemnon demande à Helaine qui il est, & le luy remarque en ceste sorte,

    Ὥς μοι καὶ τὸν ἄνδρα πελώριον ἐξονομήνῃς, &c.

Dittes moy qui est, ie vous prie,
Ce grand homme que ie veoy là,
Car quiconque il soit, il me semble
Fort preud'homme, & de grand pouuoir.
D'autres sont de toute la teste
Plus grands de vray, mais ie n'en vis
Oncq vn plus beau ny venerable,
Et de faict, il ressemble vn Roy.

Et au 2. au precedant Homere le dit estre semblable à Iuppiter de la teste & des yeux : du faulx du corps à Mars, et de la poitrine à Neptune :

—Μετὰ δὲ κρείων Ἀγαμέμνων.
Ὄμματα καὶ κεφαλὴν ἴκελος Διὶ τερπικεραύνῳ,
Ἄρεϊ δὲ ζώνην, στέρνον δὲ Ποσειδάωνι.

Ce que Plutarque blasme et reprend au traicté de la fortune ou vertu d'Alexandre.

Orestes s'acquit vne grande reputation à Athenes, & enuers tout le reste de la Grece, pour auoir ainsi courageusement vengé la mort de son pere : & estant en Argos en grand danger de sa persone, auec le surplus de ceste clause. Quant à la mort d'Agamemnon, et la vengeance qu'Orestes en prit sur sa propre mere, cela a esté bien au long deduit au tableau de Cassandre. Ce qui suit puis apres du danger, ou il se trouua en Argos, il n'y en a rien dans Homere : trop bien au 3. de l'Odissee Nestor racompte à Telemaque qu'Egyste apres auoir massacré Agamemnon regna sept ans par force à Mycenes : et que la huictiesme annee Orestes suruint derechef d'Athenes, qui le mit à mort, et fit vn beau banquet funeral aux Argiens, ou Menelaus arriua auec force presents : mais ce lieu de Pausanias es Corinthiaques y apportera plus de clarté. Cyllabar fils de Sthenel mort sans enfans, Orestes fils d'Agamemnon occupa Argos, lequel estoit habitué-là aupres, & auoit esté despouillé du Royaume de son pere : mais il s'estoit associé aux Arcadiens, & auoit esté pourueu de la corone & domination de Sparte. Il auoit aussi toutes les fois qu'il en estoit besoin vn prompt secours des Phocenses ses alliez : si que du bon gré des Lacedemoniens Orestes regna sur eulx : car ils aymoient mieux que l'arrieresfils de Tyndarus venu de sa fille Clytemnestre obtinst leur Royaume que Nicostrate, & Megapenthe enfans de Menelaus, mais nez d'vne esclaue. Dictys de Crete au 6. de la guerre de Troye met que Idomeneus ayant sçeu la contention qui estoit entre Menelaus & Orestes, les fit tous deux venir en Crete: là où apres auoir oy les doleances de l'Oncle contre le Nepueu qui auoit esmeu ses subiects à se reuolter. Et machiné tout plein de choses en son endroit, finablement il les accorda: & s'en estans retornez en Grece Menelaus luy donna sa fille Hermione en mariage.

Menelaus portoit vne longue perruque, par ce qu'on l'auoit ainsi accoustumé à Sparte. Homere donne souuent l'Epithete aux Atheiens, qu'il prend neaumoins indiferemment pour tous les Grecs, de καρηκομῶντες cheuelus, ou aux longues perruques: comme au 2. de l'Iliade θωρήξαι σε κέλευε καρηκομόωντας Ἀχαιούς. Et au 4. ὑπὲρ ἢ δ' τ' ἄλλοι γε καρηκομόωντες Ἀχαιοί, Et en assez d'autres endroits. Mais que les Lacedemoniens plus que nuls des autres portassent de longues perruques, Plutarque en la vie de Lycurgue, & es Apophtegmes met qu'il accoustuma à ses Citoyens porter de longs cheueux, alleguant qu'ils rendoient ceux qui estoient beaux de soy, encore plus beaux: & ceux qui estoyent laids plus hideux & effroyables. Ce qu'il fait encore resumer à Nicandre es dicts notables des Lacedemoniens.

Et si ne se mocquoient point nomplus de ceux qui venoient de l'Isle d'Euboee, encore qu'ils fussent ridiculement cheuelus. Cecy bat aucunement sur-ce que le mesme Plutarque en la 40. Question Romaine escript qu'au pays de la Bœoce, porter des chappeaux de fleurs sur la teste, laisser croistre ses cheueux, porter espee, et iamais ne mettre le pied dans les limites de la Phocide, c'estoient tous debuoirs de leur Capitaine general: Et on sçait bien que l'Isle d'Eubee autrement Negrepont n'est separee de la Bœoce que de ce petit far ou destroit de mer qu'on nomme l'Eurippe.

IDOMENEE.

PROTESILAVS dit qu'il ne le vit pas deuant Troye, trop bien que lors que les Grecs seiournoient en Aulide, vint de sa part vn ambassadeur, promettant de se vouloir associer à eux en ceste guerre, si on le vouloit faire participant de la charge de commander à l'armee auec Agamemnon : lequel auroit fort modestemét escoutté tout cela, & puis mené l'Ambassadeur à l'assemblee, ou à haulte voix il alla proferer ces mots. Le Prince qui possede le Royaume de Minos en Crete vous offre cent villes pour confederees, à celle-fin qu'en vous esbattant vous ruiniez Troye : mais il estime estre bien raisonnable aussi qu'il ait sa part de vous commander ainsi que fait Agamemnon. A quoy Agamemnon fit responsse, que non tant seulemét cela, mais qu'il estoit prest de se deposer de sa charge, & la luy remettre auecques toute la superintendence & authorité, si l'on cognoissoit qu'il y deust estre plus propre & meilleur que luy. Mais là dessus seroit interuenu Aiax Telamonien, lequel parla en ceste sorte. Nous t'auons ô Agamemnon deferé toute la charge de ceste armee, tant pour la conduire, que pour euiter que plusieurs n'y commandent : Et nous-autres côbattrons ensemblement auec toy, & nom pas comme vallets pour te seruir toy ny autre, ains seulement pour reduire Troye en seruitude : laquelle apres que nous aurons prise par vostre beneficence, O

Ttt iij

IDOMENEE.

dieux immortels, nous aurons mené à fin vne trefbelle & glorieuse entreprinse, car nous sommes tels en vertu que venans à bout de prendre Troye par de grandisimes labeurs & trauaux, nous ne nous ferons puis-apres que iouër de Crete.

ANNOTATION.

IDOMENEE fils de Deucalion fils de Minos, & Roy de Crete, cõmemet Homere au 13. de l'Iliade, & au 19. de l'Odissee, accompaigna les Grecs au siege de Troye auec quatre-vingts vaisseaux, au 2. de l'Iliade, Κρητῶν δ' Ἰδομενεὺς δουρικλυτὸς ἡγεμόνευεν, &c. Idomenee conduisoit les Candiots, ceux à sçauoir de Cnossus, Gortyne, Lycte, Mylet, Lycaste, Pheste, Rytie, & autres villes iusques au nombre de cent dont ceste Isle est habitee: accompaigné de Meryones, suyuis de quatre vingts nauires. Il luy fait an reste çà & là executer tout plein de proësses, l'accomparant au 4. à vn sanglier en cas d'effort, & le ioinct d'vne estroite amitié auec ledit Meriones, comme fait aussi Dictis de Crete en son premier liure, qu'Homere fait plus vaillant qu'Idomenee: mais Hyginus chap. 81. 21. 270. Dit auoir esté excellemment beau, & l'vn des prochas fans d'Helene. Il s'en retourna sain & sauue en son païs, auec tous les siens apres la prise de Troye, sans en auoir perdu vn seul, comme il est dit au 3. de l'Odissee.

Πάντας δ' Ἰδομενεὺς κρήτην εἰσήγαγ' ἑταίρους,
Οἳ φύγον ἐκ πολέμου, πόντος δέ οἱ οὔτιν' ἀπηύρα.

Car à son retour ayant esté assailly d'vne griesue tormente, il voua, s'il en eschappoit, de sacrifier aux dieux la premiere chose qu'il rencontreroit descendant en terre dedans son Royaume, qui fut de cas d'auenture son propre fils, lequel comme il eust immolé suiuant sa promesse, ou selon les autres estant en termes de ce faire, il fut chassé par ses subiects, si qu'il s'en alla en Calabre, où il edifia vne ville dessus le promontoire Salentin. Neaumoins iceluy Dictis au 6. liure escript que dix ans apres son retour, car ce fut en mesme temps, ce dit-il, qu'Vlisse extermina les Iroques qui poursuiuoient sa femme en mariage, il deceda en Crete, laissant le Royaume par sucression à son bien-aimé compaignon Meriones fils de Molus. Suydas en la diction κρητίζειν Cretiser ou Men-

tir met que la charge de departir le buttin pris au siege de Troye aiant esté
donnee à Idomenee, il se reserua la meilleure portion pour luy, dont seroit
depuis procedee ceste maniere de parler.

Le Prince qui possede le Royaume de Minos en Crete,
vous offre cent villes. *Crete maintenant Candie, au 2. de l'Iliade est
surnommee* ἑκατόμπολις *aiant cent villes,* ἄλλοι θ' οἱ Κρήτην ἑκατόμ-
πολιν ἀφενέμοντο: *beaucoup certes pour l'estendue dont elle est, de quelques quatre-vingts lieu's de long, & dixhuict ou vingt de trauers, si ce
n'estoit qu'on y voulust comprendre iusqu'aux bourgades & villages,
aussi au 19. de l'Odissee il ne luy en donne que quatre vingts & dix, qui
n'est pas diminuer de beaucoup. Les trois principales de maintenant sont
Candie, dont toute l'Isle entierement a pris ce moderne nom, autrefois Ma-
tium. La seconde est la Canee iadis Cydon, que les Grecs souloient intitu-
ler la mere des villes, selon Flore liu. 3. chap. 7. Dont les coings qui y estoiēt
en grande abondance ont esté dits* Mala Cydonia. *Homere en fait mē-
tion au 3. de l'Odissee parlant de la tormente qui suruint à Menelaus, &
Nestor au retour de Troye pres le cap de Malee.*

--τὰς μὲν Κρήτῃ ἐπέλασσεν
ἧχι Κύδωνες ἔναιον, Ἰαρδάνου ἀμφὶ ῥέεθρα.

Et au 19. encore, ou Vlisses se feint estre de Crete.

Κρήτη τις γαῖ', ὅτι μέσῳ ἐπὶ οἴνοπι πόντῳ,
Καλὴ καὶ πίειρα, περίῤῥυτος ἐν δ' ἄνθρωποι
Πολλοί, ἀπειρέσιοι, καὶ ἐνενήκοντα πόλιες, &c.

Il y a certaine terre au milieu de la mer appellee Crete, belle
& fertile, & de toutes parts enuironnee d'eau, habitee de
grand nombre de gens presqu'infinis, en nonante villes: de
diuers langages meslez ensemble; car il y a des Achiues, des
Theocretes fort courageux, des Cydoniens, Doriens, Tri-
chaiques, & Pelasgiens. Là est ceste belle grande ville Gnosos, là ou Minos n'ayant encore que neuf ans commença à
regner, fort familier du grand Iuppiter, le pere de mon pere
le magnanime Deucalion, qui m'engendra auec le Roy Idomenee lequel accompagna les Atrides à Troye auec force
naures. Et quant à moy, i'ay nom Æton, puisnay de luy qui
estoit deuant, & trop plus preud'homme que ie ne suis. *La
troisiesme ville est* Rethymo, *qui n'est pas gueres esloignee de l'anciē
nom* Rhythymna, *& du* Rytion *d'Homere, où il n'y a qu'vne petite*

IDOMENEE.

calle, ou hauvre mal seur. Toutes les autres habitations sont Chasteaux de peu d'importance espandus çà & là par l'Isle: comme Voulisineni iadis, Panoramus, Cytie qui garde encore son anciē nom de Cytea, regardant vers Rhades. Chrysiamo est du costé de la mer Egee vers le Septētrion: Et Selino à l'opposite droict au midy, il y a en outre vne belle grande bourgade ditte la Sphachie, au pied des montaignes qu'on appelloit Leucimontes, les montaignes blanches, pour la neige dont elles sont couuertes en tout temps. Mais le mont Ida surpasse en grandeur & haulteur tous les autres, en vulgaire Philoriti, qui est au milieu de l'Isle: au pied duquel se voit vne ancienne carriere qu'on appelle le Labyrinthe, & de faict il y a infinis destours ou l'on se pourroit aiseement perdre qui n'y auroit vne bōne guidde: neanmoins ce n'est pas celuy que fist Dedalus pour le Minotaure, sur le pourtrait de ce tant renommé d'Egypte, duquel il a esté parlé au tableau d'Ariadné, dont toutesfois il n'en contrefist pas la centiesme partie, comme met Pline liu. 36. chap. 13. Pres de là se voient aussi les ruines de Gnosos, & de Gortynna que fist bastir le Roy Minos, dont parle Homere és lieux de l'Iusdits de l'Iliade & Odissee. Mais le païs pour estre par tout si montueux ne peut pas estre si fertile, comme il luy en attribue l'Epithete de τρὶς τεφ γρας, abondant, si d'auenture ce n'estoit en paccages & nourritures de moutons & de chieures qu'ils appellent Striphoceli, & surtout pour les excellentes mal-voisies qui s'y produisent le long des cousleaux, lesquelles Homere appelle le Vin Pramnien. Il descript au reste les Candiots pour tresbons archers de tout temps, comme fait aussi Cesar au 2. des Commentaires de la Gaulle, Numidas, & Cretas Sagittarios, & funditores baleares. Et Tire-Liue en la 4. Decade. Ils le sont encore pour le iourd'huy voire meilleurs que les Turcs mesmes. Ceste Isle est possedee des Venitiens en tiltre de Roiaume, mais presque tous les habitans sont Grecs, & de la religion Grecque.

Agamemnon fit responce qu'il estoit prest de se demettre de sa charge, &c. Dares Phrygien en son histoire de la guerre Troyenne, attribue tout cecy d'Idomenee à Palamedes, qui briguoit la superintendance de l'armee Grecque: en ceste sorte. Apres la mort d'Hector y aiāt eu trefues, Palamedes derechef remit sus ses poursuites accoustumees de l'authorité souueraine: à quoy cedda Agamemnon, declarant se vouloir demettre liberalement de sa charge à celuy que l'armee voudroit eslire: & le lendemain leur fit vne harengue où il protestoit n'en auoir iamais eu aueu aucune enuie, ains qu'il la resigneroit tres-volontiers à quiconque ils la vouldroient conferer: & se contenteroit de veoir que les affaires allassent bien, & qu'on se vengeast des ennemis, car le Royaume de Mycenes luy suffisoit. Et la dessus Palamedes monstra de plus en plus son ambition, & le desir qu'il auoit d'empietter ceste authorité: tellemēt que elle luy fut octroyée, ce qu'Achille ne trouua pas bon.

AIAX LOCRIEN.

Estui-cy selon le dire de Protesilaus estoit vaillant homme de sa personne, & preux aux armes, en quoy il se parangonnoit à Diomede, & Sthenel, mais d'entendement & prudēce il estoit tenu en moindre estime, & ne vouloit presqu'en rien obeir à Agamemnon, parce qu'il estoit nay d'vn pere seigneur de Locres, qui auoit beaucoup de pouuoir, & en auoit amené vne grosse trouppe de braues hommes: si que tant que i'auray au poing ce glaiue icy si bien fou by & resplendissant, ce disoit-il à haulte voix en monstrāt son coutellas desgainé, ie n'obeiray pas volōtiers ny aux Atrides, ny autre quelconque. Telles choses, & autres semblables alloit-il disant ordinairemēt, d'vn fier regard, & brāslāt la teste, les cheueux herissez de sa grāde ardeur de courage. Car il disoit que ceux qui faisoiēt ioug soubs Agamemnon estoient-là venus pour raison d'Helaine, & luy pour la gloire & reputatiō de l'Europe, estāt biē raisonnable que les Grecs dominassent sur les barbares de l'Asie. Il auoit au sur-

Vuu

plus vn grãd serpẽt apriuoisé, de la lõgueur de quinze pieds, qui mãgeoit à sa table, & cõuersoit familierement auec luy, le suiuãt par tout cõme vn bracque. Quãt à Cassãdre, qu'il l'auoit de vray arrachee de force de l'image de Minerue qu'elle auoit empoignee pour sa franchise & sauuegarde, pendant qu'elle luy faisoit sa priere, mais il ne l'auroit pas violee pourtãt, ny fait autre oultrage en sorte quelcõque, cõme les fables l'ont cõtrouué, ains l'auroit emmenee en son pauillon : & la dessus Agamemnon y estãt suruenu, quãd il la vit si belle & biẽ atifee il s'en seroit amouraché tout de ce pas, tellemẽt qu'il la luy osta : dõt seroit venu à sourdre vne grosse querelle & cõtention entr'eux au departement du butin. Aiax alleguant estre raisonnable que sa prise luy demeurast, & l'autre ne la voulãt rendre à vn qui se seroit mõstré ainsi impie enuers la deesse : surquoy il en auroit attitré plusieurs qui alloiẽt semans ce blasme de luy par le camp pour le rẽdre odieux enuers l'armee : & que la deesse en estoit fort courroucee : & en demonstroit beaucoup de mauuais & fascheux signes pour raison de ce rauissemẽt & effort, menaçãt les Grecs de vouloir abandonner leur party s'ils ne mettoient Aiax à mort. Lequel discourant en son esprit que ceste calomnie le pourroit bien aisement perdre, se va remettre deuant les yeux, qu'à Palamedes en semblable cas sa dexterité & prudẽce ne luy auroiẽt de rien serui à se garẽtir d'estre lapidé, il s'enfuit de nuict sur vne petite fregatte : & cõme il pretendoit de tenir la routte de Tinos, & Andros, vne tormente s'estãt leuee le submergea aupres des Gyres. Dequoy les nouuelles estans venues en l'ost des Grecs, ils en furent si cõtristez que de la facherie qu'ils eurẽt peu en y eut qui voulussent prẽdre leur refectiõ, ains les chefs tẽdoient leurs mains vers la mer pour la perte d'vn tel preud'hõme, comme s'ils l'eussent voulu r'appeller à eux, & le plaindre: & en furẽt grandement indignez cõtre Agamẽnõ, car c'estoit luy seul & nõ autre qui de sa main propre l'auoit fait mourir. Et certes il obtint des obseques qui n'auoient oncques auparauãt esté faites à aucun autre: ny depuis nõ plus à pas vn de ceux qui fussent morts en quelque rencontre nauale: car ayans mis dans le vaisseau qui l'auoit porté force bois cõtre pour dresser vn bucher funeral, ils y immolerẽt plusieurs victimes toutes noires, & l'ayãt equippé de voiles noires, & autre appareil propre pour la nauigation, ils l'attacherẽt à des gumenes sur le riuage, iusqu'à ce qu'vn petit vẽt fraiz le leuast deuers terre, cõme il aduenoit ordinairement de la partie du mont Ida sur la Diane: Puis si tost que l'aulbe du iour aparut, & que ce fraiz eut commancé de s'espandre sur la marine, ils mirent le feu au vaisseau: cela fait leuerent les Anchres. Et espandirent les voiles au vent, le poussans en la haulte mer auant que le soleil fust leué, si qu'il se brusla auec les victimes, & tout ce qu'il portoit à Aiax.

ANNOTATION.

AIAX Locrien fils d'Oileus, fut ainsi surnõmé de la ville & contree de Locres au mont de Parnase, dont voicy cõme parle Pline li. 4. ch. 3. Les proches voisins des Etholiens sont les Locriens

AIAX LOCRIEN.

appellez les Ozoles libres, & la ville capitalle Æǣthe, le port d'Apollon Phestien au goulphe de Chryssee. Plus en dedãs sont les villes d'Argon, Eupolce, Pheste, & Calamise: & plus auant encore la campaigne de la Phocide, qu'on nomme les champs Cyrrheens de la ville de Cyrrhé: le port s'appelle Calcon. A deux licuës de là tirant tousiours en dedans terre est la ville de Delphes, libre & exempte de toutes choses, au bas du mont de Parnase, tres-celebre pour son fameux oracle d'Apollon, la fontaine Castalienne, la riuiere de Cephise qui coulle le long de Delphes ayant ses sources pres de l'Issee autrefois ville. Il y a aussi celle de Chryse: & auec les buliens Antiore, Nauloc, Pyruse, Amphisse libre aussi & exempte, Thrichone, Tritee, Ambryse, Trimee: la contree d'Aulienne: & au dedans du goulphe vne encoigneure de la Bæoce est là baignee des flots marins: Plus les villes de Gymnes, & Thebes, surnommees les Chorsiques ioignant Helicõ. La troisiesme ville de la Bæoce sur ceste mer est celle de Pages, d'où s'allonge le col du Peloponese. I'ay mis tout cecy pour monstrer l'estendue des terres que possedoit Oileus pere de cest Aiax, suiuant ce qui est dit au cõmencement de ce chap. qu'il estoit nay d'vn pere qui auoit vn bien grand pouuoir. De ces Ozoles Locriens, Pausanias en parle plus particulierement vers la fin du 10. liure, que durant qu'Orestes fils de Deucalion regnoit en ces quartiers-là, il aduint qu'vne lisse pleine fit au lieu de ses petits chiens vne piece de bois, qui ayant esté enfouie dans terre par Orestes, au commancement du Printemps, s'en seroit produit vn sep de vigne: & que des ruisseaux d'iceluy dits en Grec ὄζοι le peuple auroit pris le nom d'Ozoles. Les autres alleguent que le Centaure Nessus qui se mesloit de passer les gens en la riuiere d'Euene, fut là blessé par Hercules, comme on a peu veoir cy deuant en son tableau, neantmoins qu'il n'en seroit pas si tost mort, ains se retira en ceste contree, ou estant finablement decedé, & sa charoigne laissee à l'herbe sans estre enterree, auroit de sa putrefaction infecté l'air de tout le contour, les autres que ce sont les vapeurs d'vne riuiere, ou selon Seruius sur le 3. de l'Eneide, d'vn marescage de puante odeur, car ὄζω signifie sentir fort tant en la bonne que mauuaise part. Parquoy l'on en auroit aussi attribué l'appellatiõ à l'herbe ditte Asphodelle, fort frequente en ces quartiers-là, qui iette vne forte odeur quãd elle fleurist: mais celle des Ozoles estoit mauuaise, parce que n'ayãs encore l'vsage des vestemens, ils se couuroient de peaux de bestes recentement escorchees, laissans le poil par le dehors, si qu'il leur estoit force de s'empuantir auec la corruption de ces peaux: mais puis apres se vergoignans de ce nom-là, ils aimerent mieux se dire Etholiens. Tout cela met Pausanias, & que la ville capitale estoit Amphisse distante de quelques quatre lieues de Delphes. Mais Strabon au 9. liure diuise les Locriens en deux, selon les deux diuers aspects du mont de Parnase, dont ceux qui habitent le costé d'occident iusques au goulphe de Crissee entre les Etholiens, & Phocenses, de la forte odeur du païs sont appellez les Ozoles, comme qui diroit puants: car vn peu au dessoubs de Calydon est le tertre de Zaphossus, l'on estime que fut le tombeau de Nessus, & des autres Centaures, & que de la corruption de leurs charoignes s'espandoit vne tresforte & puante odeur au pied du mont iusques à en decouller de grosses gouttes. L'autre costé de la montaigne exposé au soleil leuant iusques à la mer Euboique est de deux manieres, les vns sont appellez Epicnemidiens, de la ville de Cnemis, & les autres Opuntiens de celle d'Opunte.

Et en auoit amené vne grosse trouppe de braues hommes. Homere au Catalogue dans le 2. de l'Iliade à ce propos, Λοκρῶν δ' ἡγεμόνευεν Ὀϊλῆος ταχὺς Αἴας, &c. Le chef des Locriens estoit le viste & legier Aiax fils d'Oileus, moindre assez, & non si grand à beaucoup pres qu'estoit Aiax Telamonien, ains beaucoup plus petit de corps, car il estoit de basse stature, armé au reste d'vn Iacques d'œillets fait de toile de lin: mais de la lance c'estoit l'hôneur de tous les Grecs & Achiues qui habitoient les villes de Cynus, Opunte, Calliar, Besse, Scarphe, Augies les agreables, Tarphe, & Thronie le long de la riuiere de Boagrie, accompagné d'vn conuoy de quarante vaisseaux des Locriens qui habitent au delà de la sacree Isle d'Euboee. Il en fait encore mention en plusieurs autres lieux de l'Iliade, & au 4. de l'Odissee il rscompte la maniere dont il perit, mais cela a esté desia touché au tableau des Gyres.

Il auoit vn grand serpent de la longueur de quinze pieds, qui mangeoit & conuersoit familierement auec luy. Il y a es contours de Rome de grosses couleuures qu'on appelle Sierpe Ceruone, mesmement es quartiers d'Albane & Preneste, & plus oultre en tirant vers Sulmone, en des Marescages, qui sont fort paisibles & point malfaisans qui ne les irrite, & moins venimeux que nuls des autres, si que les

Vuu iij

paysans les mangent impunement. L'an 1550. que i'estois à Rome il en auoit vne à mon logis longue de sept à huict pieds, & grosse comme le bas de la iambe, les escailles à pair de celles d'vne moyenne carpe, tauelee de gris & de noir, si priuee au reste qu'elle venoit manger soubs la table du pain & des fruitages qu'on luy iettoit: & de la chair encore si on luy en eust voulu donner: car vne fois qu'on auoit mis des cailles dans vne chambre pour les faire iouster comme est la coustume en ces quartiers-là vers la fin d'Auril, y estant entree en moins d'vn quart d'heure elle en aualla quatre ou cinq comme des pillules. Les enfans la charrioient par tout où ils vouloient dedans les chambres & le iardin, & en la rue mesme: dont il y en auoit vn aagé de huict à dix ans qui s'en entortilloit ordinairement tout le corps ainsi qu'vn autre Laocoon, & s'en alloit ainsi promener par la place, chose plaisante à voir, mais hideuse aucunement, mesme à moy qui les abhorre fort de mon naturel. Es grandes chaleurs de l'esté quelques courtisanes ont accoustumé de les coucher auec elles pour se raffreschir, car ces animaux sont fort froids, & aussi qu'elles estiment que cela les empesche de prendre mal: & luy coupoit-on les dents toutes les sepmaines auec des cizeaux, ce qu'elle enduroit patiemment. Il y auoit deux petits chiens ausquels elle ne demandoit rien ny eux à elle, mais vn iour certain gentilhomme m'estant venu veoir, qui auoit amené quant & luy vn braque de moyenne grandeur, comme il l'eust voulu harseller, ceste couleuure s'en estant irritee se lança sur luy l'estreignant de sorte qu'elle luy fit sortir les boyaux par le fondement. I'en ay veu assez d'autres, mais non de si grandes & priuees.

Agamemnon s'estant enamouré de Cassandre si tost qu'il l'eut veuë au pauillon d'Aiax, la luy osta. Il taxe icy Agamemnon de lubricité, comme fait Plutarque en semblable au traicté du discours de raison dont vsent les animaux, là où il dit que pendant que la flotte Grecque estoit à l'anchre en Aulide attendant que la mer se rendist bonace, il parcourut toute la Bæoce apres vn beau ieune gars nommé Argynnus, qu'il poursuiuoit des-honnestement, tant qu'à la parfin n'en pouuant chevir, il s'alla baigner dedans le lac de Copaide pour y amortir son ardeur. Et en la fortune ou vertu d'Alexandre à propos de Cassandre, il dit qu'il fut bien plus continent qu'Agamemnon lequel prefera la iouyssance d'vne captiue à son espouse legitime, là où ce grand Roy plus que cinquante Agamemnons ne voulut oncques toucher à vne sienne prisonniere que premierement il ne l'espousast.

AIAX LOCRIEN. 264

Minerue menaçoit les Grecs d'abandonner leur armee, s'ils ne mettoient Aiax à mort. *Paufanias au 10.liure.* Aiax fils d'Oileus porta vne fort cruelle inimitié à Vlisse, pour-ce qu'il auoit conseillé aux Grecs de le lapider pour auoir violé Cassandre: & de noyer Palamedes pendant qu'il s'e estoit allé pescher. *De luy encore apres sa mort il en met cecy es Laconiques.* Au pont Euxin pres les bouches du Danube ou il se va rendre en la mer, y a vne Isle ditte Leuca consacree à Achille, qui peut auoir vne petite lieue de tour ou peu moins, toute enuironnee de boys espois, & pleine de bestes tant sauuages que domestiques: ou est aussi vn petit temple du mesme Achille auec son image. Et à ce qu'on dit le premier de tous y auroit nauigué vn Leonyme de la ville de Crotone. Car s'estant esmeue vne forte guerre entre les Crotoniates, & les Locriens d'Italie, comme les Locriens pour l'affinité qu'ils auoient auec Aiax, fils d'Oileus l'eussent inuoqué à leur secours, Leonyme leur Capitaine soubs l'asseurance de son ayde s'en alla charger les ennemis selon que l'en auroit admonesté Aiax: & y ayant esté blessé en la poitrine, de sorte qu'il estoit fort tormenté de ce coup, il alla au conseil à Delphes, mais la Pythienne le renuoya à la dessusdite Isle de Leuca, ou Aiax se debuoit apparoistre à luy, & le guerir de ceste playe. Quelque temps apres ayant recouuré guerison, à son retour il racompta comme il auoit là veu Achille, & les deux Aiax, Patrocle pareillemét, & Antiloque: & qu'Helene s'y estoit mariee auec Achilles, lequel luy auroit commandé d'aduertir Stesichorus, quand il seroit arriué à Homere, que l'inconuenient d'auoir perdu la veue luy estoit aduenu par l'indignation d'Helene: ce qu'oy de luy il se seroit desdit de ce qu'il en auoit escript, & rechanté vne palinodie à sa louange, au contraire du blasme qu'il luy auroit donné par ses vers. *Cecy est aucunement comme hors de propos: mais conuenant fort bien au subiect de ces Heroiques, tous parsemez de semblables comptes.*

CHIRON.

IL faisoit sa demeure au mont Pelion, engendré semblable à vn homme, fort sage au reste & tres-prudent en dicts & en faits : addonné à diuerses sortes de chasses : & qui instruisoit fort bien la ieunesse en tout ce qui conuenoit le faict des armes, & le train de la guerre : enseignant par mesme moyen la medecine & chirurgie, & la musique tant de la voix que des instruments, & rendoit ceux qui partoient de son escolle : fort gens de bien, iustes & equitables. Il vescut longuement : car ce fut luy qui endoctrina Esculape, & Pelee, & Thesee. Hercules aussi le seroit souuent venu visiter, quand il n'estoit point detenu à ses voyages & entreprises. Tout cela dit Protesilaus de Chiron : & qu'il auroit participé de sa compagnie & conuersation auec Palamedes, Achille, & Aiax.

Pindare Ode 3. des Isthmiennes.

ANNOTATION.

DE Chiron il en a esté parlé assez cy deuant au tableau de la norriture d'Achille: & en celuy de Perseus, comme il aprit la medecine à Esculape. Plus es Centaurelles, entant qu'on le feint auoir esté Centaure. Mais pour ce que là il a esté dit qu'ayant esté blessé d'vne des flesches d'Hercules empoisonnee du fiel de l'hydre, comme de douleur il souhaittast plusieurs fois la mort, Iuppiter l'auroit translaté au ciel, & fait l'vn des douze signes du Zodiaque qu'on appelle le Sagittaire ou Archier. Pausanias es Messeniaques met qu'il alla lauer sa playe dans la riuiere d'Aniger, qui de là auroit pris son infection, car elle est puante, & Pline liur. 25. chap. 5. qu'il en fut guery par le moyen de l'herbe ditte la Centaure.

Chiron

PALAMEDES.

Chiron cum Herculis exceptus hospitio pertractanti arma Sagitta excidisset in pedem, Centaurea curatus dicitur, quare aliqui eam Chironium vocant. *Laquelle au chap. precedant il prend pour la quatriesme espece de la Panacee, qui de son inuention eut son nom. Il trouua aussi ceste maniere de vigne qui fut ditte de luy Chironie, & auparauant Bryenie, & Gynocanthe, & Apronie, liur. 23. chap. 1. Il y a oultreplus vne maniere d'espine ditte* Pyxocanthes Chironia *de son inuention, liu. 12. chap. 7. & liu. 33. chap. 14.*

PALAMEDES.

Ntant que touche Palamedes, voicy ce qu'ë dit Protesilaus, que n'ayant iamais eu precepteur pour l'enseigner, il alla neaumoins à Troye instruit d'vn tres-grand sçauoir & prudéce, & qui cognoissoit beaucoup plus de choses que nompas Chiron. Car deuant luy on ne sçauoit que c'estoit de la distinction des heures du iour & de la nuict, ny de l'annee par les saisons, ny des reuolutions des mois: ny l'annee n'auoit pas ceste appellation. Il n'y auoit point de monnoye, ny de poix, ny de mesures, ny de maniere de compter. Persone ne se souscioit des sciences, car les lettres n'estoient pas encore trouuees. Et comme Chiron luy vouluſt aprendre tout plein de choses, concernans mesmes la medecine: ie l'ay trouuee, luy dit-il, O Chiron, lors qu'elle n'estoit point encore odieuse: & l'ayant trouuee il ne me semble pas raisonnable que ie l'aprenne de nul autre, car cela pourroit offenser Iuppiter, & les Parques: & moy par consequant encourir au mesme accident qui aduint à Esculape, si son exemple, ayant esté accablé d'vn coup de souldre, ne me rendoit sage. Au reste pendant que les Grecs estoient en Aulide il inuenta le damier, & le ieu d'eschez, & des tables auec les dez, vn exercice non du tout desidieux & oisif, ains plein d'industrie, & qui merite qu'on l'apprenne. Or quant à ce discours que tant de poetes ont traicté, que sur le point que l'armee Grecque se preparoit pour passer à Troye, Vlisse contrefit du fol en Ithaque, ayant attellé à vne charrue vn cheual & vn bœuf ensemble, & comme Palamedes descouurit la feinte par le moyen de Telemaque fils dudit Vlisse qu'il alla planter au deuant, Protesilaus dit que c'est vn compte fait à plaisir, & non veritable, car Vlisse se trouua tout incontinant en Aulide, sçachant assez qu'il auoit esté enroollé des premiers par les Grecs, pour raison de son eloquence, dont luy & Palamedes entrerent en contention l'vn contre l'autre. Puis apres comme vne Eclypse de soleil fust aduenue deuant Troye, l'armee s'en estant fort descouragee & tout'esperdue prenant cela en mauuais augure, Palamedes leur alla parcourir là dessus, que ce defaillement prouenoit de ce que la lune en son decours & conionction se venant opposer dessoubs le soleil, l'obscurcissoit à nostre veue : & par mesme moyen attiroit force nuages qui offusquoient l'air : mais que si par cela estoit denoté quelque mal futur, ce debuoit estre sur les Troyans qu'il retomberoit : car c'estoient eulx qui auoient esté autheurs du

Cy deuant sur sa statue en Calistrate.

Au tableau d'Achille en Scyro.

mal: & nous, disoit-il, nous ressentans de leur oultrage sommes icy venus pour nous en venger: Parquoy il fault espandre nos prieres au soleil à son leuer, luy sacrifians vn beau poullain blanc non dompté encore. Ce que les Grecs approuuerent ayans esté persuadez des raisonnemens de Palamedes. Mais Vlisse prenant la parole: Et qu'auons nous affaire, va-il dire, ny de sacrifices ny de prieres, ny d'autres telles quelles superstitions que peut alleguer Palamedes? car tout cela n'est qu'vn signe & presage de ce qui doibt infailliblement aduenir. D'autrepart, tout ce qui est au ciel, tout ce qui depend de l'extrauagante confusion, ou de l'ordre reiglé des astres, Iuppiter le sçait, qui l'a estably de la sorte, & l'a inuenté. Mais toy ô bon Palamedes il est besoin que tu appliques tes meditations fantastiques à de moindres choses: & auras beaucoup meilleur compte de te retenir à la terre, que de ratiociner ainsi au ciel. A quoy Palamedes fit responce: Certes si tu estois sage & sçauant Vlisse, tu cognoistrois que nul homme pour docte qu'il soit, ne sçauroit discourir des choses celestes s'il n'en cognoist encore plus des terrestres, dont ie ne fais doubte que tu ne sois bien despourueu: car on dit qu'entre vous autres Ithaquois n'auez ny saisons, ny terrouer propre pour les distinguer: desquelles paroles Vlisse se trouua tout scandalizé: & deslors Palamedes commança à se munir & preparer contre ses machinations & enuies. Or comme en vne autre congregation vn trouppeau de grues fust venu voller audessus,

Xxx ij

PALAMEDES.

ainſi que cela aduient bien ſouuent, Vliſſe iectant ſon regard ſur Palamedes, Ces grues-là, va-il dire, teſmoignent aux Grecs que ce ſont elles qui ont trouué les lettres, & nompas toy. A quoy Palamedes : Ie ne me vante pas d'auoir trouué les lettres, au contraire ce ſont elles qui m'ont trouué : car iadis ayans eſté miſes comme en depoſt dás le ſacré manoir des Muſes, elles auoient beſoin d'vn tel perſonnage que moy: d'autant que les dieux par mes conſemblables ont accouſtumé de les mettre en euidence & practique. Ces grues dóques ne s'apropriẽt pas les lettres, mais ſe retenans à leur naturelle ordonnance vollent ainſi; car elles s'en vont en Libye pour y guerroyer les Pygmees. mais quant à toy tu ne ſçaurois pas parler d'ordonnance, parce que tu ne fais communement que troubler l'ordre és rencontres & eſcarmouches: voulãt par là taxer, ce croirois-je bien, Vliſſe, de ce que s'il apperceuoit quelque part ou Hector, ou Sarpedon, ou Enee, ſoudain il quittoit là ſon reng pour s'addreſſer en autre endroit plus aiſé & de moindre affaire. Et comme il euſt eſté ſurmonté de Palamedes plus ieune que luy en la vogue des aſſemblees, il luy oppoſa Agamemnon, alleguant qu'il luy ſubornoit les Grecs pour les attirer au party d'Achille. Proteſilaus dit de plus qu'vne autre diſſention & querelle s'alluma en tr'eulx pour vne telle occaſion. Les loups par fois deſcendans du mont Ida ſe venoient ruer ſur les vallets & les goujaz qui portoient le baccage de l'armee Grecque, & les beſtes de Some qui eſtoient attachees le long des tentes. Et comme Vliſſe euſt commandé aux Archers & tireurs de dards de s'en aller donner deſſus, Palamedes alla dire, Certes Vliſſe, c'eſt Apollon qui fait ces animaux-là, comme vn preambule annonciateur de la peſte, ainſi que les mullets & les chiens, les enuoiant premierement contre les malades, pour la beneuolence qu'il porte aux perſones, & le deſir qu'il a de les conſeruer: Supplions doncques à Apollon Lycien, & le Phyxien autheur de fuitte, & repoulſeur de calamitez & de maulx, que par ſes ſagettes il luy plaiſe d'exterminer ce beſtial pernicieux: & au reſte deſtorne la maladie ſur les chieures. Mais aions ſoin auſſi ſeigneurs Grecs de nous-meſmes: car il eſt beſoin à ceux qui veullent euiter la peſte, d'vſer de diette, & d'vn exercice continuel. De moy ie n'ay point eſtudié en la medecine, mais toutes choſes ſe comprennent par la ſapience. Cela dit, il fit fermer les boucheries au camp des Grecs, & defendit qu'on n'y vendiſt plus de chairs en ſorte quelconque, ains qu'on ſe contentaſt du manger commun aux ſoldats, reduiſant l'armee à de petits mets de tartinages, & bignets, de ſaliades, & autres herbes tant ſauuages que domeſtiques, & ſemblables norriſſemens de legiere digeſtion. Ce qui luy fut facile d'obtenir, car chacun luy obeiſſoit & portoit vne merueilleuſe creance: & tout ce qui partoit de ſa bouche eſtoit pris comme pour diuin, & procedant de quelque oracle. De fait la peſte qu'il auoit predicte enuahit tout ſoudain apres les villes de l'Helleſponte, ayant pris ſon commancement à ce qu'on dit du Pont-euxin, & de là s'estoit venu esprendre dans Troye: mais elle ne toucha pas à vn des Grecs, encore qu'ils se fussent campez en vn territoire fort subiect à la maladie : & ce par le moyen de la diette à eulx prescripte par Palamedes, & de l'exercice qu'il leur proposa en ceste maniere. De tous les vaisseaux qui estoient à l'anchre, il en choisit iusques à cent, sur lesquels il faisoit embarquer à tour de roolle les soldats, pour voguer à l'enuy les vns des autres : tantost à doubler le cap dextrement sans froisser les auirons contre les rochers d'alentour, ne s'y inuestir: tantost à aller saisir quelque prochain port, plage ou riuage. Et persuada à Agamemnon de proposer des recompences, comme par forme de ieux de prix à ceux qui rameroient plus diligemment. A ceste cause d'vn cueur ioyeux, & d'vn prompt vouloir, comme voians bien que le tout ne tendoit qu'à la conseruation de leur santé, ils s'exercitoient volontiers : car il leur remonstroit que la terre s'estant ainsi corrompue & infectee accidentellement oultre l'ordinaire, la mer leur exhaleroit vn air plus doulx & salubre. Pour toutes lesquelles choses qui demonstroient assez sa grande sagesse, il receuoit aussi de fort belles recompences des Grecs: tellement qu'Vlisse s'estimoit estre sans aucun honneur ny credit: & à ceste occasion tout ce qu'il pouuoit mediter de fraulde & malice, il l'emploioit contre Palamedes. Protesilaus racomptoit encore, que lors qu'Achille s'en alla guerroier les Isles, & les villes maritimes prochaines, il demanda Palamedes pour compaignon en ceste entreprise, parce qu'il combattoit & vaillamment & sagement, là où Achilles s'y monstroit trop plus inconsideré & brutif, d'aultant que cette hardie magnanimité qui luy haulsoit le courage, le precipitoit bien souuent en plusieurs inconueniens & desordres; parquoy il estoit bien aise d'estre secondé en cela de Palamedes, qui luy ramoderoit sa bouilhante impetuosité furieuse, & luy remonstroit la façon plus seure dont il falloit iouer des cousteaux: se monstrant en cela semblable à vn qu'on auroit commis pour gouuerner vn genereux Lyon, lequel tantost il mitigue, tantost il encourage & esguillonne. Et ne practiquoit pas cela en luy monstrant de reculler ny cedder à ses aduersaires, ains d'emploier ses coups tant de lance comme d'espee sagement & bien à propos, & par mesme moyen se destorner & parer à ceux qu'on luy tireroit, opposant l'escu audeuant pour les receuoir, & les faire escouller en vain, & de la mesme pointe rembarrer viuement la charge que vouldroient faire les ennemis. Tresioyeux donques, & fort contens de se veoir ensemble, ils firent voile, accompaignez des Myrmidons, & des Thessaliens de Philace. Protesilaus dit au reste que ces M. forces furent ainsi ordonnees d'Achille, & tous les Thessaliens appellez Myrmidons. Ainsi se prenoient plusieurs places, & anonçoit-on de toutes parts les beaux admirables faicts de Palamedes: ainsi que des destroits de terre tranchez par son industrie & dexterité: des riuieres destornees de leurs

canaux ordinaires pour faire submerger des villes: des ports remparez de pallissades & chaussees: des fermetures de murailles, & autres semblables ouurages & fortifications de main d'homme. Au regard du combat qui aduint de nuict pres Abyde, où ils furent tous deux blessez, Achille se retira: mais Palamedes ne voulut bouger, ains tint bon, & auant qu'il fust la minuict prit la forteresse. Ce temps pendant Vlisse donnoit à entendre force belles choses à Agamemnon deuant Troye, faulses de vray, mais aisees à persuader: Qu'Achilles aspiroit de commander à l'armee Grecque à l'instigation de Palamedes qui le luy mettoit en la fantasie. Et ne vous donnerez garde Sire, ce disoit il, que vous les verrez retorner chargez d'vn grand buttin de beufs, de cheuaux & esclaues, qu'ils vous mettront entre les mains, mais quant à l'argent ils le retiendront deuers eulx pour en practiquer & attraire à leur deuotion les principaux de ceste armee. Or il vous fault bien donner de garde de toucher aucunement à Achille, mais au regard de ce seducteur & causeur, i'ay trouué vn beau moien de s'en defaire, & le rendre odieux aux Grecs, si que eulx-mesmes le massacreront. Et là dessus il luy va parcourir tout ce qu'il auoit machiné contre luy, du Phrygien, & de l'or delaissé par le Phrygien. Ce qu'Agamemnon trouuant fort dextrement excogité, se monstra tout prest d'y entendre. Or sus donques Sire poursuit Vlisses, entretiens Achille autour des villes où il est presentement occupé, & rappelle Palamedes comme si
tu

tu te voulois seruir de luy à prendre Troye, & inuenter des machines & engins pour battre les murailles d'icelle: car reuenant sans Achilles, il sera aisé de le circonuenir & surprendre, non tant seulement à moy, mais à vn autre qui seroit beaucoup moins subtil & ingenieux. Cela approuué encore d'Agamemnon, desia auoient esté depeschez des Heraux par mer à Lesbos, car ceste isle n'estoit pas encore du tout conquise, ains y alloient les affaires en ceste maniere. Lyrnesse estoit vne ville habitee des Eoliens, remparee au reste d'vne naturelle closture, car elle n'estoit pas defermee, où l'on dit qu'aborda iadis la Lyre d'Orphee, laquelle auroit imprimé certain son aux rochers d'aultour qu'ils gardent encore, & de fait on les oit ordinairement resonner ainsi que quelque consert d'instrumens entremeslez auec des voix, quand les flots viennent heurter contre. Là Achille & sa trouppe de gens de guerre auoient desia tenu le siege dix iours entiers, car la citadelle estoit malaisee à prendre de force, quand voila arriuer les Heraux d'Agamemnon qui apportoient son mandement, auquel on aduisa soudain d'obtemperer, & suiuant cela qu'Achille demeureroit là, mais Palamedes s'en retourneroit à l'armee, tellement qu'ils se departirent non sans espandre beaucoup de larmes de part & d'autre. Apres donques qu'il fut de retour, il fit son rapport des choses qui auoient esté exploictees en leur voiage, attribuant le tout à Achille. Et puis que tu veux Sire, va-il dire à Agamemnon, que ie trouue les moiens de forcer les murailles de Troye,

Y y y

les plus importantes machines que ie cognoisse pour cest effect, & les vrayes pieces de batterie pour y faire bresche sont les Eacides, les enfans de Capanee & Tydee, les Locriens, & Patrocle, & Aiax: que si au reste l'on a besoin de quelques engins & artifices, faictes vostre compte en tout ce qui depend de mon industrie, que ceste cité est desia par terre. Mais les machines d'Vlisse ainsi cruellement excogitees l'auoient desia preuenu, par où il sembla qu'il s'estoit laissé surmonter à la conuoitise de l'or, car il fut deferé pour trahistre, & comme tel les mains liees derriere le doz lapidé tout sur le cháp par ceux du Peloponese, & d'Ithaque, parce que le reste de la Grece ne se trouua pas à ce spectacle, neaumoins ils aimoiēt celuy qu'on cognoissoit assez luy auoir brassé ce brouet: & s'il y eut vn edict expres fort criminel & inhumain, qu'on ne fust si osé ne hardy de l'enseuelir, ny de le couurir charitablement de terre, menaçant de mort quiconque s'en entremettroit. Ainsi fut-il publié à haulte voix de l'ordonnance d'Agamemnon. Mais le grand Aiax se iettant sur le corps y espandit à force larmes: & le leuant de terre trauersa toute l'assemblee l'espee au poing, prest à en donner à ceux qui luy vouldroient mettre quelque empeschement, si qu'il l'alla inhumer auec tel honneur qu'il appartenoit, nonobstant toutes les defences: sans de là en auant se vouloir plus trouuer aux assemblees, ny donner son opinion au conseil, ny sortir aux escarmouches & combats. Puis quand Achille fut de retour apres la prise du Cherrhonese, ils monstrerent de compagnie l'indignation par eulx conceuë de la mort de Palamedes : toutesfois Aiax ne garda pas si long temps son cueur: car quãd il vid ses compagnons ainsi malmenez des Troyans, il en eut pitié, & se rapaisa : mais Achille perseuerant en son courroux, en fit vn lay qu'il recitoit dessus sa lyre, chantant les louanges & perfections de ce valeureux personnage, comme d'vn des Heroes precedans : & le requeroit de s'aparoistre à luy en songe, luy faisant oultreplus certaines effusions de vin & offrandes, de la mesme couppe qu'en semblable cas il emploioit enuers Mercure alors qu'il s'en alloit coucher. Et certes non à Achille tant seulement, ains à tous les autres qui reueroient & la vaillance & la sagesse, cest Heroe sembla digne d'estre admiré, & par eux celebré de leurs chants. Protesilaus mesme quand nous tombasmes sur ce propos en ietta des larmes en abondance, le louant de son grand courage, & entre autres choses, de ce qu'à l'article de la mort il ne daigna onques de rien requerir Agamemnon : ny ne delascha de sa bouche rien d'indigne de luy ny pusillanime pour l'esmouuoir à commiseration & pitié : ny ne pleura ; ains profera seulement ces mots cy : Las combien ie te plains ô innocente verité, car tu es perie premier que moy ! & là dessus presenta son chef liberalement aux coups de pierre, comme s'il preuist la punition qui leur en deuoit arriuer. *Phenicien.* Et ne me seroit-il pas loisible de veoir aussi Palamedes, comme i'ay veu

PALAMEDES.

par vostre moyen & Nestor, & Diomede, & Sthenel: ou si Protesilaus ne vous a rien remarqué de sa figure? *Vigneron.* Si a; & voiez-le en grandeur semblable à Aiax Telamonien, contendant au reste de beauté auec Achille, & Antiloque, & Protesilaus mesme à ce qu'il dict, & auec le Troyan Euphorbe: la barbe ne luy commançant qu'à poindre d'vn poil follet fort delicat, auec comme vne promesse & attente de cheueleure, car il estoit raz iusqu'au cuir: les sourcils libres & redressez qui s'en venoient rencontrer vn nez carré d'vne belle façon & assiette. la cogitation de ses yeux au combat estoit ferme, immobile, & accompaignee d'vne fierté courageuse: mais au repos doulce & benigne, & luy fort affable és assemblees. On le dit aussi auoir eu les plus grands yeulx que nul autre: & qu'estant nud il paroissoit d'vne corpulence comme moyenne entre vn fort & robuste Athlete, & vn viste-leger coureur. Son vif age aureste estoit fort haslé & crasseux, plus agreable neaumoins que les mignards passefillons d'Euphorbe tous tressez d'or, & sembloit qu'il s'estudiast tout expressement de se rendre tel, ne se souciant de dormir à l'erthe, & au serain à descouuert: car il passoit souuent des nuicts entieres sur le sommet du mont Ida, quand il estoit de loisir des factions & exploits belliques, par ce que de là les sages hommes contemplatifs s'acqueroient vne cognoissance des choses celestes. Il ne mena à Troye aucunes forces ne vaisseaux, ains y passa dans vn petit nauire passagier auec son frere

Iliad. 17.

Oates, n'eſtimant pas de ſe debuoir parangonner à perſonne pour auoir beaucoup de bras & de mains: & n'auoit nóplus point de vallet ny de couſtillier ny de châbriere, ou de page pour le lauer & faire ſó lict, ou luy appreſter ſon manger, ains viuoit ſe ſeruát ſoy meſme sás aucune pompe ny curioſité d'appareil, & comme Achille luy diſt vn iour. Tu ſembles à pluſieurs fort groſſier ô Palamedes, que tu n'as perſonne pour ſoigner de toy. Et que me ſeruiroit dóques cecy, va-il reſpondre leuant ſes deux mains? Vne autre fois, cóme les Grecs luy euſſét donné ſa part du buttin en argent comptant des deniers leuez des tribuz, l'admoneſtans de s'enrichir, Ie n'en feray rien, leur dit-il, ains vous exhorte à la pauureté, pluſtoſt que de vous rendre ainſi ſubiects & eſclaues à obeyr. Vne autre fois comme Vliſſe luy euſt demandé, qu'il venoit de contempler le ciel & les aſtres, Et que veois tu là hault plus que nous? des meſchans, dit-il: mais il luy euſt mieux vallu d'auoir enſeigné aux Grecs les moyens de deſcouurir ces meſchans là, car ils n'euſſent pas admis Vliſſe à verſer ſur luy tant de calomnies & de faulſetez. Et au regard de ce qu'on dict qu'il y eut des ſignals de feu faits par ſon pere Nauplius le long de la coſte d'Euboee pour tromper les Grecs, Proteſilaus dit cela eſtre veritable, & que les Parques le permirent de ceſte ſorte, & Neptune encore parauenture, encore que ce fuſt oultre le gré & conſentement de l'ame de Palamedes: car eſtant ſi ſage & preud'homme, il n'euſt pas voulu leur rui-

PALAMEDES.

ne : nonobstant qu'ils luy eussent vsé d'vne fraude si inhumaine. Achilles finablement & Aiax l'enseuelirent sur le riuage des Eoliens proche de Troye, lesquels luy edifierent depuis vne chappelle là endroit fort ancienne, auec vne image en contenance d'hõme magnanime & courageux, qui estoit armé, auquel les habitans de là aultour s'assemblans certains iours de l'annee sacrifient & font des offrandes : mais qui la voudra trouuer faut tenir la routte de Methymne, & de Lerpethymne, vne montagne qui paroist de loin au dessus de Lesbos.

ANNOTATION.

PALAMEDES *fut fils de Nauplius Prince de l'Isle d'Euboee, maintenant ditte Negrepont, en la coste de Laconie, & se trouua auec les autres Seigneurs Grecs au voiage de Troye, entrepris d'eux pour venger le rapt d'Helaine, où apres plusieurs seruices & bons debuoirs faits par luy, il fut en fin par les calomnies d'Vlisse son enuieux & malueillant, assommé à coups de pierre. Il y auroit trop de choses à atteindre en cest endroit, qui viendront plus à propos par les menus chacune en son lieu, que de les entasser icy confusement tout ensemble. Mais c'est vne chose bien estrange qu'Homere ait esté si partial & affectionné pour Vlisse, qu'en nul endroit de ses poësies il n'a onques voulu faire mention de Palamedes ny de rien qui le concernast: car encore qu'il luy eust esté si mal affecté pour l'amour d'Vlisse, à tout le moins n'eust-il pas teu la grande desolation & ruine que malicieusement auroit prochassé Nauplius à l'endroit des Grecs à leur retour, contre les rochers Caphareens, ce qui auroit meu Strabon au 8. liure de reputer cela pour vne fable: plusieurs bõs Autheurs toutesfois le donnent pour vray.*

Deuant Palamedes *on ne sçauoit que c'estoit de la distinction du iour & de la nuict, ny de l'annee par les saisons. Philostrate attribue icy plusieurs belles inuentions à* Palamedes, *non toutesfois qu'il faille entendre qu'il en eust esté le premier autheur, mais que ce fut le premier qui en amena l'vsage aux Grecs deuãt Troye, qui com-*

me gens du tout ententifs à la guerre n'auoient l'œil ny le cueur à autre chose, sans se soucier qu'au iour la iournee de tout ce qui concerne le train de la vie humaine. Tout de mesme l'on attribua l'inuention du feu en Egypte à Vulcain, qui l'auroit obserué & receu d'vn coup de foudre tombé de fortune dans des fueilles seiches & autres telles matieres inflammables où il se seroit allumé: du bled à Ceres, & à son fils Triptolemus: du vin à Bacchus, &c. le mesme se pourroit dire aussi des Indes, de tout ce que ces paures Barbares differans peu des bestes bruttes ont receu de ciuilité & pollissement par les peuples Occidentaux, qui les ont les premiers descouuers, & leur ont monstré & appris ce dont ils estoient ignorans, qu'ils en auroient pour leur regard esté les premiers inuenteurs. Mais pour venir à la distinction de l'annee par ses saisons, & de là aux mois, iours & heures, qui sont les parties du temps, l'annee en premier lieu est dite des Grecs ἔτος, & ἐνιαυτός, comme retournant en soy mesme, car où l'vne se termine & acheue, l'autre immediatement recommence, qui est la carriere que le Soleil passe par les douze signes du Zodiaque constituans autant de lunaisons ou de mois, & quelque peu plus: departis au reste en quatre saisons que les Grecs apellent ὥραι, Hyuer, Printemps, Esté, & Automne, dont les Egyptiens n'en mettoient que trois: le Printemps, l'Esté & l'Automne qu'ils confondoient auec l'Hyuer, qui ne produict rien, & les representoient par des roses & autres fleurs, des espics de bled, & des fruitages & raisins. Mais de s'estendre plus auant en cest endroit, cela iroit trop en infiny. Ioinct que nous en auons traicté ailleurs apres plusieurs autres: & des heures pareillement, qui sont ou egalles autrement equinoctialles, ou inegalles ou planetaires comme on les appelle, pource qu'on en attribue la domination aux sept planetes, qui y regnent à tour de roolle. Les egalles sont les vingtquatre du iour naturel qui consiste de la lumiere du iour qu'on appelle artificiel, & de la nuict, car en cest espace le premier ciel mobile parfait chacun iour sa reuolution, & rauist toutes les autres spheres subiacentes auecques soy, du leuant par le midy à l'Occident, & de là par le Septentrion au leuant. Les inegalles ou planetaires sõt tousiours douze pour le iour artificiel, & autant pour la nuict, & d'autant que le iour & la nuict croissent ou decroissent continuellement en la sphere oblique, car en la droicte soubs l'equinoctial ils sont tousiours egaux & les heures pareillemẽt, il faut aussi que ces heures inegales varient selon la proximité ou esloignement de chaque climat dudit cercle equinoctial, si qu'à Paris qui est à environ 48. degrez d'eleuation du pol artique, les iours estans presque plus longs de la moitié en Esté qu'en Hyuer, il faut que les heures du iour soient aussi plus longues deux fois que celles de la nuict, & en hyuer tout au rebours. Mais pour venir aux horloges dont il est icy question, qui distinguent & marquent les heures, cela consiste de deux manieres : l'vne par les quaddrans aux raiz du Soleil, où par l'ombre les heures se marquent, car c'est luy, comme a esté dit, qui par son cours quotidian trace & designe le iour naturel de 24. heures : si que pour ceste occasion, comme met Macrobe liure 1. des Saturnales chap. 21. les Egyptiens l'auroient appellé Horus, dont les heures ont pris leur nom, qui s'estendent aussi aux quatre saisons de l'annee, comme en Horace parlant de Iuppiter, *Variisque mundum Temperat horis*. Les heures donques se cognoissēt par les quaddrās de iour aux raiz du Soleil, & la nuict à quelques estoilles. Pline liu. 18. chap. 14. parlāt des Lupins & Apulee en ses rustiques, mettēt qu'ils seruent cōme d'horloge aux paysās, parce qu'ils se contornent iournellement auec le Soleil, si que mesme le ciel estāt nubileux & couuert, ils cognoissēt à peu pres quelle heure il est : ce que fait aussi l'heliotrope ou soulcie. Et au 2. liu. chap. 78. Il dit que ce fut Anaximene Milesiē qui trouua ces horloges solaires, lequel fut disciple d'Anaximander, & de Thales : & en monstra le premier l'vsage à Lacedemone. Ce qui se rapporte à ce qui a esté dit cy dessus, que ceux qui ont les premiers enseigné la traditiue de quelque chose, en ont esté dits les premiers autheurs : car ces Philosophes furēt vers l'an du monde 3400. plus de 400. ans apres Palamedes, & la prise de Troye, & bien vingt ans apres Ezechias Roy de Iudah, dont voicy ce qui est dit en Isaïe 38. Ie feray retorner l'ombre des lignes par lesquelles elle estoit descendue en l'horloge d'Achaz au Soleil, dix lignes en arriere. Tellement qu'à ce compte il y auoit desia des horloges deuant Anaximenes. L'autre maniere est ou par l'eau, comme ils furent du commencement, ou par le sable. Pline à ce propos liu. 7. chap. dern. escrit que du temps que les loix Romaines furent reduites en XII. tables par Appius Claudius, & ses compagnons, ce qui eschet vers l'an de la fondation de Rome 300. & de la creation du monde 3512. on n'y remarquoit encore que le leuer & le coucher du Soleil. Quelques ans apres on y auroit adiouxté le Midy, l'Huissier des Cōsuls le proclamāt à haute voix par aduis de pays.

de pays. Douze ans auant la guerre de Pyrrhus Roy des Epirotes, ce qui eschet quelques 150. ans apres, fut mis le premier horloge au temple de Quirin par L. Papyrius Cursor, sans designer de qui il l'eut, ne qui le fit. Et 30. ans apres en fut apporté vn de Sicile par Valerius Messala, & posé en vne colomne aupres des Rostres, lequel fut reformé dix ou douze ans apres par le Censeur Qu. Martius Philippus. Iusques là ils s'estoient conduits à Rome par les horloges solaires: & 8. ans apres Scipion Nasica en mit vn d'eau, qui marquoit les heures du iour & de la nuict, par le moyen d'vn baston planté droict à guise de mast dans vne petite nasselle surnageante en vne cunette remplie d'eau, laquelle à mesure qu'elle s'escouloit par embas, la nasselle se r'abaissoit, & le mast aussi, auquel estoient marquees les heures. Quant aux Grecs la certitude n'en est pas si grande: mais ie me resouuiens d'auoir leu quelque part, ie ne sçay pas bonnement où, que le premier vsage des Clepsydres ou horloges d'eau se practiqua en la ville d'Achante en Egypte, où il y auoit 360. Prestres autant que de iours en l'an, ostez les cinq & les six heures qu'ils appelloient les Epactes ou suradiouxtez, pour vne telle occasion qu'allegue Plutarque au traicté d'Osyris en ceste sorte. Que la Deesse Rhea s'estant accointee secrettement de Saturne, le Soleil en eut cognoissance, qui la mauldit à ce qu'elle ne peust iamais enfanter en aucun an, ny aucun mois: mais Mercure en estant deuenu amoureux trouua cest expedient, que iouant aux dez auec la Lune, il luy gaigna la septantiesme partie de ses illuminations, dont il fit cinq iours, qu'il adiouxta aux 360. de l'annee Egyptienne: & par ce moyen Rhea eut la commodité de se deliurer en ceux: assauoir le premier iour d'Osyris Roy du monde: le second d'Arneris qui est Apollon: le troisiesme de Typhon, mais il ne vint pas à terme, ains sortit violentement par le costé de sa mere: le 4. d'Isis: & le 5. de Nephté, qu'on nomme autrement Venus ou Victoire. Les Prestres donques auoient la charge chacun son iour d'apporter de l'eau du Nil dans vn grand vaisseau, laquelle s'escoullans par vne bonde marquoit les heures. Les horloges qui se meuuent par des contrepoix, & les monstres portatiues par des ressorts sont venues long temps apres peu à peu à la perfection où le tout est finalement arriué. Mais pour le regard des heures entant qu'elles signifient les saisons de l'annee, il en a esté traicté suffisamment en leur tableau, parquoy icy ne reste plus que d'inserer leur hymne d'Orphee, lequel auroit esté là oublié.

PALAMEDES.
L'ENCENSEMENT DES
Heures ou saisons de l'annee, les Aromates.

Heures les filles de Themis,
Et du grand Juppiter Monarque,
Equité, Iustice, & la Paix
Abondante en toutes richesses :
Printannieres, qui vous aimez
Dans les prairies diaſprees
De toutes sortes de couleurs,
Que les soüefflcurantes herbes
En leurs fleurs monſtrent à l'enuy.
Heures en tout temps verdoyantes,
Qui danſez vn beau branſle en rond,
D'vn doulx & gracieux visage,
Veſtues de roſins habits
Tous tiſſus de fleurs delectables :
Iouans auec Perſephoné
Lors que les Parques & les Graces
En vn torne-virant ballet
De là bas au iour la rameinent,
Pour gratifier Iuppiter,
Et ſa donne-moiſſon de mere.
Venez icy doncq' aux deuots
Sacrifices de ceux qui veullent
Apprendre voz deuots secrets,
Portans en vos mains incoulpables
Les fruicts qui dependent de vous.

B. Il n'y auoit point de monnoye, ny de poix ny de meſures. Il attribue encor tout cela à l'invention de Palamedes. Et quant à la monnoye & pieces coignees il en a esté tombé cy deuant quelque chose és annotations du commencement de ces Heroiques, sur ce texte icy: I'achepte vn bœuf auec du bled, & vn mouton auec du vin: où nous auons amené le passage du 7. de l'Iliade, que Pline li. 33. cha. 1. dilate ainsi. A la mienne volonté que l'or vn afamemēt detestable, comme l'ont appellé des autheurs celebres, peust estre en tout & par tout exterminé de la societé humaine, deschiré à bon droict de toutes sortes de vilennies & oultrages par les plus preud'hommes, & gens de bien, & inuenté seulement pour la ruine de nostre vie. Car combien plus heureux estoient ces temps là où tous les traffiques se faisoiēt par des eschanges, ainsi que durant la guerre de Troye on le practiquoit: dont il est bien raisonnable de s'en rapporter à Homere: & de ceste sorte à mon iugement les commerces furent trouuez pour la commodité & vsage du viure: là où les vns auec des cuirs de bœufs, les autres auec du fer & semblables denrees qu'ils prenoient reciproquement, acheptoient ce qui leur estoit necessaire, combien que ce Poëte aussi admirant l'or aye voulu faire vne telle eualuation des choses, qu'il dit Glaucus auoir eschangé ses armeures d'or qui valoient cent bœufs, à celles de Diomede d'airain prisees à neuf tant seulement, de laquelle coustume furent par les loix anciennes introduittes les amendes à Rome, en especes de bestail. Mais on fait l'vsage de la monnoye bien plus ancien que le siege de Troye & presque dés le commencement du monde, suiuant ce que Iosephe au premier des Antiquitez Iudaïques escript de Cain: αὔξων δὲ τὸν οἶκον πλήθει χρημάτων ἐξ ἁρπαγῆς κ̃ βίας. Qu'il accroissoit sa cheuance par vn amas de deniers extorquez de rapines, & par violence: mais ce mot de χρῆμα est equinoque & se peult estendre à beaucoup d'autres significations que de l'argent comptant. Parquoy sans retrograder ainsi au loing deuant le deluge, ce qui se lit d'Abraham en Genese treiziesme est plus pregnant, qu'il estoit opulent en or & argent: ce qui se doibt entendre du monnoié: comme ce qui suit apres au 20. le confirme assez: qu'Abimelech Roy de Geraze luy fit present de mille pieces d'argent. Item és quarante-deuxiesme, quarante-troisiesme, & xliiij. il est faicte expresse mention de pecune, que

Virgile du 3. de l'Eneide.
Quid non mortalia pectora cogis Auri sacra fames?

Toutesfois telle est la proportion de l'argent enuers l'or, assauoir de dix pour vn, & du cuyure dix fois autant.

Zzz ij

les enfans de Iacob porterent en Egypte pour auoir du bled: & on sçait bien que cela fut plus de cinq cens ans deuant la prise de Troye. Herodote au reste met que les Lydiens coignerent les premiers de tous des pieces d'or & d'argent, mais il ne cotte pas le temps. Et Strabon au 8. de sa Geographie attribue cela à vn Phedon Elien, le dixiesme des descendans de Temenus: auec le mesures qui de luy furent appellees Phedoniennes, & aussi les poix. Pausanias és Eliaques le met enuiron la VIII. Olympiade, qui est her quelques 400. tant d'ans apres la ruine de Troye. A Rome la monnoye vint bien plus tard: mais cela seroit desormais hors de nostre propos. Au regard des poix, mesures & nombres, qui sont les trois principaux liens de la societé humaine, propres & particuliers à la creature raisonnable, Iosephe au lieu prealegué en attribue aussi la premiere inuention à Cain. Mais Eutrope à l'entree de son histoire la refere à vn Sidonius, du temps que Procas regnoit à Albene, quelques 370. ans apres la destruction de Troye. L'escripture saincte qui est bien plus certaine nous monstre assez apertement, que les poix, les mesures, & les nombres debuoient bien estre plus anciës: comme au 43. de Genese des enfans de Iacob: Nous auons ouuert nos sacs, & trouué nos deniers à la bouche d'iceux, lesquels nous auons maintenant rapporté au mesme poix. Et au 19. du Leuitique. Vous ne ferez point d'iniustice en iugement, en reigle, en poix, & en mesure: vous aurez les balances iustes, les poids iustes, le boisseau iuste, &c. Pline li. 7. chap. 56. s'accordant auec Strabon l'attribue au Phidon dessusdit: mensuras & pondera inuenit Phidon Argiuus: aut Palamedes, vt maluit Gellius: mais ce n'est pas cest Aulugelle dont nous auons les nuicts Attiques: car il fut bien posterieur à Pline. Les autres au second Mercure en Crete, fils de Iuppiter. Le mesme est-il des mesures, & des nombres: tout cela paroissant estre nay auec le monde & les hommes, suiuant le Sage en la Sapience 11. Omnia in numero, pódere, & mensura disposuisti. Au regard des nombres Tite Liue en donne l'inuention à Minerue au cōmencement du 7. li. mais la maniere de compter a esté diuerse à plusieurs peuples: car les Hebrieux, Grecs, & Romains y ont procedé par les characteres de leur escripture, neaumoins la plus exacte de toutes, & la plus facile est celle de l'algorisme cōme on l'appelle, par les marques & reigles des chiffre: inuention certes plustost diuine qu'humaine: qu'aucuns veulent estre primitiuement venue de la Chine: & les autres des Arabes, qui à la verité y ont beaucoup contribué.

Les lettres n'estoient pas encore trouuees. Tout cecy a esté cy C.
deuant touché au chapitre de Protesilaüs, en la lettre T. sur le propos de
Tlepolemus frere de Telephe; auquel il fit entendre de bouche par vn sien
messager, la descente des Grecs deuãt Troye, parce que les lettres n'estoient
pas encore trouuees; lesquelles Palamedes s'imagina des diuerses assiettes
& transpositions que les grües marquent en vollant; dont il aprit aussi
les ordonnances des batailles; les gardes & les sentinelles, & les mots du
guet, auec autres telles obseruations militaires, que l'instinct naturel a mis
en ces oiseaux, dont ils furent depuis appellez les oiseaux de Palamedes.

Pendant que les Grecs seiournoient en Aulide Palame- D.
des inuenta le damier & le ieu des eschez, & des tables; &
les dez aussi. I'ay estendu ainsi le mot de πεσσὸς qui est au texte, suiuant la commune opinion que ce fut Palamedes qui trouua le ieu des eschez, & des tables; ioint ce qui suit subsequemment, que ce n'estoit pas vn
exercice du tout oisif, mais industrieux; ce qui ne se peult pas simplement
entendre des dez où il n'y a pas beaucoup d'industrie que le seul hazard, si
d'auenture on ne vouloit piper, chose que nul autheur ne s'entremettroit
pas d'approuuer, ne dire que ce fust vn artifice digne d'apprendre, car au
contraire c'est vne chose illicite & punissable, comme estant de mauuaise
foy, de barat & de tricherie. Herodote en sa Clio escript que les Lydiens
peuples de l'Asie furent les premiers qui trouuerent ces ieux de dez & de
tables, si au moins ils estoient les mesmes ou à peu pres que ceux d'aste-
heure, ce que malaisement ie croirois, non tant pour se recreer ny pour auarice, que pour se desennuyer, & tromper le temps en vne cruelle famine où
ils se trouuoient; durant laquelle ils ne prenoient leur refection que de deux
iours l'vn: & l'autre ils le passoient du mieux qu'ils pouuoient à iouer aux
ieux dessusdits, ausquels ils se rendoient si attentifs & affectionnez, que
cela leur faisoit aucunement oublier le boire & manger. Polydore Virgile
autheur moderne au 2. liure des Inuenteurs des choses, chapitre 13. met
sans toutesfois alleguer l'autheur, que l'an du monde 3685. qui eschet
vers le temps d'Alexandre le Grand, vn sage homme nommé Xerxes
inuenta le ieu des eschez, pour refrener les violences de certain Tyran,
qu'il ne nomme point; afin de luy faire comprendre par le progrez de ce ieu
là, qu'vn Roy a de soy bien peu de pouuoir & de seureté de sa personne, s'il n'est aydé & maintenu de la bien-vueillance de ses subiects,
lesquels veillent & s'euertuent chascun endroit soy, pour le couurir &

PALAMEDES.

contregarder des machinations & entreprises que ses aduersaires luy brassent. Mais les inuentions de tous ces ieux sont fort doubteuses & incertaines, estans venues peu à peu, diuersement selon les temps, & les nations qui les practiquent qui d'vne sorte, qui d'vne autre: comme on peut veoir pour le regard du triquetracq, où depuis quinze ou vingt ans tant de choses se sont accreues & adiouxtees, de bredoilhes, & diuerses sortes de Ians, comme on les appelle, qui n'estoient point auparauant en vsage, au moins parmy nous, qui deuons cela aux Italiens, auec le taroc, & plusieurs autres telles inuentions. Les principaux ieux du tablier au reste, & les plus communs sont le triquetracq, la renette, le lourche, toutes tables, & le sbaraglin, plus commun aus dits Italiens que nompas à nous, auquel à tous les poincts des deux dez qu'on iette, on adiouxte tousiours vn six de plus, comme si ce sont seines ils compteront dixhuict, & sont si accoustumez d'en vser ainsi, que mesmes iouans au triquetrac, ou au lourche, ils comptent ordinairement dicidotto dixhuict pour seines encore qu'ils n'en iouent que douze. Sur le dos du tablier sont les dames & les eschez; esquels les Espagnols deuancent toutes les nations de la terre, comme les François font au ieu de la paulme, & les Romains, & Neapolitains au pallemaille, les dez à nous tiennent le lieu de ce que les Grecs appelloient ἀςριγάλους, que designe aussi le mot de πεσσός: mais nous en auons parlé bien amplement au tableau de Venus Elephantine.

E. Comme vne eclypse de Soleil fust aduenue deuant Troye. C'est chose assez cogneuë iusqu'aux moyennement instruits és Mathematiques, que la cause de l'Eclypse ou obscurcissement du Soleil à nostre regard, car il ne s'offusque pas pour cela, comme fait la Lune: ainsi que l'a sceu bien comprendre Virgile en ce vers, Defectus lunæ varios, solisque labores, se fait par le moyen de l'interpositiõ de la Lune, vn corps tenebreux de soy, & opaque, quand elle se vient directement opposer entre luy & nostre regard: come on peut veoir en vn mirouer mis au fonds d'vn bassin plein d'eau, lors que ceste eclypse aduient: Parquoy cela ne se peut faire sinon qu'au decours de la Lune en sa conionction auec le Soleil: car celle qui se fit en la passion du Sauueur la Lune estant au plein fut contre l'ordre de nature. Mais l'eclipse de Lune tout au rebours est quand elle est pleine, & ce par le moyen de l'ombre de la terre qui se vient diametralement opposer entre la Lune & le Soleil. Voyez de cela plus à plein oultre Aristote en ses Meteores, Plutarque liure 2. des opinions des Philosophes, chap. 24. & 29. au traitté d'Osyris, & en celuy de la fa-

PALAMEDES.

ce qui apparoist au rond de la Lune. Mais en infinis liures de Mathematiques, car il n'y a rien plus commun.

Sacrifiant au Soleil vn beau poullain blanc non dompté F. encore. *Lactance liu. 1. de la faulse religion, chap. 21. alleguant ces vers du premier des Fastes d'Ouide*

Placat equo Persis radiis Hyperiona cinctum,
   Ne detur celeri victima tarda Deo.

met que tout ainsi qu'on sacrifioit vne Ienisse à la Lune pour leur consemblance de cornes, les Perses immoloient des cheuaux au Soleil, à cause de la vistesse de cest animal correspondante à la prompte & agile course du Soleil au ciel: & d'autant que la lumiere est blanche, ils l'eslisoient de pelage blanc. Ce que Strabon en l'onziesme liu. attribue aux Massagetes: & Herodote aux Scythes. Pausanias és Laconiques parlant du promontoire de Talet, dit qu'il estoit consacré au Soleil, & que là entre autres choses on luy immoloit des cheuaux: ce que les Perses ont accoustumé de faire en leurs sacrifices: car c'estoit leur plus grand Dieu, l'appellans Mythres. Mais Tite-liue plus apertement au 5. liure parlant du triomphe de Camille apres la prise de Veies: Il fut bien regardé pour le superbe equipage de son chariot attellé de cheuaux blancs: si que chascun interpretoit cest orgueil pour vn mespris de la religion, qu'il se fust voulu par là mesurer aux cheuaux de Iuppiter, & du Soleil.

On dit que vous autres Ithaquois n'auez ny saisons, ny G. terroüer propre pour les distinguer. *Les saisons de l'annee que les Grecs appellent ὧραι, comme a esté dit, ne se peuuent mieux representer que par ce que la terre produit: tellemẽt que là où elle sera sterile il n'y aura point aussi de saisons. Et c'est ce que Palamedes veut icy inferer d'Ithaque, vne petite isle en la mer Ionienne pres Cephalenie, & la coste d'Epyre, fort parsemee de rochers. Virgile au 3. de l'Eneide.*

In medio apparet fluctu nemorosa Zacynthos,
   Dulichiúmque, Saméque, & Neritos ardua saxis,
   Effugimus scopulos Ithacæ, & Laërtia regna:
   Et terram altricem sæui execramur Vlyssis.

Ce qu'il a emprunté du second de l'Iliade au catalogue des Nauires.

Αὐτὰρ ὀδυσσεὺς ἦγε Κεφαλλῆνας μεγαθύμους,
Οἵ ῥ' Ἰθάκην εἶχον, καὶ Νήριτον εἰνοσίφυλλον,
Καὶ κροκύλει' ἐνέμοντο, ἢ Αἰγίλιπα τρηχεῖαν,

PALAMEDES.

Οἵ τε Ζάκυνθον ἔχον, ἠδ᾽ οἳ Σάμον ἀμφενέμοντο,
Οἵ τ᾽ Ἤπειρον ἔχον, ἠδ᾽ ἀντιπέραι᾽ ἐνέμοντο.

Et au 3. ensuiuant il l'appelle tout resolument sterile & aspre,
ὃς τράφη ἐν δήμῳ Ἰθάκης κραναῆς περιούσης.

Plus au 4. de l'Odyssée à ce propos.

Ἐν δ᾽ Ἰθάκῃ οὔτ᾽ ἂρ δρόμοι εὐρέες, οὔτε τι λειμὼν
Αἰγίβοτος, καὶ μᾶλλον ἐπήρατος ἱπποβότοιο.
Οὐ γάρ τις νήσων ἱππήλατος, οὐδ᾽ εὐλείμων,
Αἵ θ᾽ ἁλὶ κεκλίαται· Ἰθάκη δέ τε καὶ περὶ πάντων·

En Ithaque il n'y a point de plaines larges pour y galopper les cheuaux, ny de prairies pour y nourrir le bestail, ains est plus plaisante que paccageuse, il n'y a point d'Isles propres pour les haraz, ny fertiles en bonnes prairies; Ithaque mesme sur toutes aultres. Ce qu'il reitere au 13. où neaumoins il la fait estre fertile en bleds, & en vinobles, en paccages, & en forests, comme arrousée de toutes parts de force ruisseaux, & de frequentes pluyes & rosées, ἤτοι μὲν τρηφεῖα καὶ οὐχ ἱππήλατος ἔστιν. &c. Tant il se monstre affectionné par tout enuers Vlisse, & tout ce qui le concerne : & Philostrate au contraire en ces liures cy soubs le personnage de Protesilaüs à le conuaincre & impugner de beaucoup de choses qu'il a escriptes contre verité & hors de propos.

H.   Ces grües tesmoignent aux Grecs que ce sont elles qui ont trouué les lettres. Cecy bat surce que ces oyseaux en vollant tousiours en trouppe forment ordinairement vn ypsilon Grec Υ. les aultres le referent à ce que les Latins disent Cuneus coing, & gardent ainsi ceste ordonnance pour fendre l'air à moindre peine. Ce que les gens de guerre ont pris de là.

I.   Elles s'en vont en Libye pour faire la guerre aux Pygmees. Au commencement du 3. de l'Iliade : ἠΰτε περ κλαγγὴ γεράνων πέλει οὐρανόθι πρό. &c. Comme les criailleries des grües en l'air : mais cecy a esté amené cy deuant au chap. de Protesilaüs : E E. Aristophane aussi és oiseaux semble auoir voulu battre là dessus.

Ἐκ μέν γε Λιβύης ἥκουσιν ὡς τρεῖς μυρίαι
Γέρανοι θεμελίους καταπεπωκυῖαι λίθους.

Enuiron treize mille grues
De Libye arriuerent là,

Sestans

PALAMEDES.

S'estans sabourrees de pierres
Contre la furie des vents.

Ce que touche aussi Suidas ἀν τ̓ ἐςματος. Quant à la race des Pygmees ou nains, & la guerre que leur font les grues, Strabon tient tout cela à fable. Et Pline liure 6. chap. 30. les remet au deffus des lacs dont le Nil prend son origine au delà de l'Ethiopie, auec plusieurs aultres telles manieres de gens. Mais au 7. liure chap. 2. plus apertement. Audessus des Astomes qui viuent seulement de l'odeur des fleurs, racines & fruictages, parce qu'ils n'ont point de bouche par où ils peussent prendre leur nourriture, sont les Pygmees, de la haulteur communement de vingt sept poulcees, iouissans d'vn air salubre, comme s'ils estoient tousiours en vn fort temperé printemps: car les montaignes les couurent de la partie de Septentrion. Homere a escript qu'ils sont fort molestez des grues, qui leur font vne cruelle guerre: & ils montent à ce qu'on dit sur des chieures & des moutons, equippez d'arcs & de flesches en la saison de la Primevere, descendans à grosses trouppes vers la marine pour exterminer tous les œufs de ces oiseaux là, en laquelle expedition ils employent trois mois de l'an: aultrement il ne seroit possible de leur resister: & bastissent leurs cahuettes de leurs pennages, & des coquilles de leurs œufs, le tout maçonné auec de la boüe: mais Aristote dit qu'ils habitent dans des cauernes. Il en parle encore au dixiesme liure, chapitre 23. où il dit que par l'absence des grues ils ont des trefues & repos. Et au reste qu'elles viennent de deuers la mer de Leuant, d'vne grande estendüe de païs qui est là, vollans fort hault pour descouurir plus au long & au large. Elles choisissent l'vne d'entr'elles la plus capable pour les guider, & la suiuent en leur ordonnance triangulaire accoustumee, qu'elles changent selon les vents, en laissant quelqu'vne sur le darriere de leur esquaddron, qui auec ses cris les haste d'aller, a guise d'vn sergent de bande, & les garde de s'escarter. Mais en passant le mont Taurus, ce dit Plutarque au traicté de la prudence des animaux, elles prennent des pierres dedans leur becq pour se garder de criailler, à cause des aigles qui sont là endroit leurs repaires. La nuict elles posent leurs gardes & sentinelles qui ne se soustiennent que sur vn pied, & de l'autre tiennent quelque caillou, seruant lequel cela les engarde de

A aaa

PALAMEDES.

s'endormir: ou si le sommeil les gaignoit, à la cheutte & bruit d'iceluy elles se peuuent resueiller: les aultres dorment ce temps pendant, en seureté, la teste cachee dessoubs l'esle; leur conducteur alongeant le col, afin qu'il les puisse aduertir de ce qu'il peult discerner soit à l'ouye, soit à l'œil. Et pour mieux maistriser le vent en passant le Ponteuxin, elles se munissent de pierres és pieds, & de sablon dans le gozier, qu'elles reiectent apres estre arriuees en terre-ferme: & les cailloux qu'elles ont és pieds, quand elles ont atteint le millieu de la mer, où elles choisissent leur passage entre les deux promontoires ou caps plus prochains. Brief qu'elles ont de grandes considerations de leur seul instinct naturel, dont elles nous ont enseigné tout plein de choses, principalement au faict de la guerre.

Les loups descendans par fois du mont Ida, se venoient iecter sur les valets, & bestes de Some: & comme Vlisse eust voulu enuoyer apres les archers, Palamedes alla dire que c'estoit Apollon qui les faisoit comme vn preambule anonciateur de la peste. Homere au commencement de l'Iliade parlant de la peste qu'Apollon enuoya en l'ost des Grecs pour le mespris qu'on y auoit faict de son prestre Chryses, dit ainsi:

Ὣς ἔφατ' εὐχόμενος, τοῦ δ' ἔκλυε Φοῖβος Ἀπόλλων.
Βῆ δὲ κατ' Ὀλύμποιο καρήνων χωόμενος κῆρ, &c.

Ainsi parla Chryses le prestre
D'Apollon en le requerant;
Et le Dieu oit sa priere:
Qui s'en vint du sommet des cieux
En son cueur plein de grand colere:
Ayant en escharpe son arc,
Et sa trousse pleine de flesches
Resonnantes de son courroux,
Car il marchoit du tout semblable
A vne hideuse obscure nuict:
Et s'alla seoir pres des nauires,
Encochant en son arc d'argent
Vne sagette pestifere:
Si que la chorde au delascher

Rendit un son espouuentable.
Premierement il enuahit
Les mullets, & les chiens agiles;
Et puis s'attacha mesme aux Grecs
Durant neuf iours que ses sagettes
Trotterent sans cesse par l'ost.
Et le dixiesme à l'audience
Achille le peuple appella.

Les naturalistes & medecins referent cela à ce que les cheuaux, mullets, & chiens ayans continuellement le nez en terre hument la contagion y empraincte, plustost que les personnes qui ont la face dressee encontremont. Et cela bat à ce qui suit cy apres en Philostrate, que la terre d'aultour de Troye estant infestee de la peste, l'air de la mer estoit plus salubre aux Grecs.

Suplions Apollon Lycien, & le Phyxien d'exterminer auec ses flesches ces pernicieux animaux. De cest epithete de Lycien il en a esté parlé cy deuant au tableau d'Hiacynthe: à quoy l'on peut encore adiouster que ces bestes là voyent clair és nuicts mesmes les plus obscures, sur toutes aultres: & on sçait que tout le benefice de la lumiere qui est cause de faire veoir depend d'Apollon, qui n'est aultre chose que le Soleil. En apres le loup a accoustumé d'aller à sa proye un peu deuant iour comme s'il en pressentoit la venuë, qu'il cognoist fort bien selon Plutarque au traicté de ce mot E I: à quoy bat cecy du 49. de Genese; Benjamin loup rauissant qui au matin prendra sa proye; & au soir rendra sa despouille. Si que pour l'amour d'Apollon les Atheniens le respectoient de sorte que quiconques en tuoit quelqu'un, estoit appellé en iugement, & condamné de fournir à la despence de ses obseques. Ce que quelques uns referent à ce que Latone estant enceincte d'Apollon & de Diane, elle se transmua douze iours en loup, & ainsi arriua à Delos où elle eut le moyen d'accoucher. De là vient que toutes les Louues faisans leurs petits l'une plustost, l'autre plus tard, neaumoins le tout se fait en l'espace de douze iours, comme met Philostephanus en ses Commentaires. Et au rebours le commentateur d'Aristophane sur ce lieu icy des oiseaux, φεισό-μεθα γάρ τι τῶνδε μᾶλλον ἢ λύκων; Pourquoy leur pardonnerons nous, plustost qu'aux loups bestes trahistresses?

PALAMEDES.

met qu'il y auoit vne ancienne ordonnance és Atheniens, qui vouloit que celuy qui auroit tué vn ieune loumereau eust vn talent pour son salaire; & vn grand, deux; des petits talents fault entendre dont parle Homere au 23. de l'Iliade, qui pouuoient valoir quelque escu. Au regard du surnom de Phyxien qu'on attribue aussi à Apollon, ce mot en Grec de φύξιος signifie qui fuit & chasse les maux; & qui fauorise aux fuitifs les prenant soubs sa sauuegarde & protection; & est pour ceste cause attribué à Iuppiter par Apollonius Rhodien au 2. de ses Argonautes:

Τὸν μὲν ἔπειτ᾽ ἔρρεξεν ἐπὶ προθυμιῶσι
Φυξίῳ ἐκ πάντων Κρονίδῃ Διί.

Lequel mouton (*parlant de Phryxus*) il sacrifia puisapres suiuant ses admonnestemens au Saturnien Iuppiter Phyxien: Surquoy ses interpretes mettent que Iuppiter fut ainsi surnommé par les Thessaliens pour auoir euité le deluge qui aduint soubs Deucalion, ou bien de ce que Phryxus fuyant la fureur de son pere Athamas, & de sa marastre Ino se sauua sur le mouton à la toison d'or en Colchos, où il le sacrifia à Iuppiter Phyxien pour estre eschappé des machinations & aguets de sa belle-mere; car de le referer au mot de Phryxus, cela seroit absurde. Les Commentateurs au reste de Theocrite sur ce vers cy du 7. Eidyllion; χ᾽ ὁ μὲν ἀποκλίνας ἐπ᾽ ἀριστερά, τὰν ἐπὶ Πύξας --- τραφθέντες, &c. alleguent que ces Pyxes estoient vn lieu de l'Isle de Cos, appellé ainsi de la fuitte d'Hercule qui fut honteusement chassé de là, où depuis fut edifié vn temple à Apollon surnommé pour ceste occasion Phyxien, comme autheur de fuitte: mais ceste qualité se refere aussi à Pan.

M. Et tous les Thessaliens appellez Myrmidons. *Homere* d'où cela est pris le specifie plusaplain au catalogue dans le second de l'Iliade; Νῦν δ᾽ αὖτις ὅσοι τὸ Πελασγικὸν Ἄργος ἔναιον, &c. Tous ceux qui habitoient la Pelasgienne Argos, & Alon, & Alope, & Threchine, & Phtie, & la Grece aux belles femmes, s'appelloient Myrmidons, & Grecs, & Achiues, embarquez en cinquante nauires, dont estoit le chef Achilles. *Strabon liure 8.* citant ce lieu interprete *Argos Pelasgienne* pour la Thessalie. Et vn peu plus auant en mesme liure; que les Myrmidons ne furent pas ainsi appellez pour auoir esté autresfois fourmis en l'Isle d'Egine, laquelle ayant par vne pestilence esté toute depeuplee, ces bestions furent transformez en hommes à la requeste d'Æacus; mais pource qu'à guise de fourmis creusans la terre ils en ostoient les pierres pour la rendre propre au labourage;

& habitoient en des cauernes qu'ils cauoient pour euiter la peine & les fraiz de faire des briques. Au 9. il dit que tous les subiects d'Achille & Patrocle, qui suiuirent Peleus quand il s'enfuit de l'Isle d'Egine, furent appellez Myrmidons.

Desia auoient esté depeschez des Heraux, par mer à Lesbos. Plutarque au traicté de la cessation des oracles met qu'Agamemnon auoit neuf Heraux, & encore à peine pouuoient ils contenir l'assemblee des Grecs, & y faire faire silēce pour le grand nombre qu'ils estoient. Ce qui est pris d'Homere au 2. de l'Iliade.

N.

Τετρήχει δ' ἀγορή, ὑπὸ δ' ἐστοναχίζετο γαῖα
Λαῶν ἰζόντων, ὅμαδος δ' ἦν. ἐννέα δὲ σφέας
Κήρυκες βοόωντες ἐρήτυον, εἴ ποτ' αὐτῆς.
Σχοίατ' ἀκούσειαν δὲ διοτρεφέων βασιλήων.

L'assemblee se troubla toute,
Et la terre gemit dessoubs
Le peuple assez en grand tumulte,
Combien qu'il y eust neuf Heraux
Pour leur faire faire silence
A ce qu'ils oissent leurs Roys.

Car il fut deferé pour trahistre ; & pour telles mains liees O. derriere le doz, lapidé. Les autheurs varient en cest endroit ; car Dares Phrygien met qu'il fut tué d'vn coup de flesche par Páris, apres auoir mis à mort Deiphobus de sa main ; & que les Grecs regretterent fort son sçauoir, son equité, clemence & bonté : & iceluy Dares ne se resouuenant pas de l'auoir peu auparauant taxé d'ambition & de conuoitise de commander à l'armee, qu'il auroit pour ceste occasion souuent mis en trouble & garbouille ; & fait deposer Agamemnon de sa charge, où il r'entra par son decez. Dictys de Crete au 2. liure descript que Diomede, & Vlisse ne pouuans comporter qu'il les precellast en authorité & credit pleins d'enuie & emulation feindrent de vouloir partir vn grand thresor auec luy, qu'on leur auoit reuelé estre en vn puits à l'escart du camp, où ils l'auallerent auec vne corde, & l'occablerent là dedans auec les pierres de l'anneau : duquel complot on disoit Agamemnon n'auoir pas esté ignorant pour la haine qu'il luy portoit, à cause que tous les Grecs desiroient qu'il leur commandast plustost que luy. Et ainsi (dit il) fina indignement ses

Aaaa iiij

PALAMEDES.

iouys vn si homme de bien, dont le l'on conseil & effort n'estoient iamais ressortis en vain, par la malignité de ses enuieux. Il fut bruslé fort solennellement, & ses tendres mises dans vn vase d'or. Mais *Hyginus* au 105. chap. en parle plus apertement ainsi. Vlisses ayant esté descouuert en sa dissimulation par Palamedes fils de Nauplius, ne cessa depuis de machiner comment il le pourroit faire mourir. Finalement il s'aduisa de faire entendre à Agamemnon, qu'il auoit esté admonesté en songe de l'aduertir qu'il eust à remuer son camp certain iour qu'il luy designa. Agamemnon y adiouxtant foy fit ce qu'il disoit: & là dessus Vlisses de nuict s'en alla cacher vne grosse somme d'or & d'argent au lieu où le pauillon de Palamedes souloit estre. Puis ayant contrefait vne lettre au nom de Priam, la dõna à vn Troyan qu'il tenoit captif comme pour la porter à Palamedes; mais il enuoia deuant vn sien satellite pour l'aller attendre sur le chemin, & le mettre à mort. Et le lendemain vn soldat qui passoit par là ayant trouué ceste lettre dedãs son sein la porta à Agamemnon; laquelle cõtenoit comme Priam l'asseuroit de luy enuoyer au premier iour la mesme somme de deniers qu'Vlisse auoit enfouye, si à tel iour il vouloit trahir l'armee Grecque. Palamedes mandé là dessus, & niant le faict, on alla en sa tente où fut trouué ce que la lettre contenoit; & Palamedes mis à mort. *A quoy mõstre conuenir Ouide au 13. des Metamor. où il introduit Aiax Telamonien reprochant cecy à Vlisse en la dispute qu'ils eurent ensemble pour les armes de feu Achille.*

Vellet & infœlix Palamedes esse relictus;
Viueret, aut certe lethum sine crimine haberet.
Quem male conuicti nimium memor iste furoris,
Prodere rem Danaûm finxit; fictúmq; probauit
Crimen; & ostendit quod iam præfoderat aurum.

P. Qu'il y eut des signals de feu faits par Nauplius le long de la coste d'Eubœe. *Nauplius Roy d'Eubœe ou de Negrepont, l'un des Argonautes fils de Neptune, & d'Amymoné fille de Danaüs Roy des Argiens, ayant ouy l'iniustice dont les Grecs auoient vsé enuers son fils Palamedes, s'en alla par despit de costé & d'autre par la Grece suborner les femmes des absents à l'amour des beaux ieunes hommes, esperant par là en esmouuoir de griefues querelles à l'aduenir. Et non content de ce,* apres la prise de Troye comme l'armee retornoit par mer agitee d'vne tormente, il alla malicieusement allumer de grands feux de nuict au hault du mont Caphareen, dont la coste d'aultour est inaccostable pour estre toute semee de rochers, & de bancs de sable: Ce que les Grecs interpretans à des signals qu'ils deussent là dresser leur routte pour y prendre terre, s'allerent inuestir là dedans, & y perirent la plus grād part: car ceux qui eschappoient des ondes & venoiēt à bord, il les faisoit tailler en pieces. Puis-apres ayant entendu comme Diomede, & Vlisse qui auoient esté les principaux autheurs du massacre de son feu fils, estoient eschappez sains & sauues, de despit qu'il en eut il se precipita dedans la mer. Hyginus chap. 116.

VLISSE.

PROTESILAVS le descript pour vn homme bien emparlé & disert, graue au reste & rhabarbatif, louant fort la seuerité des mœurs; morne & pensif, & tousiours meditant en soy quelque chose: Plus genereux en apparence au faict des armes, qu'à la verité il n'estoit: Peu instruit és ordonnances des batailles, ny és armes des gens de guerre: ny à l'equippage & conduitte des forces de terre & de mer: d'expugner les villes nomplus: ny de donner vn coup de lance, ou tirer de l'arc. Il fit de vray tout plein de choses, mais peu dignes d'admiration, excepté vne tant seulement, assauoir ce cheual de bois, qu'Epeus bastit auecques Minerue: neaumoins l'inuention vint d'Vlisse: lequel encore se monstra le plus

hardy & resolu de tous ceux qui s'y enfermerent; & en toutes autres especes de machinations & embusches. Il vint à Troye aduancé desia sur son aage, si qu'il retorna à Ithaque qu'il estoit fort vieil, ayant roddé longuement sur mer apres que la guerre de Troye fut acheuee: & mesmement en ce qu'il eut à demesler auec les Liconiens nauiguant aultour du mont Ismarus. Mais au regard de Polypheme, Anthiphate, Scylla: & ce qui luy aduint tant és enfers, qu'à l'endroit des Syrenes qui chantoient frauduleusement en vne isle Protesilaüs à peine peut-il endurer d'en ouyr parler, ains en cest endroit nous estouppe les oreilles auec de la cire; & veut que nous repudions tout cela; non que ce ne soient choses plaisantes & delicates, propres à recreer l'esprit, mais controuuees oultre toute verisimilitude & creance; à quoy on ne doit aucunement adiouxter foy, ny pareillement à l'isle d'Ogyge, & celle d'Æee. Que les Deesses fussét esprises de son amour il veult de mesme qu'on outrepasse tous ces cóptes, comme cinglans à pleines voiles sans mouiller l'anchre nulle part, & ne croire aucunemét à ces fables: Car Vlisse estoit desormais hors d'aage propre à estre aimé, & auec ce tout renfroigné & camus: de petite taille encore: d'vn regard farouche & hagard, voltigeát sans cesse de costé & d'autre, pour les soucis, defiances & souspeçons dont son esprit estoit continuellemét trauersé: si que c'estoit vn vray songe-creux, morne, taciturne & melancolique: toutes choses peu agreables & mal conuenantes à vn qui
cuideroit

cuideroit que les Dames se passionnassent de son amour. Et neaumoins estant tel quel, comment est-ce qu'il peust faire mourir vn si grand personnage que Palamedes, trop plus sage & valeureux que luy? Protesilaüs vous l'a demonstré cy deuant: & vous le redouble par la lamentation qu'en faict Euripide, laquelle il loue, quand au cantique de Palamedes il dit ainsi. *Vous auez tué Messieurs les Grecs, vous auez massacré inhumainement vn homme sage en toutes choses: vn doulx rossignol musical, qui iamais ne vous aporta occasiō aucune d'ennuy ny de fascherie, mais vous l'auez faict à la persuasion d'vn chagrin malicieux effronté.*

ANNOTATION.

PHILOSTRATE descouure icy de plus en plus sa secrette animosité contre Homere, car tous ces Heroiques ne tendent qu'à l'impugner en ce qu'il peut, & se constituer vn vray esprit de contradiction enuers luy: lequel s'estant proposé Vlisse pour son fauorit subiect de louanges, cestui-cy le rauale blasme & perstreint en toutes façons: auec son Poëte tout d'vne main, mesmemēt en ce qu'il s'est arresté à forger des fictions seulement delectables, mais il y debuoit quant & quant auoir meslé de la vray semblance, sans oultrepasser ainsi impudemment les bornes de toute credulité. Vlisses au reste fut fils de Laërtes Prince d'Ithaque & de Duluchie, deux petites isles en la mer Ionienne, pres de Cephalenie & Zacynthe en la coste d'Epire, & d' Anticlie fille d'Antholycus: laquelle ayant esté accordee en mariage audit Laërtes, comme on la luy menoit fut rauie sur les chemins par vn bandoullier nommé Sisyphus fils d'Æolus, qui l'engrossa d'Vlisse au moyen dequoy il tint des mœurs & complexions de son pere. C'est ce que luy reproche Aiax au 13. des Metamorphoses: Et sanguine cretus --- Sisyphio. Hyginus 221. mer qu Antholycus desrobbant de iour à autre le bestail de Sisyphus qu'il desguisoit à son vouloir suiuant la faculté que luy en auoit octroyee son pere Mercure le patron des larrons, qui l'auoient eu de Chioné, finablement Sisyphe s'aduisa

Bbbb

de marquer ses bestes soubs la solle du pied: de sorte qu'estant allé vne fois chez Antholyque pour en rauoir quelques vnes qu'il recogneut à ceste marque: pendant qu'il y seiourna il engrossa Anticlye d'Vlisse, laquelle fut incontinent apres mariee à Laertes, ce qui fut cause que l'enfant retenant de la paternelle malice & astuce fut surnommé Sisyphien. Suidas en la diction σίσυφος dit le mesme: mais que ce fut Antholyque propre qui pour se redimer du larrecin des bestes de Sisyphus la luy prostitua, puis la maria à Laertes. Homere au reste au 6. de l'Iliade blasonne Sisyphus en vn seul mot, l'appellant le plus malicieux de tous les mortels: Ἔνθα δὲ Σίσυφος ἔσκεν, ὃ κέρδιστος γένετ' ἀνδρῶν. A propos de laquelle subtilité & malice Platon au dialogue d'Hippias alleguant ces vers du 9. de l'Iliade qu'Achilles profere à Vlisse.

Διογενὲς Λαερτιάδη πολυμήχαν' Ὀδυσσεῦ,
Ἐχθρὸς γάρ μοι κεῖνος ὁμῶς ἀΐδαο πύλῃσιν.
Ὅς χ' ἕτερον μὲν κεύθῃ ἐνὶ φρεσὶν, ἄλλο δὲ βάζῃ.

Dict que par là Homere a voulu designer deux sortes d'hommes, l'vne de ceux qui sont ronds, candides & veritables par Achille, & l'autre des dissimulez, couuers & menteurs, ayans vne chose au cueur, & vne aultre en la bouche, par Vlisse; qu'il appelle pour ceste occasion πολυμήχανος fin, rusé, subtil & malicieux: comme aussi ceste aultre qualité de πολύτροπος qu'il luy donne tout au commencement de l'Odissee: mais Platon l'interprete encore en mauuaise part pour vn rusé: comme le denote assez ce que luy dit Circé au 10. de l'Odissee: ἦ σὺ γ' Ὀδυσσεὺς ἐσσὶ πολύτροπος. & Ciceron pareillement au 2. de la nature des Dieux, Versutus & callidus, qui se sçait contrefaire & desguiser comme il veult pour tromper les aultres. Mais il n'y aura point de mal d'amener icy tout le lieu entier d'Hyginus au 125. chap. où il comprend en peu de mots tout le discours de l'Odissee: dont Philostrate atteint icy come en passant les principaux poincts.

Hyginus.
Odiss. 9.

Vlisses s'en retornant de Troye à Ithaque fut par les vents côtraires poussé au riuage des Ciconiés en la coste de Thrace, où il prit d'assault la ville d'Ismare, & la saccagea: mais ses gens s'estans par trop amusez apres le pillage, & à boire & gourmander, les Ciconiens se ramassans de toutes parts le vindrêt tellemêt charger, que de chaque vaisseau en demeurerent six de morts sur la place: & auec le reste il eschappa du mieux qu'il peut: & arriua aux Lotophages, dits ainsi du lothos qu'ils mangeoient d'vn si plaisant & sauoureux goust, que quiconque en auoit vne fois tasté, ne vouloit plus par-

p. Autel sur le tableau de Melan.

tir de là pour retorner à sa maison. Vlisses leur ayant enuoié de la plage deux des siens, ils n'en eurent pas plustost gousté, qu'ils ne se souuindrent plus de reuenir: si qu'il fut contraint de les aller querir luy mesme, & les ramener pieds & poings liez és nauires. Passant oultre il vint au Cyclope Polypheme fils de Neptune, auquel le diuin Zelene fils de Eurymus auoit predit qu'il debuoit estre aueuglé par Vlisse, & pourtant qu'il s'en donnast garde: il n'auoit qu'vn œil emmy le front, & mangeoit de la chair humaine: & tous les soirs quand il auoit ramené ses bestes en sa cauerne, il bouchoit l'entree auec vn gros pan de rocher, de sorte qu'il y enferma Vlisse auec ceux qu'il auoit menez quant & luy: dont il en deuora vne partie tout sur le champ. Cela apperceu d'Vlisses, & qu'il ne pourroit pas remedier à force ouuerte à ceste execrable cruauté, il trouua moyen de l'enhyurer auec du vin que Maron luy auoit donné: & se feignit estre appellé Outis, qui signifie nul, ou personne. Le Cyclope s'estant endormy là dessus, ils luy creuerent son œil vnique auec vn gros tison ardent aguisé par le bout: & ayant appellé au secours les Cyclopes circonuoisins, quand ils luy eurent demandé que c'est qu'il auoit d'ainsi braire, & qui estoit celuy qui le molestoit, il fit responce que ȣ̓τις personne: dont estimans qu'il se mocquast d'eux, ils n'en tindrent compte. Le lendemain au poinct du iour que la cauerne fut debouchee, Vlisses lia soubs le ventre des moutons, qui sortoient pour aller paistre, ceux qui luy restoient de ses compagnós: & luy s'attacha soubs vn gros bellier, si qu'ils sortirent de ceste sorte: & s'en allerent vers Æolus le Roy des vents, qui receut fort courtoisement Vlisses, & luy donna quelques barrils réplis de vents: mais ses cõpagnons estimãs que ce fust vne grosse somme d'or & d'argét qui y fust enclose en voulurent auoir leur part, & les ayans ouuerts, les vents s'en vollerét dehors. Retorné qu'il fut deuers Æolus, il fut rudement reietté de luy, comme vn homme hay des Dieux: & de là s'en vint aux Lestrigons dont estoit Roy Antiphates, qui luy mangea encore vne partie de ses compagnons, luy mit tous ses

Suidas l'interprete aussi pour vn malicieux caluniateur.

Odiss. 10.

10.

Bbbb ij

VLISSE.

vaisseaux à fōds, horsmis vn, sur lequel il arriua en l'isle d'Æ-
narie vers Circé fille du Soleil, laquelle par certains breu-
uages qu'elle donnoit, transmuoit les hommes en bestes
bruttes. Il luy enuoya Euryloque auec 22. de ses compaignons, qu'elle transmua d'arriuee en plusieurs sortes d'animaux: & Euryloque qui n'estoit voulu entrer auec les autres
s'enfuit de là pour l'aller dire à Vlisses, lequel l'alla trouuer
luy tout seul: mais Mercure s'apparut en luy en chemin, qui
luy enseigna le remede de se garentir de Circé, & comme il
la pourroit deceuoir, & r'auoir les gēs. A son arriuee elle luy
ayant presenté son breuuage ainsi qu'aux autres, ne le peut
pas endommager pource qu'il s'estoit muny alencontre: &
comme elle vouloit passer oultre pour l'enchanter auec sa
verge puis que le reste n'auoit seruy, il sacqua la main à l'espee, menaçant de la mettre à mort si elle ne luy restituoit les
siens: Circé lors cogneut que cela ne s'estoit peu faire sans
quelque speciale grace des Dieux, & luy ayāt promis de ne
le plus endommager, remit ses gens en leur forme accoustumee. Puis s'estans accointez ensemble, il en eut 2. fils, Nausi-
thoüs, & Telegon. De là il descēdit aux enfers, où il rencontra Elpenor qu'à son partement il auoit laissé chez Circé, &
luy ayant demandé cōment il estoit là si tost venu, il luy fit
responce, que s'estāt enhyuré il s'estoit laissé cheoir à la renuerse du hault embas d'vn escallier, & se seroit rompu le col,
le requerant que quād il seroit retorné icy hault, il le fist enseuelir, & sur sa tombe mettre vn gouuernail de nauire. Là il
confera auecques l'ame de sa mere Anticlie de la fin de ses
longues peregrinatiōs & trauaux: & estant remōté icy fit ce
qu'Elpenor luy auoit requis. Puis vint aux Sereines filles de
la Muse Melpomené, & du fleuue Acheloé, qui estoient du
nōbril en sus femmes tresbelles: mais le bas estoit cōme d'v-
ne poulle: leur destinee estant de viure, tant que pas vn des
mortels qui passeroit par là aupres & oist leurs chants n'es-
chapperoit sain & sauue d'elles. Vlisses suiuant l'admonestement de Circé ayant estouppé auec de la cire les oreilles de
tous les siens, se fit lier fort & ferme à l'arbre de son nauire,
& passa oultre de ceste sorte. De là il arriua à Scylla fille de

Typhon, qui de la ceinture en hault estoit femme, & de là en bas poisson: y ayant au reste six gros mastins tous partans d'elle, qui engloutirent pareil nombre de ses compaignōs. Puis fut ietté au goulphre de la Charybde qui trois fois le iour desgorgeoit ses eaux, & par aultant les rehumoit, mais il en euada suiuant l'instruction de Circé. Or estoit-il desia paruenu en Sicile ayant esté aduerty és enfers par Tiresias, & Circé aussi, de se bien garder de toucher en aucune sorte au sacré bestail du Soleil en ceste isle, mais ses gens s'estans de pleine abordee ruez dessus pendant qu'il dormoit, comme ils les cuisoient dans des marmittes & chaulderons leurs pieces se prindrent à mugler hideusement, si qu'il s'en fuit de là y ayant perdu la pluspart des siens. De là ayant fait naufrage & perdu le reste auec son vaisseau, il se sauua à nage en l'isle d'Æce où la Nymphe Calypso fille d'Atlas le receut: & s'en estant enamouree le detint là vn an entier sans le vouloir laisser aller, iusqu'à ce que Mercure de l'ordonnance de Iuppiter le luy vint faire relascher. Elle luy donna vn vaisseau equippé de tout ce qui failloit, mais Neptune par despit de ce qu'il auoit ainsi creué l'œil à son fils Polypheme, le luy submergea, & estant fort malmené des flots, la Deesse Leucothoé, aultrement la mere Matute qui reside és ondes l'assista d'vne large bande, dont s'estant ceint au fau du corps il se sauua à nage tout nud en l'isle des Pheaciens, où s'estant caché dans des fueilles sur le riuage, où Nausicaa fille du Roy Alcinoüs estoit venue lauer son linge en vn petit ruisseau d'eau doulce, il se presenta à elle: qui luy dōna vn māteau pour se couurir, & ainsi le mena à son pere, dont il fut receu fort humainemēt, & accōmodé en fin d'vn vaisseau auec force dons, sur lequel il arriua dormant à Ithaque vingt ans apres qu'il en partit pour aller à la guerre de Troye: mais tout seul, ayant perdu tous les siens en chemin, & là desguisé en forme d'vn mendiant estranger qui passe pays, ayant esté recogneu de sa nourrice Eurydee à vne cicatrice qu'il auoit au pied, ainsi qu'elle les luy lauoit: il mit finalement à mort à coups de flesches à l'aide de Minerue, & de Telemaque son fils: les proques qui soubs pretexte de

Odyss. 5. et 7.

VLISSE.

pourchasser le mariage de sa femme Penelopé dissipoient tout son bien en son absence.

Pour venir maintenant aux particularitez du chap. où est tout au commencement dces. vipt Vlisses pour morne, pensif, &c. & non gueres grand, Helene au 3. de l'Iliade le represente ainsi au Roy Priam:

Δεύτερον αὖτ' Ὀδυσῆα ἰδὼν ἔρεεν ὁ γεραιός, &c.

Secondement ce bon vieillard du Roy Priam, ayant iecté l'œil sur Vlisse demanda ainsi à Helene: Dittes moy doncq' ma treschere fille, qui est celuy là que ie voy moindre à la verité de toute la teste qu'n'est Agamemnon, mais plus large beaucoup d'espaules, & de la poictrine, comme il semble à veoir: certes ie l'accomparerois droictement à vn bellier chargé d'vne grosse toison espaisse: lequel va deuant vn trouppeau de brebis pour les guider au pasturage. Helene fille de Iuppiter luy respond: celuy là est Vlisse fils de Laërtes, homme tressage & aduisé, qui a esté nourry en l'isle sterile d'Ithaque, sçachant toutes les ruses & finesses qu'on se pourroit imaginer. Surquoy le sage Antenor prenant la parole: Certes, Madame, vous en dites la verité: car lors que luy auec le belliqueux Menelaus vindrent icy en ambassade pour raison de vous, ie les logeay auec moy, & peu lors cognoistre le naturel de l'vn & de l'autre à leurs sages aduis & conseils: que quand ils estoient debout en l'assemblee des Troyans, Menelaüs le surpassoit des espaulles presque: mais assis, Vlisses estoit assez plus venerable. S'il estoit question de parler, Menelaüs disoit succinctement, & en peu de paroles, mais subtilement, car il n'auoit pas beaucoup de langage: & ne pechoit point en vne longue traisnée de mots & prolixité de langage, combien qu'il fust le plus ieune: mais quand Vlisse se leuoit pour opiner à son tour, il demeuroit quelque temps ferme les yeux abaissez vers la terre, sans branler son sceptre auant ou arriere, le tenant tout droit immobile, comme si c'eust esté quelque ignorant. Vous eussiez dit mesme qu'il n'estoit pas bien en son sens: mais quand il estoit question de desployer sa voix hors de l'estomach, dont s'en delaschoient des paroles semblables à vn torrent qui court à val enflé des neges hyuernales, certes personne

A la mode Laconique. —donec Laërtius heros astitit, atque oculos paulūm tellure moratos sustulit ad proceres. 13. *Met.*

n'eust gueres bien peu se mesurer à luy. Dares Phrygien en peu de mots le descript ainsi: Vlisse poîé & malicieux, d'vn visage basané, oliuastre: de moyenne stature, eloquent & sage.

Vlisse n'estoit pas bien instruit aux ordonnances des batailles, ny à l'expugnation des villes. Neantmoins Homere luy dône en plusieurs endroicts cest epithete de πτολίπορθος, expugnateur des villes, comme au deuxiesme de l'Iliade, αὐτὰ δ' ὁ πτολίπορθος ὀδυσσεύς; & ailleurs encore. Pausanias és Arcadiques met que Penelopé fist vn fils à Vlisse à son retour de la guerre de Troye, qui fut appellé Ptoliportes.

Le cheual de bois qu'Epeus bastist auec Minerue, neantmoins l'inuention vint d'Vlisse. Pline liure 7. chapitre 56. escript que cest Epeus inuenta le premier de tous ces machines & engins de batterie dont l'on renuerse les murailles, qu'on appelle aultremêt les Belliers, & pour lors estoient dits Cheuaux: Equum qui nunc aries appellatur in muralibus machinis Epeus ad Troiam inuenit. Et Pausanias és Attiques, En la citadelle d'Athenes ce cheual qu'on appelle le Durien, c'est à dire de bois y est aposé de bronze. Ce fust au reste vn ouurage d'Epeus qui inuenta ceste machine pour battre & renuerser les murailles, selon qu'il est fort aisé à cognoistre à quiconque voudra considerer les Troyans n'auoir esté si simples & lourdaux, que de s'estre laissez circonuenir à vne si lourde & grossiere fraude. Mais on racompte de ce cheual que les plus vaillants de l'armee Grecque s'y enfermerent: à quoy correspond sa figure de bronze, où Menesthee & Teucer regardent par le guichet. Homere inuenta le premier ceste fiction és 8. & 11. de l'Odissee où il l'atteint comme en passant; mais Virgile au 2. de l'Æneide s'y est estendu iusqu'à regorger. Dares Phrygien n'en met rien, sinon que sur la porte Scaee par où les Grecs prindrêt Troye il y auoit vn cheual de marbre. Mais Dictis de Crete au 5. liu. dit que par la menee & trahison d'Anthenor y ayât eu vne paix fourree, finablement accordee entre les Grecs & Troyans, moyennât vne grosse somme d'argent que ceux cy debuoiêt auoir pour leur interest de la guerre, les Grecs feignirent de s'en aller, & ayans mis le feu à leurs loges, se retirerent en l'isle de Tenedos: cependât que le cheual de bois basty par Epeus se rouloit à Troye pour le côsacrer à la Deesse Minerue. Et pource que les portes n'estoient pas assez capables pour le receuoir, on fut contraint d'abattre les murailles. Le minuict puisapres que tous dormoient en seureté; Sinon alla desermer le guichet, par où ceux qui y estoient enfermez estans sortis, les vns se mirent à massacrer; & les autres à faire le signal à l'armee qui estoit au port de Tenedos, si que Troye fut prise par ce moyen la dixiesme annee de son siege. Dont *Hyginus* chap. 108. parle ainsi: Les Grecs aïas demeuré dix ans deuant Troye sans la pouuoir prendre, Epeus par l'admonestement de Minerue fabriqua vn cheual de bois d'vne merueilleuse grandeur, auquel s'enfermerent Menelaüs, Vlisses, Diomedes, Thessander, Sthenel, Acamas, Thoas, Machaon: & mirent ceste inscription au cheual: C'EST L'OFFRANDE QVE LES GRECS PRESENTENT A LA DEESSE MINERVE. Et là dessus transporterent leur camp à Tenedos. Ce qu'apperceu par les Troyãs, ils cuiderẽt qu'ils s'ẽ fussent du tout allez: Parquoy Priam commanda qu'on menast ce cheual en la citadelle où estoit le temple de Minerue: & se missent au reste à reposer & faire bõne chere. Mais Cassandre alloit criant à haulte voix qu'il y auoit des gẽs armez enclos dedans, neaumoins on ne luy adiouxta point de foy: tellemẽt que ceste machine ayãt esté cõduitte en la citadelle, chacun se mit la nuict à boire & dormir. Et là dessus le guichet du cheual ouuert par Sinon, ils en sortirẽt, & coupperẽt en premier lieu la gorge à toutes les gardes & sentinelles des portes, puis donnans le signal comploté à leurs compagnons, les introduirent dans la ville, qui fut prise par ce moyen & destruitte. Mais *Quintus Calaber* au 12. de ses *Paralipomenes* descript le tout si egallement, selon son accoustumee façon poëtique vn peu enflee, qu'il nous a semblé ne le debuoir oultrepasser, non plus que tout plein d'autres lieux que nous en auons amené en cest œuure pour plus grande decoration d'iceluy. Il dit donques. C'estoit l'heure que les astres resplendissans se contornoiẽt emmy le ciel, estendans leur lueur partout: & que les mortels estoient venus en l'oubliance de leurs trauaux: quãd Minerue laissant la demeure des immortels s'en vint icy bas aux nauires Grecques en semblance d'vne belle ieune pucelle: & se presenta sur le chef du belliqueux Epee, en son dormãt, auquel elle commanda de bastir vn cheual de bois où elle promettoit

promettoit de luy assister, & se rendre participante de l'œuure. S'esueillant doncques tout ioyeux, car il cogneut incontinent la parole de la Deesse, d'autant qu'il auoit continuellement l'esprit tendu apres les artifices & inuentions où elle preside, si tost que la claire Aurore eut rembarré les tenebres dessoubs la terre, il s'en alla manifester son songe aux Grecs: & à l'instant Agamemnon & Menelaüs enuoyerent grand nombre d'ouuriers diligens & prompts és boscageuses crouppes du mont Ida, dont ils enleuerent grande quantité de longs arbres: les vallees & baricaues resonnans fort de l'abattis qui se faisoit, & les coustaux se desnuans de leurs anciens reuestemens: si qu'on pouuoit ayséement parcourir de l'œil tout au trauers de la forest:& les troncs couppez & mis bas n'attendoient que les doulces halenes des vents pour se dessecher. Lesquels on porta sur le riuage de l'Hellesponte, suans en ce laborieux debuoir tous les ieunes gens de l'armee, auec les mulets, & aultres bestes de voicture: car chascun prestoit voloütiers la main au trauail pour y soullager Epeus, qui d'vne façon, qui d'vne aultre. Les vns s'occupans à sier tant les aiz que les poultres & les cheurós, & les aultres auec la coignee à les nettoyer du branchage, les escarrer & aplanir: les aultres s'employans à d'aultres sortes de labeur. Parquoy Epeus ayant ses materiaux aprestez, se mit premierement à bastir les pieds du cheual auec les jambes: puis le ventre, l'eschine, & les flancs: puis le col garny de longs creins: & finablement la teste à vn bout, & la queüe à l'autre, qui se remuoit tout ainsi que de quelque animal en vie: car il y appliqua des oreilles & des yeux estincellans: si que tout fut paracheué au troisiesme iour, à cause que la Deesse assistoit l'ouurier qu'elle auoit douë d'vne singuliere industrie. Dont les Grecs tressailloient de ioye, & s'esbaïssoiét côme en vn bois mort, insensible, y pouuoit auoir vne telle aparoissance de mouuemens: car il sembloit que ce cheual s'esbralast côme à la course, & hennist fort. Epeus voyant si heureusemêt succeder son ouurage s'en r'allegeoit fort en son cueur: & leuant les deux mains en hault, faisoit ainsi sa priere à Minerue: Exauce moy Deesse magnanime,

Cccc

VLISSE.

& me conserue auec ce cheual qui est tien. Elle luy octroya son vueil, & le rendit tresadmirable à tous ceux qui voioyēt son œuure. Lors Vlisse prenant la parole: Or sus seigneurs Grecs, va-il dire, monstrez maintenant par effect la haulteur de vostre courage, & prenons aucuns de nous le hazard de nous enfermer dans ceste machine, taichans d'abreger ceste guerre de ruse, puis que nous auons demeuré si long temps en extreme peine & trauail cy deuant hors de nos maisons, & priuez de noz chers mesnages sans y riē faire de viue force; ce temps pendāt que le reste de l'armee fera voile iusqu'à Tenedos feignant s'en vouloir retourner au pays: mais il est besoin de faire en sorte que les Troyans ne sçachent rien de nostre entreprise, ains qu'on leur persuade, s'il est possible, que c'est vne offrande qu'à nostre depart nous enuoyons presenter à Minerue dans leur cité. *Il poursuit puis apres comme sur les encouragemens de Nestor, & les offres que fit Sinon, s'enfermerent dās ce cheual Neoptoleme fils d'Achilles tout le premier; puis Menelaüs, Vlisses, Sthenel, Diomede, Philoctete, Antile, Menestee, Thoas, Polypetes, Aiax Locrien, Euripyle, Thrasimede, Meriones, Idomence, Podalyre, Eurymaque, Teucer, Ialmene, Thalpie, Antiloque, Leontee, Eumilie, Euryal, Demophoon, Amphimaque, Agapenor, Acamas, Meges fils de Phileus: & plusieurs autres: mais Epee qui l'auoit basty & en sçauoit tous les secrets y entra tout le fin dernier, & tirant l'eschelle apres luy ferma le guichet si subtilement, qu'on n'y eust iamais peu remarquer aucune ouuerture. Cependant Agamemnon & Nestor conduirēt l'armee à Tenedos où iettans l'anchre ils attendirent le signal qu'on leur debuoit donner de la ville auec vn flambeau. Si tost que les Troyans aperceurent leur deslogement à la fumee de leurs loges, ils sortirēt dehors, où ils rencontrerent Sinon aupres du cheual, qu'ils tourmenterent estrangement pour tirer quelque verité de luy iusqu'à luy coupper le nez & les oreilles: ce qu'il endura sans leur cōfesser autre chose sinon que les Grecs suiuant l'admonnestement de Calchas auoient fabriqué ce cheual de bois pour le presenter à Minerue, & l'appaiser du courroux conceu enuers eux à l'occasion des Troyans: & qu'à l'instigation d'Vlisses estans sur le point de l'immoller aux deitez de la marine pour auoir leur retour prospere, comme ils estoient apres à preparer ce qui conuenoit à ce sacrifice il s'en seroit fuy à garand soubs ce cheual si que pour le respect de la Deesse ils ne luy auroient osé toucher. Mais Laocoon leur* vint dire que c'estoit vn espie aposté des Grecs, & qu'il falloit nommement desconurir s'il n'y auoit rien caché dans ceste machine premier que de l'introduire en la ville. Dequoy Minerue indignée l'aueugla sur l'heure, & enuoya deux grands serpēts d'vn creux de rocher là auprés, qui s'entortillans autour des deux fils qu'il auoit les estranglerent : de maniere que les Troyans estimants que ce fust pour vengeance de ce qu'ils auoient attenté sur Sinon, mirēt eux mesme la main à traisner ce cheual dans la ville, quelque chose que Laocoon leur sceust alleguer qu'il y falloit plustost mettre le feu. Et la nuict, pēdāt que tous s'estoiēt addonez à faire bōne chere, & dormir, cuidās estre à la fin de tous leurs trauaux, cōme à la verité ils estoient, mais d'vne autre sorte qu'ils ne le prenoiēt, les Grecs sortirēt de leur cheual qui les saccagerent selon qu'il est specifié au 13. ensuiuāt la pluspart conforme à ce que Virgile en descript au 2. de l'Eneide iusqu'icy. Quintus Calaber.

Ce cheual au reste a remply par plus de 2500. ans tout le rond de la terre de son bruit & reputation trop plus que ny le Bucephal de Alexandre, le cheual auec pieds humains de Iules Cesar, le malencontreux de Seian, ny le cheualet de l'enchanteur Pacoller : si qu'il n'a pas esté iusqu'aux nourrisses, & aux vieilles à qui il n'ait serui de subiect pour en faire des comptes aux petits enfans, & les rapaiser s'ils crioient. Certes non sans cause le fameux peintre Polignot a esté tenu pour fort prudent & aduisé en ses ouurages de la portique Pœcilé, amenez cy deuant sur le tableau des Phlegiens : là où entre autres choses est à remarquer, qu'il n'y exprima rien de ce cheual fors que la teste, donnant par là assez à comprendre le surplus du corps, à l'imitation de Timante, qui voulant representer l'enorme grandeur d'vn Cyclope en vn tableau assez petit, aposa deux ieunes Satyres mesurans la grosseur de son poulce auec des fueillards de lyerre dont ils estoient ceints : & quand il voila la face d'Agamemnon au sacrifice de sa fille Iphigenie, laissant plus à penser aux regardans de la destresse & agonie où en deuoit estre le pere, qu'il n'en eust sceu exprimer auec le pinceau, mais cela a esté desia amené ce me semble au tableau d'Hesione. Et de fait si Polignot se fust voulu estendre à portraire tout ce cheual, il luy eust fallu employer inutilement toute la portique, encore n'eust elle pas esté capable à beaucoup pres le contenir : & eust esté bien embesongné à marquer les engins & machines tractoires : les cordages, rouleaux, poulyes, escharpes, & roües necessaires pour faire mouuoir vne si lourde & pesante masse, auec le nombre du populasse qui la traisnoit. Mais il traicte καθὸ παρῆκον, comme il deuoit.

Cccc ij

VLISSE.

Finablement comme met Fulgence au deuxiesme de son Mythologique chapitre des Syrenes, qu'Vlisse fut ainsi appellé quasi ὅλου ξένος, pelerin ou passager vniuersel, selon la Dialecte Æolienne qui vsent du λ. au lieu du δ. par ce que la prudence outrepasse toutes les concupiscences mondaines, suiuant ce qu'Vlisse est par tout descript pour vn homme fort sage & discret. Car entre aultres choses, encore qu'il eust veu tout apertement les Syrenes, dittes ainsi de σύρειν, attirer, empoigner: & ouy leurs chāts, qui denotē les esguillons & amorses de la sensualité & concupiscence neantmoins il les outrepassa seurement sans en estre circonuenu. Et pource qu'elles furent ouyes de luy & mesprisées, elles moururent: car toutes les affections charnelles sont esteintes & mises à mort par la prudence de l'homme sage. Elles estoient au reste depeintes auants des aisles par ce que les voluptez transpercent legerement & à peu de peine les cœurs de ceux qui y entendent: & auoient des pieds de coqs & de poulles à cause que cest animal ne fait que gratter incessamment: & les voluptez dissipent & renuersent tout. Mais au dixneufiesme de l'Odissee Antholique ordonne à son gendre Laërtes, & à sa fille Euryclee de nommer leur enfant qui viendroit à naistre ὀδυσσεύς, pour raison qu'il auoit, dir-il là, esté fort hay de tous en sa vie: les commentateurs en alleguent diuerses interpretations, qui ne font point icy à nostre propos.

AIAX TELAMONIEN.

IL ne fut pas appellé des Grecs le grand Aiax pour la grandeur de son corsage, ny que l'autre Aiax fust plus petit que luy, mais pour la grandeur de ses faicts; dont il fut estably des Grecs comme pour vn exemplaire & patron de bien combattre & guerroier; à cause de ce que fist autresfois Telamon son pere à l'endroit de Laomedon qui auoit trompé Hercules auec lequel il alla à Troye, qu'ils saccagerent de compagnie. Toute la Grece se resiouïssoit de le veoir mesme desarmé: car il estoit d'vne tres-belle & grande taille, dont il surpassoit tous les autres de l'armee Grecque, auec vne grauité posee, agreable, & non piaffeuse, ny arrogante. Mais quand il estoit armé, ils en demeuroient tous rauis en admiration de le veoir ainsi brauement marcher au combat contre les Troyans, maniant sa lourde rondache fort aiseement, & à peu de peine pour quelque grande qu'elle fust: & iettant vn benin regard de ses yeux par la visiere de son armet. Es meslees & escarmouches il y alloit tressagement, & à pieds de plomb, ainsi qu'ont accoustumé les lyons, attendant l'occasion de charger à point, & iamais ne s'y addressoit que contre les plus valeureux: car il disoit que les Lyciens, Mysiens, & Pæoniens n'estoient venus que pour seruir de nombre, mais leurs chefs estre dignes qu'on s'y attaquast: & qui les pouuoit mettre par terre, meritoit d'en auoir renom: si que ce n'estoit pas chose deshonorable d'en estre quelquesfois blessé les mettant à mort: neantmoins il s'abstenoit de leurs despouilles, alleguant estre le faict d'vn braue homme de tuer son ennemy: & d'vn brigand le despouiller & butiner. Or quiconque l'oyoit parler, n'eust de là en auant rien proferé d'insolent ny iniurieux, fust-ce à l'endroit mesme de ceux à qui il eust quelque picque & querelle: & chacun se leuoit deuant luy pour luy faire honneur, non tant seulemét les communs soldats, ains iusques aux plus apparents de l'armee. Il auoit vne estroicte amitié auec Achilles, sans s'entreporter enuie l'vn à l'autre: car ils ne l'eussent pas daigné, ny leur naturel ne l'eust sceu comporter: si que toutes les fascheries & indignations qu'auoit Achilles, encore qu'elles ne fussent pas legeres, il les raddoucissoit neantmoins partie par s'en condouloir auec luy, & partie en le rabroüant de s'affliger de telle sorte. Que soit qu'ils fussent assis ensemble, ou se promenassent, tous les Grecs tournoient l'œil sur eux en voyar deux tels personnages, dont depuis Hercules il n en auoit point eu encore de semblables. Et disoi nt qu'Aiax auoit esté le nourrisson d'Hercule, parce qu'estant tout petit garçonnet encore, il l'auroit enueloppé dans sa peau de lyon, lors que l'esleuant entre ses deux mains il fit requeste à Iuppiter, de luy octroyer qu'il peust estre inuincible par tout où l'auroit couuert ceste despouille leonine. Et comme il faisoit ceste priere, vne aigle seroit suruenue par l'air, aportant de la part de Iuppiter le nom que deuoit auoir cest enfant, auec l'exaucemét de sa priere: & de faict il estoit assez manifeste à quiconque l'eust regardé attentiuement, qu'il n'auoit pas esté produit sans quelque diuinité assistante, tant pour raison de la beauté de son visage que de la force de ses membres; de sorte que Protesilaüs l'appelloit vn vray modelle de la guerre. Et comme ie luy eusse dit vne fois: ce neantmoins ce si grand là a bien succombé à Vlisse en toutes leurs contentions & disputes: S'il y auoit des Cyclopes, va-il respondre, & ce qu'on en a feint fust vray, Vlisse eut plustost choisi de combattre contre Polypheme, que de s'attaquer à Aiax. Mais oyez encore ce qu'il dit de ce preux Heroe: Qu'il entretenoit sa perruque pour la dedier à Ilysse fleuue de la contree d'Attique: & que les Atheniens l'aimerét fort, le tenans pour leur Capitaine ceux qui vindrent au siege de Troye, si qu'ils faisoient tout ce qu'il disoit, cóme celuy qui habitoit à Salamine vne ville que les Atheniens auoient fondee. Au demeurát qu'il eut vn fils que les Grecs appelloient Eurysates: & le nourrist d'autres viandes que celles qu'vsent les Atheniens. Que les enfans d'Athenes estans aornez de chappeaux de fleurs au mois de May le 3 an de leur aage, il y establit des couppes pour faire les libations, auec des sacrifices à la mode Athenienne: car il le disoit auoir eu souuenance des Dionysiennes à l'exemple de Theseus. Ce qu'on tient au surplus de sa mort,

Cy deuant au tableau d'Antiloque, mais defendu par expres au 14. de Denleron.

& comme il se rua soy-mesme, Protesilaüs dit qu'il est vray: mais miserable parauanture pour Vlisses, qu'Homere introduit disant cecy és enfers. O qu'à la mienne volonté ie n'eusse point obtenu la victoire en ceste contention & dispute: car vn tel chef pour raison de ces armeures est couuert de terre. Neantmoins Protesilaüs maintient que iamais Vlisse ne profera és enfers de telles paroles, parce qu'il n'y descendit pas en vie: mais en quelque sorte que ce soit qu'il l'auroit dit ailleurs: estant à croire qu'il en eut regret en son cœur, & detesta ceste victoire pour la commiseration d'vn tel personnage, mort ainsi pauurement pour ces armes disgraciees. Protesilaüs au reste approuuant ce propos d'Homere, loue dauantage encore le vers où il met que ce furent les enfans des Troyens qui deciderent ceste cause: car il veut dextrement destourner de dessus les Grecs ce iugement ainsi inique, pour l'attribuer à des gens qu'il est assez apparent auoir deu condamner Aiax, pource que la haine est communément alliee auec la crainte: & quand il eut perdu le sens les Troyens le redouterent plus que deuant, ayans peur que ceste fureur ne le poulsast à aller enuahir leurs murailles, & les mettre bas: tellement qu'ils requirent Neptune & Apollon qu'ils auoient salariez aultresfois pour les bastir, que si Aiax les vouloit destruire ils l'en empeschassent, s'il ingeroit de s'addresser à leurs boulleuards. Là où les Grecs ne laisserent pas pour sa rage & forcenerie de l'aimer tousiours: & le plaindrent amerement: allans au conseil à l'oracle auec force

Cy deuant en la statue de la Bacchante.

Cecy bat sur le prouerbe Oderint dū.

Seneque au 2. de la Clemence.

Au tableau d'Hesione.

force vœux & prieres pour sçauoir s'il y auroit point de remede de le changer, & faire retourner en son bon sens. Mais apres qu'ils le virent mort, transpersé d'outre en outre de son espee, sur laquelle il s'estoit ietté, ils se prindrent à gemir & crier si hault, qu'on les peust bien entendre d'Ilion. Les Atheniens apporterent le corps en la place, où Menesthee fit l'oraison funebre à la mode des Atheniens, qui ont accoustumé de louer ceux publiquement qui sont morts en guerre. Et là Protesilaüs vit vn acte d'Vlisse fort à louer, & bien honneste: car le corps ayant esté là posé il luy alla porter les armes d'Achille tout en pleurant à chaudes larmes, auec ces paroles: Certes vous serez enseuely, ô tref-valeureux Cheualier auec ce harnois que vous auez tant desiré: ayez doncq la victoire de la contention qui s'en estoit meuë entre nous, sans entrer pour cela en animosité & indignation enuers moy. Et comme les Grecs en eussent fort loué Vlisse, Teucer le remercia de ceste sienne honnesteté, mais il ne la voulut pas accepter: alleguant n'estre raisonnable d'employer à ses funerailles ce qui auroit esté occasion de sa mort: parquoy ils l'inhumerent dans la terre selon l'admonestement de Calchas, qui leur remonstra que ce n'estoit chose licite ny religieuse de brusler les corps de ceux qui se seroient defaits eux-mesmes.

AIAX TELAMONIEN.
ANNOTATION.

D'AIAX fils de Telamon Prince de Salamine, & de la belle Eribee, comme met Pindare, il en a esté parlé cy deuant en plusieurs endroits. Homere au 3. de l'Iliade le faict estre plus grand que nul des Grecs, de toute la teste & des espaules qu'il auoit amples & larges, tesmoignans assez son extreme force.

Τίς τ' ἄρ ὅδ' ἄλλος ἀχαιὸς ἀνὴρ ἠΰτε μέγας τε,
Ἔξοχος Ἀργείων κεφαλὴν ἠδ' εὐρέας ὤμους;

Et Dares Phrygien aussi, qui le dit estre puissant de membres; d'vne voix claire & haultaine; les cheueux noirs & crespelus; d'vn naturel debonnaire & simple, mais aspre & impetueux contre l'ennemy. Aussi Homere l'appelle communement πελώριος ἕρκ Ἀχαιῶν, le grand boulleuard des Grecs, & leur seur rempar & soustenement: & le fait par tout le progrez de son œuure le plus valeureux de tous les autres apres son Achille. Quant à sa grandeur corporelle on peut assez voir icy que Philostrate s'estudie de contredire en tout ce qu'il peult à Homere, car tous les Poetes d'vn commun accord mettent Aiax auoir esté d'vne tres-grande corpulence, attendu mesme qu'il portoit vne telle targue, que sept cuirs de beuf y estoient employez l'vn sur l'autre:

Scilicet Aiaci coniux ornata veniret;
Cui tegmen septem terga fuere boum.

dit Ouide en certain endroit de ses amours; & au 13. des Metam. Surgit ad hos clypei dominus septemplicis Aiax, mais pour le puiser plustost en la source, au 7. de l'Iliade.

Αἴας δ' ἐγγύθεν ἦλθε, φέρων σάκος ἠΰτε πύργον,
Χάλκεον, ἑπταβόειον, ὅ οἱ Τυχίος κάμε τεύχων,
Σκυτοτόμων ὄχ' ἄριστος, Ὕλῃ ἔνι οἰκία ναίων.
Ὅς οἱ ἐποίησεν σάκος αἰόλον ἑπταβόειον,
Ταύρων ζατρεφέων, ἐπὶ δ' ὄγδοον ἤλασε χαλκόν.

Aiax s'approche portant au bras vne grand' targue à pair d'vne tour, qui estoit d'airain & de sept cuirs de beuf, que luy auoit faicte Tychius habitant és maisons d'Hylas, le plus excellent ouurier de cuirs qui fut en son temps: lequel luy fabriqua ceste estrange targue garnie de sept cuirs de beufs gras & refaits, & le huictiesme double il le fit d'airain.

IL s'abstenoit de leurs despouilles, alleguant que c'estoit

le faict d'vn braue homme de mettre à mort son ennemy: & d'vn brigand de le despouiller. Ie me resouuiens d'auoir leu, mais ie ne sçauroy pour ceste heure bonnement dire où, quelqu'vn me poura releuer de ce defaut de memoire, d'vn semblable traict de certain Capitaine Grec ou Romain, qui en poursuiuant la victoire aduisa vn corps mort gisant orné d'vne belle grosse chesne d'or en son col; & dit à vn qui le suiuoit, Prends cela: car tu n'es pas mort.

IL auoit vne estroitte amitié auec Achilles, sans s'entreporter point d'enuie. Cecy bat sur ce dire d'Hesiode, qu'il y a ordinairement de l'enuie & emulation entre des mesmes concurrens.

—— ἐπεὶ δέ τε γείτονα γείτων
Εἰς ἄφενον σπεύδοντ᾽· ἀγαθὴ δ᾽ ἔρις ἥδε βροτοῖσι,
Καὶ κεραμεὺς κεραμεῖ κοτέει, ᾗ τέκτονι τέκτων.
Καὶ πτωχὸς πτωχῷ φθονέει, ᾗ ἀοιδὸς ἀοιδῷ.

Le voisin tasche à s'enrichir
A l'enuy de son voisin proche:
Et est ceste contention
Aux mortels vtile & louable.
Le pottier hayst le pottier,
Le febure au febure porte enuie:
Le gueux à ceux qui vont gueusant:
Et les chantres les vns aux autres.

A quoy se rapporte ce vers sentire qu'Aristote allegue d'vn ancien poëte en la Rhetorique à Theodectes; τὸ συγγενὲς γὰρ ᾖ καὶ φθονεῖν ἐπίσταται, l'affinité nous apprend de s'entreporter enuie.

Aiax estant tout petit encore, Hercules l'auroit enueloppé dans sa peau de lyon, &c. Cecy est tiré de la 6. Ode des Isthmiennes de Pindare.

—— ἀλλ᾽ Αἰακίδαν καλέων
Ἐς πλόον κήρυξε πάντων δαιμονίμβροτον, &c.

Les scholiastes en cest endroit alleguans les histoires des grands Egyptiens, mettent, comme faict aussi Suidas en la diphthongue αι, qu'Aiax fut inuulnerable en tout son corps, excepté soubs l'esselle; car Hercules ayant esté receu & festoyé chez Telamon, il fit sa priere à Iuppiter, qu'Aiax

AIAX TELAMONIEN.

(lequel estant encore tout petit il auoit soublevé entre ses bras, apres l'a uoir enueloppé de sa peau de lyon) ne peust iamais estre blessé en toute ce que ceste despouille couuroit, mais pource que son carquois estoit pendu en escharpe de ce costé là, elle n'y ayant peu atteindre cest endroit demeura subiect aux blessures : & fut par là qu'il se donna la mort. Toutesfois ceste priere dedans Pindare est aucunement d'autre sorte.

Ποτ᾽ ἐμὰν ὦ Ζεῦ πάτερ
Θυμῷ θέλων ἀρὰν ἄκουσας, &c.

Si iamais ô mon pere Iuppiter tu as exaucé priere aucune que ie t'aye faite, ie te supplie maintenant de donner à cest homme cy (Telamon) vn fils fatal de sa femme Eribee, qui soit hardy : & lequel ie tiédray pour mon hoste & pour mon amy : & que son corps soit d'vne disposition inuulnerable, côme ceste despouille de lyon qui m'enueloppe, que ie mis à mort en Nemee pour le premier de mes chefs d'œuure : & que la magnanimité de courage luy face tousiours compagnie. Ayant dit cela, le Dieu luy enuoya sa grand'aigle chef de tous oiseaux ; & le chatouilla par dedans d'vne douce ioye ; disant, tu as parlé comme vn Prophete, & sera ainsi fait à Telamon comme il le demande. Deslors l'enfant fut appellé Aiax, de ἀετὸς aigle.

Les Atheniens aimerent fort Aiax, le tenans pour leur Capitaine. *Homere au Catalogue dans le 2. de l'Iliade, met que les Atheniens armerent cinquante vaisseaux pour enuoier à Troye soubs la conduite de Menesthee fils de Peleus, fils d'Orneus ; fils d'Erechtee ; qui en fut chef comme Seigneur de l'Attique, selon Pausanias és Corinthiaques. Et és Attiques ; que Thesee qui en auoit depossedé Menesthee ayant esté deuenu prisonnier en la Thesprotie auec Pirithoüs, pour s'estre mis en effort d'enleuer la femme du Roy ; les enfans de Tindarus vindrent prendre la ville d'Aphydne, & restablirēt Menesthee au Royaume ; où il se comporta si debonnairement enuers le peuple, que Thesee estant de retour ils ne le voulurent plus receuoir. Mais quant est d'Aiax, Homere ne luy assigne que la surintendance & conduite de ceux de l'isle de Salamine, dont il amena douze nauires, & se campa auec les Atheniens.*

Αἴας δ᾽ ἐκ Σαλαμῖνος ἄγεν δυοκαίδεκα νῆας,
Στῆσε δ᾽ ἄγων ἵν᾽ Ἀθηναίων ἵσταντο φάλαγγες.

Salamine vne ville que les Atheniens auoient fondee. Strabon au 8. liure alleguant les deux vers susdits, dit que ce fut Philostrate, ou Solon selon les aultres qui y adiouxta le second, pour monstrer que ceste isle selon le tesmoignage mesme d'Homere auoit esté du commencement des appartenances des Atheniens; ce qu'il refute par plusieurs raisons, & mesme par ces vers du 4. de l'Iliade.

Εὗρ' υἱὸν Πετεῶο Μενεσθῆα πλήξιππον
Ἑςαότ'· ἀμφὶ δ' Ἀθηναῖοι μήςωρες ἀϋτῆς·
Αὐτὰρ ὁ πλησίον εἰςήκει πολύμητις Ὀδυσεὺς,
Πὰρ δὲ, κεφαλλήνων ἀμφὶ ςίχες οὐκ ἀλαπαδναὶ
Ἕςαςαν.

Qu'Agamemnon trouua Menesthee fils de Peteus au milieu de ses belliqueux Atheniens, & là aupres Vlisse auec ses trouppes de Cephaleniens. Là où estant vn peu auparauant venu vers Idomenee Roy de Crete, il luy adioint subsequemment les deux Aiax auec leurs forces. Et prouue iceluy Strabon que Salamine estoit plustost vne portion de Megare: parce qu'à la ministresse de Minerue, surnommee Poliade en l'Attique il n'estoit pas loisible de manger du fromage mol & recent, ains de celuy qui estoit apporté de dehors; & neaumoins celuy de Salamine luy estoit permis: ce que confirme aussi Pausanias és Attiques, où il dit que Salamine atteint les confins des Magariens, & qu'ayant pris ce nom de Salamis fils d'Asopus, les Aeginetes confederez d'Aiax s'y habituerent: mais que Philee fils d'Eurysaces fils d'Aiax en auroit fait vn present aux Atheniens, en recognoissance du droict de bourgeoisie qu'ils luy auoient octroyé. Mais long temps apres les Atheniens chasserent les Salaminiens de leur demeure; leur mettant en auant qu'en la guerre qu'ils auoient euë contre Cassander, ils se monstrerent tout expres plus lasches qu'ils ne debuoient: & liurerent leur ville aux ennemis, plus de leur bon gré que contraints de force, si qu'ils protesterent par serment solennel de leur reprocher à tout iamais ceste trahison.

Il eut vn fils que les Grecs appelloient Eurysaces. Ce mot là signifie qui porte vne grande large rondache, à cause de celle de son pere Aiax. Au reste Dictys de Crete au 5. liure met qu'apres sa mort ses deux enfans, assauoir Achantites qu'il auoit eu de Glauce, & Eurysaces de Tecmesse fille du Roy Teuthrantes de Phrygie, qu'Aiax auoit mis à mort selon le mesme Dictys au 2. liure, furent recommandez à la tutelle de son frere de pere Teucer. Qu. Calaber au 5. ne parle que d'Eurysaces fils de

AIAX TELAMONIEN,

ceste Tecmesse, qu'ayant prise en guerre il honora du tiltre de sa legitime espouse: & la voulois faire coronner Royne de Salamine, de quoy elle en fait la ses doleances & regrets.

Homere introduit Vlisses és enfers disant ainsi, &c. Cecy est tiré de l'onziesme de l'Odissee, où Vlisse ayant voulu accoster l'ombre d'Aiax, il s'en va à vn aultre costé sans daigner parler à luy, se resouuenant de leur ancienne inimitié; οἴη δ᾽ Αἴαντος ψυχὴ Τελαμωνιάδαο, &c.

D'Aiax Telamonien l'ame
Seule se retenoit au loing,
Courroucee pour la victoire
Que i'auois obtenu sur luy
Quand nous plaidasmes és nauires
Pour les armeures d'Achilles,
Que Tethys auoit proposees
En dispute, mais les enfans
Des Troyans auec Minerue
En donnerent le iugement.
Pleust aux Dieux que telle victoire
Ie n'eusse iamais remporté,
Qui mit en saisine la terre
D'vne telle teste qu'Aiax:
Qui en beauté, & en faicts d'armes
Fut le plus excellent des Grecs
Apres l'incomparable Achille.
Ie le cuidday arraisonner
Auec telles doulces paroles.
Aiax fils du bon Telamon,
Ainsi doncq ne veux tu point mettre
En oubly mesme apres ta mort

Le courroux conceu pour ces armes
Si pernicieuses aux Grecs,
Encontre moy dont est perie
Telle tour comme tu estois?
Que nous regrettons tous nous autres
Non moins qu'Achille l'outrepreux :
Et si personne n'en est cause
Fors Iuppiter, qui a ainsi
L'armee Grecque en si grand'hayne,
Et qui t'a donné ce destin :
Or vien icy ô braue Prince
Afin d'entendre mon propos :
Et dompte ce felon courage.
Ainsi ie luy parlay : mais luy
Sans qu'il daignast rien me respondre
S'en alla aux autres Esprits,
Qui és enfers font leur demeure.

Menesthee fit l'oraison funebre à la mode des Atheniens. Platon au Dialogue intitulé *Menexenus* fait tout expres pour ce subiect, monstre comme l'on auoit accoustumé à Athenes de loüer publiquement en leurs funerailles ceux qui estoient honorablement morts à la guerre pour le seruice de la Patrie : & pour cest effect choisir vn homme eloquent & bien emparlé, qui s'en peust deuëment acquitter selon les merites & qualitez du defunct, que ces harangueurs se proposoient de racomter, & en orner sa memoire de loüanges, afin d'exciter par là les autres qui estoient en vie à la vaillance & à bien faire soubs l'attente d'vne pareille reputation. Et auoient (ce dit-il) accoustumé d'enfourner par les loüanges de leurs peres, meres, & autres ancestres, comme estant à croire que d'vn bon ante vient de bon fruict, selon que dit Horace parlant d'Helene : ô matre pulchra filia pulchrior ! là où au contraire κακοῦ κόρακος κακὸν ᾠόν : de mauuais corbeau mauuais œuf. Car comme dit le bon Euripide :

AIAX TELAMONIEN.

Φεῦ φεῦ, παλαιὸς αἶνος ὡς καλῶς ἔχει,
Οὐκ ἂν γένοιτο χρηστὸς ἐκ κακοῦ πατρός.

Ha qu'est bien vray l'ancien prouerbe
Qu'vn bon genereux fils ne peut
Se procreer d'vn mauuais pere!

Et selon le dire de Theognis: ὄυ τε γὰρ ἐκ σκύλλης ῥόδα φύεται: vne rose ne croist iamais d'vne malsentante eschallotte. Et finablement pour le reconfort & consolation d'iceux l'ere-meres, qui auroient ainsi perdu leurs enfans, quand ils n'auront occasion de les plaindre ne regretter: attendu que ne les aians pas procreez immortels, ils se sont par vne mort honorable acquis vne vie plus precieuse que ceste temporelle & caduque, auec vne perpetuelle reputation. De maniere que non seulement ces harangues & loüanges funebres se souloiët faire à chacun en particulier à ses obseques, s'ils l'auoient au moins merité: mais tous les ans vn general anniuersaire pour tous ceux qui auoient finé ainsi loüablement leurs iours à la guerre: ce que nous auons, mais plus religieusement parmy nous és obseques, & és prieres des trespassez. Les Iuifs l'ont aussi obserué de tout temps, côme on peut voir dãs le formulaire de leurs prieres, ou entre autres est ceste cy. L'ame de tel, & son sommeil se puissent reposer en paix. Qu'il se couche en paix, & dorme en paix iusqu'à la venuë du consolateur: qui fait oir la vraye paix, & le vray repos qu'ont nos peres dormans en Hebron. Ouurez luy les portes de paradis, & anoncez luy la paix où il doibt entrer: vous dy ie qui gardez les portes de Paradis, ouurez luy les portes de cet heureux lieu, afin qu'il puisse entrer dedans, & se resiouyr des fruicts qui y sont. Auec telles autres cerimonies pieuses de vray, mais sentans vn peu leur superstition, comme est aussi de vuidder toute l'eau de la maison où quelqu'vn sera decedé: & de celles des proches voisins: estimans que l'Ange de la mort ou Sathan, qui s'apparoist à toutes personnes alors qu'ils rendent l'esprit, fort horrible & espouuantable: vienne en ceste eau lauer son espee dont il aura tué le deffunct. Et s'essayent de tirer cela du prem. des Paralip. chap. 21. ou durant la peste Dauid apperçoit l'Ange du Seigneur entre le ciel & la terre aiãt vn glaiue nud au poing. Les Romains à l'imitation des Grecs se sont fort addonnez à ces harangues

rangues funebres, comme on peut veoir en infinis endroicts de leurs histoires: Comme mesmes en Suetoge de Iules Cesar qui leut sa grand mere Aurelie: & en Tybere, que n'ayant encore que neuf ans il fit l'oraison funebre de son feu pere.

Ils inhumerent Aiax dans la terre parce que Calchas leur remonstra n'estre loisible de brusler les corps de ceux qui se seroient defaits eux mesme. Neanmoins en Qu. Calaber au 5. apres auoir introduit Vlisse faisant les regrets de la mort d'Aiax que nous auons amenez cy dessus de l'onziesme de l'Odissee met cecy, Nestor s'en vient en l'assemblee toute pleine encore de gemissements & complaintes qu'on faisoit d'Achille & Aiax, remonstrer, comme il auoit bien perdu aussi son trescher & bien-aimé fils Antiloque: mais qu'il ne leur seoit pas bien de pleurer tousiours ceux qui estoient morts au combat ne s'en indigner si fort en leurs courages, parquoy il failloit mettre en oubly ce trop desreiglé dueil & tristesse, & plustost entendre au debuoir du corps mort: lequel pour tous les pleurs & les larmes qu'on sçauroit espandre dessus ne resusciteroit pas pourtant. A ces remonstrances rembarrans leurs lamentations au fonds de leur ame, ils vindrent prendre ce corps, & l'esleuans sur leurs espaules quelque grand & pesant qu'il fust, le porterent iusqu'aux naulres, où le lauans du sang & ordure qui s'y estoient amoncelez, ils enuoyerent des ieunes hommes au mont Ida là prochain coupper force bois, dont ils dresserent vn bucher: & y ayans sacrifié grãd nombre de bœufs, moutons, & cheuaux, ietterent parmy de l'or, de riches draps & tapisseries, auec force despoüilles que ce valeureux Cheualier auoit conquises sur les ennemis: de l'argent aussi, de l'iuoire, & electre, & des vases remplis de souefleurantes compositions & parfums: ensemble infinies aultres telles choses tresprecieuses: au millieu desquelles ayans estendu cest illustre corps equippé de ses armes & enseuely dans de riches linges, ils mirent le feu au bucher auec de belles torches & flambeaux de cire blanche, chantans aultour les loüanges & beaux faicts d'armes du defunct: & soudain Thetys enuoya de la mer de douces halenees de vents, qui en lieu de soufflets en esprindrent les

Quintus Calaber.

AIAX TELAMONIEN.

flammes tout le long de la nuict, & le iour ensuiuant. Puis finablement l'amortirent auec du vin, recueillans ses cendres & ossements en vn beau vase d'or, qu'ils enseuelirent en vn tombeau hault esleué sur le riuage Rheteen, ne luy faisans moins d'honneur qu'à Achille. Mais tout cecy est tiré presque de mot à mot du 24. de l'Odyssee en la sepulture d'Achille, qui sera cy apres amené en son lieu. Virgile aussi l'a imité en celle de Misenus au sixiesme de l'Eneide :

Principio pinguem tædis & robore secto :
Ingentem struxere pyram, cui frondibus atris
Intexunt latera, & ferales ante cupressos
Constituunt.

Dictys de Crete au 5. liure conuient du bruslement d'Aiax, & de sa sepulture sur le riuage Rheteen, là où mesme (ce dit-il) tous les principaux de l'armee Grecque se tondirent pour luy faire honneur, & iecterent leurs cheueux dans le bucher : mais il n'attribue pas la cause de sa mort aux armes d'Achille : & ne dit qu'il se fust desfait de sa propre main : ains que ce fut pour raison du Palladium qu'il entra en dispute auec Vlisse, le voulant auoir en sa garde : neaumoins il fut adiugé à Vlisse, à la faueur d'Agamemnon & de Menelaüs, lequel par son moyen auroit recouuré sa femme Helaine, qu'il aimoit desesperement quelque faulx-bon qu'elle luy eust ioué : là où Aiax insistoit qu'il la failloit faire mourir pour tant de maux & de ruines dont elle auoit esté occasion, & par si long temps à toute la Grece. Et comme là dessus se commençassent à faire tout plein de seditions & mutinemens en l'armee, vn matin on trouua Aiax roidemort en son pauillon, dequoy l'on soubspeçonna ces deux Rois & Vlisse encore, aussi bien que du meurtre de Palamedes : parquoy Vlisse gaigna le hault, & le Palladium demeura en la garde de Diomede. La coustume au reste de brusler les corps morts en leurs funerailles fut fort ancienne enuers les Grecs, tesmoin les obseques que fait Achilles à Patrocle au 23. de l'Iliade & au 7. Les Troyans enuoyent demander trefues aux Grecs pour brusler les corps morts, ce qu'on leur accorde : Neaumoins ils les inhumoient tous entiers quelquesfois, comme on peut veoir de Brasidas en Thucidide. Et leur vint premierement ceste façon de les enterrer comme nous faisons, de Cercops selon Ciceron au 2. des Loix, lequel estoit Egyptien : & de là elle passa à Drachon, & Solon ainsi qu'escript Arnobe apres Anthioque : car les Egyptiens qui auoient quelque adombrement de la resurrection future, furent les plus curieux de tous autres d'exquisément embaumer leurs corps pour les faire durer plusieurs milliers d'années, ce qu'on peut voir par leurs Mumies: s'attendans que les ames viendroient quelquefois reprendre ces corps, & les reanimeroient derechef. Les Iuifs aussi soubs la mesme expectation embaumoient les leurs: mais nostre religion ne le prend pas là: car tout de mesme resuscitera celuy qui auroit esté deuoré des bestes sauuages, & ces bestes là bruslees: puis leurs cendres iettees au vent, ou dans la mer, comme celuy qui ne viendroit que de mourir tout à l'heure: ou qui auroit esté aussi precieusement embaumé que fut oncques *Amasis* Roy d'Egypte, auquel *Cambyses* ne sceut faire vn plus grand oultrage apres sa mort que de brusler son corps. Pour le regard des Romains il y a de la varieté en cela: car *Pline* escript au 54. chapitre du septiesme liure, que ce n'estoit pas l'ancienne institution de brusler les corps morts, ains qu'on les enterroit tous entiers: mais apres qu'és guerres ciuiles on eust veu qu'on deterroit ceux qui auoient esté inhumez, on commença à practiquer de les brusler: & fut *Sylla* le premier de la famille des Corneliens qui le commanda à sa mort, de peur qu'on ne luy fist le mesme tour qu'il auoit fait à *Marius*. Neanmoins plus de 260. ans deuant son deceds, le fils du Consul *Manlius* que son pere auoit fait decapiter pour auoir combattu oultre son commandement, ores qu'il eust eu la victoire de son ennemy, fut bruslé à ses funerailles, comme met *Tite-Liue* au huictiesme liure: Vt spoliis contectum iuuenis corpus, quantum militaribus studiis funus vllum concelebrari potest, structo extra vallum rogo cremaretur. Et *Plutarque* en la vie de *Numa* escript qu'il defendit expressement à sa mort que son corps ne fut point bruslé, ce qui infere assez que la coustume en estoit deslors. Au regard des peuples d'Asie, ils n'auoient pas nomplus accoustumé de brusler les corps, comme on peult voir par ceste inscription du sepulchre du Roy *Cyrus*; Passant ne me plains ie te prie---- Ce peu de terre qui mon corps--Couure icy, & ne m'inquiette-En mon somme perpetuel. Et cela fait à ce qui suit puisapres du feu: que les Perses, lesquels commandoient à toute l'Asie, d'autant qu'ils reueroient le feu comme vne grande deité, n'estimoient pas estre ioisible qu'vne si sacrosaincte chose deust repaistre d'vne telle nourriture que la chair morte & puante, de soy subiecte à pourriture: là où les Egyptiens au contraire le reputoient estre vn animal rauissant & insatiable, qui denore tout ce qui prend naissance & accroissement: & apres s'en est bien repeu & gorgé s'esteint & meurt auec sa pasture. Mais les Grecs estoient meuz à brusler les corps de certaines considerations: & en premier lieu estimans que ce qui est de diuin en nous soit de nature de feu, selon le Poëte au 6. de l'Eneide:

Igneus est ollis vigor, & cælestis origo,

lequel est en continuel mouuement, & tousiours tendant contremont: parquoy on adiouste au corps delaissé de son esprit comme vn nouueau esprit ignee pour luy seruir ainsi que de guidde & de voicturier à retourner là hault plus à deliure, quand par la separation qui s'en fait par le feu, les parties plus subtiles & superieures se despouillent du grossier & terrestre. Et ainsi cherchoient par ce bruslement quelque forme de minor: ine purgation icy bas, pour le regard des esprits submergez dans le sang, & les aultres humeurs du corps, & par consequent de l'ame, dont les esprits sont comme vn lien & retinacle qui la ioignent & vnissent auec le corps, qui est le retinacle de l'esprit: iusqu'à ce que le corps Etheree qui selon les Platoniciens est le premier vehicule & chariot de l'ame en son infusion dans le corps grossier & caduque en soit totalement despouillé, & reduit à sa pure simplicité. A quoy ist ce que nous auons cy deuant amené du vingt-troisiesme de l'Iliade, où Patrocle s'apparoissant en songe à Achille luy dit, qu'il ne sera plus molesté des aultres ames là bas és enfers, qui le banissent de leur compagnie comme vne chose tenant encore de l'infection corporelle: & ne retournera plus en hault apres qu'il aura esté bruslé. Car le feu est ἁγνιτικός, c'est à dire ayant vne vertu purgatiue: & comme en parle Raimond Lulle: Ignis non vult nisi res puras. Pourtant dit Plutarque question Romaine 96. qu'il ne sembloit pas raisonnable (pour venir à l'autre point de ceste clausule: Qu'il n'estoit pas loisible de brusler les corps de ceux qui se seroient defaits eux mesmes) de souiller vne si nette & si saincte chose qu'est le feu, d'vne Vestale qui se fust forfaite. Mais les loix anciennes Romaines que nous gardons en plusieurs choses, & mesmement en cest endroit, priuoient du tout de sepulture, non que du bruslement, ceux qui se seroient aduancez leurs iours de leur main: QVI SIBI MANVM ADMOVERIT, INSEPVLTVS ESTO: n'estant pas permis, ce dit Ciceron apres Platon en son Phedon, d'abandoner ce lieu où ce grand Capitaine nous a placez ainsi qu'en garde & sentinelle, sans son expres cōmandemēt & permissiō. Ce qu'il reitere encore en l'Axioque. Au moyen dequoy il est bien raisonnable selon que dit Egesippus, que ceux qui n'auront voulu attendre l'ordonnance & commandement de Dieu leur pere, soient privez aussi de la terre, comme du geron de leur chere mere. Et Eschines en l'oraison contre Cresiphon allegue, la coustume ancienne des Grecs auoir esté de coupper le poing à celuy qui se seroit tué soymesme, pour estre enseuely à part du reste du corps, comme si c'estoit quelque chose estrangere qui l'eust privé de vie. Car d'ailleurs ce seroit autant qu'un brisement de prison, qui est un crime capital, d'autant que l'ame est comme emprisonnee icy bas dedans la chartre de ce corps iusques à certain temps determiné en la prescience du Createur, qu'il n'est pas permis d'abreger ny anticiper.

TEVCER.

ON ne vous peult dire autre chose de cestuicy, sinon qu'il le vous fault presupposer pour un ieune homme qui en grādeur de corps, en beaulté & force estoit des moyens entre les Grecs. *Phen.* Protesilaüs a il point aussi cognoissance des Troyans, ou s'il estime qu'il n'en fault point auoir memoire, afin qu'ils ne paroissent auoir esté dignes qu'on en face cas? *Vign.* Mon amy il n'y a rien de tel en Protesilaüs: car l'enuie est bien esloignee de luy: & racōpte leurs faits d'un syncere zele & affection, les disant auoir donné assez de subiect de discourir beaucoup de choses à leur louange. Ie vous parcourray doncq tout cela auant que de faire mention d'Achille; car si ie le remettois apres luy, toute occasion cesseroit de les admirer.

ANNOTATION.

TEVCER fut fils de Telamon, & d'Hefione fille de Laomedon Roy de Troye, & sœur de Priam, dont Hercules à la prise de Troye luy fit present pour vn prix d'honneur d'auoir monté le premier sur la muraille. Ce fut vn excellent archer, comme on peult veoir au 8. de l'Iliade, où se mettant à couuert soubs la targue de son frere Aiax, il met à mort à coups de flesches tout plein de Troyans. Apres la prise de ceste cité s'en estant retorné vers son pere, il ne le voulut point receuoir, indigné qu'il ne se fust mis en debuoir de venger la mort de son frere sur Vlysses, & le chassa de Salamine; parquoy il se retira en Chypre, où il bastit vne ville qu'il nomma aussi Salamine du nom de l'autre. Philostrate en ceste passe icy non mal à propos, des Grecs aux Troyans, par vn entremoyen participant des vns & des autres, Teucer assauoir, lequel estoit comme meslif, Grec de par son pere Telamon, & Troyan du costé de sa mere: & commence par le plus valeureux d'eux tous.

HECTOR.

PROTESILAVS le-louant approuue par mesme moyen ce qu'en dit Homere, qui en parle fort honorablement, & descript combien il estoit valeureux, & adroit au maniment d'vn chariot d'armes, & aux combats: ensemble ses sages aduis & conseils: & que Troye à bon droit auoit mis en luy toute son esperance & ressource. Finablement toutes les brauades & vanteries d'Hector dans ce Poëte, menaçant les Grecs d'aller mettre le feu à leurs vaisseaux, il dit que cela se rapporte fort bien à l'impetuosité & effort de ce preux Hector, lequel ordinairement tient de tels propos és rencontres & escarmouches. Il auoit au reste vn fier regard & furieux, & la voix forte. Quant à sa taille il estoit vn peu moindre qu'Aiax Telamonien, mais au combat en rien inferieur à luy, il demonstroit la mesme ardeur que faisoit Achille. Et gourmandoit fort son frere Páris, comme lasche & coüard & trop addōné à ses voluptez: à se mignarder, parfumer, testōner, si qu'encore que ce fut chose honeste aux Rois, & aux enfans des Rois de nourrir leur perruque, & l'agenser curieusement, il iugeoit neaumoins cela indigne de luy pour l'amour de l'autre qui en faisoit par trop de cas. Il auoit les oreilles toutes rompues & mutilees, non pour occasion de la lucte, car comme i'ay desia dit, il ne sçauoit que c'estoit de lucter, ny les autres Asiatiques nomplus: mais il auoit souuent combattu contre des taureaux, estimant ceste maniere d'exercice estre propre à vn homme de guerre: cela estoit toute sa lucte & ignoroit l'autre. Mais d'attendre de pied coy les taureaux meuglans hideusement sans s'en effroier, & les soustenir & arrester fermes, & ne redoubter le choc & poincte de leurs cornes, ains leur tordre le col: & encore qu'on en fust blessé ne perdre pas pour cela le courage, ny lascher sa prise, il s'exerçoit en tout cela pour le soin qu'il auoit des choses belliques. Quant à la statue qui est de luy à Ilion, elle le represente fort ieune encore, & presqu'en âge d'adolescēce: mais Protesilaüs le dit auoir esté plus agreable & plus grand assez, & qu'il morut eagé enuiron de trente ans: non en fuiant, ny bais-

Lieu fort scabreux aux Grec.

HECTOR.

sant laschement les mains, comme le calomnie Homere; ains combattant magnanimement, seul de tous les Troyans qui demeura hors des murailles, où il fina ses iours au conflict: & apres sa mort fut attaché au chariot d'Achille, & trainé; puis rendu à son pere ainsi que l'a escript Homere.

ANNOTATION.

Des cheualleries & prouesses d'Hector tout le monde en a esté de tout temps abbreuué de sorte, que ce ne seroit qu'en user inutilement les lecteurs s'en vouloir icy user de redite. Homere par fois l'exalte iusques au ciel, & par fois le rauale à luy faire faire des tours tres lasches & indignes: car en l'onziesme de l'Iliade il le dit auoir esté prosterné par terre tout esuanouy d'vn coup de iauelot que luy auoit tiré Diomedes, encore qu'il ne l'en eust pas blessé. Et au 14. tout de mesme d'vn coup de pierre par Aiax. Et finablement au 22. il le faict fuyr honteusement deuant Achille, qui le poursuit autour de Troye iusques à l'enuironner par trois fois. Il fut ainsi appellé comme met Platon au Cratyle, ἀπὸ τοῦ ἔχειν τὴν πόλιν. Parce que tant qu'il vescut il conserua la ville de Troye en son entier (mais ceste etymologie est bien contrainte) ce que tesmoigne aussi Homere au 12. de l'Iliade.

Ὄφρα μὲν Ἕκτωρ ζωὸς ἔην, ἢ μῆνι' Ἀχιλλεὺς,
Καὶ Πριάμοιο ἄνακτος ἀπόρθητος πόλις ἔπλε.

Tant qu'Hector demeura en vie,
Et Achilles en son courroux:
Du Roy Priam la grande ville
Fut conseruee en son entier.

Menaçant les Grecs d'aller mettre le feu à leurs vaisseaux, &c. au 12. de l'Iliade.

Ἥσων δὲ ἀγχοτάτω πεπῶσι γεγωνὼς
Ὁ νηυσὶν ἱπποδάμοι ἰδὲ ἀνηρκάδε δὲ τεῖχος
Ἀργείων ἢ νηυσὶν ἐνι πραπιδέσσι πῦρ.

HECTOR.

Hector criant à voix haultaine
Dit aux Troyans, esbranlez vous,
Et rompez des Grecs la closture;
Mettez le feu à leurs vaisseaux.

Et en asez d'autres endroits encore.
Il auoit vn regard fier & furieux, au 8.

Ἕκτωρ δ' ἀμφιπεριστρώφα καλλίτριχας ἵππους,
Γοργὸς ὄμματ' ἔχων, ἠδὲ βροτολοιγοῦ Ἄρηος.

Hector torna ses cheuaux
Aux beaux creins, de la Gorgone
Aiant les yeux; ou de Mars
Le sanglant meurtrier des hommes.

Dares Phrygien le depeint en ceste sorte. Hector estoit begue & de blanche charneure: crespe, louche, viste & dispost en tous ses membres: d'vne face venerable, barbu, d'vn beau port: belliqueux, & d'vn magnanime courage, debonnaire enuers les siens, & digne d'en estre bien voulu.

IL demonstroit és combats la mesme impetuosité & ardeur que faisoit Achille. *Au 13. de l'Iliade il est accomparé à vn gros quartier de pierre, qui ayant esté arraché d'vn rocher au hault d'vne montaigne par quelque grosse lauasse de pluye, est roullé de la violence d'vn torrent contrebas, renuersant tout ce qui se rencontre au deuant, iusqu'à ce qu'il arriue finalement en la plaine où il s'arreste sans se bouger plus.*

—ἦρχε δ' ἄρ' Ἕκτωρ
Ἀντικρὺ μεμαὼς, ὀλοοίφρων ὡς ἀπὸ πέτρης, &c.

Et au 18. à l'impetuosité & furie d'vne flamme ardente, & à vn lyon;
Ἕκτωρ τε Πριάμοιο πάϊς, φλογὶ ἴκελος ἀλκήν.

IL gourmandoit fort son frere Paris, comme lasche & couard, & trop addonné à ses voluptez & plaisirs. *au troisiesme de l'Iliade.*

Δύσπαρι, εἶδος ἄριστε, γυναιμανὲς, ἠπεροπευτά,
Αἴθ' ὄφελές τ' ἄγονός τ' ἔμεναι, ἄγαμός τ' ἀπολέσθαι, &c.

Ha miserable Paris qui n'as rien de bon que la beauté; enragé apres les femmes: seducteur: qu'à la mienne volonté

Ffff

que tu n'eusses onecques esté engēdré: ou que tu fusses mort auant que d'estre marié. Et certes ie vouldrois qu'il en eust ainsi esté, car il nous en seroit bien de mieux que de nous porter vne telle nuisance, & vn mespris enuers les autres. Dont les Grecs ont bien occasion de se rire de toy à pleine gorge, t'alleguans estre vn vaillant guerrier puis que tu es ainsi beau. Mais tu n'as aucune vigueur en l'entendement, ny de force nomplus au corps. Et estant tel, nauiguant auec vne sequelle de tes partisans & semblables, que tu voulus choisir conformes à ton humeur, tu t'en allas en lointaines terres enleuer vne belle femme mariee à des gēs belliqueux: vne vraye ruine à ton pere, à ceste cité, & à tout le peuple: & aultant de ioye & plaisir à noz ennemis, mais pour toy vne pure honte & vilennie. N'auras tu doncques pas le courage d'attendre le belliqueux Menelaüs, pour cognoistre de quel homme c'est que tu as enleuee la femme espousee? Certes ny Venus, ny tous ses presents ne te pourront pas garentir, ny ta testonnee perruque, ny ton beau visage, quand vne fois tu seras veaultré dans la pouldre. Que pleust aux Dieux que tu eusses vestu maintenant vne chemise de pierre de taille, pour tant de maux dont tu nous es cause. *Et au 6. derechef.*

Τὸν δ' Ἕκτωρ νείκεσεν ἰδὼν αἰσχροῖς ἐπέεσσι·
Δαιμόνι' οὐ μὲν καλὰ χόλον τόνδ' ἔνθεο θυμῷ, &c.

Lors Hector le vint rabroüer
Par de trespoignantes paroles:
Ha malheureux certes tu n'as
Logé dignement en ton ame
Ceste forte indignation.
Tu vois que les peuples perissent
Aultour de la ville, & des murs
Pour l'amour de toy: que de guerre,
De pleurs, de cris ceste cité
Est de toutes parts enflambee.

Et toy, si tu voiois quelqu'vn
Se retirer de la bataille
Comme tu crirois apres luy!
Prends doncq courage, & t'esuertue,
De peur que ne soyons icy
Mis en feu par noz aduersaires.

Si qu'encore que ce fust chose honeste aux enfans des Rois de nourrir leur perruque, HECTOR le iugeoit neaumoins indigne de luy pour l'amour de Paris. *Toutesfois l'historien Timee met qu'il auoit accoustumé de porter vne longue cheueleure espandue le long des espaulles: ce que les Abantes vsurent les premiers comme dit Homere.*

Il auoit les oreilles toutes rompues & mutilees, non pour occasion de la luéte, mais pour auoir souuent combattu contre les Taureaux. Il est ainsi mot à mot au Grec: τὰ δ᾽ ὦτα κατηγὼς ἦν, ὑχ ὑπὸ πάλης, ἀλλὰ ταύροις ἀντιειζε. *Mais ie ne puis bonnement comprendre que veult dire cecy, car il n'y a pas grande apparence qu'à combattre vn taureau, les oreilles en doibuent estre plustost offensees que nul autre endroit de la personne. Mais cecy est aucunement esclarcy au 9. des Metamorphoses au combat d'Hercules contre Acheloüs transformé en taureau.*

Sic quoque deuicto, restabat tertia tauri
Forma trucis; tauro mutatus membra, rebello.
Induit ille toris à læua parte lacertos,
Admissúmque trahens sequitur, depressáq; dura
Cornua figit humo, méq; alta sternit arena.
Nec satis hoc fuerat, rigidum fera dextera cornu
Dum tenet infregit, truncáque à fronte reuellit.

Par où l'on peult veoir comme au combat des Taureaux en leur donnant le tour de main, & le croq de hanche, il pouuoit arriuer qu'ils donnassent aussi quelque coup de corne aux oreilles. Mais à la verité cecy ne me satisfait pas beaucoup.

HECTOR fut tué non en fuiant, &c. *Daves Phrygien met qu'ayāt blessé Achille à la cuisse, il fut en fin mis à mort par luy qui n'aspiroit à autre chose qu'à le massacrer: & que là dessus tous les Troyans qui* estoient sortis auec luy furent mis en route, & rembarrez iusques aux portes de la ville; où Memnon les r'encourageant souslint le combat, tant que la nuict les separa. Mais Dyctis de Crete au 3. liure escript que comme Hector eust voulu r'allier les Troyans, que les Grecs menoient battans trop honteusement deuant eulx, & en eust desia tué quelques vns, Achille estant suruenu Hector ne l'osa attendre, ains se mit à fuyr, & Achille à le poursuiure, qui d'vn ianelot qu'il lança occit le conducteur de son chariot: mais Helenus d'vn coup de flesche luy persa la main d'outre en outre, si qu'il fut contraint de se retirer. Quelques iours apres Hector ayant mis à mort Patrocle, Achille en fut si irrité que de la en auant il ne chercha que l'occasion & le moyen de le tuer, si qu'ayant esté aduerty comme Hector auec vne petite poignee de gens estoit allé au deuant de la Reyne Penthasilee, qui auec ses Amazones venoit au secours des Troyans, il luy alla dresser vne embusche au passage d'vne riuiere, où il le mit à mort, qu'il ne se tenoit point autrement sur ses gardes; puis le traisna, & en fit ce qu'Homere en a escript.

ENEAS.

Il estoit assez inferieur en cas de combattre à Hector, mais de prudence & industrie il surpassoit tous les Troyans, dont il estoit tenu en la mesme dignité & estime qu'Hector. Car il cognoissoit les conseils des Dieux, ensemble ce qui luy estoit promis par les destinees apres que Troye seroit prise, durant le siege de laquelle il ne fut oncques atteint de peur: ayant l'esprit fort net, & vne ratiocination claire & limpide pour sçauoir ce qui estoit à redoubter ou non: si que les Grecs appelloient Hector la main des Troyans

& Eneas leur entendement & conseil: qui auroit par sa prudence & sage conduitte donné plus d'affaires à leur armee que tous les efforts & furie d'Hector, ils estoient au surplus d'vn mesme eage, & d'vne pareille grandeur de corsage: mais la mine d'Eneas paroissoit moins specieuse & gaillarde, tenant plus du rassis & posé en sa contenance. Et sur tout n'estoit point ennuyeux pour sa cheueleure, qu'il n'agensoit pas curieusement, & n'y mettoit point son estude, ains ne taschoit à se parer que de vertu qui estoit son seul ornement. Quant à son regard, il n'estoit point aultrement ne fier ne seuere, sinon entant qu'il conuenoit pour intimidder ceux qui rompoient leur ordonnance & abandonnoient les rangs où ils auoient esté placez.

ANNOTATION.

ENeas estoit tenu des Troyãs en la mesme dignité & respect qu'Hector. *Homere en l'onziesme de l'Iliade*;
Αἰνείαν δ᾽ ὃς ζωοῖς θεὸς ὣς τίετο δήμῳ.
Enee reueré estoit
A pair d'vn Dieu de ceux de Troye.

Il cognoissoit les conseils des Dieux, ensemble ce qui luy estoit promis par les destinees apres que Troye seroit prise. *Au 20. de l'Iliade Neptune prophetise ainsi d'Eneas, qu'il deuoit vn iour auoir la domination des Troyans, & les enfans de ses enfans qui de luy descendroient, afin que la lignee de Dardanus ne demeurast du tout esteinte, que Iuppiter aimoit sur tous ceux qu'il auoit eus des femmes mortelles; car il haïssoit desormais celle de Priam.*

Νῦν δὲ δὴ Αἰνείαο βίη Τρώεσσιν ἀνάξει,
Καὶ παῖδες παίδων, τοί κεν μετόπισθε γένωνται.

Ffff iij

lesquels vers Virgile au 3. de l'Eneide a tournez ainsi, les accommodant à la monarchie des Romains descendus d'Enee.

 Hic domus Æneæ cunctis dominabitur oris,
 Et nati natorum, & qui nascentur ab illis.

 Les Grecs appelloient Hector la main des Troyans, & Eneas leur entendement & conseil. Cecy se conforme aucunement à ce qui se lit dans Plutarque, & quelques aultres, que les Romains auoiēt de coustume d'appeller Claudius Marcellus, celuy qui prit la ville de Saragosse en Sicile, & fit tout plein de beaux faicts d'armes, leur espee, à cause de sa vaillance & hardiesse: & Fabius Maximus pour ses sages temporisemens, leur bouclier.

SARPEDON.

CEstvicy fut natif de Lycie, mais Troye l'aduança en reputation & credit: car il se trouuoit és combats & rencontres tout ainsi que faisoit Eneas: & conduisoit les Lyciens, auec deux autres vaillans hommes, & fort renommez, Glaucus assauoir & Pandare: dont celuy là estoit fort prisé en faicts d'armes, & dresser des armees: mais Pandare auroit esté assisté d'Apollon Lycien pendant qu'il estoit encore fort jeune: lequel luy aprit à tirer de l'arc, & luy en communiqua l'addresse & science, comme il disoit: si qu'il ne failloit de luy faire tousiours ses prieres quand il estoit question de s'en ayder. Protesilaüs dit de plus que toutes les forces Troyennes seroient sorties audeuant de Sarpedon pour le recueillir: car oultre sa valeur & effort magnanime, & sa beauté comme diuine & tresgenereuse, il les attiroit à luy en dedui-

SARPEDON.

sant sa genealogie: que les Eacides estoient bien celebrez pour estre venus de Iuppiter: & les Dardanides pareillement, les descendans aussi de Tantale: mais de tous ceux qui seroient onques venus pour & contre Troye, il n'y auoit que luy seul qui fust immediatement son fils: & Hercules plus ancien que luy, & en plus grande admiration des hommes. Au reste que Sarpedon mourut ainsi qu'Homere l'a escript, ayant presqu'atteint l'an quarantiesme de son eage: & fut enseuely en Lycie, où il auroit obtenu vn braue sepulchre: car les Lyciens l'y enuoyerent monstrant le corps à descouuert à tous les peuples où il passoit, tresexquisement embaumé d'aromates, & ressemblant à vn qui dort: dont les Poëtes auroient pris occasion de dire que le sommeil luy auroit seruy de maistre de ceremonies & de guidde par les chemins.

ANNOTATION.

Sarpedon Roy de Lycie fut fils de Iuppiter, & de Laodamie fille de Bellerophon selon Homere au 6. de l'Iliade,

Ἡ δ' ἔτεκε δῖα τέκνα δαΐφρονι Βελλεροφόντῃ, &c.

Bellerophon eut de sa femme
Trois enfans: Isandre, Hippolocq,
Et la belle Laodamie,
Dont Iuppiter eut Sarpedon.

Mais Herodote en sa Polymnie met que ce fut d'Europe fille d'Agenor Roy de la Phenice, & qu'il fut frere de Minos; comme fait aussi Hyginus chap. 106. & 155. & Strabon au 12. où il dit alleguant le mesme Herodote, que Sarpedon frere de Minos, & Rhadamantus, s'en alla fonder vne ville en Asie qu'il nomma Milet de Milet de Crete dont il y transpor-

SARPEDON.

ta les habitans ; & vne aultre en Lycie ditte Termyles qui auparauant s'appelloit Mylies qu'il peupla de ceux qu'il auoit menez quant & luy. Ce que confirme aussi Pausanias en ses Achaïques. Il vint au secours du Roy Priam où apres auoir faict plusieurs vaillantises & beaux exploicts d'armes, comme on peult veoir au 5. de l'Iliade, où il met Tlepoleme à mort qui estoit frere de Telephe, & fils d'Hercule : & au 12. plusieurs aultres, il est finablement occis par Patrocle au 16. où tout leur combat est fort particulierement descript : comme s'estans rencontrez à la meslee, & tous deux de leurs chariots mis courageusement pied à terre, Iuppiter qui preuoioit ce sien aimé fils y debuoir finer ses iours, demeura vne bonne piece en suspens s'il le debuoit laisser là mourir, ou l'en enleuer & le transporter vif en Lycie : mais Iunon luy vint remonstrer que s'il en vouloit vser de la sorte il n'y auoit si petit Dieu qui n'en voulust faire de mesme pour le regard de ses enfans, qui seroit peruertir entierement l'ordonnance des destinees. Iuppiter meu de ces propos, lascha la bridde à la fatalité, apres auoir versé quelques gouttes de pluye sanglante pour les derniers regrets de son fils, qui s'en alloit tout de ce pas receuoir la mort des mains de Patrocle. Et y eut vne grosse contestation & dispute touchant le corps ; les Grecs s'efforçans de l'auoir pour le villenner ; & les Lyciens auec les Troyans de l'en garentir & rescourre : iusqu'à ce qu'apres auoir esté despouillé, & tantouillé dedans la fange, Iuppiter commanda à Apollon de le retirer de la presse, & l'aller lauer en vn ruisseau, puis l'oindre d'ambrosie, & l'enuoyer en son pays pour y estre inhumé honorablement.

Glaucus fut fils d'Hippoloque fils de Bellerophon : & par consequent cousin germain de Sarpedon, comme il est escript au sixiesme de l'Iliade, où leur genealogie est racomptee bien au long d'iceluy Glaucus à Diomedes, ce que nous auons amené ailleurs. Mais il est si simple au moins selon la relation d'Homere, qu'il eschange ses armeures d'or de la valeur de cent bœufs à celles de Diomedes qui n'estoient que de cuiure, & en valloient à peine neuf : ce qui est passé en prouerbe χρύσεα χαλκείων. Quand on veult denoter quelque bien inegalle permutatió, où l'on reçoit de pires choses pour des meilleures : & en vse Socrates alendroit d'Alcibiades dedans le Phedre de Platon, luy remonstrant qu'il ne luy fault pas changer son or pour du cuiure, καὶ τῶ ὄντι χρύσεα χαλκείων διαμείβεσθαι νοῦς, entendant les dons de grace de l'ame pour celles du corps. Ce que Plutarque contre les Stoïques expliquant dit, que si on ne veult regarder en ceste permutation que superficiellement à la lettre, Diomedes y estoit plus interessé que Glaucus,

SARPEDON.

Glaucus, pource qu'estans à la guerre, les armeures de fer ou d'acier (car ainsi faut-il entendre ce que Homere appelle ordinairement χαλκός, cuiure ou airain) estoient plus vtiles & necessaires que celles d'or qui est ainsi mol & pesant, mais mystiquement quiconque prefere la force, la santé & disposition du corps aux vertus de l'ame; & au bienseant & honneste; celui-là à la verité change ses armeures d'or à celles de cuiure. Et pourtant Glaucus n'auroit point esté en cest endroit si simple & mal-aduisé comme dit Homere; Ἐνθ᾽ αὖ τε Γλαύκῳ Κρονίδης φρένας ἐξέλετο Ζεύς, que Iuppiter luy auroit lors osté l'entendement. Ce que touche Martial au 5. de ses Epigrammes.

Tam stupidus nunquam nec tu puto Glauce fuisti,
    Χρύσεα donanti, χάλκεα qui dederat.

On dit qu'il fut mis à mort par Aiax sur le debat qui interuint entre les Grecs & les Troyans pour le corps d'Achille: & qu'ayant esté porté par les vents en Lycie, il y fut transmué en vn fleuue qui tombe en vne plage, sans faire port, l'vn & l'autre du mesme nom selon Strabon au 14. Ce mot au reste est equiuoque à plusieurs personnes & choses.

Pandarus auroit esté assisté d'Apollon Lycien qui luy aprit à tirer de l'arc. D'Apollon Lycien il en a esté parlé sur le tableau d'Hyacinthe: & au chapitre de Palamedes. Quant à Pandare, Homere au 4. de l'Iliade le dit estre fils de Lycaon: & auoir amené vne bonne trouppe de rondelliers de cest endroit de la Lycie par où passe le fleuue Asopus, non gueres loin du pied du mont Ida: Minerue, pour r'allumer de nouueau le combat entre les Grecs & les Troyans, l'estant venu inciter soubs la ressemblance de Laodocus fils d'Antenor, à deslascher vn coup de flesche contre Menelaüs durant la suspension d'armes accordee pour le combat de luy auec Paris. Mais à propos de cest Apollon Lycien il luy fait ce voeu & priere, qui est ce à quoy veult battre icy Philostrate.

Εὔχετο δ᾽ Ἀπόλλωνι λυκηγενέϊ κλυτοτόξῳ
Ἀρνῶν πρωτογόνων ῥέξειν κλειτὴν ἑκατόμβην,
Οἴκαδε νοστήσας ἱερῆς εἰς ἄστυ Ζελείης.

de luy sacrifier vne belle Hecatombe de cent agneaux les premiers-naiz, si tost qu'il seroit de retour en sa ville de la sacree Zelie. Au liure ensuiuant puis apres à la persuasion d'Eneas s'estant attaqué à Diomedes, & l'ayant blessé, il en est mis à mort, où son expertise à tirer de l'arc est fort bien exprimee par ces vers cy.

Gggg

SARPEDON.

Πάνδαρε, ποῦ τοι τόξον ἰδὲ πτερόεντες ὀϊστοί,
Καὶ κλέος; ᾧ οὔτις τοι ἐρίζεται ἐνθάδ᾽ γ᾽ ἀνήρ,
Οὐδέ τις ἐν Λυκίῃ σέο γ᾽ εὔχεται εἶναι ἀμείνων.

Pandare, & ou est arc,
Et tes legeres sagettes:
Et la gloire, aueques toy
Dont nul ne sçauroit contendre,
Ny meilleur se retrouuer
Icy ny en la Lycie?

Les Æacides estoient celebrez pour estre venus de Iuppiter. Il entend Achilles, & Aiax Telamonien, car Æacus fut fils de Iupiter, & d'Egyne fille du fleuue Asopus, laquelle comme met Hyginus 52. Iuppiter craignant que Iunon ne descouurist cest adultere, il la transporta en l'isle d'Ænnie ou il l'engrossa, & en eut Æacus. Cela venu à la cognoissance de Iunon elle enuoya vn serpent dans la fontaine dont le peuple buuoit, qui l'infecta de telle sorte que tous ceux qui en tasterent depuis finoient à l'instant mesme leurs iours: au moyen dequoy Æacus se voyant destitué d'habitans, requit à Iuppiter qu'il luy pleust conuertir vn gros tas de formis qui se presenterent là à sa veuë, en aultant de creatures raisonnables viuantes: ce qu'il luy octroya, dont ils furent appellez Myrmidons, parce que μύρμηξ signifie fourmis: & l'isle eut le nom d'Egyne; comme le recite Pausanias és Corinthiaques. D'Æacus au reste vindrent Pelee pere d'Achille, & Telamon pere d'Aiax.

Les Dardanides pareillemēt. Dardanus fut aussi fils de Iuppiter, & d'Electre fille d'Atlas: lequel Dardanus ayant mis à mort Iasius son frere, s'enfuit en la Samothrace premierement, & de là passa puis apres la mer en Asie, où il fonda vne ville pres de l'Hellesponte qui de son nom fut appellee Dardanie. Virgile au 3. de l'Eneide: Dardanus Iliacæ primus pater vrbis & author. Il eut vn fils appellé Ericthonius pere de Tros, pere d'Ilus, pere de Laomedon, pere de Priam. Voila la race des Dardanides.

Et les descendans de Tantalus. Il veut entendre les Pelopides qui regnerent au Peloponese: & les Atrides par consequant: car Tantalus fut fils de Iuppiter, & pere de Pelops, dont vint Atreus pere d'Agamemnon, & Menelaüs.

SARPEDON.

Le corps de Sarpedon exquisement embaumé d'aromates, &c., & ce qui suit apres : le sommeil luy auroit seruy de maistre de ceremonies, & de guidde par les chemins, est tiré du 16. de l'Iliade, comme il a esté ia dit ci dessus, que Iuppiter le commanda à Apollon.

Εἰ δ' ἄγε νῦν φίλε Φοῖβε κελαινεφὲς αἷμα κάθηρον
Ἐλθὼν ἐκ βελέων Σαρπηδόνα, καί μιν ἔπειτα
Πολλὸν ἄπο προφέρων, &c.

Orsus mon bien aimé Phebus,
Va presentement & nettoye
Sarpedon de ce sang meurtry,
Qui s'est figé entour ses playes :
Puis le va lauer au courant
D'vn ruisseau, & l'oings d'Ambrosie.
Et l'ayant bien enseuely
En des linges incorruptibles,
Donne le à porter au sommeil,
Et à la mort qui le conduisent
En Lycie vers ses parents,
Qui luy donneront sepulture :
C'est l'honneur qu'on peut faire aux morts.

Gggg ij

PARIS ALEXANDRE.

IGN. Escoutez maintenant ce qui concerne Páris Alexandre, si d'auenture cela ne vous est ennuyeux. **Phen.** Au contraire il me fasche de n'auoir rien encore oy de reprochable & inutile. **Vign.** Protesilaüs donques dit cest Alexandre auoir esté odieux à tous les Troyans: mais au reste qu'il n'estoit pas des pires au fait des armes, & beau sur tout par excellence; d'vne parole fort agreable, & de ciuile conuersation, comme celuy qui auoit hanté au Peloponese: instruit en toutes sortes de combats, principallement à tirer de l'arc: en quoy il n'auroit point esté inferieur à Pandare. Au reste qu'il nauigua en Grece estant paruenu en eage d'adolescence: là où aiant esté recueilly fort courtoisement de Menelaüs, & logé mesme en son pallais, Helaine se seroit enamouree de sa beaulté, & mourut qu'il n'auoit pas encore atteint trente ans. Il se complaisoit fort en sa beaulté: & estoit non seulement en cela admiré des aultres, ains luy mesme s'en admiroit: dequoy se mocquát Protesilaüs il l'accomparoit à vn Paon. Et de fait luy prenát plaisir à la beaulté ainsi fleurissante & diapree de cest oiseau, comme il luy eust veu vn iour faire la roüe, & se brauer en son pénage qu'il cótemploit de toutes parts, & se prouigner ses plumes pour les agenser & dresser ainsi que les pierreries de quelque carcan, il alla dire: Voila ce beau Paris fils de Priam duquel nous deuisions n'agueres. Et luy ayant demandé que pouuoit auoir de commun ny de consemblable ce Paon là auec Paris? Ce qu'il s'aime ainsi, me respondit-il, car il se regarde pour son ornement & beauté, & s'admire & pollist en ses armes: sur lesquelles en lieu de cazacque il auoit accoustumé de porter vne peau de Pathere en escharpe sur ses espaulles. Il n'eust pas souffert qu'il y eust rien eu de crasseux ny basté en sa cheueleure, fust-ce lors qu'il estoit question d'aller combattre: & n'estoit pas mesme iusques aux ongles de ses mains qui ne fussent clers & reluisants. Il auoit le nez vn peu aquilin, la charneure blanche, & l'œil comme s'il eust esté peint tout expres: mais vn des sourcils s'aduançoit comme en souspendue dessus l'œil & le surpassoit.

ANNOTATION.

Paris surnommé Alexandre fut fils du Roy Priam & d'Hecube: laquelle estant grosse de luy songea d'enfanter vn flambeau ardent qui embrasoit toute la ville de Troye. Et là dessus les deuins enquis respondirent, que cela prognostiquoit que l'enfant qu'elle auoit au ventre seroit vn iour cause de la ruine du pays: parquoy si tost qu'il fust nay, Priam le donna à vn sien seruiteur nommé Archelaüs pour l'aller exposer dans les bois: mais gaigné par Hecube, il le porta aux pasteurs Royaux qui residoient au mont Ida, où il fut nourry iusqu'à ce qu'en l'eage d'adolescence estant deuenu extremement beau, robuste & adroit, vne Nymphe de la contree de Cebrine nommee Ænone s'enamoura, & l'espousa: dont elle eut deux enfans. Que s'il estoit fort excellent en tout ce qui peult dependre du corps, il ne l'estoit pas guere moins de l'entendement: si que tous les

PARIS ALEXANDRE.

differends qui pouuoient suruenir entre les pasteurs, ils l'en esseoient ordinairement le iuge & arbitre: les appointoit auec vne telle equité, qu'aux nopces de Peleus & de Thetis s'estant meué vne grosse contention entre les Deesses Iunon, Pallas, & Venus sur la precellence de leurs beautez, à l'instigation de la discorde, la decision en fut renuoyée à Paris: lequel les ayant faict despouiller toutes nues pour en mieux cognoistre, adiugea la pomme d'or qui estoit le prix de ceste victoire, à Venus sur la promesse qu'elle luy fit de le faire iouyr de la plus belle femme de la terre: mesprisant les royaumes, les richesses & opulences que luy mettoit en auant Iunon; & toute la sagesse, & les sciences de Pallas, auec son art militaire. De ce iugement representé en bronze par Euphranor Pline liure 34. cha. 8. Euphranoris Alexander Paris est, in quo laudatur quòd omnia simul intelligantur; iudex dearū, amator Helenæ; & tandem Achillis interfector. Quelque temps apres comme Hector eust fait publier à Troye diuerses sortes de combats & de ieux de prix, le berger qui l'auoit nourry luy fit entendre qu'il n'estoit pas son fils comme il le luy auoit fait accroire iusques alors, ains du Roy Priam & d'Hecube, l'encouragea de s'aller esprouuer à ces combats là auec les autres; où ils porterent les langes & les marques qui auoient esté exposées auec que luy pour seruir vn iour de recognoissance. Et là s'estant attaqué au Prince Hector à la lucte, & l'ayant porté par terre, comme Hector tout honteux, & outré de courroux qu'vn tel esclandre luy fut arriué d'vn paysan, fut sur le poinct de le mettre à mort, il se donna à cognoistre, & fut receu au rang des enfans de Priam. Lequel quelque temps apres luy donna vne grosse flotte pour passer en Grece & y faire instance de r'auoir sa tante Hesione que Telamon detenoit dés la prise de Troye par Hercules soubs Laomedon: mais il s'arresta à Lacedemone, où le Roy Menelaüs l'ayant receu fort humainement, & logé dedans son Pallais, pendant qu'il s'en alla en Crete pour quelques affaires pressez. Paris luy debaucha sa femme Helaine, qui aussi bien s'estoit esprise de son amour, & l'enleua auec tous les biens les plus precieux tant du Pallais que de la ville, qu'ils saccagerent entierement. Dequoy vint à naistre la guerre de Troye: & consequemment sa ruine & desolation. Homere au reste le fait par tout mol, delicat & effeminé, plus propre à mener l'amour, & vacquer aux delices & voluptez que nompas aux armes: ce que comprend aussi ce vers d'Ouide: Bella gerant alij, tu Pari semper ama. Neaumoins à propos de ce que Philostrate met icy qu'il n'estoit pas des pires au combat, vers la fin du 6. de l'Iliade Hector le confesse estre valeureux.

Ἀκμόνι, οὐκ ἄν τις τοι ἀνὴρ, ὃς ἐναίσιμος εἴη,
Ἔργον ἀτιμήσει μάχης, ἐπεὶ ἀλκιμός ἐστι.
Ἀλλὰ ἑκὼν μεθίεις τε, καὶ οὐκ ἐθέλεις.

Dares Phrygien le depeint blanc de charneure, & vigoureux fort & robuste, les yeux excellemment beaux: la chevelure deliée & blonde: la bouche agreable: la parole doulce, le corps viste & agile, & ambitieux de regner. Mais il vault mieux inserer icy mot à mot ce qu'en met Hyginus cha. 91. & 92. lequel varie aucunement de ce que dessus. Priam fils de Laomedon ayant eu desia plusieurs enfans de sa femme Hecube fille de Lisseüs aultrement Dymas, comme en vne de ses grossesses elle eust eu vne vision en songe qu'elle enfantoit vn flambeau ardent duquel sortoient plusieurs couleures, cela exposé aux deuins, eulx tous d'vn accord respondirent, qu'il falloit nommeement mettre à mort ce qu'elle enfanteroit fils ou fille, de peur que cela ne fust cause de la ruine du pays. Apres doncques qu'elle se fut deliuree d'Alexandre on le donna à des gardes du Roy pour le faire mourir, mais eux meuz à compassiō l'exposerēt dedans les bois, où les pasteurs l'ayans trouué le nourrirent comme le leur, & luy donnerent le nom de Páris. Estant paruenu en adolescence il esleua vn taureau qu'il aimoit singulierement: & cōme Priam eust là endroit enuoié de ses satellites pour luy en amener quelque beau, dont il entendoit remunerer celuy qui vaincroit és ieux funebres qu'il faisoit celebrer à la memoire de son fils Alexādre, qu'il tenoit pour mort, & cusset saisi cestuicy pour l'emmener, Páris alla apres pour en sçauoir l'occasion: surquoy ils luy firēt entēdre la charge qu'ils en auoiēt. Mais pour l'affection qu'il portoit à cest animal il s'alla presenter à ces combats & ieux de prix, où il vainquit tout, & surmōta ses freres mesmes: dont Deiphebus indigné tira son espee pour le tuer: & il s'enfuit à garend à l'autel de Iuppiter Herceen, où par l'aduertissemēt de Cassandre il fut recogneu du Roy Priam, & d'Hecuba. Or cōme Iuppiter és nopces qu'il celebroit de Thetis auec Peleüs y eust fait conuier tous les Dieux & Deesses fors la Discorde, elle ne laissa pas pour cela d'y venir, mais luy ayāt esté la porte escon-

PARIS ALEXANDRE.

duitte, elle ietta au milieu du festin vne pôme d'or où estoit escript, que la plus belle de l'assemblee l'eust à recueillir: surquoy s'estant leuee vne grande contention entre Iunon, Venus & Minerue, chacune desquelles pretendoit ce ioyau luy appartenir, Iuppiter commanda à Mercure de les mener au mont Ida deuers Paris pour decider ce differend. Iunon luy promettoit s'il iugeoit en sa faueur de le faire le plus grand Monarque de toute la terre, & le plus riche: Minerue, de le rendre le plus beau & agreable de tous, & le plus sage & aduisé: Venus, de luy faire espouser Helaine fille de Tyndarus, la plus belle de toutes les creatures mortelles: ce qu'il accepta: & iugea Venus estre la plus belle: dont Iunon & Minerue demeurerent tousiours du depuis indignees contre les Troyans. Quelque temps apres à l'instigation de Venus il alla à Lacedemone, d'où il enleua Helaine qu'il prit à femme, & emmena quant & elle deux de ses plus fauorites Damoiselles Ethra, & Phisadie, que ses freres Castor & Pollux luy auoient donné pour esclaues, ayans esté parauant deux grandes Princesses. Et au 273 il met qu'à ces ieux funebres qui se celebroient au Cenotaphe ou sepulchre vuide de Paris, se presenterent sur les rengs Nestor fils de Neleüs, Helenus, Deiphobus, & Polites, enfans de Priam, Cygnus fils de Neptune: Sarpedon fils de Iuppiter: Telephe fils d'Hercule & autres: sur tous lesquels Paris emporta le prix, & fut recogneu pour tel qu'il estoit. Il fut finablement mis à mort par Philoctetes, comme il a esté dit en son lieu.

HELENVS,

HELENVS, DEIPHO-
BVS, ET POLYDAMAS.

CES trois auoient vne grande conuenance encore en cas de combatre, car ils estoient presqu'egaux en force & proesse: mais doüez de plus de conseil & aduis que nompas d'effort: mesmement Helenus qui en particulier estoit tout ainsi adóné & versé aux predictiós que Calchas.

ANNOTATION.

Helenus fils de Priam & d'Hecube excellent vaticinateur fut sauué des Grecs à la prise de Troye selon quelques vns, pource qu'il leur auoit monstré les endroits plus commodes pour l'expugner. Mais est-il à croire que le fils du Roy Priä eust peu estre si lasche de cueur, desloial & de si mauuaise nature que de vouloir tenir la main à la destruction & ruine de tous les siens, & de sa patrie, enseignant aux ennemis les moyens les plus abregez comme ils y pourroient paruenir, luy mesmement qui estoit si sage & preud'homme, comme on le descript, & presque tenu pour Prophete? la dessus ie me resouuiens d'auoir leu dedans le Zoar, & quelques autres sages Hebrieux, que quand Dieu a déliberé en sa secrette prescience la ruine de quelque estat, s'il fait la grace à quelques vns de les en aduertir, il semble qu'ils se veullent directement opposer à luy s'ils se mettent en debuoir de le defendre. Que s'ils ne veullent eulx mesmes tenir la main à l'execution de sa volonté, & s'y emploier, ce qui est à la verité vn peu dur selon le monde, le moins qu'ils puissent faire est comme s'ils s'y constituoient neutres de s'en absenter & retraire aultrepart, pour euiter la persecution de ceste diuine fureur. Nous en auons assez d'exemples en l'Escripture, comme de Loth touchant Sodome, & cet. Helenus donques pour auoir d'abondant conseillé à Pyrrhus de ne sometre point en mer pource qu'il seroit en danger de faire naufrage, ainsi que

Hhhh

HELENVS, DEIPHOBVS & POLYD.

la pluspart des autres firent à leur retour, fut non seulement conserué de luy sain & sauue, mais traitté fort humainement. Et comme Pyrrhus eust osté Hermione fille d'Heleine à Orestes, il laissa Andromache vefue d'Hector à Helenus, laquelle il auoit iusques à lors tenue pour son espouse legitime, auec portion de sa seigneurie, qu'Helenus appella Chaonie du nom de son frere Chaon qu'il auoit tué par mesgarde à la chasse : & y fonda vne ville à la ressemblance de Troye, où il receut depuis Eneas, comme met Seruius sur ce passage du 3. de l'Eneide:

> Morte Neoptolemi, regnorum reddita cessit
> Pars Heleno, qui Chaonios cognomine campos,
> Chaoniámque omnem Troiano à Chaone dixit,
> Pergamáque, Iliacúmque iugis hanc addidit arcem.

Pausanias és Attiques. Pyrrhus apres la prise de Troye ne voulut point retorner en Thessalie, mais par l'enhortement d'Helenus s'en alla descendre en Epire où il establit sa demeure. Il n'eut au reste point d'enfans d'Hermione, mais d'Andromaque il eut Molosse, Piel, & Pergame, d'Helenus elle eut Cestrin : car apres la mort de Pyrrhus en Delphes elle espousa Helenus, lequel à son trespas laissant la succession du Royaume à Molosse fils de Pyrrhus ; Cestrin auec les Epirotes qui le suiuirēt volōtairemēt s'ēpara de la côtrée qui est au delà de la riuiere de Thiamis : & Pergame passa en Asie, où il mit à mort d'homme à homme en vn duel Arius Prince de la Teuthranie, selon les statuts du Royaume, & dōna son nom à la ville qui le garde iusqu'au iourd'huy. Piel demeura en Epire, auquel & non à Molosse Pyrrhus Roy des Epirotes, celluy qui fit la guerre aux Romains, & ses ancestres referent l'origine de leur race.

Presqu'egaux en force & proüesse. *Dares Phrygien descripuant les Grecs & Troyans.* Deiphobus, & Helenus ressembloient à leur pere quant au corps, mais de dissemblable nature entr'eux ; car Deiphobus estoit robuste & vaillant: & Helenus doux & benin : & fort expert és predictions. Ce que met auss Philostrate apres Homere au 6. de l'Iliade, Πριαμίδης Ἕλενος, οἰωνοπόλων ὀχ' ἄριστος.

De Deiphobus il en est fait quelque mention au treiziesme, où il le dit estre fort sage, comme fait aussi Philostrate, Δηίφοβος δ' ἐν τοῖσι μέγα

HELEN. DEIPH. & POLYD.

ἐρᾶται ἐλεξικακίαν il ne le fait rien executer de vaillant sinon de mettre à mort Ascalaphe fils de Mars; & là dessusil est blessé de Mercures. Apres la mort de Paris il espousa Helaine, laquelle quand Troye fut surprise par le moyen du cheual de bois, pour se reconcilier à Menelaus le luy liura tout endormy luy ayant substrait son espee, si qu'apres luy auoir couppé le nez, les oreilles & les deux poings, auec aultres semblables inhumanitez, il acheua de le massacrer fort cruellement; comme met Virgile au 6. de l'Eneide.

> Atque hic Priamidem laniatum corpore toto
> Deiphobum vidit, lacerum crudeliter ora,
> Ora, manúsque ambas, populatáque tempora raptis
> Auribus, & truncas inhonesto vulnere nares.

Et apres qu'Enée luy a demandé qui l'auoit accoustré ainsi, il respond:

> Sed me fata mea, & scelus exitiale Lacænæ
> His mersere malis, illa hæc monumenta reliquit.

Et ce qui suit, où il acheue de luy compter comme tout l'affaire passa. Ce que touche aussi Dictys au 5. liure: Mais Quintus Calaber au 13. met que pendant que Menelaus estoit apres à massacrer Deiphobus, Helaine gaigna le hault, & puis l'appoinctement fut faict à l'instigation de Venus qui les reconcilia ensemble.

Polydamas. Il y en eut deux de ce nom; l'vn fils d'Antenor & de Theano sœur d'Hecube, lequel ayant espousé Lycaste bastarde du Roy Priam, ne laissa pour cela de trahir Troye auec son pere & Æneas. L'aultre fut fils de Panthus, & par consequent frere d'Euphorbe, celluy dont entend parler Philostrate & Homere aussi en plusieurs lieux de l'Iliade, où il le fait fort sage, aduisé & prudent, & de bon corseil, s'opposant tousiours à la trop precipitee & bouillante impetuosité d'Hector; comme au 13. où il le tanse de se vouloir ainsi à la desbandee hazarder de forcer les rempars des Grecs;

> Ἕκτωρ ἀμήχανός ἐσσι παρρητοῖσι πιθέσθαι, &c.
> Hector tu es trop indocile,
> Et ne veux croire aux bons aduis.
> Puis que Dieu t'a rendu aux armes
> Si excellent, veulx tu aussi
> Preceder en conseil les aultres?

Hhhh ij

HELEN. DEIPH. & POLYD.

Mais tu ne puis seul tout auoir
Car aux vns il donne prouesse,
Aux aultres l'art de bien danser,
De chanter, iouer de la lyre;
Aux aultres bon entendement,
Duquel ioissent plusieurs hommes.

luy ayant au liure precedent conseillé de se desister de cette entreprise, à cause du prodige qui s'estoit apparu d'vne Aigle qui portant vne Couleuure à ses petits en fut picquee. & par ce moyen contrainte de la laisser, que s'il y estoit totallement resolu, pour le moins qu'il mist pied à terre pour assaillir plus commodeement ces rempars. Et au 18. il leur donne vn bon conseil de r'entrer la nuict en la ville, & le lendemain retorner de nouueau au combat. Mais il n'en est pas creu; dequoy Hector s'en repent bien au 22.

Ὤ μοι ἐγὼν εἰ μὲν κε πύλας, κ̀ τείχεα δύω.
Πουλυδάμας μοι πρῶτος ἐλεγχείην ἀναθήσει, &c.

Las de moy si ie r'entre és portes,
Polydamas tout le premier
Me le retornera à blasme,
Qui m'exhortoit de r'emmener
En ceste nuict pernicieuse
Dedans la ville les Troyans,
Pendant que le diuin Achille
S'excitoit encor au combat
Mais ie ne l'en ay voulu croire
Ce qui m'eust esté pour le mieux.

Quoy que ce soit il est par tout representé pour vn hõme sage & posé, tout ainsi que Hector au rebours ingenieux, hastif, & bouillant plus que rassis & aduisé. Chose bien estrange, ce dit Pline liu. 7. chap. 49. de veoir vne telle dissimilitude de complexions en deux naiz en vne mesme nuict. Homerus eadem nocte natos Hectorem & Polydamanta tradit, tam diuersæ sortis viros. Il fut en fin mis à mort par Aiax, comme met Dictys au 4. liure.

EVPHORBE.

AV regard d'Euphorbe fils de Panthus, & comme il y en eut vn ainsi appellé à Troye, que Menelaüs mit à mort, vous en auez peu à mon aduis oyr parler, en ce qu'on racompte de Pythagore Samien, lequel se disoit estre cest Euphorbe qui auroit esté regeneré en luy: vn Troyen assauoir en vn Grec de l'Ionie, fort expert au fait de la guerre: & grand ennemy & dompteur de toutes delices & voluptez. Car ceste cheueleure qu'estant deuenu Philosophe, il paroit de hasle & de crasse, lors qu'il estoit Euphorbe à Troye elle estoit de luy tout' ornee d'or. Protesilaus estime au reste qu'il pouuoit estre d'vn mesme eage que luy; & en a compassion; aduouant que ce fut luy qui donna le premier coup à Patrocle & le liura és mains d'Hector, qui eut puisapres bon marché de l'acheuer. Que s'il fut paruenu iusqu'en eage d'homme, il ne luy eust esté en rien inferieur de vaillance & de hardiesse. Mais sa beauté auroit sur tout attrait les Grecs, estant semblable à vne image d'Apollon, dont rien ne se sçauroit veoir de plus agreable, auec vne grande perruque esparse, où onques forces ne cizeaux ne donnerent pour la roigner: & vn teint fraiz delicat là dessoubs. Toutes ces belles & grandes choses me racompte mon diuin Heroe: de maniere qu'il ne nous restera plus

Hhhh iij

que de parfournir aussi vn discours d'Achille: si d'a-
uenture vous ne vous lassez de la longue prolixité
d'iceluy. *Phen.* Certes si ceux qui en Homere venoient sauourer le lotos, tout à l'instant s'affectiō-
noient si estrangement à ceste si delicieuse plante,
qu'ils mettoient arriere en obly tous leurs affaires
particuliers, & leurs mesnages, ne vous desiez point
nomplus que ie ne me rende aussi attentif à vostre
discours que ceux là faisoient enuers ce lotos: sans
que de mon bon gré ie me puisse partir d'icy, ny me
laisser remporter en mon vaisseau sinon malgré
moy & par force : & qu'on m'y attache pleurant
& criant, de façon que ie ne me sçaurois saouller de
vous oyr: car vous m'auez si bien disposé aux poësies
d'Homere que ie les estime diuines, & qu'on le doit
quāt à luy tenir pour plus qu'homme. Mais i'en demeure maintenāt plus rauy encore en mō esprit, nō
tant seulement pour la composition & tissure de
ses beaux vers: ny pour la volupté qu'on en peult
prendre, mais plus encore pour les noms de tant de
preux & vaillans Heroes, & pour leurs genealogies
& races : &, par Iuppiter, comme il leur aduint de
mettre à mort quelque personnage de nom, ou a-
uoir esté tuez par les aultres. Car que Protesilaus ait
peu cognoistre tout cela apres estre deuenu demō,
ce n'est pas merueilles: mais d'où peult estre venue à
Homere la notice d'Euphorbe, ny d'Helenus, ny de
Deiphobus: & d'aultre part de tant d'illustres hommes de l'armee Grecque qu'il recite en son Catalo-

gue? Protesilaus dit qu'il ne les a pas supposez ne feints tels cōme pour vn subiect & matiere d'escrire, ains n'a faict qu'au vray racōpter tout ce qui aduint, en quoy il n'auroit chāgé que fort peu de choses: ce qu'il mōstre auoir fait expressement pour rēdre par là sa poësie plus variee & delectable: si que ceux, dit-il, luy semblent auoir eu fort bon iugement qui ont dit qu'Apollon luy auoit dicté, & il n'auoit fait que l'escrire: car de cognoistre telles choses c'est plustost le fait d'vn Dieu que d'vn homme. *Vign.* Que les Dieux ne soient les guiddes & cōducteurs des poetes en tous leurs chāts, ils l'aduoüent assez eulx mesmes, quand les vns inuoquent Calliope, les aultres toutes les Muses: les aultres Apollon auec elles pour assister à leurs discours: si q̄ tāt de belles choses n'auroiēt point esté dittes d'Homere sans quelque diuine inspiration: mais nōpas qu'il en ait esté endoctriné par Apollon ny par les Muses. Car Homere, afin que vous le sçachiez, Homere dy ie qui naquit Poete, recitoit ses poesies quelques vingtquatre ans selō d'aucuns apres la guerre de Troye: les aultres en mettent soixante treize, alors que les Atheniens enuoierent vne colonie & nouueau peuplement en l'Ionie: les autres huict vingts: tellement que luy & Hesiode auroient esté d'vn mesme temps, & chanterent ensemble des vers en la Chalcide: Homere assauoir des deux Aiax: & comme leurs soldats correspōdoient fort biē à leur magnanimité & effort: & Hesiode vn Poëme à sō frere Persés, par où il l'exhorte de trauailler & vacquer au labourage, afin qu'il n'ait besoin de

Au tableau de Meliés.

Aulugelle li. 3. chap. 18.

Des œuures & des iours.

l'aide & secours d'aultruy, & ne souffre point de necesité du manger ny du boire: laquelle opinion sémble à Protesilaüs la plus vray-semblable, & y adhere. Comme dōques ces deux Poëtes eussent chanté vn hymne de luy au partir d'icy, mon Heroe me demanda auquel des deux ie donnois ma voix : moy me retenant au pire, car il aduint qu'il s'y estoit à mon aduis le mieux porté, Protesilaüs soubsriant, & Panides, me va-il dire, en fit de mesme: car estant Roy de la Cholcide qui est sur le destroit de l'Euripe, il iugea en faueur d'Hesiode contre Homere: & ce pource qu'il auoit la barbe plus longue que toy. Car Homere fut vn vray Poëte, & ses poësies d'vn homme: mais les noms des Heroes, leurs figures & ressemblances, & leurs faits d'armes, il les recueillit çà & là par les villes dont chacun d'eux auoit mené les forces au siege de Troye: apres la destruction de laquelle il vint en Grece, que les choses qui estoient aduenues en ce voyage n'estoiét pas encore effacees de la memoire des personnes. Mais il fut encor instruit de cela par vne aultre voye, & comme diuine oultre la science ordinaire des hommes: car Protesilaüs dit qu'Homere nauigua aussi à Ithaque, aiát entendu que l'ame d'Vlisse y voltigeoit encore, où il auroit tasché d'auoir sa communication. Apres l'auoir doncq attiree à luy il l'interrogea de ce qui s'estoit passé deuant Troye: & Vlisse luy respondit sçauoir bien le tout, & en auoir tresbonne souuenance, mais qu'il ne le luy vouloit pas reueler qu'il n'ē receut quelque salaire: des recōmādatiōs assauoir & louanges

ges par ses poësies: & des hymnes tesmoignans sa magnanimité & prudence. Ce qu'Homere luy aiant octroyé, & qu'il y emploieroit tout l'effort de sa Muse pour ceste faueur qu'il en receuroit, Vlisse luy va racompter de bout en bout comme toutes choses y estoient allees: car les ames des trespassez ne mentent iamais, aupres du sang qu'on leur espand dedans des fosses pour en gouster. Et comme Homere fust ia party, Vlisse le r'appella, luy disant: Palamedes me poursuit là bas à ce que raison luy soit faite du meurtre commis en sa personne, & de l'outrage que ie luy fis: à quoy sans doubte ie seray condamné: car nous auons affaire à des iuges fort criminels, & rigoureux, & qui ont tousiours aupres d'eux à commandement les supplices & chastimens qu'ils ordonnent: mais si l'on pouuoit tant faire que les viuans n'estimassent que ie n'eusse rien fait de tel à Palamedes, i'en serois bien quitte à meilleur marché, & ma peine plus moderee. Ne faittes doncq point de mention ie vous prie que Palamedes ait esté à Troye, & ne le couchez point en vos poësies auec les aultres combattans: ny ne dittes qu'il ait esté si sage & aduisé: car quelques autres le pourront escrire, mais on ne leur y adiouxtera point de foy, & ne sera pas trouué vray semblable quand vous n'en aurez point parlé. Voila la conference qu'eurent Vlisse & Homere ensemble, par où il appert comme le tout estoit passé à la verité: mais il en a changé plusieurs choses pour accommoder só discours à ses intentions. *Phen.* Mais de son pays ny de ses parés ne

Iiii

EVPHORBE.

vous en estes vous iamais enquis à Protesilaüs? *Vign.* Si ay, & par plusieurs fois. *Phen.* Et que vous en a-il dit là dessus? *Vign.* Qu'il le sçait fort bien, mais que cela a esté oultrepassé d'Homere, afin que les villes curieuses de s'honorer de la memoire d'vn tel personnage se l'attribuassent à l'enuy les vnes des aultres pour leur citoyen: ou peult estre pour certaine fatalité estant en luy, qu'il seroit veu estre sans pays : si que ie ne ferois pas plaisir aux destinees, ny aux Muses de le reueler, veu qu'estant teu, cela redonde à la louange de ce Poëte : car il n'y a ville ny nation qui ne tasche de le faire sien, & debattent entr'elles à qui l'aura. Et certes si ie le sçauois ie ne le vous voudrois pas celler, comme vous en peut porter tesmoignage ce que ie vous ay racompté iusqu'icy : car ce qui est venu à ma cognoissance ie le vous ay liberallement parcouru. *Phen.* Ie le croy ainsi : Retenons nous doncq à la cause qui l'a meu de taire cela. Mais il est d'oresnauant temps de nous manifester Achille : si d'auenture il ne nous effroye cõme il fit les Troians lors qu'il se monstra si resplendissant hors de son tombeau.

ANNOTATION.

Euphorbe fils de Panthus Troyan fut mis à mort par Menelaus comme il se vouloit opiniastrer a despouiller le corps de Patrocle qu'il auoit le premier blessé selon qu'il est porté au 16. & 17. de l'Iliade: & au 15. des Metamorphoses d'Ouide, où est deduit bien au long ce que touche icy Philostrate de la Metempsychose, & Palingenesie transanimation & regeneration de Pythagoras, à quoy il nous fauldra vn peu insister.

Ipse ego, nam memini, Troiani tempore belli

EVPHORBE.

Panthoides Euphorbus eram, cui pectore quondam
Hæsit in aduerso grauis hasta minoris Atridæ.

Pythagoras au reste Philosophe si renommé fut fils de Mnesarchus graueur de pierres, de l'isle de Samos, fils d'Euphron, fils de Hippasus selon Pausanias és Corinthiaques; mais Theodoric apres Aristoxene, Aristarque, & Theopompe, monstre qu'il fut Tyrrhenien : ce que confirme aussi Plutarque au 8. des Symposiaques, questions 7. & 8. pource que les Toscans gardoient, ce dit-il, par effect ce que portent les Symboles Pythagoriques. Et en ses ieunes ans fut escollier de Pherecides Syrus, puis apres la mort d'icelluy d'Hermodamas ia fort vieil: Et comme il vist commencer à naistre la tyrannie de Polycrates en sa patrie, si qu'il fut contemporain d'Anacreon selon que met Strabon au 14. liure, il nauigua en Egypte pour aprendre leur Theologie & traditions: ou il oit Oenupheus qui estoit d'Heliopoli, comme dit Plutarque au traicté d'Osyris; & fut plus estimé d'eulx que nul aultre des sages de Grece; mais aussi il estima tant leur doctrine & maniere de philosopher, qu'il accommoda à leurs hieroglyphiques ses Symboles, qui à la lettre sonnent vne chose, & soubs ceste escorce s'en entend vne aultre, par de petites en signifiant de plus grandes, ainsi qu'il l'escript en la 72. question Romaine. Et prit là d'abondant beaucoup de choses de leurs traditions, comme de ne manger point de poisson, ny de febues, qu'ils ont en telle abomination qu'ils ne les peuuent pas seulement regarder. De là il passa en Babylone, où il aprit l'Astrologie tant en ce qui concerne le cours des astres & leurs mouuemens, que de leurs effects icy bas és mutations de l'air, reuolutions des annees, & Generthliaques ou natiuitez des personnes. Pline liure vingt-quatre chapitre deux le fait bien auoir voiagé plus auant, & tout exprez pour la Magie, comme fit aussi Democrite. Ambo (parlant de ces deux) peragratis Persidis, Arabiæ, Æthiopiæ, Ægyptique Magis. Et au trent vniesme. Certè Pythagoras, Empedocles, Democritus, Plato, ad hanc Magiam discendam nauigauere: exiliis verius quàm nauigationibus susceptis. Hanc reuersi prædicauere: hanc in arcanis habuere. Pythagore finablement estant de retour en son pays, comme il vit la tyrannie y persister, s'en vint venger en la grande Grece d'Italie, selon Plutarque au prem. des opinions des Philosophes chap. 3. à Crotone & Metapont, où il dressa son escolle, & n'y eut pas moins de six cents auditeurs, la pluspart gens doctes & fort celebres; comme Architas Tarentin, Alcmeon & Philolaus Crotoniates ; Hippasus

Iiii ij

EVPHORBE.

Metapontin, Lysis, & aultres: mesmement Zaleuchus, & Charondas, lesquels s'assembloient communement de nuict, pource qu'il enseignoit plusieurs choses toutes nouuelles & inauditès, comme entre les aultres sa Metempsichose, & Palingenesie; pour laquelle persuader il s'alleguoit auoir esté en premier lieu Ethalide fils de Mercure, duquel aiant impetré tout ce qu'il aimeroit le mieux obtenir, il choisit que de son viuant, & apres sa mort il se peut resouuenir de tout ce qui luy seroit aduenu: tellement qu'il auoit memoire comme apres son decez il seroit renay en Euphorbe, & de luy en Hermotimus; puis en vn pescheur Delien nommé Pyrrhus; & à la parfin en Pythagoras: qui est ce à quoy veult battre Ouide au lieu preallegué,

　　　Morte carent animæ, semperque priore relicta
　　　Sede, nouis domibus viuunt, habitantque receptæ.
Aul. gelle liu. 4. chap. 11. racompte selon Clearchus & Dicearchus aultrement ceste sienne genealogie; qu'apres Euphorbus il fut Pyrander, & de la Callidenas; puis vne fort belle courtisane appellee Alcé. De sa mort il y en a diuerses opinions, comme on peult veoir en Diogenes Laertius; Plutarque ès contredits des Stoiques met qu'il fut bruslé tout vif par les Cyloniens: & au Demon de Socrates, que les mesmes Cyloniens bruslerent tous ses escoliers en la ville de Metapont; aians mis le feu en la maison où ils s'estoiēt assemblez pour conferer de leurs estudes, exceptez Philolaus & Lysis. Il y a aussi de la controuerse touchāt le temps qu'il florissoit; car si nous en voulons croire Strabon, qu'il abandonna l'isle de Samos lors que Polycrates iettoit les premiers fondemens de sa tyrannie, cela tombe enuirō la 60. Olympiade, deux cents tant d'ans apres la fondatiō de Rome, à quoy se conforme à peu pres. Aul. gelle liu. 17. chap. 21. Qu'il vint en Italie du temps de Tarquin le superbe, apres auoir roddé en ses peregrinations tāt en Egypte qu'en Chaldee douze ou quinze ans premier que de venir en la grāde Grece de l'Italie, où il enseigna par plus de trente ans. Tite-Liue au premier liu. se mocque de ceux qui le vouloient mettre auant Numa, d'aultant, ce dit il, que c'est chose assez notoire que plus de cent ans apres, soubs le regne de Seruius Tullus il s'en vint establir vne escolle de ieunes gens desireux d'aprendre au dernier bout de l'Italie, ès enuirons de Metapont, Heraclee, & Crotone. Mais Pline liu. & chap. 13. de l'authorité de Cassius Hemina semble inferer que Numa fut posterieur à Pythagoras; alleguant qu'en vn coffre de pierre au ianicule à Rome furent trouuez des liures d'iceluy Numa contenans la doctrine Pythagoricienne; Nulla in his

libris scripta erant nisi philosophiæ Pythagoricæ. Et vn peu plus oultre cecy de C. Pifo Cenforius au prem. de ses commentaires : Sed libros septem iuris pontificij, totidémque Pythagoricos fuisse. Plutarque pareillement en la vie d'iceluy Numa a escript, que ce qu'il auoit ordonné touchant les images des Dieux estoit du tout semblable aux traditions de Pythagoras: & qu'il institua des sacrifices des choses inanimees à la mode de ce philosophe, dont il s'efforça d'atteindre la sainéteté: En apres, d'aultant que Pline escript apres Valerius Antias, & Varron, que ces liures là estoient en Grec, & de la philosophie, on sçait assez qu'en Italie auant l'arriuee de Pythagoras on ne sçauoit que c'estoit de philosophie: & de fait ce fut luy comme met Plutarque liu. prem. des opinions des Philosophes, chap. 3. qui donna le nom à la philosophie, dont les Sabins ny Numa n'auoient lors aucune communication, ny cognoissance de la langue Grecque, ny commerce auec les Grecs, comme l'aduoue Titeliue: mais parce que le mesme Pline escript au 2. liu. chap. 8. on veoit assez qu'il ne faisoit qu'alleguer en ce que dessus les opinions des anciens, & nompas qu'il y adherast: Pythagoras Samiē fut le premier qui obserua le cours de la planette de Venus enuirō la 42. Olympiade, qui fut le 142. an de la fondation de Rome. Ce qui estoit plus de cent ans apres le commencement du regne de Numa. Et Ciceron tout aperremēt au prem. des Questions Tusculanes: Ceste opinion (de l'immortalité de l'ame) confirma principalement Pythagoras disciple de Pherecidés, lequel du temps que Tarquin le Superbe regnoit à Rome vint en Italie, & y maintint la grande Grece en grand honneur, discipline & authorité: si que par plusieurs siecles apres le nom des Pythagoriciens fut en telle vogue qu'il sēbloit n'y auoir aultres gens doctes sinon eux. Et au 4. liu. Ils auoient là Pythagoras, homme d'vne singuliere sapience & noblesse, lequel estoit en Italie au mesme temps que Iunius Brutus deliura sa patrie de la tyrannie des Roys. Plus au 2. de l'Orateur à son frere Quintus. L'Italie fut iadis presque toute remplie des Pythagoriciens, dont quelques vns ont estimé que Numa Pompilius l'vn de nos Roys auroit esté Pythagoricien, lequel neaumoins fut plusieurs ans deuant Pythagoras, & de là on le doit reputer tant plus excellent personnage, d'auoir cogneu la doctrine & sapience de bien establir & administrer vn estat, prés de deux siecles premier

Liii iij

EVPHORBE.

que les Grecs eussent cogneu qu'elle fust nee. *Ouide au 3. des Fastes monstre aucunement de tenir qu'ils eussent esté d'vn mesme temps: & que Numa mesme auroit esté disciple de Pythagoras.*

  Primus oliuiferis Romam deductus ab aruis
  Pompilius, menses sensit abesse duos.
  Siue hoc à Samio doctus, qui posse renasci
  Nos putat: Egeria siue monente sua.

Plus au 3. de Ponto.

  Præmia nec Chiron ab Achille talia coepit:
  Pythagoræque ferunt non nocuisse Numam.

Ciceron au 4. des questions Academiques s'efforce de souldre ce doubte, que Numa pour auoir esté appellé Pythagoricien de quelques anciens fust par consequent posterieur à luy: ou pour le moins contemporain: car il se retient à son opinion de sa subtilité, & met que ce fut pour la conformité de leur doctrine, & la sagesse de ce Roy toute telle que du philosophe qui en auroit emporté le tiltre par dessus tous aultres: Quinetiam arbitror propter Pythagoræorum admirationem, Numam quoque regem Pythagoræum à posteris existimatum: nam cum Pythagoræ disciplinam & instituta cognoscerent: regisque eius æquitatem & sapientiam à maioribus accepissent: ætates autem & tempora ignorarent, propter vetustatem eum qui sapientia excelleret, Pythagoræ auditorem fuisse creditum.

Reste de dire quelque chose de sa doctrine: enquoy ie laisse à part ses morales, car il n'en est pas icy question: & pareillement qu'il fut des premiers entre les payens qui afferma l'immortalité des ames: car son precepteur Pherecides auoit eu ceste opinion auant luy, & long temps deuant Pherecide Homere, comme on peult veoir tout appertement en plusieurs endroits de ses poesies: ψυχὴ δ' ἐκ ῥεθέων πταμένη ἄϊδοσδε βεβήκει: *Son ame s'en volle hors des membres, tout droict és manoirs de Pluton. Et au 23. de l'Iliade de celle de Patrocle: mais plus particulierement en l'onziesme de l'Odissee. Dauantage Pythagoras auroit peu apprendre ce poinct là des Egyptiens, qui mesmes auoient quelque adombrement de la resurrection: & des Chaldees pareillement, où il luy fut loisible de boire à pleins traicts de la doctrine de Moyse, comme fit Platon apres luy, dequoy font foy assez de lieux de sa doctrine du tout conformes aux traditions Cabalistiques des sages Hebrieux: cestuy-cy nommeement*

EVPHORBE.

entre les aultres que Plutarque allegue au 8. des Symposiaques, question 7. de brouiller les draps de son giste aussi tost qu'on sera leué: car cela est formellement dans le Zoar de Rabi Simeon fils de Iochai: ou il dit, que c'est pource que les esprits immondes se delectent fort de la chaleur, & de la forme humaine empreinte où on aura dormy la nuict, s'efforçans de tout leur pouuoir d'y atteindre & s'y substituer au lieu des personnes: ny plus ny moins que les vallets en l'absence du maistre prennent plaisir de s'asseoir dans sa chaire & le contrefaire. Tellement que quand on se leue du lict, où durant le repos de la nuict on a peu auoir eu plusieurs cogitations & apprehensions impures, l'esprit immonde & conquinant dont cela procede, les Cabalistes l'appellent Lilith, trouuant la place toute chaude & qui ressent encore les esprits de celuy dont ce giste est, s'introduisant en ceste forme luy peult causer beaucoup de mauuais accidents, tant en l'esprit comme au corps par vn consentement symbolisant de l'vn à l'autre: comme on voit par l'experience de certain charme & sorcellerie qu'on peut encloüer vn cheual fichant vn cloud dedans la forme du pied qu'en passant il aura empreinte dans la terre: & tout de mesme mitiguer la douleur des dents plantans vn poinson qui y aura touché dans vn ais: de guerir oultre plus vne playe en pensant le ferrement qui l'aura faicte, car le mesme effect en prouient comme si l'on appliquoit les medicamens sur la blesseure: les loups enrouent ceux qu'ils auront apperceus les premiers: & l'ombre de l'hienne garde les chiens d'aboyer, & les vend muets, comme met Pline liu. 8. chap. 30. auec aultres tels experiments magiques: qu'au 28. liure chap. 4. il attribuë à Pythagoras, de la doctrine duquel nous ne toucherons icy que deux poincts: qui sont aussi en controuerse, l'vn de la prohibition des viandes, & l'autre de sa metempsychose ou transmigration des ames d'vn corps à l'aultre. Or on tient pour chose affermee qu'il ordonnoit tout resolument de s'abstenir des febues, tant pour les perturbations que ce legume ameine en l'esprit, où il cause de fascheux songes: que pource qu'il y a (ce disoient ils) ie ne sçay quelle representation des ames des trespassez. Pline liure 18. chap. 12. On tient que les febues hebetent fort les sentimens, & excitent de fascheux & turbulets songes, pour raison dequoy elles ont esté reiettees par l'ordonnance de Pythagore: ou selon les aultres parce que les ames des trespassez sont en ce legume, ce qui a esté cause qu'on les employoit és seruices de leurs mortuaires. Et pourtant Varró met que le prestre de Iuppiter n'auoit point accoustumé d'en manger, car en sa fleur se retrouuent ie ne sçay quels caracteres & marques lugubres. *Festus* met de plus qu'il n'estoit pas loisible à ce Flamendual de nommer tant seulement vne Febue, & encore moins y toucher, pource qu'elle estoit desdiee aux morts: ce que confirme Plutarque en la 95. question Rom. La ceremonie au reste de ceste superstition de febues és mortuaires estoit telle. On prenoit vne febue noire en la bouche, les pieds nuds, & les mains bien lauees, & apres l'auoir bien promenee auec la langue durant vn grand retentissement de chauderons, & semblables clinquailleries, on la iettoit derriere le dos hors de la porte de la maison, en faisant par neuf fois sa priere à haulte voix, que les lemures racheptez par ceste febue en delogeassent, estimans comme met Varron dans Nonius liu. prem. de la Vie du peuple Romain, qu'en ce faisant ils apaisoient l'esprit du deffunct: & le contraignoient de vuider du tout. Ce que touche aussi Ouide au 5. des Fastes.

Cùmque manus puras fontana perluit vnda,
   Vertitur, & nigras accipit ore fabas.
Auersúsque iacit: sed dum iacit, hæc ego mitto:
   His inquit redimo méque meósque fabis.
Hæc nouies dicit, nec respicit: vmbra putatur
   Colligere, & nullo terga vidente sequi.

Diogenes Laertius en la vie de Pythagoras, alleguant Aristote au traicté des Febues: met que ce qui le meut à les prohiber, fut ou pource qu'elles ressemblent aucunement aux parties honteuses, ou aux portes d'enfer: ou pource qu'en l'election des magistrats & és iugemens on ballotoit auec des febues: ce que touche aussi Plutarque en l'institution de la ieunesse. Mais les Egyptiens referoient cela aux flatuositez qu'elles engendrent, qui prouoquent la luxure, comme tous aultres legumages, en la 95. question Romaine: ou pour les songes turbulents, liu. prem. des Symposiaques: question 10. Ce que touche aussi Ciceron au premier liu. de la diuination. C'est pourquoy Platon nous ordonne que nous en allans coucher nos corps soient disposez de sorte qu'il n'y ait rien qui nous puisse aporter aucune frayeur ou perturbation: tellement qu'on a opinion qu'aux Pythagoriciens estoit interdit du tout l'vsage des febues, pource qu'elles enflent fort, & sçait-on assez que ceste viande est fort contraire à ceux qui cherchent le repos & tranquillité d'esprit.

Mais

EVPHORBE.

Mais à cela contredit *Aristoxenus*, (poursuit *Aulugelle* liu.4.chap.11.car ce que dessus en a esté pris) lequel fut disciple d'*Aristote*, au liure qu'il a escript de *Pythagoras*:qu'il n'vsa iamais plus frequentement d'aultres legumages que de cestuicy, à cause que les febues ramolissent peu à peu le ventre, & purgent gracieusement. Or ce qui auroit esté cause de ceste erreur est ce vers icy d'*Empedocle* qui embrassa la doctrine Pythagoricienne.

Δειλοί πάνυ δειλοί κυάμων ἄπο χεῖρας ἔχεσθαι:

Abstenez vous ô miserables,

Abstenez vous du κυάμος:

lequel mot quelques vns ont interpreté pour des febues: mais il signifie aussi les genitoires:tellement qu'*Empedocle* n'auroit pas voulu admonester par là les humains de s'abstenir des febues, ains de la luxure. Que *Pythagoras* au reste, & ses sectateurs s'abstinssent entierement de poisson, cela est assez commun en plusieurs autheurs & mesmemet en *Plutarque* és Symposiaques liur.& chap.8.qui est tout de cecy: ou il en allegue plusieurs raisons. & entre autres d'vn *Lacedemonien Tyndares*, qui estimoit que ce fust pour l'honneur qu'ils portoient à la taciturnité & silence:car il n'y a rié plus muet que les poissons:& ils l'auoient en singuliere recommandation, l'ordonnans fort estroittement par cinq ans de suitte à tous ceux qui s'initioient en leur secte:sans leur estre permis de rien dire, nompas de s'enquerir seulement:ains failloit qu'ils se tinsent coys & attentifs à escouter. Ils appelloient ce silence Echemytie selon *Plutarque* au traicté de la curiosité qui charrie ordinairement auec soy beaucoup de babil:& *Aulugelle* liure premier,chap.9.dont il n'y aura point de mal d'amener icy le lieu tout entier puis qu'il fait ainsi à propos. De plaine arriuee (discourt là le Philosophe *Taurus*) les ieunes gens curieux d'aprendre qui se presentoient pour s'instruire, estoient fort exquisement considerez de pied en cap de Pythagore en tout ce qui se pouuoit apperceuoir par le dehors à leur physionomie, c'est à dire, des traicts & lineamens du visage, & de l'air d'iceluy; auec leurs gestes & contenances; & en somme de toute leur disposition corporelle. Estans iugez propres & idoines à receuoir sa doctrine,ils y estoient & admis & receus de ce pas: & lors on leur imposoit vn silence en tout & par tout, nompas à tous egalement, mais aux vns plus, aux autres moins selon leur capacité & portee. Ce nouice escoutoit sans mot dire ce que les autres discouroient,ne luy estant loisible orcs

Kkkk

EVPHORBE.

qu'il y euſt quelque choſe qu'il ne conceuſt aſſez bien à ſon gré, de s'en enquerir plus auant: & au reſte n'y en auoit point qui gardaſt ainſi ce ſilence moins de deux ans: durant lequel temps de ſe taire, & ne faire rien qu'eſcouter, ils eſtoient appellez auditeurs. Puis-apres qu'ils auoient apris de taire les choſes les plus ardues & difficiles, & que par ce ſilence ils commençoient deſia d'eſtre inſtruicts, lequel ils nommoient entr'eux ἐχεμυθία taciturnité, lors ils pouuoiēt ouurir la bouche, parler, diſcourir, & s'inſtruire plus apertement des choſes qu'ils auoient oyes, les rediger par eſcript, & en dire meſme leur aduis: eſtans adonc appellez Mathematiciens, c'eſt à dire vacquans & ententifs aux diſciplines: celles aſſauoir ou ils auoient deſia commencé de mediter & aprendre: cōme l'Arithmetique, Geometrique, Muſique, & ſemblables ſciences haultaines, dont le vulgaire a de couſtume d'appeller Mathematiciens ceux que de leur pays ils deburoient nommer les Chaldees. Et ainſi ces diſciples aduancez en l'eſtude & cognoiſſance de telles doctrines, paſſoient oultre conſequemment à la notice des ouurages de l'vniuers, & des Principes de nature: & lors eſtoient dits Philoſophes naturels. *Mais pour retorner aux poiſſons, pourſuit le meſme Plutarque que Theon le Grammairien eſtimoit que Pythagoras euſt apris cela des ſages d'Egypte, qui n'en mangeoient iamais: pourautant qu'ils n'ont rien de commun auec les autres animaux: car l'air qui les norriſt, & les plantes meſmes, leur eſt contraire, pernicieux & mortel. Mais il y en auoit qui impugnoient ceſte opinion là comme impertinente, parce que Pythagoras aiant vn iour achepté de certains peſcheurs tous les poiſſons qui eſtoient dedans leur filé, il les laiſſa aller en l'eau, & les remit en liberté comme s'il euſt payé leur rançon: ce qui demonſtroit aſſez que c'eſtoit pluſtoſt pour certaine humanité qui eſtoit en luy, comme il eſt dit encore au traicté de l'vtilité qu'on peut receuoir de ſes ennemis, de ne vouloir priuer aucune creature de la vie que Dieu & nature leur auoient donnee, pour maintenir la ſienne: que pour auoir en abomination les poiſſons; attendu meſme qu'ils ne nous font aucune offenſe ny dommage, comme pourroient faire des lyons, loups, ours, cerfs, ſangliers, & autres ſemblables. Car ores meſme qu'ils en euſſent la volonté, ſi ne la ſçauroient ils executer, viuans ainſi apartez de nous comme ils font, & quaſi en vn autre monde: ſi que pour touſiours*

EVPHORBE.

tant mieux exercer la pitié & misericorde enuers les persones, les Pythagoriciens vouloient qu'on s'accoustumast à vser de mansuetude à l'endroit des animaux irraisonnables. A ce propos vient s'enfiler la defence qu'on dit communement que souloit faire Pythagoras de manger d'aucun animal, ce qui depend de l'article de sa Metempsychose ou transanimatio: estimant que les ames des hommes apres leur mort s'allassent incorporer en des bestes brutes, selon les diuerses affections ou ils auoient vescu en leur humaine condition: & au contraire celles des bestes en des corps humains : ce que Ouide a touché aussi au 15. des Metamorphoses.

Au traité de la prudence des animaux de la terre & des eaux.

> Nos quoque pars mundi, quoniam non corpora solum
> Verumetiam volucres animæ sumus, inque ferinas
> Possumus ire domos, pecudúmque in corpora condi,
> Corpora quæ possunt animas habuisse parentum,
> Aut fratrum, aut aliquo iunctorum fœdere nobis,
> Aut hominum, certè tuta esse & honesta sinamus.

Mais Aristoxene cy dessus allegué d'Aulugelle, a escript auoir entendu de Xenophile Pythagoricien, & aultres anciens qui ne furent gueres esloignez du temps de Pythagoras, qu'il vsoit par fois de cochons, cheureaux, & aigneaux, & semblables viandes de laict de facile digestion, & de mediocre norrissement: comme estant d'petite vie, du tout addonné aux contemplations: parquoy son manger le plus ordinaire estoit de miel & de fruictages, comme l'a escrit Lycon laseus au rapport d'Athenee au 10. des repas des Philosophes : & qu'Apollodore l'Arithmeticien tesmoigne qu'il sacrifia vne fois cent beufs aux Muses pour auoir trouué que la soustendue du triangle estoit egalle aux deux laterales qui constituent l'angle droict. vne demonstration geometrique du triangle orthogone. Plutarque contre la doctrine d'Epicure citant le mesme Apollodore ne met qu'vn beuf, ce qui est plus vray-semblable. Et au 8. des Symposiaques question 2. qu'il fit vn autre sacrifice aux Dieux, pour auoir trouué aussi vne troisiesme ligne proportionnelle à deux qui luy seroient donnees à comparer. Porphyre en outre liu. prem. de l'abstinence des animaux, met que Pythagoras fut le premier qui fit vser aux Athletes de chairs, parce qu'elles auoient grande vertu pour accroistre la force du corps ; là ou auparauant ils ne viuoient que de figues, & de fromage. Et Plutarque en la vie d'Homere selon le mesme Aulugelle, qu'Aristote auoit escript que les Pythagoriciens s'abstenoient bien de quelques parties des animaux, & de quelques animaux encore du tout, & nompas de tous en general. Mais au commence-

Kkkk ij

EVPHORBE.

..ent du traicté s'il est loisible de manger de la chair; il semble inferer que si par ces paroles: Tu me demandes pour quelle occasion Pythagoras s'abstenoit de manger de la chair, &c. A ce propos les Rabins & Docteurs Hebrieux tiennent qu'auant le deluge les hommes ne mangeoient ny chair ne poisson, aussi ne leur estoit-il pas permis, ains viuoient seulement d'herbages, racines, fruicts des arbres, & semblables vegetaux que la terre produit de soy; ce qu'ils colligent de ces deux passages de l'escripture: l'vn du prem. chap. de Genese: Dieu dit, voicy ie vous ay donné toute herbe qui produit semence sur la terre: & tous arbres qui ont en soy semence de leur espece, affin qu'ils vous soient pour viande. Et l'autre du 9. apres le deluge. Tout ce qui se meut aiant vie vous sera pour viande: Ie vous ay donné le tout comme l'herbe verte. Mais ce qu mouuoit Pythagoras de s'en abstenir estoit, comme ia a esté dit, pour recommander la mansuetude & douceur, & nompas qu'ils eussent opinion qu'apres la mort des personnes leurs ames transmigrassent ès corps des bestes: ce que quelques vns estiment luy auoir esté faussement imputé, & par calomnie: car il ne se trouue ce disent-ils, que trois liures qu'il ait escript, le παιδευτικὸ ou instructif, le Politique, & le Physique, qu'on attribue toutefois plustost à Lysis l'vn de ses disciples: & au lieu de cela mettent le moral, qui sont les vers qu'on appelle communement les dorez. Neaumoins Plutarque au premier traicté de la fortune ou vertu d'Alexandre dit qu'il n'escript onques rien nomplus que Socrate, Arcesilaus, & Carneades. Les autres alleguent qu'il auroit formellement eu ceste opinion dessusdite de la transmigration des ames: les autres qu'il l'auroit seulement mise en auant comme disputable à la mode des philosophes Sceptiques: les autres qu'il l'auroit receue des prestres d'Egypte, l'aians ainsi mystiquement controuuee comme pour vne expiation & purgatoire des ames apres leur separation d'auec le corps: Ce qui auroit parauenture meu l'heretique Carpocrates à croire ce que reprouue Tertullian au 33. ch. de l'ame: Metempsychosin necessariò imminere, si nō in primo quoque vitæ huius commeatu omnibus in licitis satisfaciat. Cæterùm toties animam reuocari habere quotiens minus quid intulerit, reliquatricem delictorum donec exoluat nouissimum quadrantem, detrusa identidem in carcerem corporis. A quoy selon quelques Cabalistes suffist vne triple reiteration, se fondans sur ce texte de Iob au 33. Liberauit animam suam ne pergeret in interitum, sed

EVPHORBE.

viuus lucem videret. Ecce hæc omnia operatur Deus tribus vicibus per singulos, vt reuocet animas eorum à corruptione, & illuminet luce viuentium. *Ce que Rabi Moyse Egyptien liu. 3. de ses Perplexes, chap. 24. accommode à la grace que fait la bonté diuine aux personnes affligees de quelque griefue maladie iusqu'au dernier but, & comme si elles estoient desia enfournees és faulxbourgs de la mort, dont Dieu les retire à l'intercession de quelque Ange, qui les auroit en sa sauuegarde & protection, suiuant ce qui precede au mesme Iob;* Si fuerit pro eo Angelus mediator vnus de millibus, vt annunciet hominis æquitatem. *Lactance liu. prem. de la faulse sapience chap. 18. à propos de ce que dessus de Carpocrates:* Quæ ignorantia effecit vt quoidam dicere non puderet, idcirco nos esse natos vt scelerum pœnas lueremus: quo quid delirius dici posse non video. Vbi enim, vel quæ scelera potuimus admittere qui omnino non fuimus? *Les aultres le referent à quelques autres allegories: comme Timee Locrien Philosophe Pythagorique en son liure de l'ame du monde tout à la fin, que ç'a esté vne inuention pour retirer les personnes des vices si les bons preceptes n'y peuuent rien faire.* Car tout ainsi (*dit-il*) que si les bons & salutaires remedes qu'on applique aux corps infirmes ne leur peuuent de rien profiter, l'on est contraint d'y en employer quelques vns qui de soy ne sont pas salubres: de mesme retenons-nous en bridde les esprits des hommes par certains comptes faits à plaisir, s'ils ne se meuuent par les admonestemens & remonstrances veritables. Parquoy on est par fois contraint de leur proposer des supplices estranges & extrauagans: comme de leur faire accroire que les ames transmigrent en diuers corps, selõ qu'on se sera comporté en ceste vie: comme des lasches & pusillanimes, en des femmes: d'homicides & cruels, en des bestes sauuages telles que des lyons, tygres, onces, & ours: des luxurieux & gourmands, en des pourceaux ou sangliers: des legiers, inconstans & vollages, en des oiseaux: des oisifs & paresseux, en des poissons. Toutes lesquelles choses la Deesse Nemesis ou Iustice diuine execute en la seconde periode & reuolution, & les accomplist infailliblement auec les Parques soubsterraines qui punissent les forfaits des hõmes: ausquelles le Dieu souuerain a commis le regard & su-

EVPHORBE.

perintendance des choses humaines, & l'administration du monde, lequel consiste des Dieux, & des hommes, ensemble des autres animaux. *Ce que Boëce paraphrase & dilate en ceste sorte.* De là il aduient que celuy que vous verrez ainsi defiguré de vices vous ne le pourrez plus estimer estre vn homme, bruslé d'vne conuoitise auaricieuse rauir violentement le bien d'autruy? vous le reputerez semblable à vn loup affamé rauissant. Est-il sans cesse à chiquaner l'vn & l'autre, & les troubler par des procés à tort & sans cause? Comparez-le à vn vieil mastin qui abaye à tous propos les passans. Si consit en fraude & cautelle, il est continuellemét apres à machiner quelque trahison & desloiauté à son prochain, parangonnez-le à vn fin malicieux renard. Ne peut-il refrener sa colere qu'il ne la descharge felonneusement tantost sur l'vn, tantost sur l'autre? on le tiendra pour vn lyon. Est-il craintif & tousiours surpris d'espouuantement aux premieres fueilles qui branslent, si que mesme il a peur de son ombre & la redoubte? Vous le direz auoir vn cœur de cerf. Si paresseux, lent & stupide, qu'il vit la vraye vie d'vn asne: si inconstant, legier & vollage, changeant à toutes heurtes d'opinion, sans s'arrester ferme ny resouldre à rien, il ne differera point des oiseaux. Se laisse-il embourber en d'ordes & sales delices & voluptez? C'est vn porc sans doubte qui prend plaisir à se tantouiller dans la fange. Et ainsi il aduient que quiconque delaisse la vertu & la preud'hommie, il se depart par mesme moyen de ce qui est homme, & desiste de l'estre plus: Car d'autant qu'il se laisse aller, & s'abandonne à toutes manieres de vices, parce qu'il ne se peut pas esleuer au degré & condition d'vne nature diuine, il fault necessairemét qu'il se tourne en la bestiale. *Tellement que ceste transformation se fait selon les mœurs, les affections, & effects, par ou non moins bien se distingue la nature de la chose, que par la forme & la figure: car on discernera bien mieux vn poirier d'auec vn pômier, & vn prunier d'vn amendrier par les fruicts qu'ils portent, que nompas par leur tronc & leurs rameaux despouillez de fueilles. De ceste sorte les hômes sont dits passer en des bestes brutes quand ils degenerent de la vertu à laquelle ils sont naiz, aux vices & desbordemens des concupiscences irraisonnables, qui sont le propre desdites bestes: à* quoy bat cecy du Pseaume 48. Comparatus est iumentis insipientibus, & similis factus est illis. A quoy adherent aussi *Porphyre & Iamblique*, que l'homme de mœurs depravees ne se doibt pas appeller asne, ny lyon, mais asinin & leonin : là où au contraire quand ils se departent de la sensualité bestiale que l'*Apostre* appelle l'homme animal & externe; & qu'ils en surmontent les affections & les passions pour se transporter à la spiritualité, on les tient alors estre sortis comme d'vne peau & despouille de beste brute pour se reuestir de la forme humaine. Et cela est touché fort subtilement par *Thespion* le gymnosophiste en la vie d'*Apollonius* de *Philostrate* liu.5. Si selon que fit Hercules quand on luy proposa le choix des deux voyes vous choisissez la vertueuse, vous bannissant des delices & voluptez, & des vicieuses passions sensuelles, on vous dira auoir surmonté plusieurs lyons, & estre venu à bout d'vn grand nombre d'Hydres : auoir vaincu infinis Gerions, Antees, & Nesses, & mené à fin toutes les autres entreprises qu'on racompte de ce preux Heroë. Car lors vostre ame qui par l'imaginatiõ d'vn esprit brutal estoit trauersee de ces mauuaises & viles affections bestiales, s'en estant deliuree, & par vne longue suitte de temps auec de grands labeurs purifiee entierement de ces conditions animales, s'en retournera dignement à son vray siege qui est le ciel. *A quoy bat ce dire icy de Pythagore;*

Si delaissant ce corps caduque
  On s'esleue à vn pur Ether,
  Libre, reposé & tranquille,
On deuiendra Dieu immortel.

Ce qui ne s'esloigne gueres de ce lieu icy du Pseaume 38. In imaginem Dei pertransit homo ; *car quelques vns le lisent de ceste sorte, suiuant cecy de l'Apostre en la* 2. *aux Corinth.* 3. Nous sommes trãsformez en la mesme image de gloire en gloire ; *assauoir de Christ, qui est l'image de Dieu inuisible, comme il est dit au chap. suiuant. Mais pour reprendre encore le propos de la Metempsychose de Pythagore ; Platon à la fin du* 10. *de sa Rep. introduist vn Herus resuscité de mort à vie, lequel racompte tout plein de choses des enfers : & entre autres dit auoir veu l'ame d'Orphee, qui pour la haine irreconciliable par luy conceuë enuers les femmes dont il auoit esté si miserablement massacré, aima mieux trãsmigrer en vn corps de Cigne, que de renaistre de nouueau d'elles. Celle*

EVPHORBE.

de Thamyris en vn rossignol, d'Aiax en vn lyon, qui dedaignant de redeuenir encore homme pour l'iniustice dont on luy auoit vsé à l'adiudication des armes, choisit de passer en ce fier & cruel animal. D'Agamemnon, pour tant de maux, peines, fascheries qu'il auoit souffert en sa vie, de deuenir aigle. A talante athlete, Epeus Panopeen femme. Thersites Singe. Et finalement Vlisse n'en voulut point d'autre que d'vn homme priué mediocre. Et que reciproquement les bestes transmigroient aussi de leur part en des corps humains selon leurs inclinations & comportemens. Mais tant les vns que les autres ayans fait election des corps ou ils vouloient reconnoistre, s'en venoient trouuer Lachesis qui leur establissoit vn Demon assistant ou genie tutelaire, lequel les conduisoit premierement à Clotho, qui par vn tour de son fuseau leur ratifioit la condition qu'ils auoiēt choisie: & de là passoient à Atropos, qui leur acheuoit de filer & retordre leur destinee, afin qu'elle demeurast immuable. Puis finalement s'en venoient comparoistre deuant le throne de la Necessité, & de là au camp Letheen ou de l'oubliance desnué de tout ombrage; là ou se reposans la nuict à l'herte le long du fleuue Amelita, l'eau duquel vaisseau quelconque ne pouuoit tenir, en beuuoient certaine mesure & nomplus: mais celles qui n'auoient point de patron ny de gardien en beuuoient plus qu'il ne failloit, parquoy elles estoient incontinent occupees d'vne perpetuelle oubliance de toutes choses. Les autres apres auoir dormy iusques enuiron la minuict, estoiēt en sursault resueillees par vn tonnerre & tremblement de terre, si qu'elles se leuoient tout soudain l'vne d'vn costé, l'autre d'vn aultre à nouuelle generation, tressaillans comme des estoiles. Iusqu'icy Platon. A quoy Plutarque au traicté de la tardiue vengeance diuine enchasse vne narration du tout conforme d'vn Thespesius Cilnien. Mais d'autres allegorisans encore sur ceste Metempsychose Pythagorique, veullent que ces quatre predecesseurs de Pythagoras soient les quatre elemens dont son corps estoit composé; & à ce propos Philostrate liu. 3. de la vie d'Apollonius l'introduist interrogeant Iarchas, quelle estoit l'opinion des Brachmanes de l'ame humaine: & il respond, comme Pythagore nous l'a enseigné, & nous aux Egyptiens. A quoy Apollonius replique: Ne vous direz vous pas donques auoir esté quelque Troyan comme Pythagore alleguoit auoir esté autrefois Euphorbe? L'autre luy demande; & lequel est-ce de tous les Grecs qu'on tient auoir esté le plus excellent au siege de Troye? Achilles sans doubte, dit Apollonius, si nous nous en voulons rapporter à Homere. Sachez donques, poursuit Iarchas, que Ganges iadis Roy des
Indes,

EVPHORBE.

Indes, & fils du fleuue Ganges auroit surmonté en plusieurs vertus & perfections cest Achilles là que vous dittes, & celuy là a esté mon progeniteur, ou plustost engendré ce corps icy que vous me voiez estre maintenant, qui est ce que Pythagore a voulu entendre quand il se disoit auoir esté autrefois Euphorbe. Par cela l'on peut assez voir que ces paroles ne denotent pas vne transmigration des ames d'vn corps à autre, ains vne transmutation de matiere, qui est apte à receuoir toutes formes : comme si vn lyon s'estoit longuement nourry & esleué de chair humaine, on pourroit dire que ces corps d'hommes seroient deuenus lyon : ou vn homme alimenté de beuf, que le beuf se seroit transformé en homme. Le mesme d'vn chien qui auroit mangé vn cheual. Que pour cela le cheual fut deuenu chien : & ainsi du reste, qui est à peu pres ce qu'Ouide a voulu toucher au lieu cy dessus allegué.

> Omnia mutantur, nihil interit, errat, & illinc
> Huc venit, hinc illuc : & quoslibet occupat artus
> Spiritus, éque feris humana in corpora transit,
> Inque feras noster, nec tempore deperit vllo.

Le mesme touche presqu'aussi Cesar au 6. des Commentaires de la Gaulle parlāt des Druides, dōt la doctrine se cōformoit en beaucoup de choses à celle de Pythagoras. En premier lieu ils veulēt persuader cela que les ames ne perissent point, ains qu'apres la mort du corps elles passent des vns aux autres. Mais Lactance au lieu cy dessus allegué du 3. liu. de la faulse Sapience, chap. 18. tasche de monstrer que ce qui meut Pythagoras de mettre en auant ceste metempsychose & Palingenesie ou reengendrement fut vne vaine gloire, qu'estant nay de parents ignobles & incogneuz, il auroit voulu referer son origine à vn Prince illustre Troyan : Nisi fortè credimus inepto illi Seni qui se in priore vita Euphorbum fuisse mentitus est. Hic, credo, quod erat ignobili genere natus, familiam sibi ex Homeri carminibus adoptauit. *Et au 7. liure de la diuine recompense, chap. 23. il monstre que l'opinion de Chrysippe au traicté de la prouidence où il parle de la renouation du monde estoit bien plus saine que celle de Pythagoras ;* τέτε δ' ὕτως ἔχοντος, δῆλον ὡς ὀδὲν ἀδύνατον, καὶ ἡμᾶς μετὰ τὸ τελευτῆσαι, πάλιν περιόδων τινῶν εἰλημμένων χρόνε, εἰς ὃ νῦν ἐσμεν καταςῆσεαθ σχῆμα. *Cela estant de ceste sorte, il appert assez n'estre pas impossible qu'apres que nous aurons terminé nostre vie, derechef certaines periodes de temps s'estās reuolues, nous*

EVPHORBE.

ne soyons restablis au mesme estat ou nous sommes. *Mais c'est assez de ce propos.*

Lors qu'il estoit Euphorbe à Troye sa cheueleure estoit toute ornee d'or. *Cela est grappetté d'Homere au 17. de l'Iliade; là ou parlant de la mort d'Euphorbe tué par Menelaus à la rescousse du corps de Patrocle.*

Αἵματί οἱ δεύοντο κόμαι χαρίτεσσιν ὁμοῖαι,
Πλοχμοί θ' οἳ χρυσῷ τε καὶ ἀργύρῳ ἐσφήκωντο.

Ses cheueux aux graces semblables
Luy furent tous baignez de sang,
Et ses tresses, qui ordonnees
Estoient de fil d'or & d'argent.

Aduouant Protesilaus que ce fut Euphorbe qui donna le premier coup à Patrocle. *Au 16. precedent.*

— μετάφρενον ὀξέϊ δουρὶ
Ὤμων μεσσηγὺς σχεδόθεν βάλε Δάρδανος ἀνὴρ
Πανθοΐδης Εὔφορβος, &c.

Par le derriere auec sa lance
Euphorbe le fils de Panthus
Le naura de pres à l'espaulle:
Euphorbe qui ses coegaux
A tirer le dard, à la course,
Et bien manier vn cheual
Surmontoit. Ce fut luy Patrocle,
Qui tout le premier t'assena,
Mais il ne te porta par terre.

Car les ames des trespassez ne mentent iamais aupres du sang qu'on leur espand dedans des fosses pour en gouster. *Il fait icy allusion à ce qui est escript en l'onziesme de l'Odissee, ou Vlisse estant descendu aux enfers pour se conseiller à l'ame de Tiresias, apres luy auoir immolé quelques victimes, & d'icelles espandu le sang dans vne fosse dont il se tenoit pres l'espee au poing pour empescher les autres ames de s'en approcher; Tiresie apres en auoir tasté luy dit;*

Ἀλλ' ἀποχάζεο βόθρου, ἄπισχε δὲ φάσγανον ὀξύ

EVPHORBE.

Ἅιματος ὄφρα πίω, καί τοι νημερτέα εἴπω.
Mais esloigne toy de la fosse,
Et oste ce glaiue trenchant,
Afin que de ce sang ie boiue,
Et te die la verité.

Et *Plutarque en la vie d'Homere*; ἐν δὲ τῇ ὀδυσσείᾳ δι' ὅλης τῆς νεκυίας τί ἄλλο; mais en l'Odissee en toute ceste descente aux enfers que veut-il demonstrer autre chose sinon que les ames demeurẽt apres la mort, & qu'apres auoir beu du sang elles parlent? Car il sçauoit bien que le sang est la pasture & le nourrissement de l'esprit; & que l'esprit est le vehicule de l'ame.

Les villes curieuses de s'honorer de la memoire d'Homere, se l'approprioient à l'enuy les vnes des autres. *Aulugelle li. 3. chap. 11.* Quant au pays d'Homere il y a diuerses opinions là dessus; les vns le faisans estre Colophonien : les autres Smyrneen : il y en a qui le disent estre d'Egypte ; les autres d'Athenes : Aristote de l'Isle d'Ios. M. Varro au premier des Images a apposé cest Epigramme : Sept villes debattent entr'elles de la naissance d'Homere : Smyrne, Rhodes, Colophon, Salamine, Ios, Argos, & Athenes.

Ἑπτὰ πόλεις διερίζουσι περὶ ῥίζαν Ὁμήρου,
Σμύρνα, Ῥόδος, Κολοφὼν, Σαλαμὶν, Ἴος, Ἄργος, Ἀθῆναι.

ACHILLES.

VIGN. Or n'en ayez point de peur ie vous prie : car au commencemẽt de ce mien discours il ne se presentera qu'estant encore ieune garçon. *Phen.* Certes vous me ferez plaisir si vous venez à le parcourir dés sa tendre ieunesse : puis nous le pourrons rencontrer estant armé & pesle-meslé au combat. *Vign.*

LIII ij

ACHILLES.

Ie le feray de ceste sorte, & vous diray ce qu'on doit tenir de luy: duquel i'ay apris de mon Heroë toutes ces choses. Il y auoit certain phantosme de ie ne sçay quelle Deesse marine qui venoit trouuer Peleus qu'elle aimoit, & en fut accointee au mont Pelion sans luy dire qui elle estoit, de crainte que cela ne fust diuulgué, ny de quelle part elle le venoit visiter. Mais vne fois que la mer estoit du tout calme & tranquille, il aduint que Peleus estant sur vne haulte crouppe de ceste montaigne l'apperceut au loin s'esbattant à fleur d'eau sur des Daulphins & Hippotames qu'elle s'en venoit droict à luy: dequoy il eut peur d'arriuee, toutefois elle le r'asseura soudain, luy remettāt deuant les yeux l'Aurore qui s'estoit enamouree de Tithonus: & Venus soubsmise à Anchise: & la Lune eu affaire auec Endymió dormāt. Au regard de moy, Peleus, luy dit elle, ie te dōneray vn enfant trop plus excellent que les hōmes. Apres dōques qu'il fut nay ils luy establirent Chirō pour son gouuerneur, qui le nourrit de miel, & de moüelles de cerfs & cheureux: puis quād il fut paruenu en l'eage où il faut dōner aux ieunes enfans de petits chariots pour se promener, & des ossellets pour s'esbattre, rien de tout cela ne luy fut point desnié de son gouuerneur: neaumoins Achilles ne laissoit pas de s'accoustumer desia à la course & à tirer addroittement le dard, & donner vn bon coup de lance: car Chiron luy en auoit accōmodé vne d'vn fresne qu'il auoit couppé: si qu'il ressēbloit à vn qui à maniere de dire, besguoiroit encore au faict des

Au tableau du Nil.

armes. Or aiant atteint l'eage de quatorze ans, il eſ-
lançoit ie ne ſçay quels eſtincellans rayons de ſa face, & ſe monſtroit quant à ſon perſonnage d'vne
belle grand'taille haulte & droicte: car il creut plus
facilement & en moins que ne font les arbres plantez le long des courants ruiſſeaux des fontaines, ſi
qu'on le celebroit en tous les feſtins des aſſemblees
& ſacrifices. Et quand il ſe cognoiſſoit eſtre ſurmonté de la colere, Chiron l'endoctrinoit en la Muſique, laquelle eſt ſuffiſante de ſoy pour appaiſer l'ire
& courroux, & ſemblables emotions de l'ame. Mais
il aprit ſans aucune peine à chanter & ioüer de la lyre, ou il reciroit les anciés qui eſtoiét au meſme eage
que luy: Hyacinthe aſſauoir, & Narciſſe: & pareille- *En leurs tableaux.*
mét Adonis, ſi quelque choſe s'en racópte: & cóme *En la ſe-*
les regrets & lamentations d'Hillas, & Abdere fuſ- *pulture de Abdere.*
ſent de plus freſche reſouuenance, qui en fleur d'ea-
ge eſtoient peris: celuy là eſtát allé puiſer de l'eau en
vne fontaine, dont il n'auroit onques depuis cóparu
nulle-part, & ceſtuicy miſerablemét eſté deuoré par
les cheuaux de Diomedes en Thrace, il ne les pouuoit reciter q̃ les larmes ne luy en vinſſent aux yeux.
I'ayoutreplus oy cela de luy qu'il ſacrifioit à la Muſe
Calliopé, deſirant de s'inſtruire en la Muſique &
Poeſie: & que la Deeſſe ſe ſeroit vn iour aparue à luy
en ſonge, luy diſant: Enfant valeureux ie t'octroie la
faculté de la Muſique & Poeſie pour en reſioïr tes
feſtins, & les rendre plus delectables: mitiguer par
meſme moien tes faſcheries & courroux, puis qu'à *Iliad. 9.*
moy, & à Pallas les deſtinees ont ordonné que tu

ACHILLES.

tois vn iour belliqueux, aspre & rudde sur tous les autres au cōbat: parquoy fais q̄ tu t'y exerces soigneusement. Car il se trouuera en fin vn poete que i'induiray à celebrer de louanges tes beaux & glorieux faicts-d'armes. Et de vray tout cela luy a esté attribué par Homere. En son adolescence au reste il ne fut pas mis en garde & depost en l'isle de Scyro, ny là norry parmy les Damoiselles, comme l'on dit: car il n'eust pas esté vray-semblable que Pelee qui estoit le plus valeureux de son temps eust voulu enuoier ce sien fils quelque part à cachettes pour luy faire euiter les guerres & les dangers: attendu que Telamon y incitoit bien Aiax: ny n'eust pas esté ainsi permis à Achille si grandellet de hanter familierement és chambres des Dames: laissant aux autres cueillir vne admiration de leurs faicts, & celebrité de leur renommee immortelle; car il ne manquoit pas d'ambition. *Phen.* Qu'en dit donques Protesilaus? *Vign.* Des choses bien plus vray-semblables & apparentes. Car il racompte que Thesee s'en estant fuy d'Athenes pour les imprecations qu'il encourut à l'occasiō de son fils Hippolyte, deuers le Roy Lycomedes, il fut mis à mort en Scyros: dont Pelee qui auoit esté son compagnon d'armes, & son hoste & amy; car ils s'estoient mesmes retrouuez ensemble à la chasse du sanglier Calydonien, enuoia Achille en Scyro pour venger ce meurtre: lequel suiuy tāt seulement de Phenix pour raison de son vieil eage, esbranla tellement ceste isle pour l'auoir surprise au despourueu, haut esleuee qu'elle estoit, & scituee en

Au tableau d'Achille en Scyro.

Plutarque en la vie de Thesee.

Au tableau de Meleagre.

A.

lieu pierreux & plein de rochers : qu'il eut Lycomede en ses mains: mais il ne le voulut pas faire mourir, ains ne luy fit q̃ demãder à quel propos il auoit ainsi desloiallemẽt massacré vn tel personnage trop meilleur que luy, qui seroit recouru à garend en sa franchise & sauuegarde? Pourautant Achilles, va-il dire, qu'il venoit en intention de me depossder de mon Roiaume: au moyen dequoy à bon droict ie l'aurois preuenu, & m'en serois defait, m'offrãt de m'en purger deuant Peleus. Là dessus Lycomedes luy donna sa fille Deidamie en mariage, dont seroit nay Neoptoleme, ainsi nommé pour la ieunesse de son pere Achille, qui en si tẽdre eage se seroit ainsi impetueusement enfourné de plaine abordee à la guerre. Achilles donques demeurãt là, Thetis le vint trouuer pour soigner de luy, selon qu'ont accoustumé de faire les meres mortelles enuers leurs enfans: car cõme l'armee Grecque s'assẽbloit en Aulide, elle le destorna en Phtie, pour raison de ce qu'elle preuoioit luy estre ordonné de la fatalité ; & le laissant en la garde du pere, luy auroit apporté vn harnois tel que nul autre de tous les humains n'ẽ auroit oncques endossé de semblable, garny duquel estãt arriué en Aulide, il remplit tout l'ost d'esperance, l'aduoüans fils d'vne Deesse, à laquelle ils sacrifierent en la mer: & reuererent fort Achille qui s'estoit ainsi courageusement venu ruer aux armes. Ie demandois encore à Protesilaus ce que c'estoit de ceste lãce de fresne, & qu'il y auoit d'admirable? Il me dit que ce fresne là estoit d'vne lõgueur qui iamais ne s'estoit trouuee en nulle

ACHILLES.

autre lance: droict au reste, & si ferme qu'il ne pouuoit ploier ne rompre en sorte quelcóque: & que le fer estoit de diamant, qui penetroit tout: estant couuerte & garnie tout à l'étour de lames de cuiure, qui rendoient vn fort grand esclat en dardát. *Phen.* Mais de son harnois & de sa rondelle, quels racompte-il qu'ils estoiét? *Vign.* Non tels qu'Homere les descrit: qui auroit à la verité employé là vne inuentió plus q diuine, y aiant inseré des villes, des astres, des guerres & combats, l'agriculture, nopces, festins, chançós & danses: ains dit mon Heroe qu'Achilles n'eut iamais autres armes que celles, qu'il porta à Troye lesquelles il ne perdit onques: ny Patrocle ne les vestit pas lors qu'Achilles estoit courroucé cótre Agaménon: & mourut iceluy Patrocle en ses propres armes, s'estant porté valeureusement au combat, qu'il auoit presque desia gaigné le haut de la muraille, tellemét que celles d'Achilles seroiét pour lors demourees à sauueté cóme inexpugnables. Car il ne fut pas mis à mort estant equippé de ses armes, ains en pourpoint comme il se cuidoit aller fiancer: & luy mit-on vne guirlande sur la teste, ainsi qu'à vn nouueau marié. Quant à ses armes elles furét forgées toutes simples & sás point d'ouurage, ny de graueure: mais l'estoffe estoit alliee de diuers metaux, qui brilloient à l'œil d'vn esclat de plusieurs couleurs se transchangeans les vnes és autres, comme en l'arc en ciel: si qu'on les a celebrees pour auoir surpassé mesme l'art de Vulcain. *Phen.* Et ne me descriprez vous pas quel il estoit tant du visage, que du reste de sa personne?

Vign.

Iliad. 18. Et au tableau de Pyrrhus.

Iliad. 16.

D.

Vign. Pourquoy non, puis que ie vous ay trouué si courtois & affable? Protesilaus dit dõques qu'il auoit vne grosse touffue & longue perruque, plus resplendissante que l'or: & luy seant bien en toutes les assiettes que le vent l'eust peu esbranler, ou luy mesme la disposer: le nez, non point aquilin ny crochu, ains tel qu'il deuoit tousiours demeurer, le sourcil recourbé en arceau cõme vn croissant. Mais la vigueur de son courage se manifestoit assez à ses yeux clairs & estincellans, alors mesme qu'il estoit posé & rassis sans aucune emotion, refrenant en soy son impetuosité & furie. Que s'il chargeoit en quelque rencontre & meslee, c'estoit auec iugement & mesure: paroissant au reste plus agreable que nul des autres Heroes: si que les Grecs s'affectionnoient en son endroit, comme l'õ a accoustumé enuers les genereux lyons: lesquels encore qu'on gratifie pendant qu'ils sont oisifs & de repos, on leur applaudist bien plus neaumoins si on les voit remplis d'vne braue hardiesse faire quelque courageux debuoir, soit contre vn taureau, ou autre beste de defence. Son effort magnanime au reste se monstroit principallement à son col qu'il auoit droict & haut releué. Mais le plus preud'homme estoit-il bien de tous les Heroes, tant de son inclination naturelle, que pour la nortiture qu'il auoit prise auec Chiron. Que si on l'a taxé d'auarice, & qu'il ait esté conuoitteux d'argent, cela seroit venu de luy, car il en fut si difamé que de vingt-trois villes qu'il saccagea, il s'ẽ appropria presque tout le butin, sans qu'il y eust fait aucune perte,

12. *par mer & 11. par terre. Qu. Calaber. au 14.*

Mmmm

ACHILLES.

Bryseis.

ny esté vaincu nulle part, que d'vne simple Damoiselle, laquelle encore il ne se seroit pas donée de son propre motif & auctorité, ains la réquit en don aux Grecs. Et cõme Nestor les voulust taxer d'iniustice si Achilles n'auoit plus que pas vn des autres: Pour moy alla il lors dire soit la plusgrãd' part des trauaux & exploicts d'armes: & qui voudra me precelle & aduance en richesses, car ie ne luy en porte point d'ẽuie. Mais en ceste assemblee ou il entra en picque cõtre Agamenon, cela vint pour raison de Palamedes: car se resouuenant des villes qu'ils auoient prises de compagnie: Telle, va-il dire, est la trahison qu'õ impute à Palamedes, & me iuge quicõque voudra, car i'en viens tout recentement. Et comme Agamenon prist cela en mauuaise part, l'estimant auoir esté dit pour luy, il en vint auec Achilles à belles iniures: Là dessus Vlisse aiant pris la parole, maintenant qu'il y auoit eu de la trahison, & fust sur le point de vouloir haranguer contre le trahistre, Achilles le chassa de l'assemblee, ioinct que ce propos n'estoit pas agreable aux Grecs: & dit outreplus mille pouilles & outrages à Agamenon, qu'il se releuoit tousiours hors des coups, sans rien faire au reste qui peust redonder au profit publique; & ne voulut de là en auant se retrouuer plus aux assemblees & congregations. Car quand les prieres luy furent aportees de la part d'Agamemnon, les Grecs se trouuoient lors reduits en tresgrand danger: & furent les chefs de ceste ambassade Aiax, & Nestor, celuy là pour raison de leur parenté: car il s'estoit n'agueres reconcilié à eux, s'estãs

Iliad. I.

aussi courroucez pour la mesme occasion qu'auoit fait Achille: & cestuicy pour sa sagesse, & son vieil eage, que tous les Grecs reueroient fort. Apres donques qu'ils eurent trouué Patrocle disposé de les secourir, Achilles le luy aiant octroié: luy apres auoir fait & souffert tout ce qu'Homere en a escript, il fut mis à mort combattant valeureusement dessus la muraille de Troye. Toutesfois Achille ne fit rien de vil & abiect pour son occasion, ains le depleurant vertueusement l'enseuelit selon son gré, & qu'il pensa luy debuoir estre le plus agreable. Puis tout de ce pas s'en alla attaquer Hector. Mais des Hyperboles dont vse Homere pour le regard des Troyans qui d'effroy se laisserent culbuter à bas de leurs chariots si tost qu'Achille comparut: & de ceux qui furent esgorgez dedans le fleuue de Scamandre: & de l'emotion d'iceluy lors qu'il s'enfla contre Achille pour le noyer, Protesilaus approuue bien tout cela entant que poetique & delectable: mais au reste le fleuue de Scamandre estant si grand & si ancien n'estoit pas malaisé de trouuer à Achille: & cecy est trop peu de chose pour de grands fleuues, si qu'Achille ne combattoit point contre cestuicy: car s'il se fust mis à bruire vehementement enuers luy, en se destournant de son cours il l'eust peu perdre facilement, & n'eust pas souffert qu'il se fust rué sur ses eaux. Parquoy Protesilaus racompte des choses plus vray-semblables: que les Troyans se seroient de vray attaquez au combat le long de ce fleuue: & que là il y en eut vn plus grand meurtre & carnage

Au 16.
Tout le rebours.
Iliad. 18.

Au 18.
Au 21.
Au tableau de Scamandre.

Toutefois ce n'est qu'vn petit torrent.

Mmmm ij

ACHILLES.

qu'en tout le reste de la guerre: car non seulemēt Achille se trouua en ceste rencōtre, ains tous les Grecs à son instance y arriuans les depescherent dedans ce fleuue. Mais Achille dedaigna d'y mettre la main: trop bien eut-il affaire à vn qui venoit de la Peonie, dont mesme Homere a fait mention, & le nomme Asteropee fils du fleuue Axius, lequel s'aidoit indiferemment des deux mains, combattant aussi biē de la gauche que de la droitte; plus grand au reste que pas vn des Grecs ny Troyans: & qui se laçoit à guise d'vne furieuse beste sauuage sans aucune consideration ny esgard à trauers les trenchans & pointes des glaiues: ce qu'Homere a outrepassé. Cestuicy auoit amené à Troye vne trouppe de Peoniens à cheual, tous braues hommes, & bien deliberez de faire quelque chose de bon: mais de plaine abordee Achilles les aiant espouuantez les torna en fuitte, estimans que ce fust vn Dieu qui les eust chargez, parce qu'ils n'auoient iamais veu vn tel homme; si qu'il n'y eut que leur general qui fist teste & tinst bon: contre lequel Achille eust plus d'affaire, & se trouua en plus de doubte de sa persone que quand il combattit Hector: car il n'en vint pas à bout sans estre blessé; tellement que ses compaignons le vouloient r'emmener au logis afin que pour ce iour là il ne s'attaquast à Hector, mais il ne leur voulut pas obtemperer, ains leur dit, Ie veulx qu'on me voye superieur à mes blesseures. Et là dessus s'en alla ruer sur Hector qui se preparoit à la defence des murailles. Puis quād il l'eut mis à mort, comme nous l'auōs dit en sō

chapitre, le traifna autour de la ville d'vne trop in- Iliad. 22.
humaine felonnie : mais on le luy doit pardonner,
car c'eſtoit pour venger Patrocle; & il y auoit ie ne
ſçay quel diuin naturel en luy, de faire touſiours
quelque choſe de grand pour ſes amis; ſi que pour
l'amour de Palamedes il ſe ſeroit indigné cõtre tous
les Grecs: mais il voulut ſpecialement venger Patrocle, & Antiloque. Or ce qu'il dit à Aiax fils de Telamon pour le regard de ce propos cela merite bien
d'eſtre ſceu: car comme Aiax luy eut demãdé quels
faicts-d'armes luy auoient eſté les plus perilleux?
Ceux que i'ay entrepris pour mes amis, reſpondit il.
Et l'ayãt derechef enquis quelle choſe il auoit trouué la plus plaiſante & moins penible? Cela meſme,
dit-il. Dequoy Aiax s'eſmerueillant que vn meſme
faict fuſt ainſi difficile & aiſé tout enſemble: pource
repliqua-il, que les dãgers où l'on ſe ſoubſmet pour
l'occaſion de ſes amis, cõbien qu'ils ſoient grands,
neaumoins pource qu'on les entreprend de gayetté
de cueur & alaigrement, il nous ſemble que cela ne
nous couſte rien, ains ſoit ſans peine ny moleſte.
Quelle bleſſeure eſt dõques celle qui t'afflige le pl^9,
adiouſta Aiax? Celle que me fit Hector, reſpondit
Achille. Mais tu n'en fus onques bleſſé, fit Aiax. Par
Iuppiter ſi ay, dit Achille, & en la teſte, & aux mains:
car ie t'eſtime en lieu de teſte: & Patrocle eſtoit mes
mains. Ce Patrocle-là, Proteſilaus l'alleguoit auoir
eſté plus eagé qu'Achille; mais non de gueres: perſonnage diuin au reſte, & fort prudent: & le plus familier d'Achille qu'autre amy qu'il eut onques: car il

ACHILLES.

se resioyssoit quád il le voyoit en ses gayes & ioyeuses pensees: & se cótristoit du cótraire: luy donnant tousiours quelque bon cóseil, & l'escouttant attentiuement quand il chantoit dessus sa lyre: & les cheuaux d'Achille le portoient d'aussi bon courage que leur maistre propre. Au regard de sa grádeur, & de sa vaillance, il estoit moyé entre l'vn & l'autre Aiax: surmonté de vray en toutes choses du Telamonié, mais supérieur aux deux Locriés. Il auoit au reste les cheueux blonds, & les yeux noirs, les sourcils d'vne belle façon, & modestes: n'estant curieux d'entretenir sa perruque que par mesure. Sa teste bien plátee & assise ferme roidde dessus le col, ainsi que ceux qui font professió de la lucte. Le nez droict & d'vn beau porfil, s'alongeant iusques aux narines, comme d'vn courageux cheual. *Phen.* Vous m'auez certes ramenteu ie ne sçay quoy de beau des cheuaux d'Achille, & pourtant ie vous prie tant qu'il m'est possible de me faire entendre pourquoy ils ont esté plus excellens que nuls autres, & tenus comme pour diuins. *Vign.* Ie m'en estois aussi enquis de mon Heroë, qui m'auroit dit que ceste immortalité qu'on leur attribue est vne pure fictió controuuee ainsi par Homere, mais que la Thessalie de tout temps abondante & fort heureuse à produire de bons cheuaux, par vne secrete disposition en porta deux entre les autres presque diuins, & d'vne tréf-admirable vistesse, tresbié complexiónez au reste, lors qu'Achille estoit en sa plus florissante vogue : & que toutes les choses croiables qu'ó racomptoit auoir esté diuinemét

Iliad. 9. G.

en Achille, elles auoient esté de mesme en ses cheuaux qui se monstroiét surpasser la mortelle condition d'vne creature, au surplus que la mort d'Achille fut telle qu'Homere l'a recogneuë: car il le dit auoir esté occis par Paris & Apollõ, ayất sceu ce qui estoit aduenu en Thymbree durất les sacrifices qui s'y firent pour la confirmation de ses promesses, auec de solennels serments dont il faisoit Apollon tesmoin: & fut massacré en trahison fort desloiaument. Quất à l'immolation de Polyxene sur son tõbeau, & tout ce que vous auez peu ouyr que les Poëtes comptết de leurs amours: cela va ainsi. Achilles aimoit de vray Polyxene, & prochassoit son mariage, soubs promesse de faire desloger les Grecs de deuant Troye: & elle aimoit reciproquement Achille, s'estans entre-veuz quấd le corps d'Hector fut rachepté de luy par Priam: lequel estất à ceste fin venu trouuer Achille auoit mené ceste siéne fille auec luy, la plus ieune de tous les enfans qu'il auoit euz de la Reyne Hecube, comme pour sa guidde & conduitte: car la coustume estoit alors que les dernier-naiz seruoient à leurs pere-meres en leur vieillesse de les mener par-dessoubs les bras pour les soullager: & Achille pour la preud'hommie qui estoit en luy se comportoit si sagement & modestement en ses passiõs amoureuses, qu'õques il ne ioyst de fille ny femme oultre son gré & de force, ores qu'elles vinssent en sa subiectiõ & pouuoir: si qu'il contracta ce mariage auec Priấ, & s'en fia à luy: qui le differa à vn autre temps: mais il fut puis apres surpris au despourueu desgarny de toutes ses armes, lors qu'il cuidoit confirmer ceste alliance par serment. On dit au surplus que Polyxene: côme les Troyénes s'ē fussent fuittes du temple, & les Troyans escoullez de costé & d'autre: car vn tel cas ne pouuoit pas auoir esté perpetré qu'ils n'en fussent bien effraiez, elle se seroit retiree à garend au camp des Grecs: là où ayant esté amenee à Agaménō elle auroit esté de luy fort honorablemét & modestement traictee, tout ainsi qu'en la maison de son pere: puis au bout de trois iours que le corps d'Achille auoit desia esté enseuely, la nuict elle s'en seroit accourue à son tōbeau: & là appliquāt la pointe d'vne espee contre sa poictrine, elle profera plusieurs choses pitoiables, & qui sentoiēt bien la vraye amour coniugale qu'elle auoit portee au defunct: le requerāt d'y perseuerer aussi de sa part, & ne la vouloir point defrauder de leur pretendu mariage. Mais ce qu'Homere en auoit dit en sa seconde Psycostasie tout cela estoit de son inuention: que les Muses assauoir seroient venues deplorer par leurs chāts Achille quād il fut mort: & les Nereides battu à grāds coups de poing leurs poittrines: car le tout auroit esté dit de luy plꝰ magnifiquemét qu'auec verité, par ce que les Muses n'y furēt veuës aucunement de pas vn de l'armee Grecque s'estre aprochees de son tōbeau, ny ouyes chāter nōplus: ny pas vne des Nereides apperceuës de costé ny d'autre, encore qu'elles soient fort aisees à remarquer quand elles arriuent. Trop bien seroient aduenues quelques autres choses fort admirables, & nō gueres esloignees du dire d'Homere:

ACHILLES.

d'Homere: que du goulphe de Melané la mer s'estant venue à engrossir auroit premierement tressailly, & bondy ainsi qu'à courbettes: & puis apres se seroit esleuee en forme d'vn tertre ou motte fort grāde: & de là se replanissant de nouueau ce mascaret se seroit escoullé deuers le promontoire Rheteen: dequoy les Grecs bien estonez, & estans en doubte & soucy de ce qui leur en pouuoit arriuer, & à la terre quād il s'en seroit aproché, il baigna l'armee de flots, qui ietterent vne aigue & frequente lamentation, cōme ces assemblees de femmes qui s'escrient és funerailles. Ce que tous d'vn commun accord trouuerent fort estrange & merueilleux, estimās que ce flot eust là poulsé les Nereides, car rien ne s'en espandit sur le riuage, ains paisible & vny s'accosta seulement de la terre. Mais ce qui s'ensuiuit puis apres sēbla biē plus estrange encore, & cōme diuin: car si tost que la nuict suruint, les pleurs & gemissemens de Thetis cōmencerent à se faire oyr par toute l'armee; celebrant les louāges de son fils, & le lamentant: car elle crioit fort hault, & d'vne voix forte & resonante: ainsi que fait Echo dedans les cōcauitez des mōtaignes: & lors principalement les Grecs apperceurent que Thetis auoit veritablement pleuré Achilles: au moiē dequoy sans en plus doubter ils luy dresserent ce monument que vous voyez-là esleué au L. front du riuage, puis qu'il auoit voulu estre inhumé en vn mesme tōbeau auec son Patrocle: leur faisans à tous deux de tresmagnifiques obseques & sepulture. Et pourtant ceux qui ont à cueur l'amitié, ont ac-

ACHILLES.

couſtumé de le celebrer. Il fut enſeuely au reſte plus apparemmēt que nul autre de tous les mortels, auec tout ce que luy auoit contribué la Grece: n'eſtimans pas quāt à eux qu'aucune perruque deuſt plus auoir lieu apres celle du preux Achille : & tout l'or que chacun auoit fuſt qu'il l'euſt aporté de Grece, ou eu pour ſa part du butin, ils le ietterēt à grands taz dās le bucher où il fut bruſlé. Mais ſoudain que Neoptoleme fut arriué, les funerailles qu'il obtint furēt encore plus ſomptueuſes, ſe parforçāt l'armee auec ſon fils à l'enuy les vns des autres de recognoiſtre en ſon endroit les benefices qu'ils en auoient receus. Et ceux qui nauiguoiēt de Troye s'inclinās deſſus ſon tombeau, eſtimoient par là de l'embraſſer & reuerer.

ANNOTATION.

D'Achilles & de ſon enfance il en a eſté parlé amplement au tableau de ſa nourriture; tellement qu'il ne reſte rien à deduire ſur ce chapitre que certaines petites particularitez qui y ſont touchees; leſquelles nous parcourrons chacune en droit ſoy.

B.   Pelee enuoya Achilles en Scyro, &c. L'opinion commune eſt qu'il fut nourry auec les filles du Roy Lycomedes; à quoy contredit icy Philoſtrate: & à ce propos, Pauſanias és Attiques. Cecy me ſemble auoir eſté bien eſcrit, que Scyro fut priſe par Achilles, bien au rebours de ceux qui diſent qu'il fut nourry en ceſte iſle là parmy des femmes, ce que Polignot auroit auſſi enſuiuy en ſes peintures.

C.   Luy auroit apporté vn harnois tel que nul autre de tous les humains n'en auroit oncque endoſſé de ſemblable. Il n'entend pas celuy que deſcript Homere au 18. de l'Iliade que Vulcain luy forgea apres la mort de Patrocle, ains le premier qu'il apporta à Troye, & dont Patrocle s'eſtant armé il y fut tué; ce neaumoins Philoſtrate le re-

ACHILLES.

prouue vn peu apres. Quoy que ce soit *Homere au 16. le descript à peu pres ainsi.*

Ὣς φάτο. Πάτροκλος δὲ κορύσσετο νώροπι χαλκῷ.
Κνημῖδας μὲν πρῶτα περὶ κνήμῃσιν ἔθηκε, &c.

Ainsi parla-il: Et Patrocle
S'armoit d'vn reluisant acier.
En premier lieu il mit les greues
A ses iambes, et les cuissots,
Qui auoient d'argent les charnieres.
Puis apres aultour de son corps
Il vestit la forte cuirasse
Du viste du pied Achilles,
Tout damasquinee à estoilles.
Et son grand couttellas passé
Dans vne large bandoulliere
Parsemee de clouds d'argent.
Il le laissa pendre en escharpe.
Puis prit son escu grand & fort:
Et en sa teste belliqueuse
Il posa le bien fait armet
Orné de queues cheuallines:
Et d'vn tymbre ayant de gros flocs
De plumes naifues, branslantes
Deçà, delà horriblement.

Que c'estoit de ceste lance de fresne. *Le mesme Homere au* C. *lieu cy dessus adiouste subsequemment;* ἔγχος δ᾽ οὐχ ἕλετ᾽ οἶον ἀμύμονος Αἰακίδαο, &c.

Patrocle ne prit point la lance
Du fort & vaillant Achilles,
Grande, pesante, & trespuissante,
Que nul autre de tous les Grecs

ACHILLES.

N'eust peu manier fors son maistre:
Elle s'appelloit Pelias,
Faite d'un fresne pris au feste
Du mont Pelion, où Chiron
L'auoit couppee; vn iour pour estre
Des Heroes destruction,
Et l'auoit donnee à Pelee.

Toutefois les autres alleguent que ce fut Minerue qui en accommoda le fust, & Vulcain le fer, que Philostrate dit auoir esté de diamant, c'est à dire tresfort & puissant sans pouuoir reboucher à chose quelconque, pour dure & contumace qu'elle peust estre: car Pausanias és Laconiques met que ce fer estoit d'airain, comme on le pouuoit voir dedans le temple de Minerue en la ville de Phaselide. Pline aussi liu. 16. chapit. 14. la dit auoir esté de fresne; Fraxinus multum Homeri præconio, & Achillis hasta nobilitata: ce que touche aussi Ouide és Metamorph. Et fraxinus vtilis hastis. Car il n'y a point d'arbre plus propre à cela que le fresne, apres l'If: les lances de nostre gendarmerie tant pour la guerre à bon escien, que pour les ioustes & tornois sont communement de sapin.

D.   Il ne fut pas mis à mort estant equippé de ses armes, mais en pourpoint comme il se cuidoit aller fiancer. Les autheurs varient en cest endroit: car Ouide vers la fin du 12. des Metamorph. met que Neptune se resouuenant de ce qu'Achille auoit mis à mort son cher fils Cygnus, suscita son nepueu Apollon pour l'en venger; lequel addressa la flesche de Paris de sorte, parce qu'il est superintendant de tous les archers, qu'il ne faillit point Achilles.

> Dixit, & ostendens sternentem Troica ferro
> Corpora Peliden, arcus obuertit in illum,
> Certáque lethifera direxit spicula dextra:
> Quo Priamus gaudere senex post Hectora posset
> Hoc fuit. Ille igitur tantorum victor Achille
> Victus es à timido Graiæ raptore maritæ.

Dictys de Crete au 4. liu. escript qu'Achilles ayant fait demander Polyxene en mariage Priã la luy refusa tout à plat: dõt par despit il massacra depuis de froid sang Lycaon, & Troilus enfans d'iceluy Priam; lequel pour s'en venger, comme la feste d'Apollon Tymbree aprochast, qui se celebroit tous les ans en vn sien temple pres de la ville, il luy enuoia son heraut Idee, pour luy dire qu'il estoit prest d'entendre à ce dont il l'auoit recherché, s'il se vouloit trouuer en ce temple pour en traicter plus particulierement. S'y estant transporté à l'assignation prise, Aiax, Diomede, & Vlysse qui en auoient desia conceu quelque soupçon aians veu aller & venir plusieurs fois deuers Achille des messagers du Roy Priam, le suiuirent de loin pour obseruer ce qu'il feroit: & estant entré dans le temple, il y trouua Paris qui l'y attendoit auec son frere Deiphobus, lequel soubs pretexte de le bien vegner l'embrassa estroittement par le fauducorps, si que Paris eut le moien de le massacrer à coups de poignard, parce qu'il y estoit venu desarmé fors que de son espee. Cela fait ils s'escoullerent par l'huys de derriere. Boccace en sa genealogie des Dieux, mais ce n'est pas vn autheur authentique, met que s'estant mis à genoux deuant l'autel pour faire sa priere, Paris qui estoit caché en aguet luy tira droict vn coup de flesche à la plante du pied, dont il expira sur le champ. Car Thetis sa mere soudain apres qu'il fut nay l'estant allé plonger tout le corps dans la riuiere de Styx és enfers, elle le rendit inuulnerable fors que par la plante du pied ou elle le tenoit. Ce qu'il a emprunté entre autres de Fulgence Euesque de Carthage au 3. de son Mythologique, chap. de Peleus & Thetis; ou il attribue cecy à ce que les Anatomistes treuuent que du tallon procedent certaines veines qui s'en viennent atteindre les cuisses, les haynes, & les reins; & de là naissent derechef autres rameaux qui s'estendent iusques au poulce; Parties ou Orphee a constitué le principal lieu de l'esguillon Venereen. Mais cela a esté desia atteint sur le tableau d'Achilles en l'isle de Scyro. Dares Phrygien s'y estant plus diffusement estendu, dit qu'apres la mort d'Hector, Priam & Hecube accompagnez de leur fille Polyxene estans allez visiter le sepulchre d'Hector hors la ville durant vne suspension d'armes, Achille s'y voulut trouuer; lequel à la premiere veue de Polyxene s'en amouracha de sorte que dés le lendemain il enuoia vers Hecube luy offrir que s'ils la luy vouloient donner en mariage il s'en retorneroit en Grece auec ses Myrmidons; & que bien tost apres il n'y auroit Prince en l'armee Grecque qui ne fist de mesme. Hecube fit responce qu'elle en parleroit volontiers à Priam; lequel luy fit dire qu'il en estoit content, pourueu qu'il effectuast par effect ce qu'il promettoit. Et delà en auant Achilles s'abstint de plus se trouuer aux combats; ains exhortoit les Grecs de ne se vouloir obstiner ainsi longuement là deuant pour l'occasion d'vne putain. Quelque temps apres persi-

*stant tousiours en ce propos qu'il falloit faire vn accord, & s'en retorner, à l'instance d'Aiax, & ses autres amis qui l'en presserent il se relascha à enuoier ses gens aux escarmouches & conflicts, sans toutefois s'y vouloir trouuer en persone: lesquels aians esté en plusieurs rencontres fort malmenez par Troilus entre les autres, irrité de cela il prit les armes, & tua Troilus apres auoir esté blessé de luy: puis consequemment Memnon: dont Priam & Hecube prindrent deslors resolution de s'en venger: & luy faisans dire que s'il se vouloit trouuer au temple d'Apollon Thymbreen, ils luy deliureroient Polyxene: au lieu d'elle ils y enuoierent vn bon nombre de gens armez soubs la conduitte de Paris: lesquels s'estans de plaine arriuee ruez sur Achille, & Antiloque fils de Nestor: eux enueloppans leurs manteaux autour du bras: car ils estoient venus desarmez fors que de leurs espees: apres s'estre courageusement defendus, & en auoir tué plusieurs, ils furent la en fin massacrez. Quintus Calaber au 3. de ses Paralipomenes, dit que ce fut Apollon qui le mit à mort de sa main: mais cela est plus Poetique qu'Historial. S'estant leuee la belle Aurore, les soldats belliqueux de Pylos emporterent aux vaisseaux le corps d'Antiloque, affligez d'vn extreme dueil de la perte de ce ieune Prince: & luy firent de fort magnifiques obseques sur le riuage de l'Hellespont: monstrans vne grande tristesse ceux qui estoient bien affectionnez à Nestor: lequel s'y portoit neaumoins plus constamment que nul des autres, combien que cela luy touchast de plus pres au cueur: car c'est le faict des hommes sages de porter patiemment ses descouenues, sans se laisser trop abiectement surmonter à la douleur. Mais Achilles enflābé d'vn mortel courroux pour la perte de ce sien cher fauorit bien aimé, brusloit de rage en la pensee de s'en venger sur les Troyans; & se preparoit furieusement au combat: lesquels sortirent d'vn grand courage hors de leurs portes & murailles, poussez à cela de leurs destinees qui les alloient precipiter à vne euidente ruine par les mains de celuy qui bien tost apres debuoit encourir la mesme infortune. S'estans doncques venus choquer les bataillons des deux costez, attisez de l'ardeur de Mars, Achilles en fit là vn piteux carnage: si que la terre mere norrisse des mortels estoit toute arrousee de leur sang: & les canaux de Xanthus, & de Simois arrestez de couller à val pour l'abondance des corps morts qui les remplissoient à plein bord. Car Achilles les alloit deuant luy chassants par la plaine iusques presque dedans leurs portes, qu'il eust de ceste poincte propre enfoncees, & explané à fleur de terre, pour donner par là vne entree aux Grecs, & mettre tout à feu & à sang ceste belle opulente ville, si Apollon en aiant conceu vne grande indignation en son cueur pour veoir tãt de vaillans hommes finer là leurs iours miserablement auãt temps, ne fust soudain descédu du haut de l'Olympe, son carquoys *Pris du commencemẽt de l'Iliade.* troussé en escharpe plein de flesches irremediables qui resonnoient terriblement contre son arc: les yeux luy estincellans comme viues flammes, & la terre croullant toute soubs la maiesté de ses pieds. Il s'en vint donques planter viz à viz d'Achille, auquel d'vne effroiable voix pour le destorner de ce massacre des Troyans, qui sans doubte y fussent tous demourez iusqu'au dernier: Et retire toy d'icy ô Achilles, va-il dire, car il n'est pas raisonnable que tu poursuiues plus-auant à exterminer tout ce peuple, de peur que quelqu'vn des immortels ne t'accable. Ainsi luy parla Apollon: mais cela ne l'estonna pas, parce que desia sa destincc pernicieuse voltigeoit tout autour de luy pour en faire sa volonté: si qu'il ne respecta point autrement le Dieu, ains luy escria d'vne voix forte: Et à quel propos Apollon me voudrois tu faire combattre par quelqu'vn des Dieux, pour raison que ie tasche icy de vẽger la desloiauté des Troyãs? Certes ce n'est pas la premiere fois que tu m'as esté si cõtraire: & n'y a gueres que tu te parforças de m'arracher Hector des mains, auquel ils auoient toute leur esperance. Mais va t'en d'icy ie te prie, & te retire à la demeure des autres Dieux tes cõsemblables: affin que ie ne sois contraint d'employer cõtre toy ma lance, quelque immortel que tu puisses estre. Aiãt dit cela il laissa là le Dieu, & s'ẽ alla de nouueau recharger les Troyãs plus fort que deuant: mais ils continuoient de s'enfuir à vauderoutte deuant son impetuosité & furie. Et Apollõ tout indigné de sa responce discouroit ainsi à parsoy: Et dea de quelle forcenee rage est transporté ce mortel cy? Certes Iuppiter mesme ne le pourroit pas reprimer, qui se veut ainsi outrageusemẽt

ACHILLES.

opposer aux Dieux immortels. Cela dit, couuert d'vne nuee caue, & enuironné d'air espaix, il descoche vne fort cruelle sagette, qui l'alla atteindre droict au tallon, dont la douleur tout soudain luy monta au cueur, & tomba par terre à guise d'vne grosse tour qu'vn violent orage de Tiphon enclos dedans les concauitez de la terre renuerseroit de fonds en comble. Ainsi fust prosterné Achille, iettant ses yeux ja ternis de mort de costé & d'autre. Et qui est celuy (disoit-il) qui m'a ainsi trahistreusement à cachettes delasché ce desloial coup? Qu'il s'en vienne m'attaquer en appert en champ de bataille, & il verra bien tost respandre son sang & ses entrailles par l'inuincible effort de mon glaiue, lequel l'enuoira sur le champ aux profonds manoirs de Pluton. Car ie sçay assez qu'il n'y a homme mortel quelque valeureux qu'il puisse estre, voire le plus preux de tous les Heroes qui me peust vaincre, ny me resister, quand bien il auroit triple plastron, & seroit tout entier d'acier. Mais c'est la coustume des poltrons & lasches de cueur, de prendre ainsi en trahison les vaillans hommes. Et pourtant qu'il s'en vienne icy teste à teste, quelque Dieu qu'il soit qui se monstre si contraire aux Grecs: me disant neaumoins le cueur que c'est Apollon luy sans autre lequel m'a ainsi accoustré couuert d'vne nuee obscure. Ce que ma mere me predit fort bien autrefois, que ie debuois estre mis à mort de ses flesches pres la porte Scee, & il n'est pas reüssi en vain. Il parla ainsi: & arrachant le traict de sa playe incurable, le sang en sortit en grande abondance, auec de tresgriefs cruciemens & douleurs mortelles: si qu'il rendit l'ame bien tost apres: aiant ietté de grand despit la flesche au loin, que les vents rapporterent à l'instant mesmes à Apollon, comme il s'en retornoit là hault au Pallais celeste: car il n'estoit pas raisonnable qu'estant immortelle, & delaschee de la main d'vn Dieu, elle perist icy bas en terre. *Voila comme en parle Qu. Smyrneen à sa mode Poetique accoustumee. Toutefois Hyginus chap. 107. est du mesme aduis; & qu'apres qu' Achille eut tué Hector il s'alla promener trop piafeusement autour des murailles de Troye, comme s'il eust voulu dire que luy tout seul l'auoit expugnee: dequoy Apollon indigné prenant la ressemblance de Paris luy delascha vn coup*

coup de flesche droict au tallon, qui seul estoit mortel en luy, dont il expira tost apres.

Protesilaus dit qu'Achilles auoit vne longue touffue perruque. Dares à ce propos le descript d'vne large & ample poictrine, le visage debonnaire & agreable; fort de membres; la cheuelleure longue, espoisse, crespelue & chastaigniere; prompt & vaillant aux armes sur tous autres; d'vne chere gaye, & plaisante conuersation; liberal & fort splendide.

Trop bien eut-il affaire à vn qui venoit de la Peonie, dont mesme Homere a fait mention, & le nomme Asteropee. Cela est au 21. de l'Iliade en ceste sorte.

Τόφρα δὲ Πηλέος υἱὸς δολιχόσκιον ἔγχος
Ἀστεροπαίῳ &c.

Ce temps pendant le fils de Pelee aiant sa longue lance au poing s'en alla ietter sur Asteropee, tout prest de le mettre à mort: qui estoit fils de Pelegon que le fleuue Axius auoit engendré en Peribee fille aisnee d'Acesamene. Achilles donques le va assaillir, & l'autre de dessus le bord de l'eau l'attéd de pied-coy, aiant deux iauelots és poings: car le fleuue Xâthus luy auoit donné ceste hardiesse, indigné enuers Achilles pour les deux ieunes Princes qu'il auoit massacrez dedãs son canal sans en auoir compassion. Ainsi ces deux valeureux combattans s'estans approchez l'vn de l'autre, Achille le premier va dire: Qui es tu, & de quelle part, qui as ainsi l'audace de m'attendre? car il n'y a que les enfans des malheureux qui s'opposent à mon effort. A quoy le fils de Pelegon fit responce. O magnanime fils de Pelee pourquoy t'enquiers-tu qui ie suis? Certes de bié fort loin d'icy, de la fertile Peonie, dõt i'ay amené force bõs lanciers, & voicy l'õziesme iour de mon arriuee. Ma race est du fleuue Axius coulant d'vne eau pure & claire: & est luy qui a engendré le bon cheuallier Pelegon lequel on dit estre mõ pere. Mais il est temps desormais de iouër des cousteaux. Ainsi parla il en brauant: & Achille empoigna sa pesante lance de fresne: ce pendant l'autre qui s'aidoit egallemét des deux mains luy darda tout à vne fois les deux iauelots qu'il tenoit, dõt l'vn l'alla atteindre dãs son escu qu'il ne peut pas faulser du tout, car l'or que

Oooo

ACHILLES.

Vulcain y auoit appliqué l'engarda: & de l'autre il le bleſſa quelque peu au bras droict, dont le ſang coulla à val, & s'alla le iauelot ficher dans la terre. Mais Achille luy lançant d'vne plus grand' force ſon glaiue s'attendoit bien de le mettre à mort de ce coup: Toutesfois il faillit d'atteinte & s'alla enfoncer bien auāt en la barge du fleuue, ou il entra iuſqu'au milieu. Ce voiant Achille deſgaina ſon eſpee & ſe lance d'vne grande furie ſur luy pendant qu'il s'eſforce d'arracher le glaiue du bord, dont par trois fois il l'eſbranla le cuidānt auoir, & par trois il y faillit: à la quatrieſme comme il le cuiddoit rompre en le tordant, Achilles le preuint par vne eſtocadde qu'il luy donna dedans le ventre vers le nombril, ſi que les boyaux en ſortirent: & ſoudain apres vne noire nuict luy vint enuelopper les yeux, dont il expira: & Achille eut le moien de luy ſauter deſſus le corps, & le deſpouiller de ſes armes. *Il pourſuit puis apres comme de là il alla attaquer ſes gens, & les mit d'arriuee en fuitte; apres en auoir tué pluſieurs de nom qu'il recite là.*

G.   L'eſcouttant attentiuement quand il chantoit. *Cela eſt au 9. de l'Iliade ou les ambaſſadeurs vont trouuer Achille pour taſcher de le reconcilier auec Agamemnon.* Τὸν δ' εὗρον φρένα τερπόμενον φόρμιγγ᾽ λιγείη, &c.

   Ils le trouuerent s'eſbattant
   Sur ſa lyre doux reſonnante
   Ouuree induſtrieuſement:
   De fin argent eſtoit le manche:
   Et l'auoit eue du buttin
   Alors qu'il ſaccagea la ville
   D'Eetion. Il iouoit doncq
   De ceſt inſtrument, ou les geſtes
   Il recitoit des hommes preux,
   Et n'y auoit ſinon Patrocle
   Aſſis deuant luy, attendant
   Sans mot ſonner ne l'interrompre
   Qu'il euſt acheué ſa chanſon.

ACHILLES.

Vous m'auez ramenteu ie ne sçay quoy de beau des che- H.
uaux d'Achille. Il eut trois cheuaux attellez à son chariot d'armes;
l'vn mortel nommé Pedasus, que Sarpedon combattant contre Patrocle
mit à mort; il l'auoit eu aussi à la prise de Thebes de la Cilicie ville d'Aetion
lequel estoit pere d'Andromache femme d'Hector, comme il est dit au 16.
de l'Iliade : & les deux autres Balius, & Xanthus immortels, aians esté
procreez par le vent de Zephire en vne des Harpies dite Podarge.
Mais tout cela a esté touché plus au long au tableau de la nourriture d'A-
chille. Quelques vns voulans allegoriser là dessus, prennent le chariot d'A-
chille pour l'homme : Pedasus qui est mortel pour le corps caduque & pe-
rissable corruptible: Balius pour l'ame ; & Xanthus pour ceste portion de
la diuinité y adiointe que les Grecs appellent νοῦς, les Latins mens, &
les Hebrieux Nessamah : nous ne le pouuons representer que par ce mot
Intellect. Quant à ce qui suit puisapres au texte : Que la Thessalie
estoit de tout temps fort heureuse à produire de bons che-
uaux : cela bat à ce qui est recité ie ne sçay ou dans Strabon si ie ne m'abuse, que les cheuaux de la Thessalie auoient esté celebrez sur tous par ce
vers icy emané de l'oracle de Delphes, ie n'ay le Grec pour le present en
memoire : le Latin l'a torné ainsi, Thessalicus præstat sonipes, mu-
liérque Lacæna.

Aiant sceu ce qui estoit aduenu en Tymbree. C'estoit vne I.
plaine contigue à Troye, par ou passoit vne riuiere du mesme nom, qui s'alloit rendre dans le Scamandre aupres du temple d'Apollon surnommé
Tymbreé, auecques vn sacré bosquet ou Achilles fut mis à mort en aguet
par Paris: & de la seroit venue l'opinion que ce auoit esté Apollon mesme
qui fit le coup, comme met Seruius sur le 3. de l'Eneide; Da propriam
Tymbræ domum : & Lactance le Grammairien au premier de la
Thebaide de Statius: Seu Troiam Tymbræus habes. Ce mot là au
reste estant venu de l'herbe de Tymbree fort frequente en cest endroit là.
Homere au 5. de l'Iliade met qu' Eneas aiant esté blessé par Diomedes fut
garenty par Apollon, qui le transporta hors de ses mains en son temple qui
estoit à Pergame, c'est à dire en la plaine de Troye, qui deuoit estre cestui-
cy, ou il fut pensé par Latone & Diane.

Les Muses apres la mort d'Achille le seroient venus de- K.
plorer par leurs chants. Tout cela est tiré d'Homere au 24. de l'O-
dissee, ou Agamemnon racompte és enfers à l'ame d'Achille tout ce qui est
de ce propos. ὄλβιε Πηλέος υἱὲ, θεοῖς ἐπιείκελ' Ἀχιλλεῦ, &c. Bien-

Oooo ij

ACHILLES.

heureux fils de Pelee, & semblable aux Dieux Achilles, qui decedas à Troye fort loin d'Argos, auec plusieurs Troyans & Grecs des plus valeureux, qui combattoient autour de toy pendant que tu gisois mort en la poudre sans plus te soucier des armes, nous persistasmes tout le long du iour à la meslee : & ne nous en fussions pas departis si Iuppiter par vn gros orage ne nous eust contraints de nous retirer. Apres donques que nous t'eusmes porté aux nauires nous te lauasmes tout le corps auec de l'eau chaude, t'oignans de plusieurs liqueurs & parfums : & te posasmes sur vn beau lict de parement ou tous les Grecs espandirent de chauldes larmes, & se tondirent les cheueux : là dessus voicy ta mere qui va arriuer de la mer, accompagnee d'vn grand nombre de Nymphes immortelles marines, si tost qu'elle eut les nouuelles de ta piteuse desconuenue, car le bruict s'en estoit soudain espandu par la mer : & à sa venue tous les Grecs furent surpris d'vne grande frayeur, si qu'ils s'en fussent fuys à garend à leurs vaisseaux, si Nestor ne les en eust retenus : Personnage vieil & prudent, & d'vne longue experience, dont l'aduis auoit tousiours esté trouué tresbon & salubre : lequel leur parla en ceste sorte : Arrestez vous messieurs les Grecs, & ne vueillez ainsi fuir : c'est la mere du defunct qui auec les Deesses marines est venue pour le visiter. Aiant dit cela ils despouillerent leur effroy : & autour du corps s'espandirent les filles du vieillard marin, lamentans pitoiablement, vestues d'habits de dueil, mais immortels, depuis les pieds iusqu'à la teste. Toutes les Muses le pleuroient aussi de leurs belles voix les vnes apres les aultres chacune à son tour, qui meurent à telle compassion l'armee, qu'il n'y eust vn seul qui ne larmoiast fort amerement. Dixsept iours entiers iour & nuict sans cesser, nous te lamentasmes Dieux & hommes, & le dixhuictiesme nous te bruslasmes solennellement dessus le bucher funeral, y aiant premierement immolé force moutons & beufs tous noirs, gras & refaits, enseuely dans vn beau drap des immortels, auec force aromates, & du miel : & plusieurs des Heroes Grecs armez de toutes pieces coururent tout autour du bucher

ACHILLES

ardent, cõme s'ils fussent voulus aller à la charge, tant à pied qu'à cheual: dont il se leua vn grand tintamarre. Mais apres que la flamme de Vulcain eut acheué de te consumer, le matin nous recueillismes tes ossements dans du vin mixtionné de diuerses liqueurs odorātes: & les mismes en vn fort riche vase d'or, que ta mere dōna, à qui Bacchus en auoit fait present: mais c'estoit de l'ouurage de Vulcain. En ce vase donques furent tes oz mis, ô preux Achille, auec ceux de Patrocle: & en vn autre à part tout ioignãt ceux d'Antiloque, que tu aimois & honorois pardessus tous tes autres plus chers fauorits apres iceluy Patrocle: Puis les enseuelismes en vn hault esleué sepulchre que l'armee des belliqueux Grecs te dressa sur le riuage de l'Hellesponte au lieu plus haultain: à ce que ceux qui feroient voile du Pont-euxin le peussent descouurir de loin; tant les viuants pour le iourd'huy: que les autres qui viendront cy apres. Et ta mere apres auoir fait ses prieres aux Dieux proposa de beaux prix aux Grecs pour combattre en ton hõneur & memoire. Certes ie pense auoir assisté aux deuoirs funeraux de plusieurs excellens personnages, ou les ieunes gens se presentoiẽt pour gaigner le prix, mais tu te fusses esmerueillé de ceux que la belle Deesse ta mere Thetis aux pieds argentins t'establit là. Et de faict tu es fort aimé des Dieux: & encore que tu sois mort, tu n'as pas pourtant perdu ton renom, ains auras à perpetuité vne trescelebre gloire entre les viuants. *A ce mesme propos Pindare en la 8. des Isthmiennes parlant d'Achille chef des Æacides:* τὸν μὲν ὅτε θανόντ᾽ ἀοιδαὶ, *&c.*

Car encore qu'il fust mort
Les chants ne l'abandonnerent;
Ains les Vierges d'Helicon
Assisterent aux obseques;
Et espandirent sur luy
Vne celebre complainte:
Dont il pleut aux immortels,
Vn si vaillant personnage

Faire celebrer des chants
Des immortelles Deesses.

I. Ils luy dresserẽt ce monumẽt que vous voyez là esleué au front du riuage, &c. *Il n'y aura point de mal d'amener icy ce que Philostrate touche au 4. liure de la vie d'Apollonius, chap. 3. & 4. de ce qui passa en ceste sepulture entre iceluy Apollonius, & l'ombre dudit Achille, où il en parle en ceste sorte.* De là ayant ordonné à ses disciples de s'aller embarquer, il delibera de passer la nuict au tombeau d'Achille : dont eux le voulans destourner pour les frayeurs qui y apparoissoient, car il souloit là se monstrer fort terrible & espouuantable, il fit responce, qu'au contraire cest Heros se plaisoit d'estre visité, bien estoit-il à ce qu'on disoit, coustumier d'apparoistre par fois armé de sa sallade empennachee, & sa grand' rondache, menaçant les Troyans encore, se resouuenant, comme il est à croire, de l'oultrage qu'ils luy firent de le massacrer en aguet, estans armez & luy tout nud, quand il prochassoit le mariage de Polyxene. Mais ie n'ay rien de commun auec eux, & ne luy parleray que de choses plaisantes & agreables. Cela dit, il s'en alla à ce sepulchre que l'air commençoit desia à se r'embrunir ; *Et ce qui luy interuint là auec Achilles, il le racompte en ceste maniere au 5. chap.* Ie n'inuoquay pas l'ôbre de cest Heroë en creusant vne fosse en terre, pour y espandre du sang d'aigneaux, comme fit Vlysse és enfers, ains tant seulement ie luy addressay les prieres dont les sages de l'Inde m'auoient instruit, pour se rendre placables les esprits des Heroës & grands personnages. O Achilles, allay-ie dire, le bruit cõmun est par tout que vous estes mort, ce que ie ne veux croire, nomplus que ne feroit aussi Pythagore, dõt i'ensuis la secte : afin donques que nous ne croyõs que ce qui est vray, & en puissions parler d'asseurance, monstrez vous à moy en vostre vraye ressemblance. Luy ayant fait ceste requeste, sa sepulture commença vn peu à crouller, dont soudain sortit vn ieune homme de la haulteur de sept à huict pieds, vestu d'vn long reittre à la mode Thessalienne : sa beauté au reste, & son aspect ne monstrans pas d'estre d'vn

ACHILLES.

outrecuidé & vanteur, côme plusieurs l'alleguent au oir esté: ains ressentoient plustost certaine gracieuse debonnaireté accōpagnee d'vne maiesté venerable. Et puis dire, q̄ ie nepēse pas, q̄ personne iusques icy aye assez dignemēt loué & recommandé sa beauté, encore qu'Homere s'y soit estendu en tout ce qui luy a esté possible: car ie la tiēs pour surpasser tout ce qu'on en pourroit imaginer en son esprit, nō qu'escripre. L'ayāt dōques veu tel aparoistre, il me sembla qu'au mesme instāt il creut au double, si qu'il pouuoit bien arriuer iusqu'à seize ou dixhuict pieds de haulteur, augmentāt tousiours sa beauté au triple. Lors il m'alla dire, que iamais il ne s'estoit fait roigner sa perruque, ains l'auoit tousiours reseruee en son entier pour en faire vne offrāde au fleuue Sperchius: car Homere escript que ce fut autour d'iceluy qu'il passa son adolescēce, que le premier poil fol de sa barbe ne faisoit que luy cottonner le menton, & les ioües: en m'appellāt dōques par mō nom, il m'alla dire. Ie deuise volōtiers auec vous, Apollonius, car il y a desia long temps que ie desirois rencontrer vn tel personnage. Plusieurs ans sont desia passez que les Thessaliens ont intermis les sacrifices & deuoirs qu'ils auoient accoustumé de me rendre: & neaumoins ie ne m'en suis pas encore voulu courroucer contr'eux. Mais ie leur cōseille amiablement qu'ils ne vueillent plus persister à me defrauder de mō droict, à ce qu'estās Grecs ils ne se mōstrēt pires en mō endroict q̄ les Troiās lesquels encore q̄ ie leur aie mis à mort les pl⁹ valeureux cōbattās qu'ils eussēt, ne laissēt pas pour cela de me faire des offrandes de leurs primices, en me requerant de ie ne sçay quoy que ie ne leur veux pas octroyer, parce que la desloiauté qu'ils m'vserent en se pariurant, est cause que leur ancienne & tant renōmee cité ne sera iamais restauree. Afin donques que ie ne sois contraint de faire à l'endroit des Thessaliens rien de semblable, vous le leur direz de ma part, en pleine assēblee de peuple. Ie le feray tres-volōtiers, respondis-ie, parce que cela ne tend qu'à diuertir la ruine qui les menace. Mais qu'est-ce ô diuin Achille, que ie vous doibs icy demāder? Ie cognois desia, me va-il respondre, ce que vous desirez de moy. Et à ce que vous ne

ACHILLES.

vous ingeriez de m'enquerir d'aucune chose de tout ce qui se passa entour Troye, car vous ne me feriez point de plaisir, ie laisse à vostre option de me faire iusqu'à cinq demandes de ce qui vous agreera le plus, pourueu que ce ne soit de ce qui m'est prohibé de reueler. Dont me r'asseurant là dessus, ie luy demanday en premier lieu s'il estoit vray qu'il eust esté enseuely de la sorte que les Poëtes chantent? Ie fus enterré, me va-il respondre, de la façon qui me fut, & à Patroclē tres-agreable: attendu que durant nostre ieunesse nous fusmes tousiours d'vne mesme volonté & accord: & vn mesme vase d'or tient nos cendres, tout ainsi que si nous n'eussions esté qu'vn tout seul. Mais ie veux bien que vous sachiez cōme il va de ces larmes que les hommes disent auoir esté espāducs pour moy par les Muses, & les Nereides: que iamais les Muses n'arriuerent en ces lieux-cy, trop biē les Nereides y sont souuentefois venues, & sont encore. Ie luy demāday puis apres, s'il estoit vray que Polyxene eust esté mise à mort pour son occasion? Elle fina de vray violentement ses iours, m'alla-il dire, pres ma sepulture, & par glaiue, mais ce ne fut pas de la main des Grecs mal-gré elle, ains estāt venue volōtairement à mon tombeau; & se remettant deuant les yeux ceste ardente affection qu'elle m'auoit tousiours portee, elle se donna d'vn poignard à trauers le corps. En troisiesme lieu ie l'interrogeay s'il estoit vray qu'Helene fusse onques venue à Troye, ou s'il auoit pleu à Homere de le feindre ainsi? Nous fusmes abusez vn long temps, me va-il respondre, tāt lors que nous enuoiasmes des ambassadeurs à Troye pour la r'auoir, que depuis que nous vinsmes faire la guerre: car Helene estoit adoncq chez Protee en Egypte, ayant esté neaumoins enleuee par Paris: mais quand nous en sceusmes la verité puis apres, nous ne laissasmes pour cela de continuer les efforts que nous y auions desia commencez, afin qu'on ne nous vist point inutilement partir de là auec nostre courte honte. Ma quatriesme demande fut, que ie m'esmerueillois fort, que la guerre eust ainsi produit en vn mesme temps tant de valeureux personnages, comme Homere escript

ACHILLES. 333

eript s'estre rencontrez au siege de Troye. Ny les barbares mesmes, m'alla-il respondre, n'estoient pas en cela beaucoup surpassez de nous, & n'auoient moins de tres-preux combattans, de maniere que la vertu en ce siecle-là florissoit sur terre. Finablement pour la cinquiesme ie luy demanday pourquoy c'estoit qu'Homere n'auoit point eu de cognoissance de Palamedes, ou s'il en auoit eu, qu'il l'eust ainsi oublié en ses Poësies? Pource que Palamedes, m'alla-il dire, ne se retrouua point à ceste guerre, ny ne fut onques à Troye. Mais à cause que ce fut vn tres-sage homme, & fort belliqueux, & qu'il souffrit mort de la sorte qu'il pleut à Vlisse, Homere n'en voulut point faire de mention en ses œuures; pour n'estre contraint, s'il en eust parlé, d'alleguer les blasmes d'Vlisse. Et là dessus Achille se prit à larmoyer, disant que Palamedes auoit esté en sa ieunesse vn tres-bel homme, & de grand taille; & en somme vn tres-valeureux cheualier, qui de modestie auoit surpassé de bien loing tous les autres; addonné d'abondant à l'estude des bonnes lettres, & tres-docte. Mais vous Apollonius, poursuiuant son dire, pource que vous auez entre vous autres gens sçauans ie ne sçay quelle affinité, ayez soing de sa sepulture, & de restablir son image en sa place, qui en a certes trop honteusement esté abbatue par terre. Et afin que vous sachiez le lieu, c'est en l'Eolide pres de Methymne en l'isle de Lesbe qu'elle est gisant là. M'ayant informé de toutes ces choses, & ordonné de bannir de ma compagnie vn ieune homme Payen nommé Antisthenes, qui me suiuoit pour apprendre, à cause qu'il s'aduouoit estre descendu des Troyans, & du sang mesme du Roy Priam; il disparut soudain de moy, iettant vne petite splendeur.

Pppp

NEOPTOLEME,

Phen. Mais de Neoptoleme quel le dit vostre Protesilaus auoir esté? *Vign.* Fort valeureux, & qu'encore qu'il fut assez inferieur à son pere, si n'estoit-il en rien moindre pourtant qu'Aiax: car il estoit beau de visage, ressemblant à Achille, duquel en cecy il estoit d'autāt surmonté, que les beaux hommes naturels le sont des statues. Achilles au reste a obtenu des hymnes & cantiques de loüäges en
A. la Thessalie; d'où tous les ans ils alloient visiter son sepulchre, & chanter là ces hymnes de nuict, meslās
B. ie ne sçay quels sacrifices d'expiations à son anniuersaire funeral; comme ont accoustumé de faire les Lemniens, & les Peloponesiens venus de Sisyphe. *Phen.* Mais voicy vn autre discours qui se presente sur les rēgs, lequel par Hercules ie ne lairrois pas volontiers passer, quand bien moy-mesme i'y deurois mettre la main. *Vign.* Or il faut mon bel amy que ie vous die que toutes ces digressions & enuelouppemens de propos les vns sur les autres ne sont que curiositez inutiles, & pour telles les tiennent ceux qui ne voulans rien admettre d'oisif, les reputent à autant de fables vaines, propres pour ceux qui n'ont autre chose à faire que d'y entendre. Et ie vous veoy comme serf & esclaue du vaisseau que vous gouuernez; esclaue quant & quant des vents, desquels si la moindre halenee propice vient donner en poup-

pe, il faudra soudain defmarer, & efpandre les voiles, & defloger auec le nauire, poftpofans toutes chofes à la nauigation. *Phen.* Laiffons là noftre nef à la bonne heure, & ce qui y eft, car la voicture de l'efprit me féble plus plaifante & profitable: ne tenát point pour mon regard ces petites digreffions pour ces fables & badineries que vous dittes, ains pour vn gaing tref-oportun qui fe fera deformais adioufté à ma marchandife. *Vign.* Dieu vous maintienne fain & fauue puis que vous auez cefte cognoiffance. Et puis que tel eft voftre defir, oyez ce qui depend des Corinthiens entant que touche Melicerte; lefquels i'ay fait venir de Sifyphus, auec tout ce qu'ils font encore enuers les enfans de Medee, qu'elle tua à l'occafion de Glaucé: car tout cela reffemble à vn dueil myfterieux & diuin, tafchans d'appaifer l'indignation de ceux-cy, & celebrans l'autre par de folennels hymnes. Mais pour le forfaict que les femmes de Lemnos à la perfuafion de Venus perpetrerent autrefois enuers leurs marys, cefte ifle là eft purgee & reconciliee tous les ans, & lors eft tout le feu efteint le neufiefme iour, car le facré nauire Theoris en aporte de nouueau de Delos. Que fi cefte barque arriue deuant le temps deftiné à l'anniuerfaire, elle ne prend port nulle part en Lemnos, ains s'en va voguant en fufpens de cofté & d'autre le long des caps & promontoires, tant que le temps fe rende propre à nauiger. Ce temps-pendant inuoquans les deitez terreftres & cachees, ils conferuent du mieux qu'ils peuuent comme ie penfe le feu pur qu'ils

Au tableau de Palemon, de Medee en Colchos, & fa ftatue.

Au tableau & en la defcription de Philoctetes.

Pppp ij

NEOPTOLEME.

auoient aporté par mer. Puis quand la barque est venue surgir au port, & qu'ils ont deliuré le feu en terre, s'addonnans aux arts qui dependent de luy, ils alleguent que de là en auant ils commencent vne nouuelle forme de viure. Que les expiations au reste qu'ils vont faire à Achilles, quand pour cest effect ils nauiguent de la Thessalie à Troye, leur ont esté ainsi establies par l'oracle de Dodone: lequel leur auroit ordonné de luy aller faire des sacrifices par chacun an, de victimes immolees partie comme à vn Dieu, & partie comme ceux qu'on fait pour les trespassez. Or du commencement cela passoit de ceste sorte. Vn nauire equippé de voiles noirs partát de la Thessalie à la volte de Troye, portoit quatorze hommes qui alloient consulter l'oracle, auec deux taureaux, l'vn blanc, l'autre noir: tous deux ia domptez, & du bois du mont Pelion, afin de n'auoir besoin de rien de dehors: car ils apportoient de la Thessalie & les offrandes, & l'eau mesme de la riuiere de Sperchie: & furent les Thessaliens les premiers de tous qui firent des ghirlandes de Passeuelours pour ces anniuersaires d'Achilles, à ce que si d'auenture les vents venoient à transporter le vaisseau hors sa droicte routte, pour ce delayement les fleurs des chappeaux ne se flestrissent. Or failloit-il arriuer au port de nuict close, & auant que descendre en terre ceux qui y estoient auoient de coustume de chanter cest hymne à Thetis.

Au tableau des marescages.

Thetis coloree d'azur,
Thetis l'espouse de Pelee,
Tu as enfanté vn tel fils,

Que nul des mortels ne peut onques
Se mesurer à ses beaux-faicts.
Pour sa part l'a obtenu Troye:
Mais la mer a tout ce qu'il eut
De ton immortelle nature.
Vien, monte icy à ce tombeau:
Où est ton valeureux Achille,
En larmoiant de tes beaux yeux,
Et assise à ce sacrifice,
Thetis coloree d'azur,
Thetis l'espouse de Pelee.

Cest hymne chanté, & eux s'aprochans de sa sepulture, son escu s'oioit retentir comme il souloit faire à la guerre: & lors apres plusieurs courses mesurees autour d'icelle le sommet en premier lieu coronné de festons & chappeaux de fleurs, aians creusé vne fosse ils y immoloient le taureau noir comme à vn simple defunct, & inuitoient Patrocle à ce banquet en faueur d'Achille: puis despeçans la victime paracheuoient tout ce qui conuenoit à ce sacrifice & expiation. Et quand ils estoient prests à se rembarquer ils sacrifioient derechef à Achille l'autre taureau blanc sur le riuage: & luy en offroient les entrailles dans vn coffin dont on se sert és libations; somme qu'ils luy faisoient ce sacrifice comme à vn Dieu: & au poinct du iour leuans l'anchre emportoient auecques eux tout le reste de la victime, affin de ne banquetter point en terre ennemie. Voila ces venerables & anciennes ceremonies qu'on dit auoir esté supprimees soubs les Rois qui apres les doscendans d'Æacus dominerēt la Thessalie. Les Thessaliens mesmes les mirent à nōchalloir ; car il y auoit des citez qui estoient bien contentes d'y enuoier ; d'autres qui ne l'estimoient estre licite : & d'autres qui tiroient la chose en longueur : mais en toutes sortes cest affaire estoit renuersé. Or comme la terre se trouuast affligee d'vne excessiue secheresse, & hasle sterile, l'oracle les admonesta d'honorer Achilles comme il conuenoit, parquoy ils retrancherent les debuoirs qu'ils luy souloiēt faire comme à vn Dieu : interpretans ces mots, *comme il conuenoit*, qu'il ne luy failloit faire que le mesme debuoir qui se rend aux autres defuncts : si qu'ils ne luy sacrifioient plus que des choses de peu d'importance les premier venues, iusqu'à ce que Xerxes descendit en Grece : car les Thessaliēs se trouuans despouillez du tout, delaisserent ce qu'ils souloient faire enuers Achilles, apres

Plutarque en la vie de Themistocles.

que le nauire fut d'Egyne arriué à Salamine, aportāt auec les autres Grecs confederez le present des Æacides. Puis quand Alexandre fils de Philippes eut soubsmis à soy tout le reste de la Thessalie, il reserua Phtie pour Achilles : & s'en allant guerroier le

Au premier traicté de la fortune d'Alexandre.

Roy Darius, arriué qu'il fut à Troye il y associa Achille pour compagnon : si que les Thessaliens reprindrent de nouueau le soin d'Achilles : à l'honneur duquel Alexandre fit combattre les hommes d'armes Thessaliens qu'il auoit amenez auec luy, alentour de sa sepulture, ou ils s'entrechocquerent tout ainsi qu'en vne mortelle rencontre de cauallerie. Et ainsi se partirent apres luy auoir fait des prieres & sa-

crifices, & inuoqué à leur secours contre Darius, a-
uec ses cheuaux feez Balius & Xanthus. Puis quand
Darius eut esté defait de tous poincts, & pris, pendant qu'Alexandre estoit és Indes, les Thessaliens
enuoierent bien des offrandes à Achilles, & vn cheual noir pour victime, mais pour cela persone d'eux
ne vint à Troye pour luy faire le debuoir comme de
coustume. Que si ie voulois parcourir point par
point toutes les choses comme elles passerent au
iour la iournee: & que les Thessaliens ne se compor-
tans pas si ciuilement qu'ils debuoient, Achilles en
entra en courroux, & tout ce qui aduint en la Thessalie, mon discours seroit trop remply de comptes
oisifs: car il y a enuiron quatre ans que Protesilaus à
son retour du Pont-euxin me dit qu'aiant là trouué
vn vaisseau à propos il auroit nauigué desguisé comme vn passager vers Achille: ce qu'il auroit fait plusieurs fois. Et comme ie luy eusse demandé à quelle
occasion vn si signalé personage que luy, qui respe-
ctoit tant ses amis, & aimoit si parfaictement Achille en auroit vsé de la sorte: il me dit, Ie viens ores de
la Thessalie tout indigné enuers Achille, pour l'a-
uoir veu ainsi griefuement courroucé contre le pays
pour raison de ses sacrifices: & l'aiant requis de vouloir remettre ceste indignation & courroux, il me
dit tout à plat qu'il n'é feroit rien, ains qu'il leur pro-
chasseroit quelque mal; si que ie crains que luy qui
est vindicatif, & d'vn naturel irreconciliable ne presse sa mere Thetis de leur faire quelque mauuais tour.
De moy aiant oy cela de Protesilaus, il me sembla *Sur la fin du 9. de l'Iliade.*

NEOPTOLEME.

veoir foudain tous les bleds de la Thessalie bruinez desia: & leurs champs infestez de brouillas pour la corruption des fruicts: accidents qu'on voit ordinairement arriuer de la mer sur les territoires pro-

C. chains: & que quelques villes de la Thessalie seroiët submergees, comme fut Bure, Helyce, & Atalante tout contiguë aux Locriens, qui souffrirent semblables desastres: de faict il dit qu'il y en auoit desia de noyees, & les autres renuersees de fonds en comble. Mais Achilles & Thetis pourpésoient bien en leurs courages d'autres manieres de ruines pour affliger la

Au tableau de la chasse des bestes noires. Thessalie: dont le plus grand chastimét qu'ils receurent fut de ces coquilles de mer dót se teint le pourpre, si que les Thessaliens eurent de là occasion de peruertir & sophistiquer ceste teinture: si c'est la verité ou non, ie ne le sçay pas bonnement: mais il y a de grosses pierres eminentes plantees çà & là de costé & d'autre pour representer ou estoient les cháps, & les maisonnages. De leurs esclaues au demeurant les vns s'enfuirent, les autres furent vendus: mais la pluspart à peine ne font plus rien de debuoir enuers les ames de leurs defuncts pere-meres, dont ils ont mesmes abandonné les sepultures: si qu'il faut nommeement que les maux dont Achille menassoit les Thessaliens leur fussent venus de la mer. *Pheu.* Certes ce fut vn fort pernicieux courroux que vous venez

D. de racópter, & malaisé à r'habiller. Mais dittes moy ie vous en prie, qu'est-ce que Protesilaus vit digne d'admiration en ceste isle du Pont-euxin? car il dit qu'il y fit quelque seiour auec Achille. *Vign.* Cela est vray:

vray : & il racompte qu'il y a vne petite iſle en ceſte mer là, tirant plus vers le riuage inaccoſtable, laquelle ceux qui nauiguent vers la bouche d'icelluy pont laiſſent à la main gauche, pouuant contenir quelque lieue de long, & de largeur vn demy quart. Les arbres qui y croiſſent ſont pour la pluſpart des peupliers blancs, & des ormes, auec quelques autres comme ils ſe rencontrent à l'aduenture & confuſement: mais ceux qui ſont aupres de la chappelle ſont plantez par ordre. Elle eſt au demeurant baſtie pres de la ſuſdite emboucheure du marez de la Mæotide, qui n'eſtant en grandeur rien moindre que le Pont-euxin entre en icelluy : & n'a autres images que celles d'Achilles, & Helaine qui furent eſtablies là par les Parques, s'entreregardans amoureuſement l'vn l'autre : & de là ont pris occaſion les Poetes de chanter leurs amours, dont leurs yeux ſe monſtrent eſtre remplis. Mais en premier lieu Achille & Helaine ne ſe virent onques, elle ſe trouuant en Egypte, lors qu'il eſtoit à guerroier Troye: neaumoins ils ne laiſſerent de s'entr'aimer treſardemment: le deſir de s'étreuoir eſtant procedé de la ſeule oye, & pour leur feſtin nuptial eſté reſerué ceſt habitacle par les deſtinees apres leur mort. Car au deſſoubs d'Ilion il n'y auoit aucunes iſles des Echinades iuſqu'à l'Æneade & Acarnanie qui n'euſſent deſia eſté contaminees & polluës du parricide d'Alcmeon enuers ſa mere: lequel s'en alla en fin reſider vers les deſgorgemens d'Achelous, en vne terre toute nouuelle au labourage: tellement que Thetis ſupplia Neptune de luy

Sur la chap. d'Aiax Locrien.

Au tableau d'Amphiaraus.

Qqq

octroïer quelque isle en la mer ou Achille & Helaine peussent faire leur demeurance. Et luy regardant tout le long du Pont-euxin, apres qu'il n'y en eut apperceu vne seule ou l'on peust aborder, il s'en alla produire ceste Leucé de la grandeur que ie vous ay ditte, pour leur seruir d'habitations & par mesme moien de retraicte aux nauigateurs, si par fois il leur y conuenoit prendre port. Et d'autant que ce Dieu commande à toute la substance liquide en quelque part qu'elle puisse estre, aiant bonne cognoissance des fleuues Thermodon, Borysthene, & Danube, & comme ils s'en vont descharger dans le Pont-euxin vne infinie quantité d'eaux, il ramassa tout le limon qu'ils charioient dans ceste mer, à commencer de la Scythie, & en fit ceste isle establie & plantee ferme sur le fonds de la mer. Ce fut là ou s'entre-virent premierement Achille & Helaine, & qu'ils s'accointerent; dont les nopces furent solennellement celebrees par Neptune & Amphitrite, auec toutes les Nereides, & tous les fleuues, car ils s'y trouuerent: & pareillement les Genies & Demons qui hantent les marez de la Meotide, & le Pont-euxin. On dit au reste, qu'en ceste isle il y a certaine engeance d'oiseaux tous blancs, mais aquatiques, & sentans leur marine, dont Achille se sert à nectoier son sacré bosquet, le ballians de l'esuentement de leurs aisles, & l'arrousans de leur pennage mouillé d'eau de mer, car ils volletent pour cest effect vn bien peu soubsleuez de terre. Or à ceux qui nauiguent vers ceste emboucheure du Pont-euxin ceste isle se presente

Au 21. de l'Iliade allegué desia en Protesilaus.

E.

F.

G.

fort à propos pour y mouiller l'ancre, & y retirer à sauueté leurs vaisseaux s'il en est besoin, comme si elle les vouloit recueillir en son hostellage: mais ce n'est pas indifferemment à toutes manieres de gens Grecs, ou Barbares habituez autour du Pont: ains faut que ceux qui abordent là sacrifient deuant que le Soleil se couche, pour se rembarquer soudain, & ne passer la nuict en terre. Que si le vent donne à propos, il leur conuient de ce pas faire voile: sinon retirans leur vaisseau dans la calle, ils se mettent à banqueter & prendre repos; là ou l'on dit qu'Achille & Helaine viennent boire auec eux, & chanter leurs amours: ensemble les vers qu'Homere a escrit de Troye: & celebrent Homere mesme: parce que Achilles a encore en memoire le don, & l'honneur, que Calliope luy impartit de la Poesie: à quoy il s'estudie d'autant plus à ceste heure qu'il n'est point occupé à la guerre. Les chants doncques de Homere sont diuinement practiquez par Achille: & les a luy mesme redigez par escript fort poetiquement, comme Protesilaus le remarque bien, & les chante encore luy mesme. *Phen.* Et ne me seroit il pas loisible d'oyr ces chants-là, & de les reciter aussi? *Vign.* Certes plusieurs qui abordent en l'Isle tesmoignent auoir oy Achille chanter plusieurs choses: mais l'annee passee à ce qu'il me semble, il entonna d'vne forte voix ce Cantique, orné de maintes belles graues sentences & conceptions, qui se raportent presqu'à cecy. *Echo qui resides pres de ces eaus innumerables le long des costes de ceste mer, celebre toy de ma lyre estant touchee* de mes doigts: mais chante moy quant & quant le diuin Homere: l'ornement du genre humain: la decoration de tous mes trauaux: par le moien duquel ie ne suis ny mort, ny pery: par le moien duquel i'ay mon Patrocle: & Aiax est egallé au reng des Dieux immortels: par lequel Troye inexpugnable, si celebree des hommes doctes, est comblee de toutes sortes de louanges & n'est point tombee en ruine. Phen. Diuinement certes Achilles, & selon la dignité sienne, & selon celle d'Homere, se monstre fort bien versé és chants lyriques, ne les alongeant point plus qu'il ne faut à vne prolixité ennuieuse: ce qui nous aprend que la Poesie estoit en fort grande recommandation enuers les anciens, & remplie de grand' sapience. Vign. Vous auez bien raison de le dire de ceste sorte, car de longuemain elle a esté telle. De faict on dit qu'Hercule aiant mis en croix le corps du Centaure Asbol, il y apposa ceste inscription.

   Asbol, ne redoubtant la voix
   Ny des Dieux d'enhaut, ny des hommes,
   Suis pendu icy à ce Pin
   D'vne aspre & picquante perruque,
   De grasse resine abondant:
   Ou ie gis seruant de pasture
   Aux de longue vie corbeaux.

Phen. A la verité Hercule s'escrima fort brauement en ces carmes la, approuuant ainsi ceste magnifique & hautaine forme d'escrire, selon laquelle il est assez manifeste que le Poete a parlé. Mais retornós encore à l'isle: car le flot nous aiát enueloppé, cóme vous sçauez qu'il en ondoie beaucoup en ce Pont-euxin, nous a transportez hors la droicte routte de nostre discours. *Vign.* Retournons-y doncques. Or les chants y sont tels que ie vous ay dit : & la voix qui les recite a ie ne sçay quoy en soy de diuin, & de splendide, resonant le long de la marine, de sorte qu'elle fait dresser les cheueux d'horreur à ceux qui passent là aupres, de la merueille qu'ils en ont: & racomptent en oultre qu'ils oyent du bruit de cheuaux, & des clicquetis de harnois, & des cris tels qu'õ a accoustumé de ietter à la guerre. Que si quelque tramontane se leue en ceste isle, ou vn vent d'aual, ou vn autre qui soit contraire à s'eslargir hors du port en la haulte mer, si qu'il les arreste, Achilles le leur vient amoucer en pouppe, ordonnant à ceux qui auroiēt chāgé de port de cedder au vent: ce que plusieurs qui nauiguent du Pont-euxin en ces quartiers-cy, me font entendre, & que tout aussi tost que de loin ils descœuurent ceste isle, ils s'embrassent les vns les autres tout ainsi que s'ils auoient longuemēt erré en vn vaste & desmesuré Ocean; & de ioye espandent des larmes: puis s'estans approchez de terre, apres l'auoir saluee ils entrent au temple, où ils font leurs deuotions & prieres à Achilles, & luy sacrifient; mais la victime se presente d'elle mesme à l'autel, pour le nauire & ceux qui y sont embarquez. Quant à l'esguiere ou vase d'or qui s'est apparu quelquefois en l'isle de Chio, cela a esté racompté par de sages hommes. Mais à quel propos vouldra l'on mettre sa faulcille en la moisson d'aultruy; ny regrabeller ce qui a esté si manifestement ia touché des autres? Or l'on racompte que certain marchantestant venu vn iour furgir en ceste isle, Achilles s'apparut à luy, & luy racompta tout ce qui s'estoit passé à Troye, le logea, & luy fit bône chere: puis luy commanda de faire voile à Ilion, pour luy en amener vne fille Troyéne, la luy specifiant par son nom, & celuy au seruice duquel elle estoit. Ce passager estonné de prime-face de ce propos, puis s'estant aucunement r'asseuré, comme il luy vouluft demáder quel besoin il pouuoit auoir d'vne chambriere Troyenne? Pour autant, va-il dire, qu'elle est du pays dôt fut nay Hector, & tout son lignage: & n'y a plus qu'elle seule des descendans du Roy Priam, & du sang des Dardanides. Celuy là estimant qu'Achille fust espris de son amour, apres l'auoir acheptee retourna en l'isle: ou Achille le remercia fort à son arriuee, & luy fit garder en son vaisseau ceste fille: si qu'à ce que ie veoy ceste isle doit estre de fort difficile accez aux femmes: puis sur le soir il le festoya en son temple: & beurent Achille, & Helaine à luy: puis à son partement luy donna de grandes sommes de deniers, ce que les marchants conuoittent le plus, en luy octroyant d'auantage que sa marchandise fust par tout de tres-bonne emplette, & son vaisseau bon à la voile. Quand le iour fut venu il luy dit, va maintenant à la bonne heure auec tout cecy, & me laisse ceste fille sur le riuage. A peine furent-ils esloignez cent cinquante pas de la terre, que voila les cris & gemissements de ceste paure miserable arriuer à leurs oreilles, qu'Achilles emmenoit, & la desmembroit piece à piece. Quant aux Amazones que quelques Poëtes ont escrit estre venues à Troye: & la combattu contre Achilles, elles n'y furent pas de luy mises à mort: car cela n'est pas vray-semblable qu'elles fussent venu guerroyer en faueur du Roy de Phrygie encontre les Mygdo- niens, ny l'assister ainsi à tard à ceste guerre: mais ce fut ce me semble vers l'Olympiade ou vainquit pre- mierement à la course du stade Leonidas Rhodien, qu'Achilles prosterna leur force & pouuoir, à ce qu'il dit, en ceste isle propre. *Phen.* Vous auez icy atteint vn grand propos, & qui m'a bien fait dresser les o- reilles tout arriere ouuertes, encore que ie les eusse desia assez rendues attentiues à voz narrations: mais cecy vous est venu de Protesilaus, comme il est rai- sonnable de croire. *Vign.* A la verité de ce mien bon precepteur l'ay-ie apris, mais il y en a assez qui naui- guent au Pont-euxin à qui cela est tout manifeste. Or le long de la coste inabordable & importueuse de ceste mer, ou les monts Tauriques sont arrengez, on dit qu'il y a des Amazones qui y habitent en vn endroit de terre-ferme qui est renclos entre les fleu- ues de Thermodon, & du Phase, qui prouiennent de ces montaignes: lesquelles Amazones leur pere & progeniteur Mars a instruit à l'accoustumance & vsage des choses belliques, & passer le cours de leur vie à cheual, equippees d'armes, nourrissans leurs montures dans des marets en nombre suffisant pour faire vne armee: sans vouloir permettre aux hommes de resider en leur region. Que si elles veu- lent auoir des enfans, elles descendent au fleuue L.

Cecy est vn peu suspect au Grec.

H.

Au tableau de Rhodogune.

I.

Halys, ou elles s'accointent des hommes, & en ont la compagnie: puis estans de retour en leurs demeures, tous les masles qu'elles enfantent elles les enuoyent au dernier bout de leurs limites, ou l'on les taille & fait Eunuques, pour seruir puis apres d'esclaues. Si ce sont des filles, elles les gardent les tenans pour leur vraye lignee: & leur font tous les offices & deuoirs de meres fors que de les alaicter, & ce pour l'occasion des combats, de peur que cela ne les effeminast trop, & que leurs mammelles n'en deuinssent pendantes: si qu'elles ont à mon opinion pris ce nom d'Amazones de ce qu'elles ne nourrissent point leurs enfans de leurs mammelles, ains les esleuent auec du laict de Iuments grasses & refaittes, & certains rayons de rousee qui se vient à guise de miel accueillir sur les canes & roseaux des riuieres. Car ce qui a esté dit des Poëtes & semblables escripueurs de fables pour le regard de ces Amazones passons le soubs silence, d'autant que cela ne conuiendroit pas bien à nostre propos: & racomptons plustost la descente qu'elles singererent de faire en ceste isle; car cecy est des discours de Protesilaus. Il dit donques, qu'vne fois certains naultonniers auec des fabricateurs de nauires, de ceux qui portent des denrees du Pont-euxin à vendre en l'Hellesponte, furent poulsez en la coste gauche de ceste mer, ou l'on dit qu'habitent des femmes: desquelles ayans esté emprisonnez en des estables, & liez comme des beufs ou cheuaux à la cresche & à la mangouere, quelque temps apres ils
requirent

requirent qu'on les allast plustost vendre audelà du fleuue aux Scythes Anthropophagues mangeans chair humaine; mais sur ces entrefaictes l'vne de ces Amazones ayant eu pitié d'vn beau ieune homme qui auoit esté pris auec les autres, de ceste compassion s'engendra vn amour, qui luy fit requerir la Reyne de ne vouloir point vendre ces estrangers, lesquels pour la longue conuersation qu'ils auoient desia eu parmy elles ayans apris leur langage, leur racópterent les infortunes, & les trauaux qu'ils auoiét endurez sur la mer: tant qu'ils vindrent à faire métion de ce temple d'Achille, n'y ayant pas long téps qu'ils y auoiét nauigué, & des richesses qui y estoiét. Dont elles reputans à vne grand' cómodité d'auoir ainsi ces gents en main, nautonniers duits à la marine, & encore faiseurs de nauires, ioint que leur regió abondoit de tout ce qui pouuoit estre necessaire pour cest effect, elles les induirent à leur en bastir de propres à porter les cheuaux, pretendans de cóbattre Achille à cheual, & le defaire, car elles mettent pied à terre quand bon leur semble: & au reste tout leur engeance n'est que de femmes, n'ayans ny maris, ny hoirs masles. Ce fut lors la premiere fois qu'elles se mirent à voguer, & exercerent le nauiguage; auquel aussi tost qu'elles se sentirent assez instruites, sur le printemps ayans fait voile de la bouche du Thermodó, elles aborderét à ceste chapelle qui en est distáte quelques cent lieuës; & ce fut cinquante vaisseaux si ie m'en recorde. Estás abordees en l'isle la premiere chose qu'elles firent fut de cómander à

R rrr

ces estrangers de l'Hellesponte d'aller coupper tous les arbres plantez en rond aultour du temple: mais les coignees se venans rembarrer contr'eux mesmes les exterminerent là sur la place, & tomberent tous roiddes-morts au pied des arbres. Et là dessus les Amazones s'estans espandues à l'entour du temple, se mirent à vouloir presser leurs montures, mais Achilles les ayant regardees felonneusement & d'vn mauuais œil, de la mesme sorte que quand deuant Ilion il s'alla ruer sur le Scamandre, donna vn tel espouuante à leurs cheuaux que ceste frayeur se retrouua assez plus forte que la bridde, si que se cabrans ils rebondirent en arriere, estimans que ce qu'ils portoient sur leur doz fust vne charge extraordinaire & estrange: & à guise de bestes sauuages se retournerent contre leurs caualcatrices, les iettans par terre, & foullans aux pieds, les creins herissez de la furie où ils estoient & les oreilles dressees encontremont, ainsi que de cruels lyons les desmembroient à belles dents, & leur deuoroient bras & iambes, faisans vn fort piteux carnage de leurs entrailles. Apres donques qu'ils se furét saoullez de ceste chair, ils se prindrent à bondir, & à galopper à trauers l'isle pleins de rage & forcenerie, & les babines teintes de sang: tant qu'ils paruindrent au hault d'vn cap, d'où descouurans la marine aplanie en bas, & cuiddans que ce fust vne belle large cápaigne, ils s'y ietterent à corps perdu, & ainsi perirent. Quant aux vaisseaux des Amazones, vn impetueux tourbillon de vents estant venu donner à trauers, d'aultant mesmes qu'ils estoient vuiddes & destituez de tout appareil pour les gouuerner, ils venoiét à se froisser l'vn côtre l'autre, ny plus ny moins qu'en quelque grosse rencontre nauale, dont ils se brisoient & mettoient à fonds, specialement ceux qui estoient inuestis & chocquez en flanc de droict fil par les esperons & proues des autres, comme il aduient ordinairement en des vaisseaux desgarnis de leurs conducteurs : de maniere que le briz de ce naufrage se venant rencontrer vers le téple où il y auoit force personnes à demy mortes respirans encore, & plusieurs membres horriblement dispersez çà & là, auec la chair que les cheuaux inaccoustumez à telle pasture auoient reiettee, ce lieu sainct deuoit estre bien prophané : mais Achilles l'eut bien tost purgé, reconcilié, & expié, comme il estoit aisé à faire en vne isle de si peu d'estendue, ou les flots battoient de toutes parts à l'enuiron : si qu'Achilles y ayant attiré le sómet des ondes tout fut laué & nettoié en moins de rien. *Phen.* Certes quiconque ne vous reputera agreable aux dieux, ie l'estime en estre hay : car sçachát racópter tant de belles & diuines choses, ie tiens que cela vous vient de leur part, qui vous ont rendu Protesilaus ainsi bien-vueillant. Or puis que vous m'auez abbreuué de tant de beaux & heroïques propos, ie ne vous importuneray point plus auant de me dire comme il est retourné en vie, pour autát que vous alleguez qu'il vse d'vn propos obscur qui se doit tenir soubs silence. Mais pour le regard des Cocytes, & Phlegetons, de l'Acherusie, & autres tels noms de fleuues & paluds infernaux, voire des Eaques,

Rrrr ij

NEOPTOLEME.

& de leurs sentences & iugements, parauenture que vous en diriez bien quelque chose si vous vouliez, & que Protesilaus vous le permettra. *Vign.* Il me le permet bien de vray; mais voicy le soir qui approche, & les beufs arriuent pour estre destellez de la charrue; les cheuaux aussi pour auoir relasche de leur labeur; parquoy il me faut recueillir tout cela, & y donner ordre: & ce discours seroit plus long que le temps ny le loisir ne le permettent. Retournez vous en donc maintenant à vostre vaisseau, gay & content, car vous auez de tout ce que mon iardinage produist. Que si le vent souffle à propos, apres auoir du dedans de vostre nauire fait à Protesilaus les libations deuës, faictes voile à la bonne heure, car tous ceux qui partent d'icy sont coustumiers d'ainsi le faire. S'il vous est contraire, retourniez le matin, & vous obtiendrez vostre desir. *Phen.* Ie vous obtempereray en cela; & ainsi sera fait comme vous le dittes. Mais ô Neptune qu'à la mienne volonté ie ne puisse point nauiguer, auant que d'auoir oy ce discours.

ANNOTATION.

DE Neoptoleme aultrement *Pyrrhus* fils d'*Achilles* & *Deidamie* fille du *Roy Lycomedes*, il en a esté parlé à suffisance au tableau de l'Isle de *Scyro*, & en celuy de *Pyrrhus*, & des *Mysiens*; aussi Philostrate ne le fait qu'atteindre icy en passant pour de là poursuiure le propos encommencé d'*Achille*, duquel il va compte d'estranges choses, que nous toucherons point par point où elles auront besoin d'esclaircissement.

NEOPTOLEME. 343

D'autant que les beaux hommes naturels sont surmontez A. **des statues.** Cecy bat sur ce qu'on lit du peintre Zeuxis au 35. liu. de Pline, ch. 9. que voulant peindre aux Agrigentins vn tableau pour le dedier au temple de Iunon Lacinienne, il choisit cinq toutes les plus belles creatures de la contree, dont il prit ce que chacune auoit de plus beau, & de plus parfait pour en accomplir son image: estant bien malaisé qu'vne seule personne soit doüee si exactement de toutes les perfections en son corps qu'il ne s'y puisse trouuer quelque chose à dire. Et de faict onques il ne se trouua homme ne femme, iustce Alcibiades, & Hippodamie que la nature ait si parfaictement accomplis de toutes beautez, comme est la statue de l'Adonis de Messere Francisque de Norche à Rome; ou la Venus qui fut de Praxiteles en Cnidos.

De la Thessalie on alloit visiter tous les ans le sepulchre B. **d'Achille.** Cecy a esté expliqué au premier liure des Images sur le tableau des marescages, en ce texte icy: Les Passeucleurs battet l'eau. Parquoy il n'est point de besoin de redite.

Comme furent Bure, Helyce, & Atalante. Bure fut vne ville C. de l'Achaie sur le goulphe Corinthiaque, (Pline IIII. 5.) Primæ ibi quas diximus Lecheæ Corinthiorum portus: oppida Helice, Bura. Ces trois villes furent autrefois englouties par les inondations de la mer, & les tremblemens de terre. Le mesme liu. 2. chap. 94. Elicen & Buram sinus Corinthius abstulit, quarum in alto vestigia apparent. Strabon liu. prem. met que Bure fut emportee par vn tremblement de terre; & Helicé submergee des flots marins. Ce qu'il reitere encore au 8. liur. ou il descript plus particulierement ceste submersion d'Helicé. Deux ans deuant la bataille de Leuctres Helicé fut ruinee, dont Eratosthenes escrit auoir veu le lieu ou elle estoit: & ceux du destroit alluoient qu'au traict il y auoit vne image de Neptune haut esleuee, faite de bronze, tenant en main vn grand fouët de charretier pour aduertir les pescheurs du danger estant là endroit. Mais Heraclide racompte que de son temps ceste ruine seroit aduenue de nuict: & ceste ville distante de la mer vne petite demy licue auec son contour esté accablee de flots. Surquoy les Achaiens y aias enuoié iusques au nombre de deux mille hommes pour en retirer les corps morts, ils s'en seroient retornez sans rien faire, si qu'ils departirent le territoire aux proche-voisins. Que ceste

R rrr iij

NEOPTOLEME.

calamité au reste feroit aduenue de l'indignation de Neptune: car les Ioniens s'en estans fuys d'Helicé auroient enuoié leurs deputez vers les habitans pour rauoir son image; que s'ils ne la vouloient rendre, à tout le moins qu'ils fissent instance d'auoir les vstanciles & ioyaux qui appartenoient à ses sacrifices: ce qu'ils ne peurent obtenir: Parquoy ils en enuoierent requerir les Achaians: lesquels y deputerent quelques vns, qui n'y firent nomplus que les autres: dont l'hyuer ensuiuant leur prouint ceste desolation. A ce propos Ouide au 15. des Metamorph.

Si quæras Helicen & Buram, Achaidas vrbes,
Inuenies sub aquis; & adhuc ostendere nautæ
Inclinata solent cum mœnibus oppida mersis.

Pausanias escript en ses Achaiques, que ce nom d'Helicé luy vint de la fille de Selinunte Roy des Egyoliens, qu'espousa Ion, lequel fonda ceste ville, & luy donna le nom de sa femme; & que sa ruine proceda partie de l'inondation de la mer, partie d'vn tremblement de terre en hyuer. Quant à Atalante Stephanus au liure des villes, met que ce fut celle que les Atheniens fonderent aupres de Locres; & vne isle encore pres du Piree. Ce que touche aussi Strabon au 9. mais il en adiouxte vne autre du mesme nom viz à viz d'Opunte d'où fut nay Patrocle. De sa ruine ils n'en parlent point.

D. Mais dittes moy ie vous en prie, qu'est-ce que Protesilaus vit d'admirable en ceste isle du Pont-euxin? *Pausanias és Laconiques.* Au Pont-euxin pres des bouches du Danube, il y a vne isle consacree à Achille, ditte Leuca, la blanche, pouuant contenir quelques deux ou trois mille pas de circuit, & enuironnee tout alentour de forests espoisses pleines d'animaux tant sauuages que domestiques. Là y a vn temple dudit Achille, auec son image: & le premier des Grecs qui y nauiga, fut vn Leonyme Crotoniate, lequel en vne guerre que eurent iceux Crotoniates contre les Locriens en Italie, comme pour l'affinité qu'auoient les Locriens auec les Opuntiens eussent inuoqué au combat Aiax fils d'Oileus, Leonyme fort blessé, s'en alla à l'Oracle en Delphes, ou la Pythienne l'enuoia en ceste isle d'Achille, luy annonçant qu'Aiax se debuoit là aparoistre à luy, & le guerir de sa blesseure. Party de là du tout guery, il racompta y auoir veu Achilles, & les deux Aiax, Patrocle, & Anthiloque, & Helaine qu'auoit espousee Achilles, laquelle luy auroit commandé, que quand il seroit arriué à Homere il dist de sa part au Poete Stesichore, que ce qu'il estoit deuenu aueugle venoit de l'indignation qu'elle auoit conceuë contre luy pour l'auoir diffamee par ses vers : ce qui fut cause de l'en faire desdire, & rechanter vne Palinodie.

Thermodon, Boristhene, & le Danube. *Thermodon est vn fleuue de la Themiscyre, vne contree de Cappadoce fort celebre pour les Amazones qui y residoient. Ptolemee, Suidas, & Pline, liu. 6. ch. 3. ou il met qu'il y auoit vne ville du mesme nom. Strabon au 12.* En la Cappadoce est la contree ditte Themiscyre, le domicile anciennement des Amazones. C'est vne campaigne en partie flanquee de la mer, en partie de montagnes couuertes de bois dont decoulent plusieurs riuieres, qui toutes se viennent assembler en vn fleuue qu'on appelle le Thermodon. *Auiourd'huy* Pormos.

Boristhene est vn fleuue de la Sarmatie separant la Pologne de Chionie; en vulgaire appellé Nieper; lequel du costé de l'Europe se va vendre dans le Pont-euxin, comme le Thermodon de celuy de l'Asie. Il naist vn peu audessus du Duché de Smolenco *pres d'vn chasteau nommé* Versura, *que les grands Ducs de Moschouie ont empieté sur les Rois de Pologne: & de la prenant son cours au midy s'en va atteindre la cité de Chionie ville capitale de la Russie : puis au Soleil leuant à plus de quatre cens lieues loin de ses sources se desgorge au Pont-euxin non gueres loin de* Precop, *ou est la Chersonese Taurique.*

Le Danube est le plus grand fleuue d'Europe, qui prend sa naissance au pays des Grisons, vn peu au dessus de Couere, non gueres loin des sources du Rhin & du Rhosne. De la il s'en va à Vienne en Austriche, & passe tout au trauers de Hongrie, & plusieurs autres regions subiacentes, tant que finablement il gaigne le Pont euxin par six grandes bouches & entrees pres de la ville de Moncastre ; que specifie Pline liur. 4. chap. 12. Strabon au 7. en met sept : aiant receu en son canal soixante grosses riuieres. Depuis ses sauts ou cataractes au dessoubs de Budde ou il est plus nauiguable qu'amont ; il s'appelle Ister : & de la ensus le Danube : en vulgaire Dunouve.

Et comme vne infinie quantité d'eaus se vienne deschar-

NEOPTOLEME.

ger dans le Pont-euxin. Strabon liu. premier comme nous l'auons desia allegué au tableau des Pescheurs, met que de son temps, qui fut soubs Auguste Cesar, ceste mer estoit tenue comme pour vn autre Océan, si qu'elle auroit esté dite le Pont par certaine Antonomasie, à quoy se rapporte le nom qu'il a pour auiourd'huy de la mer maiour: mais c'est la moins profonde de toutes autres, si qu'on peut presque trouuer fonds par tout; & ce à cause de tant de gros fleuues qui se viennent rendre de tous les costez là dedans; quarante entre les autres les plus signalez, comme le Danube, Tanais, Borysthene, Hypanis, le Phase, Thermodon, Halys, &c. qui la remplissent de bonheur: ce qui fait que les poissons y sont fort gras, & son eau est la moins sallée de toutes les autres mers.

G. **Les marets de la Mæotide.** *Le fleuue de Tanais descendant de la Moschouie, s'en y vient vers le destroit Cimmerien ietter dans la Mæotide, qui delà s'eslargist en vne maniere de mer qu'on appelle vulgairement* Mar delle Zabacche, *autrement la mer blanche, à la difference du Pont-euxin dit la mer noire, ou ce marets vient consigner ses eaux vers le destroit de Precop.* Pline le descript au 6. liu. ch. 7. ou il dit qu'il estoit des Scythes nommé Temerinde, *qui signifie autant comme mere de la mer, à cause qu'il semble que le Pont-euxin en vient à naistre. Et au* IIII. 12. *qu'il a pris ce nom de Mæotide des peuples dits les Mæotes, qui habitent le long d'iceluy:* Strabon liu. II. *sa longueur pouuant contenir depuis la bouche du Bosphore iusqu'au Pont-euxin quelques cent lieues.*

H. **Ce fut vers l'Olympiade ou vainquit premierement à la course du stade Leonidas Rhodien.** *De cestuicy fait mention Pausanias au 6.liu. sans specifier l'Olympiade.* La plus belle victoire de toutes autres obtint à la course Leonidas Rhodien, d'vne merueilleuse vistesse de iambes: car par quatre Olympiades consecutiues il se trouua victorieux douze fois à courir. *Au regard de ce qui est dit icy qu'il emporta la victoire à la course du stade, ce n'est pas à dire pourtant qu'on ne couruft là que six vingts cinq pas Geometriques autant que contient le stade, chasque pas de cinq pieds de Roy; car on le reiteroit plusieurs fois, & si debuoit estre plus grand: mais comme met Pausanias au lieu preallegué, le stade estoit vne carriere en forme d'vne chaussee haut esleuee de terre: où à vn des bouts estoit dressé l'eschaffaut des Hellanodiques, ou iuges qui presidoient à ces ieux de prix.* Aulugelle liu. & chap. prem. de ses Nuicts Attiques *parlant du moien dont Pythagoras proceda à trouuer combien la grandeur d'Hercule*

NEOPTOLEME.

cule excedoit celle des hommes communs, met que cest Heroe aiant mesuré le stade de l'Olympie à deux cens pieds des siens (ie mescroirois qu'il fallust lire deux cens pas au lieu de pieds) d'autant que les autres stades ou carrieres estoient beaucoup moindres, il vint par là à coniecturer qu'Hercules deuoit d'autant surpasser les autres hommes à la proportion de son stade enuers les autres. Que s'il se falloit retenir à deux cens pieds, la course ne seroit pas gueres longue, comme de cent nos marches ou pas communs seulement que nous traissons en cheminant, les Latins les appellent Gressus; & nompas larges eniambees qui en contiennent plus de deux fois autant.

I. De Thermodon, & du Phase. *Du Thermodon il en a esté parlé cy dessus; & du Phase au tableau de Medee en Colchos.*

K. Si elles veulent auoir des enfans, elles descendent au fleuue Halys. *Il naist au mont Taurus auiourd'huy appellé la Caramanie; d'où il s'en vient tout à trauers les campaignes de la Cataonie, Cappadoce, & Paphlagonie descharger dans le Pont-euxin droict au Septentrion. Pline liu. 6. chap. 2. & 3. Strabon au 12. Le fleuue d'Halys borne la Cappadoce du costé de Soleil leuant: & coulant du Midy entre la Syrie, & Paphlagonie, se va, comme met Herodote, rendre dans ce qu'on appelle le Pont-euxin. Du costé d'Orient donques il sert de borne à la Paphlagonie: deuers Midy aux Syriens & Galathes qui habiterent autrefois là endroit: à l'Occident il a la Bythinie & les Mariandins: & au Septentrion le Pont-euxin ou il entre. Et vn peu plaisantil le dit auoir pris ce nom des salines de sel fossile par ou il passe.*

L. Mais pour le regard des Cocytes, Phlegetons & Acherusic. *Il atteint icy trois fleuues des cinq que les fictions Poetiques alleguent estre és enfers, dont il n'en specifie que trois; Cocyte, Phlegeton, & Acheron; & taist le Styx, & Lethé. Au regard du Cocyte, dit ainsi ἀπὸ τὸ κωκύω pleurer, gemir, lamenter, Homere le fait proceder de Styx au 10. de l'Iliade.*

Αὐτὸς δ' εἰς ἀΐδεω ἰέναι, δόμον εὐρώεντα·
Ἔνθα μὲν εἰς ἀχέροντα Πυριφλεγέθων τε ῥέοι,
Κωκυτός θ', ὃς δὴ Στυγὸς ὕδατός ἐστιν ἀπορρώξ,
Πέτρη τε, ξύνεσίς τε δύω ποταμῶν ἐριδούπων.

Va t'en à la maison obscure
De Pluton, là ou Acheron

Sſſſ

NEOPTOLEME.

Et Pyriphlegeton s'assemblent:
Et Cocyte, lequel de Styx
Tire sa premiere origine,
Aux rochers & assemblemens
De ces deux rivieres qui bruyent.

Ce Cocyte estoit selon Suidas le plus froid fleuve des enfers, comme le Phlegeton le plus ardent & enflambé, afin qu'il y eust deux tormens extremes de froid & de chaud. De ces rivieres infernales touche entre autres choses cecy Virgile au 6. de l'Eneide.

Hinc via tartarei quæ fert Acherontis ad undas,
Turbidus hic cœno vastáque voragine gurges
Æstuat, atque omnem Cocyto eructat arenam.

Pausanias és Attiques met tous ces fleuves & marescages infernaux en la Thesprotie, une contree de l'Epire ou estoit l'oracle de Dodone. Pres de Cichyre (dit-il, c'estoit une ville autrement appellee Ephyre) est le marez dit Acherusie, & le fleuve Acheron qui en part. Le Cocyte y passe aussi charriant une eau fort desagreable. Le Phlegeton est un autre fleuve d'Enfer bruslant comme il a esté dit cy dessus, de Φλέγω ardoir. Et quant à Acheron qui signifie sans ioye, il y en a un de ce mesme nom en la Calabre, ou Alexandre Roy des Molosses fut mis à mort des Lucaniens, (ce sont ceux de Basilicate) deceu de l'oracle Dodoneen, qui l'avoit admonesté de se donner garde de l'eau d'Acherusie & de la ville de Pandosie, qu'il cuidoit estre celles de la Thesprotie, comme escrit Tite-Live au 8. & Strabon au 6. & au 7. il met qu'aupres du cap Cheimerium il y a un port d'eau douce ou entre Acheron qui part du marez Acherusien, aiant receu plusieurs autres rivieres d'eau douce qui rendent ce port là ainsi doux. Mais au 8. il met un autre Acheron en Arcadie qui se va rendre dans le fleuve d'Alphee, & qu'on estime que c'estoit un fleuve infernal, pource que là estoient les temples de Ceres, de Proserpine, & de Pluton fort venerez. Suidas apres avoir dit qu'Acheron est un des fleuves fabuleux des Enfers, adiouxte cecy. Il y a un lieu appellé ainsi, au milieu du monde, ou l'eau se desgorge & rengorge iusqu'au palud de l'univers, lieu tenebreux, & privé de toute lumiere, semblable à un purgatoire, mais nompas lieu de supplice pour y tormenter les mauvais, ains purgeant & nettoiant les pechez des hommes. A quoy convient fort bien la signifiance du mot

Acheron, sans ioye, car au Lymbe auant l'arriuee du Sauueur, & au Purgatoire apres sa mort & passion, il n'y a point eu de ioye, ains seulement vne expectative de l'auoir, tout ainsi que ceux qui sont en tenebres attendent la lumiere aduenir. A laquelle priuation de ioye battent plusieurs lieux de Plutarque, & entre autres cestuicy du traicté du premier froid, ou il dit que l'air (les autres l'appellent ce vaste & immense Chaos qui est depuis la superfice de la terre iusques à la conuexité des cieux, bien que plus subtil en vn endroit qu'en vn autre) est dit ἀιδὴς & ἀχαρῆ, sans plaisir & sans ioye: parce dit-il que l'air ne se pouuant veoir, comme estant sans couleur, il n'y peut par consequent y auoir point de plaisir, car la delectation de la veue consiste en la varieté des figures & des couleurs. On pourroit bien approprier cela à la visible beatitude, toutefois spirituelle, des bien-heureux: mais cela n'est pas de nostre propos.

Au regard de Styx & Lethé, encore que Philostrate ne les compreigne pas icy, il n'y aura point de mal toutefois d'y en adiouxter quelque chose. Styx donques si nous le voullons prendre à la verité historialle & naturelle, est vne fontaine pres Nonacrine en Arcadie ce dit Pausanias au 8. liure, ou il en parle de ceste sorte. L'eau qui coulle de ce rocher à perte de veue pres les ruines de Nonacrine s'en vient premierement tomber dans vn autre rocher fort haut encore, qu'elle penetre, & de là tomber dás la riuiere de Crathis. Elle est mortelle tant aux hómes qu'à toutes sortes d'animaux: & dit-on que la premiere espreuue qui s'en fit fut sur des cheures, qui en aians autrefois gousté expirerent tout sur le champ: ce que par succession de temps puis-apres fut aperceu par assez d'autres experiences. Il y a encore en ceste eau ie ne sçay quelle proprieté occulte fort admirable: car ny le christal ny le verré: la porsaline, ny tous les ouurages de potterie quels qu'ils puissent estre ne sçauroient tant soit peu resister à sa violence qu'ils ne se rompent incontinent: & ceux de corne tout de mesme d'oz & d'iuoire: le fer aussi, & le cuiure, le plomb, l'estain, l'argent, & l'electre: voire l'or, que la Lesbienne Sapho dit se purger & affiner ès plus forts poisons & venins: ce que l'experience aussi demonstre. Tellement que par vne prouidence diuine cela a esté estably que les plus excellentes choses fussent surmontees par les plus viles. Car le vinaigre dissoult les perles, & le sanc de boucq

NEOPTOLEME.

brife le diamant quelque ferme & solide resistant qu'il soit. Si qu'il n'y a que la seule ongle de cheual, d'asne ou mullet que ceste eau ne puisse corrompre : & ne les sçauroit penetrer ores qu'elle y soit longuement gardee.   Que si Alexandre fils de Philippes fut empoisonné de ceste liqueur, ie n'en sçaurois pas rien affermer de certain : trop bien sçay-ie que cela a esté dit & escript d'assez de gens. *Pline liu. 2. chap. 106. parlant des merueilles des eaux:* Iuxta Nonacrin Arcadiæ Styx nec odore differens, nec colore illico necat. Or pour ceste pernicieuse qualité mortelle on l'a voulu feindre estre vn des fleuues d'Enfer, de si grand respect mesmes enuers les Dieux, que c'estoit le plus grand serment qu'ils eussent : comme on peut veoir au 5. de l'Odissee, ou Vlisses fait iurer Calypho qu'elle ne luy machinera point de mal :

ἴςω νῦν τόδε γαῖα καὶ ὑρανὸς οὐρὺς ὕπερθεν,
Καὶ τὸ κατειβόμενον Στυγὸς ὕδωρ, ὅς τε μέγιςος
Ὅρκος δεινότατός τε πέλει μακάρεσσι θεοῖσι.

Cecy ores saiche la terre,
Et le large ciel de là haut,
Et l'eau de Styx qui là bas coulle,
Le plus grand serment solennel
Qui aux Dieux bien-heureux puisse estre.

Hesiode en sa Theogonie ou il la met pour la plus excellente fille de l'Ocean & de Thetis ; καὶ Στὺξ, ἣ δὴ σφέων προφερεςάτη ἐςὶν ἁπασῶν, dit que pour estre venue la premiere de tous les Dieux au secours de Iuppiter contre les Titanes, il luy donna en recompence que delà en auant elle seroit le plus respecté serment des Dieux : αὐτὴν μὲν γὰρ ἔθηκε θεῶν μέγα ἔμμεναι ὅρκον. Et *Seruius sur le 6. de l'Eneide :* Stygiámque paludem, Dii cuius iurare timent, & fallere numen : escript que ce fut en faueur de la victoire fille d'icelle Styx, qui se trouua à la guerre contre les Geants, que Iuppiter ordonna que quiconque des Dieux enfraindroit ce qu'il auroit iuré & promis par elle, il seroit priué vn an entier & neuf iours de sa distribution d'Ambrosie, & Nectar : la raison, dit-il, pource que la tristesse, ce que denote ce mot de Styx, est contraire à l'eternité, & la ioye à la fascherie.

Lethé, autre fleuue infernal, passé lequel, les ames mettoient entierement en oubly tout ce qui estoit aduenu en leur vie, aussi ce mot ne signifie

Plutarque au traité du premier froid.

autre chose qu'oubliance. Mais si les ames apres le trespas des personnes s'oublient ou ressouuiennent de la vie passee, c'est vn poinct doubteux en nostre creance, car au 3.liure des Roys chap. 21. le Roy Achaz s'estant humilié deuant Dieu, & faict penitence, il luy octroye ceste grace qu'il ne verra point de ses iours les maux qu'il auoit deliberé d'ennoyer sur sa maison, ains les remet à Ochosias son fils, apres sa mort, afin qu'il ne les sente point. Et au contraire en S.Luc 16. Le mauuais riche estant tourmenté és enfers, requiert Abraham de vouloir aduertir ses freres de s'amender pour n'encourir point sa damnation, mais laissons cela aux Theologiens. Platon au 10. de sa Rep. & Plutarque au traicté de la tardifue vengeance diuine, le compte qu'ils y introduisent de deux qui retournerent de mort à vie, faict mention de ce Lethé. Quant à la verité historialle, il y a eu plusieurs riuieres de ce nom là de costé & d'autre, dont Strabon parle és 10. 11.& 19. liu. mais celle qui fait le plus à propos en cest endroit, est le Lethé d'Aphrique, pres de la derniere poincte des Syrthes: lequel apres auoir coulé par quelque espace s'engloutit dans terre, & de rechef à ie ne sçay combien de lieues de là s'en vient renaistre en grand' quantité d'eaux: ce qui auroit faict croire au peuple qu'il s'alloit perdre dans les enfers, & de là retournoit en haut.

F I N.

S ſſſ iiij

TABLE DES CHOSES REMARQVABLES CONTENVES EN LA SVITTE des Tableaux de Philoſtrate, Statues de Calliſtrate, Heroïques, & Annotations ſur iceux.

A

Age auquel Neſtor alla au ſiege de Troye. 241.b
Abantes porterent les premiers vne longue cheuelure. 298.a
Abaris Hyperboreen excellent Archer. 75. a. b
Abiens les plus iuſtes de tous les hommes. 221.a.b.
Ἄβιος que ſignifie. ibid.
Abſoris baſtie par les Colchides. 67.b
s'Abſtenir des febues, pourquoy ordonné par Pythagore. 312.a.b
Abſyrthe deſmembré par ſa ſœur Medee. 34.b.67. a. diſcours ſur iceluy. 67.a.b
Abſyrtides Iſles en la coſte de la Dalmatie. 67.a
Accouplement de Iupiter auec Thetys pourquoy diuerty par Promethee. 7.b

Accident aduenu au monde ſous Phaëton Roy d'Ethiopie, & Deucalion. 180.b
Achantites & Euryſaces fils d'Aiax Telamonien. 291.a
Acheloé enamouré de Deianire. 14.b. c'eſt vn fleuue en la Perrhebie, d'où a pris ſon nō. 14.a. ſon combat auec Hercule. 14.b
Acheton fleuue des enfers, d'où ainſi appellé. 346.a
Achilles deſguiſé en fille. 3.b. 4.b
Achille appellé Pyrrha pour raiſon de ſes longs cheueux. 7.a promerſó ſecours aux Grecs. ibid.
Achille trempé dans la riuiere de Styx, mené au palais de Lycomede pour y eſtre nourry, s'enamoure de Polyxene, le tour allegoriſé. 8.a
Achille allant guerroyer les Iſles

TABLE.

& villes maritimes demande Palamedes pour compagnon, & pourquoy, 268. a. il l'enseuelit sur le riuage des Eoliens. 271. b

Achille par qui mis à mort, diuerses opinions des autheurs sur icelle. 326. b. & suyuans.

Acte fort seignalé d'Vlysse enuers Aiax. 289. a

l'Action de l'imagination est grande sur le subiect où elle s'addresse. 158. b

les Actions de l'esprit sont à vn instant. 204. b

Admet Roy de Thessalie, les faueurs que luy fit Apollō. 214. a. sens allegorique de ce. 214. b

Adraste fils de Talaus, reuelation à luy faicte de l'oracle d'Apollon en Delphes. 248. b

Adultere puny par Protesilaus. 191. a. b

Aeacus fils de Iuppiter & d'Egyne. 301. b

Ægine isle, pourquoy ainsi appellee. 80. b. 81. a

Ægobole temple de Bacchus. 112. a

les Aegues, isle de l'Archipel. 81. a

Aeolus donne quelques barrils remplis de vents à Vlysse. 282. a

Aetes restably en son Royaume. 35. a. 38. b. estimé fils du Soleil. 36. a

Agamemnon, sa querelle auec Achille, allegorie sur ce. 236. b

Agamemnon Roy des Mycenes & d'Argos massacré par sa femme Clytemnestra. 256. b. ses vaillances. 257. a. b. taxé de lubricité. 263. b

Agamemnon transformé apres sa mort en Aigle. 316. b

Agesilaüs rechassé de l'Asie auec trente mille Archers. 25. a

Agesilaüs ne veut qu'on luy dresse vne statue. 101. b

l'Agriculture a besoin d'argent. 169. a

Agrius chasse son frere du Royaume, se tue soy-mesme par apres. 15. a

Aiax Locrien, pourquoy ainsi surnommé. 262. a. son inimitié contre Vlysse. 264. a. il inhume Palamedes. 269. b

Aiax Telamonien se rue sur le bestial des Grecs. 219. a

Aiax Telamonié pourquoy fust appellé des Grecs, le grand. 287. a. ses dicts notables. ib. b. pourquoy est dict le nourrisson d'Hercule. ib. description d'iceluy. 289. b. inuulnerable en tout son corps, excepté soubs l'esselle. 290. a. d'où a pris son nom. ib. b. sa mort & sepulture. 293. a

Aiax transformé en vn lyon apres sa mort. 316. b

l'Aigle va esclorre ses petits dans le giron de Iuppiter, mythologie de ce. 39. a. b. elle a quatre estoilles. 39. b

l'Air de la nuict pourquoy est plus posé & tranquille que celuy du iour. 25. a

l'Airain quelle proprieté il a. 131. a

Albricus comment depeinct Orphee.

phee. 33.b
Alceste fille du Roy Pelias, sage & preude-femme. 213. b. discours sur ce allegorique. 214. a.b
Alcmene femme d'Amphytriõ. 12.b
Alcmene toute effrayee de l'accident aduenu à son enfant. 16.a. sa mort.17.b. choses estrãges trouuees dans son sepulchre. ibid.
Alcyoneus Geant, les filles duquel furent transmuees en oiseaux. 185.b
l'Aleph & le Iod deux mysterieux characteres. 224.a
Alexandre Roy des Molosses mis à mort des Leucaniens. 345.b
Allegories de la Chimere & Bellerophon. 18.b. & suyuans.
Alliage du cuiure pour faire cloches & artilleries. 131.a
Allier au blanc & au rouge que c'est. 132.a
Aloides Geans tuez par Apollon & Diane. 184.b
Amendes aux ieux Olympiques pour diuerses occasions. 216.a
Amendes introduites à Rome en especes de bestail. 274.a
Amazones du Pont-euxin. 340.a elles veulent combatre Achille à cheual. 341.a. ce qui leur arriua. ibid.b
Ambassadeur enuoyé de la part d'Idomenee aux Grecs, & sa harangue. 259. a. la responce d'Agamemnon à icelle. ibid.

l'Ame est de la nature du feu. 7. b
pouuoir de l'Ame quand elle predomine sur le corps. 18.b
l'Ame quand commence à se separer de la chair. 21.a
l'Ame d'Anticlie parle auec son fils Vlysse. 104.a
Ames des defuncts accomparees à vn exaim de mousches à miel. 72.b.
aux Ames diuines & bien-heureuses le commencement de vie est quand elles sont deliurees du corps. 173.b
les Ames sorties du corps peuuent conuerser entre elles & s'entr'entendre sans aucun bruit. 104. a. elles ont vn ressouuenir de l'inclination temporelle. 105.a
Ames des trespassez representees aux febues. 312.b
si les Ames des trespassez se ressouuiennent ou oublient la vie passee. 347.a
Amitié grande entre Aiax Telamonien & Achille. 287.b
l'Amour a trois degrez. 119.b
l'Amour pourquoy est feinct perpetuellement ieune, auec vn flambeau, des aisles, tout nud, & tyran. 137. a. b. 138. a.b
Amphirrité fille de l'Ocean, d'où ainsi appellee. 16.b
Amphitryon espouse Alcmene à condition. 16.b
Anacreon fait vne ode à Vulcain pour luy forger vn gobelet. 146.a
Anatomie necessaire à l'Imager,

Tttt

110. b
Ancee fils de Neptune & d'A-
stypalee, mythologie d'iceluy.
90. a
Ancienneté de la musique, & qui
en ont esté les inuenteurs. 76.
a.b
Ancienneté des statuës. 102. a
l'Ange Gabriel a la faculté des
interpretations des songes,
selon les Cabalistes. 21. b
Anges substances separees des
autres creatures. 160. b
Anges enuoyez de Dieu pour la
garde du genre humain. 182. a
Aniger riuiere puante, à quelle
occasion. 264. b
Animaux ententifs apres la musique d'Orphee. 32. b. discours
sur ce subiect tresexcellent.
33. a
Anneaux d'Amour & d'oubliā-
ce faicts par Moyse. 157. a
l'Annee pourquoy est dicte des
Grecs ἔτος & ἐνιαυτός: & sa distinction. 272. a
Anniuersaire des Iuifs pour les
trespassez. 292. b
Anniuersaires d'Achille faicts
par les Thessaliens. 334. b. 335. a
Anthee mis à mort par Hercule.
55. a
Anthioque Epiphanee fait dresser des images à la nuict. 25. a
Antholique se tue de sa propre
main. 89. b
Antiloque fils de Nestor; ses exercices principaux ; mourut
pour sauuer la vie à son pere. 245. a. 246. a. b

Antiphates Roy des Lestrigons.
188. a
Antiphon mis à mort par le cōmandement de Denys le tyran
de Sicile, & pourquoy. 101. b
l'Antiquité ne doit seulement e-
stre imitee mais deuancee. 1. a
Apelles fait le pourtraict d'Alexandre au temple de Diane en
Ephese. 103. a
Apis Egyptien tresgrand Philosophe. 153. a
Apollon l'ame du mōde, prince
des faces, essence de Dieu 20. b
Apollon & Diane, deux excellens archers. 74. a. b
Apollon grand Musicien & ioueur de lyre, allegorie sur ce: son
image en Delos. 75. b. 76. a
Apollon pourquoy est surnommé Hysien. 83. a
Apollon pourquoy est surnommé Lycien. 83. a. b
Apollon & Hercule allegorisez.
214. b
Apollon enuoye la peste en l'ost
des Grecs, & pourquoy. 277. b
Apollon pourquoy appellé Lycien & Phyxien. 278. a
Apollon suscité par Neptune
pour venger la mort de Cygnus, tue Achille. 326. b. 328. b
Apollonius deuise auec l'ombre
d'Achille à son tombeau. 331. b
& suyuans. il luy fait cinq demandes, dont il tire resolutiō.
332. b.
Apparitions des Demons differentes. 209. b
Appoinctement traicté par

Vlysse. 335.b
Arbres pourquoy plantez aussi auant dans la terre qu'ils peuuent arriuer hors d'icelle. 213.a. discours sur ce. ibid.
l'Arc-en-ciel pourquoy attribué à Iunon. 41.a.42.a
l'Arc & les flesches ont esté les premieres armes de toutes autres : allegorisez. 75. a.b
les Arcadiés le plus ancien peuple de toute la terre. 15.a
les Arcadiens vont en l'Aulide auec les Grecs. 198.a
Arcadiens nullement addonnez à la marine. 224.a
Arcas fils de Iuppiter & de la nymphe Calysto. 15.a
Arcas trasformé en estoille. 61. a
Archias fils d'Aristhene guery d'vne conuulsion par Esculape. 151.a
l'Architecte a besoing du desseing & de la pourtraicture. 105.a
Arcs d'Ifs differents des Turquesques. 67.a
l'Argent de quelle maniere se fond. 133.a
l'Argille comment peut seruir à souder le fer. 135.a
Argo pourquoy est dicte πασιμέλουσα. 43.b
Argo participante de voix. 150.a
Aristoxenus vsoit frequentemét des febues, & pourquoy. 313.a
les Armes pourquoy sont donnees à Minerue. 41.a
Armes d'Eurypile. 47.b
les Armes d'Achille faictes par

Vulcain à la requeste de Thetis, discours sur ce mythologique ; & que nous a signifié Homere par icelles. 55.b.56.a
Armes de Glaucus & Diomedes, leur permutation allegorisee. 300.b.301.a
Armes d'Achille quelles. 320.b
Aroth & Maroth, deux Anges, selon la doctrine Mahometaine. 182.a
Arpi par qui fondee, comment est appellee pour le iourd'huy. 249.a
Artayctes Perse gouuerneur de Seste empallé tout vif. 203.b
Artifices de la lutte. 79.a
Artifices pour separer vn metal de l'autre. 136.a
l'Artillerie d'où a pris son nom. 75.b
Arts & sciences enseignees de viue voix. 222.b
Asbel Centaure mis en croix par Hercule, & son inscription. 338.b
Asphedelle herbe qui iette vne forte odeur quand elle fleurit. 262.b
Asteropee mis à mort par Achille. 329.b
Astragales ou bibelots. 39.a
Astragalizondes. ibid.
Astrologie iudiciaire, vne branche des predictions. 20.b
Athamas Roy de Thebes, ses femmes & enfans. 164.a. rendu insensé par Iuppiter. ib.b
Athenes ville anciennement fa-

Tttt ij

TABLE.

meuſe. 80.b
Athincar incetatif, & ſa compoſition. 134.a
Athletes mulctez pour auoir corrompu par argent leurs antagoniſtes. 217.a
Athos mont de Thrace, pourquoy appellé en Grec vulgaire ἅγιον ὄρος. 81.a
l'Automne humecte les plantes par ſa moiteur. 170.b

B.

Bacchanales quand ſe celebroyent. 115.a
Bacchantes femmes inſenſees dediees au ſeruice du dieu Bacchus. 34.a.110.a.ramenees par Orphee. 34.a
Bacchus deuiēt amoureux d'Althee, dont il euſt Deianire. 14.b
Bacchus pourquoy appellé Hyes. 39.a
Bacchus & Cerés les deux ſymboles du pain & du vin. 113.a
Bacchus deſmembré par les Titanes, que ſignifie. 114.a.b
Bains d'Agamemnon. 200.a
Barrils remplis de vents donnez à Vlyſſe par Æolus. 282.a
Baſſarides femmes dediees à Bacchus, d'où ainſi appellees. 112.a
Baſſin de fontaine admirable apporté de l'Iſle de l'Elbe. 106.b
Baſton noüeuds d'Eſculape allegoriſé. 155.b
Bataille de Marathon, merueille y aduenue d'vn payſan. 218.b

Batchol, fille de la voix, voix faicte au limbe, comment. 22.b
Bellerophon pourquoy chaſſé par Prætus de ſon pays. 117.b. 118.a
Bellerophon d'où ainſi appellé, allegoriſé. 119.a.b
Bellone pourquoy depeinte enſanglantee. 61.b. ſes miniſtres. ibid.
Berger d'aupres de Sancerre le plus ſorcier de tout le Berry. 157.b
Bœufs ſacrifiez aux Muſes par Pythagore. 314.a
Borax que c'eſt, & ſa compoſition. 133.a.b.134.a
Boriſthene fleuue de la Sarmatie, ſa ſource & origine: Nieper en vulgaire. 344.a
Boſquet, & ſa deſcription. 11.b
Bouquet empoiſonné, & ſon effect. 157.a
Brayer ordonné pour la lutte par Paleſtre fille de Mercure. 78.b
Breſche de pluſieurs ſortes. 107.a
Bruler les corps morts, couſtume fort ancienne. 293.b
Bure, Helyce & Atalante englouties par les inondations de la mer & tremblemens de terre. 343.a

C.

la Cabale ou philoſophie traditiue des Hebrieux de deux ſortes. 20.a
Cabale, que ſignifie. 222.b

Cabyres ou Corybantes, quels ils estoyent. 114.a
Κακῦ κόρακος κακὸν ὤον. 292.a
Cadmus apporta seize lettres en la Grece. 222.b
Cailloux conuertis en hommes & femmes. 181.a
Calamine, mineral frequent en Allemagne & en la Duché de Milan. 135.a
Calchas meurt en Claros. 82.a.b
Calchas tres expert en l'art de deuiner. 96.b
Callicrates conseille Alexandre, la responce qu'il luy fait. 81.a
Callistrate conforme en son style à celuy des Philostrates. 99.a. 100.b
Calliopé apparut vn iour en songe à Achille, les propos qu'elle luy tint. 319.a
Calypso donne vn vaisseau equippé de tout ce qu'il falloit à Vlysse. 283.a
Calysto fille de Lycaon Roy d'Arcadie. 60.b. conuertie en Ourse. ib. & 61.a
Candiots tres bons archers. 260.b
l'estoille Caniculaire est l'ame d'Isis. 60.a
les Caracteres de Moyse n'estoient pas les Hebraïques de maintenant. 223.a. de deux sortes. ibid.b
Carpocrates heretique. 314.b
Καρπομόωντες, epithete donné souuent aux Atheniens par Homere. 258.b
Cassandre prophetisse pourquoy n'estoit creue en ses predictions. 77.a
Castor & Pollux d'où ont pris leur origine. 88.b
Cathecans ou Incubes, esprits des defuncts. 105.b
le grand Caton ne veut qu'on luy dresse vne statue. 101.b
Cebrion bastard de Priam mis à mort par Patrocle. 220.b
Cedalion baillé pour côducteur à Brion par Vulcain. 7.b
le Cedre, bois le moins corruptible de tous. 159.a
Cenee, de femme faict homme, ne pouuoit aucunement estre blessé en aucune partie de son corps. 89.a
Centaure que signifie. 161.a. sa description & figure. ibid.b
Centaures engendrez par Ixion. 42.a
Cerbere surmonté par Hercule. 55.a
les deux Cerceaux pere & fils des meilleurs architectes de nostre temps. 105.a
Cercops fut le premier qui introduit la façon d'enterrer les morts comme nous faisons. 293.b
Cerés Mycalesienne. 82.b
Cerés & Bacchus les deux symboles du pain & du vin. 113.a
le Cerf comme doit estre assailly. 91.a
les Cerfs pourquoy viuent longuement. 154.a
Cesar reprouue l'ordonnance faicte par Pompee à ses soldats en la bataille de Pharsalie. 225. a.b

Tttt iij

TABLE.

les Chaldees ont fort excellé en l'obseruation des astres. 20.b

Chares l'Indien disciple de Lysippe. 144.a

Chariots d'armes des anciens Heroes. 204.a

Charmes & sorcelleries de plusieurs sortes. 157.a.b.312.a

deduict & deuis des Chasseurs. 12.a

Chasteaux de la Candie. 260.b

Χρύσεα χαλκείων, prouerbe. 300.b

Cherronese que signifie, & d'où a pris son nom. 203.a

Cheual de bronze de grandeur merueilleuse trouué en la Lydie. 175.a

Cheual de bois doré offert à la deesse Minerue. 235.b

Cheual de bois faict par Epeus. 237.a.280.a.284.a.b. & suyuans. fort recommandé. 286.a

Cheuaux de Diomede nourris de chair humaine. 81.

Cheuaux feez de Laomedon. 67

Cheuaux blancs immolez au soleil, & à quelle raison. 276.a

Cheuaux d'Achille plus excellés que nuls autres, & pourquoy. 323.b. leurs noms, & origine. 330.a. belle allegorie sur iceux. ibid.

Chiens entretenus ordinairement dans le temple d'Esculape. 155.b

Chimere, monstre inexpugnable, mise à mort par Bellerophon. 118.a. allegorisee. 119.a.b

Chios, Isle de l'Archipel. 82.a

Chiron Centaure instruict Esculape. 149.a

Chiron translaté au Ciel, & faict l'vn des douze signes du Zodiaque. 264.b

Chiron gouuerneur d'Achille. 318.b

les Choses inferieures correspondent aux celestes. 336.a

la Chouette hieroglyphique de la vigilance. 41.b

Chrysocolle que c'est, & sa composition. 133.a.b.134.a

les Chusiniens que sont, selon Rabi Hista. 223.b

le Ciel empyree attribué à Apollon. 20.b

le Cigne pourquoy attribué de toute anciennete à Apollon. 79.b.80.a.b

pourquoy les Cignes chantent proches de leur mort. 80.a marque & symbole des Poëtes. ibid.

Circé fille du Soleil, & sœur d'Aetes. 36.a. transmuoit les hômes en bestes brutes. 282.b

les Cirnes vsent de chairs de viperes. 154.a

la Cire pourquoy a esté choisie en beaucoup d'occasions pour former des images. 158.b

le sieur de Clany conducteur du bastiment du Louure. 105.a

Claros ville de l'Ionie fort renommee, & pourquoy: d'où a pris son nom. 82.a

Claudius Marcellus, l'espee des Romains. 299.b

Cleomedes Astypalcen athlete tua Iccus aux ieux Olympiques. 216.b
Cnidus ville fort celebre. 81.b
Cocyte fleuue des enfers, d'où ainsi appellé. 345.a.b
Cognoissance de l'aduenir à qui appartient. 19.a
Colchide, & sa diuision. 36.b
les Colchides sont Chrestiés. ib.
pourquoy les Colombes & les trois graces sont attribuees à Venus. 43.a
Combat d'Hercule auec les Centaures. 55.a
Combat de Meleagre auec vn sanglier. 87.b
Combat de l'esprit auec le corps. 160.b.161.a
Combat de Patrocle & Hector. 220.b.221.a
Combat des Dieux & des Deesses en faueur des Grecs & des Troyens. 231.b
Combat d'Asteropee & Achille. 329.a
Combats anciens de diuerses sortes. 215.b
Commerces comme furét trouuez. 274.a
Commodus souloit appeller Geáts ceux qui auoient les iambes & pieds tortus. 184.a
Compagnons de Diomedes muez en oiseaux appellez Diomedeens. 249.b
trois Conditions en faueur des Troyens pour la conseruation de leur ville. 3.a
Côference d'Vlysse & Homere. 308.b.309.a

Coniuratiõ des femmes Lemniénes contre leurs maris. 254.b
Conseil donné par Callicratés à Alexandre, & sa responfe. 81.a
Conseil donné par Palamedes aux Grecs pour eux preseruer de la peste. 167.b
les Contemplations sont le propre gibier & vacation de l'esprit humain. 41.a.
Contention d'Apollon & de Marsyas. 8.b.9.b
Contention grande entre Iunõ, Venus & Minerue, decidee par Paris. 304.b
Contestatiõ pour les armes d'Achille apres sa mort. 55.b
Continence grande d'Alexandre. 263.b
Controuerse entre les Iurisconsultes sur ce mot, ferrumination. 128.a
Conuphis interprete les characteres estranges trouuez en la sepulture d'Alcmene. 17.b.
Coq pourquoy sacrifié à la nuict. 25.b
Coq pourquoy dedié à Esculape. 153.b
le Corbeau est hay d'Apollon, & pourquoy. 80.b
Corne d'abondance, ou Cornucopie. 14.b
la Corne d'Amalthee que c'est. 181.a
Coronis fille de Phlegias & de Larisse mise à mort. 149.a.151.a.b
Corps mort de dixhuict pieds

de long trouué en l'Isle de Cos. 176.a
Corps etheree premier vehicule & chariot de l'ame. 294.b
Coryque mont en la Cilice. 81.a
Cos, Isle de l'Archipel. ibid.b
Couleuures appellees des Italiens *Sierpe Cornane*. 263.a
la Couppe port de la mer Maiotienne. 180.a
Course & lutte quand proposees aux ieunes enfans.215.b. cómét l'on y estoit receu. 217.a.b
les Courtisanes ont accoustumé de coucher auec elles des couleuures en Esté, & pourquoy. 264.b.
Crayon de pierre noire ou de sanguine. 102.b.
Cresus vse des lettres Ephesiennes. 216.a
Crete surnommee ἑκατόμπολις, villes d'icelle prouince quelles. 160.a
Κρητίζειν, maniere de parler d'où procedee. ibid.
Creusa fille du Roy Creon de Corinthe. 34.b
Criailleries en guerre que denotent. 198.b
Crocum ferri comment se fait. 129.b
Crucifiement entrepris à Rome par Michel l'Ange. 104.a
Cupidon pourquoy feinct Archer. 75.b
Cupidon de bronze de Lysippus. 123.b
Cupidons de bronze faicts par Praxitele. 122.b

Cyclope representé en vn tableau assez petit par Timante. 286.a
Cydon intitulé la mere des villes. 160.a
les Cydoniens bruslét tous les escolliers de Pythagore en la ville de Metapont. 310.b
Cynosure est la petite Ourse. 178.a
Cyrus mis à mort par vne femme.253.b prince ambitieux & insatiable de dominatió. 255.b
la Cythare quels instrumens de Musique comprend. 76.a

D

Danaus edifie vn temple à Apollon Lycien. 83.b.
ses filles tuent leurs maris. 89.b
la Danse de Dedalus. 149.a
Danube le plus grand fleuue de l'Europe, sa source & origine, autrement dit Ister. 344.a.
Dardanus fils de Iuppiter & d'Electre, fondateur de Dardanie. 301.b
Debutadés potier de terre Sicyonien, premier inuenteur de l'imagerie de terre cuitte. 101.a
Deffences, dents de sanglier, appellees Rafaux. 90.b
Definemens naturels de l'homme selon les Medecins. 180.b
Definition de la reuelation prophetique, & à qui elle se communique. 21.a
Deianire fille d'Oeneus Roy d'Etholie, mythologie sur icelle: sa mort. 93.a.b
Deiphobus espouse Helaine apres la mort de Paris, qui le liure

Delos isle la plus celebre des Cyclades, & pourquoy. 83.a
Delphes ville trescelebre, & pourquoy. 162.b
Demeure de Protesilaüs. 186.a
Demiphon enuoye à l'oracle d'Apollon. 180.b
Demons de deux sortes. 182.a
Demons comme se font entendre. 204.a
Demons, substances separees du corps diuersement. 205.a. leur nature. ibid. b. leur nourriture. 206.b
Demons de six sortes. ibid. ils participét de la nature de l'air. 207.a. leur conformité & difference auec l'hôme Adamique. ib. & b
Demons aquatiques comment apparoissent. 209.b
Demons bien affectionnez enuers les hômes, & pourquoy. 210.a. leurs admirables ouurages & façons de faire. ibid. b. & suyuans.
Demosthene le plus nerueux, & persuasif Orateur de tous autres. 110.a
Demylus meine son fils Glaucus Carystius aux ieux Olympiques. 216.b
Denys le tyran oste la barbe à l'image d'Esculape. 153.b
Deruiz entre les Turcs, quels ils sont. 62.b
Descente d'Vlysse aux Enfers. 282.b.
Despit, colere & courroux, passions plus tenantes du corps. 236.b

Desseigner auec la plume à quoy sert. 192.b
Desseings de plusieurs sortes en l'art de la sculpture. ibid.
Deuinemens de plusieurs especes. 19.a
Deuoirs du capitaine general des Beotiens. 258.b
Diamans grauez de grand' valeur veus par le sieur de Vigenaire. 101.a
Diane tuë à coups de flesches Orion. 60.a
Diane appellee Kalliste par Pamphus le premier de tous. 231.a
Dicts notables d'Aiax Telamonien. 287.a.b
Diette & exercice prescripte & proposee aux Grecs par Palamedes durant la peste. 267.b
Differences des Demons en leurs apparitions. 209.b
Dieux & Deesses se preparent au combat en faueur des Grecs & des Troyens. 231.b
Dieux pourquoy sont introduicts practiquans familierement auec les hommes. 232.b
Dieux guides & conducteurs des Poëtes en tous leurs chants. 308.a.
Diomede & Vlysse compagnôs, & pourquoy. 3.b. ils enleuent le Palladium. 4.a
Diomede depesché auec Vlysse pour descouurir où estoit Achille. ibid.
Diomede reproche à Páris sa lascheté. 215.a
Diomede d'où a pris son origine.

Vuuu

248.b. par qui fust tué. 249. a. comparé à vn Lyon. 250. b

Dionyſiennes de trois manieres. 114.b.

Dire d'Heraclite & Ariſton ſur la Nuict. 25.b

Discipline militaire des Romains pour le combat. 225.a

Discorde pourquoy ne fuſt point ſemonce aux nopces de Pelee & Thetis. 7.b

Diſcours entre Palamedes & Vlyſſe. 166.a. & ſuyuans.

Diſque ancien que ſignifie. 182.b

Doctrine de Pythagore. 311.b. 312. a. & ſuyu.

le Dormir exige de nous & retranche la moictié de noſtre vie. 25.b

Dryas fils d'Hippoloque. 89. b

le Duc de Niuernois fort addonné à la chaſſe. 30.b

Doubles Ducats Perſiens. 75.a

Duel entre Pyrrhus & Eurypile, 52.b

Duel de Paris & Philoctete. 96.a

Duel de Menelaüs & Paris. 134.b

E

vuider l'Eau de la maiſon où quelqu'vn ſera decedé, ſuperſtition, d'où tirée. 292.b.

l'Echemytie des Pythagoriciēs. 313.a.b.

l'Eclipſe du Soleil & de la Lune d'où procede, & quand ſe fait. 275.b

Ἔκχυσις que c'eſt. 18. b. diuiſée en certains degrez. 20.a

Edict cruel & inhumain d'Agamemnon. 269.b

la mer Egee fort rude & tempeſtueuſe. 168.b

Egliſes pourquoy communémēt ſombres & obſcures. 25.a

Egyalee tué par les mains de Laodamas fils d'Etheocles. 250. a.

Egyne tranſportee en l'iſle d'Ænnie. 301.b

Egyptiens curieux d'embaulmer leurs corps morts. 294.a

Electre pourquoy ne s'oſe monſtrer. 58.a

les Eleens ſuppriment le Pentathle, & pourquoy. 215.b.

Eleens deſpartis en tributs. 216.a

és Eleuſiēnes pourquoy on a accouſtumé de ieuſner, & boire d'vn breuuage compoſé. 113.b

ἑλκῶπις, epithete donné à Venus, & pourquoy. 26.a

Elix l'athlete. 190.b

l'Ellebore comment doit eſtre cueillie. 158.b

Empedocle ſe ietta dans le mont Ætna, & pourquoy. 94.a

Emulation ordinaire entre les ouuriers d'vn meſme art. 110.a

Enceladus geant enfoncé ſoubs le mont Ætna. 184.a

Enchantemens de pluſieurs ſortes. 157.a

Enchantemens de Medee. 162.a

Enec nauré à la cuiſſe par Diomede. 150.b

Eneas l'entendement & conſeil des Troyens. 299.a

Enfans iſſus de mauuais peres. 243.b

Enfans iurans par Hercule pourquoy mis hors de la maiſon. 244.a.

Enseignemens donnez à Iason par Medee. 34.b
l'Entendement humain est fort vniuersel. 104.a
Ἐνυάλιος epithete de Mars. 61.b
l'Enuie & emulation est ordinaire entre des mesmes concurrens. 290.a
Epeus inuenta le premier toutes ces machines qu'ō appelle belliers. 284.a. sa priere à Minerue, 285.a.b.
Ephestries, anniuersaire de Tyresias. 18.a
Ephialtes & Othus geants d'excessiue grandeur. 184.b
les Epidaures deliurez de la peste par le moyen d'Esculape. 154.b. 155.a
les Epidauriens. 151.a
les Epigons, quels ils furent. 150.a
Epigramme de Posidippus sur la statue de l'occasion faicte par Lysippe. 144.b
Epithetes diuers d'Apollon, leur signification allegorisee. 74.b.
Ermeias athlete Egyptien. 190.b
Escolle de Pythagore, ses principaux auditeurs quels. 310.a.b.
les Escossois alloient au combat au son d'vne cornemuse ou doulcine. 226.b
Escripts de Pythagore quels. 314.b.
l'Escu d'Achille, sa description. 56.b. & suyu.
l'Escu du vaillant Hercule descript par Hesiode. 227.b. & suyu.
Esculape foudroyé de Iuppiter. 60.a

Esculape fils d'Apollon & de la nymphe Coronis, par qui esleué & instruict. 149.a. reueré en forme de serpent. ibid. b. 153.b. 155.a
Esculape guerissoit toutes sortes de maladies, & resuscitoit les morts, de qui fils. 151.a.b. 152.a.b
Esculape estoit appellé Asclepie en Grec. 153.a
Esculape preside aux deuinemens, & pourquoy. 155.b. pourquoy ses temples estoient hors des villes, & en lieu hault. ibid.
trois Esculapes selon Ciceron, & quels. 152.b
Escuts des nouueaux cheualiers estoient la premiere annee tous blancs. 53.b
Eson remis en sa prime-fleur de ieunesse par Medee. 34.b
l'Esperuier hieroglyphique de l'esprit. 161.a
l'Esprit de verité & inspiratiō demonique different en leur function. 19.b
l'Esprit de l'vniuers se mesle par tout. 156.a
Esprit à Temese, auquel tous les ans on sacrifioit vne fille vierge. 212.a.b
Esprits familiers sont demons. 205.a. si les esprits des hōmes reuiennent apres leur mort. ibid.
Esprits immondes se delectent fort de la chaleur. 312.a
les Estableries d'Augeas. 54.b
Estat des Megariens apres auoir chassé leur tyran Theagenes. 243.a

Vuuu ij

Estain de quatre sortes. 130.b
l'Esté pourquoy represente la femme. 18.a
les Estoilles seruent d'horloge aux paysans. 272.b
Estude principale de Nestor & d'Vlysse. 242.a.
Et la Proüe & la pouppe, prouerbe, que signifie. 184.a
les Ethniques attribuoyét chasque membre de l'homme à vn Dieu. 7.b.8.a
Euboee ou Negrepont, Isle de l'Archipel. 81.a
Εὐκαιρία, temps opportun & idoine à l'action. 142.a
Eudemion Egyptien. 190.b
Euene Roy d'Etholie rue les cheuaux d'Idas. 89.a
Euene fleuue de l'Etholie, d'où ainsi appellé. 93.a
Euphorbe blesse Patrocle. 221.a
Euphorbe mis à mort par Menelaus. 309.b
Εὐφρόνη, epithete de la nuict. 25.a
Euryclee recognoit Vlysse à vne cicatrice qu'il auoit au pied. 283.a
Eurydees ou Pythons esprits demoniques. 19.a
Eurydice va aux enfers. 27.a
Eurypide amene les Mysiens au secours de Troye, où il fit de beaux exploicts d'armes. 52.a.b. la description de son escu. 54.a. & suyuans.
Eurysthee naist deuant qu'Hercule. 12.b
Eurytion mis à mort par Hercule. 89.b
Euthyme athlete vainquit vn esprit, auquel tous les ans on sacrifioit vne fille vierge. 211. b. tableau dressé en sa memoire. ibid.
Ezechias fit mettre en pieces le serpent de bronze esleué par Moyse. 154.b

F

Fabius Maximus, bouclier des Romains. 299.b
Faculté des interpretations des songes à qui attribuee par les Cabalistes, & d'où procede. 21. b. 22.a
Faicts admirables de Palamedes. 268.a.b
Faire νεανικῶς que signifie. 33.b
Febues dediees aux morts, superstition d'icelles és mortuaires. 312.b
Fee ou Sibylle és montaignes de Norche, discours sur icelle. 211. a.b.212.a
Femmes de Thrace conspirent la mort d'Orphee, & pourquoy. 29.a
le Fer adglutinatif & visqueux par le dedans. 129.a. propre aux souldeures. ibid. b
Ferrumination que c'est. 128.b. pourquoy a pris son nom du fer. ibid. elle est de trois sortes. 131.a.b.
le Feu, & son inuention pourquoy attribuee à Vulcain. 171.a
Figure & pourtraict de la nuict. 24.a
Fille de 15. à 16. ans saisie d'vne

TABLE.

langueur vniuerselle par sorcellerie à Neufuy sur Loire. 157.b
Fille Troyenne menee à Achille par vn certain marchand, & ce qui luy aduint. 339.b
Fimbria questeur prend la ville de Troye l'onziesme iour qu'il l'eust assiegee. 52.a
les Flesches d'Apollon sont les rais du Soleil. 74.b
la Follie est tousiours incertaine & craintiue. 119.b
Fontaine de vertu admirable en l'Isle d'Imbros. 176.b
Fourmis transformez en hommes appellez Myrmidons. 52.b.278.b.301.b
Francisco del Tadda Florentin sculpteur excellent: ses ouurages. 106.a
le Fresne & l'If, arbres propres à faire les lances. 326.b

G

Galactites, pierre, sa vertu. 14.a
Ganymede enleué au ciel par vne Aigle. 39.a. à l'office d'Hebé, & pourquoy. 39.b
Geants d'admirable grandeur. 175.b.176.a.b.177.a.181.b.182.a
Geants d'où procreez, allegorie sur iceux. 183.a. desfaicts par Hercule. ibid.b
en la Generation de l'homme n'y doit point auoir de discorde des elements. 7.b
Genie tourmente les habitans de Temese. 212.b
Germain Pilon excellent sculpteur. 105.b
Geryon fils de Chrysaor. 185.b
Γλαυκῶπις epithete de Minerue. 7.b
Glaucus fils de Minos ressuscité par Esculape. 149.b
Glaucus Carystius mené aux ieux Olympiques par son pere Demylus. 216.b
Glaucus mis à mort par Aiax, & transmué en vn fleuue. 301.a
les Gnomons se rendent par fois fort seruiables, obsequieux, coleres & despits. 209.a.210.a. comment ils apparoissent. 209.b
la Gorgone & plastron de Minerue que signifient. 41.a
Grandeur merueilleuse d'vn Sanglier. 91.b
les Grecs auoyent trois conditions destinees pour venir à bout de Troye. 3.a.b
les Grecs se reigloyent par les sciences diuinatoires. 197.a. leur dessein sur l'Aulide descouuert. ibid.b
Grecs de qui ont eu l'vsage des lettres. 221.a. leur façon de faire au combat. 214.b
les Grecs meus à bruler les corps, de certaines considerations. 294.b
le pied de Griffon pendu en la S. Chappelle de Paris, est contrefaict par artifice. 91.b
Grues oiseaux de Palamedes, & pourquoy. 275.a. l'ordre qu'elles

Vuuu iiij

tiennent allans par pays en trouppes. 277.a.b

H

Halce près de Crotone temple basty à Apollon par Philoctete. 94.b

Halys fleuue d'où préd son nom, source & origine. 345.a

Harmonie de flustes vsitee aux combats, & pourquoy. 216.a

les Hebrieux ont deux especes de cabale ou philosophie traditiue. 20.a

Hecaté fille de Persee. 36.a

Hector met à mort vn ieune Assyrign. 193.b. 194.a. sa statüe à Ilion. 104.b

Hector rencouragé par Apollon soubs la ressemblance de son oncle Asius. 220.b

Hector d'où ainsi nommé. 296.b sa description. 297.a, tué par Achille. 298.a

Hector & Polydamas nais en vne mesme nuict. 306.b

Heleine apprint beaucoup de secrets de la femme de Thonis. 234.a. sa mort, diuerses opinions sur icelle. 235.b

Heleine pendue & estranglee à vn arbre par les damoiselles de Polypo. 236.a

Heleine produicte d'vn œuf. 256.b

Helenus sauué par les Grecs à la prise de Troye, beau discours sur ce. 305.a

Helicon riuiere change son nom en celuy de Baphyre. 29.b

Helicon montaigne en la Phocide, pourquoy ainsi appellee. 146.a

Hellanodiceum, lieu où souloient demeurer les Iuges Hellanodiques. 216.a

Hellanodiques iuges des ieux & combats solennels de la Grece, quand instituez. ibid.

Helyce submergee des flots marins. 343.a. d'où a prins son nom. ibid.b

les Heraclides & Megareens disputent pour le corps d'Alcmene. 17.b

Hercule rendu tout forcené & furieux. 12.b

Hercule arreste les inondations du fleuue Acheloe. 14.b

Hercule d'où a eu ce nom. 16.b. sa genealogie. 17.a

Hercule est empoisonné de la chemise de Nessus, & meurt. 92.a. 93.b

Hercule & Apollon allegorisez. 214.b

Hercule de combien excedoit en grandeur les autres hommes. 345.a

les Heroës sont du nombre des demy-dieux. 180.b

Hesiode & Homere en quel temps ont flory, & lequel des deux a precedé. 227.a

Hemis diction Hebraïque, que signifie. 113.b

Heures egales ou inegales quelles. 272.a. les inegales pourquoy appellees planetaires. ibid. d'où elles ont pris leur nom. ibid.b

TABLE.

Hiere commande sur la Caualle-rie feminine de Mysie, est mi-se à mort par Nereus. 199. b, pourquoy elle n'a point esté celebree d'Homere. 200. a
Hippolyte defaicte par Hercu-le. 54. b
Hippolyte accuse Pelius enuers son mary. 89. a
Hippolyte remis en vie par Es-culape. 149. a
trãslaté au ciel & faict vn astre. ibid. b
Hippoloque tué par Agamem-non. 257. b
Hipposthenes Lacedemonié ex-cellent lutteur. 215. b
Hispale deduit l'origine des Bac-chanales. 115. b. 116. a
Historide fille de Tiresie, sa ruse à l'accouchement d'Alcmene. 17. a
Homere pourquoy n'a point ce-lebré Hiere, ny rien dit des Mysiés & de leur guerre. 200. a. b. loué & reprins par Prote-silaus. 201. a. b. & suyuans. ses œuures sont les plus anciens escripts d'entre les Grecs. 222. a. departies en deux volumes contenant chacun d'eux 24 liures, que signifient. 236. a. pourquoy il commence son poëme par μῦνις, ibid. b. pourquoy il le finit par les fu-nerailles d'Hector. ibid. à qui il compare Diomede, & l'estat qu'il fait de Sthenel. 247. a. b. il celebre fort Diomede. 249. a pourquoy il a côtrouué les ré-paremés & trãchees des Grecs

252. a, il fait exploiter tout plein de beaux exploicts d'ar-mes à Agamemnon. 257. a. b. sa description. 257. b. 258. a. partial & affectiôné pour Vlysse. 271. b. blasmé par Philostrate. 281. a. comme il represente Vlysse au Roy Priam. 283. b. il exalte & rauale parfois Hector. 296. b. diuerses opinions de quel pays il a esté. 318. a
Homme marin trouué à Gady-res. 181. b
l'Homme est l'image de Dieu. 207. b
les Hommes appellez πηλῦ πλάσματα. 7. b.
les Hommes sensuels pourquoy comparez aux cheuaux. 161. a
Hommes spirituels de Paracelse quels. 205. b. de quatre sortes. 206. a
Hommes de deux sortes, desi-gnez par Achille & Vlysse. 281. b
les Hommes ne mangeoient ne chair ne poisson auant le delu-ge. 315. b.
les Hommes comment sont dicts passer en des bestes brutes. 315. b. 316. a. b
Horloge d'eau mis à Rome par Scipion Nasica. 273. a
Horloges de deux manieres. 272. b
Horloges Solaires par qui pre-mierement trouuez, & mis en vsage. 272. b
l'Humeur melãcolique & solitaire pere nourrissier de toutes les arts & sciences. 20. b
Hyades sept en nombre, pour-

quoy ainsi appellees des Grecs, & des Latins *Succula*. 59. a
Hyas fils d'Atlas & de Pleione. ibid.
Hydre serpent qui reside és eaux. 254. a
Hydres de Corfou. ibid.
Hyllus fils de Deianita & d'Hercule se retire en Athenes. 94. a
Hyllus fils de la terre, & fleuue de la Phrygie. 184. b
Hyllus Rhodien tresbraue lutteur. 215. b
Hymne d'Orphee à Iunon. 42. b
Hymne des Graces à Iunon. 43. a
Hymne digne de loüange chanté à Iuppiter par Homere. 231. a
Hymnes d'Orphee combien sont excellens. 30. a
Hymnes que contiennent. 66. b
Hyperides orateur defend Phryné. 122. b.
Hypsipilé sauue son pere Thoas. 254. b
Hyrteus festoye Iuppiter, Neptune & Mercure. 59. b
Hysie ville de Bœoce. 83. a

I

M. Iacques natif d'Angoulesme, excellent Imagier. 105. b
Ianus a deux visages, que c'est qu'ils signifient. 18. b
Iason repudie Medee, sa punition. 34. b. il enleue la toison. 38. b
la Iaueline de Minerue que signifie. 41. b
Ida montaigne de la Troade. 81. b
Ida, Philorite en vulgaire, auec vn labyrinthe. 260. b
Idas le plus valeureux homme de son temps. 87. b
Idomenee fils de Deucalion va au siege de Troye auec les Grecs, s'en retourne sain & sauue en son pays, son vœu aux Dieux, sa mort. 259. b
M° Iean Goujon le plus versé en l'imagerie. 105. a
Iesus-Christ face de Dieu, *Sarhapanim*. 23. b
Ieunesse continuelle octroyee aux mortels par les Dieux. 153. b
Ieu des eschez & tables par qui inuenté. 275. a
Ieux Olympiques de cinq sortes, & quels. 215. b
Ieux de prix dressez à Patrocle & Antiloque apres leur mort. 246. b
Ieux de dez & de tables inuentez par les Lydiens. 275. a. ieux principaux du tablier quels. ibid. b.
le Iezer des Hebrieux que c'est. 160. b.
Ilion descripte. 46. b
Image d'Apollon en Delos. 76. a
l'Image & pourtraict de l'Occasion. 142. a. 143. a
Image de Bacchus selon Albricus. 147. b.
Image de plomb à la ressemblance d'vn Crocodile trouué aupres du Caire, mise en pieces. 158. b.
Imagerie de deux sortes: la matiere ou estoffe: par qui inuentee.

tee. 100. b. 102. a. & suiuans. son principal fondemēt. 102.b.103.a
Images defendues & detestees par Mahomet. 102.a.158.b
Images de bronze par qui premierement fondues : leurs considerations. 124. b. & suyuans.
Images des Saincts & Sainctes à quelle fin nous sont proposees en l'Eglise. 159. a
Images d'Helene & Achille establies par les Parques dans l'Isle Leucé. 337. b
les Imagiers comme se conduisent à dresser leurs modelles. 104.a
l'Imagination a vne grande action & impression sur le subiect où elle s'addresse. 158.b
Imbrus, isle de l'Archipel. 81. b
Immortalité de l'ame recogneuë par Homere. 111.b
les Impies signifiez par les Geants. 184.a
Incontinence de Paris notee. 236.a
Indes depuis quel temps ont esté cogneues. 121. b.
Indien depeinct. 121.a
Indiens presque tous Archers. 75. a
Indes Occidentales par qui descouuertes. 213.a
Ino fille de Cadmus, sa machination contre Phryxus. 164.a
Interpretation des songes d'où procede. 21.b. 22. a
Io fille d'Inachus rauie par les Pheniciens. 232.b
Iolaus assista Hercules à exterminer l'Hydre. 89.b
Ionie region de la petite Asie, d'où ainsi appellee. 177. b
cinq Iours adioustez aux 360. de l'annee Egyptienne par Mercure, & comment. 273.a
Ἵππων μ' ὠκυπόδων ἀμφὶ κτύπος οὔατ' ἀβάλλει. vers prononcé par Nestor. 239.a
Iris pourquoy attribuee à Iunon. 41.a. 42.a
Isles de Diomedes. 249. b
Ismare prise d'assault & saccagee par Vlysse. 281.b
l'Italie parsemee de puissātes herbes. 36.b
Italus donne le nom d'Italie à tout le pays. 239.a
Ithaque & Dulichie, deux petites Isles en la mer Ionienne. 281.a
Ithymonee fils d'Hyperoque mis à mort par Nestor. 240.a
Iulles Cesar & Sylla restaurateurs de la ville de Troye. 53. b
Iunon pourquoy est dicte λευκώλενος. 7.b
Iunon se desguise en forme de vieille. 38.b. est prise pour l'air. 41.a
Iunon Reine des richesses. ibid.b. Deesse des enfantemens. 42. a.
Iupiter que signifie en la generation des hommes. 7. b.
Iupiter couche auec Alcmene, dont il eut Hercule. 17. a
Iupiter enleué de Cadie est transporté en Naxe. 39.b
Iupiter pourquoy fut surnommé Phyxië par les Thessaliens. 278.b

Xxxx

Iuremens anciens quels estoient. 244.b.245.a

Iurer par Hercule, serment fort ancien. 244.a.b

Iurer par Styx, le plus respecté serment des Dieux. 346.b

les Iurisconsultes sont en controuerse sur ce mot, ferruminatio. 128.a

Ixion engendra les Centaures. 42.a

L

Laban le plus grand enchanteur de son siecle. 157.a

Lacedemoniens les meilleurs combattans de la Grece, leur institution pour le combat. 226.a

Labeurs d'Hercule. 54.55.

la Lance d'Achille par qui faicte, & sa description. 326.b

la Langue Latine d'où a pris son appellation. 239.a

Laocoon aueuglé par Minerue, & pourquoy. 286.a

Laodamie occupee à toutes sortes d'ouurages aux enfers. 188.a

Laomedon fils d'Ilus Roy de Troye. 68.a

Latone transmuee douze iours en loup. 278.a

les Lemniennes coniurent contre leurs maris. 254.b

Lemnos, demeure du boiteux Vulcain, fort fertile en vignes. 96.b

Leonidas Rhodien excellent à la course. 217.a

Leonidas Rhodien victorieux par quatre Olympiades consecutiues. 344.b

Leontisque de Messine en Sicile, lutteur. 215.b

Leonyme Crotoniate fut le premier des Grecs qui nauigua en l'isle Leucoé. 264.a.343.a

Lesbos Isle de l'Archipel fort celebre. 81.b

Lestrigons semblables à des Geãts & non à des hommes. 182.b

Lethé pourquoy est estimé estre vn fleuue infernal. 347.a

Lettres Ephesiennes que signifient. 216.b

Lettres anciennes quelles, où & par qui inuentees. 222.b. conformité des Grecques auec les Latines. 224.a

Leuca Isle consacree à Achille. 264.a

Leucé isle du Pont-euxin, faicte par Neptune, comment & à quelle fin. 337.338.

Λευκώλενος, epithete de Iunon. 7.b

Leucothoé assiste Vlysse malmené des flots. 283.a

Liberté grande de langage de Nestor, en la querelle d'Agamemnon & d'Achille. 242.a

Lieu au milieu du monde appellé Acheron. 345.b.346.a

Lieux où se plaisoit le plus Apollon. 80.b.& suyuans.

Locriens diuisez en deux. 263.a

Loix Romaines contre ceux qui se seroient auancez leurs jours. 294.b.255.a

Lotophages d'où ainsi appellez. 281.b

Loup respecté par les Atheniens, & à quelle raison. 178.a. quand a accoustumé d'aller à sa proye. ibid.
Lourderie d'vn compagnon peintre. 40.b
la Loy en quels characteres fust donnee au peuple d'Israel. 223.a.b
Lubricité d'Agamemnon. 263.b
la Lutte par qui inuentee, son vtilité & etymologie, sa description de deux sortes. 78.a.b
Lutteurs en Arger & Ethiopie. 79.b
Lybethre renuersee & perdue. 29.b.
Lycomedes Roy de l'isle de Scyro, sa genealogie. 6.a
Lycomede, demeure de la volupté. 8.a
le Lyon & le Sanglier allegorisez. 214.b
Lyons fiers & puissans entre Acheloe & Nessus. 14.a
la Lyre d'Orphee translatee au ciel auec les astres. 27.b
la Lyre quels instruments de Musique comprend. 75.b
Lyrnesse, ville habitee des Eoliens. 269.a
Lysippe statuaire en bronze le plus renommé de tous autres, en quel temps fleurissoit. 144.a. ses ouurages plus excellents. ib. & b

M

Magie naturelle, & son principal fondement. 156.b
Mahomet defend de faire des images. 102.a
Maladie Herculienne, d'où ainsi dicte. 18.b
Maladies du bestail pourquoy estoient dictes prouenir d'Aiax. 192.b. 193.a
Malchut & *Tipheret*, visions du miroüer. 23.a.b
le Marbre plus penible à tailler que l'argille. 105.b
Marbres de plusieurs sortes & especes. 106. 107.
Marcus homme contemplatif du Cherronese. 105.b
le Mariage de Pelee auec Thetis allegorisé. 7.a.b
les Maris acheptoient leurs femmes anciennement. 243.b
Maron fils d'Euanthes se promeine ordinairement au vignoble du mont Ismarus. 191.b
Marpese rauie par Idas. 89.a
Marques de Venus & Iunô. 37.b. & de Minerue. 40.b
Mars & Minerue representez par l'or. 61.b
Mars pourquoy est dict ἐνυάλιος. ibid.
Mars prisonnier l'espace de treize mois. 185.a
Marseille fondee par les habitans de Phocee. 81.b
Marsyas fils d'Eagrus escorché & desmembré par pieces, d'vn Scythe. 8.b
Mastusienne fait massacrer ses filles. 180.a
la Matiere est apte à receuoir toutes formes. 317.a
Medailles antiques de l'Empe-

Xxxx ij

reut Gallien. 74.b

Medailles antiques où est la figure d'Esculape, & commēt. 121. b

Medee enseigne à Iason la maniere de dompter les taureaux de son pere, & enleuer la toison d'or. 34.b

Medee endormit le dragon en Colchos. 65. b. depucellee par Iason. 67.b

secrettes Meditations attribuees à la sphere de Saturne. 20.b

les Megareens & Heraclides disputēt pour le corps d'Alcmene. 17. b

les Megareens en quel estat se trouuerent apres auoir chassé leur tyran Theagenes. 243.a

Melampus faict prisōnier en Thessalie. ibib.b

les Melancholiques, ingenieux de leur naturel. 20. b. leurs songes plus reiglez & veritables que nuls autres. 21.a

Μέλανις, epithete de Venus. 26.a.

Meleagre espris de l'amour d'Atalante. 85. b. il combat vn sanglier. 87. b

Melibee ville maritime de la Thessalie; deux sont de ce nom. 154. a. b

Melicertes & Ino deifiez. 164. b

Μέλητία, surnom de Sophocle, la raison. 72.b

Melpomene d'où ainsi appellee. ibid.

Melusine contracte mariage auec le Comte de Poictiers. 209. a

Membres de l'homme attribuez aux Dieux. 7. b. 8. a

Memnon fils de l'Aurore & de Tithonus. 148. a. son tableau merueilleux. ibid. & b

Memnon du temps de la guerre de Troye commandoit en Ethiopie. 146.b

les Menades desmembrent Orphee. 27.b

Menades d'où ont esté ainsi appellees. 112. a

Menelaus se monstre fort ingrat enuers Prothee. 234. a

Menesthee Athenien expert à ordonner vne bataille. 198.b

Menesthee Athenien estoit precepteur des Grecs au combat. 224.b.

Menesthee conduit cinquāte vaisseaux des Atheniens à Troye. 190.b

Μῆνις pourquoy est le commencement du poëme d'Homere. 236.b

Mens, ou Νῦς troisiesme fureur vaticinatrice. 77. b

Mer Mastusienne d'où ainsi appellee. 180.a

la Mer blāche que c'est, pourquoy Isle Meotide. 344.b

Mercure depeinct en forme quarree: ou à quatre faces. 76.b

Mercure inuenteur des lettres. 223. a

Mermerus & Pheres enfans de Medee, leur sepulture, & sacrifices faicts par les Corinthiens. 163.b

Merops Roy de l'isle de Cos, cōuerty en Aigle. 39.a

Merops que signifie, & d'où a pris son nom. 184. a. b

Meruielle estrange des pierres de l'isle de Scyros. 6.a
Meruielle d'vn paysan, aduenue à la bataille de Marathon. 218.b
Messene donnee à Nestor par Hercules, & pourquoy. 244.a
les quatre Metaux dõt les armeures d'Achille furent forgees, que signifient. 56.a
Metempsychose comment persuadee par Pythagore. 310.b. 314.a. pourquoy introduite. 314.b. exemples à ce propos. 316.a
Michale, pourquoy ainsi appellee. 82.b
Michel l'Ange tresexcellent en la peinture & sculpture. 103.a. 105.b
le Midy, heure du iour, par qui premieremẽt remarqué. 272.b
Milet ville de Carie. 82.b
Mimalloniennes ou Memallonides, d'où ainsi appellees. 82.a. 112.b
Mimas montaigne de la petite Asie. 82.a
Minerue pourquoy est dicte γλαυκῶπις. 7.b
Minerue inuentrice des flustes & hault-bois. 8.b
Minerue remarquable à l'armeure qu'elle a endossee. 37.b
Minerue comment depeinte des Poëtes. 41.a
Minerue pourquoy est feincte nee & produitte du cerueau de Iuppiter. ibid.
Minerue fait armer les habitans de Thryoesse cõtre les Esseens. 241.a

Ministres de Bellone. 61.b
quels sont les Ministres de Bacchus. 113.a
Ministresses de Bacchus. 112.a. d'où appellees Lenees. 115.a
les Mirouers d'acier de quoy sont faicts. 130.b
pourquoy le Modelle & desseing sont necessaires en l'Imagerie, & comment se font. 103.b. 109.a. & suyuans.
Mollans grand Alchimiste. 135.b
Moly herbe, d'où ainsi appellee, & où se trouue, sa vertu. 180.a.b
la Monnoye de quand a pris son vsage. 178.b. 274.a. par qui premierement cogneuë. ibid.
Mopsus excellent deuin. 82.a. 90.b
Morsures de Viperes & picqueures de Scorpions, comment gueries. 154.a
Moyse fit des anneaux d'amour & d'oubliance. 157.a
Moyse premier inuenteur des lettres. 223.a
Mulius gendre d'Augeas chef des Epeẽns mis à mort par Nestor. 241.a
Musee & Orphee produicts de la Lune & des Muses. 30.a
les neuf Muses, auec Apollon qui leur preside, se rapportent aux dix Sephiroths des Hebrieux. 20.a
les chants de Musique ont vne grande efficace à esleuer nostre esprit, exemples de ce. 20.b

la Musique pourquoy eslargie des Dieux aux hommes. 76.a
quels estoient les Myrmidons, & d'où ainsi appellez. 278.b
Mysiennes combattent auec leurs maris. 199.b
Mysteres & solennitez Eleusiniennes. 113.b

N

Narcisse depeint par Callicrates. 141.b. 142.a
Nature n'admet rien d'estrange & desmesuré. 2.a
la Nature a donné commencement à toutes les arts. 11.b
Nature est tousiours plus seure en ses ouurages que nostre inuention & proiect. 110.a
Nauplius Roy d'Euboee s'efforce de venger la mort de son fils Palamedes. 279.b. 280.a
Naiades ou Vndenes. 206.a. leurs habitations & demeures, nourriture & stature. 208.a
Naxe isle de l'Archipel. 83.a
Νὴ τὸν Ἡρακλέα, serment fort ancien. 244.a.b
Nectanabus magicien. 157.a
Neleus de qui fut fils. 243.a.b. il est mis à mort par Hercule, & pourquoy. 243.b. 244.a
Neptune & Apollon, dieux domestiques des Troyens. 71.a
Nephilim, d'où vient, & que signifie. 181.b
Neptune indigné contre Vlysse. 238.a.b
Nereus fils aisné de l'Ocean, & de la terre, son etymologie. 6.a

Nestor de qui estoit fils : le plus ancien & experimenté de tous les Grecs, ses exploicts d'armes contre les Egeens 295.a. & suyuâs. iusques à quel aage il a vescu. 241.b. sa statue. 245.b
Nessus Centaure nauré mortellement par Hercule, donne vne chemise teinte en son sang à Deianire. 92.a
Nicostrate & Megapenthus chasserent Heleine de la ville & de tout l'Estat de Sparthe. 235.b
Nombres par qui inuentez, & la maniere de compter. 274.b
aux Nopces de Thetis Discorde ne fut point semonce, & pourquoy. 7.b
Nourriture de Pythagore quelle. 314.a
la Nuict commét definie. 24.a. 25.b. pourquoy appellee εὐφρόνη. 25.a. ses sacrifices & etymologie. ibidem b. elle a esté premier que le iour. 26.a
Numa posterieur à Pythagore. 311.a
Nymphee ou Heracleon, herbe produicte du sang de Deianira. 94.a

O

Obelisque dict l'esguille de Virgile. 106.b
l'Obscurité tenebreuse depeinte. 230.a
Obseques faictes à Aiax Locrien par les Grecs. 262.a

l'Occasion comme estoit figurée par les anciens, sa definition allegorisée. 141.b.142.a
Ocean fils du Ciel & de Vesta, le grand superintendant de la mer. 265.b
l'Ocean, Thetys, Amphitrite, Nereus, sont vne mesme chose. ibid.
Ode d'Anacreon à Vulcain pour luy forger vn gobellet. 146.a.b
Ο῾ δὴ παρερχόν, prouerbe. 15.a
Ο῾ δυσευς, nom d'Vlysse, d'où venu. 286.b
Oeneus Roy de Calydonie, mesprise Diane, la punition qu'il en eut. 85.a.b. 87.b
Oenone meurt auec Philoctete. 98.b
Oeuures d'Homere, sont les plus anciens escripts d'entre les Grecs. 222.a
l'Office & deuoir d'vn bon Capitaine allant au combat. 225.b
Oiseaux de Diomedes, & leur description. 249.b
l'Oliuier signifie la paix. 41.b
les Oliuiers conçoiuent au leuer des Pleiades. 58.b
Olympiades, d'où ont pris leur nom. 215.b
Olympies de cinq sortes. ibid.
Onyches & cornallines. 101.a
l'Or symbolise au feu icy bas, & au Soleil là hault. 13.b
l'Or est la plus belle & excellente chose du monde. 61.b
l'Or se soulde par deux manieres. 132.a.b. le recuite que c'est, & commen ton le remet en couleur. ibid.b
l'Or affamément detestable. 274.a
l'Oracle de Tyresias fine par vn tremblement de terre. 19.a
Oracle de Bacchus en Thrace sur les os d'Orphee. 29.b
Oracle d'Apollon en Delphos. 77.a
Oracle d'Orphee en Lesbos. 253.a.b
Oracles domestiques des Grecs. 253.a
Oracles en la Beoce quels. 255.a
Oraisons funebres des Atheniés. 292.a
l'Orateur se doit proposer la verité, pour la plus excellente partie qui puisse estre en luy. 242.b
Orateurs flatteurs semblables aux Tyrans. 243.a
l'Ordre tenu par les grues vollans par pays en trouppe. 277.a.b
Orestes s'acquit vne grande reputation & honneur à Athenes. 256.a. 258.a.
pourquoy les Orfeures besongnent plus volontiers de l'or allié sur le cuiure, que sur l'argent. 134.b
Orgies que signifient, & d'où ainsi nommez. 112.b.113.a
Orgies, Bacchanales, Liberales, & Dionysiennes en quoy different. 114.b
Origine du ieune Philostrate. 2.b
Orion d'où a pris son nom d'origine, mythologie sur ce. 59.b. est conuerty en astre.

60.a. quand se leue & se couche. ibid.
Orontes fleuue de Surie. 182.b
Orphee de qui estoit fils, 29.a. excellent musicien, ioüeur de lyre, & Magicien. ibidem. pourquoy desmembré par les Menades. ibidem b. renuoyé des enfers. ibidem. Poëte excellent. 29.a. sa mort. ibid. sa sepulture. ibid. sacré interprete des Dieux. 31.b
Orphee en grand credit pour sa sagesse & science, ses predictions au Roy Cyrus. 253.b
Orphee transformé en vn corps de cigne. 27.b.316.a
les Os des chiens & des cheuaux ne se peuuët ferruminer. 128.b
Os de Geants trouuez à Constantinople. 182.b
Othus & Ephialtes Geants d'excessiue grandeur. 184. b
Οὐκ εἰμὶ τύπον τῶν Ἡρώων, prouerbe, que signifie. 212. a
l'Ourse est l'ame de Typhon. 60.a
Ourses, deux astres vers le pol arctique. 178.a. pourquoy appellees seiches. ibid.
Outils & instrumens des sculpteurs de plusieurs sortes. 109.a.b
Ozoles, Locriens d'où ont prins leur nom & origine. 262.a.b

P

PAculle Minie Capoüan peruertit les Bacchanales. 116.a
Palais magnifique de Paris. 235.a
Παλαίστρα que signifie en general. 77.b
Palamedes desireux de gloire, s'attaque à Telephe. 199. a.b
Palamedes brigue la superintendence de l'armee Grecque. 260. b. 261.a
Palamedes fils de Nauplius. 271.b ses diuerses querelles auec Vlysse. 266.a.b. & suyuans. son conseil aux Grecs, pour se preseruer de la peste. 267.b. il accompagna Achille aux isles & villes maritimes, ses combats & victoires. 268.a.b. par qui fut tué. 279.a.b
Palestre fille de Mercure ordône vn brayer pour la lutte. 78.b
les Palilies, iour natal de Rome. 59.b
le Palladium enleué par Diomede & Vlysse. 4.a
Palladium comment adiugé à Vlysse. 293.b
Pamphus Poëte des plus anciens, & qui preceda Homere. 231.a
Pan, Dieu des pasteurs, reueré par les Arcadiens. 224.a
Pancrace que signifie. 216.a
Pancratiaste volutatoire. 78.a
le Pancratiaste Cilicien, appellé ἀλήης. 189.b
Pandarus mis à mort par Diomede. 250.b
Pandore d'argile faicte par Promethee. 102.a
le Paon pourquoy approprié à Iunon. 42.a
le Parfum n'a point besoin d'eau.

187.b
Páris mis à mort par Philoctete. 96.a
Paris auec Helaine mené au Roy Prothee à Memphis, discours de ce. 233.a.b
Páris enleué des mains de Menelaüs, & transporté dans Troye par Venus. 236.a. noté d'incontinence. ibid.
Páris fils du Roy Priam & d'Hecube, où & par qui nourry & esleué.303.a. il adiuge la pomme d'or à Venus. ibidem b. enleue Helene femme de Menelaüs auec tous ses biens plus precieux. ibid.
Páris met à mort Achille. 327.a
Paroles libres de Nestor en la querelle d'Agamemnon & d'Achille. 142.a.b
Paros, isle de l'Archipel, fort celebre pour le marbre qu'on en tiroit. 83.a
les trois Parques comparent à la naissance de Meleagre.85.a.88.a
Parques depeintes par Hesiode dans l'escu d'Hercule. 229.b. 230.a
Patrocle combat Hector, & est mis à mort. 220.b.221.a
en la Peinture quelles choses sont necessaires.1.b.2.a. elle a de l'affinité auec la Poësie. 2.a.
la Peinture est le mesme aux yeux, qu'est la parole aux oreilles. 159.a
Pelée marié auec Thetis, allegorisé. 7.a.b
Peleus accointe vne deesse marine au mont Pelion. 318.b
Pelion montagne de la Thessalie. 81.b
Pelius accusé par Hippolyte enuers son mary. 89.a
Pelops fort adextre conducteur de coches. 44.b.45.a
Pennaches de Minerue que signifient. 41.a
le Pentathle pourquoy supprimé par les Eliens. 215.b
Peparete, isle & ville. 81.a
Pericle contemporain de Sophocle. 71.b.72.b
Periclimenes transmué en vne aigle. 243.b
Permutations anciennes. 178.b. 179.a
les Perses reueroyét le feu. 294.a
Perseus fils de Danaé depeinct. 229.a
Peste enuoyee par Apollon en l'ost des Grecs, & pourquoy. 277.b
Petille ville en Calabre fondee par Philoctete. 94.b
Phaëton Roy d'Ethiopie, accident arriué au monde soubs iceluy. 180.b
Phaisans, oiseaux, d'où sont venus. 36.b
Phase le plus grād fleuue de toute la Colchide. ibid. sa description. ibid.
Phenius auec les Prōques de Penelope. 237.b
Phenice regiō de Surie, ses principales villes. 177.b
les Pheniciens experts en l'art nautique. 168.b

Xxxx

Pheniciens autheurs de l'escriture. 222.b
Phenix de peché pour enleuer Pyrrhus, & pourquoy. 3.a.b. 5.b
Phenix fils d'Amynthor Argien, duquel il eust la malediction, & pourquoy. 7.a. il deuint aueugle. ibid.
Philee fait vn present de Salamine aux Atheniens. 291.a
Philoctete fils de Pean translaté au Ciel au nombre des Dieux. 93.b
Philoctete puny pour auoir faussé son serment à Hercule, met à mort Paris. 94.b. 96.a. 98. a.b
Philoctete fils de Pean adroict Archer, delaissé par les Grecs en l'isle de Lemnos. 252.a.b
Philosophie ou magie naturelle licite, & son principal fondement. 156.b
Philosophie d'Homere. 201.b
la Philosophie cogneue premierement, & ainsi nommee par Pythagore. 211.a
Phlegeton fleuue des enfers, d'où ainsi nommé. 345.b
Phlegra ville sur les confins de la Thrace, & vne autre en Italie. 185.b
Phocee ville de l'Aeolide en Asie, d'où a pris son nom. 81.b
Phryné Courtisane la plus fameuse de son temps. 123.b
Phryxus & Hellé rendus insensez par Bacchus. 164.b
Physetere monstre marin, allegorisé. 68.b. 70.a
Pieces d'or & d'argent par qui premierement coignees. 274.b
la Pierre ponce pourquoy surnage dans l'eau, & où se trouue. 6.a.b
la Pierre de parangon ou de touche. 106.a
Pygmees ou Gnomons. 106.a. leurs habitations & demeures, nourriture & stature. 208.a.b
Pisandre tué par Agamemnon. 257.b
Placque ou disque qu'estoit anciennement. 182.b
Plaisirs de la chasse. 11.a
Platon fait trois especes d'amour. 137.b
Pleiades que sont, d'où ont prins leur nom & origine, en quel temps elles se leuent, & pourquoy sont appellees Vergilies. 58.a.b
Pleuianders & Guressis, lutteurs du Turc. 79.b
le Plomb & l'estain ioincts ensemble se redurcissent, & pourquoy. 130.b
le Plomb depure & affine tous les metaux. 135.b. 136.a
Podalyre expert chirurgien. 98.a
Πόδας ὠκὺς, epithete ordinaire d'Achillé. 215.a
Poësies d'Homere departies en deux volumes, contenant chacun 24. liures, que signifient. 236.a.b
Poëtes plus anciens qu'Homere quels. 222.b
Ποικιλώτερος ὕδρας, prouerbe.

254.a

Poids, mesures & nombres, les trois principaux liens de la societé humaine. 174.b. par qui premierement inuentez, ibid.

le Poirier comme se doit planter. 213.a.b.

Poix resine à quoy sert. 135.b

Polignot peintre fort prudent & aduisé. 286.a

Polydamas, deux de ce nom. 306.a

Polydus fils de Ceranus Byzantin. 149.b

Πολυμήχανος & πολύτροπος, epithetes d'Vlysse. 281.b

Polynices Elien excellent coureur. 215.b

Polynices & Tydee, menez deuant Adraste. 249.a

Polypheme requiert à son pere Neptune qu'Vlysse ne puisse point arriuer en son pays. 238.a.b

Polypheme fils de Neptune aueuglé par Vlysse. 282.a

Polyxene s'immole sur le tombeau d'Achille. 324.a.b

la Pomme d'or est prise pour la conuoitise. 7.b

Pomme d'or iettee par la discorde au milieu des nopces de Thetys auec Peleus. 304.a

Pont-euxin pourquoy ainsi appellé, auiourd'huy la mer majour. 344.b

le Porphyre que c'est. 106.a

les Potneades d'où ont pris leur nom. 112.a

par quelle maniere les Potriers d'estain discernent si leur vaisselle est du tiltre qu'elle doit estre. 136.b

Poulles sacrifiees à Esculape, & pourquoy. 153.b

Poulpitre de S. Germain de Lauxerrois, & de S. Marie majeur. 105.a.106.b

Pourtraict d'Alexandre le grand au temple de Diane en Ephese. 105.a

Pourtraicts de Minerue & de Iunon. 40.b.41.a. discours sur iceux. 41.42.

Praxitele tres-renommé au marbre, ses ouurages.113.a.b.il y en a eu deux de ce nom. 136.b

Precelléces de la sculpture.104.b

Predictions à qui appartiennent. 19.a.leur cause. ibid.& b

Predictions de Cassandre pourquoy n'estoyent tenues pour veritables. 77.a

Prestre Calamenien en extase merueilleuse. 18.b

Prestres d'Egypte pourquoy ont mystiquement controuué la transmigration des ames. 314.b

Priere d'Hercule à Iuppiter pour Aiax Telamonien. 190.b

le Printemps represente l'homme, l'esté la femme, & pourquoy. 18.a

Promethee pourquoy diuertit Iuppiter de se mesler auec Thetys. 7.b

Promethee deliuré par Hercule. 155.a

la vraye Prophetie venoit de la seule inspiration diuine. 19.a

Yyyy ij

Prophetie d'Eneas faicte par Neptune. 299.b
Propheties par songe de quatre sortes. 12.b
Propos de Palamedes à l'article de la mort. 270.a
Proques mis à mort par Vlysse. 283.b
Protesilaus fils d'Iphicle, fils d'Amphytrion & d'Alcmene. 180.a. à quoy s'exerçoit. 188.b. 189.a. son temple. 186.a. 203.b. en quoy il a surpassé Achille. 189.a. il loue & reprend Homere. 201.a.b. & suyuant. mis à mort par Hector au sortir de son vaisseau. 203.b. 219.a. il est comme vn esprit familier à vn vigneron. 204.b
Prothogenes tres-excellent peintre. 104.b
Psidias forma vne occasion, laquelle Ausone descript fort elegamment. 142.a
la Prudence & sagesse de l'homme signifiee par la iaueline de Minerue. 41.b
la Prudence & sagesse est diuine & immortelle. 172.a
Ptous mont en la Beoce. 83.b
Punition des Grecs establie contre ceux qui se tuent eux mesmes. 295.a
au Purgatoire il n'y a point eu de ioye apres la mort & passion de Iesus Christ nostre Sauueur. 346.a
Puy en nostre langue que signifie. 213.b
le Pyanepsion des Atheniens respond à nostre Octobre. 58.a
Pygmees, & leur description selon Strabon. 277.a. leur guerre auec les grues. ibid.
Pylades & Hylas deux anciens Comediens. 61.b
Pylos ville en Elide, dicte Neleienne. 243.b
Pyrales ou Pyraustes. 206.a
Pyrithous fils d'Ixion. 88.b
Pyrrhique, ou dāse armee. 78.b
Pyrrhus, sa description. 5.a
Pyrrhus pourquoy est appellé Neoptoleme. 46.a. ses armes. 47.b
Pythagore de qui fut fils, & de qui apprit les sciences. 319.a. de son temps & mort diuerses opinions. ibid.b
Pythagore defend de manger d'aucun animal. 314.a. quelle estoit sa nourriture. ibid. il fit vser aux Athletes de chair. ib. il se disoit estre Euphorbe. 316.b
le moyen dont Pythagore proceda à trouuer cōbien la grandeur d'Hercule excedoit celle des autres hōmes. 344.b. 345.a
Pythagoriciens s'abstenoyent de manger des febues & de poisson, à quelle raison. 312. 313. 314.
Pyxes lieu en l'Isle de Cos d'où ainsi appellé. 278.b

Q

Querelle d'Agamemnon auec Achille allegorisee. 236.b

Querelle entre Aiax & Vlysse pour le Palladium. 293.b
Querelle & dispute entre les Grecs & les Lyciens pour le corps de Sarpedon. 300.b
Querelles diuerses entre Palamedes & Vlysse. 265.b. 266.a. & suyuans.

R

Raphael d'Vrbin pourquoy a esté loué. 103.a
le Rauissement de Ganymede. 40.a
Rauissemens d'esprit diuisez en certains degrez. 20.a
Realles d'Espagne. 75.a
Relief de deux sortes. 100.b. principal fondement de la sculpture & peinture. 103.a.b
Religion d'vn laboureur d'Ilion enuers Palamedes. 195.a
Remonstrances de Nestor sur les regrets faicts pour la mort d'Achille & Aiax. 293.a
Rencontre plaisante d'Agesilaüs Roy de Lacedemone. 75.a
Rencontre d'Aiax & Hector homme à homme descripte par Homere. 219.b. 220.a
Response d'vn des habitans de Troye à Fimbria. 53.b
Restaurateurs de la ville de Troye. ibid.
Reuelation prophetique d'où procede, sa definition, & à qui elle se communique. 21.a. de deux sortes. 23.a.b
Rhesus le Thracien, merueilles de luy. 191.a
Rhesus le Thracien tué par Diomede. 218.a
instabilité des Richesses representee. 42.a
Romains meilleurs guerriers que les Grecs, leur façon de faire au combat. 225.a
Roses rouges & poignantes pourquoy sont attribuees à Venus. 41.b. 42.a
Ruine de Troye d'où procedee. 235.b
Ruse d'Historide à l'accouchement d'Alcmene. 17.a
Ruse d'Vlysse pour surprendre Palamedes. 268.b. 269.a. 279.a

S

Saccadas ioüeux d'instrumens. 9.b
Sacrifices de la nuict. 25.b
Sacrifices faicts à Bellone. 62.a.b
Sacrifices de Pluton changez par Hercule. 102.a
les Sages d'Egypte ne mãgeoiẽt iamais de poisson. 313.b
la Sagesse se laisse lier & garrotter par la conuoitise du gain. 152.b
Saisons de l'annee cõme se peuuent representer. 276.a
Salamine portion de Megare, d'où a pris son nom. 291.a
Samos, trois Isles de ce nom. 81.b
le Sanglier d'Erymanthe. 54.a
Sanglier qui renuersa & mit tout par terre és terres d'Oneus.

X.xxx iiij.

85.b.87.a

Sanglier de grandeur merueilleuse. 91.b

le Sanglier & le Lyon allegorisez. 214.b

Sarpedon de qui fut fils. 300.a. mis à mort par Patrocle : mythologie sur ce. ibid.b

Satyres pourquoy peints auec des cornes, iambes & cuisses de bouc. 119.b

Scandale aduenu à Rome à cause des Bacchanales.115.a.& suyuans.

Schedim, que signifie, & d'où a pris son nom. 210.b

Scopas vn des plus renommez sculpteurs de son temps. 116.b

le Scorpion vn des douze signes du Zodiaque. 59.b.60.a

Sculpture ou Imagerie de deux sortes : sa matiere ou estoffe : par qui inuentee.100.b. 101.a. & suiuant. son principal fondement est le relief. 103.a.b

la Sculpture est plus difficile & hazardeuse que la peinture. 104.b

Sylla fille de Typhon, de la ceinture en hault femme, & de là en bas poisson. 281.b.283.a

Scyro, sa description, pourquoy appellee venteuse. 4.a.b.5.b

Scyro Isle de l'Archipel. 81.b

Scyro prise par Achille. 319.b. 325.b

Scythes fils de Iuppiter inuēteur de l'arc & des flesches. 75.a

Sel alcalique c'est. 134.a

Semelé est dicte Hyen. 59.a

Sentences Pythagoriques pourquoy appellees sacrees. 30.a

Sephiroths des Hebrieux. 20.a

Sepulchre d'Aiax desmoly & redressé. 175.a

Sepulture de Laomedon demolie. 4.a

la Sepulture de Lysis, & ce qui s'y voyoit la nuict. 218.b

les Seraines pourquoy sont feintes estre filles de Melpomene. 72.b

Seraines d'où venues, & description d'icelles. 111.a

le Serment estoit en grand respect & religion au Paganisme. 244.b.sa definition. ibid.

Serpent de bronze esleué par Moyse au desert, & sa proprieté. 154.b

le Serpent d'Esculape allegorisé. 155.b

Serpent appriuoisé de la longueur de quinze pieds : vn autre de 7.à 8.pieds.261.b. 263.a.b

le Serpentin que c'est. 106.a

Serpēs enuoyez par Iunō à Hercules pour l'exterminer. 15.b

Serpens mis en la protection & tutelle d'Esculape, & pourquoy. 149.b.153.a

d'où vient que les Serpens se renouuellent tous les ans. 154.a. leurs proprietez. ibid.& b

Sibylles moyēnes entre les Prophetes. 19.b. leurs propheties. ibid.

Sidonius inuenteur des poids, mesures & nombres. 274.b

Simoïs & Scamádre fleuues, au-

iourd'huy petits ruisseaux. 53.b
Sisyphien surnom d'Vlysse. 281.b
pourquoy Socrates ordonna à
 sa mort de sacrifier vn coq à
 Esculape. 153.b
*S'il n'y auoit point de Soleil, il n'y auroit
 point de nuiɛt*, dire d'Heraclite,
 la raison. 25.b
Soleil, autheur de vie. 79.b
pourquoy aux images du Soleil
 & de la Lune on applique des
 effigies de serpens. 155.b
le Soleil void & oit tout. 238.b
Songe de la femme de Pilate, &
 d'Agamemnon. 21.b
les Songes sont vne des trois
 principales branches de la prophetie, de combien de sortes
 il y en a. 21.22.
Songes des malades plus veritables que nompas des sains, &
 pour quelle raison. 21.a
Sophocle le plus excellent Poete
 tragique. 71.b. ses œuures, &
 enfans. ibidem. pourquoy surnommé des Grecs μέλιττα.
 72.b
Sorcieres & enchâteresses, conuersation des Vulcains. 209.b
Sostratus Sicyonien pourquoy
 surnômé Acrocherfites. 215.a.b
Souldeure d'argent comment se
 fait. 132.b.133.a
Souldeure de fer de trois sortes.
 131.a.b
Spheres de Mercure, de la Lune,
 Venus, Iuppiter, Mars, Saturne,
 & leurs effects diuers. 20.a.b
le Stade de combien de pas
 estoit. 344.b.

la Statue d'Hector à Ilion. 194.a
la Statue de Theagenes accable
 vn sien enuieux, pour ce iettee
 en la mer, & ce qui en aduint.
 217.b. 218.a
Statues en plein relief qu'on
 void à Rome. 100.b
Statues de terre ont esté premieres de toutes. 101. a leur vsage.
 ibid.b
Statues de Lysippus. 110.a
Sthenel & Diomede comparez.
 248. a. b. description de l'vn &
 de l'autre. ibid. 249. a. b. 250. a. sa
 replique audacieuse à Agamemnon. 251.b
Stymphalides, oiseaux monstrueux. 54.b
Styx fontaine prés Nonacrine
 en Arcadie, les proprietez de
 son eau, pourquoy est dicte e-
 stre vn des fleuues des enfers.
 146. a. b. pourquoy a esté le
 plus respecté serment des
 Dieux. ibid.b
Sybaris de l'Ionie. 177.b
Sybaritiens delicats & effeminez. ibidem.
le Sycophante la plus pernicieuse beste de toutes. 171.a
Sylla & Iules Cesar restaurateurs
 de la ville de Troye. 53.b
les Syluains. 206.a. leurs habitations & demeures, nourriture
 & stature. 208. a. b. comment
 apparoissent. 209.a.b
Syrenes filles de la Muse Melpomene, description d'icelles, & d'où ainsi dictes. 282.b.
 286.b

T

Tableau de Protesilaüs. 186.b

Tableau dressé en la memoire d'Euthyme apres auoir vaincu vn esprit en Temese. 212.b

Tableaux de Minerue & Iunon. 40.b. 41.a. discours sur iceux. 41.a.b.42.a

Taciturnité fort honoree des Pythagoriciens. 313.a

Tantal Roy de Phrygie rauit Ganymede. 40.b

Tardemah, songe matutinal. 22.a

Targue de Cygnus descripte. 201.a.227.b

la Targue d'Aiax Telamonien. 289.b

Tartares presque tous Archers. 75.a

Taureau du Palais Farneze. 103.b

Taureau esleué par Paris. 304.a

Telamon pere du grand Aiax. 89.b

Telegone tue son pere Vlysse. 239.a

Telephe d'où a eu ce nom, mythologie d'iceluy. 52.a. blessé à la cuisse par Achille, & guery du fer de sa lance. ibid. 199.b. il leue à force rondeliers en la Mysie. 197.b. sa rondelle est adiugee à Palamedes. 199.b

Temple de la nuict appellé du deuinement. 25.a

Temple d'Apollon Lycien en Argos, & Sicyon. 83.b

Temple de la Clemence ou misericorde basty à Athenes par Hylus. 94.a

Temple de Protesilaüs. 186.a. 203.b

Temple d'Hercule à Tarichee lieu de refuge pour les esclaues. 233.a

Temples d'Esculape à Epidaure, Smyrne, & Cyrené. 151.a.b

Teraphins de Laban comment se faisoient. 157.a

Termes de la Venerie. 90.b. 91.a

Terre du faulxbourg S. Honoré propre pour les Imagiers, cóment se prepare. 124.b. & suyuans.

Terre Lemnienne, ou Sigillee. 129.b

Terre pour la production des vegetaux de quelle estendue. 213.a

Terre Lemnienne, ou Sigillee d'où se tire, & sa vertu. 253.a

Terres que possedoit Oileus pere d'Aiax. 262.a.b

Teste d'esparuier pourquoy attribuee aux hommes par les Egyptiens. 161.a

Testes d'airain qui parloyent. 157.a

Teucer fils de Telamon excellent archer. 295.b

Thamyris trásformé en vn Rossignol. 316.b

Theagenes athlete condamné à vne grosse amende. 216.b. mis au rang des Heroes. 217.b. sa statue accable vn sien enuieux. ibid.

Themiscyre, vne contree de Cappadoce, le domicile anciénement des Amazones. 344.a

Thesee fils d'Aegee Roy d'Athenes.

TABLE.

thenes. 88.b
Thetis commet en la garde du Roy Lycomede son fils Achille. 6.b
Thetis pleure & gemit Achille. 325.a
Thomyris reine des Massagetes desfaict Cyrus. 255.b
Thryoesse assiegee par les Epeés, & defendue par Nestor, ayant Minerue pour guide. 141.a
les Thyades d'où ainsi nommees. 112.b
Thyca, bois duquel se fait le Mercure. 159.b
Thyia fust la premiere de tous les mortels qui sacrifia à Bacchus. 112.b
Tiare ornement de teste. 33.b
Tiltre auquel trauaillent communément les orfeures. 134.b
Timantes peintre ancien des plus inuentifs & ingenieux. 70.a.b.286.a
Tiresias annonce à Vlysse tout ce qui luy deuoit arriuer retournant en son pays. 238.b
Tlepoleme fils d'Hercule & d'Astyoché. 221.b. tué deuant Troye par les mains de Sarpedon. 236.a
Traict plaisant d'vn Gentil-homme de Monsieur de Boutrieres en Piedmont. 117.a
Transformation des hommes en bestes, & des bestes en hommes, comme se faisoit. 316.b
Transmigration des ames pourquoy mystiquement controuuee par les prestres d'Egypte. 314.b. discours de ce tres-excellent. 315.a.b
le Triquettracq accreu de plusieurs choses. 275.b
Trocisques de viperes combien pernicieux. 154.a
Troïlus, & Memnon tuez par Achille. 3.b.327.b
Troye par qui fust bastie. 52.b.53.a. par qui a esté, & est encores occupee. 53.a.b
Troye prise par les Grecs, & comment. 284.a.b. & suyuans.
les Troyens auoyent trois conditions destinees pour la conseruation de leur ville. 3.a
Tydee & Polynices menez deuant Adraste. 248.b. 249.a
Tymbree plaine contigue à Troye, d'où a pris son nom. 330.a
Tyr & Sidon villes principales de la Phenice. 177.b
Tyran, mot Grec, est pris tantost en bien tantost en mal. 138.a.b
Tyresias, sa sepulture, rendu aueugle par Iunon. 18.a. son oracle. 19.a

V

Vaisselle d'estain comment peut estre discernee & cogneue du tiltre qu'elle doit estre. 136.b
le Valet de chiens. 12.a
Venus pourquoy dicte ἑλικῶ-πις, & μέλαινης. 26.a
Venus pourquoy dicte en Grec ἀφροδίτη, peincte toute nue, & portee sur vne coquille en la mer. 42.b.43.a

Zzzz

Venus pourquoy est dicte dorée. 44.a
Venus Apaturienne. 183.a
Venus issue & procreée de la mer. 210.b
Venus blessée par Diomede, la punition qu'elle en fit. 249.a.b
la Verité mere de la vertu. 174.a
la Verité est la plus excellente partie d'vn Orateur. 242.b
Victimes noires immolees à la nuict conformément à sa couleur noire. 25.b
Vie Orphique quelle. 27.a.b
Vie contemplatiue representée par Minerue, l'actiue par Iunon, la sensuelle par Venus. 41.a.b. 42.b
la Vie humaine n'est qu'vne carriere qu'on passe. 236.b
les Vignes conçoiuent au leuer des Pleiades. 58.b
le Vin pourquoy appellé οἶνος. 14.b.93.b
le Vin accomparé à vn rusé lutteur, & pourquoy. 79.a
la Vision a fort grande affinité auec les songes. 22.b. ses especes, & diffinitions. ibid.
Vlysse & Diomede denotét l'inuention & execution. 3.b
Vlysse comment descouure Achille dans l'isle de Scyro. 5.a. 6.b.7.a
Vlysse le mignon & le iouët d'Homere. 202.b
Vlysse pardonne à Phemius à la requeste de Telemaque. 237.b
Vlysse se sauue à nage au riuage des Pheaciens. 238.a

Vlysse fils putatif de Laertes, & naturel de Sisyphus, belle histoire de ce. 281.a.b. pourquoy surnommé Sisyphien, πολυμήχανος πολύτροπος. 281.b. il creue l'œil à Polypheme. 282. a. il est preserué des enchantemens de Circe. ibid.b. descend aux enfers. ibid. desguisé en forme d'vn mendiant est recogneu de sa nourrice Euryclee. 283.a. pourquoy ainsi appellé, & des Grecs ὁ δυσεύς. 286.b. acte de luy fort loué enuers le corps mort d'Aiax Telamonien. 289.a. il accoste l'ombre d'Aiax. 291.b. le Palladium luy fust adiugé. 293.b
les Vndenes quelques fois ont contracté mariage auec les hommes. 209.a. comment apparoissent. ibid.b. esuanouyes vne fois, si elles retournent. 210.b
Vœu de Pandarus à Apollon Lycien. 301.a
bonne Volonté de Iunon enuers Iason. 38.b
Vulcains ou Salemandres. 206.b. leurs habitations & demeures, nourriture & stature. 208.a.b. comment apparoissent. 209.b. 210.a

X

Xerxes trencha par le pied le mont Athos. 81.a

TABLE

Xerxes inuenta le ieu des eschez. 275.a
Xiste lieu de la lutte. 78.b

Turc. 33.b
Zephirots des Cabalistes. 19.a
ce que fit Zeuxis pour peindre vn tableau aux Agrigentins. 343.a

Z

Zarcola accouſtrement de teſte des Ieniſſaires du
Zoophyte ou plantanimale a face d'homme & le corſage d'aigneau. 20.a

FIN.

www.ingramcontent.com/pod-product-compliance
Lightning Source LLC
Chambersburg PA
CBHW071706300426
44115CB00010B/1322